U0142937

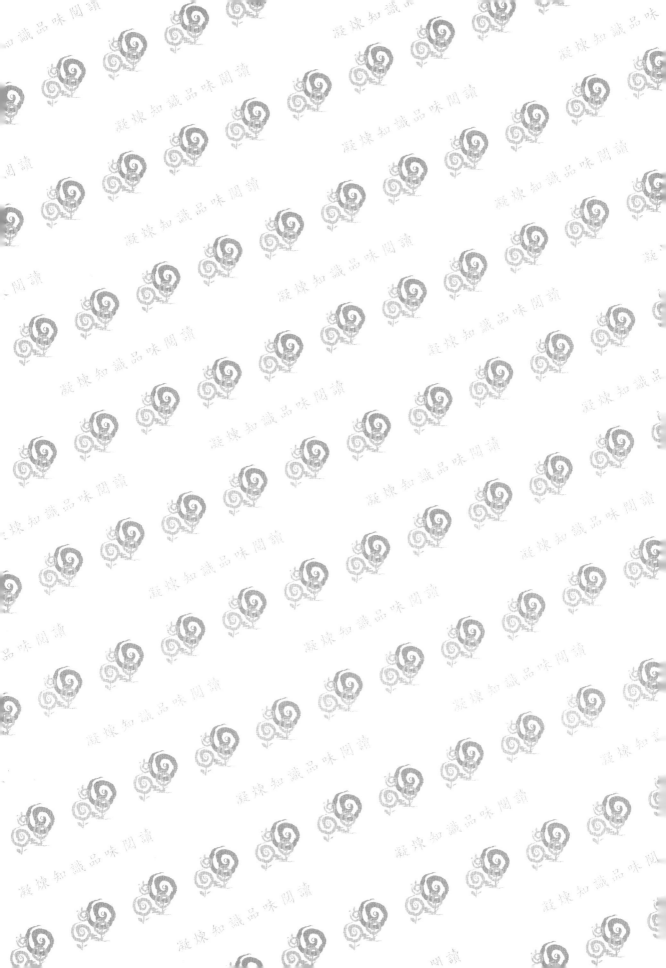

Stata 與高等統計分析

張紹勳 著

五南圖書出版公司 印行

　　科學是一門累積的學習課程，統計又是科學之實證基礎，加上電腦統計計算能力日新月益；進而像 Stata 這種龐大功能之統計軟體的誕生，係爲了解決人們生活上問題，例如，推論、預測、分類、實驗效果等分析技術。Stata 幾乎包含坊間現在正流行的軟體功能，一套 Stata= SPSS + HLM + Eviews + AMOS + Limdep + jMulti + SAS + R 語言。學會一套 Stata 軟體在手，受益無窮。迄今 Stata 已在美國各大學廣爲流傳。

　　Stata 功能遠超越 SPSS、SAS、AMOS 及 Eviews 等軟體，Stata 優秀統計功能係其他軟體無可比擬的。Stata 已可處理：(1) 橫斷面研究設計、縱貫面研究設計、縱橫面研究設計。(2) 單一迴歸方程式、迴歸聯立方程式。(3) 線上直接擷取「美國聯邦準備理事會 FRED」資料庫，大大節省蒐集樣本的時間。(4) 單變量、多變量時間序列亦可處理。(4) 多變數統計分析……等都有最新處理方法。

　　Stata 同時提供眾多 (内定 vs. 外掛) 指令，幾乎坊間教科書你看得的統計分析，它都可解決。此外，Stata 爲了減低電腦使用者對程式設計的憂慮，它亦提供 Menu 選擇表之對應視窗，讓你像 SPSS 那樣能輕鬆操作 Menu，來進行統計分析。

　　有鑑於 Stata 分析功能龐大，故作者將撰寫一系列的 Stata 的書，包括：

1. Stata 與高等統計分析
2. 總體經濟與財務金融：Stata 之時間序列分析
3. 廣義結構方程模型與試題反應理論：Stata 之 SEM/GSEM 分析
4. Panel-data 迴歸模型：Stata 在廣義時間序列的應用

　　以上一系列的 Stata 書，適用於：基礎研究、生物學、醫學、心理學、社會學、刑事司法、金融和經濟學、政治學、市場營銷、生態學、教育學和遺傳學等領域，期望這一系列 Stata 書能夠對學術研究、實務問題解決能有拋磚引玉的效果，成果能夠開枝散葉。

　　本書內容，著重理論、統計及方法三者的結合。畢竟工欲善其事，必先利其器。研究者除了要精通自己領域的「理論」基礎外，正確選用創新性之「研究法」及「統計」技術 (即 Stata 分析實作)，三者間如何有效整合應用，更是成爲

頂尖研究者不可缺乏的基本功夫。本書中每章都有 Stata analysis 範例,其中滲雜了許多實證分析的範例,讓你實際操作分析,進而能輕鬆瞭解 Stata 分析的程序與應用,啓發你的 Insight。值得一提的是,你若採用 Stata v12 以前的舊版本,可能無法讀入 CD 所附「*.dta」,故你可先用 Excel 開啓「*.csv」資料檔 (變數全部反白),再直接「貼至」Stata「Data Edit 視窗」即可。

　　此外,爲了便利讀者,省去統計推理之數學麻煩問題,本書儘可能改用統計圖來代替文字說明。此外,本書各章節範例之資料檔 (*.dta) 及命令檔 (*.ado),都一併附在 CD 中,讓你快速上手,瞭解 Stata 分析的實作程序及報表解釋。

　　最後,特別感謝全傑科技公司 (http://www.softhome.com.tw),提供 Stata 軟體,晚學才有機會撰寫 Stata 一系列的書,以嘉惠學習者。

張紹勳　敬上

Contents

序

Chapter 01 認識 Stata 1

1-1 Stata 介紹 2
1-2 Stata 安裝設定 9
1-3 外掛的命令檔 ado：Stata 外掛的 Package 30
1-4 線上擷取「美國聯邦準備理事會 FRED」資料庫 33
1-5 Stata Graph 51

Chapter 02 統計學回顧 79

2-1 統計學回顧 80
2-2 常態曲線 106
2-3 樣本大小的決定 107
2-3 Type I、Type II error 及 power 檢定 111
2-4 Stata 的統計檢定力 (power)、樣本數 115

Chapter 03	二個類別變數之分析	149

3-1 適用條件 150

3-2 卡方檢定：關聯性分析 153

3-3 四分相關 (Tetrachoric correlations) 167

3-4 勝算比：logistic 迴歸 174

Chapter 04	兩組平均數之比較：t 檢定、Meta 分析	209

4-1 t 檢定之簡介 210

4-2 t 檢定之解說：Comparing Group Means 212

4-3 Stata 範例實作 218

4-4 Meta 分析之效果量 229

Contents

Chapter 05 各型 ANOVA、共變數分析 (ANCOVA)   243

5-1 變異數分析 (ANOVA) 之簡介 245

5-2 One way ANOVA 分析 250

5-3 Two way ANOVA 分析 262

5-3 三因子 ANOVA 分析 283

5-4 ANCOVA：共變數分析 290

5-5 Nested ANOVA：階層實驗設計 ANOVA 307

5-6 Repeated-measures ANOVA：相依樣本 one way ANOVA 316

5-7 Repeated-measures ANOVA with nesting 324

5-8 Repeated-measures ANOVA with two repeated variables 328

5-9 Split-plot ANOVA：二因子混合設計 ANOVA 335

5-10 拉丁方格 (Latin-square) 實驗設計 ANOVA 359

Chapter 06 線性迴歸的診斷   369

6-1 偵測異常且有影響力的觀察值 374

6-2 檢查殘差的常態性 (Normality of Residuals) 406

6-3 檢查殘差的異質性 (Homoscedasticity) 419

6-4 共線性 (Multicollinearity) 診斷 425

6-5 自變數與依變數要線性關係 (Linearity)，此假定若違反，
則取 log() 437

6-6 模型界定：如何篩選足夠的預測變數們？ 449

Chapter 07 連續 vs. 類別依變數之迴歸分析　459

7-1　瞭解各類型迴歸分析 462
7-2　Continuous 依變數：線性迴歸模型 489
7-3　如何挑選預測變數的所有可能組合 513
7-4　Binary 依變數：Linear Probability、Probit 及 Logit 迴歸 528
7-5　Ordinal 依變數：Ordered Logit 及 Ordered Probit Analysis 581
7-6　Nominal 依變數：Multinomial Logit 迴歸之多項選擇 603
7-7　Count 依變數：Zero-inflated Poisson 迴歸 vs.
　　　Negative binomial 迴歸 618
7-8　截取迴歸 (censored regression)、斷尾迴歸 (truncated regression).....652

Chapter 08 線性迴歸 (OLS) 再進階　693

8-1　穩健迴歸 (Robust Regression) 694
8-2　受限 (Constrained)linear least squares
　　　(cnsreg..., constraint(1 2) 指令) 730
8-3　含測量誤差的迴歸：Errors-in-variables 迴歸 (eivreg 指令) 743
8-4　Multiple Equation 線性迴歸：聯立迴歸式 751

參考文獻　777

Chapter

01

認識 Stata

本書中每章都有 Stata analysis 範例，倘若你採用 Stata v12 以前的版本，則可能無法讀入 CD 所附的部分「*.dta」，故你可改用 Stata v13 以後的版本。

1-1 Stata 介紹

Stata 由美國電腦資源中心 (Computer Resource Center) 研製，是一套完整整合式的統計分析軟體，提供研究人員所需的資料分析、資料管理與強大繪圖功能。它同時具有數據管理軟體、統計分析軟體、繪圖軟體、矩陣計算軟體和程式語言的特點，功能強大卻又小巧玲瓏。從 1985 年到現在不斷更新和擴充，內容日趨完善，Menu 操作視窗非常容易使用。迄今 Stata 已在美國各大學廣為流傳。

新版本 Stata 更增加許多新功能，包含：多階混合模型 (multilevel mixed models)、精確羅吉斯迴歸 (exact logistic regression)、多元對應分析 (multiple correspondence analysis)、圖型編輯、時間與日期變數 (time-and-date variables)。在其官網 (www.Stata.com) 可看到更多 Stata 新版本功能。利用其 regress screenshot 快速、精確且容易使用，利用點選式介面，加上直覺式語法與線上支援，使得 Stata 相形於其他統計軟體更為容易上手。且您可以在 Stata 出版的英文書中找到所有的分析功能。

一、完整統計功能

Stata 可讓您輕鬆於彈指間操作數百種統計工具，從先進的 survival models with frailty、dynamic panel data(DPD) regressions、廣義估計方程式 (GEE)、多階混合模型、抽樣模型、ARCH 以及複雜調查樣本估計，到標準模型。例如：線性與一般線性模型 (GLM)、regressions with count or binary outcomes、ANOVA / MANOVA、ARIMA、群組分析、standardization of rates、case–control analysis(實證醫學)、結構方程模型(Structural equation modeling, SEM)、Contrasts and pairwise comparisons、多重插補(Multiple imputation)、時間序列(例如 UCM - unobserved-components models、ARFIMA、Spectral density with parametric estimates after ARIMA, ARFIMA and UCM)，Stata 皆完整收錄。因此，Stata 可以說是一個相當強而有力的統計軟體。

二、完整資料管理功能

Stata 資料管理指令可協助您完整控制所有類型的資料,包含:合併與更新資料、管理變數與類似 excel 的資料編輯功能。支援的變數格式包含:byte、integer、long、float、double 與 string。Stata 也擁有先進的工具可管理獨特的資料、時間序列資料與 panel/longitudinal data、類別資料 (binary、ordered、Multinomial、count 型變數) 與調查資料 (矩陣) 管理。

三、可直接用於研究發表的圖型

Stata 可讓您輕鬆製作各類直接用於研究發表的圖型,包含:regression fit 圖、distributional plots(Poisson 分配、負二項分配、Zero-inflated Poisson 分配)、time-series graphs 與 survival plots。透過整合式圖型編輯功能,您可利用點擊點選來改變各種圖型設定。

您可選擇利用現有圖型或自己創建新圖型。

四、Stata 軟體 (www.Stata.com)

功能強大且多元化,如圖 1-1 所示。

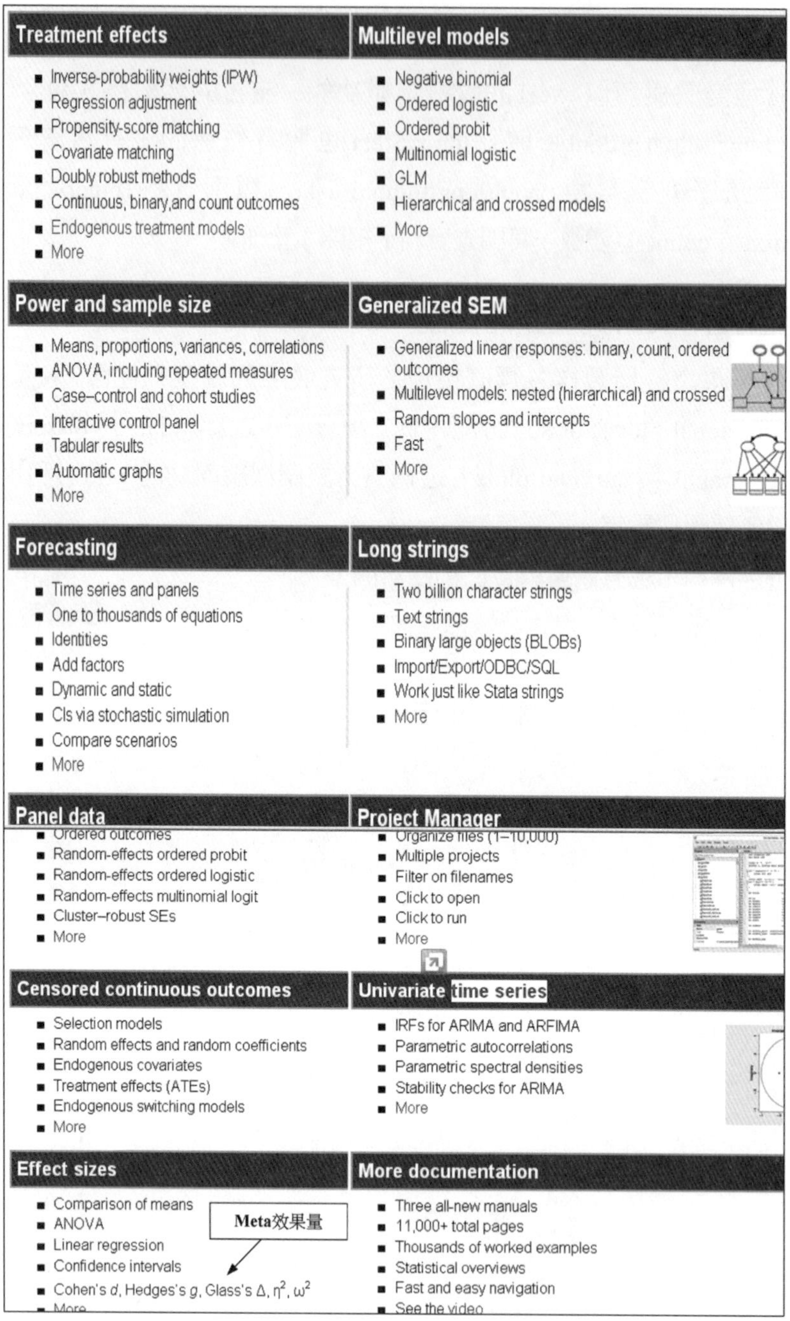

Treatment effects
- Inverse-probability weights (IPW)
- Regression adjustment
- Propensity-score matching
- Covariate matching
- Doubly robust methods
- Continuous, binary, and count outcomes
- Endogenous treatment models
- More

Multilevel models
- Negative binomial
- Ordered logistic
- Ordered probit
- Multinomial logistic
- GLM
- Hierarchical and crossed models
- More

Power and sample size
- Means, proportions, variances, correlations
- ANOVA, including repeated measures
- Case–control and cohort studies
- Interactive control panel
- Tabular results
- Automatic graphs
- More

Generalized SEM
- Generalized linear responses: binary, count, ordered outcomes
- Multilevel models: nested (hierarchical) and crossed
- Random slopes and intercepts
- Fast
- More

Forecasting
- Time series and panels
- One to thousands of equations
- Identities
- Add factors
- Dynamic and static
- CIs via stochastic simulation
- Compare scenarios
- More

Long strings
- Two billion character strings
- Text strings
- Binary large objects (BLOBs)
- Import/Export/ODBC/SQL
- Work just like Stata strings
- More

Panel data
- Ordered outcomes
- Random-effects ordered probit
- Random-effects ordered logistic
- Random-effects multinomial logit
- Cluster–robust SEs
- More

Project Manager
- Organize files (1–10,000)
- Multiple projects
- Filter on filenames
- Click to open
- Click to run
- More

Censored continuous outcomes
- Selection models
- Random effects and random coefficients
- Endogenous covariates
- Treatment effects (ATEs)
- Endogenous switching models
- More

Univariate time series
- IRFs for ARIMA and ARFIMA
- Parametric autocorrelations
- Parametric spectral densities
- Stability checks for ARIMA
- More

Effect sizes
- Comparison of means
- ANOVA
- Linear regression
- Confidence intervals
- Cohen's d, Hedges's g, Glass's Δ, η^2, ω^2
- More

Meta效果量

More documentation
- Three all-new manuals
- 11,000+ total pages
- Thousands of worked examples
- Statistical overviews
- Fast and easy navigation
- See the video

圖 1-1　**Stata 網站 (www.Stata.com/Stata14/)**

Stata 各統計功能簡易說明：

Linear models regression; bootstrap, jackknife, and robust Huber/White/sandwich variance estimates; instrumental variables; three-stage least squares;constraints; quantile regression; GLS 等。
Multilevel mixed-effects models continuous, binary, and count outcomes; two-, three-, and multi-way random-intercepts and random-coefficients models; crossed random effects; ML and REML estimation; BLUPs of effects and fitted values; hierarchical models 等。
Binary, count, and limited dependent variables logistic, probit, tobit; Poisson and negative-binomial; conditional, multinomial, nested, ordered, rank-ordered, and stereotype logistic; multinomial probit; zero-inflated and zero-truncated count models; selection models; marginal effects 等。
Panel data/cross-sectional time-series random- and fixed-effects with robust standard errors, linear mixed models, random-effects probit, GEE, random- and fixed-effects Poisson, dynamic panel data models, and instrumental variables regression; AR(1) disturbances 等。
Generalized linear models (GLMs) ten link functions, user-defined links, seven distributions, ML and IRLS estimation, nine variance estimators, seven residuals 等。
Nonparametric methods Wilcoxon–Mann–Whitney, Wilcoxon signed ranks and Kruskal–Wallis tests; Spearman and Kendall correlations; Kolmogorov–Smirnov tests; exact binomial CIs 等。
Exact statistics exact logistic and Poisson regression, exact case–control statistics, binomial tests, Fisher's exact test for r × c tables 等。 ANOVA/MANOVA balanced and unbalanced designs; factorial, nested, and mixed designs; repeated measures 等。
Multivariate methods factor analysis; principal components; discriminant analysis; rotation; multidimensional scaling; Procrustean analysis; correspondence analysis; biplots; dendrograms; user-extensible analyses等。 Cluster analysis hierarchical clustering; kmeans and kmedian nonhierarchical clustering; dendrograms; stopping rules; user-extensible analyses 等。
Resampling and simulation methods bootstrapping, jackknife and Monte Carlo simulation; permutation tests 等。 Model testing and postestimation support Wald tests; LR tests; linear and nonlinear combinations, tests, and predictions; marginal effects; adjusted means; Hausman tests 等。
Graphics line charts, scatterplots, bar charts, pie charts, hi–lo charts, Graph editor, regression diagnostic graphs, survival plots, nonparametric smoothers, distribution Q–Q plots 等。
Survey methods sampling weights, multistage designs; stratification, poststratification; deff; means, proportions, ratios, totals; summary tables; bootstrap, jackknife, and linearization-based variance estimation; regression, instrumental variables, probit, Cox regression 等。

Survival analysis
Kaplan–Meier and Nelson–Aalen estimators, Cox regression (frailty); parametric models (frailty); hazards; time-varying covariates; left and right censoring, Weibull, exponential, and Gompertz analysis; sample size and power analysis 等。

Tools for epidemiologists
standardization of rates, case–control, cohort, matched case–control, Mantel–Haenszel, pharmacokinetics, ROC analysis, ICD-9-CM 等。

Time series
ARIMA, ARCH/GARCH, VAR, VECM, high-frequency data, correlograms, periodograms, white-noise tests, unit root tests, Holt–Winters smoothers, Haver Analytics data, rolling and recursive estimation 等。
Maximum likelihood
user-specified functions; NR, DFP, BFGS, BHHH; OIM, OPG, robust, bootstrap, and jackknife matrices; Wald tests; survey data; numeric or analytic derivatives 等。
Transforms and normality tests
Box–Cox transforms, power transforms, Shapiro–Wilk and Shapiro–Francia tests 等。

Other statistical methods
sample size and power, nonlinear regression, imputations, stepwise regression, statistical and mathematical functions 等。

Programming language
adding new commands, command scripting, if, while, command parsing, debugging, menu and dialog-box programming, markup and control language 等。

Matrix programming—Mata
interactive sessions, large-scale development projects, optimization, matrix inversions, decompositions, eigen values and eigenvectors, LAPACK engine, real and complex numbers, string matrices, interface to Stata datasets and matrices 等。

結構方程模型（SEM）
結構方程模型（SEM）是一個統計學的測試和估計使用統計數據和定性的因果假設的組合因果關係的技術。結構方程模型（SEM）的同時允許驗證和探索性建模，這意味著它們適合於在理論測試和理論的發展。Factor analysis, path analysis and regression all represent special cases of SEM。SEM 進階分析，包括：Measurement invariance。Multiple group modelling: This is a technique allowing joint estimation of multiple models, each with different sub-groups. Applications include behavior genetics, and analysis of differences between groups (e.g., gender, cultures, test forms written in different languages, etc.)。Latent growth modeling。Hierarchical/multilevel models; item response theory models。Mixture model (latent class) SEM。Alternative estimation and testing techniques。Robust inference。Survey sampling analyses。Multi-method multi-trait models。Structural Equation Model Trees。

五、常見 Stata 問題之線上解答

http://www.ats.ucla.edu/stat/Stata/ado/analysis/

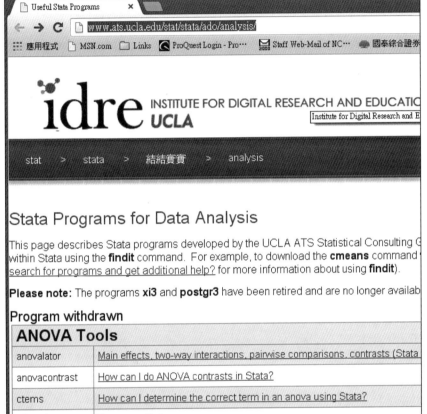

圖 1-2　常見 **Stata** 問題之網址

http://www.ats.ucla.edu/stat/Stata/ado/analysis/

六、Stata 軟體之臺灣代理商：全傑科技公司

全傑科技公司之網址：http://www.softhome.com.tw/html/

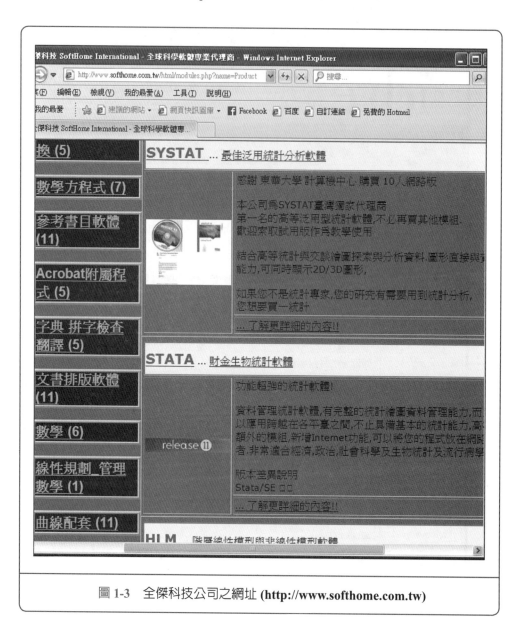

圖 1-3　全傑科技公司之網址 (http://www.softhome.com.tw)

1-2 Stata 安裝設定

一、Stata 安裝

　　Stata 所須的記憶體容量不大，只有 4.03MB。此外，安裝也相當簡單，只要在「SETUP」上點兩下，安裝完成後再分別輸入「Sn」、「Code」和「Key」即可開始使用。但是安裝過程中有一點必須注意的，如下圖所示，有「Intercooled」和「Small」兩個選項。一般而言，為了方便日後要設定較大的記憶體容量來處理大筆的資料，通常選擇以「Intercooled」進行安裝。

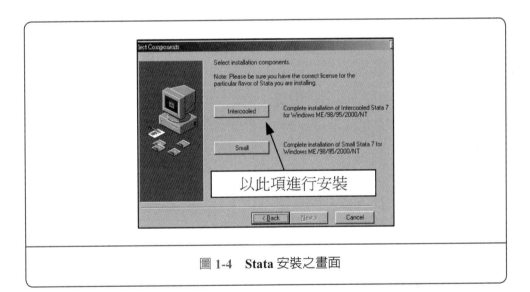

圖 1-4　**Stata** 安裝之畫面

二、視窗介紹

　　安裝完成後，點選桌面上 Stata 圖示或「開始 > 程式集 > Stata」選擇表，進入 Stata 視窗畫面如下圖所示。

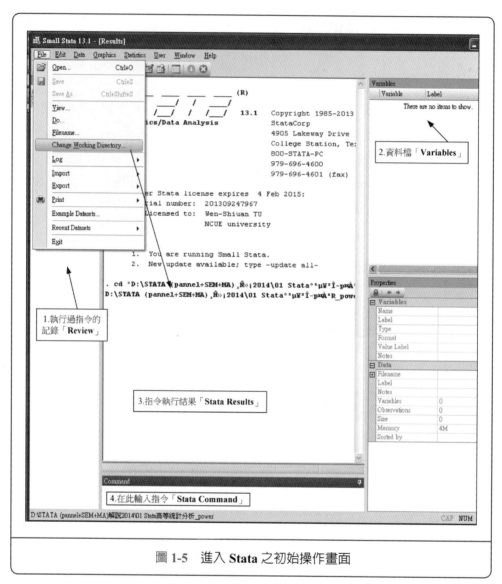

圖 1-5　進入 **Stata** 之初始操作畫面

　　接下來，我們依序介紹四個視窗的功用：

1. 執行過指令的記錄「**Review**」：此一視窗用於記錄在開啓 Stata 後所執行過的所有指令。因此，若欲使用重複的指令時，只要在該指令上點選兩下即可執行相同的指令；若欲使用類似的指令時，在該指令上點一下，該指令即會出現在視窗「Stata Command」上，再進行修改即可。此外，Stata 還可以將執行過的指令儲存下來，存在一個 do-file 內 (*.ado)，下次即可再執行相同的指令。

2. 資料檔「**Variables**」：此一視窗用於呈現某筆資料中的所有變數。換言之，當資料中的變數都有其名稱時，變數名稱將會出現在此一視窗中。只要資料有讀進 Stata 中，變數名稱就會出現。它的優點是 (1) 確認資料輸入無誤；(2) 只要在某變數上點選兩下，該變數即會出現在視窗「Stata Command」上。

3. 指令執行結果「**Stata Results**」：此一視窗用於呈現並記錄指令執行後的結果。

4. 在此輸入指令「**Stata Command**」：此一視窗用於輸入所欲執行的指令。

三、Stata 安裝之後「工作目錄」設定

本書 CD 所附資料檔，你先 copy 到硬碟之任一資料夾中，再依下圖之步驟，設定好「你的工作目錄」。例如，作者自定「 D:\Stata(pannel+SEM+MA) 解說 2014\01 Stata 高等統計分析 _power 」為工作目錄。

圖 1-6　界定 **Stata** 資料檔儲存之資料夾

1-2-1　輸入資料 (Entering data)

在本小節中，我們將介紹如何把資料讀進 Stata。但是在正式介紹之前，我們必須先對幾個一般性的指令 (general command) 有所瞭解，說明如下：

cd：即 change directory，簡言之，告知 Stata 資料儲存的地方。例如，你事先在 d 磁碟機新建「sample」資料夾來儲存資料，則 Stata 使用前必須在「command」畫面先輸入 cd d:\sample、或設定「File > Changing working directory」。

dir/ls：用來顯示目錄的內容。

set memory **#m**：設定記憶體的容量。例如：當有一筆龐大的資料要處理時，則可設定 100mb 的容量，此時可輸入 set memory 100m。(輸入指令 memory 可以知道記憶體容量的大小以及使用情況。)

set matsize **#**：設定所需的變數個數。一般而言，不須對此部分進行設定，除非所欲處理的資料龐大或是當執行後出現 matsize too small 的訊息時再進行修改即可。內建為 40。

set more off/on：若欲執行結果以分頁的型式呈現時，則輸入 set more on；若欲執行結果同時呈現時，則輸入 set more off。

help：求助鍵。後面必須接的是指令。說明如何使用該指令，例如：help regress。

search：求助搜尋鍵。後面可接任何文字。說明在何處可以找到該文字。例如：search normal distribution。

clear：清除鍵。用來刪除所有資料。

接下來，根據資料類型或指令的不同，資料輸入的方法可分成以下 4 種：

一、輸入 EXCEL 資料

將 EXCEL 的資料輸入 Stata 的方式還可細分成以下兩種：

1. 將 EXCEL 的資料輸入 Stata 之前，必須先將資料存成 csv 檔，再利用指令 **insheet** 來讀資料。

【範例】

　　(1) 當 csv 檔的第一列無變數名稱時：請見「sample1-1.csv」

```
＊人工方式，事先用「檔案總管」，在 D 磁碟機新建「sample」資料夾
cd d:\sample
dir
memory
set memory 10m
＊這是讀取 Excel ＊.csv 檔最快速的方法。
insheet using sample1-1.csv
```

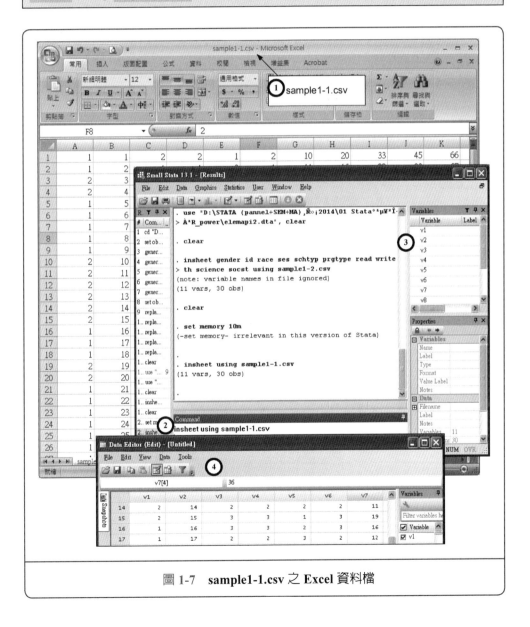

圖 1-7　**sample1-1.csv** 之 **Excel** 資料檔

(2) 當 csv 檔的第一列有變數名稱時：請見「 sample1-2.csv 」

```
insheet gender id race ses schtyp prgtype read write math science socst using
sample1-2.csv
```

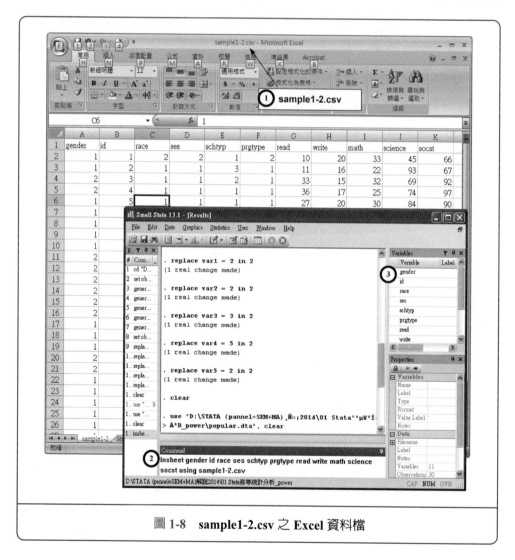

圖 1-8 **sample1-2.csv** 之 **Excel** 資料檔

2. Excel 欄位反白，直接「Paste」至 Stata 之 Data Editor 工作表：

直接「反白 Excel 數據」再複製到 Stata：Stata「Window」下點選「Data
>Data Editor(Edit)」，等出現「Data Editor (Edit)」工作表，再到「Edit」下選取
「Paste」即可貼上資料。

二、輸入 ASCII 的資料型態

依區分，將 ASCII 的資料輸入 Stata 的方式也有以下兩種：

(1) 資料型態一：見「sample1-3.txt」

```
clear
infile gender id race ses schtyp str12 prgtype read write math science socst
using sam ple1-3.txt
```

Note：記住文字的設定方式 (**str#** variable name)。

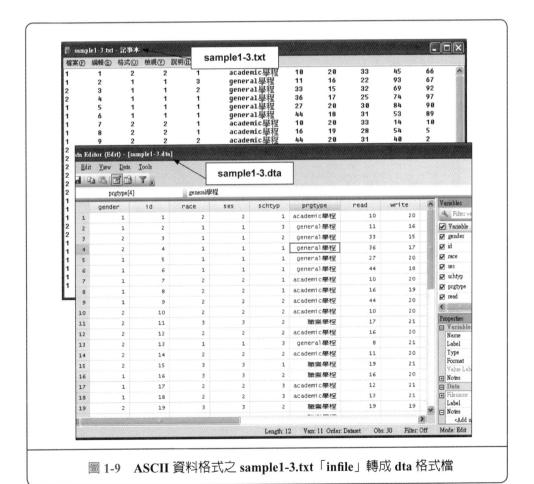

圖 1-9　**ASCII 資料格式之 sample1-3.txt「infile」轉成 dta 格式檔**

(2) 資料型態二：請見「sample1-4.txt」

第二種的資料型態通常需要 codebook。如下表所示。

變數命名	欄位
id	1-2
eng	3-4
math	5-6
sex	7
micro	8-9
macro	10-11

infix Gender 1 id 4-5 race 8 ses 11 schtyp 14 prgtype 17 read 20-21 write 24-25 math 28-29 science 32-33 socst 36-37 using sample1-4.txt

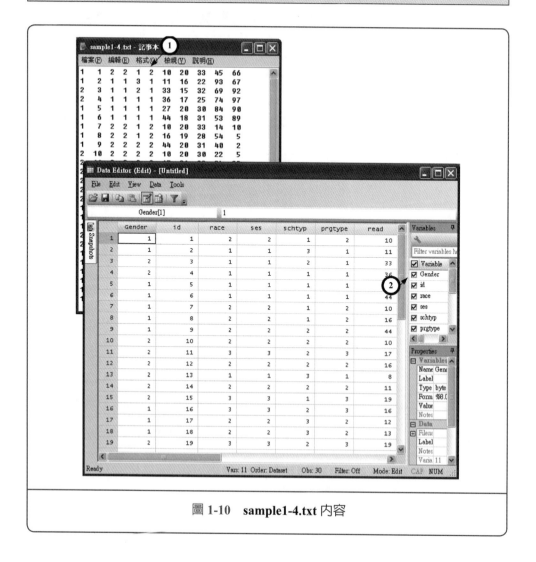

圖 1-10　sample1-4.txt 內容

三、利用「Input end 指令」

方法一：Do-file editor 搭配「Input end 指令」輸入資料

　　將資料或是指令寫入 Do-file editor，再執行即可。例如：將下面資料複製並貼在 Do-file editor(選取「Window」下的「Do-file editor」) 上，再選擇「tools >Execute(do)」執行即可。最後再「File > Save as」爲「Input_Example.do」檔。

```
clear
cd d:\
input id female race ses str3 schtype prog read write math science socst
147 1 1 3 pub 1 47 62 53 53 61
108 0 1 2 pub 2 34 33 41 36 36
 18 0 3 2 pub 3 50 33 49 44 36
153 0 1 2 pub 3 39 31 40 39 51
 50 0 2 2 pub 2 50 59 42 53 61
 51 1 2 1 pub 2 42 36 42 31 39
102 0 1 1 pub 1 52 41 51 53 56
 57 1 1 2 pub 1 71 65 72 66 56
160 1 1 2 pub 1 55 65 55 50 61
136 0 1 2 pub 1 65 59 70 63 51
end
```

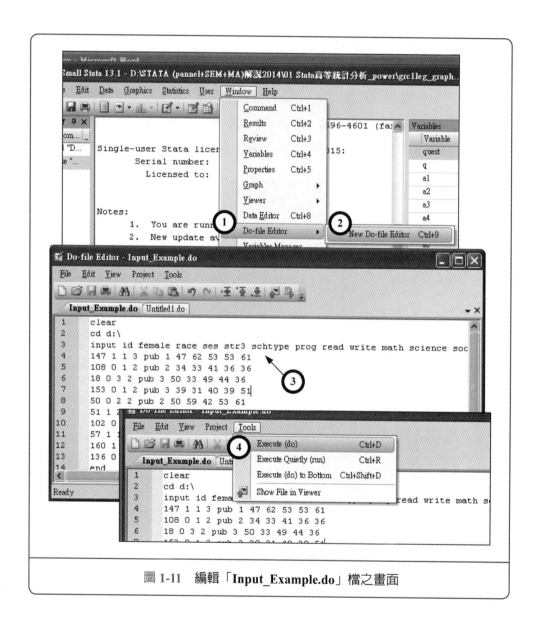

圖 1-11　編輯「**Input_Example.do**」檔之畫面

方法二：先在「記事本」輸入下列之資料及「Input end 指令」，再全部反白，
貼至「Do-file Editor」來執行，並存到「Input_Example.do」檔，如下圖。

```
＊先清檔
. clear all

＊直接讀入六個變數。其中，第 2 個變數為「字串長 25 字元」。
input quest str25 q        a1  a2  a3  a4  a5  a6
1 "Question 1"             0   2   37  45  12  4
1 "Benchmark Q1"           2   5   25  47  17  4
2 "Question 2"             1   37  2   40  17  3
2 "Benchmark Q2"           2   5   25  47  4   17
3 "Question 3"             1   2   40  37  17  3
3 "Benchmark Q3"           2   5   25  47  17  4
4 "Question 4"             1   2   37  17  3   40
4 "Benchmark Q4"           2   5   47  25  17  4
end

＊資料檔「grc1leg_graph.dta」存到「D:\01 Stata 高等統計分析 _power」資料夾
save "d:\", replace
```

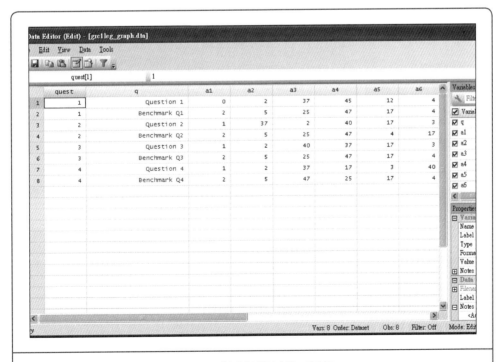

圖 1-12　用「**input　end**」指令建資料檔 (存在 **grc1leg_graph.dta**)

四、編輯 / 開啓 Stata 的資料格式

除了以上三種方法之外，還可以開啓之前以 Stata 儲存的資料。

```
use grc1leg_graph.dta
```

Note：webuse 指令則用在讀取網路上的資料 (webuse http://www. 某網址)。

sysuse 指令則用在讀取 Stata 內附之資料檔。

最後，將資料輸入的相關指令整理成下表。

insheet	read ASCII(text) data created by a spreadsheet
infile	read unformatted ASCII(text) data
infix	read ASCII(text) data in fixed format
input	enter data from keyboard
use	load a Stata-format dataset

五、用 Stata「Data Editor」視窗來新建資料檔 (*.dta)

Step 1　選擇表「Data > Data Editor > Data Editor(Edit)」。

Step 2　先 key in 數據，「var_1、var_2、…、var_n」再改成你容易記的變數名稱。變數名第一個字，限英文字母，第二字以後就可用英文字母與阿拉伯數字或「_」字元的混合。

Step 3　輸入「變數 Label」及「Value Label」

例如，性別 (sex)，編號：1 = 男，0 = 女。其建構「Value Label」的步驟如下圖。

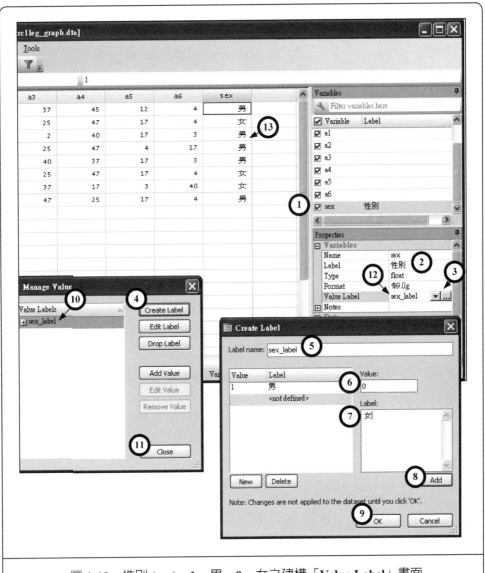

圖 1-13　性別 (sex)，1 = 男，0 = 女之建構「Value Label」畫面

```
.  label define sex_label 1 " 男 " 0 " 女 "

.  label values sex sex_label
```

1-2-2 資料檔內容之探索 (Exploring data)

為了更詳細地呈現出在資料探索時所需使用的相關指令，我們利用 sample4-1 來說明指令的用法。首先，利用前節所提及的資料輸入方法將 sample4-1.txt 讀進 Stata 變成「sample1-4.tda」。

假設在正式分析資料檔「sample1-4.tda」之前，我們可以利用一個 log 檔來儲存之後所要執行的指令以及所得到的結果。指令的表示方法如下：

. **log** **using result1-4, text**（即電腦 log 的儲存檔為「**result4-1.log**」）

接下來，我們可以先利用下面的指令來檢視「sample1-4.dta」的資料：

count：可得樣本數。

describe：描述資料來源以及資料大小。

list：依序列出觀察值的各個變數值。

codebook：描述資料的詳細內容。

此外，我們就可以利用 **summarize**、**tabulate** 和 **tabstat** 等指令得到資料的敘述統計與基本特性。表示如下：

1. **summarize** 指令：列出連續變數的敘述統計。

【範例】

```
* 在開啟新資料檔之前，需先清空「正在使用之資料檔」
clear
* 開啟「File > Open」新資料檔 sample1-4.dta
. use sample1-4.dta
. summarize write, detail
*(sum 是 summarize 的簡寫)
. sum write if read>=60
. sum write if prgtype=="academic"
. summarize write, detail
. sum write if read>=60
*(接在 if 之後的句子中的 "=" 要放兩個，表示「equal」；字串要用 "" 括起來)
. sum write if prgtype=="academic"
*(只列出第 1 筆到第 40 筆資料)
. sum write in 1/40
```

2. **tabulate** 指令：列出類別變數的次數表。

【範例】

```
.  tabulate prgtype
.  tabulate prgtype race
.  tabulate prgtype, summarize(read)
.  tabulate prgtype race, summarize(write)
```

3. **tabstat** 指令：列出變數的敘述統計。

【範例】　**tabstat** **read write math, by(prgtype) stat(n mean sd)**
　　　　　 tabstat **write, stat(n mean sd p25 p50 p75) by(prgtype)**

4. 畫圖的指令：接下來，我們簡略介紹一些用來畫圖的指令。

　　莖葉圖：**stem** **write**

　　　　　　stem **write, lines(2)**

　　直方圖：**graph** **write, bin(10)**

　　　　　　graph **write, hist normal bin(10)**

　　箱形圖：**graph** **write, box**

　　　　　　sort **prgtype** (要先排序指令，才能執行下一個指令)

　　　　　　graph **write, box by(prgtype)**

　　此外，利用 **correlate** 或是 **pwcorr** 可以得到相關矩陣；亦可利用 **graph** 劃出
散布圖。

```
* 求三個變數的積差相關
.  correlate write read science
* 求三個變數的積差相關之觀察值個數、機率值 p
.  pwcorr write read science, obs sig
* 畫二個連續變數之散布圖
.  twoway (scatter write read)
* 畫 4 個連續變數之散布圖矩陣
.  graph matrix read write math science
```

現在我們可以將 log 檔結束了，指令輸入如下：

```
. log close
```

若欲檢視 log 檔中的結果，可以輸入指令：

```
. type result4-1.log
```

或是到所儲存的目錄下點選。

最後，將資料探索的相關指令整理成下表。

count	Show the number of observations
describe	Describe contents of data in memory or on disk
list	List values of variables
codebook	Detailed contents of a dataset
log	Create a log file
summarize	Descriptive statistics
tabulate	One- & two-way frequency tables
tabstat	Table of descriptive statistics
stem	Stem-and-leaf plot
graph	High resolution graphs
sort	Sort observations in a dataset
hist	Histogram of a categorical variable
correlate	Correlations
pwcorr	Pairwise correlations
type	Display an ASCII file

1-2-3 修改資料 (Modifying data)

在本小節中，我們亦利用 sample1-.dta 的資料進行說明。首先，讀進資料。

讀完資料後，可以為此資料取個名稱，指令如下：

```
. label data "High School and Beyond, 200 cases"
```

現在我們可以將變數的順序作一排列。例如：原先的變數順序為 gender、id 和 race…，但是我們想把順序改成 id、gender 和 race…，則可以下面的指令來執行：

```
. order id gender
```

在執行 **codebook** 時，我們會發現有些變數尚未加上標籤 (label)，為了更清楚地表達變數所代表的意義，我們可以執行以下的指令：

```
. label variable schtyp " 學生選讀之學校型態 "
```

現在，我們想要產生一個新變數 **total**，此變數代表 **read**、**write** 和 **math** 的總和。指令如下：

```
. generate total = read + write + math
```

此外，若是我們想加總的分數是 **read**、**write** 和 **socst**，而非 **read**、**write** 和 **math**，此時的指令輸入如下：

```
. replace total = read + write + socst
```

另一方面，我們還可以將變數 **total** 表示成以等級 (A、B、C、D and F) 的形式。指令如下：

```
.  generate grade = total
.  recode grade 0/80=0 80/110=1 110/140=2 140/170=3 170/300=4
* 新建一個 value label 叫 abcdf
.  label define abcdf 0 "F" 1 "D" 2 "C" 3 "B" 4 "A"
* 將 value label 叫 abcdf，套用在 grade 變數身上
.  label values grade abcdf
```

為了記憶變數的意義為何，我們還可以利用 note 的方式來記錄變數。指令如下：

```
.  notes race  :  values of race coded as 5 were recoded to be missing
* ( 叫出 note 的指令 )
.  notes
```

另外，介紹一些利用公式來產生變數的指令。

```
* std() 求 read 之標準化 z 分數，並存至 zread 新變數
.  egen zread = std(read)
* 求出 zread 新變數之描述統計
.  summarize zread
* 列出 zread 新變數之 1-10 筆觀察值
.  list read zread in 1/10
* 以 ses 排序之後，mean() 再求 read 之平均數，並存至 rmean 新變數
.  egen rmean = mean(read), by(ses)
.  list read ses rmean in 1/10
.  egen mread = median(read), by(prog)
.  list read prog mread in 1/10
```

最後，我們可以將以上的執行結果儲存下來。指令如下：

```
* ( 存成另一個檔 )
.  save sample1-5
* ( 取代原來的 sample4-1 )
.  save sample1-4
```

label data	Apply a label to a data set
order	Order the variables in a data set
label variable	Apply a label to a variable
generate	Creates a new variable
replace	Replaces one value with another value
recode	Recode the values of a variable
Label values	Apply value labels to a variable
label define	Define a set of a labels for the levels of a categorical variable
notes	Apply notes to the data file
egen	Extended generate - has special functions that can be used when creating a new variable
save	Store the dataset currently in memory on disk in Stata data format

1-2-4 管理資料 (Managing data)

在本節中，我們將進一步介紹如何將資料作一些特殊的處理，例如：保留所欲分析的資料、刪除多餘的資料或是將兩份資料結合等等。

假設我們只想針對部分的資料進行處理，而又想保留原始資料時，則有以下兩種方法可進行：

1. 另存新檔：亦即將所欲分析的部分資料儲存在另一個檔案中。例如：我們只針對 read 成績大於或是等於 60 分的學生進行分析，則可利用下面的指令來篩選。

```
* 只保留 read>= 60 的觀察值
keep if read >= 60
summarize
save sample1-6
```

Note：當只要保留某些變數時 (其餘刪除)，則利用指令 keep。例如：keep read write。

2. 直接處理：亦即在原始資料上進行分析。承上例，指令輸入如下：

```
preserve
drop if read < 60
summarize
restore
```

Note：若要刪除某些變數時，則利用指令 drop。例如：drop read write。

接下來，我們介紹如何將兩資料檔「sample_1、sample_2」合併在一起。資料的結合主要可以分為兩種，水平合併和垂直合併。前者是指變數的增加；後者則是指樣本數的增加。說明如下：

(1) 水平合併

```
use sample_1.dta
append using sample_2.dta
```

(2) 垂直合併

```
use sample_1.dta
sort id
save sample_1.dta, replace
use sample_2.dta, clear
sort id
save , replace
use sample_1.dta
merge id using sample_2.dta
```

Note：在垂直合併前要記得先 **sort**。

最後，我們將資料修改的相關指令整理成下表。

keep if	Keep observations if condition is met
drop if	Drop observations if condition is met

keep	Keep variables(dropping others)
drop	Drop variables(keeping others)
append using	Append a data file to current file
sort	Sort observations
merge	Merge a data file with current file

由上述可知，Stata 在使用上眞的相當方便、容易，尤其對於初學者而言，更是一個相當值得推薦的套裝軟體。最後，整理一些 Stata 的相關網站以供參考：

http://www.ats.ucla.edu/stat/Stata/default.htm

http://www.Stata.com/

http://www.princeton.edu/~erp/Stata/main.html

1-2-5 運算子 (Operators)、日期格式

一、運算子的語法

算術運算子Arithmetic	Logical運算子	關係Relational運算子
+ addition	& and	> greater than
- subtraction	| or	< less than
* multiplication	! not	>=> or equal
/ division	~ not	<=< or equal
^ power		== equal
- negation		!= not equal
+ string concatenation		~= not equal

1. A double equal sign (==) is used for equality testing.
2. The order of evaluation (from first to last) of all operators is ! (or ~), ^, - (negation), /, *, - (subtraction), +, != (or ~=), >, <, <=, >=, ==, &,and |.

例如：

```
. sysuse auto
. generate weight2 = weight^2
. count if rep78 > 4
. count if rep78 > 4 & weight < 3000
. list make if rep78 == 5 | mpg > 25
```

二、日期格式

Stata 日期格式「%d dates」，是從「January 1, 1960」開始計數，期間是：1
單位、日、週、月、年。

0	corresponds to	01Jan1960
1	corresponds to	02Jan1960
2	corresponds to	03Jan1960
3	corresponds to	04Jan1960
15000	corresponds to	25Jan2001
-1	corresponds to	31Dec1959

1-3 外掛的命令檔 ado：Stata 外掛的 Package

Stata 外掛指令 (*.ado) 非常眾多，如下圖所示，包括：FITSTAT，sg103，
effectsize，rsquare…等。

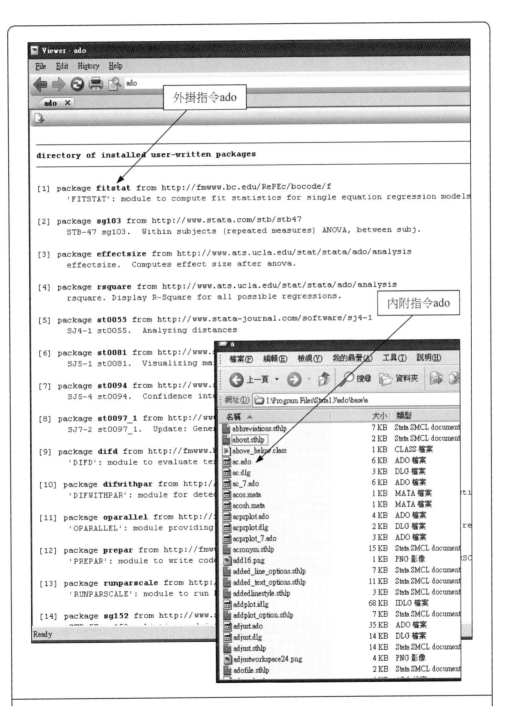

圖 1-14　**Stata** 外掛指令檔 **ado** 之種類 (及內附指令檔 **ado)**

如何安裝 Stata 外掛之 Package(各 *.ado 檔)

只要是 Stata 合法版，你都可以用「 findit 某某 Package」指令來 download 此指令檔「*.ado 檔」。例如，「 findit prgen」指令 download 此「**pr**gen.ado」檔，系統內定將它存在「c:\ C:\ado\plus\ 某資料夾」，即下圖之「p」資料夾係存「**pr**gen.ado」p 開頭之 Package。

值得一提的是，若 download 此「*.ado」檔之後，Stata 仍無法執行該指令，你可用「檔案總管」將它 copy 到你「工作資料夾」(你可 copy 本書所附資料檔到硬碟之資料夾，例如「c:\Stata 範例 dta file」)，再執行它。

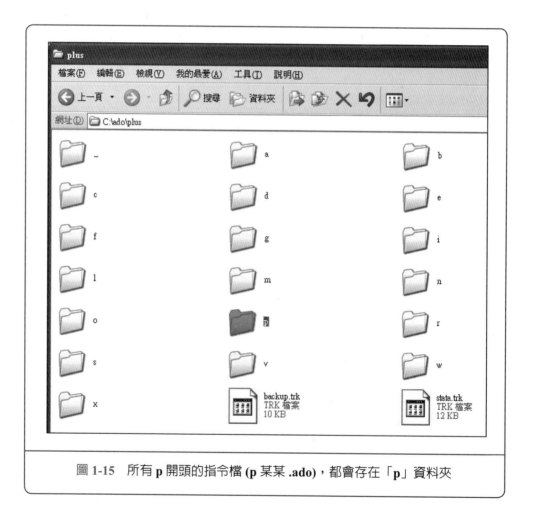

圖 1-15　所有 **p** 開頭的指令檔 **(p** 某某 **.ado)**，都會存在「**p**」資料夾

1-4 線上擷取「美國聯邦準備理事會 FRED」資料庫

1-4-1 擷取美國最新「定存利率」資料庫

例如，你若要使用美國聯邦準備理事會 FRED(Federal Reserve Economic Database) 最新即時的資料庫之前，你可「findit freduse」來外掛 freduse 指令，或線上抓取「ssc install freduse」。例如：「freduse GS1M CPN3M GS5」即可抓取「GS1M CPN3M GS5」這三個時間序列，分別代表美國之「5-Year Treasury Constant Maturity Rate」、「3-Month AA Nonfinancial Commercial Paper Rate」、「1-Month Treasury Constant Maturity Rate」數據。有關美國 Federal Reserve Economic Data 的各項數據，請自行上網查：http://research.stlouisfed.org/fred2/；其中，ssc 指令係 Boston 大學有提供許多 Statistical Software Components 之 package。

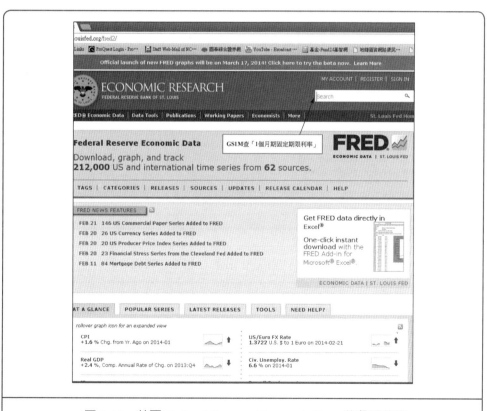

圖 1-16   美國 Federal Reserve Economic Data 的各項數據

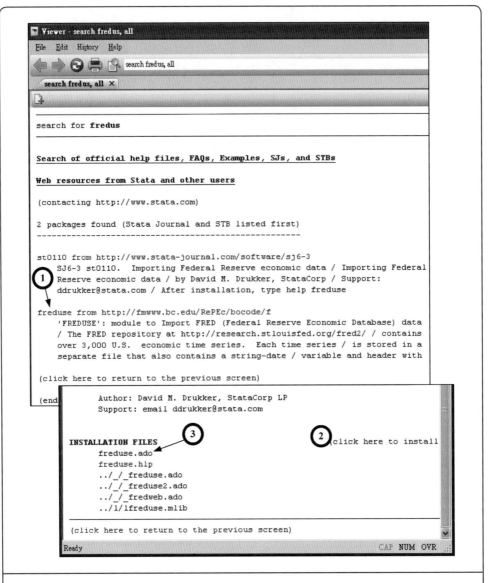

圖 1-17　外掛 **findit freduse** 指令之畫面

1-4-2 擷取美國「原油價格、道瓊、Chicago 玉米指數、恐慌指數」資料庫

假設你提出迴歸模型為：

$$\boxed{原油價格 = \beta_0 + \beta_1 \times 玉米指數 + \beta_2 \times 恐慌指數 + \beta_3 \times 道瓊指數}$$

那你就需要這 4 個變數之原始數據。Stata 可讓你直接擷取美國聯邦理事會之即時資料庫數據，http://research.stlouisfed.org/fred2/，但你要事先查詢這欄位之代碼。代碼查詢程序如下：

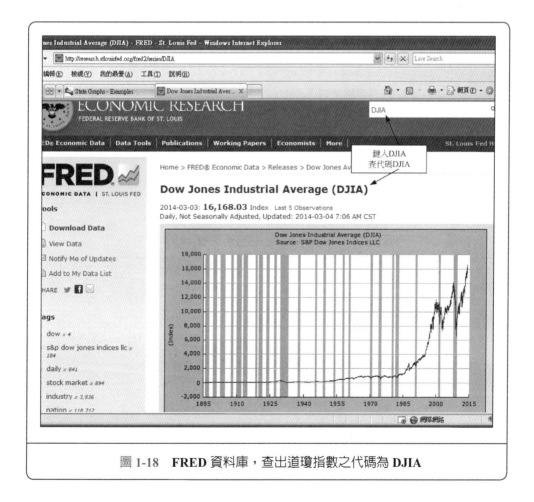

圖 1-18　FRED 資料庫，查出道瓊指數之代碼為 DJIA

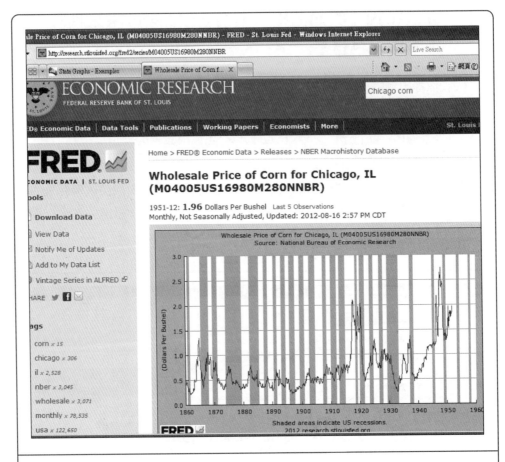

圖 1-19　FRED 資料庫，查出 Chicago 玉米指數之代碼為
M04005US16980M280NNBR(美元 ／ Bushel)

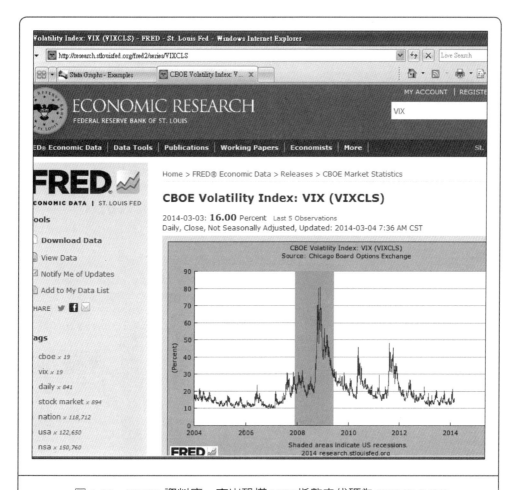

圖 1-20　FRED 資料庫，查出恐慌 VIX 指數之代碼為 VIXCLS (%)

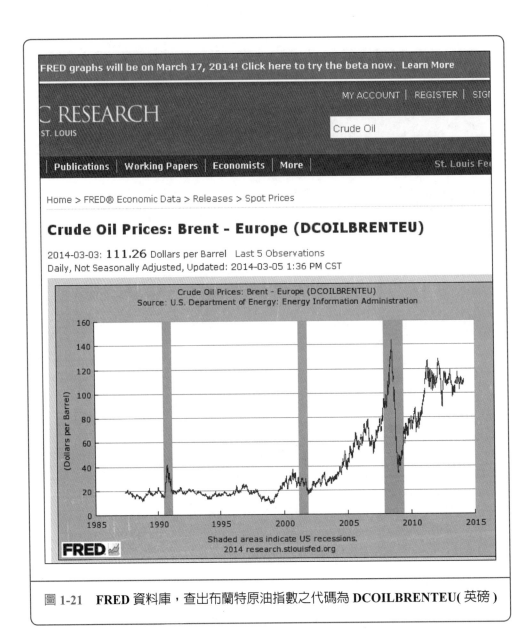

圖 1-21　　**FRED** 資料庫，查出布蘭特原油指數之代碼為 **DCOILBRENTEU**(英磅)

　　查出上述 4 個變數 (原油價格、玉米指數、恐慌指數、道瓊指數) 對應之代碼為 (DCOILBRENTEU、M04005US16980M280NNBR、VIXCLS、DJIA)，再使用 freduse 外掛指令，直接擷取這 4 個變數。

```
. freduse DCOILBRENTEU M04005US16980M280NNBR VIXCLS DJIA, clear
```

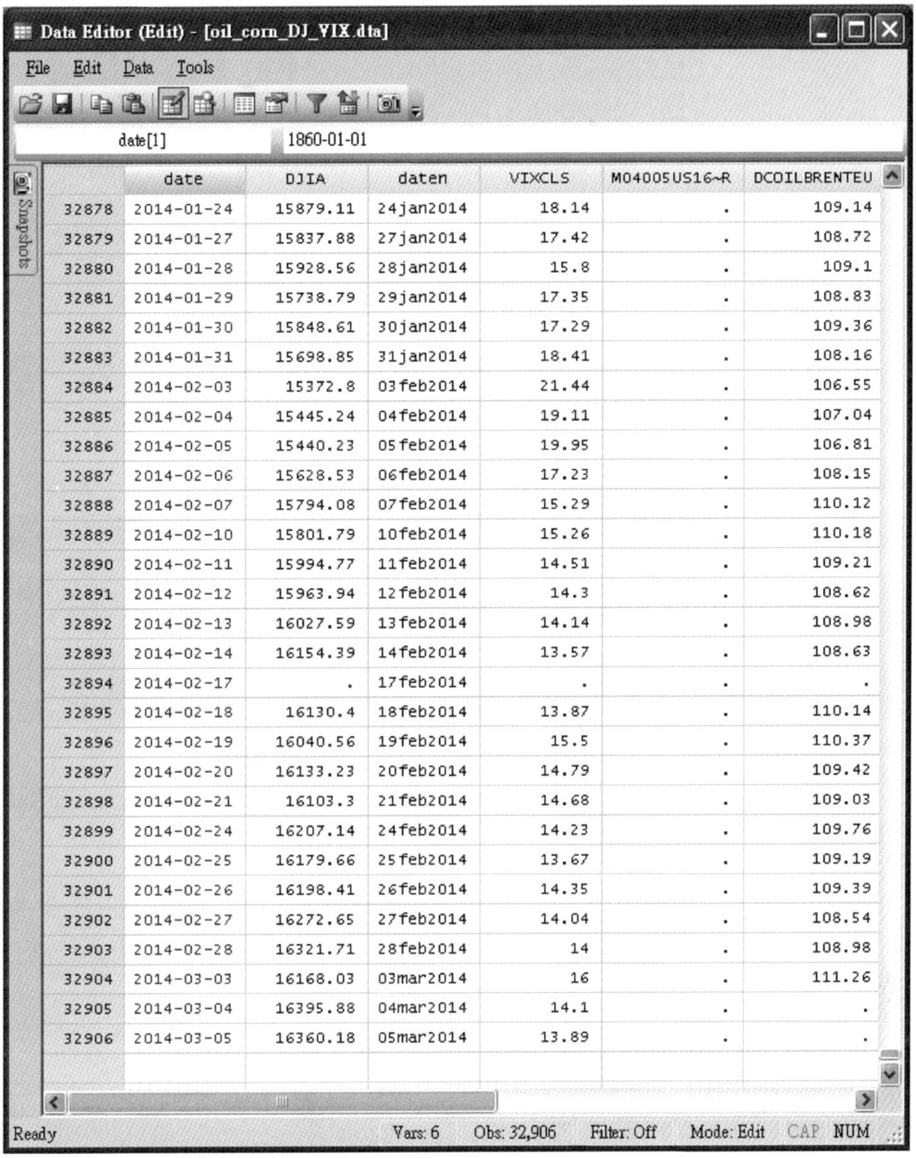

Data Editor (Edit) - [oil_corn_DJ_VIX.dta]

File Edit Data Tools

date[1] 1860-01-01

	date	DJIA	daten	VIXCLS	M04005US16~R	DCOILBRENTEU
32878	2014-01-24	15879.11	24jan2014	18.14	.	109.14
32879	2014-01-27	15837.88	27jan2014	17.42	.	108.72
32880	2014-01-28	15928.56	28jan2014	15.8	.	109.1
32881	2014-01-29	15738.79	29jan2014	17.35	.	108.83
32882	2014-01-30	15848.61	30jan2014	17.29	.	109.36
32883	2014-01-31	15698.85	31jan2014	18.41	.	108.16
32884	2014-02-03	15372.8	03feb2014	21.44	.	106.55
32885	2014-02-04	15445.24	04feb2014	19.11	.	107.04
32886	2014-02-05	15440.23	05feb2014	19.95	.	106.81
32887	2014-02-06	15628.53	06feb2014	17.23	.	108.15
32888	2014-02-07	15794.08	07feb2014	15.29	.	110.12
32889	2014-02-10	15801.79	10feb2014	15.26	.	110.18
32890	2014-02-11	15994.77	11feb2014	14.51	.	109.21
32891	2014-02-12	15963.94	12feb2014	14.3	.	108.62
32892	2014-02-13	16027.59	13feb2014	14.14	.	108.98
32893	2014-02-14	16154.39	14feb2014	13.57	.	108.63
32894	2014-02-17	.	17feb2014	.	.	.
32895	2014-02-18	16130.4	18feb2014	13.87	.	110.14
32896	2014-02-19	16040.56	19feb2014	15.5	.	110.37
32897	2014-02-20	16133.23	20feb2014	14.79	.	109.42
32898	2014-02-21	16103.3	21feb2014	14.68	.	109.03
32899	2014-02-24	16207.14	24feb2014	14.23	.	109.76
32900	2014-02-25	16179.66	25feb2014	13.67	.	109.19
32901	2014-02-26	16198.41	26feb2014	14.35	.	109.39
32902	2014-02-27	16272.65	27feb2014	14.04	.	108.54
32903	2014-02-28	16321.71	28feb2014	14	.	108.98
32904	2014-03-03	16168.03	03mar2014	16	.	111.26
32905	2014-03-04	16395.88	04mar2014	14.1	.	.
32906	2014-03-05	16360.18	05mar2014	13.89	.	.

Ready Vars: 6 Obs: 32,906 Filter: Off Mode: Edit CAP NUM

圖 1-22 「oil_corn_DJ_VIX.dta」資料檔內容 (variables=6, N=32906)

1-4-3 擷取美國「教師人數、實質個人消費金額、就業率」資料庫

假設你提出迴歸模型為：

教師人數需求 $= \beta_0 + \beta_1 \times$ 實質個人消費金額 $+ \beta_2 \times$ 全國總人口數 $+ \beta_3 \times$ GDP $+ \beta_4 \times$ 失業週數

那你就需要這 5 個變數之原始數據。Stata 可讓你直接擷取美國聯邦理事會之即時資料庫數據，但你要事先查詢這欄位之代碼。代碼查詢程序如下：

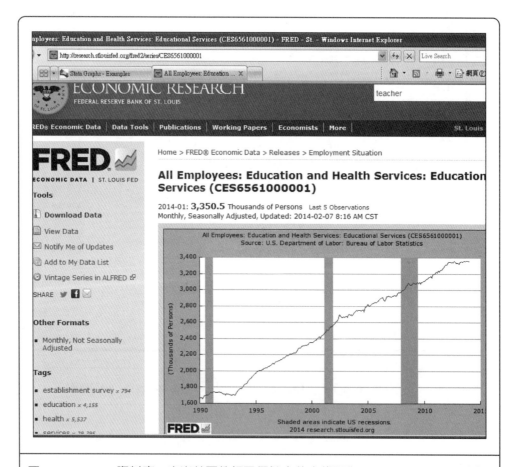

圖 1-23　FRED 資料庫，查出美國教師及保健人數之代碼為 **CES6561000001**(千人)

註：http://research.stlouisfed.org/fred2/

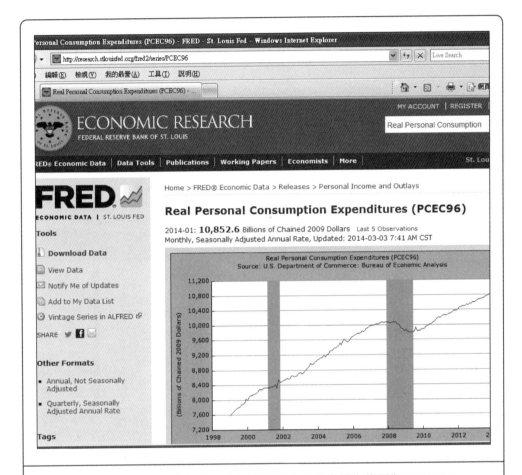

圖 1-24 FRED 資料庫，查出實質個人消費金額之代碼為 PCEC96

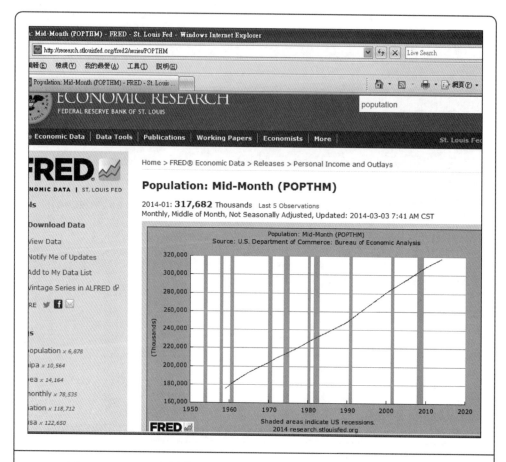

圖 1-25　FRED 資料庫，查出全國總人數之代碼為 POPTHM(千人)

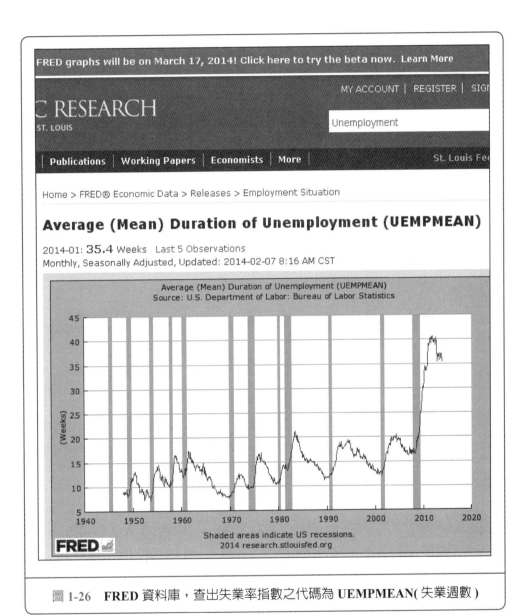

圖 1-26　**FRED** 資料庫，查出失業率指數之代碼為 **UEMPMEAN(** 失業週數 **)**

　　查出上述 5 個變數 (教師人數、實質個人消費金額、全國總人口數、GDP、失業週數) 對應之代碼 (EMRATIO、CES6561000001、POPTHM、GDPC1、UEMPMEAN)，利用 freduse 指令，即可線上擷取 FRED 資料庫。

```
. freduse EMRATIO CES6561000001 POPTHM GDPC1 UEMPMEAN, clear
```

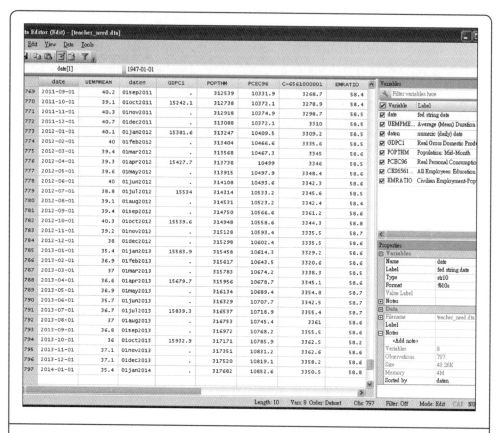

圖 1-27 「**teacher_need.dta**」資料檔內容 (**variables=8 , N=797**)

1-4-4 擷取美國「學生學貸、失業率、家庭收入 Gini 比、通貨膨脹 CPI、全美國總人口數」資料庫

假設你提出迴歸模型為：

學生貸款 $= \beta_0 + \beta_1 \times$ 家庭收入 Gini 比 $+ \beta_2 \times$ 平均失業期 $+ \beta_3 \times$ 消費者物價指數 $+ \beta_4 \times$ 全美國總人口數

那你就需要這 5 個變數之原始數據。Stata 允許你直接擷取美國聯邦理事會之即時資料庫數據，但你要事先查詢這欄位之代碼。代碼查詢程序如下：

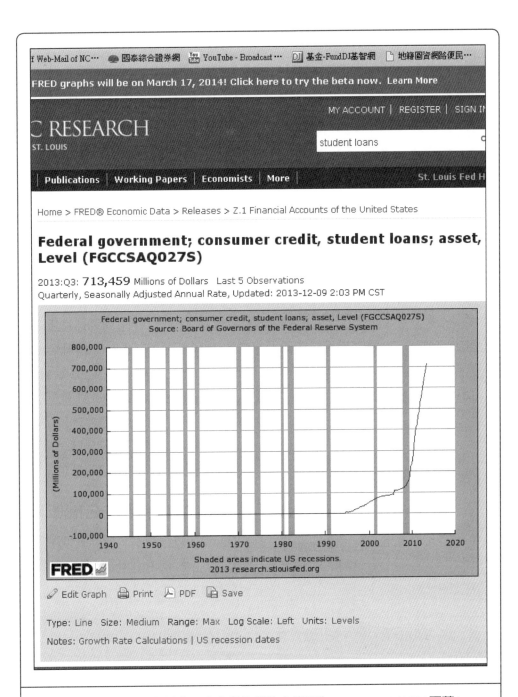

圖 1-28　　FRED 資料庫，查出學生貸款之代碼為 FGCCSAQ027S(百萬)

註：http://research.stlouisfed.org/fred2/

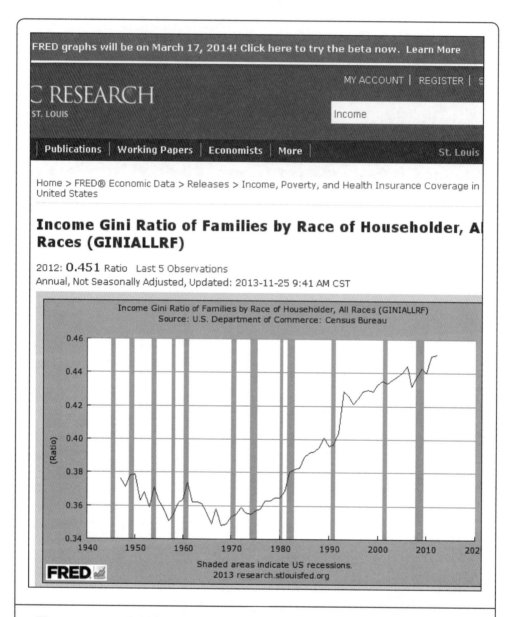

圖 1-29　FRED 資料庫，查出家庭收入 Gini 比之代碼為 GINIALLRF(Gini 比)

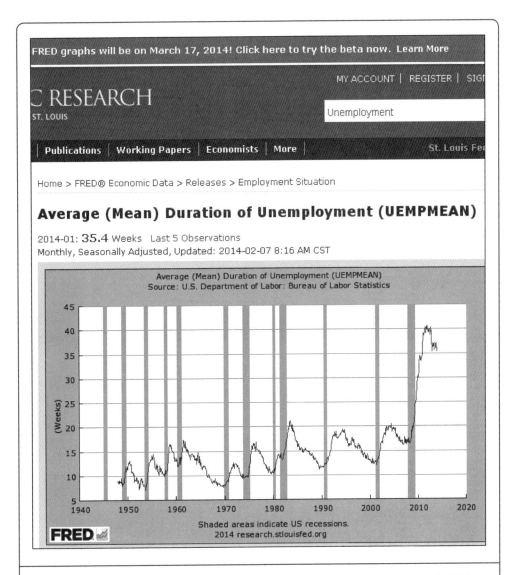

圖 1-30　FRED 資料庫，查出失業平均期間之代碼為 UEMPMEAN(平均週數)

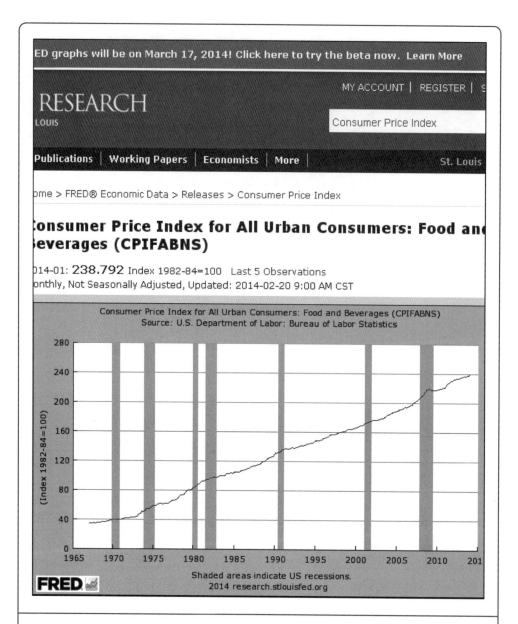

圖 1-31 FRED 資料庫，查出消費者物價指數之代碼為 **CPIFABNS(Index 1982-84= 100)**

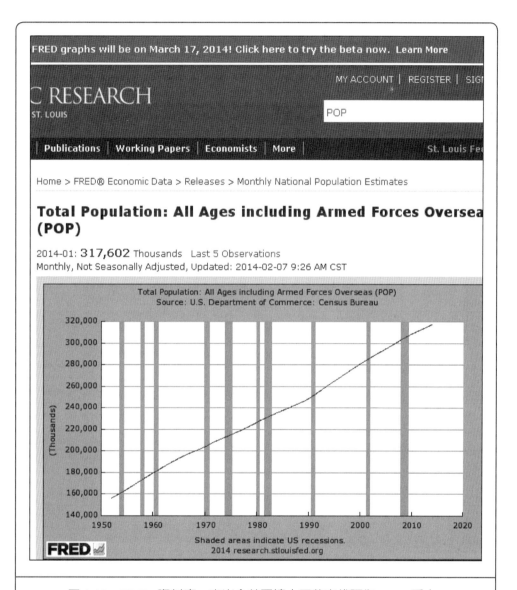

圖 1-32　FRED 資料庫，查出全美國總人口數之代碼為 POP(千人)

查出上述五個變數 (學生貸款、家庭收入 Gini 比、平均失業期、消費者物價指數、全美國總人口數) 對應之代碼 (FGCCSAQ027S、GINIALLRF、UEMPMEAN、CPIFABNS 、POP)，利用 freduse 指令，即可線上擷取 FRED 資料庫。

```
. freduse FGCCSAQ027S GINIALLRF UEMPMEAN CPIFABNS POP, clear
```

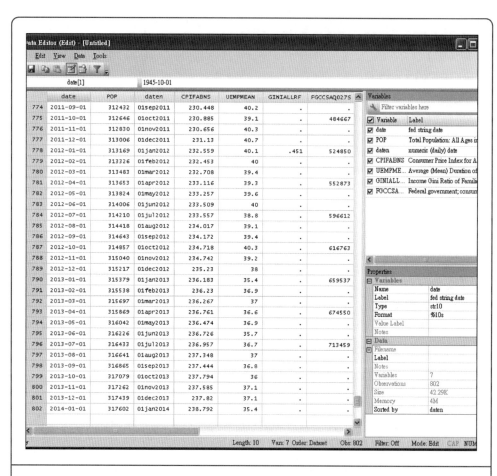

圖 1-33 「**student_loans.dta**」資料檔內容 **(variables=7 , N=802)**

1-5 Stata Graph

1-5-1 Stata Graph 類型

（一）Stata Graph 類型之畫面

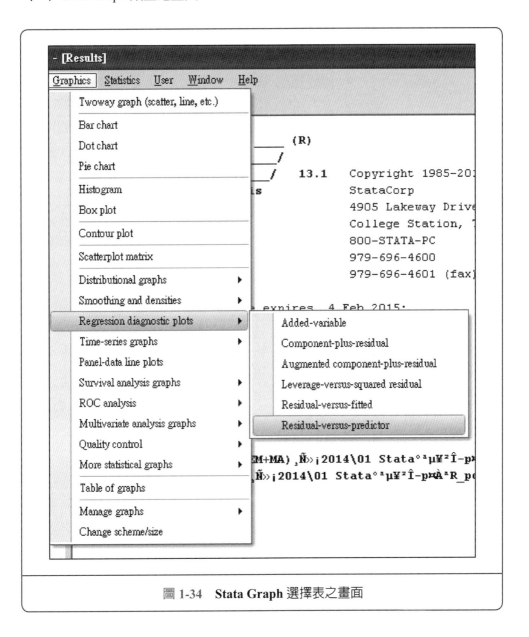

圖 1-34 **Stata Graph** 選擇表之畫面

（二） Stata「Graphics」可繪出之圖型類型

　　本書受限於篇幅，在此僅簡單介紹「Stata Graphics 指令」常見圖形 (如下圖)，你可仿照它的指令來畫圖。有關 Stata 畫圖之補充，亦會在各章節中特別「量身訂做」來介紹。

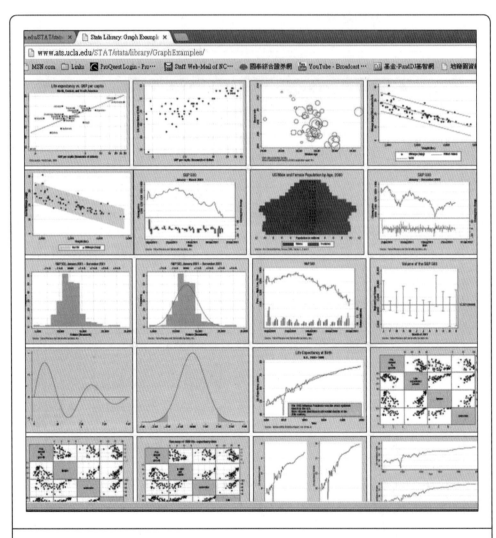

圖 1-35　**Stata「Graphics」可繪出之圖型 I**

註：http://statistics.ats.ucla.edu/stat/Stata/library/GraphExamples/
　　此網站都有提供，畫各種圖形之參考指令。

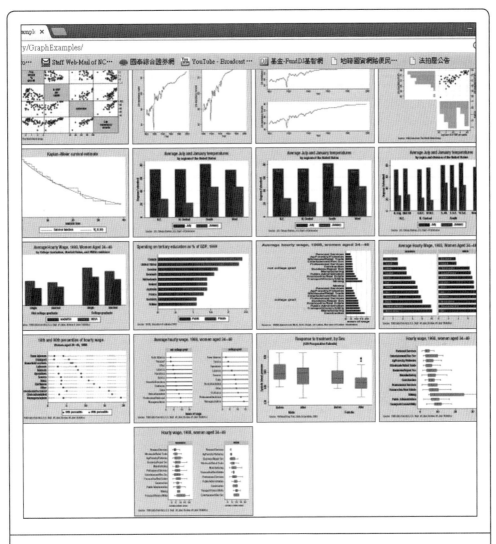

圖 1-36　Stata「**Graphics**」可繪出之圖型 **II**

註：http://statistics.ats.ucla.edu/stat/Stata/library/GraphExamples/

1-5-2 Stata Graph 之實作

以下指令所畫之 Stata Graph，許多係以下圖「auto.dta」內容為分析資料檔。

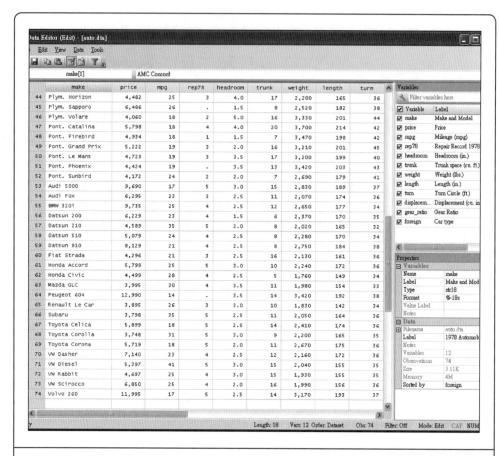

圖 1-37 「**auto.dta**」資料檔之內容 **(12 變數 , N=74 輛車)**

一、繪連續變數 (mpg 耗油率) 平均數在類別變數「1978 年維修記錄次數 (rep78)」上之 bar 圖

```
sysuse auto, clear
* 畫 mpg 平均數 bar 圖，X 軸為類別變數 rep78
graph bar (mean) mpg, asyvarsover (rep78) title (Mean MPG for rep78) legend (on
rows(1))
```

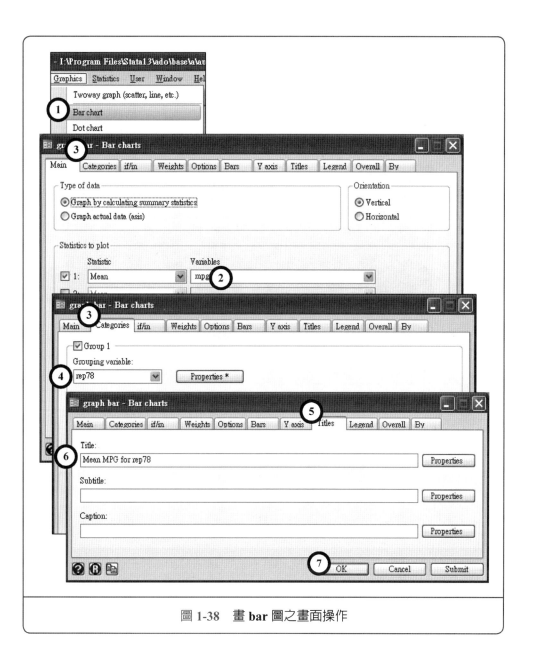

圖 1-38　畫 **bar** 圖之畫面操作

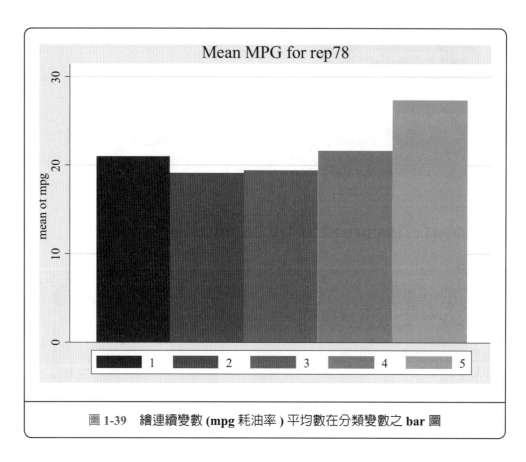

圖 1-39　繪連續變數 **(mpg** 耗油率 **)** 平均數在分類變數之 **bar** 圖

顯示汽車維修記錄愈多次，平均耗油率就愈高。

二、連續變數之直方圖上面再加常態分配線

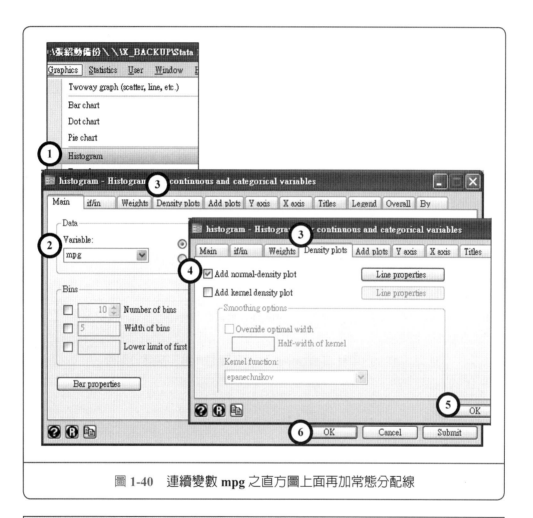

圖 1-40　連續變數 **mpg** 之直方圖上面再加常態分配線

```
* 開啟系統內附之 auto.dta 資料檔，並清空舊資料檔
. sysuse auto, clear
* (1978 Automobile Data)
* 畫直方圖，再加上 normal 線
. histogram mpg, normal
```

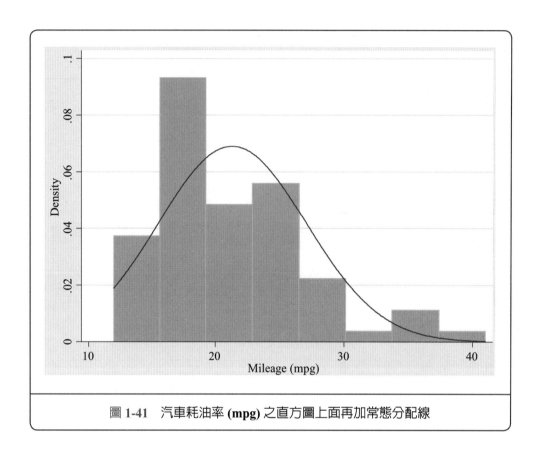

圖 1-41 汽車耗油率 (mpg) 之直方圖上面再加常態分配線

三、Bar 圖上面再加平均線

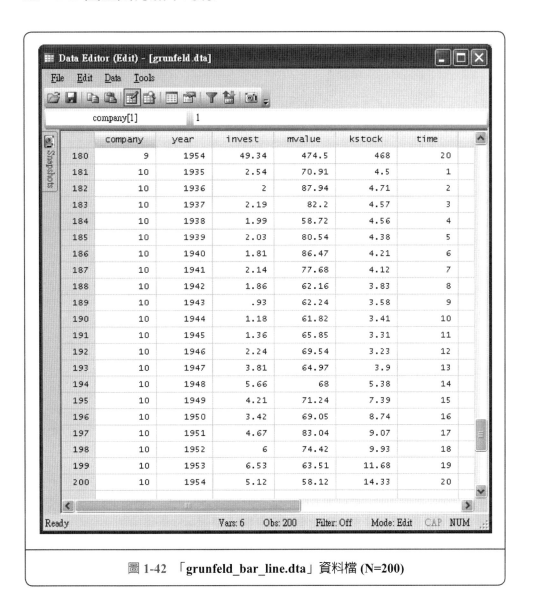

圖 1-42 「**grunfeld_bar_line.dta**」資料檔 (**N=200**)

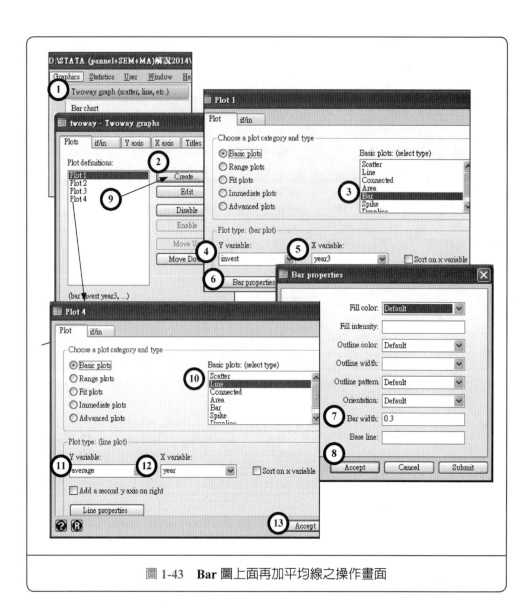

圖 1-43　**Bar** 圖上面再加平均線之操作畫面

```
* 美國 Stata 網站，線上擷取 grunfeld.dta 資料檔
. webuse grunfeld, clear

*n=200, 只保留第 1 家 company 之觀察值 (n=20)
. keep if company == 1

* 只保留 year < 1945 的觀察值 (n=10)
. keep if year < 1945

* 產生新變數 year2、year3、average
. generate year2 = year + 0.3
. generate year3 = year - 0.3
. generate average =(invest + mvalue + kstock) / 3

* 畫 3 個 bar 圖、1 個 line 圖
. twoway ( bar invest year3, barwidth(0.3))(bar mvalue year, barwidth(0.3))(bar
. kstock year2, barwidth(0.3))(line average year)
```

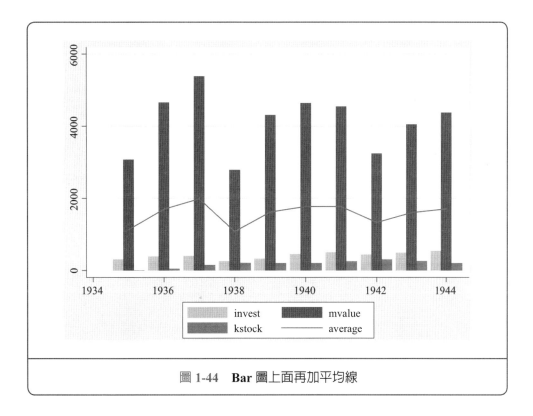

圖 1-44　**Bar** 圖上面再加平均線

四、畫二個連續變數 y vs. x 之散布圖

```
*清除資料檔內容
. clear
*開啟 auto.dta 資料檔
. sysuse auto, clear
(1978 Automobile Data)
*變數變換：y
. gen y=(price-5000)/1000
*變數變換：x
. gen x=mpg-20
*X軸刻度
. local x `"||scatteri 0 -10 "-10" 0 10 "10" 0 20 "20","'
. local x `"`x' mlabpos(6) mlabsize(*1.25)"'
. local x `"`x' msymbol(none)mlabcolor(black)"'
. local x `"`x'||scatteri 0 -10 "|" 0 10 "|" 0 20 "|" ,"'
. local x `"`x' mlabpos(0) msymbol(none)mlabcolor(black)"'
. local y `"||scatteri -3 0 "-3" 3 0 "3" 6 0 "6" 9 0 "9","'
. local y `"`y' mlabpos(9) mlabsize(*1.25)"'
. local y `"`y' msymbol(none)mlabcolor(black)"'
. local y `"`y'||scatteri -3 0 "_" 3 0 "_" 6 0 "_" 9 0 "_","'
. local y `"`y' mlabpos(0) msymbol(none)mlabcolor(black)"'
. local ax "yli(0,lc(black) lw(thin)) xli(0,lc(black) lw(thin))"
. local ax `"`ax' ysc(off) xsc(off) leg(off)"'
*畫 y x 二個連續變數之散布圖
. scatter y x ,`ax'`x'`y' scheme(s2mono) graphr(fc(white)) yla(,nogrid)
```

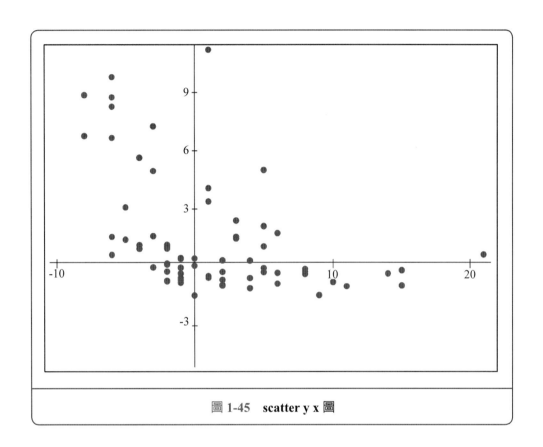

圖 1-45　**scatter y x** 圖

五、繪五個類型（汽車維護次數）在二個連續變數之散布圖

仍以「auto.dta」資料檔為例。

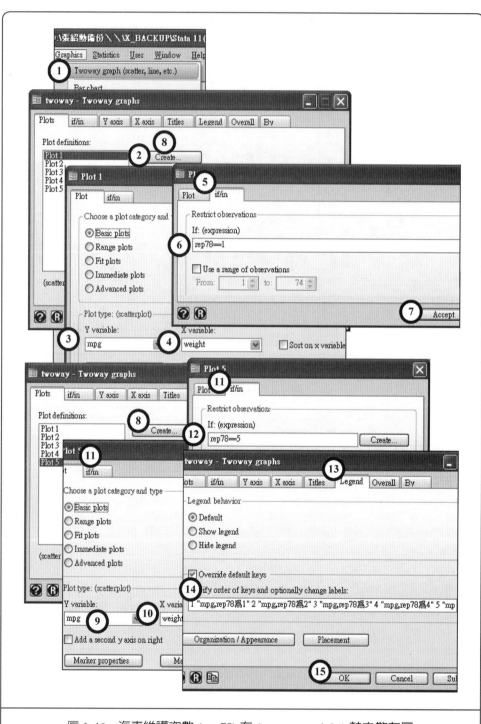

圖 1-46　汽車維護次數 (rep78) 在 (mpg vs. weight) 軸之散布圖

```
. twoway (scatter mpg weight if rep78==1 )(scatter mpg weight if rep78==2)
(scatter mpg weight if rep78==3 )(scatter mpg weight if rep78==4 )(scatter
mpg weight if rep78==5 ), legend (order (1 "mpg,rep78 為1" 2 "mpg,rep78 為2"
3 "mpg,rep78 為3" 4 "mpg,rep78 為4" 5 "mpg,rep78 為5"))
```

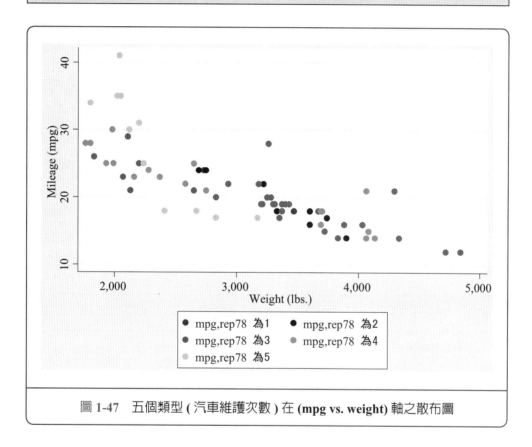

圖 1-47　五個類型 (汽車維護次數) 在 (mpg vs. weight) 軸之散布圖

六、繪 mpg(耗油率)vs. 車體重量 (weight) 之 histogram 圖，加上線性圖

仍以「auto.dta」資料檔為例。

```
sysuse auto, clear
twoway (histogram mpg, width(5) yscale(altaxis(1)))(line weight mpg, yaxis(2)
yscale(alt axis(2)) sort)
```

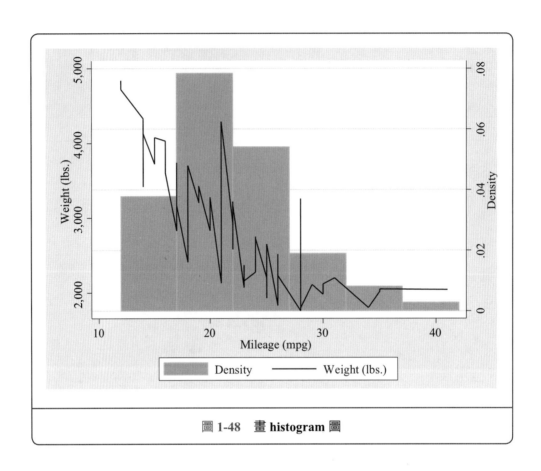

圖 1-48 畫 **histogram** 圖

七、繪汽車價格 (price) 密度之 line 及 area 分布圖

```
sysuse auto, clear

summarize price, mean
* Macro 指令 local 的定義公式，將 summarize 求出的 mean
*r(scalars) 至 mean 變數
local mean = r(mean)
* generate(newvar_x newvar_d) 存估計點至 newvar_x 及 density 至 newvar_d 變數
kdensity price, gen(x h)
*繪汽車價格 (price) 密度之 line 及 area 分布圖（若 x<平均數時）
line h x, || area h x if x < `mean'
```

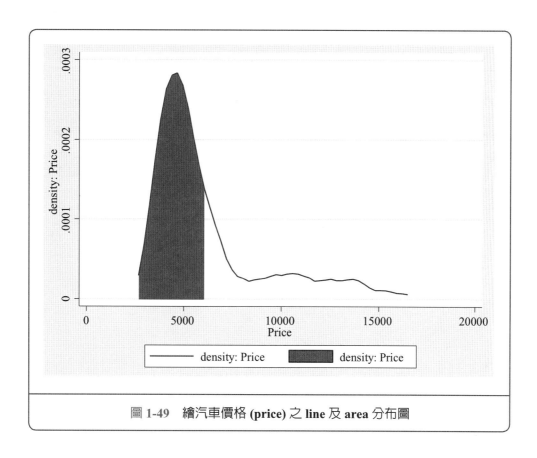

圖 1-49　繪汽車價格 (price) 之 line 及 area 分布圖

八、繪連續變數「美國銀行貸款率 (MPRIME)」之時間序列圖

要使用美國 FRED(Federal Reserve Economic Database) 最新即時的資料庫之前，你可「findit freduse」來外掛 freduse 指令，或線上抓取「ssc install freduse」。例如：「 freduse GS1M CPN3M GS5」即可抓取「GS1M CPN3M GS5」這三個時間序列，分別代表美國之「5-Year Treasury Constant Maturity Rate」、「3-Month AA Nonfinancial Commercial Paper Rate」、「1-Month Treasury Constant Maturity Rate」數據。有關美國 Federal Reserve Economic Data 的各項數據，請自行上網查：http://research.stlouisfed.org/fred2/。

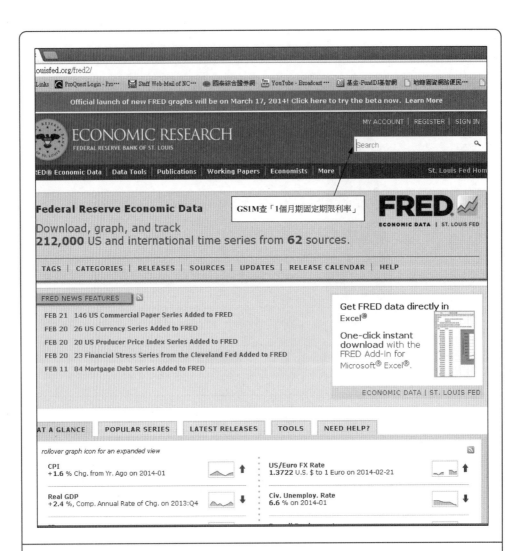

圖 1-50　美國 Federal Reserve Economic Data 的各項數據

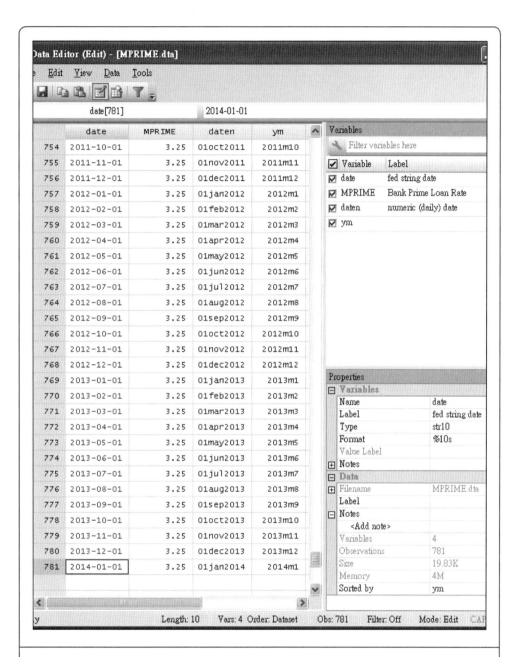

圖 1-51 「**MPRIME.dta**」資料檔之內容 (即時最新內容，至 **2014-01-01**)

```
* ssc -- Install and uninstall packages from SSC
* 'FREDUSE': module to Import FRED(Federal Reserve Economic Database) data
*/ The FRED repository at http://research.stlouisfed.org/fred2/ / contains
*over 3,000 U.S. economic time series.Each time series / is stored in a
*separate file that also contains a string-date / variable and header with

* 線上抓取程式 ssc
. ssc install freduse, replace
* 以外掛指令 freduse，抓取美國聯邦「即時最新」資料檔之 MPRIME 變數
freduse MPRIME, clear
* 產生新變數 ym 格式（見上圖之資料檔）
. generate ym = mofd(daten)
* 設定 time series，以月為單位
. tsset ym, monthly

* tsline 繪 time-series 圖。
. twoway tsline MPRIME if tin(1970m1,1990m1), xlabel(,format(%tm)) lstyle(p1)
```

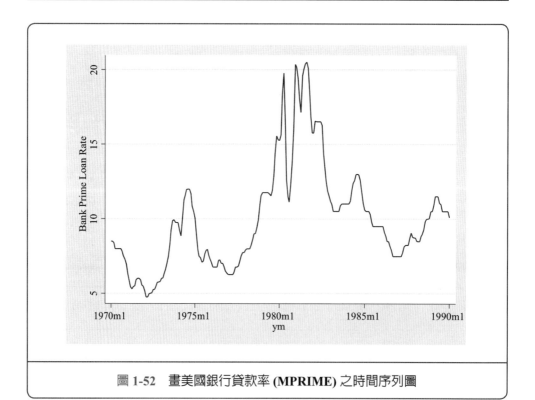

圖 1-52 　畫美國銀行貸款率 (MPRIME) 之時間序列圖

九、繪 OLS 迴歸線及散布圖

```
＊先執行迴歸，系統會暫存最近一次之迴歸係數等估計值
. regress mpg weight
＊求迴歸預測值，並存到 y_hat 變數
. predict y_hat
＊用 scatte 畫散布圖, line 畫迴歸線
. twoway (scatter mpg weight in 1/-2)(line y_hat weight)
```

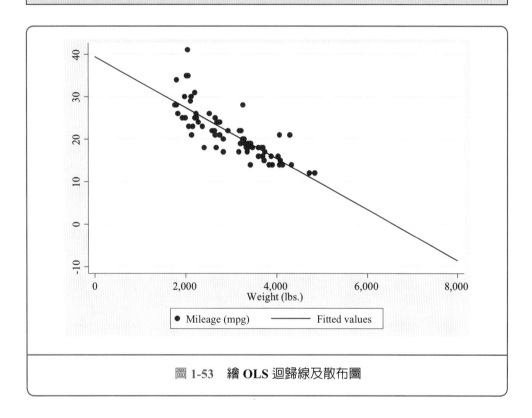

圖 1-53　繪 OLS 迴歸線及散布圖

十、迴歸線上面再加 95%CI 線

```
. sysuse auto, clear
. quietly regress mpg weight

＊最近一次迴歸之預測值，存至 hat 變數
. predict hat
＊最近一次迴歸之「standard error of the prediction」，存至 stf 變數
. predict stf, stdf
```

```
*新產生「預測 95%CI」兩變數 lo,hi
. gen lo = hat - 1.96*stf
. gen hi = hat + 1.96*stf

*繪 1 個散布圖，3 條線性圖
. twoway (scatter mpg weight)(line hat weight)(line lo weight)(line hi
weight), ytitle(mpg Low/Fitted/ High)
```

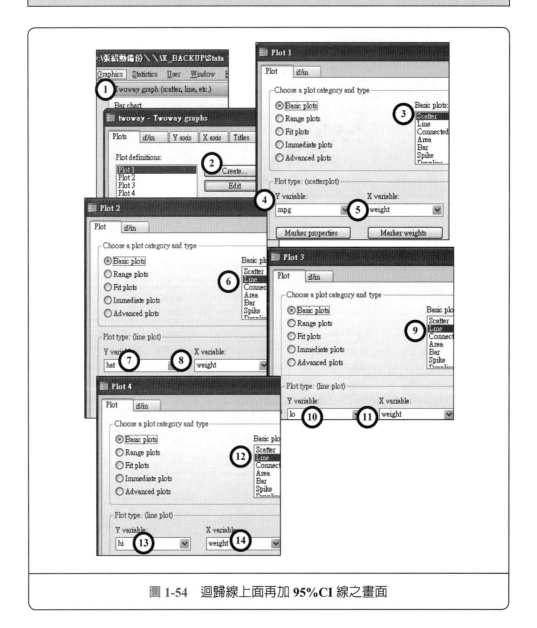

圖 1-54　迴歸線上面再加 95%CI 線之畫面

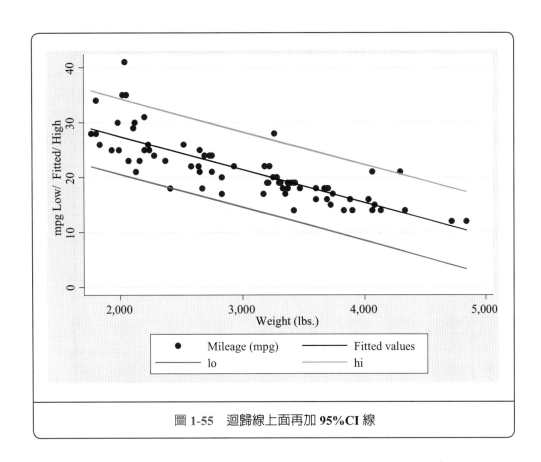

圖 1-55 迴歸線上面再加 **95%CI** 線

十一、繪多條之線性圖

仍以「auto.dta」資料檔爲例。

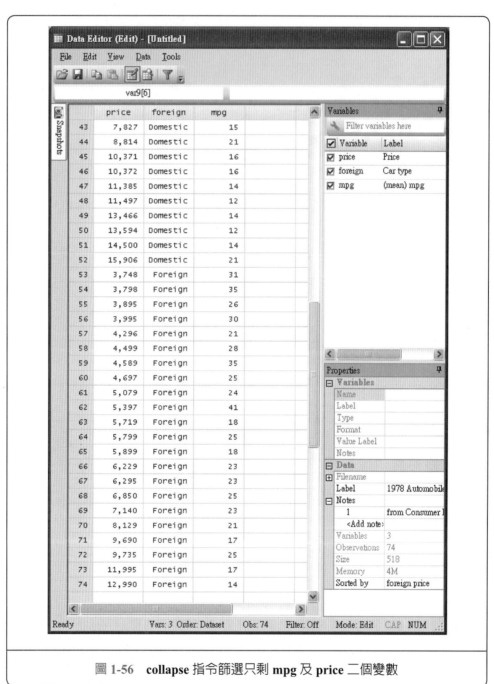

圖 1-56　**collapse** 指令篩選只剩 **mpg** 及 **price** 二個變數

　　繪不同品牌來源國 (foreign)，油耗率 mpg(連續變數) 對汽車價格 price 之複線圖。

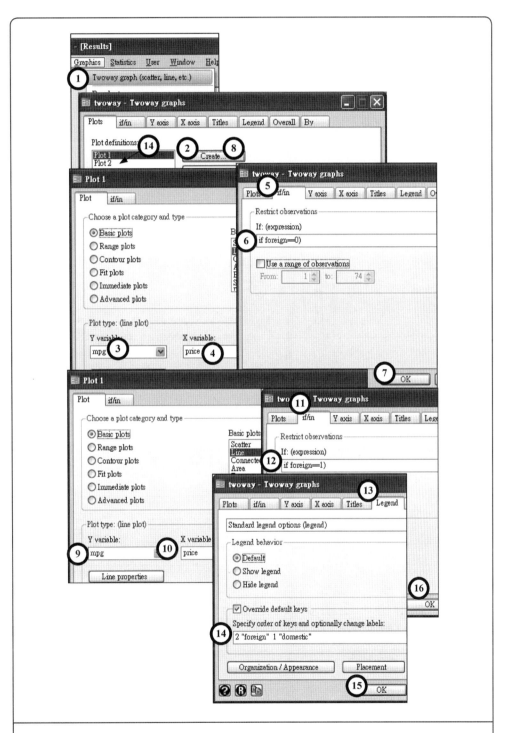

圖 1-57　不同來源國 (foreign)，油耗率 (mpg) 對汽車價格 (price) 的複線圖之畫面

```
. sysuse auto, clear
* 初始資料檔 auto.dta 有 12 個變數，collapse 指令篩選只剩 mpg 及 price 二個變數。
. collapse (mean) mpg , by(for price)

. twoway (line mpg price if foreign==0)(line mpg price if foreign==1),
  legend (order(2 "foreign"1 "domestic"))
```

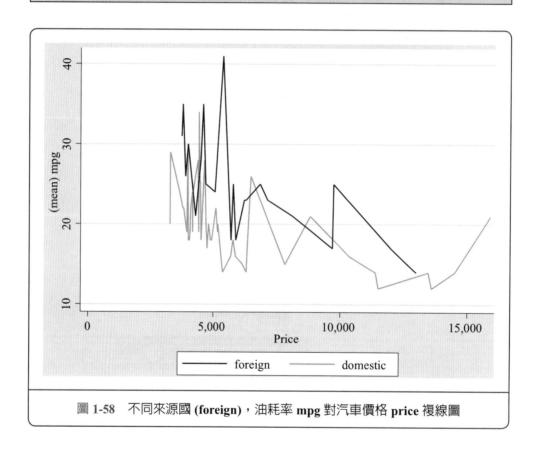

圖 1-58　不同來源國 **(foreign)**，油耗率 **mpg** 對汽車價格 **price** 複線圖

十二、繪盒形圖：連續變數 (薪資) 在類別變數 (12 大行業) 之「min,Q2,Mean,Q3,Max」

需先外掛「 mylabels 」指令檔。

```
* open nlsw88.dta 資料檔
. sysuse nlsw88, clear
* copy wage 至新變數 wagelog10
. clonevar wagelog10=wage
* 因為薪資非常態。故新變數 wagelog10，取 log10(X) 對數以後，再存回本身。
. replace wagelog10=log10(wagelog10)


* 外掛 mylabels 指令
. findit mylabels
* 界定刻度
. mylabels 0(10)40 , myscale (log10(@)) local(labels)


* 外掛 hbox 指令
. findit hbox
* 外掛 hbox 指令來畫，34-46 歲婦女在 12 大行業之薪資 (wagelog10) 的
  「min, Q2, Mean, Q3, Max」
. graph hbox wagelog10, over(ind, sort(1)) nooutside ytitle("") ylabel(`labels')
title("Hourly wage, 1988, woman aged 34-46", span) subtitle(" ") note("Source:1988
data from NLS, U.S. Dept. of Labor, " "Bureau of Labor Statistics",span)
```

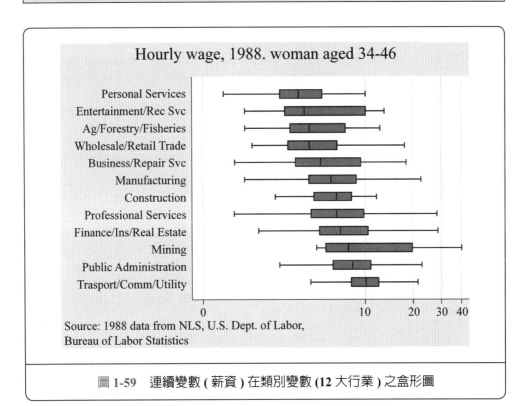

圖 1-59　連續變數 (薪資) 在類別變數 (12 大行業) 之盒形圖

Chapter

02

統計學回顧

2-1 統計學回顧

2-1-1 統計分析法

　　常見的資料分析統計方法，包括：t 檢定、變異數 F 檢定、相關 / 迴歸 r 等統計量，可歸納成表 2-1。

表 2-1　資料分析方法之參考表

自變數 / 依變數	單因子	兩因子關係	兩因子線性關係	多因子關係 (有依變數)	多因子關係 (無依變數)
連續變數 (平均數為比較基準)	1. Z-test (e.g. 常態分配之偏態 / 峰度檢定) 2. t-test 3. ANOVA 4. 無母數統計 (Wilcoxon rank test 等)	ANOVA、ANCOVA	相關分析、線性模型、時間序列 (ARIMA)	迴歸分析、時間序列 (自身相關、向量自我迴歸、VECM)、複迴歸之交互項	多變量分析：如因素分析、集群分析、MDS…等
類別變數 (% 為比較基準)	1. z-test 2. 卡方檢定 (e.g. 樣本代表性或隨機性檢定、樣本 non-responded bias、適合度檢定) 3. 勝出比 odds ratio(logistic 迴歸) 4. risk ratio 5. Tetrachoric 相關	類別資料分析：卡方檢定 (獨立性、% 同質性、對稱性檢定)、Conjoint 分析等	廣義估計 (GEE) 分析法進行重複性資料的比較	對數線性 (loglinear) 模型、區別分析、Probit 模型、survival 模型、Multinomial Logit 等。Multilevel mixed-effects 迴歸	

　　註：若分析資料，結合橫斷面及縱貫面，則採 panel data 迴歸或 Multilevel and Longitudinal 模型、Treatment Effects 模型 (虛擬變數)。

1. 因子：類別自變數。例如性別、教學法、實驗處理效果 vs. 對照組。
2. 單因子：一個類別自變數；二因子：二個類別自變數。

3. 實驗處理或實驗水準：因子的類別或水準。

　　例如，實驗組 vs 控制組；或高 vs 中 vs 低分組。

4. 獨立樣本：每一組受試者僅接受一種實驗處理。

5. 相依樣本：受試者需接受所有的實驗處理，例如教學法。

表 2-2　常見之統計模型

自變數 依變數	全是類別變數	至少有一個整數或連續變數
二分 Binary	$2 \times c \times \cdots$ 行列表分析；機率單元 (probit) 模型、勝算對數 (logit) 模型	機率單元模型、 成長曲線 (logistic) 迴歸
無次序 Nominal	$r \times c \times \cdots$ 行列表分析； 多項 (multinomial) 之機率單元模型、勝算對數模型	多項之機率單元模型、勝算對數模型 (成長曲線迴歸)
有次序 Ordinal	$r \times c \times \cdots$ 行列表分析； 有序多分類之機率單元模型、依序之勝算對數模型	有序多分類之機率單元模型、 依序之勝算對數模型
整數 Integer	* 對數線型 (loglinear) 模型； 卜瓦松 (Poisson) 迴歸及其延伸	<u>卜瓦松</u>迴歸及其延伸
連續 Continuous	變異數分析 (ANOVA)； 線型或非線型迴歸	共變數分析 (ANCOVA)； 線型或非線型迴歸

* 註：嚴格說來，對數線型模型並不區分自變數與依變數，而是以行列表細格內之聯合次數分布為解釋對象，並以組成行列表的所有變數及其互動作為解釋變數。

一、推論統計主要工作

　　推論統計指用概率形式來決斷數據之間是否存在某種關係及用樣本統計值來推測總體特微的一種重要的統計方法。推論統計包括總體參數估計和假設檢定，最常用的方法有 Z 檢定、t 檢定、卡方檢定等。推論統計主要工作如下：

1. 估計 (estimation)

　　利用一組由母體所取之隨機樣本資料的資訊，來推估母體之未知參數。常見有 (1)「點估計量」：由樣本資料計算的統計量，使用來估計母體參數。(2)「區間估計：某區間會涵蓋母體參數的可能性。(3)「信賴區間 (confidence interval)」：在特定機率下，估計母體參數可能落在的數值範圍。此特定的機率值可以稱為信賴水準。

2. 假設檢定 (testing of hypothesis)

研究者對現象 (參數) 提出主觀的研究假設，再利用樣本特徵的資訊 (抽樣數據) 來對研究假設進行檢定，以做管理的正確決策。

通盤來說，假設檢定都可分解成下列五個步驟：

(1) 設定 H_0：針對母體設定之基本假設。對立假設 H_1：針對題意欲測試之方向設定之假設。

(2) 利用樣本數據來算出檢定統計量 (test statistics)。

(3) 給定顯著水準 α(通常 Type I error 設爲 0.05)。α 係指檢定顯著 (差異 / 關聯) 性之機率值。

(4) 找出「拒絕區」(可查統計書之附錄表) 或計算 p-value(本書 Stata,CMA, RevMan 軟體會自動算出 p)。

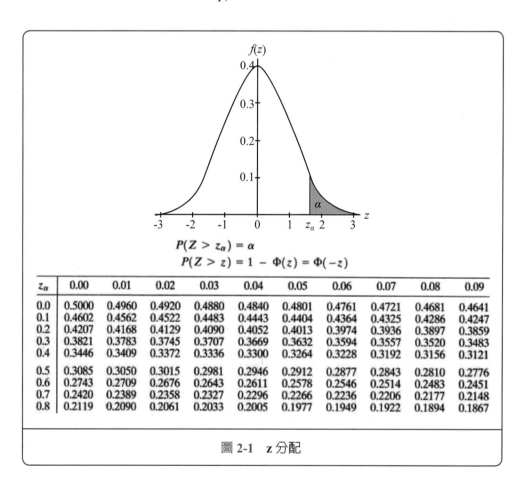

圖 2-1　z 分配

所謂「p 值」是指在「虛無假設 H_0 為真」的情況下，得到「$\geq$ 此一觀察結果之統計檢定的機率」。例如，假定檢定結果得 $Z = 2.08$，電腦報表顯示 $p = 0.0367$，表示得到 Z 值 ≥ 2.08 的機率只有 0.0367，故拒絕 H_0，或是說此項檢定達到 0.05 顯著水準。

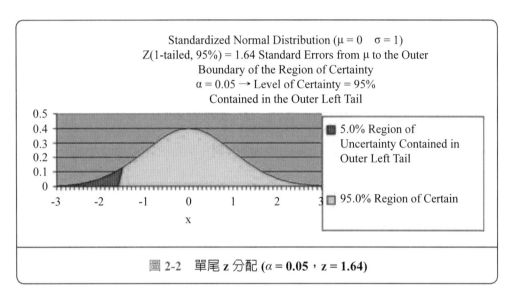

圖 2-2　單尾 z 分配 ($\alpha = 0.05$，z = 1.64)

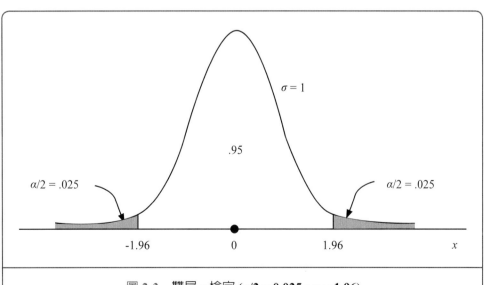

圖 2-3　雙尾 z 檢定 ($\alpha/2 = 0.025$，z = 1.96)

註：一般電腦統計之報表，t 檢定是以此「z = 1.96」為假設檢定之臨界點

(5) 作決策：通常，檢定統計量大於查表 (如卡方表、t 表、F 表…) 或 p-value<α，則表示「達顯著」，反之亦反。

(6) 根據題意下結論。

補充說明

(i) 檢定值 (test value)：只在平均值相等時之 95% 信賴區間之臨界值 (critical value)。

(ii) 臨界值 (critical value)：在常態母族群時，指標準常態分布下小於等於 ($\leq$) 或大於等於 ($\geq$)$1 - \alpha$ 範圍之 Z 值。在樣本族群時，指依不同自由度下，小於等於 ($\leq$) 或大於等於 ($\geq$)$1 - \alpha$ 範圍之 t 值。

(iii) 自由度 (df) 是指當以樣本統計量來估計母體參數時，樣本中能夠獨立或自由變動的個數 (Glenn & Littler, 1984)。例如，在估計變異數時，是利用離均差平方和 (sum of squares of deviations from mean) 除以其相對應的自由度後 (此即樣本的變異數)，再剔除掉樣本個數的影響 (除以總樣本數)。

(iv) 統計學裡所教導的、不論是估計或是推論，都是建立於「簡單隨機抽樣法─抽出放回」設計的前提條件下，亦即是服從所謂「彼此相互獨立且具有相同的分配」(independent and identically distributed, 簡稱 i.i.d.) 的原理。

3. 樣本平均數的標準誤

樣本平均數抽樣分配的標準差，稱為「標準誤」(standard error)。

$$\sigma_{\overline{X}} = \frac{\sigma}{\sqrt{n}}$$

其中，$\sigma_{\overline{X}}$ 為樣本平均數的標準誤，σ 為母體標準差，n 為樣本大小。

4. 95% 信賴區間 (CI) 與標準誤 $\sigma_{\overline{X}}$

(1) 若母體標準差 σ 已知，且樣本個數大於 30，我們使用 Z 分配。

$\overline{X} \pm Z_{\alpha/2} \times \frac{\sigma}{\sqrt{n}}$，$Z = 1.96$ 時為 $95\% CI$。即 $95\% CI = \overline{X} \pm 1.96 \, \sigma_{\overline{X}}$。

(2) 若母體近似常態分配而母體標準差未知，且樣本個數小於 30，我們使用 t 分配。在給定信賴係數下，t 分配的值依賴自由度而定。

$\overline{X} \pm t_{(\alpha/2, n-1)} \times \frac{s}{\sqrt{n}}$，查表得 $t_{(n-1)}$ 值時，為 $95\% CI$。

(3) 母體比例 p 的 95% 信賴區間的估計公式為：

$$p \pm 1.96 \sqrt{\frac{p(1-p)}{n}}$$，p 成功率；(1-p) 失敗率。

檢定結果，若 95%CI 未含「0」，則表示該檢定達 0.05 顯著水準。

5. 假設檢定的意義

事先對母體參數 (如平均數、標準差、比例值等) 建立合理的假設，再由樣本資料來測驗此假設是否成立，以為決策之依據的方法，稱為統計假設檢定或假設檢定 (hypothesis testing)。在實際的生物試驗中，往往是針對欲瞭解或改進的方法進行檢測，比對原有或已知的方式 (對照組)，以確知其差異性，此時即可利用統計假設檢定方式進行。假設之成立與否，全視特定樣本統計量與母體參數之間，是否有顯著差異 (significant difference) 而定，所以假設檢定又稱顯著性檢定 (test of significance)。

進行假設檢定時，同時有兩種互斥假設存在：

1. 虛無假設 (null hypothesis) H_0：通常為我們所欲否定的敘述，一般即定為 $\theta = \theta_0$ (或 $\theta \leq \theta_0$、$\theta \geq \theta_0$)，θ 為母體參數，θ_0 為母體參數假設值。
2. 對立假設 (alternative hypothesis) H_1：通常為我們所欲支持的敘述，有三種：
   (1) 母體參數可能改變，定為 $\theta \neq \theta_0$。
   (2) 母體參數可能變大，定為 $\theta > \theta_0$。
   (3) 母體參數可能變小，定為 $\theta < \theta_0$。

二、統計公式回顧

傳統統計學，常用公式，整理如下：

1. Pearson 積差相關 $r_{xy} = \dfrac{\sum\limits_{i=1}^{n}(x_i - \bar{x})(y_i - \bar{y})}{\sqrt{(x_i - \bar{x})^2}\sqrt{(y_i - \bar{y})^2}}$。

2. Z 檢定值：$Z = \dfrac{\bar{x} - \mu}{\sigma / \sqrt{n}}$，符合 N(0,1) 分配。

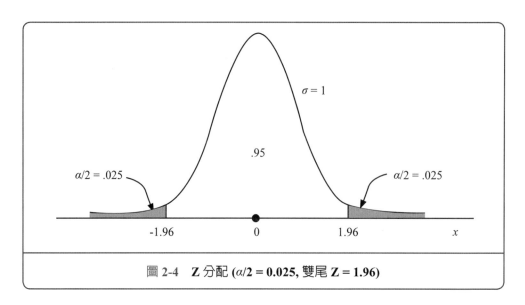

圖 2-4　Z 分配 ($\alpha/2 = 0.025$, 雙尾 Z = 1.96)

3. 單一樣本 t 檢定值：$t = \dfrac{\overline{x} - \mu}{S_{\overline{x}}} = \dfrac{\overline{x} - \mu}{\dfrac{S}{\sqrt{n}}}$，符合 $t_{(n-1)}$ 分配。

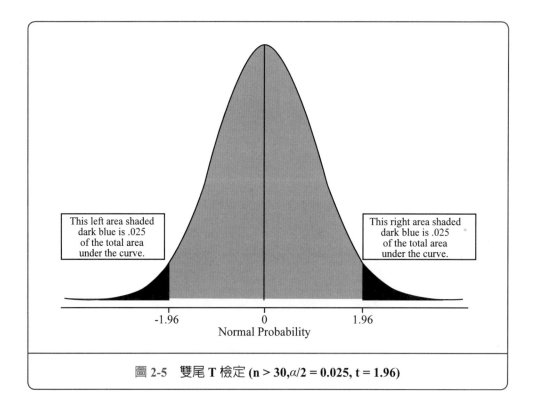

圖 2-5　雙尾 T 檢定 (n > 30,$\alpha/2 = 0.025$, t = 1.96)

4. 卡方檢定值：$\chi^2 = \sum_{i=1}^{n} \sum_{j=1}^{m} \frac{(o_{ij} - e_{ij})^2}{e_{ij}} = (\frac{\overline{x} - \mu}{\sigma/\sqrt{n}})^2 = Z_1^2 + Z_2^2 + \cdots + Z_n^2$，符合 $\chi^2_{(n-1)}$ 分配。

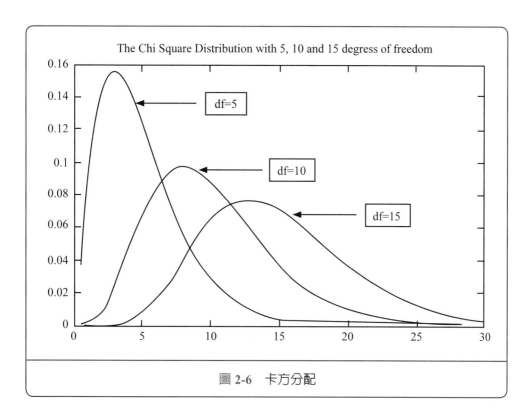

圖 2-6　卡方分配

5. F 檢定值：$F = \dfrac{SS_B/(K-1)}{SS_W/(N-K)} = \dfrac{\sum_{i=1}^{k} \sum_{j=1}^{n_i} \left(\overline{Y_i} - \overline{\overline{Y}}\right)^2 /(K-1)}{\sum_{i=1}^{k} \sum_{j=1}^{n_i} \left(Y_{ij} - \overline{Y_i}\right)^2 /(N-K)} = \dfrac{\chi^2(V_1)/V_1}{\chi^2(V_2)/V_2}$

$F \sim$ 符合 $F_{(K-1, N-K)}$ 分配。K 為處理水準 (level)。

6. 95% 信賴區間 (Type I error, $\alpha = 0.05$)：

(1) 當 σ 已知時，母群平均數的區間估計為：

$\overline{X} - z_{\frac{\alpha}{2}} \sigma_{\overline{X}} < \mu < \overline{X} + z_{\frac{\alpha}{2}} \sigma_{\overline{X}}$，即

$\overline{X} - 1.96 \sigma_{\overline{X}} < \mu < \overline{X} + 1.96 \sigma_{\overline{X}}$

(2) 當 σ 未知時，母群平均數的區間估計爲：

$$\overline{X} - t_{\frac{\alpha}{2},(N-1)} S_{\overline{X}} < \mu < \overline{X} + t_{(1-\frac{\alpha}{2}),(N-1)} S_{\overline{X}}$$

即 $\overline{X} - 2.262 S_{\overline{X}} < \mu < \overline{X} + 2.262 S_{\overline{X}}$

或 $\overline{X} - 2.262 \dfrac{S}{\sqrt{N}} < \mu < \overline{X} + 2.262 \dfrac{S}{\sqrt{N}}$

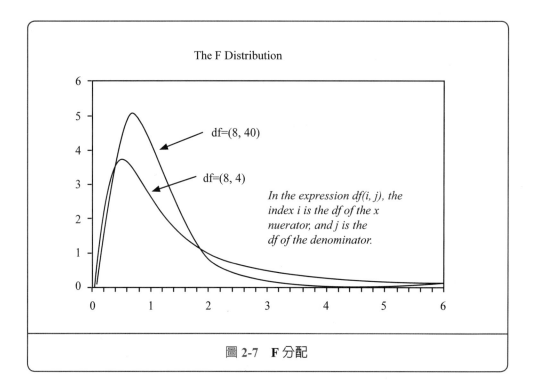

圖 2-7　**F** 分配

2-1-2　統計公式之重點整理

一、t 統計公式

1. 單一樣本平均數之 t 檢定

資料：隨機變數 (R.V.) $X_1, X_2, X_3, \cdots, X_n \overset{i.i.d}{\approx} N(\mu, \sigma^2)$

檢定：(a) $H_0 : \mu \geq \mu_0$　vs.　$H_1 : \mu < \mu_0$

(b) $H_0 : \mu \leq \mu_0$　vs.　$H_1 : \mu > \mu_0$

(c) $H_0 : \mu = \mu_0$　vs.　$H_1 : \mu \neq \mu_0$

檢定量為：(1)σ^2 已知時，$Z = \dfrac{\overline{X} - \mu_0}{\sqrt{\dfrac{\sigma^2}{n}}} \sim N(0,1)$

$\qquad$ (2)σ^2 未知時，$t = \dfrac{\overline{X} - \mu_0}{\sqrt{\dfrac{\sigma^2}{n}}} \sim t_{(n-1)}$

決策：以「檢定 (a)」為例，拒絕區 = $\{t_0 < -t_{a(n-1)}\}$、P-value = $P_r(T < t_0)$

2. 兩個獨立樣本 t 檢定

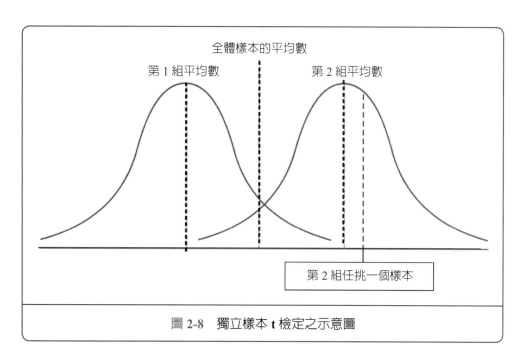

圖 2-8 獨立樣本 t 檢定之示意圖

統計資料分析時常必須比較不同兩群體的某種特性是否一致，或對某問題的觀點是否一致。獨立樣本的 t 檢定是用以檢定兩群體特性的期望值是否相等之一種常用的統計方法。

假設兩組連續型獨立數據如下：

資料：隨機變數 (R.V.)$X_1, X_2, X_3, \cdots, X_{n1} \overset{i.i.d}{\approx} N(\mu_1, \sigma_1^2)$，樣本平均數 $\overline{X} = \dfrac{\sum\limits_{i=1}^{n_1} X_i}{n_1}$

$\qquad$ 隨機變數 (R.V.)$Y_1, Y_2, Y_3, \cdots, Y_{n2} \overset{i.i.d}{\approx} N(\mu_2, \sigma_2^2)$，樣本平均數 $\overline{Y} = \dfrac{\sum\limits_{i=1}^{n_2} Y_i}{n_2}$

樣本變異數：$S_X^2 = \dfrac{\sum\limits_{i=1}^{n_1}(X_i - \overline{X})^2}{n_1 - 1}$，$S_Y^2 = \dfrac{\sum\limits_{i=1}^{n_2}(Y_i - \overline{Y})^2}{n_2 - 1}$

標準誤 (平均數的標準差)：$\dfrac{S_X}{\sqrt{n_1}}, \dfrac{S_Y}{\sqrt{n_2}}$

$D \sim N(\mu_D, \sigma_D^2)$　　　其中 $\mu_D = \mu_1 - \mu_2$，$\sigma_D^2 = \dfrac{\sigma_1^2}{n_1} + \dfrac{\sigma_2^2}{n_2}$

檢定：$H_0 : \mu_1 = \mu_2$　VS..　$H_1 : \mu_1 \neq \mu_2$ (即 $\mu_1 - \mu_2 \neq 0$)

先檢定「變異數同質性」：$H_0 : \sigma_1^2 = \sigma_2^2$　vs.　$H_1 : \sigma_1^2 \neq \sigma_2^2$

檢定統計量 為 $\mathrm{F} = \max(S_1^2, S_2^2)/\min(S_1^2, S_2^2) \sim F(n_1 - 1, n_2 - 1)$ 或 $F(n_2 - 1, n_1 - 1)$

決策：拒絕區 $= \dfrac{S_1^2}{S_2^2} \geq F_{\frac{\alpha}{2}}(n_1 - 1, n_2 - 1)$ 或 $\dfrac{S_1^2}{S_2^2} \geq F_{\frac{\alpha}{2}}(n_2 - 1, n_1 - 1)$

　　　　P-value $= 2 \min\{P_r(F > f_0), P_r(F < f_0)\}$

情況 1「變異數異質性」：若不可假定 $\sigma_1^2 = \sigma_2^2$ (Behrens-Fisher 問題)

　　檢定量 為 $\mathrm{T} = (\overline{X} - \overline{Y}) / \text{s.e.} (\overline{X} - \overline{Y}) = (\overline{X} - \overline{Y}) / \sqrt{\dfrac{S_1^2}{n_1} + \dfrac{S_2^2}{n_2}} \sim$ 近似 t 分配。

　　d.f. $= (\dfrac{S_1^2}{n_1} + \dfrac{S_2^2}{n_2})^2 / [\dfrac{S_1^4}{n_1^2(n_1 - 1)} + \dfrac{S_2^4}{n_2^2(n_2 - 1)}]$：Welch's test 的自由度。

　　　註：此自由度 (d.f.) 可能非整數

情況 2「變異數同質性」：若可假定 $\sigma_1^2 = \sigma_2^2 = \sigma^2$

　　$\hat{\sigma}^2 \cong \sigma_P^2 = [\sum\limits_1^{n_1}(X_i - \overline{X})^2 + \sum\limits_1^{n_2}(Y_i - \overline{Y})^2 +]/(n_1 + n_2 + 2)$

　　檢定量 為 $\mathrm{T} = (\overline{X} - \overline{Y}) / \text{s.e.}(\overline{X} - \overline{Y}) = (\overline{X} - \overline{Y}) / \sqrt{(\dfrac{1}{n_1} + \dfrac{1}{n_2})S_p^2} \sim \mathrm{T}(n_1 + n_2 - 2)$

　　若從觀測值所計算出來的 T 值為 t，顯著水準為 α 時。若 $P(|T| > |t|) = p < \alpha$，則拒絕虛無假設 $H_0 : \mu_1 = \mu_2$；亦即接受對立假設 $H_1 : \mu_1 \neq \mu_2$。

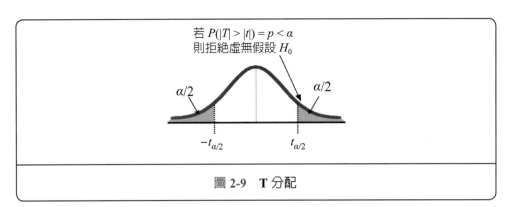

圖 2-9　**T** 分配

觀點：當檢定 $\mu_1 > \mu_2$ 時，基本上看 $(\overline{X} - \overline{Y})$ 差距是否夠大，大到某程度，才可說顯著具有 $\mu_1 > \mu_2$ 的性質。

決策 1：(1)$H_1 : \mu_1 > \mu_2$ 拒絕域為 $(\overline{X} - \overline{Y}) > \sqrt{(\frac{1}{n_1} + \frac{1}{n_2})S_p^2} \times t_a(n_1 + n_2 - 2)$

(2)$H_1 : \mu_1 < \mu_2$ 拒絕域為 $(\overline{X} - \overline{Y}) < -\sqrt{(\frac{1}{n_1} + \frac{1}{n_2})S_p^2} \times t_a(n_1 + n_2 - 2)$

(3)$H_1 : \mu_1 \neq \mu_2$ 拒絕域為 $|\overline{X} - \overline{Y}| > \sqrt{(\frac{1}{n_1} + \frac{1}{n_2})S_p^2} \times t_{a/2}(n_1 + n_2 - 2)$

決策 2：以檢定 (3) 為例，若從觀測值所計算出來的 T 值為 t，顯著水準為 α 時，其 P-value = $2\,P_r(T > |t_0|)$，若 p 值 < α 則拒絕虛無假設 H_0。

3. 相依樣本 t 檢定

假設存在二組具有常態分配之隨機變數 X 及 Y，分別為

X：$X_1, X_2, X_3, \cdots, X_n \sim N(\mu_1, \sigma_1^2)$

Y：$Y_1, Y_2, Y_3, \cdots, Y_n \sim N(\mu_2, \sigma_2^2)$

當這二組隨機變數是成對出現時，亦即

$(X_1, Y_1), (X_2, Y_2) \cdots, (X_n, Y_n)$

令新變數 D = X − Y，則

$D_1 = (X_1 - Y_1)$

$D_2 = (X_2 - Y_2)$

$\qquad \vdots$

$D_n = (X_n - Y_n)$

由於 X 與 Y 變數都是常態隨機變數，故兩者的差 D 亦是常態分配，期望值是 μ_D，變異數是 σ_D^2。即

D：$D_1, D_2, D_3, \cdots, D_n \sim N(\mu_D, \sigma_D^2)$

其中，$\mu_D = \mu_1 - \mu_2$

$\sigma_D^2 = \sigma_1^2 + \sigma_2^2 - 2\mathrm{COV}(X, Y)$

期望值是 μ_D 可用樣本平均數 $\overline{D}$ 來估計。變異數是 σ_D^2 可用樣本變異數 S_D^2 來估計：

$\overline{D} = \dfrac{\sum\limits_{i=1}^{n} D_i}{n} \sim$ 符合 $N(\mu_D, \sigma_D^2 / n)$

$$S_D^2 = \frac{\sum\limits_{i=1}^{n}(D_i - \overline{D})^2}{n-1}$$

$\overline{D}$ 的標準差 $\frac{\sigma_D}{\sqrt{n}}$ 可用 $\frac{D_D}{\sqrt{n}}$ 來估計。

檢定：虛無假設 $H_0 : \mu_1 = \mu_2$ (即 $\mu_D = \mu_1 - \mu_2 = 0$) vs. $H_1 : \mu_1 \neq \mu_2$ (即 $\mu_1 - \mu_2 \neq 0$)

檢定統計量 T：$T = \dfrac{\overline{D} - \mu_D}{\dfrac{S_D}{\sqrt{n}}} \sim t_{(n-1)}$ 分配。

決策：若從觀測值所計算出來的 T 值為 t，顯著水準為 α 時。若 $P(|T| > |t|) = p < \alpha$，則拒絕虛無假設 $H_0 : \mu_1 = \mu_2$；亦即接受對立假設 $H_1 : \mu_1 \neq \mu_2$。反之則反。

二、ANOVA 統計公式

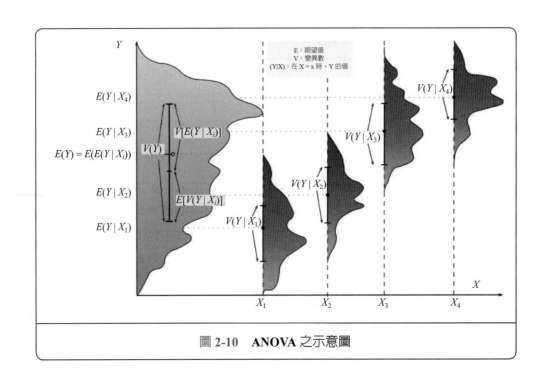

圖 2-10　ANOVA 之示意圖

（一）ANOVA 重點整理

1. 實驗樣本資料

level	總樣本數	邊際平均數(margin)
1	$X_{11}, X_{12}, \cdots\cdots X_{1n_1}$	$X_1 \cdot$
2	$X_{21}, X_{22}, \cdots\cdots X_{2n_2}$	$X_2 \cdot$
$\vdots$	$\vdots$	$\vdots$
K	$X_{K1}, X_{K2}, \cdots\cdots X_{Kn_K}$	$X_K \cdot$

其中，總樣本數 $n = \sum_{i=1}^{k} n_i$

2.「事先」假定條件

$$X_{ij} = \mu + \alpha_i + \varepsilon_{ij} \text{，} i = 1, 2, \cdots, k \text{，} j = 1, 2, \cdots, n_i$$

μ：所有母體平均、α_i：第 i 個 level 之處理效果、ε_{ij}：表實驗誤差，一般假設 $\varepsilon_{ij} \underset{i.i.d}{\sim} N(0, \sigma^2)$，由此可知 Random Variable $X_{ij} \underset{i.i.d}{\sim} N(\mu + \alpha_i, \sigma^2)$。

ε_{ij} 假定條件：(1) 常態：樣本來自之母群，在依變數上的機率分配呈常態分配。(2) 變異數同質性：各組樣本來自同一母群，故各組樣本在依變數得分的變異數應該具有同質性。(3) 獨立性：樣本之抽取須符合均等與獨立原則。

3. 假設檢定

虛無假設 H_0：k 個 level 之平均值均相等，即 $H_0 = \alpha_1 = \alpha_2 = \cdots = \alpha_k = 0$。

對立假設 H_1：有一不等。即 H_1：不全相等。

4. ANOVA 計算步驟

Step1：尋找檢定統計量

因為：$\underset{i}{\sum} \underset{j}{\sum} (X_{ij} - \overline{X}..)^2 = \underset{i}{\sum} \underset{j}{\sum} (X_{ij} - \overline{X}_i.)^2 + \underset{i}{\sum} \underset{j}{\sum} (X_i. - \overline{X}..)^2$

$\qquad\qquad \| \qquad\qquad\qquad \| \qquad\qquad\qquad \|$

$\qquad\quad SS_T \qquad\qquad\quad SS_E \qquad\qquad\quad SS_B$

(所有資料之變異)(各組內部之變異) (k 組之間變異)

檢定統計量：$F_0 = \dfrac{SS_B / k - 1}{SS_E / n - k} = \dfrac{MS_B}{MS_E} \sim F(k - 1, n - k)$ 分配

Step2：決策：1. 拒絕：$\{F_0 > f_a(k - 1, n - k)\}$

$\qquad\qquad$ 2. P 值：$P_r(F > f_0)$，其中 $F \sim F(k - 1, n - k)$ 分配。

Step3：ANOVA 摘要表之格式：

Source	Sum of Square	d.f	M.S	F	P值
Between	SS_B	k-1	MS_B	MS_B/MS_E	
Error	SS_E	n-k	MS_E		
Total	SS_T	n-1			

（二）ANOVA 三種假定 (assumption) 條件的檢定法

1. 常態性檢定：可用 (1) 繪圖法：Normal probability plot(p-p plot)、Normal quantile- quantile(q-q plot)。(2) 檢定法：卡方檢定、Kolmogorov- Smirnov 法、Shapiro- Wilks 法 (一般僅用在樣本數 n < 50 的情況)。

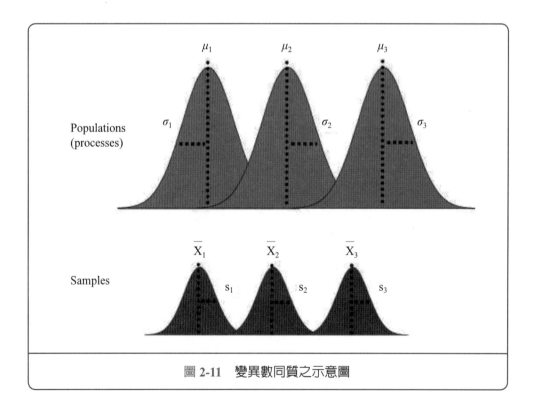

圖 2-11　變異數同質之示意圖

2. 各處理水準 (level) 之間的 變異數都須同質

即 $H_0 : \sigma^2_1 = \sigma^2_2 = \sigma^2_3 = \cdots = \sigma^2_k = \sigma^2$

方法一：Bartlett 檢定 (Levene 檢定)，較適合各組的樣本人數相同時。

檢定統計量：$b = \dfrac{(S_1^2)^{n_1-1}(S_2^2)^{n_2-1}...(S_k^2)^{n_k-1}}{(S_p^2)^{n-k}} \sim$ Bartlett 分配

$$\text{其中，} S_p^2 = \dfrac{\sum_{i}^{k}(n_i-1)S_i^2}{n-k}$$

拒絕區：$\{b < b_k(\alpha; n_1, n_2, n_3, \cdots, n_k)\}$

$$\text{其中，} b_k(\alpha; n_1, n_2, n_3, \cdots, n_k) = \dfrac{\sum_{i}^{k} n_i b_k(\alpha, n_i)}{n}$$

修正檢定：$b = 2.303(g/c)$，

其中，$g = (\text{n-k})\log_{10}S_p^2 - \sum_{i=1}^{k}(n_i-1)\log_{10}S_i^2$

$c = 1 + \dfrac{1}{3(k-1)}(\sum_{i=1}^{k}\dfrac{1}{n_i-1} - \dfrac{1}{n-k})$。 $\rightarrow$ 拒絕區：$\{b > \chi_\alpha^2(k-1)\}$

方法二：Cochran's 檢定：

檢定統計量 $G = \dfrac{Max(S_i^2)}{\sum_{i=1}^{k}S_i^2} > g_\alpha$，則拒絕 H_0。

3. 獨立性：

(1) 見本書「ch06 線性迴歸的診斷」。

(2) Stata 計量經濟「第 4 章 Stata 各種迴歸之模型」，「殘差自我相關」有三種校正法：

① Prais-Winsten 迴歸：prais 指令。

② Cochrane-Orcutt 迴歸：prais 指令，corc 選項。

③ 殘留 Newey-West 標準誤之迴歸：newey 指令。

三、簡單迴歸分析

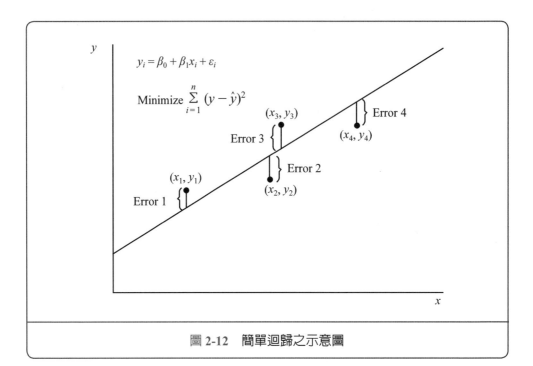

$$y_i = \beta_0 + \beta_1 x_i + \varepsilon_i$$

$$\text{Minimize} \sum_{i=1}^{n} (y - \hat{y})^2$$

圖 **2-12** 簡單迴歸之示意圖

（一）迴歸公式

1. 簡單線性迴歸 (simple regression)

$y_i = \beta_0 + \beta_1 x_i + \varepsilon_i$，$i = 1, 2, 3, \cdots, n$；$\varepsilon_i$：誤差。

2. 多重（複合）迴歸

$y_i = \beta_0 + \beta_1 x_{i1} + \beta_2 x_{i2} + \cdots + \beta_k x_{ik} + \varepsilon_i$

迴歸分析之基本假定：(1)$\{\varepsilon_1, \varepsilon_2, \cdots, \varepsilon_n\}$ 相互獨立；(2)$E(\varepsilon_i) = 0$；

(3)$\text{Var}(\varepsilon_i) = \sigma^2$。

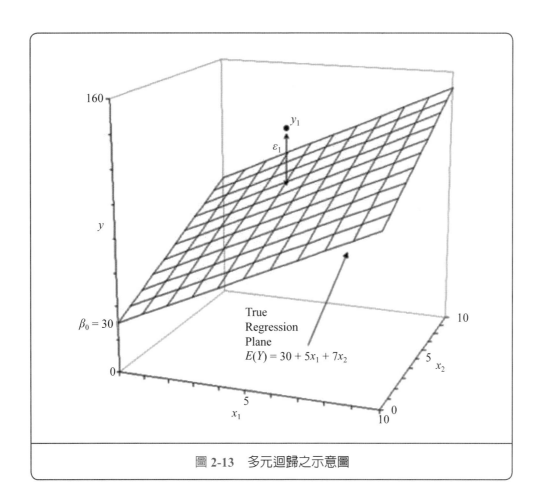

$$160$$

y_1

ε_1

y

True
Regression
Plane
$E(Y) = 30 + 5x_1 + 7x_2$

$\beta_0 = 30$

10

5

x_2

0

5

x_1

10

0

圖 2-13　多元迴歸之示意圖

（二）簡單迴歸之建模步驟

Step 1：尋找迴歸係數 (即估計 $\hat{\beta}_0$, $\hat{\beta}_1$)。

Step 2：判斷此模型之適切性

　　　　1. 檢定 $H_0：\beta_1 = 0$ vs. $H_0：\beta_1 \neq 0$。

　　　　　方法一：利用 t- 檢定。

　　　　　方法二：利用 ANOVA 分析法：$F = \dfrac{MS_R}{MS_E}$。

　　　　2. 判定係數 R^2 愈靠近 1，表示適配佳 (表示此時自變數 X 可以解釋大部分之依變數 Y 的變動)。

Step 3：假設條件之驗證——殘差值 e_i 之檢定

　　　　先決條件：$\varepsilon_1, \varepsilon_2, \cdots, \beta_n \overset{iid}{\sim} N(0, \sigma^2)$

1. 繪圖法：(1) e_i 對 X 之圖形：可看出是同質性變異 $Var(\varepsilon_i) = \sigma^2$。

      (2) e_i 對 $\hat{Y}$ 之圖形：應表示出 e_i 與 $\hat{Y}$ 無相關。

      (3) 繪製殘差 e_i 之常態機率圖 (normal probability plot)。

2. 殘差之獨立性檢定：(Stata 有外掛令可處理)

    檢定：$H_0 : \rho_s = 0$ vs. $H_0 : \rho_s = \rho^s$ (其中令 $e_i = pe_{i-1} + z_i$)

    方法：Durbin-Waton test：$DW = \dfrac{\sum\limits_{i=2}^{n} (e_i - e_{i-1})^2}{\sum\limits_{i=1}^{n} e_i^2}$

    一般 $1.5 \leq DW \leq 2.5$ 表示無自我相關現象。

    (ps. 若本身資料即沒有自然之次序關係即可不用檢定)。

Step 4：極端值之檢查 (有極端值應予以刪除)

    (注意事項：當違反基本條件假定時，建議：(1) 重新建立模型——採加權最小平均法估計；(2) 將變數轉換，例如取 $\log(x)$。)

（三）迴歸之估計與假設檢定——以簡單線性迴歸為例

1. 迴歸估計

估計之方式採最小平方估計量 (least squared estimators, LSE)。

令 $f(\beta_0, \beta_1) = \sum\limits_{i=1}^{n} (y_i - \beta_0 - \beta_1 x_i)^2$

則迴歸係數之估計，係對這 2 個迴歸係數，取偏微分：

$$\frac{\partial f}{\partial \beta_0} = -2 \sum_{i=1}^{n} (y_i - \beta_0 - \beta_1 x_i) = 0$$

$$\frac{\partial f}{\partial \beta_1} = -2 \sum_{i=1}^{n} x_i (y_i - \beta_0 - \beta_1 x_i) = 0$$

其解為
$$\begin{cases} \hat{\beta}_1 = \dfrac{S_{xy}}{S_{xx}} = \dfrac{\sum\limits_{i=1}^{n}(x_i - \bar{x})(x_i - \bar{x})}{\sum\limits_{i=1}^{n}(x_i - \bar{x})^2} \\ \\ \hat{\beta}_0 = \bar{y} - \hat{\beta}_1 \bar{x} \end{cases}$$

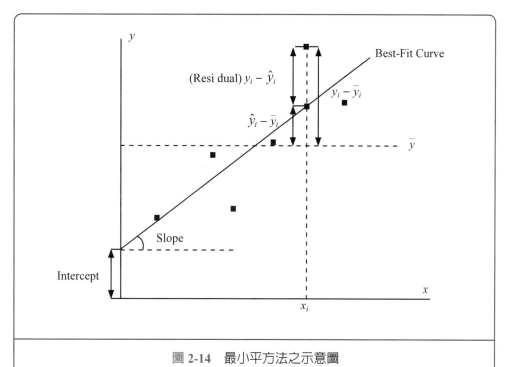

圖 2-14　最小平方法之示意圖

殘差 $e_i = y_i - \hat{y} = y_i - (\hat{\beta}_0 + \hat{\beta}_1 x_i)$，必滿足 $\sum\limits_{i=1}^{n} e_i = 0$ 且 $\sum\limits_{i=1}^{n} x_i e_i = 0$。

殘差和：$SS_E = \sum\limits_{i=1}^{n} e_i^2 = \sum\limits_{i=1}^{n} [y_i - (\hat{\beta}_0 + \hat{\beta}_1 x_i)]^2 = S_{yy} - \hat{\beta}_1 S_{xx}$。

殘差和的用處：利用 $\dfrac{SS_E}{n-2}$ 估計 σ^2，即取 $s^2 = \dfrac{SS_E}{n-2}$ 估計 σ^2。

2. 迴歸係數顯著性之假設

(1) 檢定 $H_0 : \beta_1 = b_1$ vs. $H_0 : \beta_1 \neq b_1$

迴歸係數 β_1 係數之 t 檢定 $= \dfrac{\hat{\beta}_1 - b_1}{s / \sqrt{S_{xx}}} \sim$ 符合 $t_{(n-2)}$ 分配

β_1 之 $(1 - \alpha)$ 信賴區間為 $\hat{\beta}_1 \pm \dfrac{s}{\sqrt{S_{xx}}} \times t_{(\alpha/2, n-2)}$。

(2) 檢定 $H_0 : \beta_0 = b_0$ vs. $H_1 : \beta_0 \neq b_0$

迴歸係數 β_0 之 t 檢定 $= \dfrac{\hat{\beta}_0 - b_0}{s\sqrt{\dfrac{1}{n} + \dfrac{\overline{x}^2}{S_{xx}}}} \sim$ 符合 $t_{(n-2)}$ 分配。

β_0 之 $(1 - \alpha)$ 信賴區間為 $\hat{\beta}_0 \pm \sqrt{\dfrac{1}{n} + \dfrac{\bar{x}^2}{S_{xx}}} \times t_{(\alpha/2, n-2)}$ 。

3. 迴歸之變異數解釋量 R^2

決定 (判定) 係數 (Coefficient of determination)：R^2

令 $SS_E = \sum\limits_{i=1}^{n} e_i^2 = \sum\limits_{i=1}^{n}[y_i - (\hat{\beta}_0 + \hat{\beta}_1 x_i)]^2 = S_{yy} - \hat{\beta}_1 S_{xx}$ 。

$\sum\limits_{i=1}^{n}[y_i - \hat{\beta}_0 - \hat{\beta}_1 x_i]^2 = S_{yy} - \hat{\beta}_1^2 S_{xx}$，得 $S_{yy} = \hat{\beta}_1^2 S_{xx} + SS_E$，即 $SS_T = SS_R + SS_E$ 。

$R^2 = 1 - \dfrac{SS_E}{S_{yy}} = \dfrac{\hat{\beta}_1^2 \times S_{xx}}{S_{yy}} = \dfrac{SS_R}{SS_T}$

當 R_2 靠近 1，表示迴歸式適配佳。

4. 迴歸性質

(1) $\hat{\beta}_0$ 及 $\hat{\beta}_1$ 均為數據 $\{y_1, y_2, \ldots, y_n\}$ 之線性加權估計量。

(2) $E(\beta_0) = \hat{\beta}_0$，$E(\beta_1) = \hat{\beta}_1$ 。

(3) $Var(\hat{\beta}_0) = \sigma^2 \left(\dfrac{1}{n} + \dfrac{\bar{x}^2}{S_{xx}} \right)$，$Var(\hat{\beta}_1) = \dfrac{\sigma^2}{S_{xx}}$ 。

（四）迴歸係數之 Meta 法

詳見張紹勳著：Meta 分析之「2.1.2 迴歸模型之效果量換算程序」。

（五）迴歸係數之假定

進行迴歸分析必須先符合四種假定 (assumption) 檢定：線性 (linearity of the phenomenon) 、變異數同質性 (constant variance of the error term)、誤差項獨立 (independence of the error term) 、常態性 (normality of the error term distribution)。線性部分由自變數與依變數的相關係數來判斷。變異數同質性部分使用 Box's M 方法檢查變異數同質性 (Homoscedasticity) 之假定。誤差項獨立部分以 Durribin-Watson 來判斷，其值介於 1.5 至 2.5 之間是合適的。常態分配部分可以利用其分配的偏態 (skewness) 和峰態 (kurtosis) 的 Z 值來與研究所需的顯著水準臨界值比較，以判斷是否符合常態分配。

常態性的檢查可以利用偏態 (skewness) 和峰度 (kurtosis) 的 Z 值來與研究所需的顯著水準臨界值比較，以判斷是否符合常態性。要達 $\alpha = 0.05$ 顯著水準，所計算 z 值不能超過臨界值 (+1.96 ～ −1.96)。其計算公式如下 (Hair et al., 1998)：

$$Z_{skewness} = \frac{skewness}{\sqrt{6/N}} \text{ ，（ } N : \text{樣本數 ）}$$

$$Z_{kurtosis} = \frac{kurtosis}{\sqrt{24/N}} \text{ ，（ } N : \text{樣本數 ）}$$

　　常態分配時，其偏態峰度為 0，但做研究時，觀察各變數偏態峰度值雖然不為 0，但須接近 0，不可超過 z 值的臨界值 (+1.96 ～ -1.96)。

四、卡方檢定

（一）卡方分布 (Chi-square distribution)

　　檢定的時候，當資料是屬於名目 (nominal) 時，而要檢驗一個自變數對應變數的效果為何，就需要使用到卡方分布 (χ^2)。卡方分布大約是在 1990 年首先由 Pearson 提出，由常態分布中所變化出來的，卡方值就是標準常態分布變值 Z 的平方所得到，其公式如下：

$$Z^2 = \frac{(x-\mu)^2}{\sigma^2} \text{ 或 } Z^2 = \frac{n(\bar{x}-\mu)^2}{\sigma^2}$$

上述公式中，樣本的均值為 $\bar{x}$，母群的平均值為 μ，母群的變異數為 σ^2，假若由常態分布母群裡面抽出 n 個樣本，並把每一個樣本 x_i，帶入上述公式，並求其總和，可得到：

$$\sum_{i=1}^{n} Z_i^2 = \sum_{i=1}^{n} \frac{(x-\mu)^2}{\sigma^2} = \frac{\sum(x_i-\mu)^2}{\sigma^2}$$

上式 Pearson 稱自由度為 df = n 的卡方值，其卡方值的公式可表示如下：

$$\chi_{(n)}^2 = \frac{\sum(x_i-\mu)^2}{\sigma^2}$$

若是由 n 個樣本資料，可以得到自由度為 $(n-1)$ 的卡方值，其公式如下：

$$\chi_{(n-1)}^2 = \sum Z_i^2 = \frac{\sum(x_i-\bar{x})^2}{\sigma^2}$$

因此可以說，卡方值為 Z 分數的平方和。

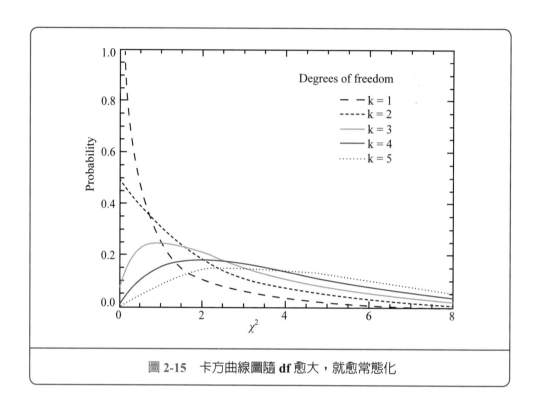

圖 2-15 卡方曲線圖隨 **df** 愈大，就愈常態化

（二）卡方檢定的多種用途

卡方檢定主要是用於等距變數或是比例變數的資料。

(1) 適配度檢定 (goodness of fit test)

卡方檢定可用於檢定對某件事物的機率分布是否是真還是不真，這個檢定就稱作是適配度檢定。例如，新開發的農藥殺蟲效果，是不是與藥商所說的符合。

$$\chi^2 = \sum_{i=1}^{k} \frac{(O_i - E_i)^2}{E_i}$$

其中，O_i = 樣本的觀察值。

E_i = 理論推算的期望值。

(2) 獨立性檢定 (test of independence)

卡方檢定可以用於檢定同一個母群中的兩個變數之間，彼此是不是無關、是否獨立，這就稱作是獨立性檢定。例如，男女性別的差異，與看事物看法的觀點是否獨立。

在進行獨立性檢定時，I×J 交叉表的兩個變數均為設計變數，且為 2×2 交叉表，則其 χ^2 公式可改寫成：

$$\chi^2 = \frac{N(AD - BC)^2}{(A+B)(C+D)(A+C)(B+D)}$$

A	B	(A + B)
C	D	(C + D)

(A + C)　　(B + D)

其中 A,B,C 和 D 代表 2×2 交叉表內各細格人數。

(3) 同質性檢定 (test of homogeneity)

卡方檢定可用於檢定不同的樣本資料是不是都來自同一個母群，此種卡方檢定，就稱作是同質性檢定。例如，三種不同廠牌的維骨力，對於治療退化性關節炎的效果是否相同。

同質性檢定的統計量 $\chi^2_{(R-1)(C-1)} = \sum_{i=1}^{R} \sum_{j=1}^{C} \frac{(O_{ij} - E_{ij})^2}{E_{ij}}$

其中，O 為觀察次數，E 為期望次數。

若 $\chi^2 > \chi^2_{(R-1)(C-1),\, a}$ 則拒絕虛無假設 H_0。

(4) Meta 之異質性 Cochrane Q 檢定 (Chi-square test of Cochran Q statistic)

$Q = \sum_{i=1}^{K} w_i \times (ES_i - \overline{ES})^2 \sim$ 符合 $\chi^2_{(K-1)}$ 分配。

若 $Q > \chi^2_{(K-1),\, 0.05}$ 分配的臨界值，則表示每篇研究間具有異質性。

(5) 改變的顯著性檢定 (test of significance of change)

當二樣本資料取得時彼此具有連帶關係，並不是獨立取得，假如要比較檢定此二樣本資料是否有差異，就稱為改變的顯著性檢定。

2-1-3 檢定與信賴區間之關係

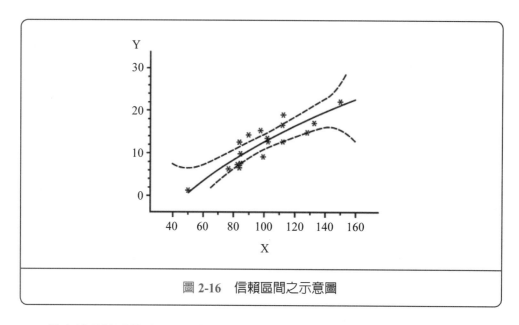

圖 2-16　信賴區間之示意圖

　　樣本統計是點估計，是我們的猜測。區間估計則是母體參數有可能落在其中的眾多點估計。要正確估計母體參數是不可能的，但是可以假設母體參數應該落在一定的區間，稱為信賴區間 (confidence interval)。點估計加減誤差便是區間估計。

　　信賴區間的定義：由樣本資料定義一段數值區間，宣稱有多少信心可以估計母體的參數包含於此區間內 (The level of uncertainty in the estimate of treatment effect)。該數值區間上、下限稱為信賴界限 (confidence limit)。用以估計的信心程度稱為信賴 (心) 水準 (confidence level)。因此，信賴區間估計常表示為：

$$[p - Z_{(1-\alpha/2)} \times (s.e.), p + Z_{(1-\alpha/2)} \times (s.e.)]$$

　　當母體為連續變數時，我們使用樣本平均值推論母體平均值。$\overline{X}$ 的標準誤 (s.e.) 為 $\dfrac{S_x}{\sqrt{n}}$。

　　一般常以 95% 或 99% 為信賴水準指標；相對應的 Z 分數 (相差幾個標準差) 分別為 1.96 與 2.58。即 CI 可表示為：

(1) 95% 信心估計母群體平均數，在樣本平均數 ±1.96×(母群體標準差 ／ 樣本數 n 的平方根) 的範圍內。當我們抽樣夠多次，則其中約有 95% 左右個 (100 個之中有 95 個) 信賴區間會包含 μ。

(2) 99% 信心估計母群體平均數，則在樣本平均數 ±2.58×(母群體標準差 ／ 樣本數 n 的平方根) 的範圍內。

CI 科學符號表示有二種方式：

$$\mu \text{ 之 } 95\% \text{ CI} = \overline{X} \pm 1.96 \times \frac{\sigma}{\sqrt{n}}$$

$$\mu \text{ 之 } 99\% \text{ CI} = \overline{X} \pm 2.58 \times \frac{\sigma}{\sqrt{n}}$$

由上式可看出，在相同的樣本變異數 σ^2 下，抽樣樣本 n 越大，樣本平均值的標準誤越小，則信賴區間也越小，也就是不確定程度越小。

例如，平均值標準誤 (standard error of the mean)，它是我們藉著手邊的樣本 (sample) 資料，對母群體 (population) 平均值做估計時，對這個估計結果誤差程度的表示方法，我們也可以把標準誤轉換成信賴區間的方式，來表示對所估計母群體平均值的把握程度。因此，若我們的樣本數 (sample size) 越大，所得的標準誤越小，亦即信賴區間越小，表示我們對所獲得的數據 (平均值) 越有把握。例如當電腦報表上印出 10 位病人的血壓平均為 120.4mmHg，標準差 13.2mmHg，和標準誤 4.18mmHg 時，意味著這種情況的病人血壓大約為以 120.4mmHg 為中心，呈現標準差為 13.2mmHg 之分散程度的分布。由於這個資料乃根據 10 位病人的血壓值來估計，以樣本平均血壓 120.4mmHg 來估計母群體平均血壓的誤差程度為標準誤 4.18mmHg，我們並可計算由此樣本所得母群體平均值的 95% 信賴區間 (95% confidence interval) 為 111.0mmHg 至 129.8mmHg。簡言之，在此區間 (111.0 mmHg,129.8mmHg) 內有 95% 的機率會包括真實的母群體平均血壓值。

標準差 (S) 及標準誤 (s.e.)，這兩種表示法傳遞不同的訊息。當以「平均值 ± 標準差」來描述資料時，是表示這個資料的中央趨勢 (用平均值來描述) 和分散程度 (用標準差來描述) 兩樣性質。而若以「平均值 ± 標準誤」時 , 則僅描述了這個資料的中央趨勢 (用平均值來描述)，以及對母群體平均值估計的可能誤差程度。

在同樣 Type I error(α 值) 的情形下，信賴區間可以用來判定樣本平均值與假定母體平均值是否有顯著差異，結論會跟雙尾檢定相同。若以樣本平均值推論出

μ 的信賴區間，包含了原本假定的母體平均值，則表示樣本平均數與母體平均值沒有顯著差異。若以樣本平均值推論出 μ 的信賴區間，不包含原本假定的母體平均值，則表示樣本平均數與母體平均值有顯著差異。

常態母體，σ 未知時。假設 type I 誤差 $= \alpha$，自由度 $= n - 1$，平均數的信賴區為：$\overline{Y} \pm t_{\alpha/2, n-1} \times (s.e.)$，其中 $s.e. = \dfrac{S}{\sqrt{n}}$。

例如：從一常態母體中隨機抽出 $n = 25$ 的樣本，並得到樣本平均數 $\overline{Y} = 50$，樣本標準差 $s = 8$，則母體平均數的 95% 信賴區間為：

$$\overline{Y} \pm t_{\alpha/2, n-1} \times \frac{S}{\sqrt{n}} = 50 \pm 2.0639 \times \frac{8}{\sqrt{25}}$$

如果 $n \geq 30$，t 值亦會趨近於 Z 分數。當樣本標準差 S 已知，且樣本個數大於 30，我們改用 Z 分配求 95%CI：

$$95\%\text{CI} = \overline{X} \pm Z_{\alpha/2} \times \frac{S}{\sqrt{n}} = \overline{X} \pm 1.96 \times \frac{S}{\sqrt{n}}$$

2-2 常態曲線

常態曲線 (The Normal Curve) 及分配是一種理論模式，但透過這理論模式，配合平均數及標準差，我們可以對實證研究所得之資料分配，做相當精確之描述及推論。能做到這一點是因常態曲線本身有些重要且已知的特性。常態曲線最重要的特性是其形狀為左右對稱仿若鐘形之曲線。此曲線只有一個眾數，並與中位數及平均數是三合一的。其曲線的兩尾是向兩端無限延伸。因此，雖然實際調查得到的資料，不可能是這種完美的理論模式，但許多實際得到之變數的資料分配是相當接近這種模式，因此可以假定它們的分配是常態的，進而使我們得以運用常態曲線的理論特性。

配合平均數及標準差之觀念，我們可以得到常態分配一個重要的特性：在常態曲線下，以平均數 $\overline{X}$ 為中心，任何一個在左邊的點與 $\overline{X}$ 之間在常態曲線下之面積是和另一相對在右邊同距離之點與 $\overline{X}$ 之間的面積相等。

常態分配另一非常重要特性是，任何點與 $\overline{X}$ 間在常態曲線下之面積是一定

且已知的（如下圖）。

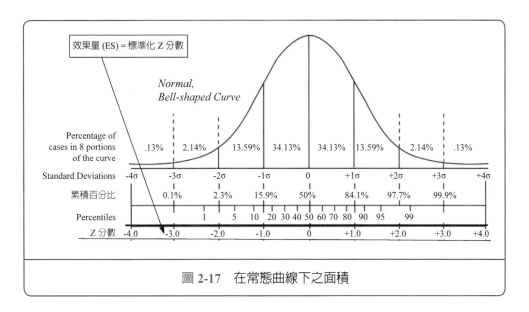

效果量 (ES) = 標準化 Z 分數

Normal,
Bell-shaped Curve

| Percentage of cases in 8 portions of the curve | .13% | 2.14% | 13.59% | 34.13% | 34.13% | 13.59% | 2.14% | .13% |

Standard Deviations -4σ -3σ -2σ -1σ 0 +1σ +2σ +3σ +4σ

累積百分比 0.1% 2.3% 15.9% 50% 84.1% 97.7% 99.9%

Percentiles 1 5 10 20 30 40 50 60 70 80 90 95 99

Z 分數 -4.0 -3.0 -2.0 -1.0 0 +1.0 +2.0 +3.0 +4.0

圖 2-17　在常態曲線下之面積

　　從常態圖可知在常態曲線下，平均數與標準差之間所佔的面積是有一定的比例。如果一個變數的分配是接近常態曲線，這個面積的比例即代表所佔的樣本比例。例如，如果全部樣本數是 100 人，則平均數加減一個標準差 (平均數 ±1S) 就有約 68 人 (100×68.26%)。就常態分配而言，只有少數的樣本是在平均數加減三個標準差以外 (也就是說只有極少數個案的分數是比平均數加三個標準差來的大，或比平均數減三個標準差來的小)。

2-3　樣本大小的決定

　　樣本大小 n 的決定，可分成計量資料與計質資料二種情況。

一、計量資料：以常用的平均值估計為例

定理一：誤差值計算

以樣本平均數 $\overline{X}$ 估計母體平均數 μ 時，有 $(1 - \alpha)100\%$ 信賴度其誤差如下：

$$e = |\overline{X} - \mu| \le Z_{\frac{\alpha}{2}}\sqrt{Var(\overline{X})}$$

定理二：變異數計算 (N 為母體總數)

1. 當抽樣時，若資料為抽出後再放回，則 $Var(\overline{X}) = \dfrac{\sigma^2}{n}$

2. 當抽樣時，若資料為抽出後不放回，則 $Var(\overline{X}) = \dfrac{N-n}{N}\dfrac{\sigma^2}{n}$

定理三：樣本數大小

1. σ^2 已知時，若需要有 $(1 - \sigma)100\%$ 信賴度，以 $\overline{X}$ 估計 μ 時，其誤差不超過 e 時，所需之樣本大小至少為：

(1) 當抽樣時，若資料為抽出後再放回，則 $n_0 = \left(\dfrac{Z_{\frac{\alpha}{2}}\sigma}{e}\right)^2$。

證明：在計算單一樣本的估計時，若因各種限制，僅能進行一次抽樣，則必須盡量降低抽樣誤差 (e)，再進行點估計及區間估計。根據中央極限定理：

$$Z = \frac{\overline{X} - \mu}{S/\sqrt{n}} = \frac{e}{S/\sqrt{n}}$$

其中，Z = 標準常態分配值，若我們欲使研究推論達到 95% 的信賴水準，則 $Z = 1.96$。

S = 樣本標準差
n = 我們所需抽取之樣本個數
μ = 母群體平均數

可忍受的誤差 (e) = 樣本平均數減去母群體平均數
故由上述公式，可以推導出所需樣本個數 n 的大小：

$$n = \frac{Z^2\sigma^2}{e^2}$$

---

(2) 當抽樣時，若資料為抽出後不放回，則 $n = \dfrac{n_0}{1 + n_0/N}$。

值得一提就是，當 $n_0/N \leq 0.05$ 時，樣本大小直接取 n_0 即可。

2. σ^2 未知時，若需要有 $(1 - \sigma)100\%$ 信賴度，以 $\overline{X}$ 估計 μ 時，其誤差不

超過 e，所需之樣本大小的計算，則需採二階段抽樣法 (1945 年 Stein 提出，所以又稱 Stein's method two-stage sampling)，其步驟如下：

階段一：先隨機從母體中抽出一組大小為 n_1 的樣本，並計算此組樣本之樣本變異數

$$S^2 = \sum_{i=1}^{n_1} X_i \Big/ n_1 - 1$$

階段二：需要再抽之樣本數 n_2 至少為

(1) 當抽樣時，若資料為抽出後再放回，則 $n_2 = n_0 - n_1$，

其中 $n_0 = \left(\dfrac{t_{\frac{\alpha}{2}}(n-1)}{e} S \right)^2$

(2) 當抽樣時，若資料為抽出後不放回，則 $n_2 = n - n_1$，

其中 $n = \dfrac{n_0}{1 + n_0/N}$

例題：假定我們想估計 5,000 個學生的平均身高，並希望誤差不超過 5 公分，可靠性在 99.7%，已知母體標準差 $\sigma = 12$，請問需抽多少樣本，方能滿足這些條件？

二、計質資料：以常用的比例值估計為例

定理四：誤差值計算

以樣本比例值 $\hat{P} = X/n$ 估計母體比例值 P 時，有 $(1 - \alpha)100\%$ 信賴度認為其誤差 $e = \left| \hat{P} - P \right| \le Z_{\frac{\alpha}{2}} \sqrt{Var(\hat{P})}$

定理五：變異數計算 (N 為母體總數)

1. 當抽樣時，若資料為抽出後再放回，則 $Var(\hat{P}) = \dfrac{P(1-P)}{n}$

2. 當抽樣時，若資料為抽出後不放回，則 $Var(\hat{P}) = \dfrac{N-n}{N} \dfrac{P(1-P)}{n}$

定理六：樣本數大小

1. P 已知時，若需要有 $(1 - \alpha)100\%$ 信賴度，以 $\hat{p}$ 估計 P 時，其誤差不超過 e，所需要之樣本大小至少為：

(1) 當抽樣時，若資料為抽出後再放回，則 $n_0 = \left(\dfrac{Z_{\frac{\alpha}{2}}}{e}\right)^2 P(1-P)$

例題：假設在進行不良率的研究，經初步預試樣本，發現不良率 q 為 0.1，則良率 $p = 0.9$，若工廠可容忍誤差比率 $e = 0.03$，信賴水準取 95.42%(即兩個標準差)，代入上面公式，可得所需樣本數 n 為 400 個：

$$n = \frac{(1.96)^2(0.1)(0.9)}{(0.03)^2} = 400$$

假設我們事先未對不良率做檢測，則以最大可能的樣本數來算，取 $q = 0.5$，$p = 0.5$，代入上式，可知我們所需最大樣本數，$n = 1,112$ 個。

---

(2) 當抽樣時，若資料為抽出後不放回，則 $n = \dfrac{n_0}{1 + n_0/N}$

值得一提就是，當 $n_0/N \leq 0.05$ 時，樣本大小直接取 n_0 即可。

2. P 未知時，若需要有 $(1 - \alpha)100\%$ 信賴度，以 $\hat{p}$ 估計 P 時，其誤差不超過 e，所需要之樣本大小的計算有二種方法：

(1) 方法一：同定理六，P 已知時之計算方式，但取 $n_0 = \left(\dfrac{Z_{\frac{\alpha}{2}}}{e}\right)^2 \dfrac{1}{4}$。

例題：在可容忍誤差 (e) 為 0.05、信賴水準為 95% 下，即可發放 384 份樣本，因為 $N = (Z_{\alpha/2} / e)^2 \times P \times (1 - P) = (Z_{0.025}/0.05)^2 \times 0.5 \times 0.5 = 384)$。

---

(2) 方法二：採二階段抽樣法，其步驟如下：

階段一：先隨機從母體中抽出一組大小為 n_1 的樣本，並計算此組樣本之樣本比例值 $\hat{p}_1 = X/n_1$。

階段二：同定理六，P 已知時之計算方式，其中 P 以 $\hat{p}_1$ 取代，由此可獲得滿足上述條件之總樣本數。

例題：某大學欲明瞭全校 15,000 個學生對學校圖書館的滿意比例，擬舉辦抽樣調查，試問需調查多少學生的意見，才能使我們擁有 95% 的信心，認為此組樣本的滿意比例與真實之滿意比例相差小於 0.05 ？

總體來說，Roscoe (1975) 認為樣本大小介於 30 ～ 500 之間，對大多數的研究都是適當的。

2-3 Type I、Type II error 及 power 檢定

顯著水準 (Type I error-α rate)、統計檢定力 (power)、樣本人數與母群的效果量 (effect size) 是四個相互關聯的統計參數，其中任何一個都可以視為其他三個的函數；也就是說，其中三個如果決定了，第四個也就被決定了 (Cohen, 1977)。簡單來說，顯著水準可視為拒絕虛無假設 (null hypothesis) 時所可能犯的誤差率，統計檢定力可視為正確拒絕虛無假設的機率，而母群的效果量可視為研究者所希望偵測出來的、存在母群體中的真正效果或相關。當其他兩個條件保持恆定時：(1) 顯著水準定的愈嚴格，統計檢定力就愈低。(2) 樣本人數愈少時，統計檢定力就愈低。(3) 母群效果量愈小時，愈不容易被偵測到，統計檢定力也就愈低。很多研究者都知道，如果想要偵測到一個不太大但真正存在母群體的效果或相關，則樣本人數不能太少，否則研究結果很難有顯著的機會。

檢定進行時，除了可探測結果之顯著性，相對的存在一定的風險，即可能發生誤差的機會，常態分布是一個連續性的機率分布，檢測時所設之可信賴區間，以外之部分即為發生誤差之機率。根據檢定之前提與結果正確與否，可產生兩種不同之誤差情況，分別為第一型誤差及第二型誤差。

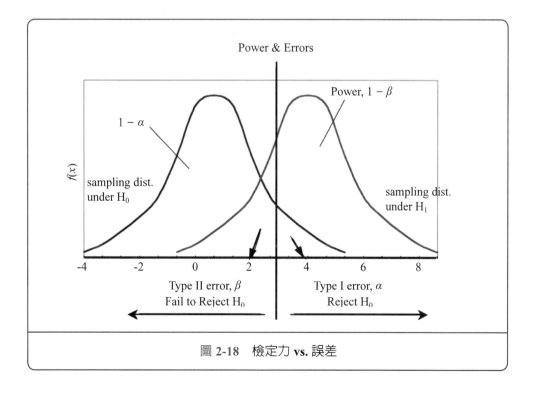

圖 2-18　檢定力 vs. 誤差

當我們在進行統計檢定時，基本上根據有限的樣本數量，對母體的實際分布作一推估，必然會有誤差之風險。這種「誤差」可分 2 種：

(1) 第一型誤差 (Type I error)：當虛無假設 H_0 為真，卻因抽樣誤差導致決策為拒絕 H_0 (the probability of rejecting a true null hypothesis)，此種誤差稱為 α 誤差。犯 Type I error 之機率即為 α。

(2) 第二型誤差 (Type II error)：當虛無假設 H_0 為假，卻因抽樣誤差導致決策不拒絕 H_0 (the probability of failing to reject a false null hypothesis)，此種誤差稱為 β 誤差。Type II error 之機率為 β。

表 2-3 第一型誤差 (α) 及第二型誤差 (β) 之解說

真實情況 決定	H_0 為真	H_1 為真(即 H_0 為假)
未拒絕 H_0	正確決定 機率 $p = 1 - \alpha$	Type II error 機率 $p = \beta$
拒絕 H_0	Type I error 機率 $p = \alpha$	正確決定 機率 $p = 1 - \beta$

真實情況 決定	H_0 為真：嫌疑犯真的無作案	H_1 為真(即 H_0 為假)：嫌疑犯真的有作案
嫌疑犯無罪	正確決定 機率 $p = 1 - \alpha$	Type II error 機率 $p = \beta$
嫌疑犯有罪	Type I error 機率 $p = \alpha$	正確決定 機率 $p = 1 - \beta$

由於世界是充滿矛盾的，因為當我們設定很小之 α 水準 (顯著水準) 想儘量避免犯第一型誤差時，我們卻相對的增加了犯下另一種誤差之可能。因為當我們增加非臨界區的面積時，我們就減少了樣本統計測定之值落入臨界區的可能，而這種情況有可能使我們犯下第二型誤差 ((Type II error) 或稱 Beta 誤差，也就是未能拒絕一個事實上為假之 H_0 的誤差。見圖 2-18，犯第一型誤差的機率雖然是和犯第二型誤差之機率成反比之關係，但是 β 值 (犯 Type II error 之機率)「並不是」等於 $1 - \alpha$。β 值的大小是以統計檢定力 (power) 來決定，一個統計測定之 power 即為 $1 - \beta$。

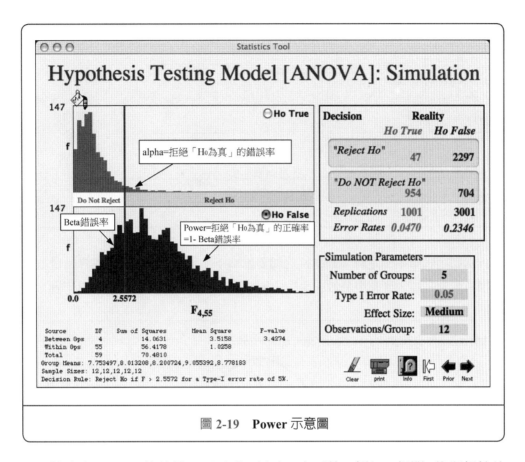

圖 2-19　**Power** 示意圖

　　檢定力 (power) 的計算，可用「R 語言」之函數。例如，相關 / 複迴歸統計
檢定，假設 Pearson 相關 r = -0.58, alpha = 0.05, 樣本數 n = 15 篇，則「R 語言」
之指令如下：

```
>library(pwr)
>pwr.r.test(n = 15, r = -0.58, sig.level = .05, alternative = c("two.sided"))
```

　　結果得：power = 0.63，即 $(1 - \beta) = 0.63$，所以 Type II error $\beta = 0.37$。

　　相對地，若要求 ANOVA 的 Power，假設 levels = 3 組，，每一組有 10 人，
alpha = 0.05，F 值 = 0.25，「R 語言」對應之指令如下：

```
>library(pwr)
>pwr.anova.test(k = 3, n = 10, F = 0.25, sig.level = .05, power = NULL)
```

至於卡方檢定、t 檢定的 power，其「R 語言」對應之指令如下：

```
>library(pwr)
> pwr.chisq.test(w = NULL, N = NULL, df = NULL, sig.level = 0.05,
power = NULL)
> power.t.test(n = NULL, delta = NULL, sd = 1, sig.level = 0.05,
 power = NULL,
 type = c("two.sample", "one.sample", "paired"),
 alternative = c("two.sided", "one.sided"),
 strict = FALSE)
```

例如，做單尾測定時，在同樣之顯著水準下，假如 $\alpha = 0.05$，臨界區是放在抽樣分配之一端，而非平分放在兩端，則 $Z_{(critical)}$ 是 +1.65(或 −1.65)(見下圖)。

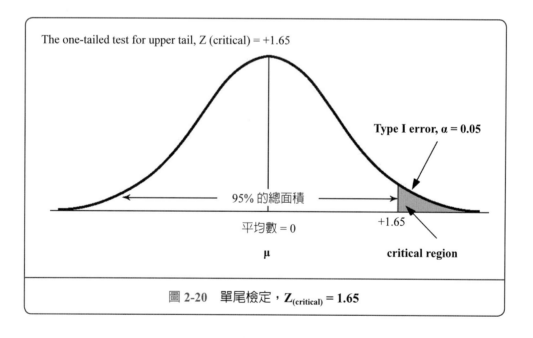

The one-tailed test for upper tail, Z (critical) = +1.65

Type I error, $\alpha = 0.05$

95% 的總面積

平均數 = 0

+1.65

μ

critical region

圖 2-20　單尾檢定，$Z_{(critical)} = 1.65$

若判定 (實驗組 vs. 控制組) 兩組樣本有顯著差異之標準過高，則有可能在有差異 (H_0 為假) 時判定為無差異，是為 Type II Error；反之標準過低則為 Type I Error。

故進行 Meta analysis、或次族群 Meta 分析 (或刪除某 outlier) 時，若 (實驗

組 vs. 控制組) 具有高敏感性則 t 檢定容易有 Type I error；若 (實驗組 vs. 控制組) 變異數之異質性高則 t 檢定容易有 Type II error。

小結

在社會與行為科學中，犯 Type II error(結果說「X 與 Y 無關」而實際卻相關) 遠比 Type I error 的可能性要大。我們若能注意估計效果量，有可能讓 Type II error 下降。

統計檢定力 (statistical power) 是經常被忽略的問題。所謂統計檢定力是指避免接受錯誤的虛無假設的機率。統計檢定力對於研究結果的影響相當大，如果檢定力太低，研究發現容易有不一致的現象產生。因此，要使研究更具價值，則研究者必須在使用統計分析方法時，特別注意統計檢定力的提升。一般來說，要增加檢定力，可由樣本大小、顯著水準，以及效果規模 (effect size) 等三方面來考量。Cohen (1977) 建議在 α 值為 0.05 的顯著水準下，檢定力至少要達到 0.8 較為合理。

我們進行 Meta 分析時，要選入多少篇的文獻才夠呢？若以 Type I error α = 0.05，Type II error β = 0.8 來計算，理想上是 24 篇以上，但事實很少找到這麼多相似的文獻。

2-4 Stata 的統計檢定力 (power)、樣本數

Stata 求統計檢定力 (power)、樣本數的方法：

方法一：Stata 之 sampsi 指令。

方法二：Stata 之 power 指令。

Sampsi 指令的 Menu

```
Statistics > Power and sample size > Tests of means and proportions sampsi
    with repeated measures
Statistics > Power and sample size > Tests of means with repeated measures
```

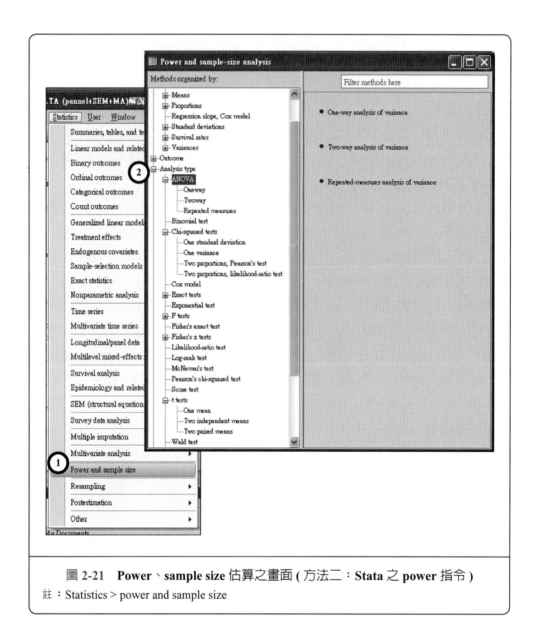

圖 2-21　Power、sample size 估算之畫面 (方法二：Stata 之 power 指令)

註：Statistics > power and sample size

　　由於 Stata「sampsi 或 power」指令來求統計檢定力 (power)、樣本數 (sample size)，比 Stata 畫面操作容易，故你不妨單純直接採用 Stata 指令。

2-4-1 單一樣本 t 檢定 (Single-sample t-test) 之 power 及樣本數

（一）原始分數之統計檢定力 (power)、樣本數 (sample size)？

> 例題：假設母群平均數 (mean) 為 850, 標準差 (sd) 為 50，統計力 (power) 要求
> 為 0.9，Type I error($\alpha = 0.05$)，試問需多少樣本數？

解

　　方法一：Stata 之 sampsi 指令。

　　方法二：Stata 之 power 指令。

```
* 方法一：Stata 之 sampsi 指令
* sampsi  850 810, sd(50) power(0.9) onesamp

* 方法二：用 power 指令
. power onemean 850 810, power(0.9) sd(50)

Performing iteration ...

Estimated sample size for a one-sample mean test
t test
Ho: m = m0  versus  Ha: m ! = m0

Study parameters:

        alpha =      0.0500
        power =      0.9000
        delta =     -0.8000
           m0 =    850.0000
           ma =    810.0000
           sd =     50.0000

Estimated sample size:

          N =            19
```

結果說明：本例估計樣本數需要 19 筆觀察值。

參數 1：母群平均數，m = 850。

參數 2：alternative(樣本) 平均數，m = 810。

參數 3：標準差，sd(50)。

參數 4：統計檢定力，power(0.9)。

參數 5：假設是單一樣本 t-test, onemean 或 onesamp。

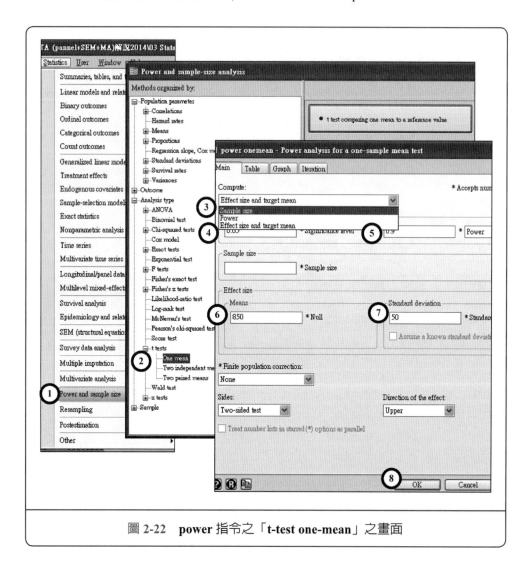

圖 2-22　**power** 指令之「**t-test one-mean**」之畫面

> **例題**：假設母群平均數 (mean) 為 850，標準差 (sd) 為 50，樣本數為 15，Type I error(α = 0.05)，試問統計力 (power) 為多少？

解

　　方法一：Stata 之 sampsi 指令。

　　方法二：Stata 之 power 指令。

```
* 方法一： sampsi 850 810, sd(50)  n(15) onesamp

* 方法二：
. power onemean 850 810, n(15) sd(50)

Estimated power for a one-sample mean test
t test
Ho: m = m0 versus Ha: m != m0

Study parameters:

        alpha =     0.0500
            N =         15
        delta =    -0.8000
           m0 =   850.0000
           ma =   810.0000
           sd =    50.0000

Estimated power:

        power =     0.8213
```

　　結果說明：估計統計檢定力是多少 (系統內定 Type I error, α = 0.05) ？結果是 power = 0.8213。

　　參數 1：母群平均數，m = 850。

　　參數 2：alternative(樣本) 平均數，m = 810。

　　參數 3：標準差，sd(50)。

參數 4：樣本數，n(15)。

參數 5：假設是單一樣本 t-test, onemean。

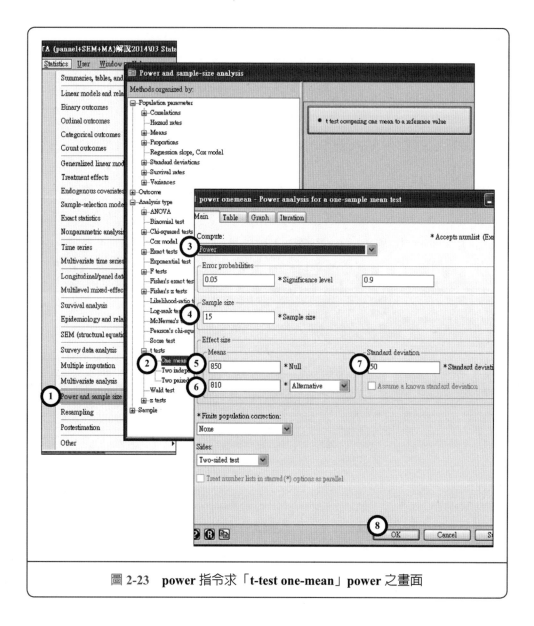

圖 2-23　power 指令求「t-test one-mean」power 之畫面

（二）標準化分數之統計檢定力 (power)、樣本數 (sample size)？

例題：假設母群標準化平均數 (mean) 為 1，標準差 (sd) 為 0，統計力 (power) 要求為 0.9，Type I error($\alpha = 0.05$)，試問需多少樣本數？

解

```
. sampsi 1 0.2, sd(1) power(0.9) onesamp

Estimated sample size for one-sample comparison of mean
  to hypothesized value

Test Ho: m   =        1, where m is the mean in the population

Assumptions:

         alpha =     0.0500 (two-sided)
         power =     0.9000
 alternative m =         .2
           sd =          1

Estimated required sample size:

           n  =         17
```

結果說明：估計樣本數需多少 (系統內定 Type I error, $\alpha = 0.05$) ？結果是 n = 17。

參數 1：母群平均數，m = 1。

參數 2：alternative(樣本) 平均數，m = 0.2。

參數 3：標準差，sd(1)。

參數 4：統計檢定力，power(0.9)。

參數 5：假設是單一樣本，onesamp。

例題：假設母群標準化平均數 (mean) 為 1，標準差 (sd) 為 1，樣本數為 20，
Type I error(α = 0.05)，試問統計力 (power) 為多少？

解

```
. sampsi 1 0.2, sd(1) n(20) onesamp

Estimated power for one-sample comparison of mean
  to hypothesized value

Test Ho: m  =         1, where m is the mean in the population

Assumptions:

         alpha  =     0.0500 (two-sided)
 alternative m  =         .2
           sd  =         1
 sample size n  =        20

Estimated power:

         power  =     0.9471
```

結果說明：估計統計檢定力是多少 (系統內定 Type I error, α = 0.05) ？結果
是 power = 0.947。

參數 1：母群平均數，m = 1。

參數 2：alternative(樣本) 平均數，m = 810。

參數 3：標準差，sd(1)。

參數 4：樣本數，n(20)。

參數 5：假設是單一樣本，onesamp。

2-4-2 相依樣本 t 檢定 (Paired-sample t-test) 之 power

例題：假設，相依樣本 t 檢定之平均數 (mean) 為 1，標準差 (sd) 為 0，統計力 (power) 要求為 0.9，Type I error($\alpha = 0.05$)，試問需多少樣本數？

解

方法一：Stata 之 sampsi 指令。
方法二：Stata 之 power 指令。

```
. sampsi 0 5, sd(5) power(.80) onesamp

Estimated sample size for one-sample comparison of mean
  to hypothesized value

Test Ho: m  =        0, where m is the mean in the population

Assumptions:

        alpha =      0.0500 (two-sided)
        power =      0.8000
 alternative m =          5
           sd =          5

Estimated required sample size:

          n  =          8
```

結果說明：估計樣本數需多少 (系統內定 Type I error, $\alpha = 0.05$) ？結果是 n = 8。

參數 1：母群平均數，m = 0。

參數 2：alternative(樣本) 平均數，m = 5。

參數 3：標準差，sd(5)。

參數 4：統計檢定力，power(0.8)。

參數 5：假設是單一樣本，onesamp。

> 例題：假設，相依樣本 t 檢定之平均數 (mean) 為 0，標準差 (sd) 為 0，樣本數
> 為 35，Type I error($\alpha = 0.05$)，試問統計力 (power)？

解

```
. sampsi 0 5, sd(10) n(35) alpha(.01) onesamp

Estimated power for one-sample comparison of mean
  to hypothesized value

Test Ho: m =        0, where m is the mean in the population

Assumptions:

        alpha =      0.0100 (two-sided)
 alternative m =         5
           sd =        10
 sample size n =        35

Estimated power:

        power =      0.6488
```

結果說明：估計統計檢定力是多少？結果是 power = 0.6488。

參數 1：母群平均數，m = 0。

參數 2：alternative(樣本) 平均數，m = 5。

參數 3：標準差，sd(10)。

參數 4：樣本數，n(35)。

參數 5：Type I error，$\alpha = 0.01$。

參數 6：假設是單一樣本，onesamp。

2-4-3 獨立樣本 t 檢定之 power 及樣本數

例題：假設，獨立樣本 t 檢定之平均數 (mean) 爲 m1 = 0，m2 = 10。標準差爲 sd1 = 15，sd2 = 17，統計力 (power) 要求爲 0.8，Type I error(α = 0.05)，試問需多少樣本數？

解

舊版 Stata 直接用 sampsi 指令，新版 Stata 直接用 power 指令

```
* 方法一：Stata 直接用 sampsi 指令。
* 用 . sampsi 0 10, sd1(15) sd2(17) power(0.8)

* 方法二：Stata 直接用 power 指令。
. power twomeans 0 10, sd1(15) sd2(17)

Performing iteration ...

Estimated sample sizes for a two-sample means test
Satterthwaite's t test assuming unequal variances
Ho: m2 = m1 versus Ha: m2 ! = m1

Study parameters:

        alpha  =     0.0500
        power  =     0.8000
        delta  =    10.0000
          m1   =     0.0000
          m2   =    10.0000
         sd1   =    15.0000
         sd2   =    17.0000

Estimated sample sizes:

           N   =         84
  N per group  =         42
```

結果說明：估計樣本數需多少 (系統內定 Type I error, α = 0.05)？結果是 n1 = n2 = 42。

參數 1：母群平均數，m1 = 0，m2 = 10。

參數 2：alternative(樣本) 平均數，m = 5。

參數 3：標準差，sd1 = 15，sd2 = 17。

參數 4：統計檢定力，power(0.8)。

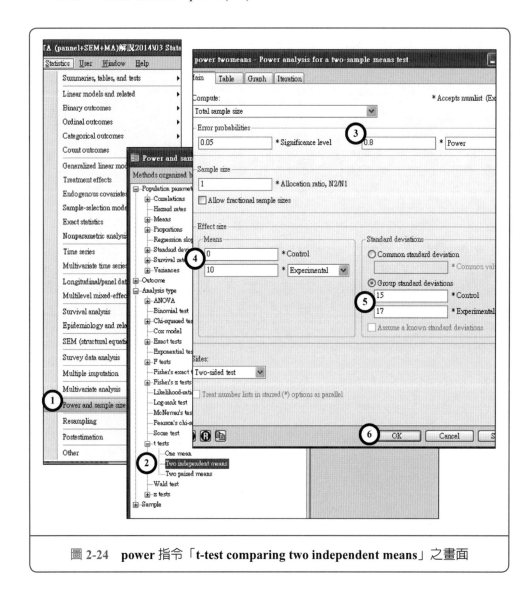

圖 2-24　power 指令「t-test comparing two independent means」之畫面

例題：假設，獨立樣本 t 檢定之平均數 (mean) 為 m1 = 0，m2 = 10。標準差為 sd1 = 15，sd2 = 17，樣本數 n1 = n2 = 80。Type I error($\alpha = 0.05$)，試問統計力 (power)？

解

方法一：Stata 直接用 power 指令

```
*舊版用 . sampsi 0 10, sd1(15) sd2(17) n(80) alpha(0.01)

*新版用
. power twomeans 0 10, sd1(15) sd2(17) n(160)

Estimated power for a two-sample means test
Satterthwaite's t test assuming unequal variances
Ho: m2 = m1 versus Ha: m2 ! = m1

Study parameters:

        alpha =     0.0500
            N =        160
  N per group =         80
        delta =    10.0000
           m1 =     0.0000
           m2 =    10.0000
          sd1 =    15.0000
          sd2 =    17.0000

Estimated power:

        power =     0.9750
```

結果說明：估計統計檢定力是多少？結果是 power = 0.975。

參數 1：母群平均數，m1 = 0，m2 = 10。

參數 2：alternative(樣本) 平均數，m = 5。

參數 3：標準差，sd1 = 15，sd2 = 17。

參數 4：樣本數，n(80)。

參數 5：Type I error，$\alpha = 0.01$。

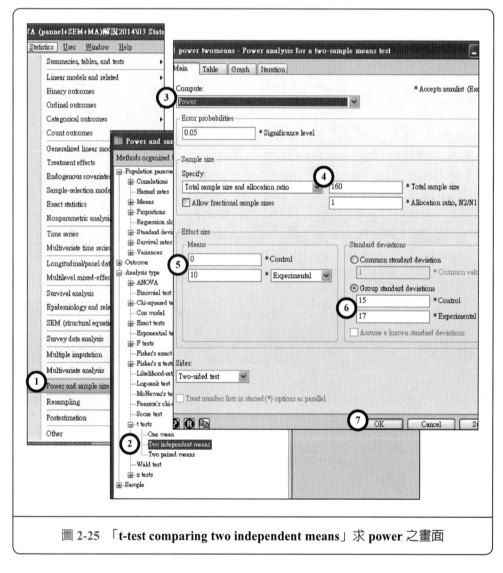

圖 2-25　「**t-test comparing two independent means**」求 **power** 之畫面

方法二：Stata 直接用 sampsi 指令。

圖 2-26　**sampsi** 獨立樣本 **t** 檢定之 **power** 選擇表

```
.  sampsi 0 10, sd1(15) sd2(17)


Estimated sample size for two-sample comparison of means


Test Ho: m1  =  m2, where m1 is the mean in population 1
                and m2 is the mean in population 2
Assumptions:


        alpha  =     0.0500  (two-sided)
        power  =     0.9000
          m1   =          0
          m2   =         10
         sd1   =         15
         sd2   =         17
        n2/n1  =       1.00
```

```
Estimated required sample sizes:

        n1  =           55
        n2  =           55
```

結果說明：假設 alpha = 0.05，power = 0.9 時，請估計樣本數多少才足夠？
結果是 n1 = n2 = 55。

參數 1：母群平均數，m1 = 0，m2 = 10。

參數 2：標準差，sd1 = 15，sd2 = 17。

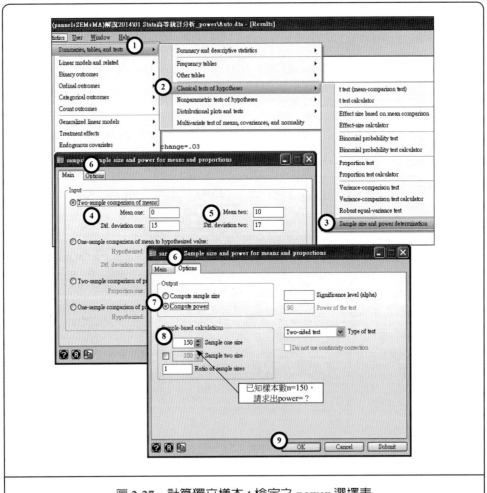

圖 2-27　計算獨立樣本 t 檢定之 power 選擇表

> 例題：假設，獨立樣本 t 檢定之平均數 (mean) 為 m1 = 0，m2 = 10。標準差為 sd1 = 15,sd2 = 17，樣本數 n1 = n2 = 150。Type I error($\alpha = 0.05$)，試問統計力 (power)？

解

採方法二：Stata 直接用 sampsi 指令

```
.  sampsi 0 10, sd1(15) sd2(17) n1(150)

Estimated power for two-sample comparison of means

Test Ho: m1  =  m2, where m1 is the mean in population 1
                    and m2 is the mean in population 2
Assumptions:

        alpha  =    0.0500 (two-sided)
           m1  =         0
           m2  =        10
          sd1  =        15
          sd2  =        17
sample size n1  =       150
           n2  =       150
        n2/n1  =      1.00

Estimated power:

        power  =    0.9997
```

結果說明：假設 alpha = 0.05, 樣本數 n = 150 時，請估計 power？結果是 power = 0.9997。

參數 1：母群平均數，m1 = 0，m2 = 10。

參數 2：標準差，sd1 = 15，sd2 = 17。

參數 3：n1 = 150 人。

2-4-4 兩獨立之百分比 (Two Independent Proportions) 的 power

例題：假設，兩獨立樣本之百分比為 p1 = 0.25，p2 = 0.15。統計力 (power) = 0.85。Type I error(α = 0.05)，試問樣本數需多少？

解

採方法二：Stata 直接用 sampsi 指令

```
. sampsi 0.25 0.15, power(0.85)

Estimated sample size for two-sample comparison of proportions

Test Ho: p1  =  p2, where p1 is the proportion in population 1
                    and p2 is the proportion in population 2
Assumptions:

        alpha  =    0.0500  (two-sided)
        power  =    0.8500
           p1  =    0.2500
           p2  =    0.1500
        n2/n1  =    1.00

Estimated required sample sizes:

          n1  =         306
          n2  =         306
```

結果說明：估計樣本數需多少 (系統內定 Type I error, α = 0.05) ？結果是 n1 = n2 = 306。

參數 1：母群百分比，p1 = 0.25，p2 = 0.15。

參數 2：統計檢定力，power(0.85)。

例題：假設，兩獨立樣本之百分比為 p1 = 0.25，p2 = 0.15。樣本數 = 200。
Type I error(α = 0.05)，試問統計力 (power) ？

解

採方法二：Stata 直接用 sampsi 指令

```
. sampsi 0.25 0.15,  n(200)


Estimated power for two-sample comparison of proportions

Test Ho: p1  =  p2, where p1 is the proportion in population 1
                    and p2 is the proportion in population 2
Assumptions:

        alpha  =     0.0500 (two-sided)
           p1  =     0.2500
           p2  =     0.1500
sample size n1 =      200
           n2  =      200
         n2/n1 =      1.00


Estimated power:

        power  =     0.6621
```

結果說明：估計統計檢定力是多少？結果是 power = 0.66。

參數 1：母群百分比，p1 = 0.25，p2 = 0.15。

參數 2：樣本數，n(200)。

2-4-5 單因子變異數 (One-way ANOVA) 之 power 及樣本數

外掛指令 fpower 使用前，先用「findit fpower」指令來找到此 packaged，
download 並安裝 fpower.ado 指令檔。

Anova power 分析之 fpower 指令格式：
fpower , a(levels) [b(levels) c(levels) r(levels) delta(value) rho(value) alpha(value) n(sampsize) graph]
（一）說明：
fpower 指令可求單因子 ANOVA、二因子 ANOVA 及三因子 ANOVA 的統計檢定力。.　Users are required to include the number of levels of factor a.

（二）power 的參數：
b: the number of levels of factor b(default　=　1).
c: the number of levels of factor c(default　=　1).
r: the number of levels of repeated factor(default　=　1).
delta: the effect size where delta = (largest_mean − smallest_mean)/
　　　 sigma(default　=　.25).
alpha: the alpha level(default　=　.05).
rho: the intraclass correlation(default　=　0).
n: specific sample size of interest.

（一）One-way ANOVA 的 Power

　　何謂「power」，係指「the probability of detecting a "true" effect when it exists」。許多研究者認為，簡單的公式就能求出「樣本數、統計檢定力」，但事實上則不然，因爲許多 ANOVA 研究情境是複雜且因子個數都不盡相同。

1. 實驗設計之解説

　　老師在教數學時，假設你想用 3 種新的教學法來試探它是否比舊的教學法更具有教學效果，於是隨機抽樣當地的學生當教學實驗的樣本。這 4 種教學方法敘述如下：

(1) 傳統教學法：老師依教科書來授課、出作業題。

(2) 強化練習 (intensive practice) 法：無論學生上學前或放學後，都填寫補習的工作單。

(3) 電腦輔助法 (the computer assisted)：學生利用電腦教學軟體，來學習數學概念和技巧。

(4) 同儕 (peer) 輔助學生法：小學四年級學生與小學五年級學生做配對 (成一小組)，由學長帶學弟妹一同學習。

學生將留在他們的數學學習小組一整個學年。在學期結束時，所有學生將進行多種數學能力調查 (MMPI)。這種標準化測試，四年級的平均數 = 550，標準差 = 80。

假設實驗採平衡設計，即這四組的樣本人數都相同。請問我們需多少學生才足夠呢？

2. 統計檢定力之計算

為了回答這個問題，我們需要作出一些假設之相關數據。首先，我們將假定為四個組的標準差都等於母群的值。此外，根據以前的研究中，都認為傳統教學組 (第 1 組)，在 MMPI 將有最低的平均分，而同儕協助組 (第 4 組) 將有最高的平均分數。

我們預期的第 1 組平均數為 550，而第 4 組平均比第 1 組高 1.2 個標準差，即平均 ≧ 646。本例子為簡化 power 計算起見，我們亦假設「第 2、3 組」兩組的平均都等於「全體平均值」。

我們將使用 Stata 的「fpower」指令。該 fpower 程序做 power 分析前，就需要下列數據：(1) 第一因子 a 的 levels 數，(2) 效果量 (即 delta)，(3)alpha 值。如上所述，有 4 個組，令 a = 4。我們將設定 $\alpha = 0.05$，我們將計算效果大小 $\delta =$ (largest_mean-smallest_mean)/standard_deviation。 因 此，delta = (646-550)/80 = 1.2。我們使用標準差是合併組內 (pooled within-group) 標準差，即統計分析之 ANOVA 報表中，平均標準誤的平方根。

圖 2-28　用「**findit fpower**」來外掛此指令之畫面

先用「findit fpower」來外掛此指令，再執行下列「fpower」指令及其參數：

```
* 單因子 a 有 4 個 levels，四種教學法之間效果量高達 1.2 個單位差距。
. fpower, a(4) delta(1.2) alpha(0.05)
(1 observation deleted)


a  =  4   b  =  1   c  =  1   r  =  1   rho  =  0   delta  =  1.2
```

nobs	power
2	.0906746
3	.1438119
4	.2013958
5	.2614601
6	.3224192
7	.3829314
8	.4419005
9	.49847
10	.5520059
12	.6484047
14	.7294912
16	.795521
18	.8478578
20	.8884002
25	.9512783
30	.9800673
35	.9922693
40	.9971333
45	.998977
50	.9996469
55	.9998816
60	.9999613
75	.9999988
100	1
125	1
150	1

結果說明：當各組人數 n = 10 人時，power = 0.55。n = 17 至 18 人時，power = 0.8。

參數 1：a 因子有 4 個 levels。

參數 2：b 因子有 1 個 levels(因為單因子)。

參數 3：c 因子有 1 個 levels(因為單因子。

參數 4：重複量數 r = 1(因為沒有 repeated factor)。

參數 5：效果量 delta = (646-550)/80 = 1.2。

　　上表顯示，若要達到 power = 0.8，則每組學生數應為 16 ～ 18 人。假如選定樣本數為 17 名學生。為了再次複驗「N = 17」的正確性，我們再使用 Monte Carlo 模擬程序「simpower」來稽核這些數字正確性。

```
* 先安裝「simpower」外掛指令
. findit simpower

*Monte Carlo 之 4 組教學法樣本數都是 17 人，平均數 mu 及標準差 s 如下：
. simpower, gr(4) n(17 17 17 17) mu(550 598 598 646) s(80 80 80 80)

Sample Sizes, Means and Standard Deviations
----------------------------------------------

N1  =  17        MU1  =  550        S1  =  80
N2  =  17        MU2  =  598        S2  =  80
N3  =  17        MU3  =  598        S3  =  80
N4  =  17        MU4  =  646        S4  =  80
Total N  =  68


  1000 simulated ANOVA F tests
----------------------------------

Alpha    Simulated
Level    Power
----------------------------------

 0.1000   0.9050
 0.0750   0.8770
 0.0500   0.8360
 0.0250   0.7390
 0.0100   0.6030
```

　　結果說明：當各組人數 n = 17 人，Type I 誤差 = 0.05 時，power = 0.836。

　　參數 1：gr 因子有 4 個 levels。

　　參數 2：四組樣本數為 (17 17 17 17)。

　　參數 3：四組平均數為 (550 598 598 646)。

　　參數 4：四組標準差為 (80 80 80 80)。

　　由上述兩個表格可看出，simpower 指令之 Monte Carlo 分析 power，與 fpower 程式所求得結果是一樣的。

　　假如上述 4 種實驗教學法之學習效果 (delta) 的差距，不是 1.2 而是降為 0.75 單位，則其樣本數要增加到 40 人，其 power 才等於 0.8，到達我們可接受的統計檢定力 (如下表)。

```
*同樣的條件下，若學習效果 (delta) 降為 0.75 時，測試樣本數會增加嗎？
. fpower, a(4) delta(0.75) alpha(0.05)
(1 observation deleted)


a  =  4   b  =  1   c  =  1   r  =  1   rho  =  0   delta  =  .75


     nobs       power
       2      .0654313
       3      .0840352
       4      .1035826
       5      .1239748
       6      .1451255
       7      .1669355
       8      .1893014
       9      .2121201
      10      .2352911
      12      .282309
      14      .3296447
      16      .3766765
      18      .422875
      20      .4678013
      25      .5724329
      30      .663641
      35      .7402725
      40      .8027472
      45      .8524114
      50      .8910493
      55      .9205512
      60      .9427094
      75      .9797401
```

```
100    .9969381
125    .9996014
150    .9999537
```

　　同樣地，我們改用 simpower 來稽核上述結果。現在，如果 delta ＝ 0.75，那麼我們就可計算出較高的平均數 0.75*80+550 ＝ 610。全體平均值為 (550+610)/2 ＝ 580。

```
*同樣的條件下，若學習效果降爲 0.75 時，測試樣本數會增加嗎？再次複驗
. simpower, gr(4) n(40 40 40 40) mu(550 580 580 610) s(80 80 80 80)

Sample Sizes, Means and Standard Deviations
------------------------------------------------------

N1  =  40      MU1  =  550      S1  =  80
N2  =  40      MU2  =  580      S2  =  80
N3  =  40      MU3  =  580      S3  =  80
N4  =  40      MU4  =  610      S4  =  80
Total N  =  160


 1000 simulated ANOVA F tests
------------------------------------

 Alpha   Simulated
 Level    Power
------------------------------------

 0.1000   0.8800
 0.0750   0.8440
 0.0500   0.8050
 0.0250   0.7220
 0.0100   0.5910
```

　　結果說明：當各組人數 n ＝ 17 人，Type I 誤差 ＝ 0.05 時，power ＝ 0.836。

　　參數 1：gr 因子有 4 個 levels。

　　參數 2：四組樣本數爲 (40 40 40 40)。

　　參數 3：四組平均數爲 (550 580 580 610)。

　　參數 4：四組標準差爲 (80 80 80 80)。

　　假如這四種教學法之效果，每組人數增加至 40 人，且各組效果的標準差亦不相同 (如下表)。則 power 降至 0.689。顯示，ANOVA 若違反「各組變異數同質性」假定時，我們犯 Type II 誤差 β 就會增加。公式：power = 1-β。

```
*同樣的條件下，若各組效果標準差都不相同時，power 會降低嗎？
. simpower, gr(4) n(40 40 40 40) mu(550 580 580 610) s(80 90 90 100)


Sample Sizes, Means and Standard Deviations
----------------------------------------------

N1  =   40        MU1  =  550        S1  =  80
N2  =   40        MU2  =  580        S2  =  90
N3  =   40        MU3  =  580        S3  =  90
N4  =   40        MU4  =  610        S4  =  100
Total N  =   160


 1000 simulated ANOVA F tests
------------------------------

 Alpha    Simulated
 Level    Power
------------------------------

 0.1000   0.7850
 0.0750   0.7490
 0.0500   0.6890
 0.0250   0.5790
 0.0100   0.4540
```

　　上表顯示，power 要達到 0.8，我們的樣本數 40 是不夠的。假設各組樣本數增加至 50 人。再做一次 power 看看？結果 power = 0.784，已接近 0.8，故符合我的實驗效果之要求。

```
*若各組效果標準差都異質時，因 power 會降低，故樣本數由 40 增至 50 夠嗎？
. simpower, gr(4) n(50 50 50 50) mu(550 580 580 610) s(80 90 90 100)


Sample Sizes, Means and Standard Deviations
----------------------------------------------
```

```
N1  =  50        MU1  =  550      S1  =  80
N2  =  50        MU2  =  580      S2  =  90
N3  =  50        MU3  =  580      S3  =  90
N4  =  50        MU4  =  610      S4  =  100
Total N  =  200

   1000 simulated ANOVA F tests
----------------------------------

   Alpha    Simulated
   Level    Power
----------------------------------

   0.1000    0.8670
   0.0750    0.8290
   0.0500    0.7840
   0.0250    0.7030
   0.0100    0.5800
```

通常實驗設計，會要求 power>0.75 才算符合基本要求。假如我們想知道，同樣的教學實驗條件下，教學效果若低到只有 delta = 0.25 時，其樣本數高達 N = 380 是一般研究者無法負荷之情況，不得不放棄的教學實驗。請看下表分析：

```
. fpower, a(4) delta(0.25) alpha(0.05)
(1 observation deleted)

a  =  4   b  =  1   c  =  1   r  =  1   rho  =  0   delta  =  .25

    nobs      power
       2    .0516819
       3     .05358
       4    .0554754
       5     .057375
       6    .0592837
       7    .0612038
       8    .0631365
```

9	.0650824
10	.0670419
12	.0710018
14	.0750164
16	.079085
18	.0832068
20	.0873805
25	.0980343
30	.1089857
35	.1202144
40	.1317
45	.1434223
50	.1553612
55	.1674971
60	.1798107
75	.2176314
100	.2825522
125	.3481432
150	.4127719

在實驗效果量 delta 只有 0.25 時，上表並未印出 power = 0.8 之樣本數。改用 simpower 才可算出，每組約 380 人才足夠，這是一般實驗者最難實作的大樣本數。

2-4-6 多元迴歸 (Multiple Regression) 之 power 及樣本數

power 分析也是你給定研究樣本數之計算程序。power 的技術定義是「it is the probability of detecting a "true" effect when it exists」。許多學生認為 power 是一個簡單公式。然而每個迴歸研究卻是複雜的，以至研究者幾乎忽視迴歸亦需 power 分析。在大多數情況下，迴歸 power 分析都涉及了一些簡化假設，以使問題易於處理，並運行分析不同的變化，以克服所有的突發事件的權宜之計。

一、實驗設計之解說

例如，設計一個多元迴歸之研究，試探性別 (gender)，家庭收入 (income)，

母親的教育 (momeduc) 和母語這四個預測變數，對拉丁裔高中生的英語成績的影響效果。迴歸之預測變數，包括：

1. 母親教育 (momeduc) 是屬連續變數，旨在衡量她連續幾年參與學校，數值介於 4 ~ 20 年。

2. 在家裡說的母語 (homelang) 是屬類別變數，可分：(1) 只有西班牙語，(2) 西班牙語和英語混合，(3) 只有英文。由於它有三個 levels，故將採取兩個虛擬變數的代碼 (homelang1、homelang1)。

多元迴歸模型為：

engprof = b_0 + b_1(gender) + b_2(income) + b_3(momeduc) + b_4(homelang1) + b_5(homelang1)

此次調查的主要焦點是：b_3 檢定、joint test of b_4 and b_5。本例的檢定等於是在檢定 momeduc(or homelang1 & homelang2) 再加入迴歸分析之後，R^2 的變化量。

二、統計檢定力之計算

先用「findit powerreg」外掛此指令檔，再以 powerreg 指令來求迴歸的 power 值。

(一) 迴歸分析要求 power 愈高，所需樣本數愈多嗎？(已知連續變數 reduced model 的 R^2)

假設，先前研究發現，在五個預測變數時 (即 2 control, 1 continuous research, and 2 dummy variables for the categorical variable)，即 full-model(r2f) 的 R^2 = 0.48。

若迴歸再加入連續變數 (momeduc) 時，其 R^2 增加 0.03，意思是：刪除此變數 (momeduc) 時，the reduced model,(r2r) 的 R^2 只有 0.45。本例迴歸之全部預測變數 (nvar) 為 5，被檢定變數 (ntest) 有 1 個。我們分別令 power 為 0.7, 0.8, 0.9 三情況來執行三次迴歸 powerreg 指令，所求出的樣本需求數介於 108 ~ 182 之間。

```
.  findit powerreg
*情境一：power 要求至少 0.7，求迴歸所需的樣本數？
.  powerreg, r2f(.48) r2r(.45) nvar(5) ntest(1) power(.7)


Linear regression power analysis
alpha = .05  nvar = 5  ntest = 1
R2-full = .48  R2-reduced = .45  R2-change = 0.0300


nominal      actual
 power       power          n
 0.7000      0.6959        108

*情境二：power 要求至少 0.8，求迴歸所需的樣本數？
.  powerreg, r2f(.48) r2r(.45) nvar(5) ntest(1) power(.8)


Linear regression power analysis
alpha = .05  nvar = 5  ntest = 1
R2-full = .48  R2-reduced = .45  R2-change = 0.0300


nominal      actual
 power       power          n
 0.8000      0.7998        138

*情境三：power 要求至少 0.9，求迴歸所需的樣本數？
.  powerreg, r2f(.48) r2r(.45) nvar(5) ntest(1) power(.9)


Linear regression power analysis
alpha = .05  nvar = 5  ntest = 1
R2-full = .48  R2-reduced = .45  R2-change = 0.0300


nominal      actual
 power       power          n
 0.9000      0.8966        182
```

（二）改以兩個 dummy 變數 (homelang1 & homelang2) 所模擬的類別變數。且己知這兩個 dummy 變數 reduced model 的 R^2 之情況下

假設 (homelang1 & homelang2) 這二個變數，對迴歸的貢獻，R^2 的變化量為 0.025，因此，設 r2r = 0.455。nvar = 5 個自變數。被檢定變數之數目 ntest = 2。當 Power 仍從 0.7,0.8, 至 0.9，來估算樣本數為多少？

三次迴歸 powerreg 指令，所求出的樣本需求數介於 164 ～ 266 之間。

```
*情境一：power 要求至少 0.7，求迴歸所需的樣本數？
. powerreg, r2f(.48) r2r(.455) nvar(5) ntest(2) power(0.7)


Linear regression power analysis
alpha = .05  nvar = 5  ntest = 2
R2-full = .48  R2-reduced = .455  R2-change = 0.0250


nominal      actual
 power       power             n
 0.7000      0.7021           164

*情境二：power 要求至少 0.8，求迴歸所需的樣本數？
. powerreg, r2f(.48) r2r(.455) nvar(5) ntest(2) power(0.8)


Linear regression power analysis
alpha = .05  nvar = 5  ntest = 2
R2-full = .48  R2-reduced = .455  R2-change = 0.0250


nominal      actual
 power       power             n
 0.8000      0.7990           203

*情境三：power 要求至少 0.9，求迴歸所需的樣本數？
. powerreg, r2f(.48) r2r(.455) nvar(5) ntest(2) power(0.9)


Linear regression power analysis
alpha = .05  nvar = 5  ntest = 2
R2-full = .48  R2-reduced = .455  R2-change = 0.0250
```

```
nominal      actual
 power       power            n
 0.9000      0.8997          266
```

（三）已知樣本數，試求迴歸的 power ？

本例子，假設實驗樣本數分別 n = 100,150,200。則求得 power 分別為 0.66, 0.83, 0.92。由此可看出，迴歸分析樣本數愈多，其 power 就愈高。

```
*情境一：已知樣本數 = 100 時，求迴歸 power 為多少？答：power = 0.66
. powerreg, r2f(.48) r2r(.45) nvar(5) ntest(1) n(100)

 Linear regression power analysis
 alpha = .05  nvar = 5  ntest = 1
 R2-full = .48  R2-reduced = .45  R2-change = .03
n = 100     power =   0.6618

*情境二：已知樣本數 = 150 時，求迴歸 power 為多少？答：power = 0.83
. powerreg, r2f(.48) r2r(.45) nvar(5) ntest(1) n(150)

 Linear regression power analysis
 alpha = .05  nvar = 5  ntest = 1
 R2-full = .48  R2-reduced = .45  R2-change = .03

 n = 150     power =   0.8320

*情境三：已知樣本數 = 200 時，求迴歸 power 為多少？答：power = 0.92
. powerreg, r2f(.48) r2r(.45) nvar(5) ntest(1) n(200)

 Linear regression power analysis
 alpha = .05  nvar = 5  ntest = 1
 R2-full = .48  R2-reduced = .45  R2-change = .03

 n = 200     power =   0.9222
```

03

二個類別變數之分析

1. 類別資料的產生：原發性類別資料：當被測定的變項的本質是名義性的屬性，例如性別資料、宗教信仰等等距尺度或比例尺度所測得之資料 (如分數、身高、體重等)，爲簡化資料，常以分組方式化簡爲類別變項，例如將身高分爲低、中、高三組。
2. 類別資料的處理型態：次數與百分比。
3. 類別資料的呈現：次數分配表 (frequency table) 與列聯表 (contingency table)。
4. 類別資料的分析：卡方檢定與其他關聯性分析法。

3-1 適用條件

依變數(outcome) 　　自變數(predictor)	縱貫面研究 類別變數	橫斷面研究 類別變數
單一類別變數	卡方檢定：關聯性分析 Tetrachoric correlations(限 Binary 變數) Odds ratio(logistic 迴歸)	對稱性 Chi-Square Tetrachoric correlations (限 Binary 變數)Odds ratio(logistic 迴歸)
類別變數 + 連續變數	Odds ratio(logistic 迴歸)	Odds ratio(logistic 迴歸)

一、基本概念

類別資料：指在測量的過程中以名義尺度或順序尺度所蒐集到的資料，如性別、高 vs. 低血糖類型。或者以等距 (工作滿足、考試成績)、比率尺度 (有絕對原點，如工作所得、年齡、高 vs. 低血糖類型) 所測量到的連續變數資料，經化簡爲類別變數時 (如父母社會經濟地位 (SES) 分爲高、中、低三組) 的資料。

類別資料蒐集後，基本資料的 Stata 呈現：

1. 單一類別變數：用次數分配表

選擇表：tabulate oneway

```
Statistics > Summaries, tables, and tests > Tables > One-way tables
```

選擇表：tabulate ..., generate()

```
Data > Create or change data > Other variable-creation commands > Create
    indicator variables
```

選擇表：tab1

```
Statistics > Summaries, tables, and tests > Tables > Multiple one-way tables
```

2. 兩個或多個類別變數：列聯表

選擇表：Tabulate

Statistics > Summaries, tables, and tests > Tables > Two-way tables with measures of association

二、兩個類別變數的統計檢定

1. 卡方檢定

「類別變數」的統計檢定可以卡方檢定來進行推論統計檢定。

卡方檢定 χ^2(chi-square test)：樣本觀察到的次數 (或百分比) 與理論或母群體的分配次數 (或百分比) 之間是否有顯著差異。又稱交叉分析 (以細格次數來進行交叉比較) 或百分比檢定 (細格中數據是次數、百分比)。

2. 四分相關 (Tetrachoric correlations)

由於很多連續變數，例如血糖 >160 就列為糖尿病，但這種「人為」將連續變數強制轉成二分類別變數，就不適合卡方檢定來考驗「2×2 交叉表的關聯性」，故需改用四分相關。

3. 勝算比 (odds ration)

定義：Odds

The ratio of events to not-events (risk of having an events divided by the risk of not having it)

定義：勝算比 Odds Ratio (OR)

The odds of the event occurring in one group divided by the odds of the event occurring in the other group

---

定義：Relative risk or Risk Ratio (RR)

The risk of the events in one group divided by the risk of the event in the other group

---

定義：Risk difference (RD; -1 to +1)

Risk in the experimental group minus risk in the control group

以下公式中，a，b，c，d 是指下表 2×2 表格之交叉細格人數。

表 3-1 交叉表之細格人數及邊際人數

	實驗組(treated)	對照組(not treated)	合計
死亡 Death (case)	a_i 人	b_i 人	$n1_i$ 人
存活 Survival (control)	c_i 人	d_i 人	$n2_i$ 人
合計	$m1_i$ 人	$m2_i$ 人	T_i 人

值得一提的是，Stata(metaaggr 指令，http://fmwww.bc.edu/RePEc/bocode/m)、Comprehensive Meta analysis 軟體針對你的需求 (for 連續變數、或類別變數)，共提供 18 種類型效果量 (Effect Size, ES) 估計法可讓你選擇，包括：

1. Odds ratio(OR): $OR = Ln(\frac{a \times d}{c \times b})$。

2. M-H odds ratio: $OR_{MH} = \frac{\sum W_i \times OR_i}{W_i} = \frac{\sum (a_i \times d_i)/T_i}{\sum (b_i \times c_i)/T_i}$，T 為總人數。

3. Peto odds ratio: $OR = \exp(\frac{\sum (O_i - E_i)}{\sum V_i})$，其中，$V_i = \frac{n1_i m1_i n2_i m2_i}{T_i^2 (T_i - 1)} = (O_i - E_i)$ 的變異數。

4. Log odds ratio: $Lor_i = Ln\left(\frac{P_E(1-P_C)}{P_C(1-P_E)}\right)$。$P_E$，$P_C$ 實驗組、控制組百分比。

5. M-H log odds ratio: 將 M-H odds ratio 取自然對數，變成常態分配。

6. Log Peto odds ratio: 將 Peto odds ratio 取自然對數，變成常態分配。

7. Risk ratio: $RR_i = \frac{P_E}{P_C}$。實驗組風險比除以控制組風險比。

8. M-H Risk ratio: Risk ratio 再乘上 weight。

9. log Risk ratio: $Lrr_i = Ln(\frac{P_E}{P_C})$。

10. M-H log Risk ratio: Risk difference 取自然對數之後，再乘上 weight。

11. Risk difference: $rd_i = P_E - P_C$。

12. M-H Risk difference : Risk difference 再乘上 weight。

13. Risk diff in means(風險平均數差異)：$RR_E - RR_C$。

14. Hedges'g: $g_i = (1 - \frac{3}{4N-9})d_i = (1 - \frac{3}{4N-9})\frac{\overline{x}_E - \overline{x}_C}{S_{(pooled)}}$。

15. Difference in means: $D_i = \overline{Y}_E - \overline{Y}_C$。

16. Std Paired Difference: $d_i = (1 - \dfrac{3}{4N_i - 9})\dfrac{\overline{Y}_1 - \overline{Y}_2}{S}$。

17. Correlation: Pearson $r_{xy} = \dfrac{\sum(Z_x Z_y)}{N_i}$，此效果量 r_i 可從 χ^2, t, F 值轉換求得。

18. Fisher's: $Z_r = Ln(\dfrac{1 + r_{xy}}{1 - r_{xy}})$，將積差相關轉換為常態化 Z_r。

其中，下標 E，C：分別代表實驗組 vs. 控制組。

例如，有篇原始論文其個別研究數據如下 2×2 交叉表，其 odd ration 的手算公式如表 3-2：

表 3-2 實驗處理的效果，與對照組做比較

人數	實驗組	控制組	
死亡	已知 1 人	已知 2 人	Odds ratio $= \dfrac{1 \times 34}{39 \times 2} = 0.436$
存活	推算 (40 − 1) = 39	推算 (36 − 2) = 34	Ln(odds ratio) = Ln(0.436) = −0.83 因 OR < 1，故實驗組處理效果優於控制組。
合計	已知 $N_E = 40$	已知 $N_E = 36$	

3-2 卡方檢定：關聯性分析

一、卡方分配 (chi-square distribution)

卡方分布 ($\chi^2_{(df = k)}$) 是機率論與統計學中常用的一種機率分布。k 個獨立的標準常態分布變數的平方和服從自由度為 k 的卡方分布。卡方分布亦是一種特殊的伽瑪 (gamma) 分布。

由卡方分布延伸出來皮爾森 (Pearson) 卡方檢定常用於：(1) 樣本某性質的比例分布與母體理論分布的適配度；(2) 同一母體的兩個隨機變數是否獨立；(3) 二或多個母體同一屬性的同質性檢定。

二、卡方之數學定義

若 k 個隨機變數 $Z_1, Z_2, \cdots, Z_k$ 是相互獨立，且符合標準常態分布的隨機變數 (數學期望為 0、變異數為 1)，則隨機變數 Z 的平方和：

$$X = \sum_{i=1}^{k} Z_i^2 \sim \chi^2_{(k)} \text{ 分布}$$

三、卡方分布的機率密度函數

卡方分布的機率密度函數為

$$f_k(x) = \frac{(\frac{1}{2})^{k/2}}{\Gamma(k/2)} x^{k/2-1} e^{-x/2}$$

其中 $x \geq 0$，當 $x \leq 0$ 時 $f_k(x) = 0$。這裡 Γ 代表 Gamma 函數。

自由度 $k > 0$。卡方分布的期望值為 k，變異數為 2k。

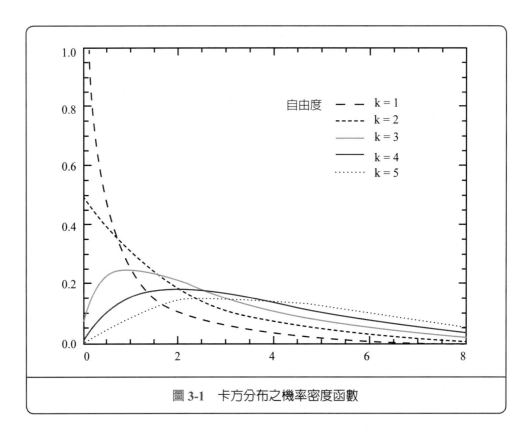

圖 3-1　卡方分布之機率密度函數

在大多數涉及卡方分布的書中都會提供它的累積分布函數的對照表。此外許多表格計算軟體，如 OpenOffice.orgCalc 和 Microsoft Excel 中都包括卡方分布函數。

　　卡方檢定之應用例子，包括：

1. 應用 RFM 於照明產業經營績效——以 W 公司為例。

2. 電信業者推動行動上網業務之行銷策略探討。

3. 已購買癌症保險再購者之特性分析——以 X 壽險公司為例。

4. 個股新聞對股價影響之研究——以臺股為例。

5. 集成分類器結合特徵選取與多字詞判斷疾病分類碼。

6. 應用關聯法則分析不同科別高血壓處置的差異。

7. 健康風險標準與社會經濟政策相關因素研究——以自來水中 THMs 為例。

8. 利用 DNA 混合樣本於 SNP 相關研究之統計分析。

9. 企業風險管理在我國電子零組件產業的實施現況。

10.假釋制度與假釋決定之影響因素——雲林監獄之實證研究。

11.國際級工程公司設計能耐提升個案研究——以人才培育與專業強化觀點。

12.影響房屋貸款逾期因素之實證分析。

13.影響中小企業貸款提前清償因素之實證分析。

14.創意設計導入教學中之成效研究。

15.性侵犯前科類型及其影響因子之研究。

16.臺灣基金投資者之投資決策研究。

17.影響智慧家庭採用電能資訊管理系統之因素分析——市場調查法。

18.殺人罪量刑之實證研究。

19.評估臺灣獸醫醫療法制定對社會層面影響與先行調查。

20.急性中風病患就醫資料分析。

21.探討罹患青光眼之相關影響因素。

22.影響消費性貸款逾期因素之實證分析。

23.工作滿意度決定因素之性別差異。

3-2-1　卡方檢定之介紹

　　假設檢驗係統計上對參數的假設，是對一個或多個參數的論述，而其中我們欲檢驗其正確性的為虛無假設 (null hypothesis)，虛無假設通常由研究者決定，反應研究者對未知參數的看法。相對於虛無假設的其他有關參數之論述是對立假

設 (alternative hypothesis)，它通常反應了執行檢定的研究者對參數可能數值的另一種 (對立的) 看法 (換句話說，對立假設通常才是研究者最想知道的)。我們常見的，假設檢定的種類包括：t 檢驗，Z 檢驗，卡方檢驗，F 檢驗等等。

皮爾森卡方檢定 (Pearson's chi-squared test) 是最有名卡方檢定之一，其他常用的卡方檢定還有葉氏連續性校正 (Yates's correction for continuity)、概似比檢定 (Likelihood-ratio test)、Portmanteau 檢定 (Portmanteau test) 等，它們的統計值之機率分配都近似於卡方分配，故稱卡方檢定)。皮爾森卡方檢定最早由卡爾·皮爾森在 1900 年發表，用於類別變數 (categorical variables) 的檢定。科學文獻中，當提及卡方檢定而沒有特別指明類型時，通常即指皮爾森卡方檢定。

卡方檢定的 4 種統計檢定

（一）適配度檢定 (test of goodness of fit)

適用於某一個變數實際觀察的次數分配是否與某個理論分配或母群分配相符合所進行的統計檢定，若檢定 (卡方值) 未達顯著，表示該變數的分布與母群相同，反之，則與母群不同，就比較不適合作推論。

其檢定公式為：

$$\chi^2 = \sum_{i=1}^{k} \frac{(f_o - f_e)^2}{f_e} \sim 符合 \chi^2_{(k-1)} 分配，df = k - 1$$

f_o：觀察 (observed) 次數。
f_e：期望 (expected) 次數。
df：自由度。

適配度檢定的主要目的在檢定我們實際蒐集到的資料，其觀察次數與根據某種理論推測出來的期望次數，是否相接近。

例題：(參考林清山，民 81)

某學者想研究不同色調的色紙對幼兒的吸引力是否不同，他呈現 7 種色紙供 280 名幼兒選擇最喜歡的一種，結果如下表所示：

色彩	紅	橙	黃	綠	藍	靛	紫
人數	52	48	44	31	29	30	46

本例題研究者使用 280 名幼兒為受試者，如果「幼兒對七種色調的喜歡程度相同」這一個說法可以成立的話，則理論上每一種色調被選擇到的理論次數 (f_e) 應該都是 40。這些資料代入公式來檢定觀察次數與理論次數是否一致。得：

$$\chi^2 = \frac{(52-40)^2}{40} + \frac{(48-40)^2}{40} + \frac{(44-40)^2}{40} + \frac{(31-40)^2}{40}$$

$$+ \frac{(29-40)^2}{40} + \frac{(30-40)^2}{40} + \frac{(46-40)^2}{40} = 14.05 \quad (p < 0.05)$$

查表 $\chi^2_{.95(6)} = 12.592$

解

根據觀察資料計算出來的 χ^2 值為 14.05，其 P 值為 .029，小於 .05 顯著水準，應拒絕虛無假設 H_0，即不同的色調對幼兒有不同的吸引力存在。

（二）獨立性檢定

檢測「同一個樣本兩個類別變數」的實際觀察值，是否具有特殊的關聯。如果檢定的卡方值未達顯著，表示兩個變數相互獨立；如果檢定 (卡方值) 結果達到顯著，表示兩個變數不獨立，具有關聯，如某公司學歷分布與性別有否關聯。

列聯表 (contingency table) 的二個變數是否彼此獨立常是研究者感興趣的假設。兩變數是否獨立其定義為：若某細格的機率恰等於決定此細格的兩類變數之邊緣機率之乘積，則兩變數為獨立。

常用來檢定列變數與行變數是否獨立的統計量稱為**皮爾森卡方** (Pearson chi-square)，其計算方法是將每一細格的殘差 (觀察次數減期望次數) 平方，再除以期望次數，再全部加總起來，其公式為：

$$\chi^2 = \sum_i \sum_j \frac{\left(O_{ij} - E_{ij}\right)^2}{E_{ij}} \sim 符合 \chi^2_{(I-1)(J-1)} 分布$$

其中 O_{ij} 為實際觀察次數，E_{ij} 為理論期望次數。

（三）百分比同質性檢定 (test of homogeneity of proportions)

檢定**同一變數在兩個樣本**的分布情況，如公私立大學學生的性別分布是否一樣。如果檢定 (卡方值) 未達顯著，表示兩個樣本是同質的，反之，如果檢定(卡

方值) 達到顯著，表示兩個樣本不同質。

（四）多重列聯表分析

多重列聯表：有三個(或以上)類別變數的列聯表，在獨立性檢定方面用「G^2統計法」處理多個類別變數的關聯分析。

3-2-2 卡方檢定之 Stata 實作

一、獨立性檢定 (test of independence)

獨立性檢定又稱爲關聯性檢定 (test of association)。其主要目的在考驗二個以上的自變數與自變數之間有無關聯存在。如果彼此有關聯存在，則可繼續瞭解二者之關聯的性質與程度。換句話說，獨立性檢定的目的在瞭解自母群中取樣而來的一組受試者的兩個設計變數之間是否互爲獨立？如果不是互爲獨立，則二者的關聯性的性質和程度如何？因此，在進行獨立性檢定時，I×J 交叉表的兩個變數均爲設計變數，且爲 2×2 交叉表，則其 χ^2 公式可改寫成：

$$\chi^2 = \frac{N(AD-BC)^2}{(A+B)(C+D)(A+C)(B+D)}$$

A	B	(A + B)
C	D	(C + D)

(A + C)　　(B + D)

其中 A, B, C 和 D 代表 2×2 交叉表內各細格人數。

例題：(參考林清山 p295，民 81)

某研究者想瞭解教育程度與其社經水準是否有關聯存在，乃以 283 人爲受試，調查的資料如下：

SES / Ed_Level		社經水準(SES)			合計
		低	中	高	
教育程度	大學	6	17	20	43
	高中	15	26	24	65
	國中	31	34	13	78
	小學	42	45	10	97
合計		94	122	67	283

代入公式：

$$\chi^2 = 283\left[\frac{6^2}{43 \times 94} + \frac{17^2}{43 \times 122} + \cdots\cdots + \frac{10^2}{97 \times 67} - 1\right]$$

$$= 34.5328 \quad (p < 0.05)$$

查表 $\chi^2_{.95(6)} = 12.592$

代入公式：

$$\Phi^2 = \frac{\chi^2}{N} = \frac{34.5328}{283} = .1220$$

代入克瑞瑪 V_c 統計數 (Cramer's statistic)

$$V_c = \sqrt{\frac{\Phi^2}{\min(I-1, J-1)}} = \sqrt{\frac{.1220}{\min(4-1, 3-1)}} = \sqrt{\frac{.1220}{2}} = .247$$

代入「預測關聯性指標」(index of predictive association) 公式：

$$\lambda = \frac{\sum \max f_{ij} - \max f_{i.}}{N - \max f_{i.}}$$

$$= \frac{(42 + 45 + 24) - 97}{283 - 97} = .075 \,(\text{從社經水準預測教育程度})$$

（一）Stata 分析步驟

1. Step 1. 範例之資料檔 (「關聯性檢定 .dta」)

在 Menu(選擇表)，選：FILE > OPEN。

將本書附的資料檔「關聯性檢定 .dta」讀入。接著 Menu 再選「Edit > Data Edit > Data Edit (Edit)」，即可看到 283 筆資料，如下圖。

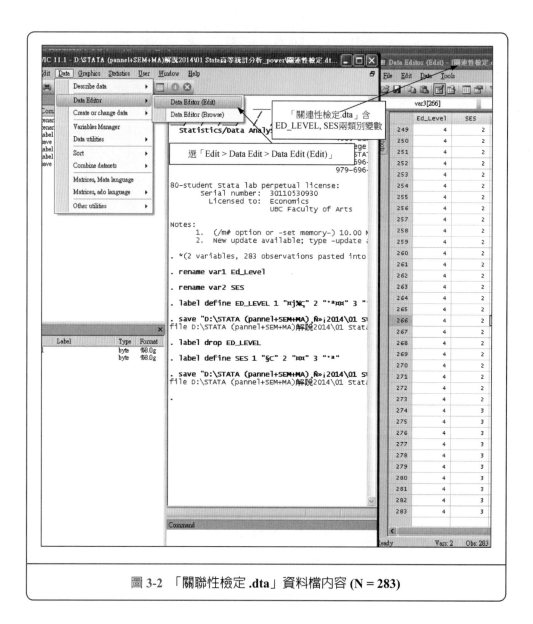

圖 3-2　「關聯性檢定 .dta」資料檔內容 (N = 283)

2. Step 2. Stata 選擇表

　　點選：

```
Statistics > Summaries, tables, and tests > Tables > Two-way tables with mea-
sures of association
```

　　即可開啓下圖之「Tabulate2」對話盒。

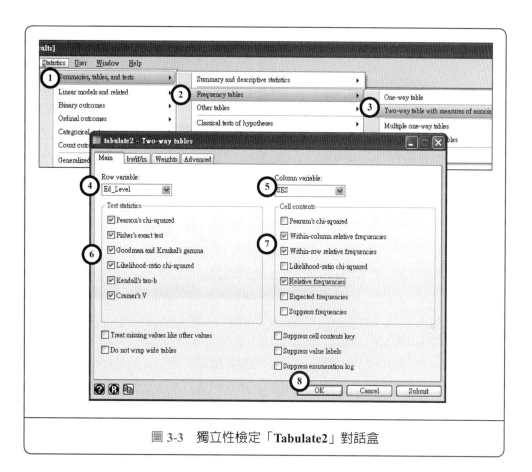

圖 3-3　獨立性檢定「**Tabulate2**」對話盒

3. Step 3. 分析結果，如下圖

　　指令：tabulate Ed_Level SES, cell chi2 column exact gamma lrchi2 row taub V。

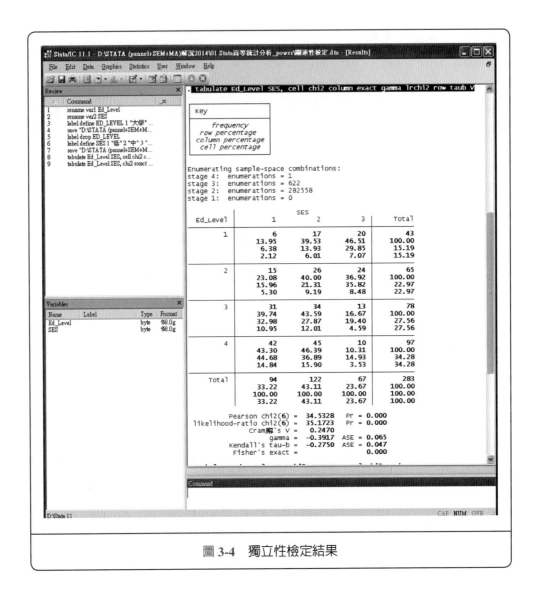

圖 3-4　獨立性檢定結果

（二）結果與解釋

　　Stata 分析結果，見上圖。印出 Pearson's $\chi^2 = 34.5328$，df = 6，p = 0.000，達到 0.05 顯著水準，故拒絕虛無假設「H_0：教育程度與社經水準之間無關聯」，即教育程度與社經水準之間有關聯存在。

　　Cramer's V：常用在列的個數與行的個數不相等的列聯表。

　　在上圖，亦顯示 gamma 為 −0.3917，Cramer's V 為 0.2470，Fisher's exact 為 0.000，均達到 0.05 顯著水準。

由上圖之交叉細格亦可看出：

1. 大學教育程度受試的社經地位屬「高」的居多 (46.5%)，高中程度 (40%) 與國中教育程度 (43.6%) 屬「中」社經地位者佔多數，而國小教育程度社經地位則以「低」者 (43.3%) 及「中」者 (46.4%) 居多。

2. 教育程度越高，其屬「低」社經地位的比率就愈低，由 43.3% 降至 14.0%。相對地，教育程度愈高者，其屬「高」社經地位比率就愈高，由 9.3% 升至 46.5%。

二、百分比同質性檢定

百分比同質性檢定的主要目的在檢定幾個母群之間的某一事件其反應的百分比是否有顯著差異，通常進行 χ^2 檢定時所蒐集到的資料常安排成 I 個橫列和 J 個縱行的方格形狀的表，稱為「交叉表」或「列聯表」(contingency table)。換句話說，使用 χ^2 檢定進行百分比同質性檢定的主要目的在於檢定被調查的 J 組受試者在 I 個反應中選擇某一選項的百分比是否有顯著差異。

在進行百分比同質性檢定時，交叉表的兩個變數中，事實上只有一個變數是「設計變數」(design variable)，亦即研究者所操弄的處理變數，或研究者找來比較的類別變數。至於交叉表的另外一個變數則為反應變數，不算是設計變數了。在百分比同質性檢定所用的交叉表中最值得注意的一點是：在研究設計時，設計變數的這 J 個類別之邊緣總人數，亦即 nj 要固定。至於細格 (cells) 內的人數則視調查所得資料之機率而定。其公式如下：

$$\chi^2 = N \left[\sum_{i=1}^{I} \sum_{j=1}^{J} \frac{f^2_{ij}}{f_{i\circ} \times f_{\circ j}} - 1 \right] \sim 符合 \chi^2_{(I-1)(J-1)} 分配$$

上式列聯表的自由度為：df = (I − 1)(J − 1)

例題：某研究想瞭解不同宗教信仰，對學生體罰的意見。調查的資料如下表，試檢定不同宗教者對體罰意見的人數百分比是否相同？

宗教 體罰意見	無	佛教	基督教	道教	合計
同意	23	27	5	31	86
無意見	5	4	6	10	25
反對	3	12	9	50	74
合計	31	43	20	91	185

本例設計，宗教變數便是「母群」(或組別)，分為四組，故 J = 4。反應變數是「反應」，分為三個選項，故 I = 3。

$$\chi^2 = 185\left(\frac{23^2}{86*31} + \frac{27^2}{86*43} + \cdots + \frac{50^2}{74*91} - 1\right) = 31.66^*$$

查表 $\chi^2_{.95(3-1)(4-1)} = \chi^2_{.95(6)} = 12.592$

$$df = (I - 1)(J - 1) = (2 - 1)(3 - 1) = 2$$

查表 $\chi^2_{.95(2)} = 5.991$

由於 $\chi^2 = 31.66 >$ 查表 5.991，卡方檢定達 0.05 顯著水準，拒絕「H_0：百分比同質」。結果顯示不同宗教者對體罰意見是不同的。

（一）Stata 分析步驟

1. Step 1. 範例之資料檔 (「百分比同質性 .dta」)

在 Menu(選擇表)，選：FILE > OPEN。

將本書附的「百分比同質性 .dta」讀入。接著 Menu 再選「Edit > Data Edit > Data Edit (Edit)」，即可看到 185 筆資料，如下圖。

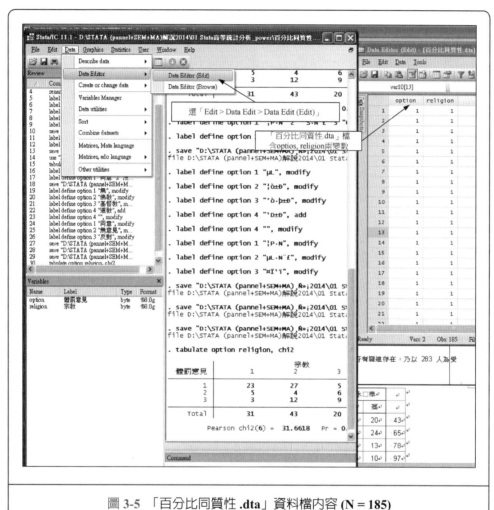

圖 3-5 「百分比同質性 .dta」資料檔內容 (N = 185)

2. Step 2. Stata 選擇表

點選：

```
Statistics > Summaries, tables, and tests > Tables > Two-way tables with
  measures of association
```

即可開啓下圖之「Tabulate2」對話盒。

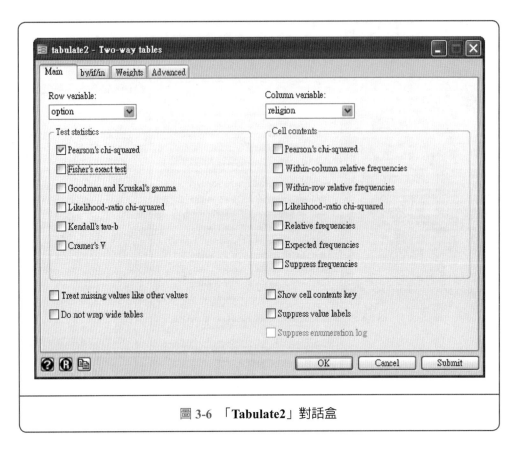

圖 3-6 「**Tabulate2**」對話盒

3. Step 3. 分析結果，如下表

指令：tabulate option religion, chi2

體罰意見		宗教				
		1	2	3	4	Total
1		23	27	5	31	86
2		5	4	6	10	25
3		3	12	9	50	74
Total		31	43	20	91	185

Pearson chi2(6) = 31.6618   Pr = 0.000

由於 χ^2 = 31.6618，Pr < 0.05，卡方檢定達 0.05 顯著水準，故拒絕「H_0：百分比同質」。所以不同宗教者對體罰意見是不同的。

3-3　四分相關 (Tetrachoric correlations)

卡方檢定的兩變數，屬性都是「自然的」類別變數，例如性別 (男 vs. 女)。但四分相關的兩變數 (2×2 交叉表)，至少有一個是「人為」將連續變數一分為二的；例如人的誠實性分為「真 vs. 假」、血糖高低分成「有 vs. 無糖尿病」、體能分成「不及格 vs. 及格」、抽血診斷分成「positive vs. negative」。也由於是「人為編碼」而成的類別變數，故更需三角驗證法來評論主評者的主觀分類是否有效度。故四分相關是一種主觀互驗的好方法。

四分相關 (tetrachoric correlation) 適用於計算兩個變數都是連續變數，且每一個變數的變化方向都被人為地分為兩種類型的測量數據之間的相關。

統計學上，polychoric 相關是一種估計技術，來計算二個常態分布的連續潛變數之相關，即 2 個次序變數之相關。而四分相關 (Tetrachoric correlations) 是 polychoric 的特例，旨在觀察兩個二分變數 (dichotomous) 之相關。

四分相關適合於 x 變數與 y 變數均為常態分布之連續變數，且兩個變數是線性相關的資料。但是，x 變數與 y 變數均用「人為」判斷，分為 BINARY 變數。因此，這種常態二變數分布便一共被分為四類，如下圖所示。可見，不管 x 變數或 y 變數，儘管被人為分為二類，但它並不是真正的二分名義變數，因為它們都仍然是常態分布並不是雙峰分布，而是單峰分布。

例如，人格特質之調查，常採 Likert 五點計分法，從「非常不同意」至「非常同意」。若「非常不同意」「不同意」比例愈多，則潛在連續變數之間的相關性將趨於衰減。故 Lee, Poon & Bentler (1995) 建議，改採二階段來評估這些次序變數之因素分析 (factor analysis)，這個目的是減少統計 artifacts，例如量表的題數、或變數的偏態而影響「題項 (items)」因素分析的變數組合。

四分相關的公式為：

$$r_{tet} = \cos\left(\frac{180^0}{1 + \sqrt{\dfrac{BC}{AD}}} \right)$$

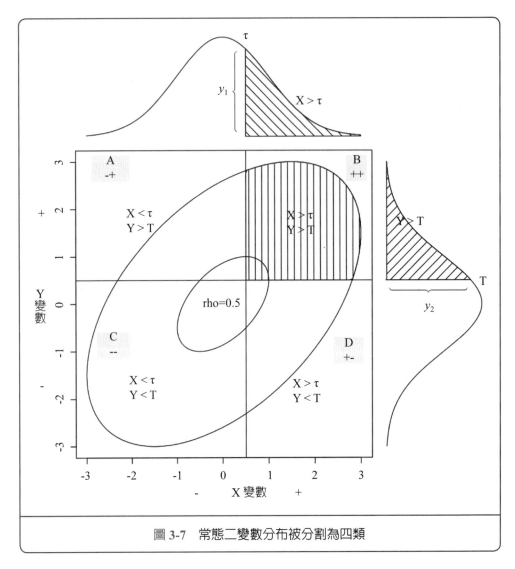

圖 3-7 常態二變數分布被分割為四類

由公式可看出，r_{tet} 大小與 sin(x) 的角度大小。

(1) 當 AD = 0(A = 0，D = 0，A 及 D 都為 0) 時。$r_{tet} = \cos(180°) = -1.00$。

(2) 當 BC = 0 時。$r_{tet} = \cos(0°) = +1.00$。

(3) 當 BC = AD 時。$r_{tet} = \cos(90°) = 0$。

可見，當角度由 0° 至 90° 時，r_{tet} 值是正的；當角度由 90° 至 180° 時，r_{tet} 值是負的。換言之，當 BC > AD 時，r_{tet} 值是正的；當 BC < AD 時，r_{tet} 值是負的。

r_{tet} 的顯著性檢定，公式如下，若 Z > 2.58，則達 0.01 顯著水準的相關：

$$z = \frac{r_{tet}}{\frac{1}{y_1 y_2}\sqrt{\frac{p_1 q_1 p_2 q_2}{N}}}$$

其中，y_1 是常態分布之下，累積百分比為 p_1 時的曲線高度，$y = \frac{1}{\sqrt{2\pi}}e^{-\frac{z^2}{2}}$；$y_2$ 是常態分布之下，累積百分比為 p_2 時的曲線高度。這些曲線高度 y 的值，可由下圖的公式查出。

項目2 ＼ 項目1	-	+		
+	A	B	A + B	$p_2 = (A + B)/N$
-	C	D	C + D	$q_2 = (C + D)/N$
	A + C	B + D	N = A + B + C + D	
	$q_1 = (A + C)/N$	$p_1 = (B + D)/N$		

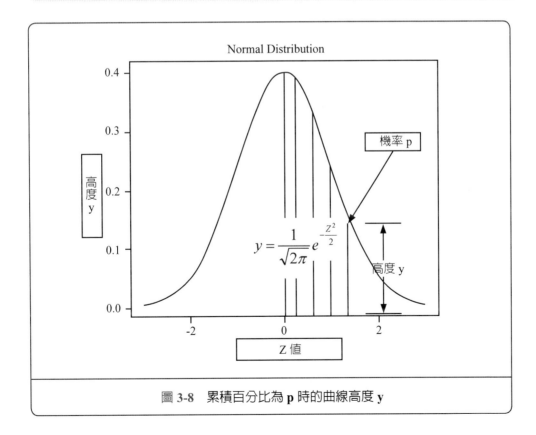

圖 3-8　累積百分比為 p 時的曲線高度 y

一、Tetrachoric correlations 範例

（一）二位評分者是否一致

兩位醫生，分別對 100 名病人，判斷是否為精神分裂症 (schizophrenia)，數據編碼：0 代表 minus；1 代表 positive。整理資料如下表，試問兩位醫生評分是否一致？

病人數		Rater 2		合計
		-	+	
Rater 1	-	A = 40	B = 10	50
	+	C = 20	D = 30	50
合計		60	40	100人

解

$$\rho = \sin\left(\frac{\pi}{2} \times \frac{\sqrt{AD} - \sqrt{BC}}{\sqrt{AD} + \sqrt{BC}}\right) = \sin\left(\frac{\pi}{2} \times \frac{\sqrt{40 \times 30} - \sqrt{10 \times 20}}{\sqrt{40 \times 30} + \sqrt{10 \times 20}}\right) = 0.6$$

$$\text{或 } r_{tet} = \cos\left(\frac{180^0}{1 + \sqrt{\frac{BC}{AD}}}\right) = \cos\left(\frac{180^0}{1 + \sqrt{\frac{10 \times 20}{40 \times 30}}}\right) = 0.6$$

故兩位醫生評分具有高度相關。

（二）運動之相關

50 名學生跳高與跳遠成績 (達標與未達標) 如下表所示，試求跳高與跳遠成績的相關情況。

	達標	未達標	總和
跳遠	A = 9	B = 7	A + B = 16
跳高	C = 13	D = 21	C + D = 34
總和	A + C = 22	B + D = 28	N = 50

解

　　本題的資料已經被列成四格表的形式，所以可以計算四分相關係數。根據公式，有：

$$r_t = \cos\left[\frac{\sqrt{BC}}{\sqrt{AD}+\sqrt{BC}}\pi\right] = \cos\left(\frac{\sqrt{7\times13}}{\sqrt{9\times21}+\sqrt{7\times13}}\times3.1416\right) = \cos1.287 = 0.280$$

（三）教育應用之四分相關

　　由於四分相關分析的變數是人為二分變數，在教育方面的其他應用，包括：

1. 我們將「網路不當言論」和「侵犯網路隱私權」二個變數，分別依其分類標準重新編碼為二分變數；其中，「網路不當言論」變數的二分標準為 15 分，15 分 (含) 以下視為沒有「網路不當言論」，以上者為有「網路不當言論」；「侵犯網路隱私權」變數的二分標準為 20 分，20 分 (含) 以下視為沒有「侵犯網路隱私權」，以上者為有「侵犯網路隱私權」(這些標準是由研究者自行依據相關理論定義)。
2. 工作動機 (高動機、低動機) 與工作績效 (達到標準、未達標準，或是成功、失敗) 的關係。
3. 學生的學業成績 (及格、不及格) 和智商 (高、低) 的關係。

二、Stata 分析步驟

1. Step 1. *範例之資料檔* (「Tetrachoric correlations.dta」)

　　在 Menu(選擇表)，選：FILE > OPEN。

　　將本書附的「Tetrachoric correlations.dta」讀入。接著 Menu 再選「Edit > Data Edit > Data Edit (Edit)」，即可看到 100 筆資料，其中 Rater1 及 Rater2 這兩個變數的編碼，Stata 限定一定要是「0 或 1」，如下圖。

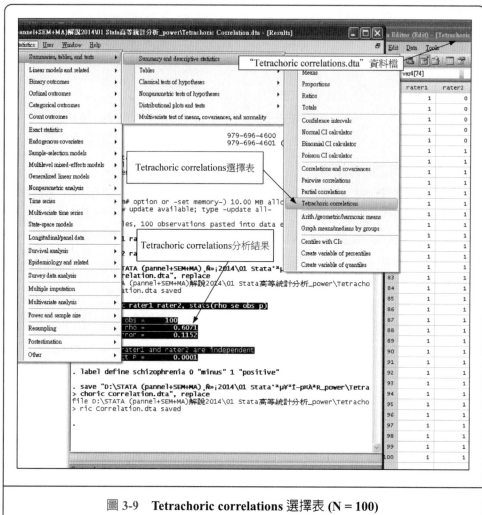

圖 3-9　Tetrachoric correlations 選擇表 (N = 100)

2. Step 2. Stata 選擇表

點選：

> Statistics > Summaries, tables, and tests > Summary and descriptive
> statistics > Tetrachoric correlations

即可開啟下圖之「Tetrachoric correlations」對話盒。

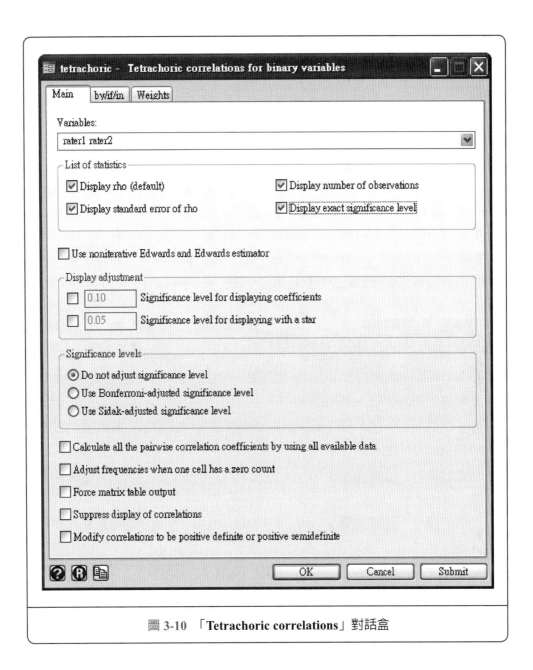

圖 3-10 「**Tetrachoric correlations**」對話盒

3. Step 3. 分析結果，如下表

指令：tetrachoric rater1 rater2, stats(rho se obs p)。

```
. tetrachoric rater1 rater2, stats(rho se obs p)

  Number of obs   =          100
  Tetrachoric rho =          0.6071
        Std error =          0.1152


Test of Ho: rater1 and rater2 are independent
  2-sided exact P =          0.0001
```

由於 Tetrachoric ρ = 0.6071，標準誤 = 0.1152，雙尾 P = 0.0001 < 0.025，四分相關檢定達 0.05 顯著水準，所以拒絕「H_0：兩位醫生評分是相互獨立」。故兩醫生之精神分裂症診斷的評分意見係「一致的」。

3-4 勝算比：logistic 迴歸

概率 (probabilities) 介於 0 和 1。比方說，成功的概率是 0.8，因此 P = 0.8。失敗的概率則是：Q = 1 − P = 0.2。

賠率是從 0 至無窮大 probabilities 和範圍來決定。比值被定義為成功的概率的比率和故障的可能性。

成功的機率：odds(成功) = P /(1-P) 或 P / Q = 0.8/0.2 = 4，也就是說，成功的機率是 4 比 1。

失敗的機率：odds(失敗) = Q / P = 0.2/0.8 = 0.25，它真正的意思是失敗的賠率是 1 至 4。

成功和失敗的機率彼此是倒數，即 1/4 = 0.25 和 1/0.25 = 4。

接下來，我們將添加一個變數的公式，這樣我們可以計算勝算比。

這個例子是改編自 Pedhazur(1997)。假設十分之七的男性被錄取到一個工科學校，而十分之三的女性被錄取。故男性被錄取概率是：

P = 7/10 = 0.7，Q = 1 − 0.7 = 0.3

如果你是男性，被錄取的概率是 0.7，沒有被錄取的概率是 0.3。

相反地，女性被錄取的概率是：

P = 3/10 = 0.3，Q = 1 − 0.3 = 0.7

如果你是女性，被錄取的概率是 0.3，沒有被錄取的概率是 0.7。

現在我們可以用概率來計算錄取的機率為男性和女性：

$$odds(\text{男}) = 0.7/0.3 = 2.33333$$

$$odds(\text{女}) = 0.3/0.7 = 0.42857$$

接下來，被錄取的 odds ratio 是：

$$OR = 2.3333/.42857 = 5.44$$

因此，對於男性，被錄取的 odds 為女性的 5.44 倍。

一、勝算比 (Odds Ratio, OR)、Natural Log of Odds Ratio(LOR) 的定義

下表 2×2 交叉表中，a,b,c,d 分別代表實驗組、控制組的成功失敗的細格人數 (cell frequenceies)。

表 3-3 2×2 交叉表之示意

	實驗組(treated group)	對照組(not treated group)
失敗(Events)	a_i 人	b_i 人
成功(Non-Events)	c_i 人	d_i 人

定義：勝算比 (Odds Ratio, OR)、勝算比之自然對數 (Natural Log of Odds Ratio, LOR)

以上面之 2×2 交叉表來說，勝算比 $(OR) = \dfrac{a \times d}{c \times b}$

勝算比之自然對數 $(LOR) = Ln(\dfrac{a \times d}{c \times b})$

二、勝算比 (Odds Ratio, OR)、Natural Log of Odds Ratio(LOR) 的實例

表 3-4 以人數來計算 OR 及 LOR 之示意

公式	$OR = \dfrac{a \times d}{c \times b}$	$LOR = Ln(\dfrac{a \times d}{c \times b})$
	實驗組(treated group)	對照組(not treated group)
Events	a_i 人	b_i 人
Non-Events	c_i 人	d_i 人

實例 1：實驗組與控制組之效果沒顯著差異

有關風險的計算，OR 及 LOR 的算法，如下二個表所示。

表 3-5 **OR** 及 **LOR** 的計算值 (情況一，以「負面事件」人數來算)

人數	OR = 1 Experimental group (有處理)	LOR = 0 Control group (無處理)	OR = 1 Experimental group (有處理)	LOR = 0 Control group (無處理)
Events	10人	10人	100人	100人
Non-Events	5人	5人	50人	50人

實例 2：實驗組效果顯著優於控制組

表 3-6 **OR** 及 **LOR** 的計算值 (情況二，以「成敗」人數來算)

人數	OR = 4 實驗組之處理	LOR = 1.39 對照組	OR = 0.25 實驗組之處理	LOR = -1.39 對照組
失敗(Events)	20人	10人	10人	20人
成功(Non-Events)	10人	20人	20人	10人

實例 3：機率來算 OR, LOR

相對地，若 2×2 交叉表，改以聯合機率分配 (population cell probabilities)，則其風險的計算，如下表所示。

表 3-7 **OR** 及 **LOR** 的計算值 (情況三，以「成敗」機率來算)

機率	OR = 1 實驗組之處理	LOR = 0 對照組	OR = 16 實驗組之處理	LOR = 2.77 對照組
失敗(Events)	0.4	0.4	0.4	0.1
成功(Non-Events)	0.1	0.1	0.1	0.4

表 3-8 實例：風險減少 (∵ 勝算比 < 1)

	Experimental group (E)	Control group (C)	合計
Events(E)	EE = 15	CE = 100	115
Non-Events(N)	EN = 135	CN = 150	285
合計 subjects(S)	ES = EE + EN = 150	CS = CE + CN = 250	400
Event rate (ER)	EER = EE / ES = 0.1, or 10%	CER = CE / CS = 0.4, or 40%	

表 3-9 實例：風險增加 (∵ 勝算比 > 1)

	Experimental group (E)	Control group (C)	合計
Events(E)	EE = 75	CE = 100	175
Non-Events(N)	EN = 75	CN = 150	225
合計 subjects(S)	ES = 150	CS = 250	400
Event rate (ER)	EER = 0.5 (50%)	CER = 0.4 (40%)	

3-4-1 Odds Ratio 之意義

勝算比之應用例子，包括：

1. 以資訊風險管理來看資訊科技採用的效果。
2. 人類病毒疣 (經由人類乳突病毒引起) 可能為年輕患者的風險因子發生乳癌透過關聯性資料採礦。
3. 探討產險資料之交互作用。
4. 修正條件分配勝率矩陣時最佳參考點之選取方法。
5. 利用混合加權方法對於罕見遺傳變異進行關聯性分析。
6. Meta 分析在 HIV 與肺結核的關係。
7. 慢性病與大腸直腸癌及瘜肉之相關：以配對病例對照研究。
8. 人民幣國際化程度與前景的實證分析。
9. 外資評等對股價短期影響之研究。
10. 使用分枝與限制演算法分析乳癌中的單核苷酸多型性相互作用。
11. 應用跨研究之單核苷酸多態性標記子以建立整合性遺傳風險預測模型。

12.探討國中教師工作倦怠因素之研究。

13.應用資料探勘技術分析多重疾病間的共病現象。

14.學用不符對就業滿意度的影響。

15.從年齡動態網路探討疾病盛行率。

16.二元配對資料下根據條件勝算比建構之正確非劣性檢定。

17.山地鄉原住民兒童過動注意力缺損症盛行率及相關危險因子之臨床調查。

18.父母親死亡對青少年自殺死亡影響之重疊病例對照研究。

19.國中學生個人、家庭及學校生活與幸福感關係之研究。

20.代謝異常指標的長期追蹤家庭資料之迴歸分析研究。

21.乾癬患者合併症及醫療資源利用。

22.男女在教育機會上是否平等——以國中升高中 (第一志願) 來探討。

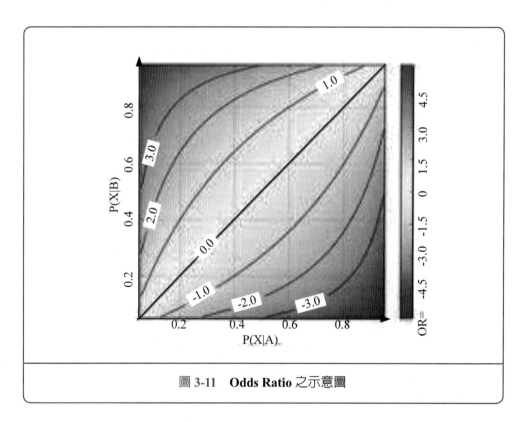

圖 3-11　**Odds Ratio** 之示意圖

　　舉例來說，如果今天我們想知道：吃了 A 家快餐店跟拉肚子有沒有相關性？

表 3-10　**Odss Ration** 之交叉表示意

	D(診斷出疾病的人) 拉肚子	D_bar(沒有疾病的人) 沒有拉肚子
實驗組：吃 A 家快餐店 E(有暴露於危險因子的人)	a人	b人
控制組：無吃 A 家快餐店 E_bar(無暴露於危險因子的人)	c人	d人

在表中：

E：吃了 A 家快餐店的人數。

E_bar：沒有吃 A 家快餐店的人數。

D：有拉肚子的人數。

D_bar：沒有拉肚子的人數。

1. Odds Ratio 計算公式

對於吃了 A 家快餐店的人們，$\dfrac{有拉肚子人數}{沒拉肚子人數} = \dfrac{a}{b}$ ⋯⋯⋯⋯公式 (1)

沒吃 A 家快餐店的人們，$\dfrac{有拉肚子人數}{沒拉肚子人數} = \dfrac{c}{d}$ ⋯⋯⋯⋯⋯⋯公式 (2)

$$\text{Odds Ratio(OR)} = \frac{吃了A家快餐店拉肚子比率}{沒吃A家快餐店拉肚子比率} = \frac{a \times d}{c \times b}$$

(1) 若 Odds Ratio(OR) > 1, 那就表示，吃了 A 家快餐店的人，拉肚子的 Odds 高於沒吃的人 (而且 OR 越高，這個趨勢越明顯)。

(2) 若 Odds Ratio(OR) = 1, 那就表示，有沒有吃 A 家快餐店跟拉肚子沒有什麼相關。兩者 Odds 一樣多嘛。

(3) 相反地，若 OR < 1，則吃 A 家快餐店的人，拉肚子的 Odds 低於沒吃的人。

2. 當我們藉由統計得出 Odds Ratio 之時，往往還要搭配信賴區間來看最後的結果。這是怎麼說呢？

承接本例子，如果我們不幸得出 OR = 1.5，單純看來，似乎 A 家快餐店不要吃比較好。

但是如果我們又算出了 95% 信賴區間是 [0.9, 2.1]，包含「OR = 1」點，所以有一定機率，A 家快餐店還是可以吃的(OR = 1 , 有沒有吃跟拉肚子沒有相關)。

反之，如果今天 95%CI = [1.2, 1.8]，未含「OR = 1」點，則 A 家快餐店就

不能吃了。

上述例子，A 家快餐店能不能吃，係實驗設計的 OR 值；相對地，OR 亦可應用至非實驗設計之調查法。例如，下表所示，OR = 0.436(< 1)，顯示隔代教養會提高「子女偏差行為」的風險比。

表 3-11 「**Odds Ratio**」交叉表的應用數據

	實地實驗組：隔代教養	對照組：正常家庭	
Event：偏差行為	已知 1 人	已知 2 人	$\text{Odds Ratio} = \frac{1 \times 34}{39 \times 2} = 0.436$
No Event：正常行為	推算 (40 − 1) = 39	推算 (36 − 2) = 34	$\text{Ln(Odds Ratio)} = \text{Ln}(0.436) = -0.83$
合計	已知 $N_E = 40$	已知 $N_E = 36$	

3-4-2 使用 Excel 計算效果量 Odds Ratio 的信賴區間

Odds Ratio(OR) 或 OR 取自然對數 (LOR)，這 2 個「點估計」效果量，其「95% 信賴區間」估計和其他統計量算法一樣，公式如下：

信賴區間 = Point Estimate ± Confidence Coefficient ÷ Standard Error

$$信賴區間 = \frac{OR \pm Ln(OR)}{se_{OR}}$$

由於 OR 屬正偏態分配 (positively skewed)；所以「OR 取自然對數」LOR 就會近似常態分配。

OR 之 95% 信賴區間(95% Confidence Interval)的計算，採用 Excel 步驟如下：

Step 1. 從原始資料來算出「Odds Ratio(勝算比)」。

Step 2. 進入 Excel 程式，使用 LN() 函數，即 Natural log of the OR。

Step 3. 標準化常態分配來說，95% 信賴區間的 Z = 1.96。

Step 4. 計算 SE of LN(OR)。

Step 5. 取 log scale 之信賴區間的上限及下限為：

Ln(OR) ± 1.96* SE LN(OR) = (LL，UL)

Step 6. 使用 EXP() 來還原 original scale 的信賴區間：即 EXP(LL)，EXP(UL)。

舉例來說，生母的社經地位 (SES) 與早產兒 (Preterm Delivery) 之 case-control 研究。其 2×2 交叉表之數據如下表：

表 3-12　早產兒 2×2 交叉表

	實驗組(早產) Yes: cases	Controls(無早產) No: controls
低SES	a = 53人	b = 58人
高母SES	c = 11人	d = 40人

代入公式，得 $OR = \dfrac{ad}{cb} = \dfrac{53 \times 40}{11 \times 58} = 3.3228$，$Ln(OR) = Ln(3.3228) = 1.20$。

Ln(OR) 的標準誤：$s.e._{LOR} = \sqrt{\dfrac{1}{a} + \dfrac{1}{b} + \dfrac{1}{c} + \dfrac{1}{d}} = 0.39$

若使用 Ln(OR) 原始單位，則 OR 的 95%CI 為：

$$Ln(OR) \pm 1.96 \times \sqrt{\dfrac{1}{a} + \dfrac{1}{b} + \dfrac{1}{c} + \dfrac{1}{d}} = 1.20 \pm 1.96 \times 0.39 = (0.44，1.97)。$$

再使用 Excel 指數函數 EXP() 來還原 OR 的 original scale：「Ln(OR) 的 95%CI = (0.44，1.97)」，即 $(e^{0.44}, e^{1.97}) = (1.55, 7.14)$，最後得到的95%CI = (1.55，7.14) 不包含「1」，故達 0.05 顯著水準。加上「低 SES」早產率除以「高 SES」早產率，OR = 3.32。表示「低 SES」媽媽比「高 SES」顯著會早產發生。

總之，倘若 95% Confidence Interval 不含「1.0」，則表示此關聯 (association) 達 $\alpha = 0.05$ 顯著水準。

3-4-3　Odds Ratio 之 Stata 實作

例如，傳統實驗設計，如下表所示，OR = 0.436(< 1)，顯示實驗處理「死亡率」event 低於控制組。

表 3-13　**Event(死亡否) 與實驗組別 (treated) 之交叉表**

自變數 依變數	實驗組 (treated)	對照組 (control)	
Event： 死亡	A = 1 人	B = 2 人	手算公式： $\text{Odds Ratio} = \dfrac{1 \times 34}{39 \times 2} = 0.436$
No Event： 存活	C = 39 人	D = 34 人	$\text{Ln(Odds Ratio)} = \text{Ln}(0.436) = -0.83$
合計	$N_E = 40$	$N_E = 36$	

一、範例 (「Odds_Ratio.dta」資料檔)

表 3-14　**「Odds_Ratio.dta」資料檔**

ID	依變數	預測變數
	Event(死亡否)	組別(treated)
1	0	1
2	0	2
3	0	2
4	1	1
5	1	1
6	1	1
7	1	1
8	1	1
9	1	1
10	1	1
11	1	1
12	1	1
13	1	1
14	1	1
15	1	1
16	1	1
17	1	1

ID	依變數	預測變數
18	1	1
19	1	1
20	1	1
⋮	⋮	⋮
68	1	2
69	1	2
70	1	2
71	1	2
72	1	2
73	1	2
74	1	2
75	1	2
76	1	2

二、Stata 分析步驟

1. Step 1. 先探索兩個類別變數的「2×2 交叉表」

command 指令：tabulate Event treated, chi2 column row

選擇表 Menu：Statistics > Summaries, tables, and tests > Tables > Two-way tables with measures of association

並選入：「Row variable」為 Event。「Column variable」為 treated。

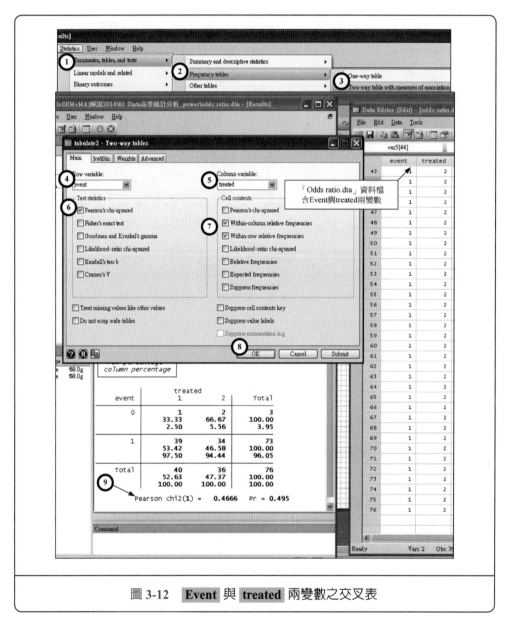

圖 3-12　**Event** 與 **treated** 兩變數之交叉表

　　卡方檢定結果，得 $\chi^2_{(1)} = 0.4666$，$p > 0.05$，故接受虛無假設「H_0：兩類別變數無關聯」，故實驗組的處理 (vs. 對照組) 對 event(死亡 vs. 存活) 無顯著影響效果。但是，從交叉表之細格百分比卻可看出，實驗處理的死亡率為 33.33%，遠低於對照組 (吃安慰劑) 的死亡率為 66.67%。由此可看出卡方檢定並非 Robust(結實的)，故我們改以 Odds Ratio 來分析，比較它與卡方檢定的異同處。

2. Step 2. Logistic 迴歸分析

   command 指令： logistic event treated

選擇表 Menu：Statistics > Binary outcomes > Logistic regression (reporting odds ratios)

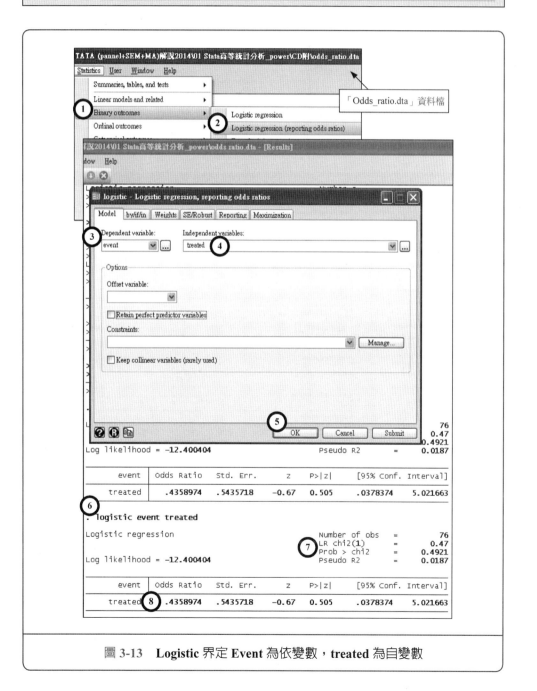

圖 3-13   **Logistic** 界定 **Event** 為依變數，**treated** 為自變數

Logistic 迴歸分析結果，得 Odds Ratio = 0.43589 < 1，即實驗組的效果 (effect)，即死亡率「低於」控制組 (只吃安慰劑)，但 p > 0.05，表示實驗處理的效果仍未仍達 0.05 顯著性降低死亡率。雖然 $\chi^2_{(1)}$ = 0.47，p = 0.49 > 0.05，亦未達 0.05 顯著水準。95%CI = [0.0378, 5.021]，未含「0」，顯示實驗組的效果 (effect)，即存活率顯著高於控制組 (只吃安慰劑)。

3. Step 3. 事後之線性假設的檢定

command 指令： test (treated)

選擇表：Statistics > Postestimation > Tests > Test linear hypotheses

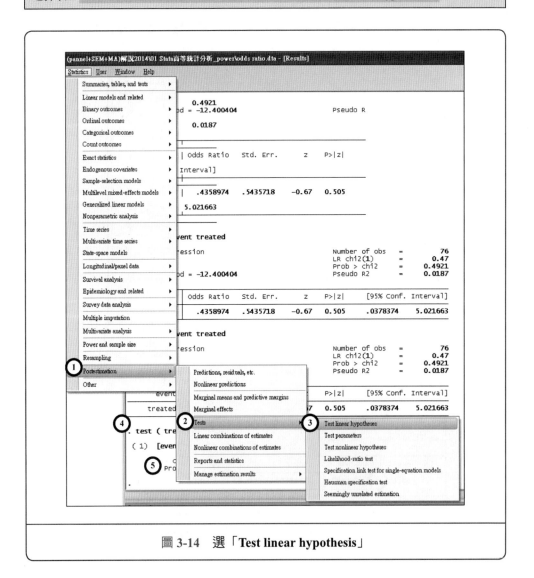

圖 3-14　選「**Test linear hypothesis**」

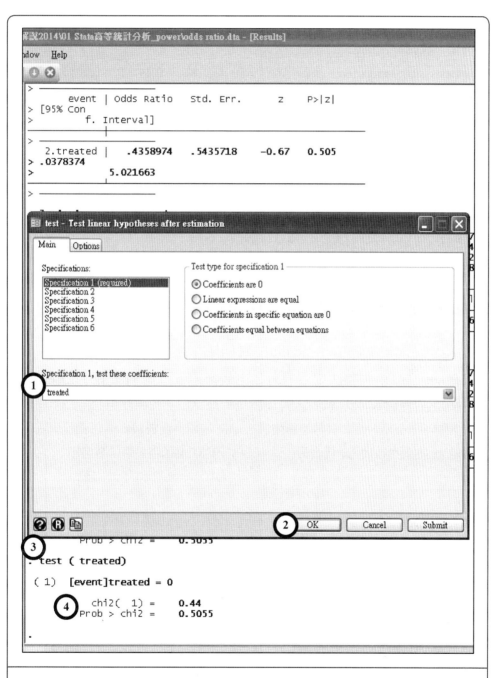

圖 3-15 「**Test linear hypothesis after estimation**」選：**treated** 係數為 **0**

做完 event 及 treated 這兩個類別變數 Logistic 迴歸之後，Stata 會暫存此資料檔「Odds ratio.dta」的最近一次迴歸分析結果，故我們再進行「Test linear hypothesis after estimation」，結果如上圖，得：$\chi^2_{(1)} = 0.44$，$P = 0.5055 > 0.05$，所以接受虛無假設「H_0：treated 係數為 0，即接受「H_1：treated 自變數來預測 event 依變數的線性關係不為 0」。

3-4-4 Logistic 迴歸

Logistic 迴歸，也稱為 Logit 模型，用來模擬 binary 結果變數 (即依變數、反應變數)。在 Logit 迴歸模型中，依變數的 log odds，係是一群預測變數 (predictor variables) 的線性組合。

Binary 是指「0、1」所組合的數據，故 Stata 的 Logit 迴歸或 Logistic 迴歸，依變數的編碼，只限「0、1」，不可「1、2」。

一、範例 (「binary_Logistic.dta」資料檔)

有 400 名學生申請入學資料，如下表所示。這個「binary_Logistic.dta」(dataset)，依變數 admit：代表入學申請是否被承認。預測變數有三個：GRE，GPA 和排名 (rank)，前二者是連續變數；rank 是類別變數代表你想就讀學院的學術威望 (1 最高的威望，4 代表最低的威望)。共有 400 名入學申請名單。

ID	依變數	預測變數		
	admit(被承認)	GRE成績	GPA成績	rank(威望)
1	0	380	3.61	3
2	1	660	3.67	3
3	1	800	4	1
4	1	640	3.19	4
5	0	520	2.93	4
6	1	760	3	2
7	1	560	2.98	1
8	0	400	3.08	2
9	1	540	3.39	3

ID	依變數	預測變數		
	admit(被承認)	GRE成績	GPA成績	rank(威望)
10	0	700	3.92	2
11	0	800	4	4
12	0	440	3.22	1
13	1	760	4	1
14	0	700	3.08	2
15	1	700	4	1
16	0	480	3.44	3
17	0	780	3.87	4
18	0	360	2.56	3
19	0	800	3.75	2
20	1	540	3.81	1
⋮	⋮	⋮	⋮	⋮
392	1	660	3.88	2
393	1	600	3.38	3
394	1	620	3.75	2
395	1	460	3.99	3
396	0	620	4	2
397	0	560	3.04	3
398	0	460	2.63	2
399	0	700	3.65	2
400	0	600	3.89	3

二、Stata 分析步驟

先設定工作目錄，「File > Chang working directory」，指定 CD 所附資料夾之路徑，接著再選「File > Open」，開啓「binary_Logistic.dta」資料檔。

1. Step 1. 先探索連續變數的平均數、標準差及類別變數的次數分配

(1) 探索連續變數的平均數、標準差

command 指令：summarize gre gpa

選擇表Menu: Statistics > Summaries, tables, and tests > Summary and descriptive statistics > Summary statistics
並選入：gre gpa

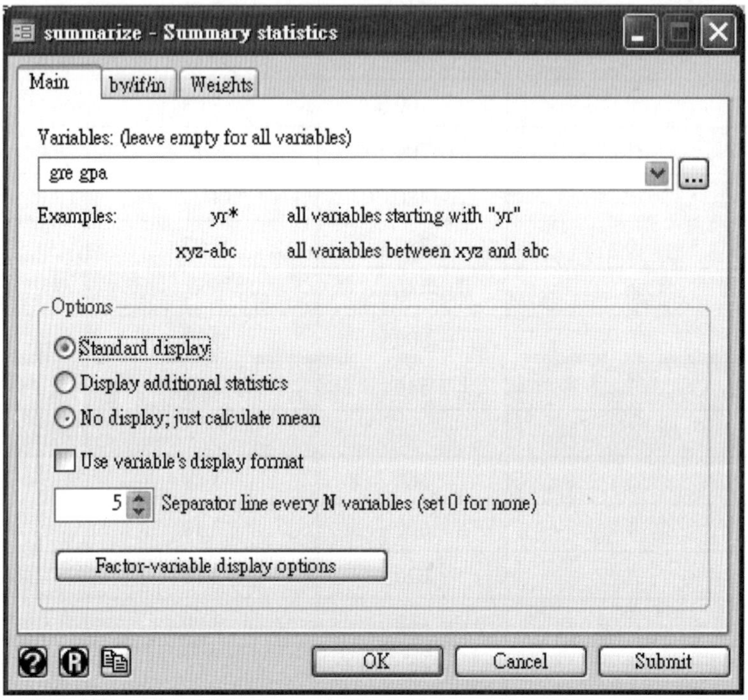

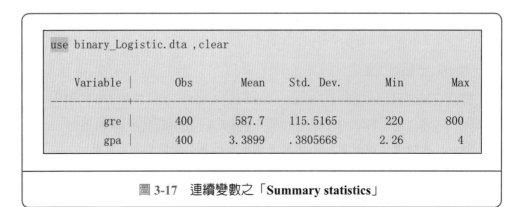

圖 3-16　連續變數之「**Summary statistics**」

```
use binary_Logistic.dta ,clear
```

Variable	Obs	Mean	Std. Dev.	Min	Max
gre	400	587.7	115.5165	220	800
gpa	400	3.3899	.3805668	2.26	4

圖 3-17　連續變數之「**Summary statistics**」

(2) 類別變數的次數分配

command 指令： tabulate rank

選擇表 Menu：Statistics > Summaries, tables, and tests > Frequency tables > One-way table

並選入：rank

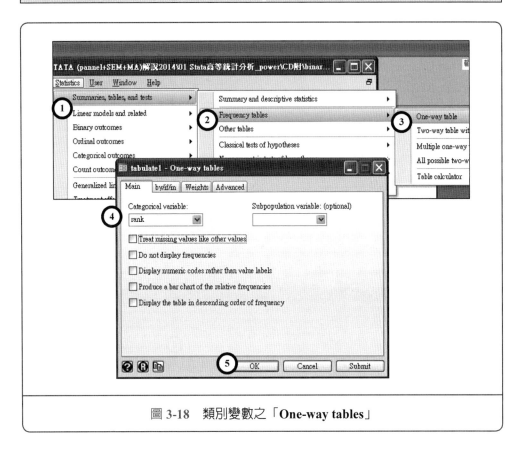

圖 3-18 類別變數之「**One-way tables**」

rank	Freq.	Percent	Cum.
1	61	15.25	15.25
2	151	37.75	53.00
3	121	30.25	83.25
4	67	16.75	100.00
Total	400	100.00	

command 指令： tab admit

選擇表 Menu：Statistics > Summaries, tables, and tests > Tables > One-way tables
並選入：admit

admit	Freq.	Percent	Cum.
0	273	68.25	68.25
1	127	31.75	100.00
Total	400	100.00	

(3) 求兩類別變數之交叉表及卡方檢定

command 指令： tabulate admit rank, chi2

選擇表 Menu：Statistics > Summaries, tables, and tests > Tables > Two-way
tables with measures of association
並選入：「Row variable」為 admit。「Column variable」為 rank。

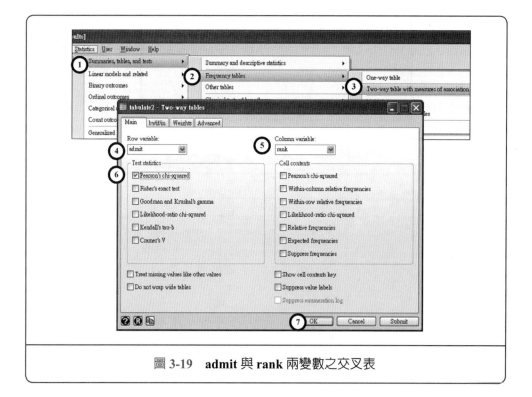

圖 3-19　admit 與 rank 兩變數之交叉表

```
           |                    rank
    admit  |     1         2         3         4 |    Total
-----------+--------------------------------------+----------
         0 |    28        97        93        55 |      273
         1 |    33        54        28        12 |      127
-----------+--------------------------------------+----------
     Total |    61       151       121        67 |      400

Pearson chi2(3) =   25.2421    Pr = 0.000
```

註：admit 與 rank 兩變數達 0.05 顯著關聯性。

2. Step 2. 思考可用的分析法

(1) Logistic 迴歸：本範例之解說重點。

(2) Probit 迴歸：Probit 分析結果，類似 logistic 迴歸，這可依你個人偏好來選誰。

(3) 最小平方法 (OLS) 迴歸：binary 反應變數，套在 OLS 迴歸，就變成條件機率所建構的「線性機率模型」。但誤差 (殘差) 就會違反「誤差同質性及常態性」的假定，導至結果產生無效的標準差及假設檢定。有關這類疑問，你可參考 Long (1997, p. 38-40)。

(4) Two-group 的區別 (discriminant) 分析：亦是二分依變數之多變量分析法。

(5) Hotelling's T2：依變數「0/1」當作 grouping 變數。三個預測變數當作依變數。此法雖可行，但是只能求得「整體」檢定的顯著性，無法知道 3 個「個別」係數的顯著性，而且無法得知每個「predictor」調整後對其他二個「predictor」的影響力。

3. Step 3. Logistic 迴歸分析

command 指令：logit admit gre gpa i.rank

rank 變數前的「i」，宣告此變數為 categorical 變數，故 Stata 才會將 rank 視為 logit 模型之一系列 Indicator 變數。

先在選擇表 Menu：Statistics > Binary outcomes > Logistic regression
再依下圖，分析界定二個連續變數為自變數；一個類別變數為 factor variable。

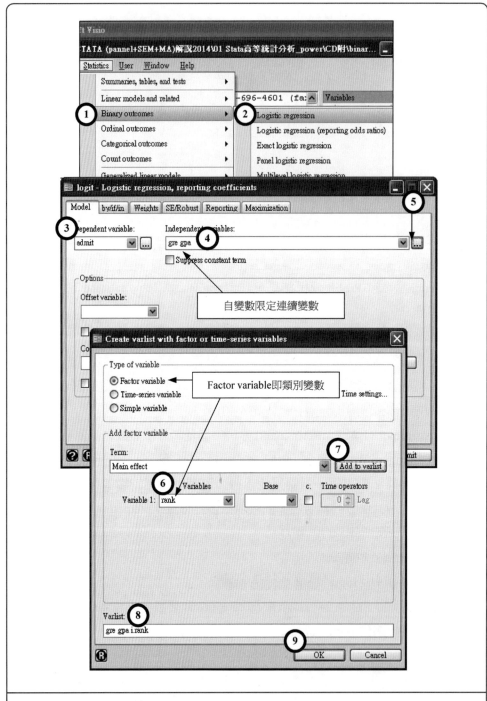

圖 3-20　**logit** 界定 **gre** 及 **gpa** 為自變數，**rank** 為「**factor variable**」

```
use binary_Logistic.dta ,clear

Logistic regression                          Number of obs   =      400
                                             LR chi2(5)      =    41.46
                                             Prob > chi2     =   0.0000
Log likelihood = -229.25875                  Pseudo R2       =   0.0829

-------------------------------------------------------------------------------
      admit |     Coef.   Std. Err.      z    P>|z|     [95% Conf. Interval]
------------+------------------------------------------------------------------
        gre |  .0022644    .001094     2.07   0.038     .0001202    .0044086
        gpa |  .8040377   .3318193     2.42   0.015     .1536838    1.454392
            |
       rank |
          2 | -.6754429   .3164897    -2.13   0.033    -1.295751   -.0551346
          3 | -1.340204   .3453064    -3.88   0.000    -2.016992   -.6634158
          4 | -1.551464   .4178316    -3.71   0.000    -2.370399   -.7325287
            |
      _cons | -3.989979   1.139951    -3.50   0.000    -6.224242   -1.755717
-------------------------------------------------------------------------------
```

(1) likelihood ratio chi-square = 41.46，p = 0.0001。顯示整體模型適配達 0.05 顯著水準。

(2) 在上表，coefficients、standard errors、z-statistic、p-values 及 95%CI，都可看出 GRE 和 GPA 均達統計顯著性。

(3) gre 每增加一單位，「log odds of admission(versus non-admission)」就增加 0.002。

(4) gpa 每增加一單位，「log odds of admission」就增加 0.804。

(5) 指標變數 rank(你就讀學院的威望)，由最高「rank 1」降低一個單位，至「rank 2」，就會降低「log odds of admission」0.675 單位。

(6) Pseudo R-squared = 8.29%，很像 OLS 複迴歸之 R-squared 所代表的「變異數解釋量」。

4. Step 4. 事後之線性假設的檢定：「迴歸係數為 0」的檢定

由於 Stata 會暫時保留「binary_Logistic.dta」資料檔的最近一次迴歸分析結果，故 Stata 任何迴歸 (最小平方法、Logistic、ARIMA、VAR、EVCM、 survival、panels data 等迴歸)，都可事後再檢定「迴歸係數 = 0 嗎？」，如下圖所示。

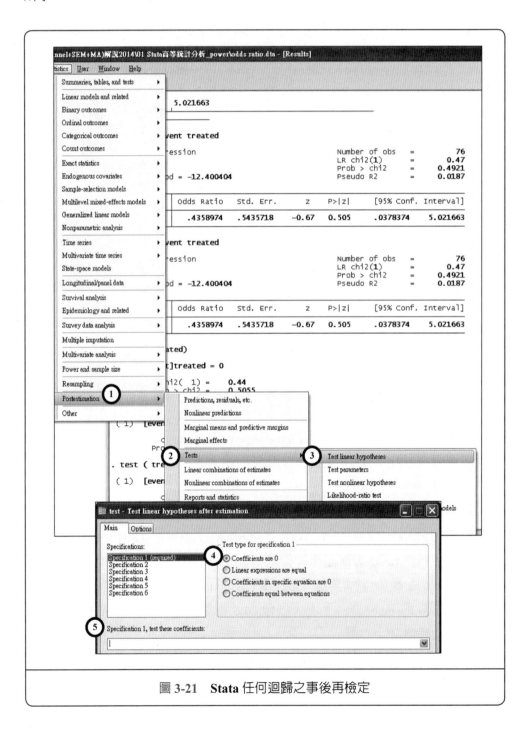

圖 3-21 **Stata** 任何迴歸之事後再檢定

test 選擇表：Statistics > Postestimation > Tests > Test linear hypotheses

(1)「迴歸係數爲 0」的檢定

使用 **test** 指令來檢定：四個 levels 之 rank 類別變數的整體效果 (overall effect)。下列指令，就是變數 rank 整體效果是否顯著的統計檢定。

command 指令：test (2.rank 3.rank 4.rank)

rank 變數前的「2」，宣告此變數爲 categorical 變數 (Indicator 變數)，其「rank 1 vs. rank 2」對 admit 變數的顯著。「**3.rank**」宣告「rank 2 vs. rank 3」對 admit 變數的顯著。「**4.rank**」宣告「rank 3 vs. rank 4」對 admit 變數的顯著。檢定結果，顯示「rank → admit」的「整體效果」達 0.05 水準顯著性，$\chi^2_{(3)} = 20.9(p = 0.001)$。

```
(1)   [admit]2.rank = 0
(2)   [admit]3.rank = 0
(3)   [admit]4.rank = 0

        chi2(  3) =    20.90
      Prob > chi2 =     0.0001
```

此外，我們亦可指定，不同「levels of rank」之間迴歸係數的假設。以下指令，就是檢定虛無假設 H_0：「rank = 2」與「rank = 3」兩者係數是相等的。結果得 $\chi^2_{(1)} = 5.51$，$p < 0.05$，故拒絕虛無假設，表示「rank = 2」與「rank = 3」兩者對 admit 影響效果達顯著差異。倘若我們係要檢定兩者係數的差，亦可改用 lincom 指令。

command 指令：test (2.rank = 3.rank)

```
(1)   [admit]2.rank - [admit]3.rank = 0

        chi2(  1) =     5.51
      Prob > chi2 =     0.0190
```

5. Step 5. Odds ratio 分析

您也可以用 logistic 指令，指數化 (exponentiate) 此 Binary 迴歸係數，當作 odds ratio 來解釋該迴歸模型。

前面的卡方檢定 ($\chi^2 = 25.2421$, $p = 0.05$)，己可看出 admit 及 rank 這兩個類別變數是高度關聯性。故在此，純粹改以「Odds ratio」當作 logistic 檢定的單位。

command 指令：logistic admit gre gpa i.rank

先在選擇表 Menu： Statistics > Binary outcomes > Logistic regression (reporting odds ratios)
再依下圖，分析界定二個連續變數為自變數；一個類別變數為 factor variable。

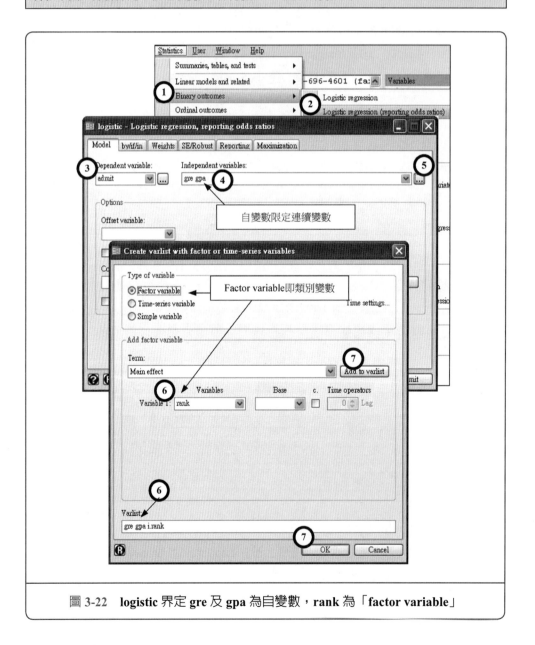

圖 3-22　**logistic** 界定 **gre** 及 **gpa** 為自變數，**rank** 為「**factor variable**」

```
Logistic regression                          Number of obs   =        400
                                             LR chi2(5)      =      41.46
                                             Prob > chi2     =     0.0000
Log likelihood = -229.25875                  Pseudo R2       =     0.0829

-----------------------------------------------------------------------------
     admit |  Odds Ratio   Std. Err.      z    P>|z|     [95% Conf. Interval]
-----------+-----------------------------------------------------------------
       gre |   1.002267    .0010965     2.07   0.038     1.00012    1.004418
       gpa |   2.234545    .7414652     2.42   0.015     1.166122   4.281877
           |
      rank |
         2 |   .5089309    .1610714    -2.13   0.033     .2736922   .9463578
         3 |   .2617923    .0903986    -3.88   0.000     .1330551   .5150889
         4 |   .2119375    .0885542    -3.71   0.000     .0934435   .4806919
-----------------------------------------------------------------------------
```

(1) likelihood ratio chi-square = 41.46，p = 0.0001。顯示整體模型適配達 0.05 顯著水準。

(2) 在上表，coefficients、standard errors、z-statistic、p-values 及 95%CI，都可看出 GRE 和 GPA 均達統計顯著性。

(3) gpa 每增加一單位，「odds of admission」就增加 2.23 單位。

(4) 指標變數 rank(你就讀學院的威望)，由最高「rank 1」降低一個單位，至「rank 2」，就會增加「odds of admission」0.5089 單位。

6. Step 6. 機率預測

　(1) 類別變數之機率預測

　使用「margins 指令」機率預測可讓你更瞭解迴歸模型。以下 margins 指令，係在所有變數 (2 個連續變數、4 個水準的類別變數) 保持在平均數 (at means) 時，預測「rank 每一 level 對 admission」的機率。

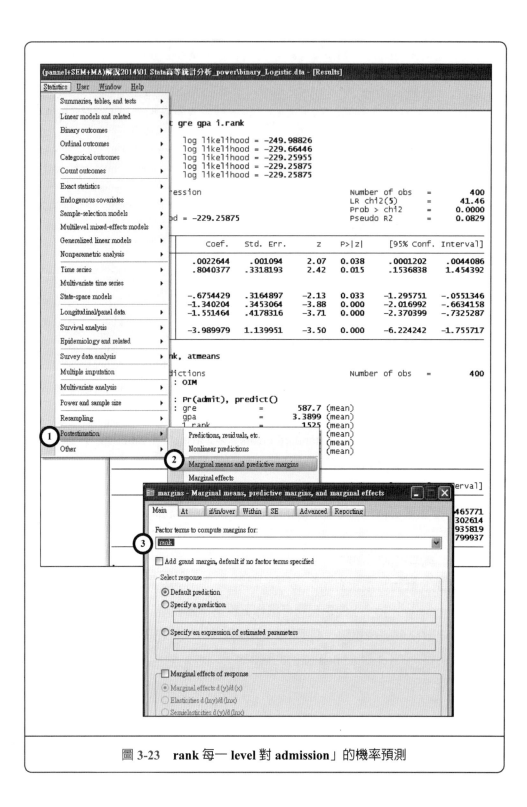

圖 3-23　「rank 每一 level 對 admission」的機率預測

command 指令：margins rank, atmeans

```
選擇表 Menu：
Statistics > Postestimation > Marginal means and predictive margins

Statistics > Postestimation > Marginal effects
```

```
Adjusted predictions                          Number of obs    =       400
Model VCE     : OIM

Expression    : Pr(admit), predict()
at            : gre         =        587.7  (mean)
                gpa         =       3.3899  (mean)
                1.rank      =        .1525  (mean)
                2.rank      =        .3775  (mean)
                3.rank      =        .3025  (mean)
                4.rank      =        .1675  (mean)

_____
             |           Delta-method
             |   Margin   Std. Err.      z    P>|z|    [95% Conf. Interval]
_____+_____
        rank |
           1 | .5166016   .0663153    7.79   0.000    .3866261    .6465771
           2 | .3522846   .0397848    8.85   0.000    .2743078    .4302614
           3 |  .218612   .0382506    5.72   0.000    .1436422    .2935819
           4 | .1846684   .0486362    3.80   0.000    .0893432    .2799937
_____
```

　　機率預測結果，顯示在「gre 及 gpa 都在平均水準 (at means)」程度的學生，學校威信最高等級 (rank = 1) 的名校學生，其申請入學 (admit) 的被錄取機率 0.51 最高。學校威信較差 (rank = 2) 的學生之錄取機率為 0.35。學校威信最差等級 (rank = 4) 的學生，錄取機率最低，只有 0.18。可見，你就讀學校是不是名校，確實會影到研究所之申請錄取機率。

(2) 連續變數之機率預測

倘若你要知道，gre 從 200 至 800 分之間同學，每次間隔 100，其申請錄取機率為何？就可以下 margins 指令。由於你沒有對其他變數指定「atmeans 或 at(...)」，Stata 自動內定以「平均數」程度來估計機率值。假設，平均 gre = 200，則系統係以 gre = 200 來預測「gre 對 admit」的機率值。

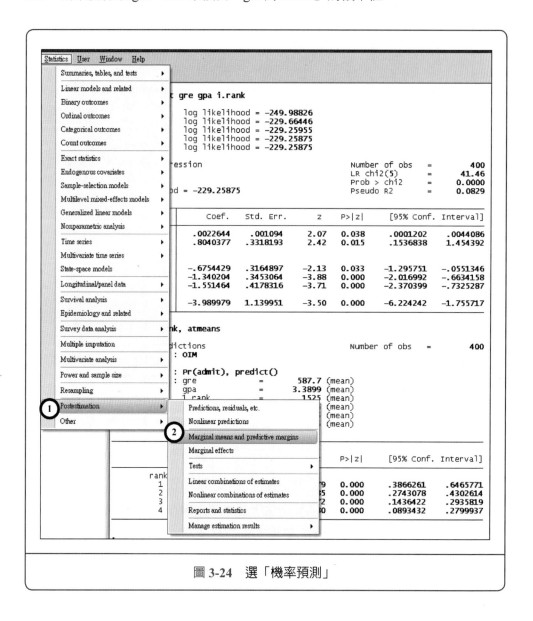

圖 3-24　選「機率預測」

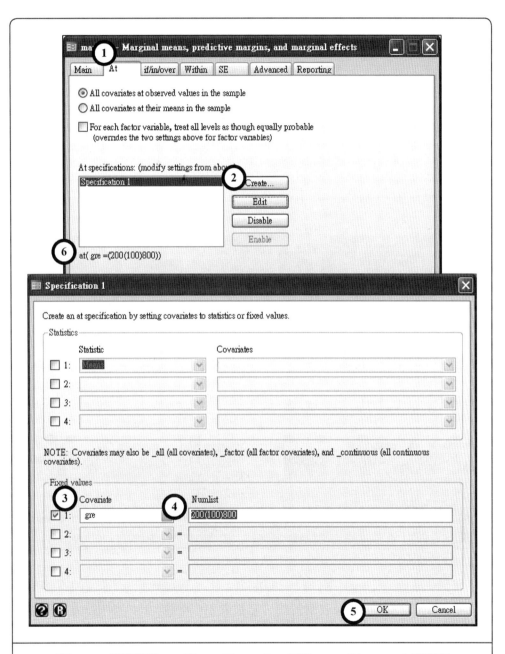

圖 3-25 連續變數 **gre** 從 **200** 至 **800** 分，每隔 **100**，對 **admit** 之錄取率

command 指令：margins , at(gre = (200(100)800)) vs. quish

```
Predictive margins                          Number of obs    =      400
Model VCE    : OIM

Expression   : Pr(admit), predict()
1._at        : gre           =       200
2._at        : gre           =       300
3._at        : gre           =       400
4._at        : gre           =       500
5._at        : gre           =       600
6._at        : gre           =       700
7._at        : gre           =       800

-----------------------------------------------------------------------
             |            Delta-method
             |     Margin   Std. Err.      z    P>|z|    [95% Conf. Interval]
-------------+---------------------------------------------------------
         _at |
           1 |   .1667471   .0604432    2.76   0.006    .0482807    .2852135
           2 |    .198515   .0528947    3.75   0.000    .0948434    .3021867
           3 |   .2343805   .0421354    5.56   0.000    .1517966    .3169643
           4 |   .2742515   .0296657    9.24   0.000    .2161078    .3323951
           5 |   .3178483    .022704   14.00   0.000    .2733493    .3623473
           6 |   .3646908   .0334029   10.92   0.000    .2992224    .4301592
           7 |   .4141038   .0549909    7.53   0.000    .3063237    .5218839
-----------------------------------------------------------------------
```

在學生「gpa 及 rank 都保持平均水準」下，連續變數 gre 從 200 至 800 分 (每隔 100)，對 admit 之錄取率預測，結果顯示：(gre = 200) 對 admit 之錄取率為 16.7%。

7. Step 7. 迴歸模型適配度 (fit)

如何安裝 Stata 提供之外掛指令「fitstat」呢？其實很簡單，在只要在 Command 區鍵入「findit fitstat」(如下圖)，即可完成外掛「fitstat」指令檔 ado。

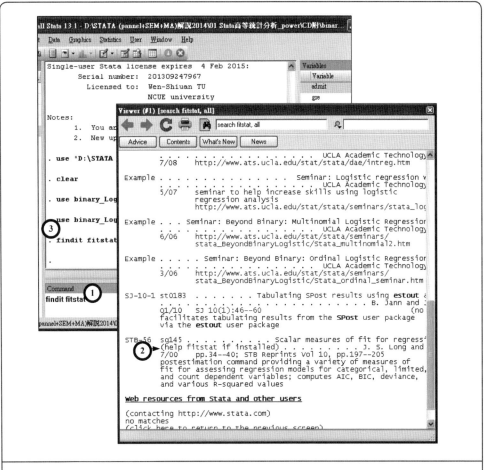

圖 3-26　外掛「**fitstat**」指令檔 **ado** 之操作畫面

「外掛 **ado** 指令檔 **fitstat**」時之畫面

Stata 要先安裝「fitstat.pkg」，才可執行 `fitstat`:

Fitstat.ado from http://fmwww.bc.edu/RePEc/bocode/f

'FITSTAT': module to compute fit statistics for single equation regression models / fitstat is a post-estimation command that computes a variety of / measures of fit for many kinds of regression models. It works / after the following: clogit, cnreg, cloglog, intreg, logistic, / logit, mlogit,

----

INSTALLATION FILES   (click here to install)

    fitstat.ado

    fitstat.hlp

```
package installation
_____

package name:  fitstat.pkg
   download from:  http://fmwww.bc.edu/RePEc/bocode/f/
```

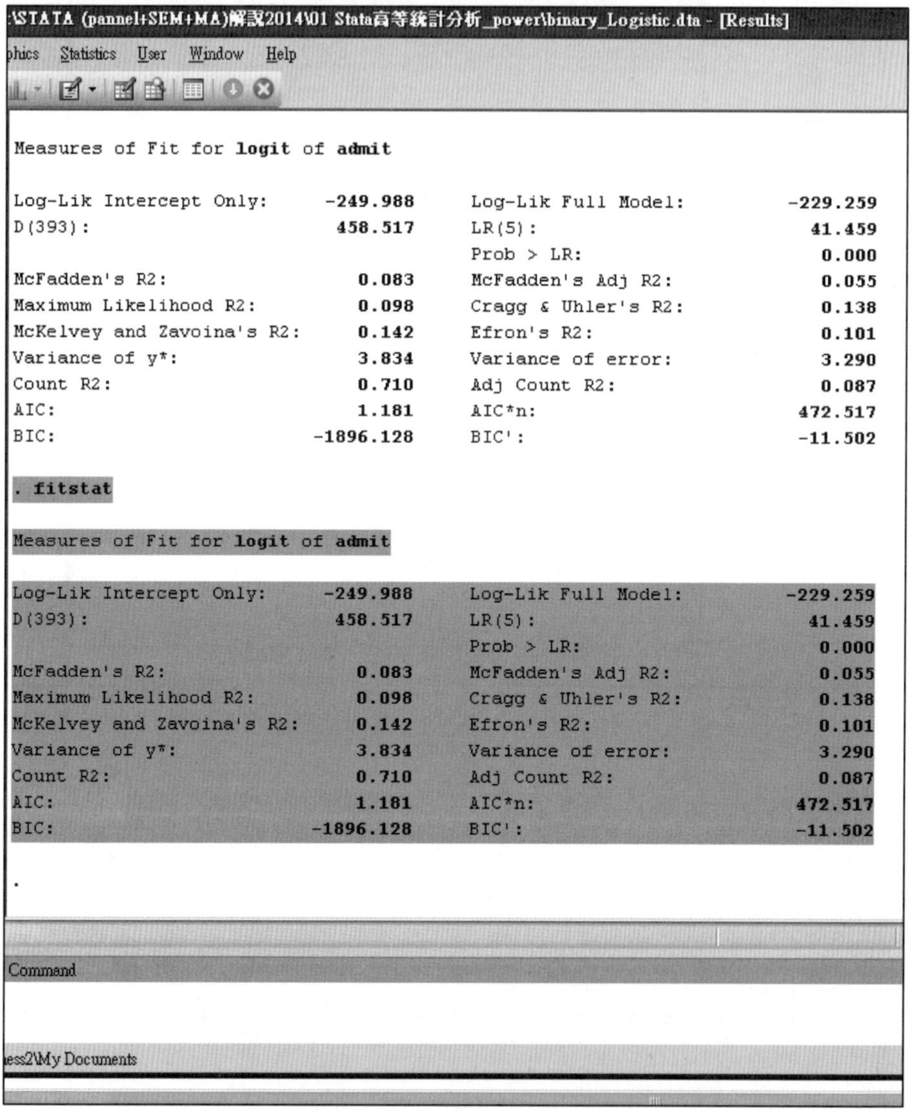

圖 3-27　執行「**Fitstat.ado**」指令檔之結果

(1) 迴歸模型的評估常使用判定係數 (coefficient of determination) non-pseudo R^2 公式：non-pseudo $R^2 = \dfrac{SS_R}{SS_T}$。

(2) Stata 八種 pseudo R^2 計算公式，儘管與 non-pseudo R^2 不同，但背後之解釋意義卻很相似。

(3) 安裝 fitstat 指令檔之後，直接在 Command 鍵入「fitstat」，即可求得八種 pseudo R^2。R^2 值愈大，表示你最近一次分析的迴歸解釋量就愈高。

(4) AIC(Akaike information criterion)，BIC(Bayesian information criterion) 兩項資訊準則。AIC 與 BIC 所計算出來的值越小，則代表模型的適配度越佳。

$$AIC = T \times Ln(SS_E) + 2k$$
$$BIC = T \times Ln(SS_E) + k \times Ln(T)$$

(5) 判定係數 R^2、AIC 與 BIC，雖然是幾種常用的準則，但是卻沒有統計上所要求的『顯著性』。

(6) 當我們利用判定係數或 AIC 與 BIC 找出一個適配度較佳的模型，但是我們卻不知道這個模型是否『顯著地』優於其他模型。

(7) 適配度：概似比 Likelihood Ratio(LR) 檢定。

例如，假設我們要檢定 AR(2) 模型是否比 AR(1) 模型來的好，因此我們可以分別算出兩個模型的最大概似值分別為 L_u 與 L_R，則 L_R 統計量為：

$$LR = -2(L_R - L_U) \sim 符合 \chi^2_{(m)} 分配$$

假如，$P < 0.05$ 表示達顯著的話，則表示 AR(2) 模型優於 AR(1) 模型。

以本例 Logit 迴歸來說，結果得 LR(4) = 188.965, $P < 0.05$，表示我們界定的預測變數對依變數之模型，比「null model」顯著的好，即表示目前這個 Logit 迴歸模型適配得很好。

兩組平均數之比較：
t 檢定、Meta 分析

4-1　t 檢定之簡介

一、t 檢定的適用情況

依變數 ＼ 自變數	縱貫面研究 單一類別變數(Binary變數)	橫斷面研究 單一類別變數(Binary變數)
單一連續變數	相依樣本 t 檢定	相依樣本 t 檢定

　　t 檢定 (t- 檢定) 適用的條件是：當自變數是類別變數 (nominal scale)，依變數是等距 (interval scale) 時使用。但是僅適用於自變數只有兩類的變數中，像性別便只有兩種屬性。自變數若是超過兩類，則需要使用其他的資料分析方法，如 ANOVA。

二、獨立 t 檢定的概念

（一）使用狀況

　　如欲比較一組樣本的平均值與某一定值間之差異 (one sample test)，或是兩組樣本的平均值間是否存在差異 (two sample test)，且其對應值是連續 (continuous)，則使用獨立 t 檢定。其樣本間必定是具有獨立事件 (independent event) 的特性，亦即兩兩樣本間不會相互影響。例如：城市 vs. 鄉村學生的成績比較，則採用獨立 t 檢定。

（二）前提假定 (assumption)

　　相依變數 (dependent variable) 的本質必須是連續數 (continuous variable)，且是隨機樣本 (random sample)，亦即是從母群體 (population) 中隨機抽樣而得到。如果不是連續數，則必須採用無母數分析 (nonparametric test)。

　　相依變數的母群體必須是常態分布 (normal distribution)，常態性檢定之指令有「.swilk;. sfrancia」二種方法，前者是「Shapiro-Wilk W test」；後者是「Shapiro-Francia W' test」。若檢定結果不是常態分布，則不可使用獨立 t 檢定，並須改爲無母數分析。

　　其樣本的量測皆爲獨立事件 (independent event)，就是獨立隨機變數 (independent random variable) 且 grouping 變數只有一組或兩組，即第一組的樣本

不會影響第二組的樣本，反之亦然。例如性別 (gender)，男性樣本一定不會影響女性樣本的量測。如果不是獨立事件而是相依樣本 (前測 vs. 後測)，則應該採用配對 t 檢定。

　　兩組的樣本之變異數 (variance, s) 常態且同質性 (homoscedasticity)。如果是異質性 (Heterogeneity)，則其統計值 t 必須調整臨界值之自由度。

（三）檢定假設 (Hypothesis testing)

　　獨立 t 檢定主要在於比較兩組樣本間的平均值是否存在差異，可視為變異數分析 (ANOVA) 的特例 (只兩群組平均數之檢定)。

　　one sample test：檢定其樣本平均值與母群體平均值 (某特定數值) 是否不同。其虛無假設為 H_0：$X_{mean} = m$。

　　two sample test：檢定兩組樣本平均值之差值 (某特定數值) 是否不同。其虛無假設為 H_0：$X_{mean1} = X_{mean2}$。

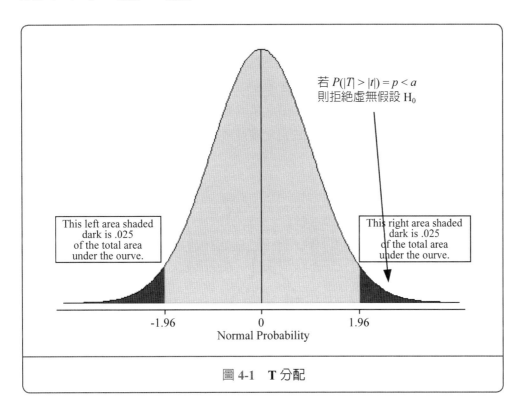

圖 4-1　T 分配

(四) 資料鍵入格式

獨立 t 檢定是檢定兩組的平均值是否差異，故資料鍵入時，除了要比較的相依變數外，應有一組的變數當作是自變數 (independent variable)，且其分組 (grouping) 變數只能有兩組，例如男 vs. 女、實驗組 vs. 控制組。這種分組變數之編碼，Stata 限定為「0 或 1」binary 碼。

(五) 三種 t 檢定公式

請見第 2 章。

4-2 t 檢定之解說：Comparing Group Means

變異數分析 (ANOVA) 和 t 檢定分析常被廣泛使用來比較群組的平均數。例如，獨立樣本 t 檢定可比較農村 vs. 城市地區之個人年收入差異或檢查男女學生之間的平均績點 (GPA) 的差別；採用配對 t 檢定，則可比較「實驗處理前 vs. 後」結果的變化。

在 t 檢定，變數之平均數比較應是實質可解釋的。在方程式「依變數 Y ← A 因子」中，公式左邊之反應變數是 interval 或 ratio scaled(連續變數)，公式右側變數應該是 binary 變數 (categorical，類別變數)。t 檢定也可以比較 binary 變數的比例 (proportions)，即自變數的成功率或成功百分比。當樣本數 N > 30 時，t 分配就會近似 z 分配。

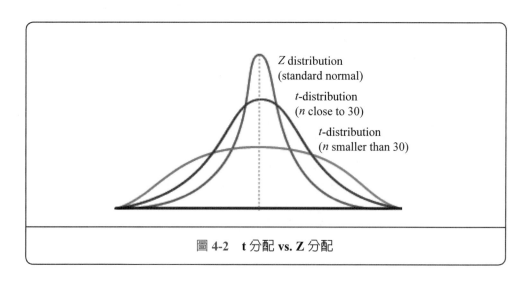

圖 4-2　t 分配 vs. Z 分配

　　t 檢定有二個假定：隨機抽樣和母群常態 (normality)。當兩個樣本具有相同的母群變異數，獨立樣本 t 檢定採用合併 (pooled) 變異數；反之，二組各自的變異數就要納入公式計算，且改採自由度的近似值。

　　t 檢定之應用例子，包括：

1. 白內障患者驗光與配鏡之分析研究。
2. 以 CART 分析五大人格與金手獎得獎選手關係之研究。
3. IFRS 與我國財務會計準則差異之研究——以運輸產業為例。
4. 金融控股公司旗下銀行與證券公司之經營績效在公司成立前後之比較。
5. 身體意象與醫學美容之相關研究。
6. 大學生外食的從眾與消費行為之研究——以中部地區為例。
7. 臺灣中部高科技業其指標性污染物的建立。
8. 臺灣上市櫃企業財務危機預警模式之實證研究。
9. 羽球社團組織氛圍、團隊凝聚力與滿意度關係之研究。
10.縮減法定工時對人民時間分配的影響。
11.利用決策樹與統計 t 檢定分析子宮內膜異位症病患之治療方式比較。
12.農會信用部經營績效之研究——以彰化縣與南投縣農會信用部為例。
13.導遊服務特性之研究——以臺灣與大陸遊客為例。
14.急性中風病患就醫資料分析。
15.應用近景雷射掃描儀作模擬土方量測之研究。
16.國中教師選用教科書之重要因素分析。
17.企業社會責任投資組合的股票績效研究。
18.雲林縣國小轉型優質評鑑指標評定重要性與實際達成之差異性研究。
19.在臺日系企業人力招聘之研究。
20.從事室內設計行業人格特質之研究。

4-2-1 t 檢定的前提：主要假定 (assumption)

　　t 檢定係假定樣本是服從常態分配且隨機抽樣的。故你探討的變數應該是「隨機變數」。此外，測量的變數值應與其他變數是獨立發生的。換句話說，一個事件的發生並不改變另一事件發生的概率。這個屬性被稱為「統計獨立性」。時間序列通常都有可能統計上的相關，稱為自我相關 (autocorrelated)。

　　t 檢定係假定「隨機抽樣」，本身沒有任何取樣偏誤 (bias)。如果研究者故意選擇他喜歡屬性的樣本，就違反非隨機抽樣的原則，故他的推論既不可靠也沒外在效度 (generalized)。在一個實驗中，受試者應隨機被分配到控制組或處理組 (實驗組)，讓兩組除了處理效果的影響外，並沒有任何系統性差異 (性別差、年齡差)。假如在實驗中，受試者可以決定「參加或不參加」實驗 (即非隨機分派)，則採用獨立樣本 t 檢定可能「低估或高估」控制組和處理組之間的差異。

　　t 檢定另一個假定是「母群常態」。如果違反這個假定，樣本平均數就不是集中趨勢的最佳估計 (不偏估計量)，則 t 檢定是無效的。圖 4-3 中，左側圖是標準常態分配，右側圖是的雙峰分配。即使這兩個分配具有相同的平均數和變異數，我們不能大膽地做他們的平均數比較。

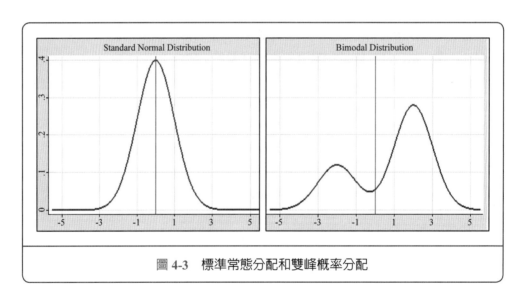

圖 4-3　標準常態分配和雙峰概率分配

　　違反常態性的假定時，單尾檢定會比雙尾檢定來得嚴重 (Hildebrand et al. 2005: 329)。如下圖所示，單尾檢定在違背常態性的情形下結果會變得不可靠。圖中，粗曲線所代表的標準常態分配 ($\alpha = 0.01$)，表示左邊有 1% 的單尾拒絕區。非標準常態分配之細曲線，亦有 1% 的單尾拒絕區。「垂直虛線」指示你的檢定統計量，會落入非常態分配的拒絕區，但卻不會落入標準常態分配的黑色拒絕區。由此可見，如果母群為非常態分配，但單尾 t 檢定假定母群是常態的，因而會錯誤的拒絕虛無假設。

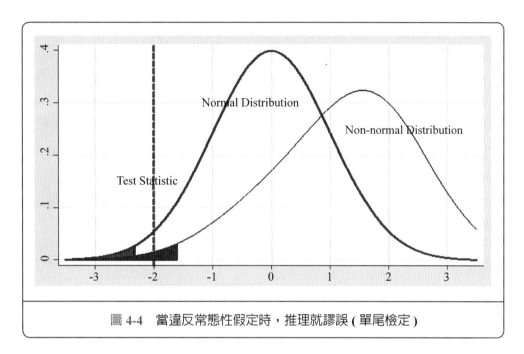

圖 4-4　當違反常態性假定時，推理就謬誤 (單尾檢定)

　　由中心極限定理 (Central Limit Theorem) 來看，常態性假定在現實世界中，並不構成系統性問題。該定理認爲，只要樣本數夠大，樣本平均數的分配就會近似常態分配。即，當 $N_1 + N_2 \geq 30$，在實務上，你就不用太擔心常態性假定。

　　但樣本數較小時，違反常態性就會有問題。例如在繪一個直方圖，PP 圖和 QQ 圖或進行 Shapiro-Wilk W(N < = 2000)，Shapiro-Francia W(N < = 5000)，Kolmogorov-Smirnov D (N > 2000)，及時間序列常態性 Jarque-Bera 檢定。如果常態性假定被違反，你就要改用無母數 (nonparametric) 方法：Kolmogorov-Smirnov 檢定、Kruscal-Wallis 檢定或 Wilcoxon Rank-Sum 檢定，以上這此方法選用就要你視情況而定。

　　t 檢定可分爲：(1) 單一樣本 t 檢定檢查，如果母群的平均數是異於某一個假設值 (通常情況爲「0」)；(2) 兩個樣本 t，檢定來自不同的母群且不配對的，例如，男 vs. 女學生的 GPA 的平均數差異；(3) 配對樣本 t，配對 (例如，前測 vs. 後測) 的個體差異來進行檢查。

4-2-2 獨立樣本 t 檢定 vs. 單因子變異數分析

獨立樣本 t 檢定限定為兩個群組的平均數比較；單因子 ANOVA(變異數分析)，則可以比較兩群組以上的平均數。因此，t 檢定也是單因子變異數分析的一種特例。但這二種分析都無需去暗示 (imply)「Y ← A 因子」方程式左側和右側變數之間的因果關係。當自由度 df = 1 時，不論兩組樣本數是否是平衡 (N1 = N2)，變異數分析的 F 統計量就等於 t 值的平方 (T^2)。

表 4-1 獨立樣本 t 檢定 vs. 單因子變異數分析的比較

Y←A因子	獨立樣本t檢定	單因子變異數分析
依變數 Y	Interval 變數或比例變數	Interval 或比例變數
自變數 A	binary 變數	類別變數
虛無假設 H_0	MU1 = MU2	MU1 = MU2 = MU3…
概率分配	T 分配	F 分配
樣本大小	平衡 / 非平衡樣本	平衡 / 非平衡樣本

4-2-3 t 檢定、ANOVA，使用 Stata、SAS 和 SPSS 之差別

Stata 用「ttest」(或「ttesti」) 指令來執行 t-tests。「anova」及「oneway」指令來執行 one-way ANOVA。Stata 也用「prtest」或「prtesti」指令來比較 binary 變數的比例 (proportions)。「ttesti」及「prtesti」可用來印出匯總信息 (包括樣本數、平均數或百分比、標準差)。

表 4-2 Stata、SAS 和 SPSS 的相關 Procedures 和指令

	Stata軟體指令	SAS軟體PROC	SPSS軟體指令
常態性檢定	.swilk;. sfrancia	UNIVARIATE	EXAMINE
Equal Variance Test	.oneway	TTEST	T-TEST
無母數統計法	.ksmirnov; .kwallis	NPAR1WAY	NPARTESTS
Comparing Means (t 檢定)	.ttest; .ttesti	TTEST; MEANS; ANOVA	T-TEST

	Stata軟體指令	SAS軟體PROC	SPSS軟體指令
ANOVA 分析	.anova; .oneway	ANOVA	ONEWAY
GLM*		GLM; MIXED	GLM; MIXED
Comparing Proportions	.prtest; prtesti	(point-and-click)	

GLM* ：Stata GLM 指令無法執行 t 檢定

4-2-4 t 檢定資料檔的編碼安排

表 4-3 獨立樣本 t 的資料欄位

Variable	Group變數
x	0
x	0
x	0
x	0
⋮	⋮
Y	1
Y	1
⋮	⋮

表 4-4 相依樣本 t 的資料欄位

Variable1	Variable2
x	Y
x	Y
x	Y
x	⋮
⋮	⋮

4-3 Stata 範例實作

讀入資料檔之前,先設定工作目錄,「File > Chang working directory」,指定 CD 所附資料夾之路徑,接著再選「File > Open」,開啓「auto.dat」資料檔。

表 4-5　三種 t 檢定之 Stata 指令

指令	註解	資料檔之變數說明
* 單一樣本 t 檢定 sysuse auto ttest mpg = = 20	(setup) (one-sample t test)	Stata 系統存在硬碟 Auto.dta 資料檔。連續變數 mpg 是「汽車每加侖路幾英哩」。
* 相依樣本 t 檢定 webuse fuel3 ttest mpg, by(treated)	(setup) (two-sample t test using groups)	Stata 網站擷取 fuel3.dta 資料檔。連續變數 mpg「汽車每加侖走幾英哩」。treated 為 Binary 變數,限用 0 或 1 編碼。
* 獨立樣本 t 檢定 webuse fuel ttest mpg1 = = mpg2	(setup) (two-sample t test using variables)	Stata 網站上擷取 fuel.dta 資料檔。共 2 個連續變數: 實驗前 mpg1。 實驗後 mpg2。
* 直接算 t 值 ttesti 24 62.6 15.8 75	例如:n = 24, m = 62.6, sd = 15.8; test m = 75)	不需任何資料檔之下,執行單一樣本 t 檢定。

上述 4 個 t 檢定,分析結果如下表:

表 4-6　t 檢定之分析結果

```
. sysuse auto
(1978 Automobile Data)
. ttest mpg = = 20
// 語法:ttest varname = = # [if] [in] [, level(#)]


One-sample t test
------------------------------------------------------------------------------
Variable |  ObsMeanStd. Err.    Std. Dev.    [95% Conf. Interval]
---------+--------------------------------------------------------------------
   mpg  |   74 21.2973.67255115.785503  19.956922.63769
------------------------------------------------------------------------------
mean   =   mean(mpg)    t  =     1.9289
Ho: mean =  20degrees of freedom =      73
```

```
Ha: mean < 20     Ha: mean ! = 20 Ha: mean > 20
 Pr(T < t)  =  0.9712 Pr(|T| > |t|)  =  0.0576  Pr(T > t)  =  0.0288
// 未拒絕 Ho，故接受 Ha: mean ! = 20，汽車平均省油率 ! = 20
. webuse fuel3
. ttest mpg, by(treated)
// 語法：ttest varname [if] [in] , by(groupvar) [options1]


Two-sample t test with equal variances
------------------------------------------------------------------------
   Group | ObsMeanStd. Err.   Std. Dev.   [95% Conf. Interval]
---------+--------------------------------------------------------------
     0 |  12  21.78817012.73030119.2652522.73475
     1 |  12  22.75.93844653.25087420.6844924.81551
---------+--------------------------------------------------------------
combined |  24  21.875.62644763.06895420.5790923.17091
---------+--------------------------------------------------------------
   diff |   -1.751.225518   -4.291568.7915684
------------------------------------------------------------------------
diff  =  mean(0) - mean(1)  t  =  -1.4280
Ho: diff  =  0 degrees of freedom  =    22
Ha: diff < 0 Ha: diff ! = 0 Ha: diff > 0
 Pr(T < t)  =  0.0837 Pr(|T| > |t|)  =  0.1673  Pr(T > t)  =  0.9163
// 對照組，汽車平均 mpg = 21；實驗處理汽車平均 mpg2 = 22.75，故實驗處理達 0.05
省油改善效果。
```

```
. webuse fuel
. ttest mpg1 = = mpg2
// 語法：ttest varname1 = = varname2 [if] [in] [, level(#)]


Paired t test
------------------------------------------------------------------------
Variable | ObsMeanStd. Err.   Std. Dev.   [95% Conf. Interval]
---------+--------------------------------------------------------------
 mpg1 |  12  21.78817012.73030119.2652522.73475
 mpg2 |  12  22.75.93844653.25087420.6844924.81551
---------+--------------------------------------------------------------
 diff |  12   -1.75.7797144 2.70101-3.46614   -.0338602
------------------------------------------------------------------------
 mean(diff)  =  mean(mpg1 - mpg2)    t  =  -2.2444
```

```
Ho: mean(diff)  =  0   degrees of freedom  =     11


Ha: mean(diff) < 0   Ha: mean(diff) ! =  0   Ha: mean(diff) > 0
Pr(T < t)  =   0.0232 Pr(|T| > |t|)  =   0.0463  Pr(T > t)  =   0.9768
```
// 實驗處理前，汽車平均 mpg1 = 21；實驗後汽車平均 mpg2 = 22.75，達 0.05 省油改善效果。

// 不需任何資料檔之下，做單一樣本 t 檢定
```
. ttesti 24 62.6 15.8 75
```
// 語法：ttesti #obs #mean #sd #val [, level(#)]
```
One-sample t test
------------------------------------------------------------------------------
    | ObsMeanStd. Err.   Std. Dev.    [95% Conf. Interval]
----+-----------------------------------------------------------------
  x |   2462.63.22516115.855.9282569.27175
------------------------------------------------------------------------------
mean  =  mean(x)t  =   -3.8448
Ho: mean  =  75degrees of freedom  =     23
```

```
Ha: mean < 75   Ha: mean ! = 75 Ha: mean > 75
Pr(T < t)  =   0.0004 Pr(|T| > |t|)  =   0.0008  Pr(T > t)  =   0.9996
```
//P = 0.0008<0.05，故拒絕 Ho: mean = 75

以上 4 個 t 檢定，其對應的 Stata 選擇表 (Menu)，分別為：

```
Menu
one-sample
Statistics > Summaries, tables, and tests > Classical tests of hypotheses >
          One-sample mean-comparison test
two-group
Statistics > Summaries, tables, and tests > Classical tests of hypotheses >
          Two-group mean-comparison test
two-sample, paired
Statistics > Summaries, tables, and tests > Classical tests of hypotheses >
          Mean-comparison test, paired data
immediate command: one-sample
Statistics > Summaries, tables, and tests > Classical tests of hypotheses >
          One-sample mean-comparison calculator
```

一、單一樣本 t 之分析

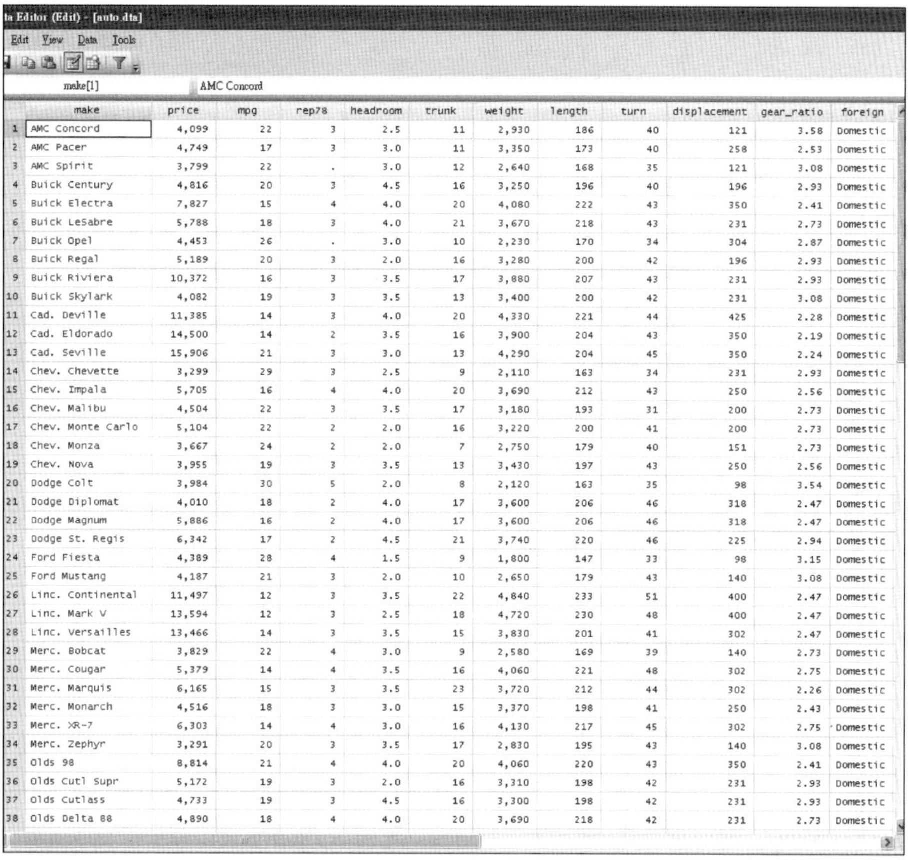

	make	price	mpg	rep78	headroom	trunk	weight	length	turn	displacement	gear_ratio	foreign
1	AMC Concord	4,099	22	3	2.5	11	2,930	186	40	121	3.58	Domestic
2	AMC Pacer	4,749	17	3	3.0	11	3,350	173	40	258	2.53	Domestic
3	AMC Spirit	3,799	22	.	3.0	12	2,640	168	35	121	3.08	Domestic
4	Buick Century	4,816	20	3	4.5	16	3,250	196	40	196	2.93	Domestic
5	Buick Electra	7,827	15	4	4.0	20	4,080	222	43	350	2.41	Domestic
6	Buick LeSabre	5,788	18	3	4.0	21	3,670	218	43	231	2.73	Domestic
7	Buick Opel	4,453	26	.	3.0	10	2,230	170	34	304	2.87	Domestic
8	Buick Regal	5,189	20	3	2.0	16	3,280	200	42	196	2.93	Domestic
9	Buick Riviera	10,372	16	3	3.5	17	3,880	207	43	231	2.93	Domestic
10	Buick Skylark	4,082	19	3	3.5	13	3,400	200	42	231	3.08	Domestic
11	Cad. Deville	11,385	14	3	4.0	20	4,330	221	44	425	2.28	Domestic
12	Cad. Eldorado	14,500	14	2	3.5	16	3,900	204	43	350	2.19	Domestic
13	Cad. Seville	15,906	21	3	3.0	13	4,290	204	45	350	2.24	Domestic
14	Chev. Chevette	3,299	29	3	2.5	9	2,110	163	34	231	2.93	Domestic
15	Chev. Impala	5,705	16	4	4.0	20	3,690	212	43	250	2.56	Domestic
16	Chev. Malibu	4,504	22	3	3.5	17	3,180	193	31	200	2.73	Domestic
17	Chev. Monte Carlo	5,104	22	2	2.0	16	3,220	200	41	200	2.73	Domestic
18	Chev. Monza	3,667	24	2	2.0	7	2,750	179	40	151	2.73	Domestic
19	Chev. Nova	3,955	19	3	3.5	13	3,430	197	43	250	2.56	Domestic
20	Dodge Colt	3,984	30	5	2.0	8	2,120	163	35	98	3.54	Domestic
21	Dodge Diplomat	4,010	18	2	4.0	17	3,600	206	46	318	2.47	Domestic
22	Dodge Magnum	5,886	16	2	4.0	17	3,600	206	46	318	2.47	Domestic
23	Dodge St. Regis	6,342	17	2	4.5	21	3,740	220	46	225	2.94	Domestic
24	Ford Fiesta	4,389	28	4	1.5	9	1,800	147	33	98	3.15	Domestic
25	Ford Mustang	4,187	21	3	2.0	10	2,650	179	43	140	3.08	Domestic
26	Linc. Continental	11,497	12	3	3.5	22	4,840	233	51	400	2.47	Domestic
27	Linc. Mark V	13,594	12	3	2.5	18	4,720	230	48	400	2.47	Domestic
28	Linc. Versailles	13,466	14	3	3.5	15	3,830	201	41	302	2.47	Domestic
29	Merc. Bobcat	3,829	22	4	3.0	9	2,580	169	39	140	2.73	Domestic
30	Merc. Cougar	5,379	14	4	3.5	16	4,060	221	48	302	2.75	Domestic
31	Merc. Marquis	6,165	15	3	3.5	23	3,720	212	44	302	2.26	Domestic
32	Merc. Monarch	4,516	18	3	3.0	15	3,370	198	41	250	2.43	Domestic
33	Merc. XR-7	6,303	14	4	3.0	16	4,130	217	45	302	2.75	Domestic
34	Merc. Zephyr	3,291	20	3	3.5	17	2,830	195	43	140	3.08	Domestic
35	Olds 98	8,814	21	4	4.0	20	4,060	220	43	350	2.41	Domestic
36	Olds Cutl Supr	5,172	19	3	2.0	16	3,310	198	42	231	2.93	Domestic
37	Olds Cutlass	4,733	19	3	4.5	16	3,300	198	42	231	2.93	Domestic
38	Olds Delta 88	4,890	18	4	4.0	20	3,690	218	42	231	2.73	Domestic

圖 4-5　Auto.dta 資料檔 (N = 74,12 variables)

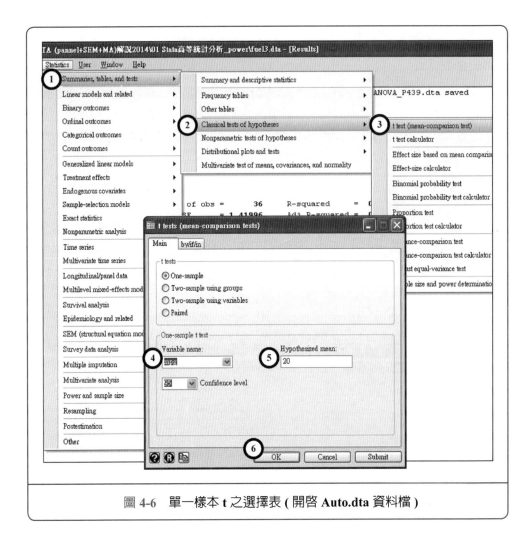

圖 4-6　單一樣本 t 之選擇表 (開啓 Auto.dta 資料檔)

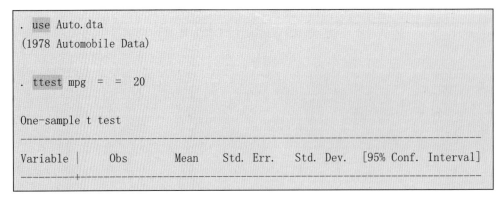

mpg	74	21.2973	.6725511	5.785503	19.9569	22.63769

```
    mean  =  mean(mpg)                                    t   =    1.9289
Ho: mean  =  20                          degrees of freedom =       73

    Ha: mean < 20              Ha: mean ! = 20                Ha: mean > 20
  Pr(T < t) = 0.9712         Pr(|T| > |t|) = 0.0576         Pr(T > t) = 0.0288
```

t = 1.92，單尾 p > 0.05，拒絕「Ho: mean = 20mpg」，接受「H$_1$: mean>20mpg」，故汽車平均的耗油率，有 95% 汽車每加侖 (4 公升) 可跑超過 20 英哩。

二、獨立樣本 t 之分析

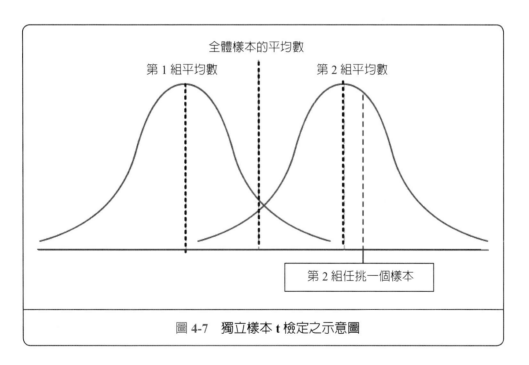

圖 4-7　獨立樣本 t 檢定之示意圖

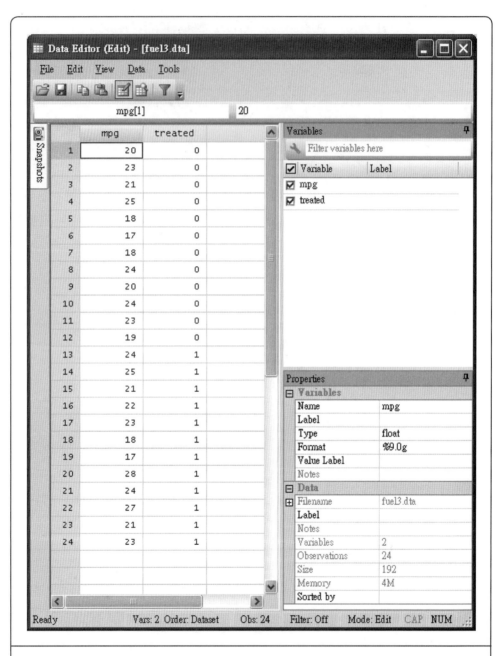

圖 4-8　**fuel3.dta 資料檔 (N = 24, 2 variables)**

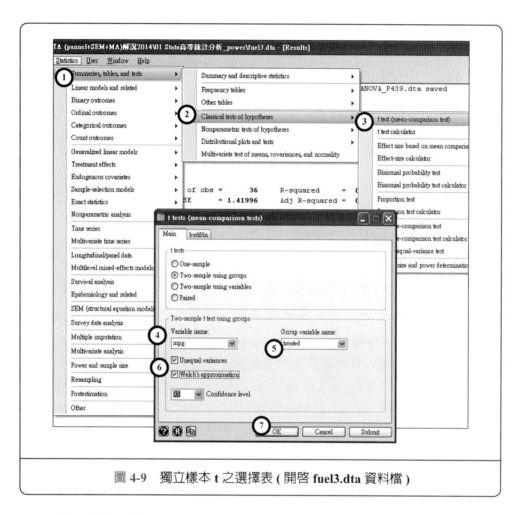

圖 4-9　獨立樣本 t 之選擇表 (開啓 **fuel3.dta** 資料檔)

分析 t 檢定若你發現，二組 (實驗組 vs. 控制組) 變異數不相等，則改採 Welch's 公式，來調整 t 檢定的自由度，此自由度的值會變成非整數。

```
. ttest mpg, by(treated) unequal welch
```

Two-sample t test with unequal variances

Group	Obs	Mean	Std. Err.	Std. Dev.	[95% Conf. Interval]	
0	12	21	.7881701	2.730301	19.26525	22.73475
1	12	22.75	.9384465	3.250874	20.68449	24.81551

```
combined |        24     21.875    .6264476    3.068954    20.57909    23.17091
---------+--------------------------------------------------------------------
    diff |               -1.75    1.225518               -4.28369    .7836902
-----------------------------------------------------------------------------
    diff  =   mean(0) - mean(1)                              t   =   -1.4280
Ho: diff  =  0                        Welch's degrees of freedom   =   23.2465

    Ha: diff < 0                 Ha: diff ! = 0                  Ha: diff > 0
Pr(T < t)  =  0.0833    Pr(|T| > |t|)  =  0.1666    Pr(T > t)  =  0.9167
```

假設這二組 (實驗組 vs. 控制組) 變異數不相等，故改採 Welch's 公式，來調整 t 檢定的自由度，此自由度的值為 23.24(非整數)。

若採雙尾 t 檢定，T = -1.428，p = 0.166 > 0.025(取 α/2)，所以「接受」虛無假設 H_0：$Mean_1 = Mean_2$，即實驗組 vs. 控制組兩組之實驗效果，在平均數上並無顯著差異；即對立假設 H_1：$Mean_1 = Mean_2$ 不成立。

若採單尾 t 檢定，且實驗前，你就認定「控制組效果 < 實驗組」，則 T = -1.428，p = 0.0833 > 0.05(取 α)，所以「接受」虛無假設 H_0：$Mean_1 = Mean_2$，即對立假設 H_1：$Mean_1 < Mean_2$ 不成立。

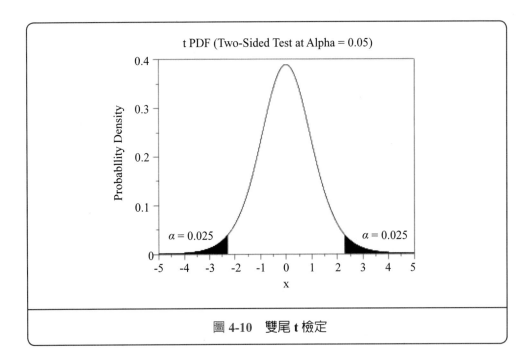

圖 4-10　雙尾 t 檢定

三、相依樣本 t 之分析

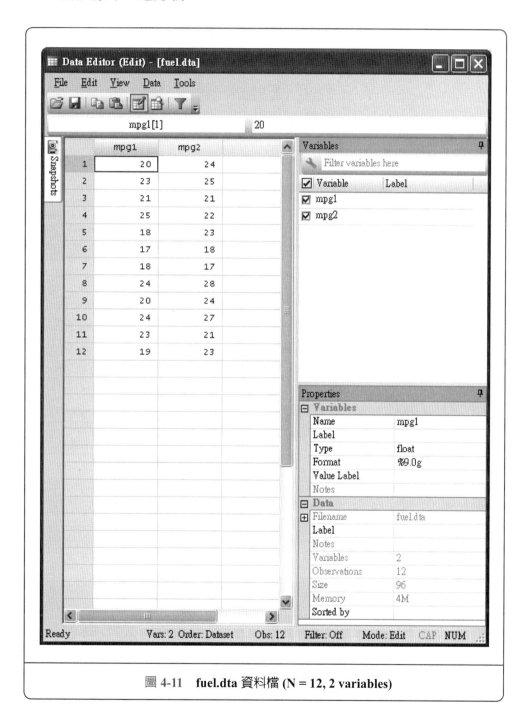

圖 4-11　**fuel.dta** 資料檔 (N = 12, 2 variables)

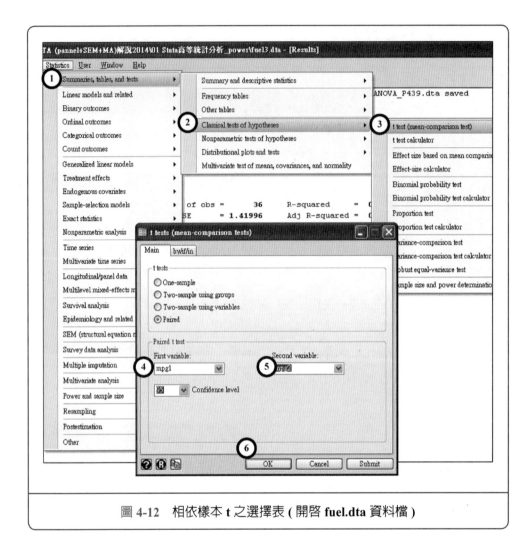

圖 4-12 相依樣本 t 之選擇表 (開啓 **fuel.dta** 資料檔)

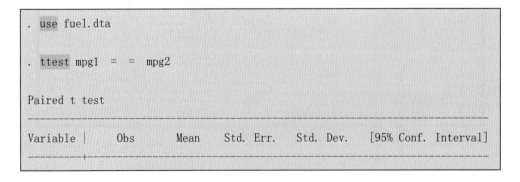

| mpg1 | 12 | 21 | .7881701 | 2.730301 | 19.26525 | 22.73475 |
mpg2	12	22.75	.9384465	3.250874	20.68449	24.81551
diff	12	-1.75	.7797144	2.70101	-3.46614	-.0338602

```
    mean(diff)  =  mean(mpg1 - mpg2)                        t  =  -2.2444
Ho: mean(diff)  =  0                    degrees of freedom  =        11

Ha: mean(diff) < 0        Ha: mean(diff) ! = 0            Ha: mean(diff) > 0
Pr(T < t)  =  0.0232      Pr(|T| > |t|)  =  0.0463        Pr(T > t)  =  0.9768
```

假設這二組 (實驗組 vs. 控制組) 變異數相等，故不需要改採 Welch's 公式，來調整 t 檢定的自由度。雙尾 t 檢定，T = -2.24，p = 0.0463 > 0.025(取 $\alpha/2$)，所以接受虛無假設 H_0：$Mean_1 = Mean_2$，即前測 vs. 後測之實驗效果，在平均數上無顯著差異。假如你研究前，就認定你的研究處理 (treatment)，實驗後之後測效果會優於前測，則採單尾 t 檢定。本例結果：t = -2.24，p = 0.0232>0.05(取 α = 0.05)，所以接受虛無假設 H_0：$Mean_1 = Mean_2$，即前測 vs. 後測之實驗效果，在平均數上並沒有顯著差異，表示你的實驗處理效果是失敗的。

4-4 Meta 分析之效果量

目前 Meta 分析已成顯學。作者張紹勳等人，會在另一本書詳細解說其公式、學理及個別效果量的合併、合併後效果量的顯著性及 95%CI 等計算。故在此僅簡略介紹 Stata 的 Meta 如何求「個別效果量」：Cohens's d_i、Hedges's g_i、Glass's Δ三種效果量。

4-2-1 Meta 分析之公式

一、Meta 分析之起源

統合分析是一種將過去個別研究的結果綜合起來作計量結合的技術 (Glass, McGaw, & Smith,1981)，並在此過程中消除各種誤差來源，以發現變數間的真正關係及其強度 (Hunter & Schmidt, 1990)。因此它是一種與傳統敘述性的文獻分析

(narrative literature reviews) 相反的方法，它從個別的研究結果中運用統計的過程，以收集實證性的發現，研究的重點在效果量的大小。因此我們可稱統合分析為「對研究統合的量化方法」(Wolf, 1986)。

　　Lush (1931) 最早將類似統合分析的觀念運用在農業方面。早期在農業研究有兩個主要的取向：(1) 從各研究結果中做統計顯著性檢定。(2) 從各研究中去估計組合的處理效果 (Hedges & Olkin, 1985)。雖然統計顯著性 (significance) 檢定很多學者加以探討，可是其仍然面臨一些不易克服的缺失，而這缺失最主要為統計顯著性檢定無法告知實驗研究者其實驗處理的效果 (ES) 有多大。因此便有第二種取向的產生一組合 (combined) 各研究效果的方式 (機率 p、積差相關 r、Z 組合法)，並從中排除各種誤差，以探求真正 (truth) 的效果有多大。

二、實驗組和對照組間之成效差異

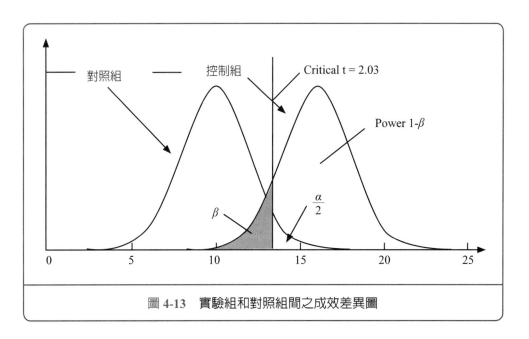

圖 4-13　實驗組和對照組間之成效差異圖

　　效果量 (effect size,ES) 的觀點最常應用在實驗設計方面的實證研究上，如精神醫療、心理治療方面，將樣本分為實驗組及控制組二組進行比較觀察，最後分析二組對某一變數的反應差異現象。例如，由知覺動作訓練的統合分析研究結果得知，知覺動作訓練幾乎是不具有任何訓練效果的。此外，有心智練習比沒有任

何心智練習來得好，但是差異不大。

此種效果量 (ES) 一般有 4 種算法，包括 Glass's $\triangle$(M$_1$-M$_2$/ 控制組的 S)、Cohen's d(M$_1$-M$_2$/ 合併的 σ)、Hedges's g(M$_1$-M$_2$/ 合併的 S)，這三種算法差別只在分母不同 (Rosenthal, 1991)。這類的應用例子有：(1) 使用局部麻醉藥膏降低靜脈穿刺及靜脈留置針疼痛效果之統合分析 (Fetzer, 2002)。(2) 糖尿病衛教措施效果之統合分析 (Brown, 1988)。

旨在求出實驗組與控制組的差值，最常見的便是標準化的平均差值。因各個研究者對效果量有不同的定義，而有不同的算法。若以單一公式來看效果量的單位變換，較出色的有：Glass's $\triangle$、Hedges' g、Cohen' d、Rosenthal 等四類型，本書整理如下：

1. Glass 估計值 $\triangle$ (Glass's $\triangle$)

$$\Delta = \frac{\overline{X_E} - \overline{X_c}}{S_C} \ , \ S_C = \sqrt{\frac{\sum_{i=1}^{K}(X_i - \overline{X_C})^2}{n_C}}$$

其中，$\overline{X_E}, \overline{X_c}$ 分別為實驗組、控制組之平均數。K 為 Meta 總篇數。S_C 控制組之標準差。n_C 控制組之樣本數。

這公式明顯的缺點是，只用控制組的標準差來標準化兩組的平均值差，這樣的方法明顯是不妥的，但它為以後的效果量計算方法的基礎。

2. Hedges' g 值

統合分析最有名的個別研究效果量 d_i 之公式，就屬 Hedges 與 Olkin(1985) 之個別研究的效果量，稱為 g 值。它針對 Glass 的估計值進行了修改，改用實驗組和控制組的合併後標準差 $S_{(pooled)}$，求得 g 值，其公式如下：

$$\text{個別研究之效果量 } g_i = \frac{M_1 - M_2}{S_{(pooled)}} \quad (\text{即 } t \text{ 檢定} = \frac{\overline{X_1} - \overline{X_2}}{S_{(pooled)}})$$

$$\text{合併的標準差 } S_{(pooled)} = \sqrt{\frac{(N_1-1)S_1^2 + (N_2-1)S_2^2}{N_1 + N_2 - 2}}$$

其中，M_1 為第一組 (實驗組) 平均數；M_2 為第二組 (控制組) 平均數。

S_1^2 為第一組 (實驗組) 變異數；S_2^2 為第二組 (控制組) 變異數。

N_1 為第一組 (實驗組) 研究篇數；N_2 為第二組 (控制組) 研究篇數。

i 為第 i 篇論文。

可是，當總樣本數過小時，計算所得的個別研究效果量 g 值會有一些誤差，對此，Hedges 與 Olkin 提出一個公式來校正 g 值，所求得的校正值稱為 d_i 值，如公式所示：

$$個別研究之修正效果量\ d_i = (1 - \frac{3}{4(n_E + n_C) - 9}) \times g_i$$

若 d_i 值 < 0，則代表第二組 (控制組) 的效果量高於第一組 (實驗組)。

3. **Cohen 估計值 d (Cohen's d)**

接著，Hedges' g Cohen 再針對 Cohen's d 提出了另一個修正公式：

$$源始自\ d_i = \frac{(\overline{X_E} - \overline{X_C})}{\sigma_i} \ , \ \sigma_i = \sqrt{\frac{(n_E - 1)S_E^2 + (n_C - 1)S_C^2}{n_E + n_C}}$$

Cohen's d 主要是針對獨立的觀測資料。從式中可以清楚發現 g 值與 d 值間的關係式為：

$$再修正為\ g_i = \sqrt{\frac{n_E + n_C - 2}{n_E + n_C}} \times d_i$$

以上三種方法，至今已普遍使用在「實驗組 vs. 對照組」之比較分析。故對此種類型的研究在 Meta 分析時，應對各研究的效果量先予以計算，再進行一連串的處理分析：個別效果量的合併及其顯著性、95%CI、出版偏誤、異質性 Q 檢定才決定是否改採隨機效果模型…等。

Cohen(1960) 及 Hunter & Schmidt(1990) 等人，所擴充「個別效果量」的換公式，可整理成表 4-7。

表 4-7　各統計量轉換為「個別效果量」d_i 之公式

轉換為d值之公式			
已知統計量	求出個別效果量 $d_i =$	符號說明	注意事項
$\overline{X}_E$、$\overline{X}_C$、S_P	$d_i = t\ 值 = \dfrac{\overline{X}_E - \overline{X}_C}{s_p}$ $\left(s_p = \sqrt{\dfrac{(N_E-1)s_E^2 + (N_C-1)s_C^2}{N_E - N_C - 2}} \right)$	$\overline{X}_E =$ 實驗組平均數 $\overline{X}_C =$ 控制組平均數 $S_P =$ 合併標準差 $S_E =$ 實驗組標準差 $S_C =$ 控制組標準差 $N_E =$ 實驗組樣本數 $N_C =$ 控制組樣本數	只適用獨立樣本 t 檢定 (Hedges & Olkin,1980)
	$d_i = \dfrac{\overline{X}_E - \overline{X}_C}{s_p}$ $\left(s_p = \dfrac{S_E + S_C}{2} \right)$		Cooper(1998) 提出另一公式
t值	$d_i = \dfrac{2t_i}{\sqrt{df_i}}$	相依樣本 t 值轉 d 值的另一公式	可用在成對或非成對 t 檢定
F值	$d_i = \sqrt{\dfrac{F}{df(e)}}$		只能適用在單因子變異數分析
r值	$d_i = \dfrac{2r}{\sqrt{1-r^2}}$		積差相關 r 轉 d

來源：Cohen(1960); Friedman(1989); Hunter & Schmidt(1990)

　　依據 Cohen(1977) 對效果量 (ES) 的界定，當 ES 值 Cohen d ≈ 0.2 左右，代表「微量 (small) 效果」；當 ES 值 d 為 0.5 左右，代表「中度 (medium) 效果」；當 ES 值 d 為 0.8 左右，代表「強烈 (large) 效果」。但這只是直觀的認定，故本書 Excel 及 CMA 軟體，都是採用嚴謹的「標準常態 Z」來判定，若 P<0.05 則達「顯著水準」。

　　上述可見，個別研究結果之統計量，無論 χ^2、t 值，將它們除以樣本人數，即可獲得效果量 (ES) 估計值。此種方法比前述的 Cohen's d 或 Hedges' g 必須獲得各組之平均值與標準差的限制來得有彈性，特別是對於在社會科學研究中，非實驗設計、性質 (非人為控制) 的研究，也可以運用此法獲得效果量估計值。故本書 Excel 亦納入此演算法。

三、小結

　　上述 4 種 ES 單位變換，只適合「實驗組 vs. 控制組」之實驗處理效果，但這公式，你亦可延伸非實驗設計「男生組 vs. 女生組」這類調查法之認知差異比

較。

　　有關 Cohen's d 的 Meta 實作，請詳見作者「Meta 分析」一書：「3.2.2 Meta 社會科學之分析流程：運動治療效 d」。

4-2-2　平均效果量之組合法

　　由於各個研究測量數據單位不同，必須先進格式的轉換才能合併分析。在 Meta 分析中，關於共同單位 (common metric) 有個專有名詞稱做「效果量」(effect size, ES)，它可以顯示出實驗組與對照組間的差異性，以及實驗處理 (e.g. 治療) 介入 (Intervention) 的影響程度和方向。而效果量有許多指數 (index)，例如，實驗組與對照組測量平均數的差 (mean difference, MD)，一般是直接將實驗組數值減去對照組的。有些會進一步標準化，將「平均數差 ÷ 標準差」來減少背景的影響。

　　在 Meta 分析的平均效果量之組合法，有三種：機率組合法 (combination of probabilities)、母體相關係數估計法 (estimate of population correction)、效果量估計組合法 (combination of effect size estimation)。

　　詳情請見作者的書：「Meta 分析 — 使用 Excel & Comprehensive Meta-analysis」，五南出版。

4-2-3 Meta 分析：個別效果之實作

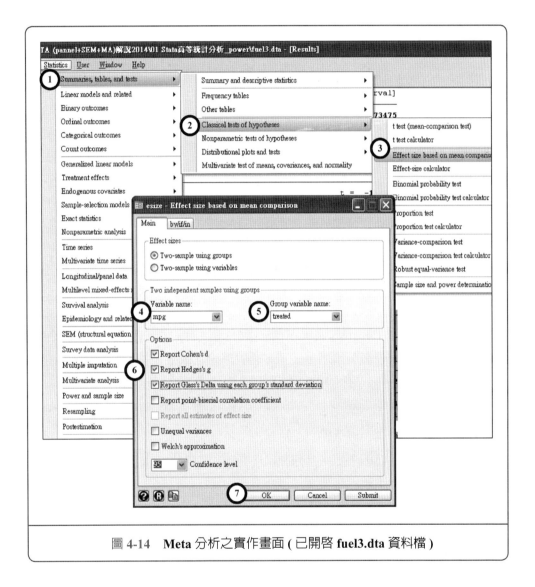

圖 4-14　**Meta** 分析之實作畫面 (已開啓 **fuel3.dta** 資料檔)

```
. use fuel3.dta
. esize twosample mpg, by(treated) cohensd hedgesg glassdelta
Effect size based on mean comparison

                                   Obs per group:
                                      treated =  = 0  =        12
                                      treated =  = 1  =        12
───────────────────────────────────────────────────────────────
    Effect Size │   Estimate       [95% Conf. Interval]
────────────────┼───────────────────────────────────────────────
      Cohen's d │  -.5829654       -1.394934     .2416105
     Hedges's g │  -.5628243       -1.34674      .2332631
 Glass's Delta 1│  -.6409549       -1.470772     .2147858
 Glass's Delta 2│  -.5383168       -1.357552     .3033444
───────────────────────────────────────────────────────────────
```

Meta 分析之結果，如下：

(1) 個別效果量 Cohens's d_i = −0.58，95% 信賴區間 = [-1.39, 0.24]，包含「0」，故未達顯著水準，表示實驗處理後之效果，並未優於控制組之對照的效果量，顯示你的實驗失敗。

(2) 個別效果量 Hedges's g_i = −0.56，95% 信賴區間 = [-1.34, 0.23]，包含「0」，故未達顯著水準。

(3) 個別效果量 Glass's Δ = -0.64，95% 信賴區間 = [-1.47 , 0.21]，包含「0」，故未達顯著水準。

由於 Meta 分析就是眾多「個別研究的研究」，以上例子只算是一個個別研究，若要組合這些個別研究的效果量，請見作者另一本書「Meta 分析」學理的解說及實作。

4-2-4　Meta 分析：Stata 外掛指令

Meta 英文書可參閱：http://www.Stata-press.com/books/meta-analysis-in-Stata/

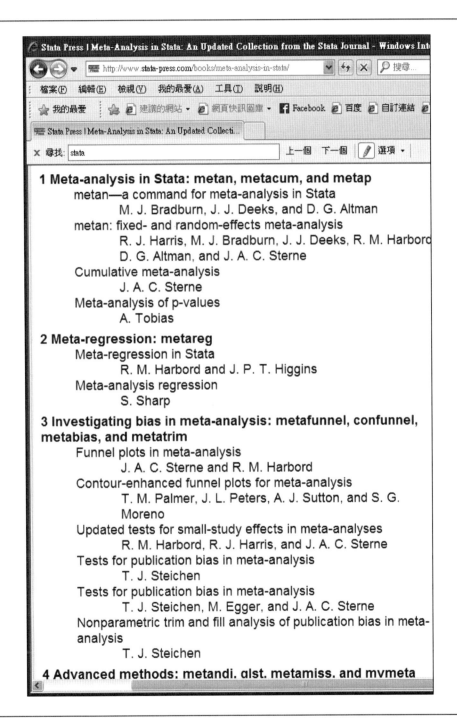

圖 4-15　**Stata** 的 **Meta** 分析外掛指令

外掛 metaaggr 指令，(http://fmwww.bc.edu/RePEc/bocode/m)，係 Stata 專門處理 Meta 分析之 Package，你可用「findit metaaggr」來外掛此指令，或本書 CD 附「meta 外掛指令」資料夾。

如下圖：http://www.Stata.com/support/faqs/statistics/meta-analysis/，網站亦有介紹 Meta 分析之相關指令：

1. 「metan」指令：the main Stata meta-analysis command.

2. 「labbe」指令：draws a L'Abbe plot for event data.

3. 「metacum」指令：performs cumulative meta-analyses and graphs the results.

4. 「metap」指令：combines p-values by using Fisher's method, Edgington's additive method, or Edgington's normal curve method.

5. 「metareg」指令：does meta-regression.

6. 「metafunnel」指令：plots funnel plots.

7. 「confunnel」指令：plots contour-enhanced funnel plots.

8. 「metabias」指令：provides statistical tests for funnel plot asymmetry.

9. 「metatrim」指令：implements the "trim and fill" method to adjust for publication bias in funnel plots.

10. 「metandi」指令：facilitates the fitting of hierarchical logistic regression models for meta-analysis of diagnostic test accuracy studies.

11. 「glst」指令：calculates a log-linear dose–response regression model using generalized least squares for trend estimation of single or multiple summarized dose–response epidemiological studies.

12. 「metamiss」指令：performs meta-analysis with binary outcomes when some or all studies have missing data.

13. 「mvmeta」指令：and「mvmeta」指令：_make

「mvmeta」指令：performs maximum likelihood, restricted maximum likelihood, or method-of-moments estimation of random-effects multivariate meta-analysis models.

「mvmeta」指令：_make facilitates the preparation of summary datasets from more detailed data.

14. 「metannt」指令：is intended to aid interpretation of meta-analyses of binary data

by presenting intervention effect sizes in absolute terms, as the number needed to treat (NNT) and the number of events avoided (or added) per 1,000.

15.「metaninf」指令：is a port of the metainf command to use metan as its analysis engine rather than meta.

16.「midas」指令：provides statistical and graphical routines for undertaking meta-analysis of diagnostic test performance in Stata.

17.「meta_lr」指令：graphs positive and negative likelihood ratios in diagnostic tests.

18.「metaparm」指令：performs meta-analyses and calculates confidence intervals and p-values for differences or ratios between parameters for different subpopulations for data stored in the parmest format. To install the package, type「ssc install metaparm」in Stata.

19.「metaan」指令：performs meta-analysis on effect estimates and standard errors.

20.「metacumbounds」指令：provides z-values, p-values, and Lan-DeMets bounds obtained from fixed- or random-effects meta-analysis.

21.「extfunnel」指令：implements a new range of overlay augmentations to the funnel plot to assess the impact of a new study on an existing meta-analysis.

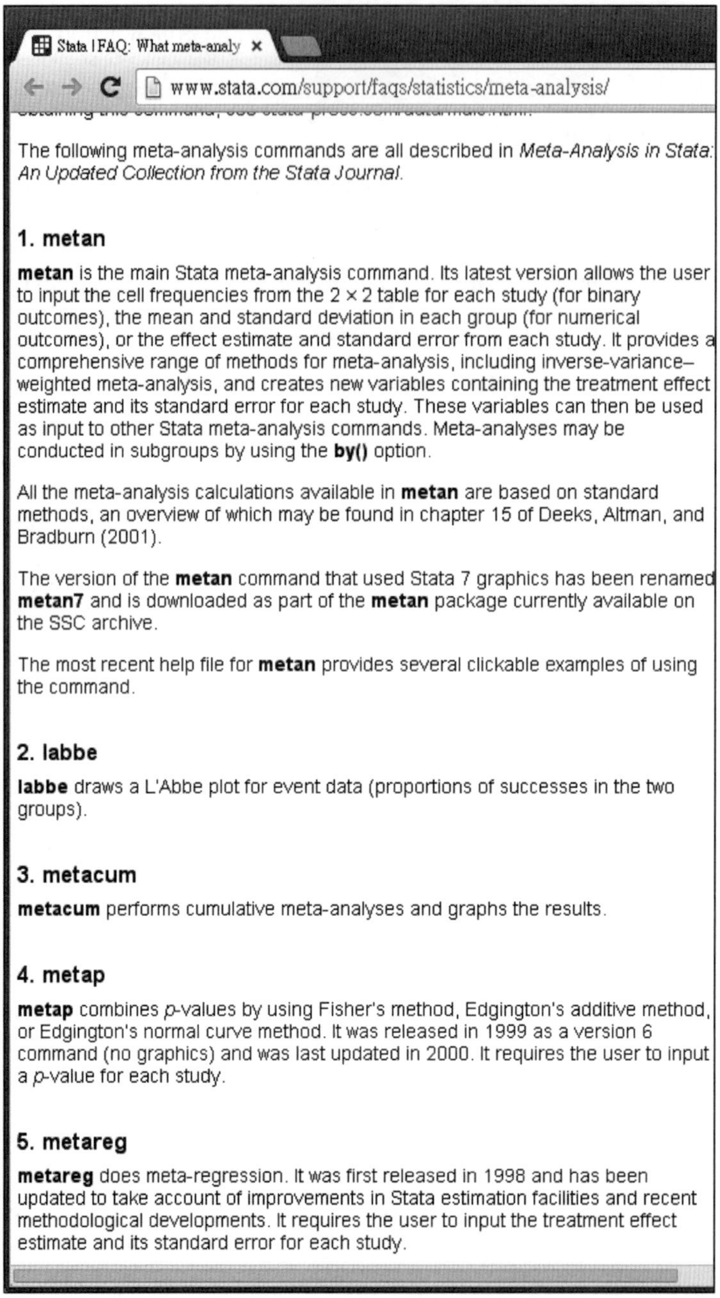

Stata | FAQ: What meta-analy

www.stata.com/support/faqs/statistics/meta-analysis/

The following meta-analysis commands are all described in *Meta-Analysis in Stata: An Updated Collection from the Stata Journal*.

1. metan

metan is the main Stata meta-analysis command. Its latest version allows the user to input the cell frequencies from the 2 × 2 table for each study (for binary outcomes), the mean and standard deviation in each group (for numerical outcomes), or the effect estimate and standard error from each study. It provides a comprehensive range of methods for meta-analysis, including inverse-variance–weighted meta-analysis, and creates new variables containing the treatment effect estimate and its standard error for each study. These variables can then be used as input to other Stata meta-analysis commands. Meta-analyses may be conducted in subgroups by using the **by()** option.

All the meta-analysis calculations available in **metan** are based on standard methods, an overview of which may be found in chapter 15 of Deeks, Altman, and Bradburn (2001).

The version of the **metan** command that used Stata 7 graphics has been renamed **metan7** and is downloaded as part of the **metan** package currently available on the SSC archive.

The most recent help file for **metan** provides several clickable examples of using the command.

2. labbe

labbe draws a L'Abbe plot for event data (proportions of successes in the two groups).

3. metacum

metacum performs cumulative meta-analyses and graphs the results.

4. metap

metap combines *p*-values by using Fisher's method, Edgington's additive method, or Edgington's normal curve method. It was released in 1999 as a version 6 command (no graphics) and was last updated in 2000. It requires the user to input a *p*-value for each study.

5. metareg

metareg does meta-regression. It was first released in 1998 and has been updated to take account of improvements in Stata estimation facilities and recent methodological developments. It requires the user to input the treatment effect estimate and its standard error for each study.

圖 4-16　**Meta** 英文書之介紹網站

註：http://www.Stata.com/support/faqs/statistics/meta-analysis/

三、小結

有鑑於 Stata 之 Meta 分析的指令，不易理解使用。故作者已另外在五南書局，撰寫一本很容易上手之 Meta 分析一書：「Meta 分析 —— 使用 Excel & Comprehensive Meta-analysis 軟體」。你可去閱讀它。

各型 ANOVA、共變數
分析 (ANCOVA)

執行 Stata「anova」指令之後，才可再執行下列指令的檢定：

Stata指令	說明
dfbeta	DFBETA influence statistics
estat hettest	tests for heteroskedasticity
estat imtest	information matrix test
estat ovtest	Ramsey regression specification-error test for omitted variables
estat szroeter	Szroeter's rank test for heteroskedasticity
estat vif	variance inflation factors for the independent variables
estat esize	eta-squared and omega-squared effect sizes
rvfplot	residual-versus-fitted plot
avplot	added-variable plot
avplots	all added-variable plots in one image
cprplot	component-plus-residual plot
acprplot	augmented component-plus-residual plot
rvpplot	residual-versus-predictor plot
lvr2plot	leverage-versus-squared-residual plot
contrast	contrasts and ANOVA-style joint tests of estimates
estat ic	Akaike's and Schwarz's Bayesian information criteria (AIC and BIC)
estat summarize	summary statistics for the estimation sample
estat vce	variance-covariance matrix of the estimators (VCE)
estimates	cataloging estimation results
hausman	Hausman's specification test
lincom	point estimates, standard errors, testing, and inference for linear combinations of coefficients
linktest	link test for model specification
lrtest	likelihood-ratio test
margins	marginal means, predictive margins, marginal effects, and average marginal effects
marginsplot	graph the results from margins (profile plots, interaction plots, etc.)
nlcom	point estimates, standard errors, testing, and inference for nonlinear combinations of coefficients
predict	predictions, residuals, influence statistics, and other diagnostic measures
predictnl	point estimates, standard errors, testing, and inference for generalized predictions

Stata指令	說明
pwcompare	pairwise comparisons of estimates
suest	seemingly unrelated estimation
test	Wald tests of simple and composite linear hypotheses
testnl	Wald tests of nonlinear hypotheses

5-1 變異數分析 (ANOVA) 之簡介

ANOVA 之應用例子，包括：

1. 以資產規模觀點分析國內鋼鐵業之財務營運績效。
2. 公司員工個人特徵對組織變遷接受度影響之研究。
3. 營建廢棄物產出因子建立之研究。
4. 白內障患者驗光與配鏡之分析研究。
5. 實驗計畫法於三金屬粉末光纖雷射燒結之最佳化。
6. 以田口實驗方法應用於 IC 最佳化雷射參數研究。
7. IFRS 與我國財務會計準則差異之研究──以運輸產業為例。
8. 銅金屬材料表面燒結釉料之特性分析。
9. 消費者選擇溫體豬肉與冷凍豬肉行為之研究。
10. 高爾夫球之模仁流道設計與製程參數研究。
11. 太陽光電熱能複合系統結合反射板之系統設置參數設計最佳化與實務驗證。
12. 金融控股公司購併銀行之綜效分析：台新金控與彰化銀行購併案例。
13. 羽球社團組織氛圍、團隊凝聚力與滿意度關係之研究。
14. 政府組織再造之會計品質研究。
15. 垃圾委外與自行清運對清除機構安全文化影響評估之研究。
16. 封裝結構之尺寸與材料參數對熱傳效益之影響。
17. 應用田口法於 cBN-TiC 與 WC-Co 複合擠型之製程最佳化。
18. 網路商城 e 的消費者行為研究。
19. 乳癌術後存活病患心理介入方案之心理健康結果評估。
20. 半導體廠空調系統節能效益分析──以十二吋 DRAM 廠為例。

一、變異數分析的適用情況

依變數 自變數	縱貫面研究 2 Levels以上之類別變數
單一連續變數	相依樣本 ANOVA

1. 變異數分析適用的條件

當自變數是類別變數 (nominal scale)，依變數是等距 (interval scale) 時使用。但 t-test 僅適用於自變數只有兩類的變數中，像性別便只有兩種屬性。自變數若是超過兩類，則需要使用其他的資料分析方法，如 ANOVA。

2. 變異數分析目的

在比較兩個群組母體平均數是否有差異時，可以用常態分配 (當母體標準差已知或是兩個樣本數皆大於 30 時) 或 t 分配 (當母體標準差未知且至少有一個樣本數小於 30 時) 進行比較；但是在比較多個群組的母體平均數是否有差異時，必須改用變異數分析。

二、變異數分析的概念

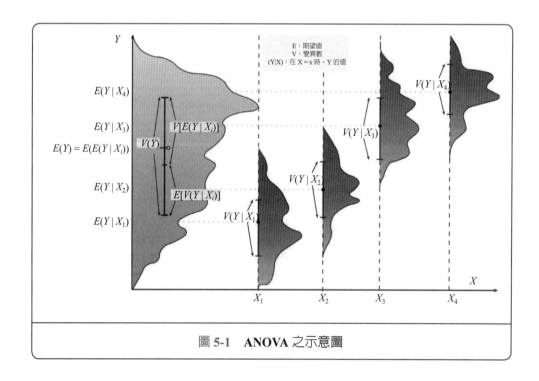

圖 5-1　ANOVA 之示意圖

（一）使用狀況

變異數代表觀測資料與平均數之間的離散程度，當變異數愈小代表資料分布愈集中，變異數愈大代表資料分布愈分散。在進行變異數分析時，必須先找出個別群組的平均數與總平均數。利用觀測值與總平均數之間差距平方的總和，找出總變異，而總變異可以分成兩大類：一種為可解釋的變異，也就是群組間 (Between group) 的變異，當此值很小時，代表個別群組平均數與總平均數之間沒有顯著差異；另一種為不可解釋的變異，也就是各個群組內 (Within group) 的變異，此變異是由合理的機率所造成。因為我們是比較多個群組平均數之間的變異以及群組內的變異，因此這個方法被稱為變異數分析。

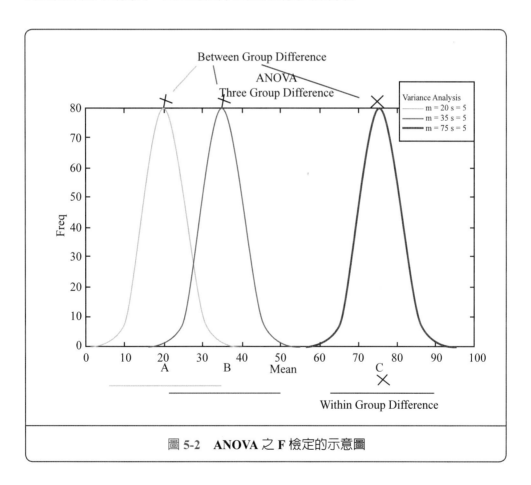

圖 5-2　**ANOVA** 之 **F** 檢定的示意圖

（二）變異數分析的前提假定 (assumption)：簡單隨機樣本、常態性、同質變異數

1. 從每個母體中抽取一組簡單隨機樣本，且母體之間相互獨立

由於調查整個母體會花費過多的時間與成本、或者是受限於實驗特性等因素，無法對母體進行調查，此時必須進行抽樣調查。當我們使用簡單隨機抽樣時，可以確保資料具有不偏性 (每個個體中選的機率都一樣) 與獨立性 (一個個體中選與否不影響其他個體中選的機率)。

2. 母體皆為常態分配

當母體皆為常態分配時，抽樣分配必然服從常態分配。

3. 母體在各類別的變異數同質

若母體間離散程度相同，則造成差異的原因在於平均數不相同。

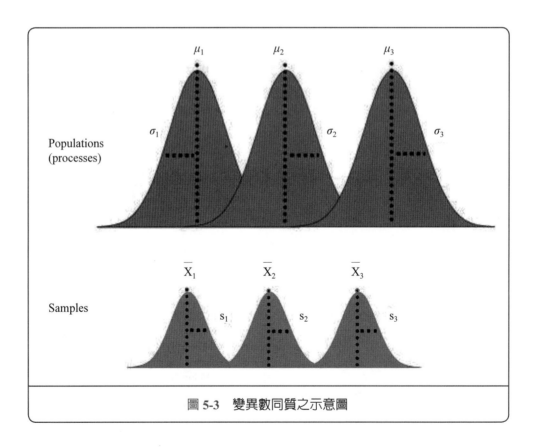

圖 5-3　變異數同質之示意圖

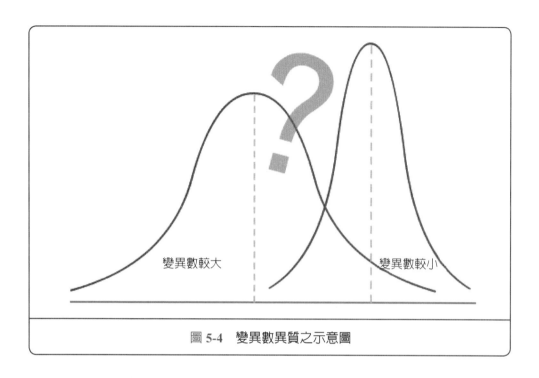

圖 5-4　變異數異質之示意圖

（三）檢定假設 (Hypothesis testing)

虛無假設 H_0：母體平均數皆相同，H_0：$\mu_1 = \mu_2 = \cdots = \mu$。

對立假設 H_1：母體平均數不完全相同，H_1：有一個 $\mu_i \neq \mu_j$。

值得一提的是，很多人會將對立假設寫成母體平均數「完全不相等」，這跟上述的「不完全相等」之間有所差異。所謂「完全不相等」，代表所有的母體平均數的值都不相同；所謂「不完全相等」，則代表至少有一個母體平均數跟其他的母體平均數的值不同。「不完全相等」有包含「完全不相等」的情況，但「完全不相等」僅是「不完全相等」中的一種可能性，切勿搞混。

（四）變異數分析使用的檢定統計量：F 分配

F 分配的主要特性：

1. F 分配是一個家族：家族的特定成員是由兩個參數所決定：分子自由度與分母自由度。隨著自由度的改變，曲線形狀也會隨之改變。

2. F 分配是連續的：F 分配的值介於 0 到無窮大。

3. F 分配不可能為負值：F 的最小值為 0。

4. F 分配為正偏分配：分配的長尾在右側，隨著分子與分母的自由度的增加，分

配愈趨近於常態分配，如下圖所示。

5. F 分配為漸進線，不會與 X 軸有交會。

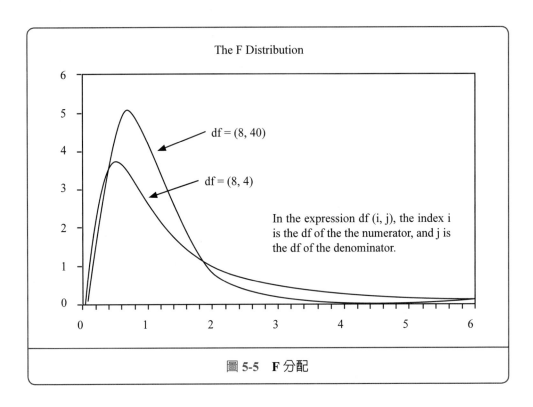

圖 5-5　F 分配

（五）ANOVA 之 F 檢定公式

　　請見第 2 章。

5-2　One way ANOVA 分析

　　ANOVA 語法：anova varname [termlist] [if] [in] [weight] [, options]。

　　* anova 依變數 [因子們或交互作用項] [篩選 if] [in] [加權] [, 選項們]。

表 5-1 ANOVA 摘要表

Scure of Varation	Degrees of Freedom	Mean of Squares	F-Ratio
Within Groups	n-k	$MS_w = \dfrac{\sum\sum(X_{ij} - \bar{X}_j)^2}{n-k}$	MS_b / MS_w
Between Groups	k-1	$MS_b = \dfrac{\sum n_j(\bar{X}_j - \bar{X})^2}{k-1}$	
Total	n-1	$MS_{tot} = \dfrac{\sum\sum(X_{ij} - \bar{X})^2}{n-1}$	

一、範例 1 來源：林清山 p315

（一）問題說明：虛無假設

> **例題：各組人數相同時** （參考林清山，民 **81,P315**)
>
> 某研究將某國小六年級學生隨機分派成四個班，分別接受自然科四種教學法，想瞭解這四種教學法對自然科成績的影響。這些學生參加實驗一年後，其自然科成就測驗如下表。問這四種教學法的教學效果是否有所不同？
>
> $H_0：\mu_1 = \mu_2 = \mu_3 = \mu_4$

表 5-2 四種教學法的研究資料

	演 講	自 學	啟 發	編 序	
	4	5	9	7	
	3	7	8	9	
	5	4	9	5	
	7	6	6	8	
	6	5	8	7	
$\sum X$	25	27	40	36	$\sum\sum X = 128$
$\sum\sum X^2$	135	151	326	268	$\sum\sum X^2 = 880$
$\bar{X}_{\cdot j}$	5.0	5.4	8.0	7.2	$\bar{X}_{\cdot\cdot} = 6.4$

獨立樣本單因子變異數分析的計算公式如下：

$$SS_t = \sum\sum(X_{ij} - \overline{X}..)^2$$
$$= \sum\sum X^2 - \frac{(\sum\sum X)^2}{N} = 880 - \frac{(128)^2}{20} = 60.8$$

$$SS_w = \sum\sum(X_{ij} - X_{.j})^2$$
$$= \sum\sum X^2 - \sum\frac{(\sum X)^2}{N_j}$$
$$= [135 - \frac{(25)^2}{5}] + [151 - \frac{(27)^2}{5}] + [326 - \frac{(40)^2}{5}] + [268 - \frac{(36)^2}{5}]$$
$$= 880 - \frac{(25)^2 + (27)^2 + (40)^2 + (36)^2}{5} = 30.0$$

$$SS_b = n\sum(X_{.j} - \overline{X}..)^2$$
$$= \frac{(25)^2 + (27)^2 + (40)^2 + (36)^2}{5} - \frac{(128)^2}{20} = 30.8$$

代入公式：$F = \dfrac{\dfrac{SS_b}{df_b}}{\dfrac{SS_w}{df_W}} = \dfrac{\dfrac{SS_b}{k-1}}{\dfrac{SS_w}{k(n-1)}} = \dfrac{\dfrac{30.8}{4-1}}{\dfrac{30.0}{4(5-1)}} = 5.48$

查表 $F_{.95(3,16)} = 3.24$，計算所得 F 值大於臨界 F 值，故拒絕 $H_0: \mu_1 = \mu_2 = \mu_3 = \mu_4$，結果顯示這四種教學法的教學效果有所不同。

表 5-3 單因子變異數分析摘要表

變異來源	SS	df	MS	F
組間(實驗處理)	SS_b	$df_b = k - 1$	SS_b/df_b	MS_b/MS_w
組內(誤差)	SS_w	$df_w = k(n - 1)$	SS_w/df_w	
總和	SS_t	$N - 1$		

* $F_{1-\alpha(k-1, N-k)}$

薛費法 (Scheffe) 多重比較

由於本例所求出的 $F = 5.48(P < 0.05)$，達顯著差異，所以我們必須再進行多重事後比較 ((Multiple post hoc comparison))，以瞭解到底哪些組平均數之間存有差異。

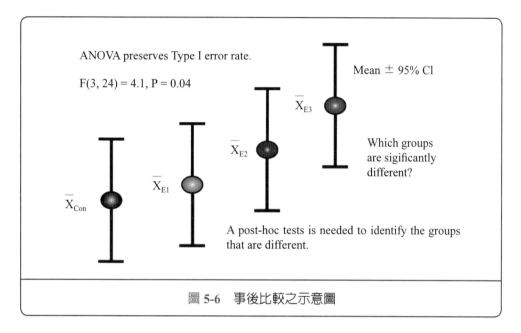

ANOVA preserves Type I error rate.

F(3, 24) = 4.1, P = 0.04

Mean $\pm$ 95% Cl

$\overline{X}_{E3}$

$\overline{X}_{E2}$

Which groups
are sigificantly
different?

$\overline{X}_{E1}$

$\overline{X}_{Con}$

A post-hoc tests is needed to identify the groups
that are different.

圖 5-6　事後比較之示意圖

　　事後比較法中，不管是 HSD 法或 Newman-Keuls 法，均只適用於各組人數均同為 n 的時候，以及只適用於比較兩個平均數之間的差異的時候。如果各組人數不相等，或者想要進行複雜的比較，亦即每次比較包含兩個以上平均數之間的差異時，就可以使用這裏要討論的薛費法 (Scheffe method，簡稱 S 法)。

　　使用 S 法時要用到下面的 F 公式：

$$F = \frac{(c_j \overline{X}_j + c_{j'} \overline{X}_{j'} + \cdots\cdots + c_{j''} \overline{X}_{j''})^2}{MS_w(\dfrac{c_j^2}{n_j} + \dfrac{c_{j'}^2}{n_{j'}} + \cdots\cdots + \dfrac{c_{j''}^2}{n_{j''}})}$$

這裏的 c_j，$c_{j'}$，或 $c_{j''}$ 均表示「比較係數」。n_j，$n_{j'}$，或 $n_{j''}$ 均表示各組人數。以上列公式所計算出來的 F 值如果大於下列的 F' 值，則該項比較便算達到顯著水準；

$$F' = (k-1)F_{1-\alpha\,(k-1,\,N-k)}$$

這裏，k-1 是組間變異數估計值 (均方)MS_b 的自由度，$N-k$ 是組內變異數估計值 MS_w 的自由度。Scheffe 法的誤差率也是以 α_{EW} 為觀念單位，不是以每次一對比較的誤差率 (α_{PC}) 為觀念單位。

我們先以 S 法來檢定本例裏的六個每次一對平均數之間的比較：

$$\Psi_1 = \overline{X}_1 - \overline{X}_4 \text{ 時} \quad F = \frac{\left[(1)(5.0) + (-1)(7.2)^2\right]}{1.875\left[\frac{(1)^2}{5} + \frac{(-1)^2}{5}\right]}$$

$$= \frac{(5.0 - 7.2)^2}{0.75} = 6.45$$

$$\Psi_2 = \overline{X}_1 - \overline{X}_3 \text{ 時} \quad F = \frac{\left[(1)(5.0) + (-1)(8.0)\right]^2}{1.875\left[\frac{(1)^2}{5} + \frac{(-1)^2}{5}\right]}$$

$$= \frac{(5.0 - 8.0)^2}{0.75} = 12.0^*$$

$$\Psi_3 = \overline{X}_1 - \overline{X}_2 \text{ 時} \quad F = \frac{(5.0 - 5.4)^2}{0.75} = 0.21$$

$$\Psi_4 = \overline{X}_2 - \overline{X}_4 \text{ 時} \quad F = \frac{(5.4 - 7.2)^2}{0.75} = 4.32$$

$$\Psi_5 = \overline{X}_2 - \overline{X}_3 \text{ 時} \quad F = \frac{(5.4 - 8.0)^2}{0.75} = 9.01$$

$$\Psi_6 = \overline{X}_3 - \overline{X}_4 \text{ 時} \quad F = \frac{(8.0 - 7.2)^2}{0.75} = 0.85$$

查表 $F_{.95(3.16)} = 3.24$，再乘以 $(k - 1) = 4 - 1 = 3$，便得臨界值 F'：

$$F' = (k - 1)F_{1-\alpha\,(k-1,\,N-k)} = 3 \times F_{.95(3.16)} = 3 \times 3.24 = 9.72$$

最後將以上六種比較結果，整理成如下表之摘要表。因之，上面幾個比較之中，只有 $\Psi_2 = X_1 - X_3$ 達到顯著水準。此一結果與用 HSD 法和 Newman-Keuls 法的結果略有出入，亦即，只得到一個達到顯著水準的比較。換言之，Scheffe 法的統計檢定力要比 HSD 法的統計檢定力為低。因此，每次兩個平均數的簡單比較時，還是建議使用 HSD 法 (參看 Kirk, 1982, p.121)。

表 5-4 資料的薛費氏法事後比較

教學法	平均數	1演講	2自學	4編序	3啓發
1演　講	$\overline{X}_1 = 5.0$	─			
2自　學	$\overline{X}_2 = 5.4$		─		
4編　序	$\overline{X}_4 = 7.2$			─	
3啓　發	$\overline{X}_3 = 8.0$	*	*		─

$*P < 0.05$

　　雖然，每一次對平均數的簡單比較使用 HSD 法比使用 Scheffe 法爲好，但 Scheffe 法則特別適用於各組人數不同或需要複雜比較的情況。

（二）資料檔之內容

　　「1_way_ANOVA_P315.dta」資料檔，自變數 method 爲教學法 (有 4 levels)，依變數 score 爲教學效果。內容如下圖。

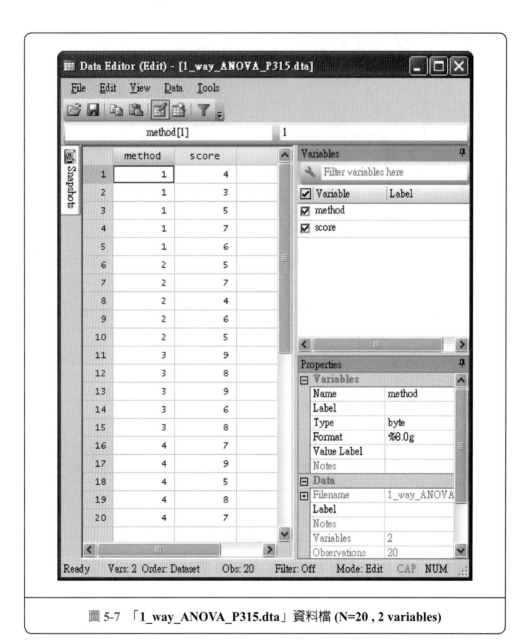

圖 5-7 「**1_way_ANOVA_P315.dta**」資料檔 **(N=20，2 variables)**

（三）One-way ANOVA 之選擇表操作

```
Statistics > Linear models and related > ANOVA/MANOVA > One-way ANOVA
```

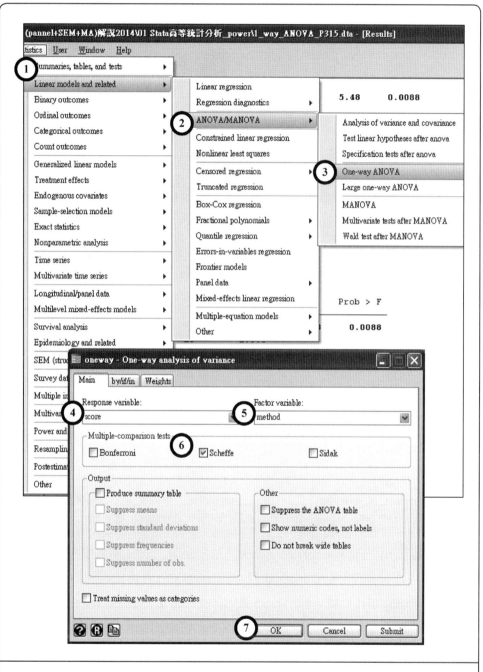

圖 5-8　界定自變數為 **method** 依變數為 **score(** 教學效果 **)**

（四）分析結果與討論

```
. oneway score method, scheffe


                         Analysis of Variance
        Source          SS          df        MS           F        Prob > F
--------------------------------------------------------------------------------
Between groups         30.8          3     10.2666667       5.48       0.0088
 Within groups          30          16      1.875
--------------------------------------------------------------------------------
    Total              60.8         19         3.2

Bartlett's test for equal variances:   chi2(3) =    0.5139   Prob>chi2 = 0.916


                    Comparison of score by method
                              (Scheffe)
Row Mean-|
Col Mean |       1             2             3
---------+------------------------------------------
    2 |        .4
      |       0.975
      |
    3 |         3            2.6
      |       0.027         0.061
      |
    4 |        2.2           1.8          -.8
      |       0.134         0.268         0.836
```

　　分析結果，得 $F_{(3, 16)} = 5.48$，$p < 0.05$，故拒絕 H_0。即 4 種教學方法對學習效有顯著的差異。由於自變數 method 有 4 個 levels，故需再做組別兩兩之間的事後比較，Scheffe 事後比較，顯示 method, (level 1 vs. level 3) 及 (level 2 vs. level 3) 都達到顯著差異 ($p < 0.05$)。即「演講法效果＜啟發法」、「自學法效果＜啟發法」。「啟發法平均效果—演講法平均效果 = 3」、「啟發法平均效果－自學法平均效果 = 2.6」。

（五）事後之變異數同質性檢定

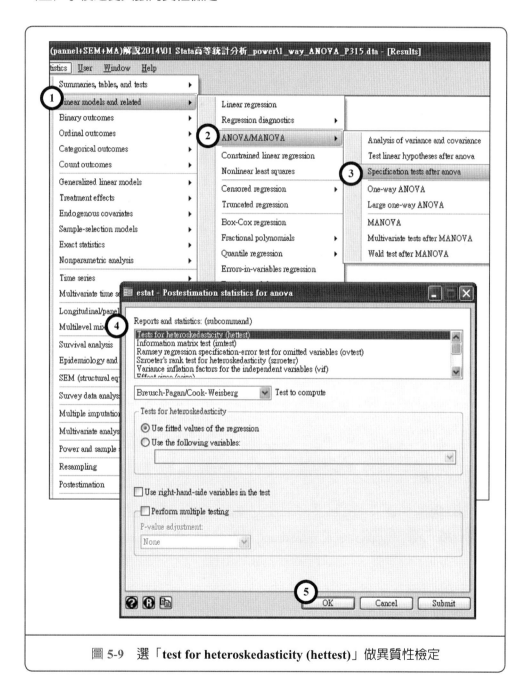

圖 5-9　選「**test for heteroskedasticity (hettest)**」做異質性檢定

變異數異質性檢定，結果如下表，$\chi^2_{(1)} = 0.05$，$p > 0.05$，故接受「Ho: Constant variance」，即自變數 method 四組別在依變數的變異數是同質的。假如你 ANOVA 分析結果，變異數是異質的，則需用 Welch's test 再修正 F 值的自由度。

```
. estat hettest

Breusch-Pagan / Cook-Weisberg test for heteroskedasticity
        Ho: Constant variance
        Variables: fitted values of score

        chi2(1)      =      0.05
        Prob > chi2  =    0.8279
```

二、範例 2

(一) 問題說明：虛無假設

例題：某醫生隨機讓病人服用 4 種不同的藥 (drug)，想瞭解不同的藥的治療效果 (systolic)，總共隨機選取 58 個病人，試問 4 種不同藥品的療效是否有差異？

$H_0 : \mu_1 = \mu_2 = \mu_3 = \mu_4$

(二) 資料檔之內容

資料檔「systolic.dta」，自變數 drug(有 4 levels) 及 disease(有 2 levels) 均為 factor variable，依變數 systolic 為 responses variable。內容如下圖。

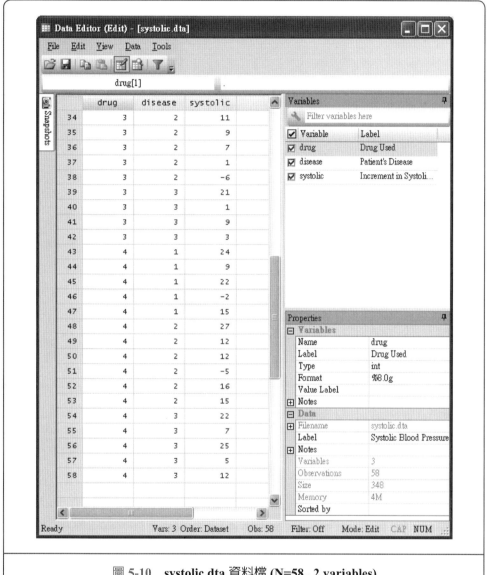

圖 5-10　**systolic.dta** 資料檔 **(N=58，2 variables)**

（三）One-way ANOVA 指令

```
* 開啟 Stata 內附資料檔「systolic.dta」
. webuse systolic.dta
. anova systolic drug
```

註：指令格式為 anova varname [termlist] [if] [in] [weight] [, options]

（四）分析結果與討論

```
. webuse systolic
(Systolic Blood Pressure Data)

. anova systolic drug

                        Number of obs =      58    R-squared     =  0.3355
                        Root MSE      = 10.7211    Adj R-squared =  0.2985

           Source |   Partial SS    df       MS           F     Prob > F
        ----------+----------------------------------------------------
            Model |   3133.23851     3   1044.41284       9.09    0.0001
                  |
             drug |   3133.23851     3   1044.41284       9.09    0.0001
                  |
         Residual |   6206.91667    54   114.942901
        ----------+----------------------------------------------------
            Total |   9340.15517    57   163.862371
```

5-3　Two way ANOVA 分析

一、Stata 的 Nested ANOVA 語法

例如，臺北市有 12 個行政區 (district)，每行政區各抽樣 3 學校 (school) 的樣本。

```
+----------------------------------------------------+
| Model                 | Description                |
|-----------------------+----------------------------|
| a                     | one factor                 |
| a b                   | two factors                |
| a b a#b               | two factors plus interaction|
| a##b                  | two factors plus interaction|
| a b c                 | three factors              |
+----------------------------------------------------+
```

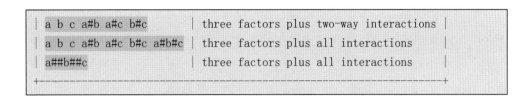

```
| a b c a#b a#c b#c      | three factors plus two-way interactions |
| a b c a#b a#c b#c a#b#c | three factors plus all interactions    |
| a##b##c                | three factors plus all interactions    |
+-------------------------+-----------------------------------------+
```

　　常見的 ANOVA 分析法可分為：單因子變異數分析與二因子變異數分析；二因子變異數分析是利用變異數分析法來處理兩個自變數的統計方法，主要是想瞭解這兩個自變數 (因子) 之間是否有交互作用效果存在。相較於單因子變異數分析，二因子變異數分析有以下的優點：

1. 同時研究兩個因子比個別研究單一因子要來得有效率。
2. 藉著在模型中引進的第二個對反應變數有影響的變數，可以降低殘差部分的差異。
3. 若因子間具有交互作用時，可研究因子間的交互作用所造成的影響。

　　二因子變異數分析有下列三種實驗設計 :(1) 受試者間設計 —— 獨立樣本；(2) 受試者內設計 —— 相依樣本；(3) 混合設計 —— 有一個自變數採受試者間設計，另一個自變數採受試者內設計。

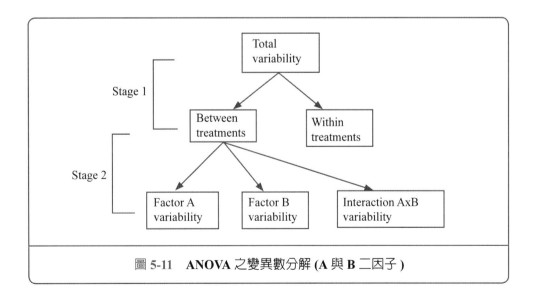

圖 5-11　ANOVA 之變異數分解 (A 與 B 二因子)

二因子變異數分析主要是想瞭解這兩個因子之間是否有交互作用存在，即 A 因子的不同水準是否隨著 B 因子水準不同而有不同的效果。若交互作用達顯著，則進一步分析其單純主要效果。即 A 因子在 B 因子的哪一個水準有顯著效果，以及 B 因子在 A 因子的哪一個水準有顯著效果。若單純主要效果顯著，則可比較水準間的差異。分析的流程見下圖。

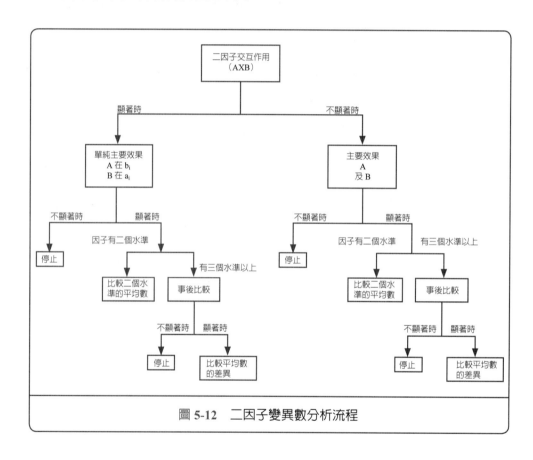

圖 5-12　二因子變異數分析流程

二、範例：二因子獨立樣本 ANOVA

（一）問題說明：虛無假設

> **例題：(參考林清山，民 81，P371)**
>
> 　　某研究者想瞭解不同教室氣氛 (A 因子) 和不同教學方法 (B 因子) 對學生學習成就 (依變數 Y) 的影響，研究結果如下表。試問：(1) 二種教室氣氛對學生學習是否有不同的影響？ (2) 三種教學方法對學生學習是否有不同的影響？ (3) 教室氣氛與教學方法之間是否有交互作用存在？ $N = 30$

二因子 ANOVA 有三個虛無假設：

H_0：A 因子所有 p 個水準的 $\alpha_i = 0$ (或 $\sigma_\alpha^2 = 0$)

H_0：B 因子所有 q 個水準的 $\beta_j = 0$ (或 $\sigma_\beta^2 = 0$)

H_0：所有 $p \times q$ 個細格的 $\alpha\beta_{ij} = 0$ (或 $\alpha\beta_{ij} = 0$)

表 5-5　二因子在學習成就 (依變數 Y) 的資料

A因子 ＼ B因子	演講 b1	自學 b2	啟發 b3
嚴肅　a1	4 9 8 9 6	1 3 4 5 3	3 9 6 5 9
輕鬆　a2	3 8 5 6 3	7 3 4 2 5	11 8 10 12 9

實際計算步驟：

[AB 摘要表]

	b_1	b_2	b_3	合計
a_1	36	16	32	84
a_2	25	21	50	96
合計	61	37	82	180

[計算代號]

$$(1) = \frac{G^2}{npq} = \frac{(180)^2}{5(2)(3)} = 1080$$

$$(2) = \Sigma\Sigma X^2 = 4^2 + 9^2 + 8^2 + \cdots\cdots + 10^2 + 12^2 + 9^2 = 1326$$

$$(3) = \frac{\Sigma A^2}{nq} = \frac{(84)^2 + (96)^2}{5 \times 3} = 1084.8$$

$$(4) = \frac{\Sigma B^2}{np} = \frac{(61)^2 + (37)^2 + (82)^2}{5 \times 2} = 1181.4$$

$$(5) = \frac{\Sigma(AB)^2}{n} = \frac{(36)^2 + (16)^2 + (32)^2 + (25)^2 + (21)^2 + (50)^2}{5} = 1228.4$$

[計算方式]

公式	SS	df
$SS_t = (2) - (1)$	$= 246.0$	$npq - 1$
$SS_{b.cell} = (5) - (1)$	$= 148.4$	$pq - 1$
$SS_A = (3) - (1)$	$= 4.8$	$p - 1$
$SS_B = (4) - (1)$	$= 101.4$	$q - 1$
$SS_{A \times B} = (5) - (3) - (4) + (1)$	$= 42.2$	$(p - 1)(q - 1)$
Residual $= SS_{w.cell} = (2) - (5)$	$= 97.6$	$pq(n - 1)$

1. 先假定現在有六個小組，每個細格中的五個人 ($n = 5$) 為一小組。然後求這六個小組的總離均差平方和 (SS_t)、組間離均差平方和 ($SS_{b.cell}$)、和組內離均差平方和 ($SS_{w.cell}$)。因為表 5-5 裏三十個分數的總和為 $\sum\limits_{i}^{2}\sum\limits_{j}^{3}\sum\limits_{m}^{5} X = 180$，平方和為 $\sum\limits_{i}^{2}\sum\limits_{j}^{4}\sum\limits_{m}^{5} X^2 = 1326$，故：

$$SS_t = 1326 - \frac{(180)^2}{30} = 1326 - 1080 = 246.0$$

$$SS_{b.cell} = \frac{(36)^2 + (16)^2 + (32)^2 + (25)^2 + (21)^2 + (50)^2}{5} - \frac{(180)^2}{30} = 1228.4 - 1080 = 148.4$$

$$SS_{w.cell} = 246.0 - 148.4 = 97.6$$

2. 其次，要假定全體只根據 A 因子分為 a_1 及 a_2 兩組，每組有 $nq = 5 \times 3 = 15$ 個人。然後求 A 因子的組間離均差平方和。亦即：

$$SS_A = \frac{(84)^2 + (96)^2}{15} - \frac{(180)^2}{30} = 1084.8 - 1080 = 4.8$$

3. 再假定全體受試者只根據 B 因子分為 b_1，b_2，和 b_3 等三組，每組有 $np = 5 \times 2$ = 10 個人。然後求 B 因子的組間離均差平方和：

$$SS_B = \frac{(61)^2 + (37)^2 + (82)^2}{10} - \frac{(180)^2}{30} = 1181.4 - 1080 = 101.4$$

4. 其次求 A 因子和 B 因子交互作用的離均差平方和 SS_{AB}。因為 $SS_{b.cell} = SS_A + SS_B + SS_{AB}$，所以：

$$SS_{AB} = SS_{b.cell} - SS_A - SS_B$$

$$SS_{AB} = 148.4 - 4.8 - 101.4 = 42.2$$

表 5-6　變異數分析摘要表

變異來源	SS	df	MS	F
A (教室氣氛)	4.8	1	4.80	1.18
B (教學方法)	101.4	2	50.70	12.46*
A×B (交互作用)	42.2	2	21.10	5.18*
w.cell (誤差)	97.6	24	4.07	
total (全體)	246.0	29		

$F_{.95(1,24)} = 4.26$　　　$*F_{.95(2,24)} = 3.40$

5. 列出上面變異數分析摘要表：由上表之變異數分析的結果可以看出，A 與 B 兩因子之交互作用達顯著水準，$F = 5.18$，大於 $F_{.95(2,24)} = 3.40$，故虛無假設 H_0：所有 $2 \times 3 = 6$ 個細格的 $\alpha\beta_{ij} = 0$ 應予以拒絕。換言之，教室氣氛之不同是否影響學生的學習效果，必須視所採用的教學方法是哪一種而定。由於交互作用達顯著差異，我們要記得進行單純 (simple) 主要效果檢定。

（二）資料檔之內容

　　「2_way_ANOVA_P371.dta」資料檔，自變數 a 為教室氣氛 (有 2 levels)，自變數 b 為教學方法 (有 2 levels)，依變數 y 為學習成就。內容如下圖。

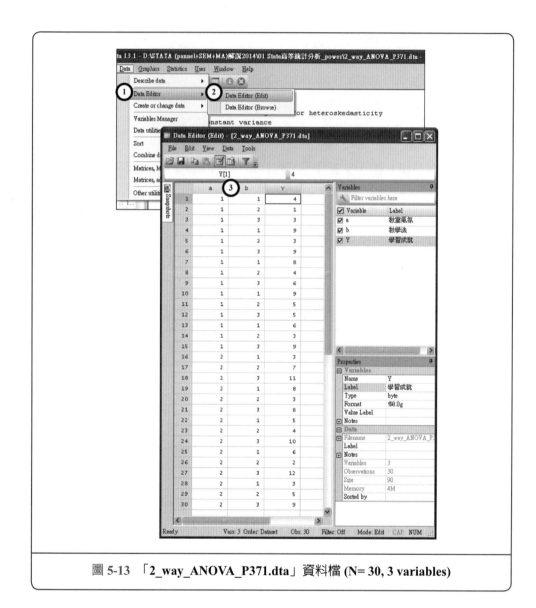

圖 5-13 「**2_way_ANOVA_P371.dta**」資料檔 **(N= 30, 3 variables)**

（三）One-way ANOVA 之選擇表操作

Statistics > Linear models and related > ANOVA/MANOVA > Analysis of variance and covariance

讀入資料檔

先設定工作目錄，「File > Chang working directory」，指定 CD 所附資料夾之路徑，接著再選「File > Open」，開啓「2_way_ANOVA_P371.dta」資料檔。

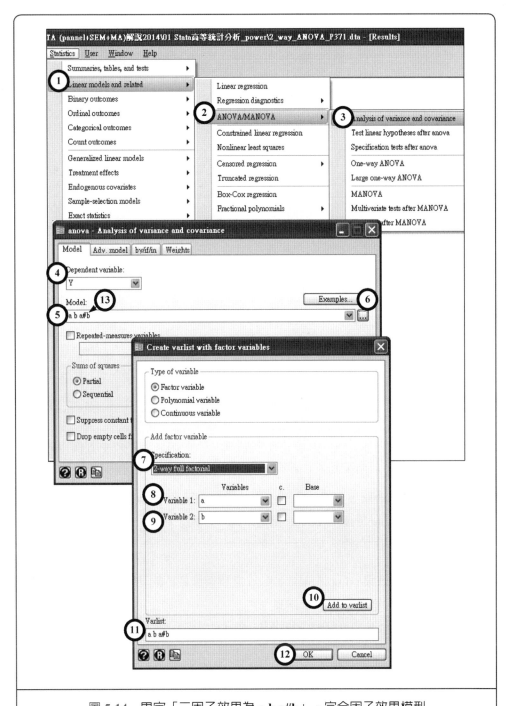

圖 5-14 界定「二因子效果為 **a b a#b**」，完全因子效果模型

語法：**anova** 依變數 自變數們 分母 1/ 分子 1 分母 2/ 分子 2 …, repeated(因子們)

（四）分析結果與討論

```
. use 2_way_ANOVA_P371.dta

* 執行完全 (fulle) 二因子 ANOVA 分析
. anova Y a b a#b


                        Number of obs =      30    R-squared     =  0.6033
                        Root MSE      = 2.0166    Adj R-squared =  0.5206

         Source |   Partial SS    df       MS            F     Prob > F
      ----------+----------------------------------------------------
         Model  |     148.4        5      29.68         7.30     0.0003
                |
            a   |       4.8        1        4.8         1.18     0.2881
            b   |     101.4        2       50.7        12.47     0.0002
          a#b   |      42.2        2       21.1         5.19     0.0134
                |
      Residual  |      97.6       24   4.06666667
      ----------+----------------------------------------------------
         Total  |      246        29   8.48275862
```

上表所示之二因子 ANOVA 摘要表，顯示 A 因子與 B 因子有交互作用效果，$F = 5.19$ ($p < 0.05$)，拒絕「H_0：所有 $p \times q$ 個細格的 $\alpha\beta_{ij} = 0$」，故交互作用達顯著性。因此先暫時不要急著看「B 因子對依變數的主要效果」，而是還要做事後之單純主要效果 (simple main effect) 檢定，即「A 因子在 b1、b2、b3 的效果」、及「B 因子在 a1、a2 的效果」。

（五）B 因子主要效果 (simple main effect) 之事後比較的語法

由於 B 因子主要效果的檢定結果，$F_{0.95(2, 24)} = 12.47$，$p < 0.05$，故可再做 B 因子 3 個 levels 之間的事後比較，指令語法如下表。

```
. use 2_way_ANOVA_P371.dt
. anova Y a b a#b
* 以下三個 contrast，做 B 因子 3 個 levels 之間的事後比較（≈ ~scheffe 事後比較）
* b1 b3 平均數的事後比較 (t-test)
```

```
. contrast {b 1 0 -1}, effects
* b1 b2 平均數的事後比較 (t-test)
. contrast {b 1 -1 0}, effects
* b2 b3 平均數的事後比較 (t-test)
. contrast {b 0 1 -1}, effects
```

B 因子 3 個 levels 之間的事後比較，分析結果如下表。

```
. margins b

Predictive margins                              Number of obs   =        30

Expression    : Linear prediction, predict()
```

	Delta-method					
	Margin	Std. Err.	t	P>|t|	[95% Conf.	Interval]
b						
1	6.1	.6377042	9.57	0.000	4.783843	7.416157
2	3.7	.6377042	5.80	0.000	2.383843	5.016157
3	8.2	.6377042	12.86	0.000	6.883843	9.516157

```
. contrast {b 1 0 -1}, effects

Contrasts of marginal linear predictions

Margins       : asbalanced
```

	df	F	P>F
b	1	5.42	0.0286
Denominator	24		

```
------------------------------------------------------------------------------
            |   Contrast    Std. Err.      t    P>|t|     [95% Conf. Interval]
------------+-----------------------------------------------------------------
          b |
        (1) |      -2.1      .90185     -2.33   0.029     -3.961327    -.2386732
------------------------------------------------------------------------------

. contrast {b 1 -1 0}, effects

Contrasts of marginal linear predictions

Margins      : asbalanced

-----------------------------------------------------
            |         df           F         P>F
------------+----------------------------------------
          b |          1         7.08      0.0137
            |
Denominator |         24
-----------------------------------------------------

------------------------------------------------------------------------------
            |   Contrast    Std. Err.      t    P>|t|     [95% Conf. Interval]
------------+-----------------------------------------------------------------
          b |
        (1) |       2.4      .90185      2.66   0.014      .5386732     4.261327
------------------------------------------------------------------------------

. contrast {b 0 1 -1}, effects

Contrasts of marginal linear predictions

Margins      : asbalanced

-----------------------------------------------------
            |         df           F         P>F
------------+----------------------------------------
```

```
        b |         1        24.90      0.0000
          |
Denominator |        24
_____


          |  Contrast   Std. Err.      t    P>|t|    [95% Conf. Interval]
_____+_____
        b |
      (1) |    -4.5      .90185    -4.99   0.000    -6.361327   -2.638673
_____
```

1. 「margins b」指令，得 $\bar{b}_1 = 6.1$、$\bar{b}_2 = 3.7$、$\bar{b}_3 = 8.2$。

2. 連續三個「contrast」指令，得 $\bar{b}_1 - \bar{b}_3 = 2.1$ ($t = -2.33, p < 0.05$)；$\bar{b}_1 - \bar{b}_2 = 2.4$ ($t = 2.66, p < 0.05$)；$\bar{b}_2 - \bar{b}_3 = -4.5$ ($t = -4.99, p < 0.05$)。故 B 因子之事後比較，可整理成下表。

表 5-7　B 因子主要效果之事後比較結果

		b2自學法	b1演講法	b3啓發法
	平均數	3.7	6.1	8.2
b2 自學法	3.7	—	2.4*	4.5*
b1 演講法	6.1		—	2.1
b3 啓發法	8.2			—

* $p < 0.05$

（六）事後之單純主要效果 (simple main effect) 檢定的語法

```
*再以下二個 contrast 指令，完成「單純主要效果之摘要表」
*先求 A 在 b1 b2 b3 的單純主要效果之 F 值，及 (a2-a1) 依序在 b1 b2 b3 的 t 檢定
. contrast a@b, effects

*再求 B 在 a1 a2 的單純主要效果之 F 值，及「(b2-b1)、(b3-b1)」依序在 a1 a2 的 t 檢定
. contrast b@a, effects
```

```
. contrast a@b, effects
* A 在 b1 b2 b3 單純主要效果

Contrasts of marginal linear predictions

Margins      : asbalanced

-----------------------------------------------------------
             |          df          F        P>F
-------------+---------------------------------------------
        a@b  |
          1  |           1        2.98     0.0974
          2  |           1        0.61     0.4407
          3  |           1        7.97     0.0094
       Joint |           3        3.85     0.0221
             |
 Denominator |          24
-----------------------------------------------------------


-----------------------------------------------------------------------------
             | Contrast   Std. Err.      t     P>|t|    [95% Conf. Interval]
-------------+---------------------------------------------------------------
        a@b  |
(2 vs base) 1 |    -2.2    1.275408    -1.72    0.097   -4.832314    .4323136
(2 vs base) 2 |       1    1.275408     0.78    0.441   -1.632314   3.632314
(2 vs base) 3 |     3.6    1.275408     2.82    0.009    .9676864   6.232314
-----------------------------------------------------------------------------


*B 在 a1 a2 單純主要效果
. contrast b@a, effects

Contrasts of marginal linear predictions

Margins      : asbalanced


-----------------------------------------------------------
             |          df          F        P>F
-------------+---------------------------------------------
```

```
        b@a  |
         1   |            2        5.51      0.0107
         2   |            2       12.15      0.0002
      Joint  |            4        8.83      0.0002
             |
 Denominator |           24
_____


_____
             |  Contrast  Std. Err.       t    P>|t|    [95% Conf. Interval]
-------------+-------------------------------------------------------------
        b@a  |
(2 vs base) 1 |      -4   1.275408    -3.14    0.004    -6.632314   -1.367686
(2 vs base) 2 |      -.8  1.275408    -0.63    0.536    -3.432314    1.832314
(3 vs base) 1 |      -.8  1.275408    -0.63    0.536    -3.432314    1.832314
(3 vs base) 2 |       5   1.275408     3.92    0.001     2.367686    7.632314
_____
```

上述二個「contrast」指令，求出單純主要效果，整理成下表。

表 5-8　單純主要效果之變異數摘要表

變異來源	df	F
A 因子 (教學氣氛)		
在 b_1 (演講)	1	2.98
在 b_2 (自學)	1	0.61
在 b_3 (啓發)	1	7.97*
B 因子 (教學方法)		
在 a_1 (嚴肅)	2	5.51*
在 a_2 (輕鬆)	2	12.15*
Residual (w.cell)	24	

* $p < 0.05$

上述「單純主要效果之變異數摘要表」，可看出：

1. A 因子在 b_3 的 simple main effect 達顯著水準 ($F = 7.96$, $p < 0.05$)，故須再看，其事後比較。因 A 因子只有 2 個 levels，故從 A 因子在 b_3 的平均數：$\overline{a_1} = 6.4$，$\overline{a_2} = 10.0$，則 $(\overline{a_1} - \overline{a_2}) = 3.6$ ($t = 2.82$, $P < 0.05$)，表示在「b_3 啟發法」之環境下學習，嚴肅法 (a_1) 效果顯著低於輕鬆法 (a_2)。

2. B 因子在 a_1 及 a_2 的 simple main effect 均達顯著水準，故須再進行這方面的事後比較。因 B 因子有 3 個 levels，故：

   (1) 從 B 因子在 a_1 的平均數：$\overline{b_1} = 7.2$，$\overline{b_2} = 3.2$，$\overline{b_3} = 6.4$。$(\overline{b_2} - \overline{b_1}) = -4.0$ ($t = -3.4$, $P < 0.05$)，表示在「a_1 嚴肅」之環境下學習，自學法 (b_2) 效果顯著低於演講法 (b_1)。此外，$(\overline{b_3} - \overline{b_1}) = -0.8$ ($t = -0.63$, $P > 0.05$)，表示在「a_1 嚴肅」之環境下學習，啟發法 (b_3) 效果並未顯著低於演講法 (b_1)。

   (2) 從 B 因子在 a_2 的事後比較，求得：$\overline{b_1} = 5.0$，$\overline{b_2} = 4.2$，$\overline{b_3} = 10.0$。故 $(\overline{b_2} - \overline{b_1}) = -0.8$ ($t = -0.63$, $P > 0.05$)，表示在「a_2 輕鬆」之環境下學習，自學法 (b_2) 效果無顯著低於演講法 (b_1)。此外，$(\overline{b_3} - \overline{b_1}) = 5.0$ ($t = 3.92$, $P < 0.05$)，表示在「a_2 輕鬆」之環境下學習，啟發法 (b_3) 效果顯著優於演講法 (b_1)。

（七）AB 交叉表各細格平均數之語法

```
*先求 B 因子 3 個 levels 的平均數
. margins b
*先求 a 因子 2 個 levels 的平均數
. margins a
. margins a#b
```

表 5-9　**AB** 交叉表各細格平均數之分析結果

```
. margins b

Predictive margins                              Number of obs   =        30

Expression    : Linear prediction, predict()

_____
```

	Margin	Delta-method Std. Err.	t	P>|t|	[95% Conf. Interval]
b					
1	6.1	.6377042	9.57	0.000	4.783843 7.416157
2	3.7	.6377042	5.80	0.000	2.383843 5.016157
3	8.2	.6377042	12.86	0.000	6.883843 9.516157

. margins a

Predictive margins   Number of obs   =   30

Expression   : Linear prediction, predict()

	Margin	Delta-method Std. Err.	t	P>|t|	[95% Conf. Interval]
a					
1	5.6	.5206833	10.76	0.000	4.525362 6.674638
2	6.4	.5206833	12.29	0.000	5.325362 7.474638

. margins a#b

Adjusted predictions   Number of obs   =   30

Expression   : Linear prediction, predict()

	Margin	Delta-method Std. Err.	t	P>|t|	[95% Conf. Interval]
a#b					
1 1	7.2	.90185	7.98	0.000	5.338673 9.061327
1 2	3.2	.90185	3.55	0.002	1.338673 5.061327
1 3	6.4	.90185	7.10	0.000	4.538673 8.261327

```
 2 1  |         5    .90185      5.54    0.000     3.138673    6.861327
 2 2  |       4.2    .90185      4.66    0.000     2.338673    6.061327
 2 3  |        10    .90185     11.09    0.000     8.138673    11.86133
```

綜合上述分析，所整理 [AB 摘要表]，如下：

	演講b_1	自學b_2	啓發b_3	平均數
嚴肅a_1	7.2	3.2	6.4	5.6
輕鬆a_2	5.0	4.2	10.0	6.4
平均數	6.1	3.7	8.2	6.0

（八）A×B 之交叉細格的效果檢定之語法

```
* means of b @ a1 ，求 a1 在 b1 b2 b3 三個平均數
. margins b, at(a=1)

*求 (b1-b2) 在 a1 之平均數
. contrast {b 1 -1 0}@1.a, effects

* means of b @ a2 ，求 a2 在 b1 b2 b3 三個平均數
. margins b, at(a=2)

*求 (b1-b2) 在 a2 之平均數
. contrast {b 1 -1 0}@2.a, effects
```

B 因子在 a1 及 a2 之事後比較，分析結果如下表。

```
. margins b, at(a=1)

Adjusted predictions                          Number of obs   =        30

Expression   : Linear prediction, predict()
```

```
at          : a               =              1
```

```
            |          Delta-method
            | Margin   Std. Err.    t    P>|t|   [95% Conf. Interval]
------------+--------------------------------------------------------
         b  |
         1  |    7.2    .90185    7.98   0.000    5.338673   9.061327
         2  |    3.2    .90185    3.55   0.002    1.338673   5.061327
         3  |    6.4    .90185    7.10   0.000    4.538673   8.261327
```

. contrast {b 1 -1 0}@1.a, effects

Contrasts of marginal linear predictions

Margins   : asbalanced

```
            |      df        F       P>F
------------+------------------------------
       b@a  |
     (1) 1  |       1      9.84    0.0045
            |
Denominator |      24
```

```
            | Contrast  Std. Err.    t    P>|t|   [95% Conf. Interval]
------------+--------------------------------------------------------
       b@a  |
     (1) 1  |      4    1.275408   3.14   0.004    1.367686   6.632314
```

. margins b, at(a=2)

Adjusted predictions   Number of obs   =   30

```
Expression   : Linear prediction, predict()
at           : a                =                2
```

	Margin	Delta-method Std. Err.	t	P>|t|	[95% Conf. Interval]	
b						
1	5	.90185	5.54	0.000	3.138673	6.861327
2	4.2	.90185	4.66	0.000	2.338673	6.061327
3	10	.90185	11.09	0.000	8.138673	11.86133

. contrast {b 1 -1 0}@2.a, effects

Contrasts of marginal linear predictions

Margins   : asbalanced

	df	F	P>F
b@a			
(1) 2	1	0.39	0.5364
Denominator	24		

	Contrast	Std. Err.	t	P>|t|	[95% Conf. Interval]	
b@a						
(1) 2	.8	1.275408	0.63	0.536	-1.832314	3.432314

三、範例 2：二因子 ANOVA

（一）問題說明：虛無假設

例題：某醫生隨機讓病人服用 4 種不同的藥（ A 因子 drug)，看不同的藥對二種不同疾病（ B 因子 disease) 的治療效果（依變數 systolic)，總共隨機選取 58 個病人，試問 4 種不同的藥品對二種不同疾病的療效，是否有差異？

二因子 ANOVA 有三個虛無假設：

H_0：A 因子所有 p 個水準的 $\alpha_i = 0$（或 $\sigma_\alpha^2 = 0$）

H_0：B 因子所有 q 個水準的 $\beta_j = 0$（或 $\sigma_\beta^2 = 0$）

H_0：所有 $p \times q$ 個細格的 $\alpha\beta_{ij} = 0$（或 $\alpha\beta_{ij} = 0$）

（二）資料檔之內容

同前例之 systolic.dta 檔。此資料檔中，自變數 drug 及 disease 均為 factor variable，依變數 systolic 為 responses variable。

（三）Two-way ANOVA 指令：anova varname [termlist] [if] [in] [weight] [, options]

```
註 1: Two-way ANOVA
. webuse systolic
. anova systolic drug disease
註 2: Two-way factorial ANOVA
. anova systolic drug disease drug#disease
或用更簡單指令
. anova systolic drug##disease
```

（四）分析結果與討論

Two-way ANOVA 分析結果

```
. webuse systolic
(Systolic Blood Pressure Data)

. anova systolic drug disease

                          Number of obs =        58    R-squared     =  0.3803
                          Root MSE      = 10.5503    Adj R-squared =  0.3207

        Source |  Partial SS      df       MS              F     Prob > F
    -----------+----------------------------------         ---------------
         Model |  3552.07225       5   710.414449         6.38     0.0001
               |
          drug |  3063.43286       3   1021.14429         9.17     0.0001
       disease |   418.833741      2    209.41687         1.88     0.1626
               |
      Residual |  5788.08293      52   111.309287
    -----------+----------------------------------
         Total |  9340.15517      57   163.862371
```

Two-way factorial ANOVA 分析結果

```
. anova systolic drug##disease

                          Number of obs =        58    R-squared     =  0.4560
                          Root MSE      = 10.5096    Adj R-squared =  0.3259

        Source |  Partial SS      df       MS              F     Prob > F
    -----------+----------------------------------         ---------------
         Model |  4259.33851      11   387.212591         3.51     0.0013
               |
          drug |  2997.47186       3   999.157287         9.05     0.0001
       disease |   415.873046      2   207.936523         1.88     0.1637
  drug#disease |   707.266259      6    117.87771         1.07     0.3958
               |
      Residual |  5080.81667      46   110.452536
    -----------+----------------------------------
         Total |  9340.15517      57   163.862371
```

上述結果顯示，只有不同藥 (drug) 對治療效果達顯著差異 ($F = 9.05$, $p <$ 0.05)。不同疾病 (disease) 類型並不會影響治療效果 ($F = 1.88$, $p > 0.05$)。且二個因子的交互作用項，並未達顯著水準，故不需做 simple main effect。

5-3 三因子 ANOVA 分析

當我們研究的目的是在瞭解三個自變數對依變數的影響效果時，即可進行三因子變異數分析。跟二因子變異數分析相同的，三因子變異數分析也可分為三大類：(1) 完全受試者間設計：三個自變數均為獨立樣本。(2) 混合設計：三個自變數中有的為獨立樣本、有的為相依樣本。(3) 完全受試者內設計：三個自變數均為相依樣本。

在進行變異數分析時，其流程如下圖所示。

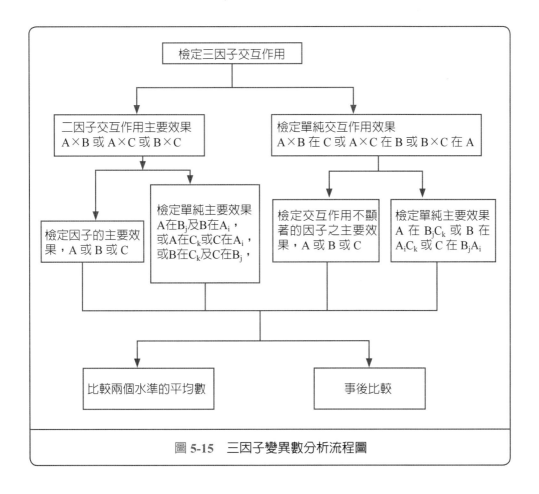

圖 5-15　三因子變異數分析流程圖

一、範例 1：三因子變異數分析

（一）問題說明：虛無假設

> 例題：獨立樣本三因子 ANOVA　(參考林清山，民 81,P407)
> 　　　某心理學家想同時知道記憶材料的意義度、練習的方式和增強的有無，
> 　　　對記憶實驗成績的影響。下表是研究的結果，試分析此結果。

表 5-10　記憶實驗的結果

練習方式 增強方式 字的意義	集中練習(b1)		分散練習(b2)	
	增強(C1)	無增強(C2)	增強(C1)	無增強(C2)
有意義字 (a1)	6,10,4,9	4,3,6,7	12,6,11,14	4,3,8,3
無意義字 (a2)	8,3,7,3	3,5,2,7	8,4,6,9	2,3,5,3

　　假定我們要同時研究三個自變數對依變數的影響。第一個自變數命名為 A 因子，包括有 p 個水準；第二個自變數為 B 因子，有 q 個水準；而第三個自變數為 C 因子，有 r 個水準。如此，就一共有 $p \times q \times r$ 個細格。本例子，$p = 2, q = 2, r = 2$。故一共有 8 個細格。

（二）資料檔之內容

　　「3_way_ANOVA_p408.dta」自變數 a 為字的意義 (有 2 levels)，因子 b 為練習方式 (有 2 levels)，因子 c 為增強方式 (有 2 levels)，依變數 y 為記憶效果。整個資料檔之內容如下圖。

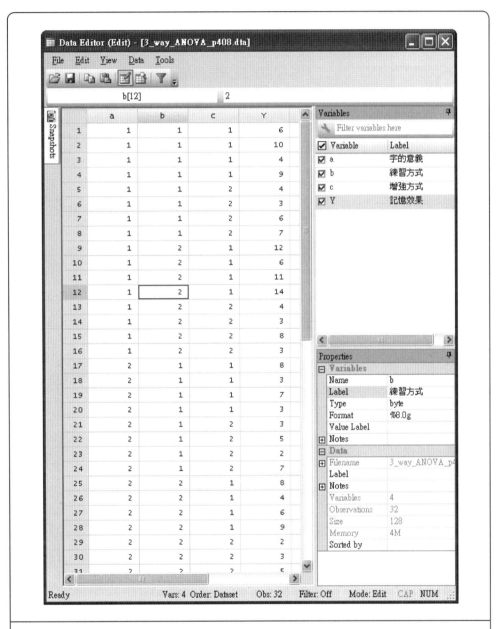

圖 5-16　「**3_way_ANOVA_p408.dta**」資料檔 **(N=32 , 4 variables)**

（三）One-way ANOVA 之選擇表操作

Statistics > Linear models and related > ANOVA/MANOVA > Analysis of variance and covariance

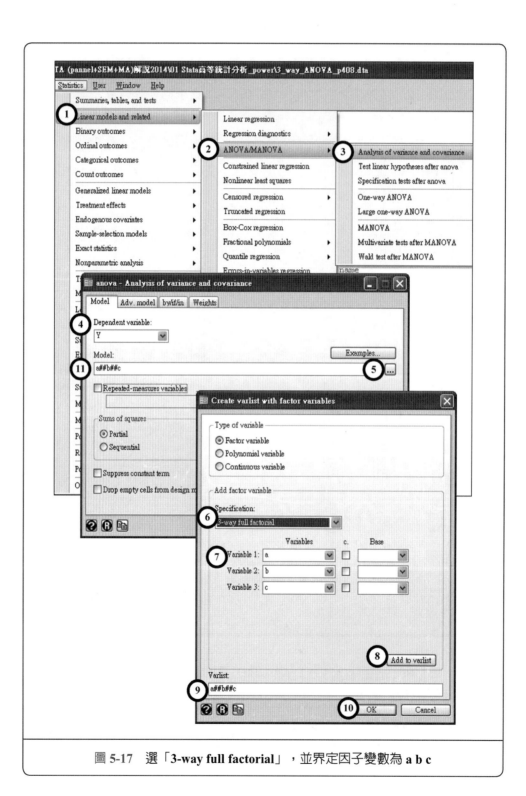

圖 5-17　選「**3-way full factorial**」，並界定因子變數為 **a b c**

（四）分析結果與討論

```
. anova Y  a##b##c
註：anova 依變數 自變數們 分母 1/ 分子 1 分母 2/ 分子 2 …，repeated( 變數們)


                       Number of obs =        32    R-squared    =  0.5279
                       Root MSE      = 2.41091    Adj R-squared =  0.3902


      Source |  Partial SS      df       MS             F      Prob > F
-------------+----------------------------------------------------------
       Model |      156          7    22.2857143       3.83     0.0062
             |
           a |       32          1         32           5.51     0.0275
           b |      6.125        1       6.125          1.05     0.3149
         a#b |      3.125        1       3.125          0.54     0.4705
           c |      84.5         1        84.5         14.54     0.0008
         a#c |       8           1          8           1.38     0.2522
         b#c |     21.125        1      21.125          3.63     0.0686
       a#b#c |      1.125        1       1.125          0.19     0.6639
             |
    Residual |     139.5        24       5.8125
-------------+----------------------------------------------------------
       Total |     295.5        31     9.53225806
```

　　三因子變異數分別摘要表。每一橫列分別列出：變異來源、SS、df、MS、F
值和 F 值的顯著水準。首先我們看三因子交互作用的 F 值，$F = 0.194$，$P > .05$，
未達顯著水準。接著看二因子交互作用效果，3 個二因子交互作用效果，結果發
現三者均未達顯著水準。A 因子的 $F = 5.505$，$P < 0.05$，達顯著水準；B 因子的
$F = 1.054$，$P > 0.05$，未達顯著水準；C 因子的 $F = 14.538$，$P < 0.05$，達顯著水
準。結果顯示，有意義的字與無意義的字對記憶成績有顯著的差異效果。而練習
後得到增強與否，對記憶成績影響差異也達顯著水準。

二、範例 2

（一）問題說明：虛無假設

1. temperature：機器的溫度。

2. chemical：化學品的供應商，分 A, B 二個廠商。

3. method：化學混合法，分 fold, stir 二種方法。

4. yield：化學品的產出。

（二）資料檔之內容

同上例之 systolic.dta 檔。

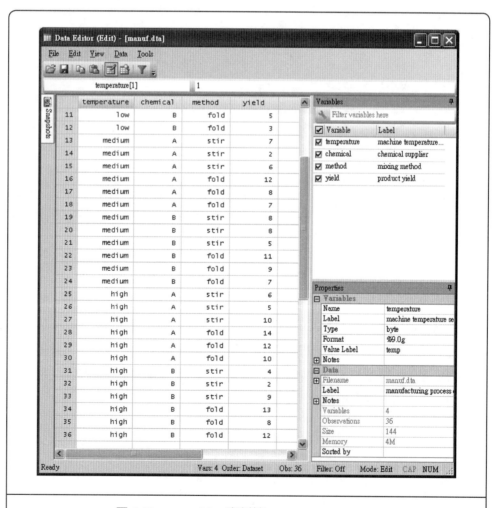

圖 5-18　**manuf.dta 資料檔 (N=36 , 4 variables)**

（三）Two-way ANOVA 指令

```
Statistics > Linear models and related > ANOVA/MANOVA > Analysis of variance
and covariance
```

```
. webuse manuf.dta
. anova yield temp chem temp#chem meth temp#meth chem#meth temp#chem#meth
* 或用更簡單指令：
. anova yield temp##chem##meth
```

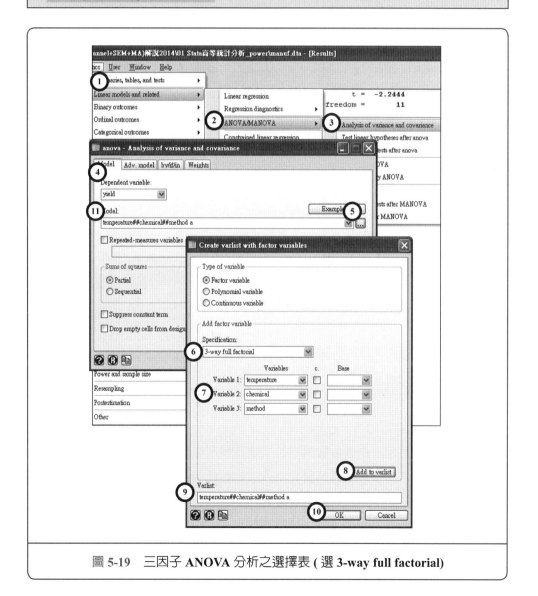

圖 5-19　三因子 ANOVA 分析之選擇表 (選 3-way full factorial)

（四）分析結果與討論

```
. webuse manuf
(manufacturing process data)

. anova yield temp chem temp#chem meth temp#meth chem#meth temp#chem#meth

                        Number of obs =      36    R-squared     =  0.5474
                        Root MSE      = 2.62996    Adj R-squared =  0.3399
```

Source	Partial SS	df	MS	F	Prob > F
Model	200.75	11	18.25	2.64	0.0227
temperature	30.5	2	15.25	2.20	0.1321
chemical	12.25	1	12.25	1.77	0.1958
temperature#chemical	24.5	2	12.25	1.77	0.1917
method	42.25	1	42.25	6.11	0.0209
temperature#method	87.5	2	43.75	6.33	0.0062
chemical#method	.25	1	.25	0.04	0.8508
temperature#chemical#method	3.5	2	1.75	0.25	0.7785
Residual	166	24	6.91666667		
Total	366.75	35	10.4785714		

5-4　ANCOVA：共變數分析

　　ANCOVA 之應用例子，包括：

1. 資訊科技輔助教學對高職生數學學習成就及學習態度之影響研究。

2. 屋頂綠化之樹木健康指標評估研究——以烏桕爲例。

3. 理財教育教學對國中生理財素養之研究。

4. 電腦輔助多媒體英語流行歌曲教學對國小學童英語學習動機與成就之效益研究。

5. 量測時間延遲和虛擬量測系統對逐批控制之影響分析以及新穎逐批控制技術之推導。

一、共變數分析之解說

實驗設計只是研究設計的一種，也是所有研究中最嚴格的，它是在控制的環境下，研究者操弄自變數，並觀察依變數的改變，旨在發現因果關係。因此「好」的實驗設計，必須同時考慮處理三類變數：(1) 有計畫的系統操弄自變數，亦即實驗者有意安排的刺激情境 (即實驗變數)。(2) 預先設計如何觀察、測量、記錄依變數，亦即等待發生的反應變數，它是實驗者所要研究的目標。(3) 控制自變數以外一切可能影響結果之外生 (extraneous) 變數，包括「干擾變數」及「中介變數」。換句話說，實驗設計要做到「MaxMinCon」上述這三項原則。此外，尚有一些影響結果準確度之因素，例如測量誤差、受試者的情緒……等。

實驗設計的缺點包括：(1) 因為依賴太多「外生變數視為相似」(other things being equal) 之假設，故也犧牲了外在效度。(2) 實驗室實驗或實地 (field) 實驗之抽樣，不講求代表性，研究旨在求證「因果關係」。(3) 實驗設計不像調查法有描述性資料。實驗法是所有實證研究 (個案法、調查法) 中內部效果最高的，可是其外部效度是較低，因此若想提高研究設計之外部效度，概括來說，可用下列方法來「控制」外生 (extraneous) 變數：

1. 排除法：選擇相同外在變數之標準。例如，擔心「年齡」這個外生變數會影響自變數，所以隨機找同年齡 (如 18 歲) 的人當樣本。此種做法，雖提升了內部效度，但卻損及外部效度。

2. 隨機法：採用控制組 (對照組) 及實驗組，將樣本隨機分派至二組，以抵銷外生變數。

3. 共變數分析法 (Analysis of Covariance, ANCOVA)：一起記錄外生變數，將它納入研究設計中，以共變數分析來分析。如下圖所示例子，研究者是想瞭解：在排除「學習態度 (Aptitude)」影響之後，不同的 Instructional method(General vs. Specific) 對學生的學習成就 (achieve) 的影響。可見 ANCOVA 是在調整「基本態度」之後，才比較二種教學方法的效果。

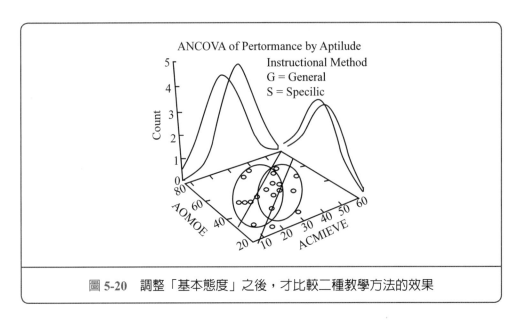

圖 5-20　調整「基本態度」之後，才比較二種教學方法的效果

4. 配對法：以外生變數來配對。在實際上，可能很難找到這樣的配對再分組至
　 實驗組及控制組中。

5. 重複實驗：同組的人先作實驗群，也作控制組，一群當二群用，其缺點是：
　 除了會受到 pre-test 影響外，且亦受到施測順序 (實驗 - 控制、控制 - 實驗) 的
　 影響。

　　大家若對「研究方法」想進一步深入瞭解，可參閱本書作者張紹勳在滄海書
局所著「研究方法」一書精闢介紹。

　　共變數分析即是一種統計控制的方法。它是利用直線迴歸法將其他也會影
響依變數的因素，從變異數中剔除；然後根據調整過後的分數，進行變異數分
析，因此共變數分析可說是變異數分析與直線迴歸的合併使用。這個其他變
數，在共變數分析中，稱為共變數。

1. 排除和控制實驗誤差以實驗處理，效果容易顯現的方式有二：即所謂「實驗
　 控制」和「統計控制」。共變數分析是一種統計控制的方法，即利用統計的
　 手段來把可能影響實驗正確性的誤差加以排除。

2. 假定除了實驗變數之外，還有其他變數也會影響依變數，這將使實驗變數與
　 依變數之間的因果關係無法確認。此時，這一其他變數等於是一種干擾變
　 數。在共變數分析裡，稱之為「共變量」，以 X_i 代表。

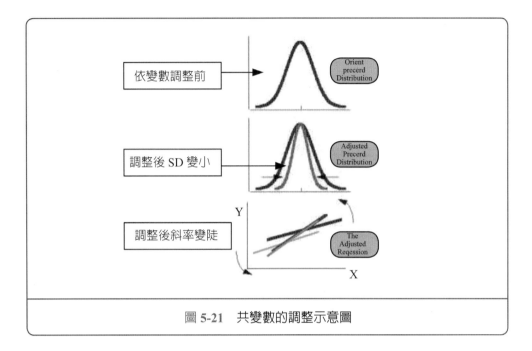

圖 5-21　共變數的調整示意圖

3. 根據圖 5-22 可知，進行共變數分析時，是先設法求出一條能代表各組的共同組內迴歸線，然後將代表每個人分數的座標點，沿著與此一迴歸線相平行的方向，移到 $\bar{X}$. 位置 (意味假定每個人的共變量分數調整爲 $\bar{X}$.)，此時每人的依變數分數，便是調整過後的預測分數 Y'。最後，利用這些預測分數來進行 ANOVA，便是共變數分析。

4. 在實際計算過程中，我們須利用迴歸分析時的公式：

$$SS_{res} = SS_t - SS_{reg}$$

亦即，$SS_{res} = \left[\sum Y^2 - \dfrac{(\sum Y)^2}{N} \right] - \dfrac{\left[\sum XY - \dfrac{\sum X \sum Y}{N} \right]^2}{\left[\sum X^2 - \dfrac{(\sum X)^2}{N} \right]}$

然後才利用這些殘差變異 (本書以 SS' 來代表) 進行變異數分析，算出 SS'_t，SS'_b 和 SS'_w。

5. 共變數分析之前，應先進行「組內迴歸係數同質性考驗」，看看各組本身的斜率 b_{wj} 是否一樣。合乎組內迴歸係數同性質之基本假定，才繼續進行共變數分析。

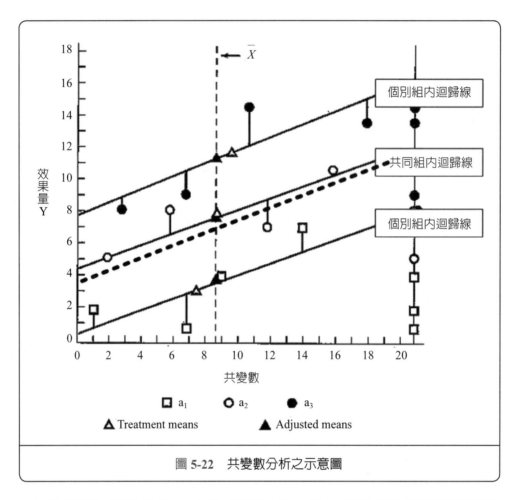

圖 5-22　共變數分析之示意圖

6. 如果共變數分析的結果，F 值達到顯著水準，便表示即使排除共變量的解釋量
部分之後，各組平均數 (意即調整平均數) 之間仍有顯著差異存在。

7. 求調整平均數的公式為：

$$\overline{Y}'_J = \overline{Y}_J - b_w(\overline{X}_J - \overline{X})$$

公式中 b_{wj} 為共同的組內迴歸係數，等於 $CP_w / SS_{w(x)}$。

圖 5-23 為共變數分析之分析流程圖。

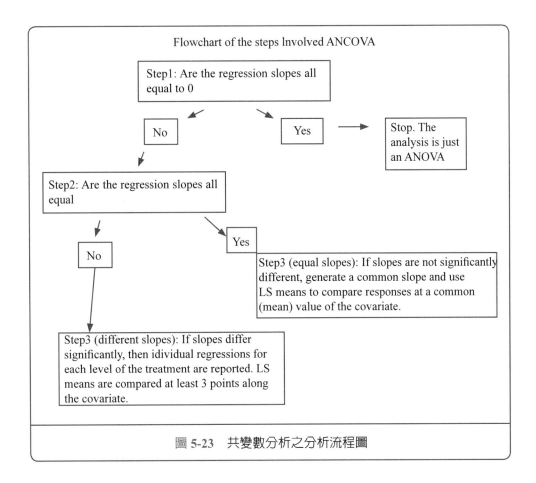

圖 5-23　共變數分析之分析流程圖

二、範例 1：調整用途的共變數 (連續變數) 不分割為類別變數，直接進行 ANCOVA

（一）問題說明

例題：獨立樣本單因子共變數分析 (參考林清山，民 81，P483)
　　　某研究者想研究演講法、編序教學法和啓發式教學法對小學數學學習成績的影響。智力因素是可能影響學習成績的共變量。實驗結果如下表。問三種教學方法之間有無優劣的差異。

1. 自變數：教學法，屬於類別變數，有 4 個 levels。

2. 依變數：學習成績，屬於連續變數。

3. 共變數：智力，屬於連續變數。

（二）資料檔之內容

　　「ANCOVA_p483.dta」資料檔中，自變數 a 為教學法 (有 4 levels)，依變數 y 為學習成績，共變數 x 為智力。資料檔內容如下圖。

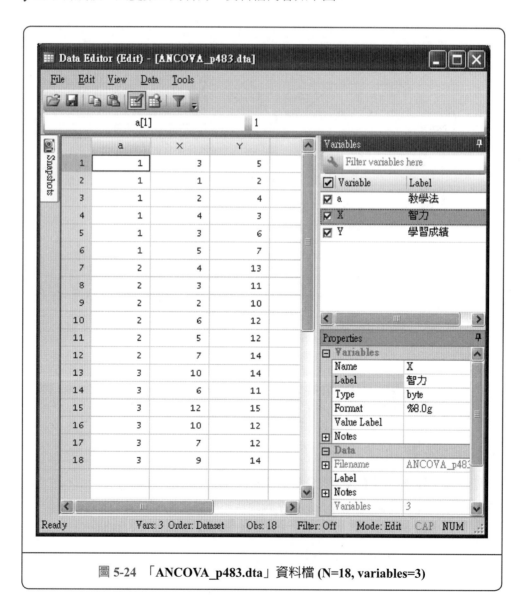

圖 5-24　「**ANCOVA_p483.dta**」資料檔 **(N=18, variables=3)**

（三）One-way ANOVA 之選擇表操作

Statistics > Linear models and related > ANOVA/MANOVA > Analysis of variance and covariance

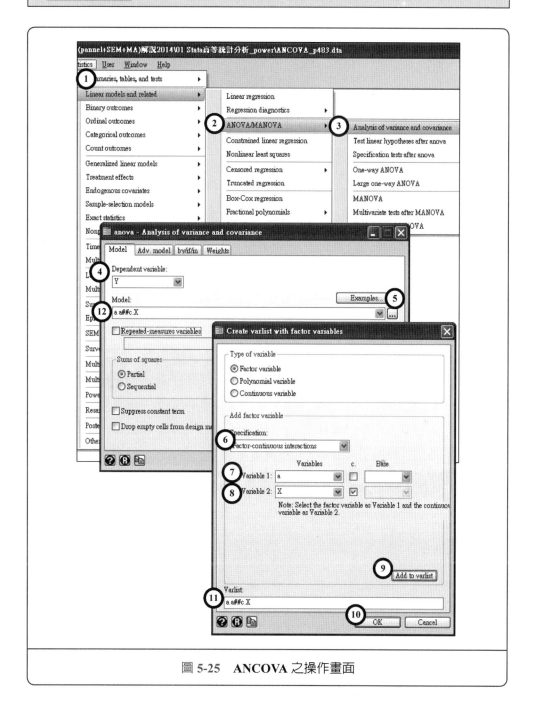

圖 5-25　**ANCOVA** 之操作畫面

（四）ANCOVA 分析結果與討論

```
. anova Y a a##c.X
註：anova 依變數 自變數們 分母 1/ 分子 1 分母 2/ 分子 2 …，repeated( 變數們 )


                    Number of obs =        18    R-squared     =  0.9453
                    Root MSE      = 1.16616    Adj R-squared =  0.9226


        Source |  Partial SS    df       MS              F     Prob > Fb
    -----------+----------------------------------------------------------
         Model |  282.180952     5   56.4361905          41.50    0.0000
               |
             a |  24.444231      2   12.2221155           8.99    0.0041
             X |  22.4342458     1   22.4342458          16.50    0.0016
           a#X |  .734350439     2   .36717522            0.27    0.7679
               |
      Residual |  16.3190476    12   1.35992063
    -----------+----------------------------------------------------------
         Total |       298.5    17   17.5588235
```

上述分析結果，顯示：

1. 組內迴歸係數同質性檢定：考驗結果，「自變數 (region) 及 Continuous 變數之共變數 (mage)」交互作用項，即「region#mage」的 $F_{.95(2, 12)}$ $(p > 0.05)$，故接受虛無假設 $H_0 : \beta_{w1} = \beta_{w2} = \beta_{w3} = \beta_w$，表示這 3 組的斜率可視為相同。故可放心地，將共變數 X (智力量分成「> 平均數、≦平均數」兩群組，其指令如下表所示。產生「離均差之智力」此新變數之後，才再進行「自變數 a (教學法) 對依變數 Y(成績) 的平均數之事後比較」。

```
*算出共變數 X 的「mean=29.5」，並將 mean 暫存在系統，再用「r(mean)」叫回 */
. summarize X
*求 region 的次數分配表
*產生新變數「離均差之智力」，即「mage= age- 平均年齡」
. generate X = X - r(mean)
```

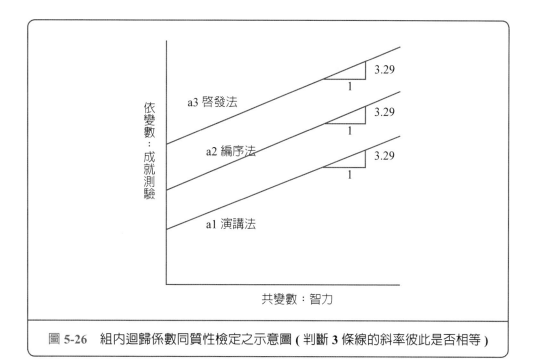

圖 5-26　組內迴歸係數同質性檢定之示意圖 (判斷 3 條線的斜率彼此是否相等)

2. X 變數之智力對成績 (Y 變數) 的主要效果達到顯著水準 ($F_{.95(1, 14)}$ = 16.50, $p <$ 0.05)，故智力也是干擾之外生變數之一。此外，教學法 (a) 對學生成績 (Y) 的主要效果亦達到顯著水準 ($F_{.95(2, 14)}$ = 8.99, $P < 0.05$)，故須以「智力平均以上 vs. 以下」分批做 Scheffe 事後比較，其 Stata 操作程序如圖 5-27。結果顯示：

(1) 學生高智力者 (> 平均 IQ)，N = 8 人，三種不同教學法，均不會影響學生成績。

(2) 學生低智力者 (≦平均 IQ)，N = 10 人。由於上例非隨機分派樣本至 3 組，故用「. tabulate a if mX<0」指令看其次數分配表。結果如下表。由此可看出，低智力者只分派至「a1 演講法」、「a2 編序法」。

```
. tabulate a if mX<0

    教學法 |      Freq.      Percent      Cum.
-----------+-----------------------------------
         1 |         6        60.00       60.00
         2 |         4        40.00      100.00
-----------+-----------------------------------
     Total |        10       100.00
```

(3) 學生低智力者 (≦平均 IQ) 之 scheffe 事後比較,結果顯示「Row_2 Mean-Col_1 Mean = 7」, p<0.05,故「a2 編序法」效果顯著高於「a1 演講法」。

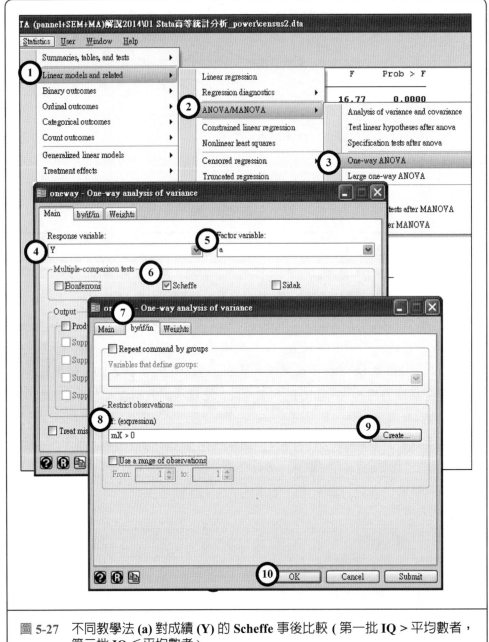

圖 5-27　不同教學法 (a) 對成績 (Y) 的 Scheffe 事後比較 (第一批 IQ > 平均數者,第二批 IQ ≦ 平均數者)

（五）事後分批做各組之 scheffe 事後比較

```
. oneway Y a if mX > 0, scheffe


                    Analysis of Variance
    Source           SS         df        MS           F     Prob > F
─────────────────────────────────────────────────────────────────────
Between groups        0          1          0        0.00     1.0000
 Within groups       14          6     2.33333333
─────────────────────────────────────────────────────────────────────
    Total            14          7          2

Bartlett's test for equal variances:  chi2(1) =   0.0099  Prob>chi2 = 0.921


              Comparison of 學習成績 by 教學法
                         (Scheffe)
Row Mean─|
Col Mean |       2
─────────┼──────────
     3 |         0
       |     1.000


. oneway Y a if mX <= 0, scheffe


                    Analysis of Variance
    Source           SS         df        MS           F     Prob > F
─────────────────────────────────────────────────────────────────────
Between groups     117.6         1       117.6       41.81     0.0002
 Within groups      22.5         8      2.8125
─────────────────────────────────────────────────────────────────────
    Total          140.1         9    15.5666667

Bartlett's test for equal variances:  chi2(1) =   0.4192  Prob>chi2 = 0.517


              Comparison of 學習成績 by 教學法
                         (Scheffe)
Row Mean─|
Col Mean |       1
─────────┼──────────
     2 |         7
       |     0.000
```

三、範例 2：連續變數分割為類別變數 (調整為 factor variables)，再進行 Two way factorial ANOVA

（一）問題說明：虛無假設

研究者想瞭解，不同地區的死亡率是否有差異，樣本資料如下圖所示。由於年齡 (age) 也會干擾「不同地區 (region) 的死亡率 (drate)」，須以年齡 (age) 來做調整。故年齡 (age) 需以平均年齡當分界點，分為「平均年齡以上 vs. 以下」兩組群之 factorial variable，再將此類別變數當作共變數，進行二因子 ANOVA。

1. 樣本數 N = 50 人。
2. 自變數 region 可分四地區：NE、N Cntrl、South、West。
3. 年齡 (age) 是連續變數，在當共變數前，先減平均數之後，樣本再分割為「平均數以上 vs. 平均數以下」二組別之類別變數。
4. 以「平均年齡 mage」當分二組群來調整：不同地區的死亡率。

（二）資料檔之內容

同上例之 systolic.dta 檔。

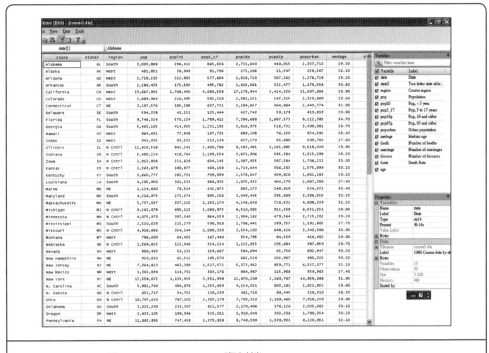

圖 5-28　**census2.dta 資料檔 (N = 50 , 15 variables)**

（三）ANCOVA 指令

```
. webuse census2
* 算出 age 的「mean=29.5」，並將 mean 暫存在系統，再用「r(mean)」叫回 */
. summarize age
* 求 region 的次數分配表
. tabulate region
* 產生新變數「離均差之年齡」，即「mage= age- 平均年齡」
. generate mage = age - r(mean)
. summarize mage
* 連續變數「平均年齡 mage」要當 factor variables，因它定 Continuous variable，故
變數前面須加「c.」
* 以「平均年齡 mage( 共變數 )」的二組群來調整：不同 region 的死亡率 drate。
. anova drate region c.mage region#c.mage
```

（四）分析結果與討論

```
. summarize mage

    Variable |        Obs        Mean    Std. Dev.         Min         Max
-------------+--------------------------------------------------------------
        mage |         50           0    1.752549        -5.5         5.5

.. summarize mage

    Variable |        Obs        Mean    Std. Dev.         Min         Max
-------------+--------------------------------------------------------------
        mage |         50           0    1.752549        -5.5         5.5

.
. anova drate region c.mage region#c.mage

                          Number of obs =         50    R-squared     =  0.7365
                          Root MSE      =  7.24852    Adj R-squared =  0.6926
```

```
      Source |  Partial SS     df       MS            F      Prob > F
-------------+---------------------------------------------------------
       Model |   6167.7737      7    881.110529      16.77     0.0000
             |
      region |   1166.14735     3    388.715783       7.40     0.0004
        mage |   873.425599     1    873.425599      16.62     0.0002
  region#mage |   135.691162    3    45.2303874       0.86     0.4689
             |
    Residual |   2206.7263      42   52.5411023
-------------+---------------------------------------------------------
       Total |   8374.5         49   170.908163
```

上述分析結果，顯示：

1. 組內迴歸係數同質性檢定：考驗結果，要看「自變數 (region) 及 Continuous 變數之共變數 (mage)」交互作用項，即「region#mage」的 $F_{.95(3, 42)} = 0.86$ ($P >$ 0.05)。故接受虛無假設 $H_0：\beta_{w1} = \beta_{w2} = \beta_{w3} = \beta_{w4} = \beta_w$，表示這 4 組的斜率可視為相同。

2. binary 變數之年齡 (age) 對死亡率 (drate) 的主要效果達到顯著水準 ($F = 16.62$, $P < 0.05$)，故年齡也是干擾之外生變數之一。此外，居住地區 (region) 對死亡率 (drate) 的主要效果亦達到顯著水準 ($F = 7.4$, $P < 0.05$)，故須以「平均年齡以上 vs. 以下」分批做 Scheffe 事後比較，其 Stata 操作程序如下圖。結果顯示：

   (1) 美國年長者 (> 平均年齡) 居住在 West 者死亡率顯著低於居住在 NE、N Cntrl 及 South 者。

   (2) 美國年輕者 (≦平均年齡) 居住在 West 者死亡率顯著低於居住在 N Cntrl 及 South 者。

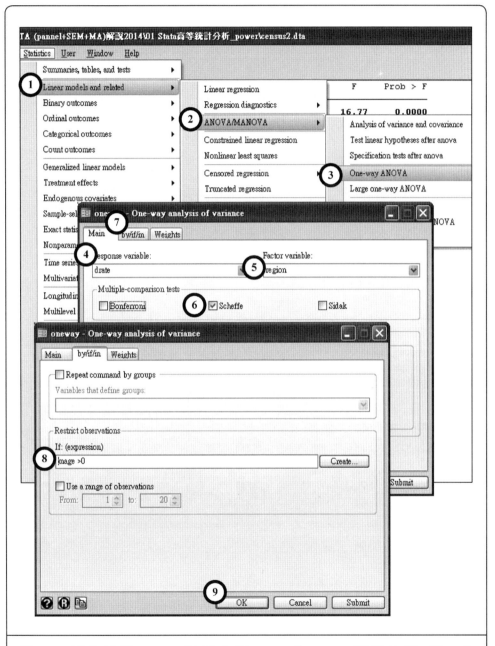

圖 5-29 居住地區 (region) 對死亡率 (drate) 的 Scheffe 事後比較 (第一批 mage>0，第二批 mage ≦ 0)

（五）分批做各組之事後比較

```
. oneway drate region if mage >0, scheffe

                        Analysis of Variance
        Source            SS          df      MS            F      Prob > F
---------------------------------------------------------------------------
Between groups        735.25463       3    245.084877      4.55    0.0121
 Within groups       1238.59722      23     53.8520531
---------------------------------------------------------------------------
    Total            1973.85185      26     75.9173789

Bartlett's test for equal variances:  chi2(3) =   4.9135  Prob>chi2 = 0.178


             Comparison of Death Rate by Census region
                              (Scheffe)
Row Mean-|
Col Mean |       NE      N Cntrl      South
---------+------------------------------------
 N Cntrl |    -1.375
         |     0.989
         |
   South |   -3.43056   -2.05556
         |    0.819       0.963
         |
    West |   -15.875    -14.5      -12.4444
         |    0.017      0.046       0.073
---------------------------------------------------------------------------
. oneway drate region if mage <=0, scheffe


                        Analysis of Variance
        Source            SS          df      MS            F      Prob > F
---------------------------------------------------------------------------
Between groups       2462.69151       3    820.89717       7.87    0.0013
 Within groups       1981.04762      19    104.265664
---------------------------------------------------------------------------
    Total            4443.73913      22    201.988142
```

```
Bartlett's test for equal variances:  chi2(2) =   6.9150  Prob>chi2 = 0.032

note: Bartlett's test performed on cells with positive variance:
      1 single-observation cells not used

                  Comparison of Death Rate by Census region
                              (Scheffe)
Row Mean-|
Col Mean |       NE     N Cntrl     South
---------+---------------------------------------------
 N Cntrl |  -4.66667
         |     0.980
         |
   South |  -4.42857    .238095
         |     0.983     1.000
         |
    West | -25.3333   -20.6667   -20.9048
         |     0.173     0.011      0.007
```

5-5 Nested ANOVA：階層實驗設計 ANOVA

一、Stata 的 Nested ANOVA 語法

例如，臺北市有 12 個行政區 (district)，每行政區各抽樣 3 學校 (school) 的樣本。

```
   Model 1:  district / school|district /
+--------------------+--------------------------+-------------------+
| Term               | Meaning                  | Error term        |
|--------------------+--------------------------+-------------------|
| district           | district                 | school|district   |
| school|district    | school nested in district| residual error    |
+--------------------+--------------------------+-------------------+
```

```
    Model 2:  t / c|t / d|c|t / p|d|c|t /

+----------+-------------------------------------------+------------+
| Term     | Meaning                                   | Error term |
|----------+-------------------------------------------+------------|
| t        | t                                         | c|t        |
| c|t      | c nested in t                             | d|c|t      |
| d|c|t    | d nested in c nested in t                 | p|d|c|t    |
| p|d|c|t  | p nested in d nested in c nested in t     | resid. err.|
+----------+-------------------------------------------+------------+
```

二、階層實驗設計 ANOVA

階層實驗設計又稱分隔設計或巢狀設計 (nested design)，是指 B 因子的部分水準只在 A 因子的 a1 水準出現，而 B 因子的其他水準只在 A 因子的 a2 水準出現的一種特殊實驗設計。通常 A 因子是研究者感興趣的變數，爲固定效果模式，B 因子常爲隨機效果變數，是被分隔的因子 (nested factor)。這種情形稱爲「B 因子被分隔在 A 因子之內 (B is nested within A，簡寫爲 B.w.A)」。

在階層實驗設計中變異數分析的效果項中，並沒有交互作用效果，而且其所謂的 $SS_{B.W.A}$ 也不是 SS_B，而是被分隔在 a1 的 B 因子部分水準的組間離均差平方和與被分隔在 a2 的 B 因子其他水準的組間離均差平方和的合併總和 (pooled sum)。進行變異數分析時效果項的選擇也隨因子是採固定效果或隨機效果而有不同，請參考下表。

表 5-11　階層實驗設計自由度及誤差項的選擇

變異來源	自由度(df)	誤差項
固定效果模式		
A	(P-1)	$MS_{w.cell}$
B.W.A	$P(q_{(i)}-1)$	$MS_{w.cell}$
w.cell	$Pq_{(i)}(n-1)$	
混合效果模式		
A(固定效果)	(P-1)	$MS_{B.W.A}$

變異來源	自由度(df)	誤差項
B.W.A (隨機效果)	$P(q_{(i)}-1)$	$MS_{w.cell}$
w.cell	$Pq_{(i)}(n-1)$	

註：$q(i)$：在 a1 的 B 因子水準數或在 a2 的 B 因子水準數

　　B.W.A: 即 B Within A

三、範例 1：階層實驗設計 ANOVA

（一）問題說明：虛無假設

例題：階層實驗設計 ANOVA (參考林清山，民 81，P437)

　　某研究者想研究新舊兩種高中英文教材 (A 因子) 對高中生英語會話能力 (Y 連續變數) 的影響，乃自全市 20 所高中隨機抽取 6 所高中，每所高中只接受一種教材。下表為實驗的結果。問兩種教材的學生英語會話能力的影響是否不同。

表 5-12　英語會話能力的實驗結果 (階層實驗設計)

英文教材A ＼ 實驗學校B	甲校(b1)	乙校(b2)	丙校(b3)	丁校(b4)	戊校(b5)	己校(b6)
新教材 (a1)	7	10	9			
	6	6	10			
	5	7	8			
	8	9	11			
舊教材 (b2)				5	9	3
				2	4	7
				4	8	5
				3	7	3

　　本例題共有二個自變數 A、B 和一個依變數 Y。A 因子有二個水準，在 a1 的 B 因子有三個水準，在 a2 的 B 因子亦有三個水準，每個細格有 4 筆觀察值，共 24 筆觀察值。

(二)資料檔之內容

「Nested_ANOVA_p437.dta」資料中，自變數 a 為新舊教材 (有 2 levels)，b 為學校別 (有 6 levels)，依變數 Y 為英語能力。內容如下圖。

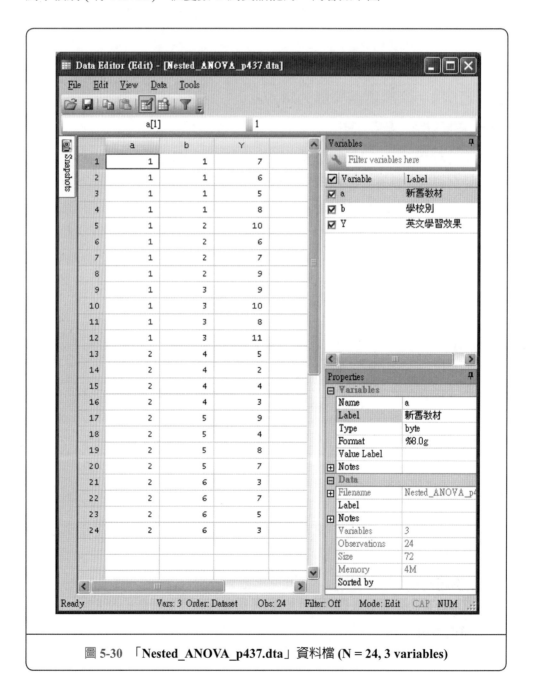

圖 5-30 「**Nested_ANOVA_p437.dta**」資料檔 **(N = 24, 3 variables)**

（三）Nested ANOVA 之選擇表操作

Statistics > Linear models and related > ANOVA/MANOVA > Analysis of variance and covariance

```
. use Nested_ANOVA_p437.dta
* B is nested within A    */
. table a b, c(mean Y n Y) col f(%8.2f)
. anova Y  a / b|a /, dropemptycells
```

語法：**anova** 依變數 自變數們 分母 1/ 分子 1 分母 2/ 分子 2 …, repeated(變數們)

（四）分析結果與討論

```
. use Nested_ANOVA_p437.dta
. table a b, c(mean Y n Y) col f(%8.2f)
```

新舊教材	學校別						
	1	2	3	4	5	6	Total
1	6.50	8.00	9.50				8.00
	4	4	4				12
2				3.50	7.00	4.50	5.00
				4	4	4	12

```
. anova Y  a / b|a /, dropemptycells
```

Number of obs = 24		R-squared = 0.6622	
Root MSE = 1.66667		Adj R-squared = 0.5683	

Source	Partial SS	df	MS	F	Prob > F
Model	98	5	19.6	7.06	0.0008
a	54	1	54	4.91	0.0911

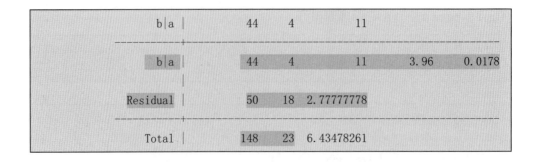

變異數分析的結果顯示：A 因子的主要效果未達顯著水準 ($F = 4.91$，$p > .05$)。即新舊二種教材對學生英語會話的影響力沒有什麼差異。但「B.W.A」的主要效果卻達到顯著水準 ($F = 3.96$，$p < .05$)，即三所採用新教材的學校之間或三所採用舊教材的學校之間有顯著的差異存在，而這種情形是會影響到 A 因子的主要效果的。

表 5-13　階層實驗設計 ANOVA 之摘要表

變異來源	SS	df	MS	F
A(新舊教材)	54	1	54	4.91
B is nested withine A	44	4	11	3.96*
w.cell(Residual)	50	18	2.78	
Total(全體)	148	23		

$F_{.95(1,\,4)} = 7.71$　　$*F_{.95(4,\,18)} = 2.93$

四、範例 2：階層實驗設計 ANOVA

（一）問題說明

五種品牌的機器 (machine)，4 個作業員 (operator) 來操作，實驗資料如下圖。想瞭解機器生產力 (output)，是否受人為的操作員影響？或者機器品牌本身亦會影響生產力呢？

由於操作員被安排使用的機器，不是隨機；且有些操作員從未被安排來操作某台機器，故它是階層實驗設計，所以改採 Nested ANOVA。

(二) 資料檔之內容

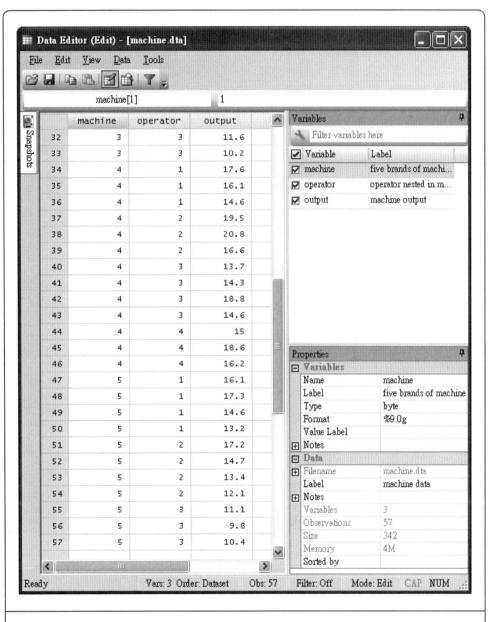

圖 5-31　**machine.dta 資料檔 (N=57 , 3 variables)**

Nested ANOVA 分析前，先檢視其階層實驗設計爲何？故先看二個因子的交叉細格之人數，指令如下。

結果顯示第 4 個 operator 從未操作過第 3 及第 5 品牌的機器操作，故此種二因子 ANOVA 是屬階層實驗設計之一。

```
. webuse machine, clear
* 五品牌 machine，4 個作業員來操作
. table machine operator, c(mean output  n output) col f(%8.2f)

-----------------------------------------------------
five      |
brands of |    operator nested in machine
machine   |    1      2      3      4   Total
----------+------------------------------------------
       1  |  9.15   9.48   8.27   8.20   8.75
          |    2      4      3      4     13
          |
       2  | 15.03  11.55  11.45  11.52  12.47
          |    3      2      2      4     11
          |
       3  | 11.27  10.13  11.13          10.84
          |    3      3      3              9
          |
       4  | 16.10  18.97  15.35  16.60  16.65
          |    3      3      4      3     13
          |
       5  | 15.30  14.35  10.43          13.63
          |    4      4      3             11
-----------------------------------------------------
```

（三）Nested ANOVA 指令：階層式變異數分析

Command 指令如下：

```
. anova output machine / operator|machine /, dropemptycells
```

註：The **/** symbol is allowed after a term and indicates that the following term is the error term for
the preceding terms.

（四）分析結果與討論

```
. webuse machine, clear
(machine data)

. anova output machine / operator|machine /, dropemptycells

                        Number of obs =      57     R-squared     =  0.8661
                        Root MSE      = 1.47089     Adj R-squared =  0.8077

              Source |  Partial SS    df       MS            F      Prob > F
        -------------+----------------------------------------------------------
               Model |  545.822288    17   32.1071934        14.84    0.0000
                     |
             machine |  430.980792     4   107.745198        13.82    0.0001
    operator|machine |  101.353804    13   7.79644648
        -------------+----------------------------------------------------------
    operator|machine |  101.353804    13   7.79644648         3.60    0.0009
                     |
            Residual |  84.3766582    39   2.16350406
        -------------+----------------------------------------------------------
               Total |  630.198947    56   11.2535526
```

　　變異數分析的結果：結果顯示 **machine** 因子的主要效果達顯著水準 ($F =$
13.82，$p < .05$)，即 5 種不同品牌機器對生產力有顯著差異。「operator|machine」
所代表「B.W.A」的主要效果亦達到顯著水準 ($F =$ **3.60**，$p < .05$)，即某幾種品牌
機器與另外幾個品牌群之間，其生產力是有顯著差異的。故機器生產力 (output)
是受人為的操作員影響，且不同的品牌機器被不同人來操作亦會影響其生產力。

表 5-14　階層實驗設計 ANOVA 之摘要表

變異來源	SS	df	MS	F
A(新舊教材)	430.981	4	107.745	13.82*
B is nested withine A	101.354	13	7.796	3.60*
w.cell(Residual)	84.376	39	2.78	
Total(全體)	630.198	56		

$* < 0.08$

5-6　Repeated-measures ANOVA：相依樣本 one way ANOVA

一、範例 1：相依樣本 one way ANOVA(來源：林清山 p329)

（一）問題說明：虛無假設

例題：(參考林清山，民 81,P329)

八名受試者 (person) 先後參加對紅光、黃光、綠光和藍光四種色調光線 (color) 的反應時間 (score) 實驗。下表是實驗結果，問對四種色光之反應時間是否不相同？

$H_0 : \mu_1 = \mu_2 = \mu_3 = \mu_4$

反應時間	四種色光			
受試者person	1紅	2黃	3綠	4藍
1	2	3	4	5
2	6	5	6	6
3	3	2	3	3
4	3	4	4	7
5	2	1	3	4
6	2	3	3	4

（二）資料檔之內容

「reapeted_1ANOVA_P329.dta」資料檔中，因子變數 person 為受試者 (有 8 名)，重複 4 種色光 (color) 為重複量數 (重複 4 種不同色光)，依變數 y 為反應時間。資料內容如下圖。

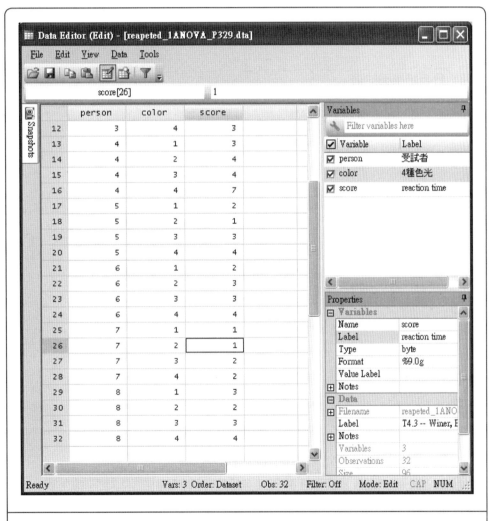

圖 5-32 「**Repeated_measures_ANOVA_p329.dta**」資料檔 (N= 32, 3 variables)

（三）Repeated-measures ANOVA 之選擇表操作

```
. use Repeated_measures_ANOVA_p329.dta
```

```
. tabdisp person color, cellvar(score)
. anova score person color, repeated(color)
```

語法：**anova** 依變數 自變數們 分母 1/ 分子 1 分母 2/ 分子 2 …, repeated(變數們)

（四）分析結果與討論

```
. tabdisp person color, cellvar(score)


  ------------------------------
          |      4 種色光
   受試者  |    1    2    3    4
  --------+---------------------
       1  |    3    3    4    5
       2  |    6    5    6    5
       3  |    3    2    3    3
       4  |    3    4    4    7
       5  |    2    1    3    4
       6  |    2    3    3    4
       7  |    1    1    2    2
       8  |    3    2    3    4
  ------------------------------


. anova score person color, repeated(color)
```

			Number of obs	=	32	R-squared	=	0.8374
			Root MSE	=	.719623	Adj R-squared	=	0.7599

Source	Partial SS	df	MS	F	Prob > F
Model	56	10	5.6	10.81	0.0000
person	43.375	7	6.19642857	11.97	0.0000

```
          color |    12.625       3   4.20833333        8.13     0.0009
                |
       Residual |    10.875      21   .517857143
----------------+-----------------------------------------------------------
          Total |    66.875      31   2.15725806


Between-subjects error term:   person
                   Levels:  8         (7 df)
   Lowest b.s.e. variable:   person


Repeated variable: color

                                  Huynh-Feldt epsilon        =   0.6244
                                  Greenhouse-Geisser epsilon =   0.5102
                                  Box's conservative epsilon =   0.3333


                                       ------------ Prob > F -------------
         Source |    df      F    Regular    H-F      G-G       Box
----------------+-----------------------------------------------------------
          color |     3     8.13   0.0009   0.0056   0.0100    0.0247
       Residual |    21
----------------+-----------------------------------------------------------
```

分析結果，可整理成下表。

表 5-15 對四種色調光的反應時間之 **ANOVA** 摘要表

變異來源	離均差平方程	自由度	均方	F
受試者內 person	43.375	7		
受試者間				
色調 color	12.625	3	4.208	8.13*
殘差	10.875	21	0.517	
全體	66.875	31	2.15725806	

*$F_{099(3,\,21)} = 4.87$

分析結果，得 $F = \dfrac{4.208}{0.517} = 8.13$，$p < .01$，達顯著水準，故拒絕 $H_0 : \mu_1 = \mu_2 = \mu_3 = \mu_4$，即可謂，受試者對四種色光的反應時間有所差異。

假如我們將此例，採用獨立樣本的 ANOVA 來算，得 $F = 2.41$，$p > 0.05$。本來應達到 0.01 顯著水準的資料，竟解釋為未能達 0.05 顯著水準，這個錯誤可眞不小！

二、範例 2：相依樣本單因子變異數分析

（一）問題說明：虛無假設

例題：5 名受試者 (person) 先後吃了四種藥 (drug) 的反應時間 (score) 實驗。下表是實驗結果，問對四種藥之反應時間是否不相同？

$H_0 : \mu_1 = \mu_2 = \mu_3 = \mu_4$

```
-----------------------------------
          |         drug
 person   |   1     2     3     4
----------+------------------------
       1  |  30    28    16    34
       2  |  14    18    10    22
       3  |  24    20    18    30
       4  |  38    34    20    44
       5  |  26    28    14    30
-----------------------------------
```

（二）資料檔之內容

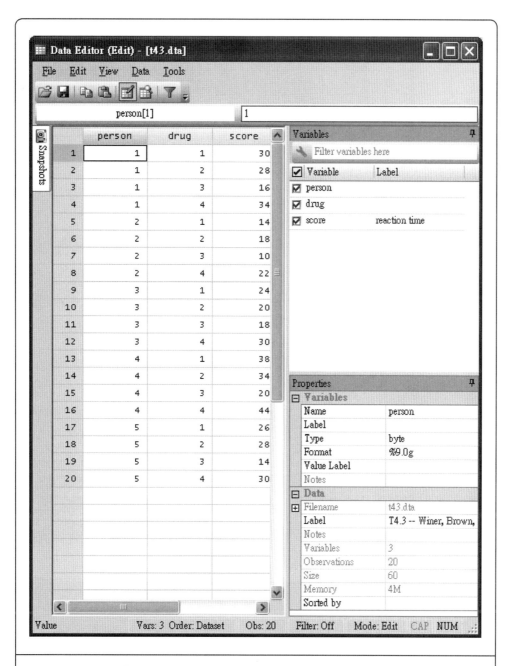

圖 5-33 「**t43_repeated_1ANOVA.dta**」資料檔 (N= 20, 3 variables)

（三）Repeated-measures ANOVA 指令：相依樣本單因子變異數分析

```
. use t43_repeated_1ANOVA.dta
. tabdisp person drug, cellvar(score)
. anova score person drug, repeated(drug)
```

（四）分析結果與討論

```
. use t43_repeated_1ANOVA.dta
* 或 webuse t43.dta
(T4.3 -- Winer, Brown, Michels)

. tabdisp person drug, cellvar(score)
* 五名受試者，重複接受 4 種藥，看其治療效果
----------------------------------------
        |           drug
 person |    1      2      3      4
--------+-------------------------------
      1 |   30     28     16     34
      2 |   14     18     10     22
      3 |   24     20     18     30
      4 |   38     34     20     44
      5 |   26     28     14     30
----------------------------------------


. anova score person drug, repeated(drug)
```

| | | Number of obs = | 20 | R-squared | = | 0.9244 |
| | | Root MSE | = 3.06594 | Adj R-squared | = | 0.8803 |

Source	Partial SS	df	MS	F	Prob > F
Model	1379	7	197	20.96	0.0000
person	680.8	4	170.2	18.11	0.0001
drug	698.2	3	232.733333	24.76	0.0000

```
         Residual │      112.8    12          9.4
    ------------+----------------------------------------
           Total │     1491.8    19   78.5157895



Between-subjects error term:  person
               Levels:  5          (4 df)
    Lowest b.s.e. variable:  person


Repeated variable: drug

                              Huynh-Feldt epsilon      =  1.0789
                             *Huynh-Feldt epsilon reset to  1.0000
                              Greenhouse-Geisser epsilon =  0.6049
                              Box's conservative epsilon =  0.3333


                              ------------ Prob > F ------------
           Source │   df     F    Regular    H-F      G-G      Box
    ------------+----------------------------------------------------
             drug │    3   24.76   0.0000   0.0000   0.0006   0.0076
         Residual │   12
    ----------------------------------------------------------------
```

分析結果，可整理成下表。

表 5-16　對四種色調光的反應時間之 ANOVA 摘要表

變異來源	離均差平方程	自由度	均方	F
受試者內 person	680.8	4		
受試者間				
藥 drug	698.2	3	232.73	24.76*
殘差	112.8	12	9.4	
全體	1491.8	19	78.52	

* $p < 0.01$

分析結果，得 $F = \dfrac{232.73}{9.4} = 24.76$, $p < .01$，達顯著水準，故拒絕 $H_0 : \mu_1 = \mu_2 = \mu_3 = \mu_4$，即可謂，受試者對四種藥的反應時間有所差異。

　　假如我們將此例，採用獨立樣本的 ANOVA 來算，得 F= 4.69，p=0.0155 >0.01。本來應達到 0.01 顯著水準的資料，竟解釋為未能達 0.01 顯著水準，這個錯誤可真不小！

5-7　Repeated-measures ANOVA with nesting

範例：repeated-measures ANOVA

（一）問題說明：虛無假設

> **例題**：本範例，取自 Table 7.7 of Winer, Brown, and Michels (1991)。
>
> 　　有 4 個 dial shapes，calibrating dials 有 2 個方法。Subjects are nested within calibration method，反應變數為 accuracy score。

1. calib：校準儀器之刻度盤有 2 個方法。
2. 受試者 subject：subject nested in calib。
3. dial 有 4 dial shapes。
4. score：校準的精準度 (accuracy score)。它是依變數。

```
. tabdisp shape subject calib, cell(score)
--------------------------------------------------------
        | 2 methods for calibrating dials and
        |        subject nested in calib
4 dial  | ------- 1 -------    ------- 2 -------
shapes  |    1     2     3        1     2     3
--------+-----------------------------------------------
      1 |    0     3     4        4     5     7
      2 |    0     1     3        2     4     5
      3 |    5     5     6        7     6     8
      4 |    3     4     2        8     6     9
--------------------------------------------------------
```

（二）資料檔之內容

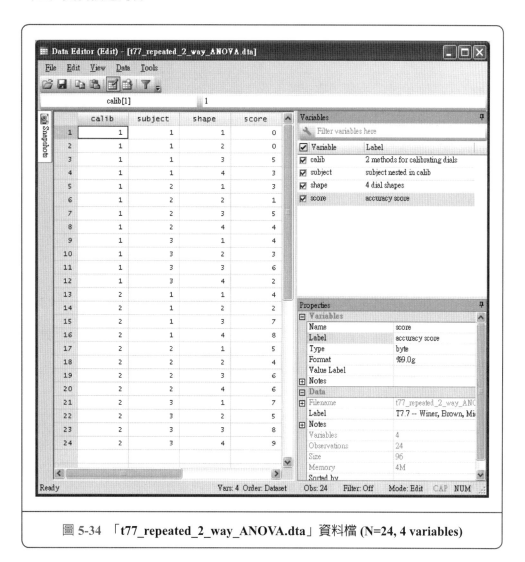

圖 5-34　「**t77_repeated_2_way_ANOVA.dta**」資料檔 **(N=24, 4 variables)**

1. Calibration 方法及 dial shapes 都是 fixed 因子。受試者 (subjects) 是隨機抽樣。由於「Subjects are nested within calibration」，故檢定 calibration method 需用「nested subject」當誤差項，即「calib / subject|calib」指令。

2. 檢定「dial shape」及「dial shape × calibration method」是用「dial shape by subject interaction nested within calibration method」，因此，我們採用 ANOVA 指令之這個殘差誤差 (residual error)。

3. 因每個受試者在 4 個 dial shapes 都有測試，故 dial shape 是重複量數，即「repeated(shape)」指令。

（三）Repeated-measures ANOVA 指令：相依樣本變異數分析

```
. use t77_repeated_2_way_ANOVA.dta
. anova score calib / subject|calib shape calib#shape, repeated(shape)
```

（四）分析結果與討論

```
. anova score calib / subject|calib shape calib#shape, repeated(shape)
```

		Number of obs =	24	R-squared	=	0.8925
		Root MSE = 1.11181		Adj R-squared =		0.7939

Source	Partial SS	df	MS	F	Prob > F
Model	123.125	11	11.1931818	9.06	0.0003
calib	51.0416667	1	51.0416667	11.89	0.0261
subject|calib	17.1666667	4	4.29166667		
shape	47.4583333	3	15.8194444	12.80	0.0005
calib#shape	7.45833333	3	2.48611111	2.01	0.1662
Residual	14.8333333	12	1.23611111		
Total	137.958333	23	5.99818841		

```
Between-subjects error term:  subject|calib
                    Levels:  6          (4 df)
    Lowest b.s.e. variable:  subject
    Covariance pooled over:  calib      (for repeated variable)
```

```
Repeated variable: shape

                                        Huynh-Feldt epsilon        =  0.8483
                                        Greenhouse-Geisser epsilon =  0.4751
                                        Box's conservative epsilon =  0.3333


                                        ------------- Prob > F -------------
              Source |    df      F     Regular     H-F      G-G       Box
       --------------+--------------------------------------------------------
               shape |     3    12.80    0.0005    0.0011   0.0099    0.0232
         calib#shape |     3     2.01    0.1662    0.1791   0.2152    0.2291
            Residual |    12
       --------------+--------------------------------------------------------
```

1. 二種 Calibration method 之間達顯著水準，$F = 11.89$，$p < 0.05$。

2. 「calibration method × dial shape」沒有交互作用，$F = 2.01$，$p > 0.05$。

3. 重複量數的 ε 相關，並未改變上述 ANOVA 結果，但改變了「shape 及 calib#shape」顯著水準。其中，Huynh–Feldt ε 相關 < 1。

　由於交互作用項未達顯者，故直接求 calibration method 及 dial shapes 的 marginal mean。指令如下：

```
. margins, within(calib)

Predictive margins                              Number of obs   =         24

Expression     : Linear prediction, predict()
within         : calib
Empty cells    : reweight


-------------------------------------------------------------------------------
             |            Delta-method
             |    Margin   Std. Err.     t    P>|t|    [95% Conf. Interval]
-------------+-----------------------------------------------------------------
       calib |
          1  |         3   .3209506    9.35   0.000    2.300709    3.699291
          2  |  5.916667   .3209506   18.43   0.000    5.217375    6.615958
-------------------------------------------------------------------------------
```

Calib 方法一 (M=3) 顯著低於方法二 (5.91)。

```
. margins, within(shape)

Predictive margins                                    Number of obs   =         24

Expression   : Linear prediction, predict()
within       : shape
Empty cells  : reweight


             |            Delta-method
             |   Margin   Std. Err.       t    P>|t|     [95% Conf. Interval]
-------------+----------------------------------------------------------------
       shape |
           1 |  3.833333   .4538926     8.45   0.000     2.844386    4.82228
           2 |       2.5   .4538926     5.51   0.000     1.511053   3.488947
           3 |  6.166667   .4538926    13.59   0.000      5.17772   7.155614
           4 |  5.333333   .4538926    11.75   0.000     4.344386    6.32228
```

每個受試者都連測 4 次 shape，結果顯示，第 4 shape 得分最高 (M=6.16)，第 2shape 最低 (M=2.5)。

5-8 Repeated-measures ANOVA with two repeated variables

範例：二個重複變數

（一）問題說明：虛無假設

例題：來源：Winer, Brown, and Michels (1991) 的「表 7.13」數據。

在 3 個不同期間 (period)，受試者的精準度 (accuracy score) 在三次 dials 中都有記錄下來。一組有三個受試者同處在有 2 型噪音的環境中。因此，accuracy scores 的變異來源有：noise, subject, period, 及 dial 等 4 變數。

說明：noise, period, 及 dial 都是 fixed 因子。受試者是隨機抽取的。period 及 dial
　　兩者都是重複變數。

1. subject：3 名受試者為一群組 (set)，先經歷高噪音下測驗其「校準刻度盤精準
度」(score)，休息過後，同一群組於低噪音下再測驗其精準度，subject nested
in noise。

2. dial：每一次 10 分鐘內要連續做 3 次 dials(刻度盤)，屬相依樣本。

3. period：10 minute time periods，每期 10 分鐘，連續重複做三期，屬相依樣本。

4. noise：2 種 noise background，「第 1 型噪音 vs. 第 2 型噪音」，屬獨立樣本。

5. score：校準刻度盤的精準度 (accuracy score)

　　　資料內容如下：

```
. tabdisp subject dial period, by(noise) cell(score) stubwidth(11)


------------------------------------------------------------------------
noise       |
background  |
and subject |              10 minute time periods and dial
nested in   | --------1--------    --------2--------    --------3--------
noise       |   1     2     3        1     2     3        1     2     3
------------+-----------------------------------------------------------
1           |
         1  |  45    53    60       40    52    57       28    37    46
         2  |  35    41    50       30    37    47       25    32    41
         3  |  60    65    75       58    54    70       40    47    50
------------+-----------------------------------------------------------
2           |
         1  |  50    48    61       25    34    51       16    23    35
         2  |  42    45    55       30    37    43       22    27    37
         3  |  56    60    77       40    39    57       31    29    46
------------------------------------------------------------------------
```

（二）資料檔之內容

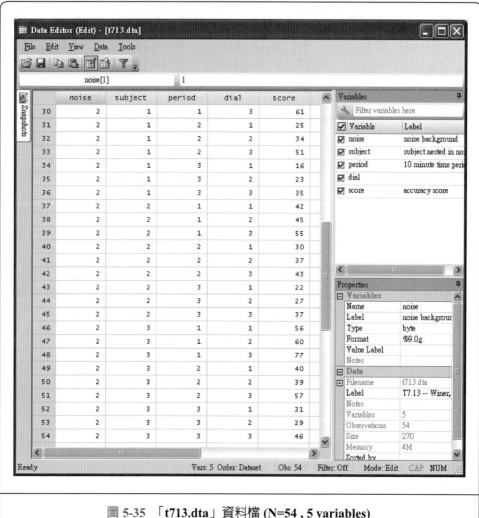

圖 5-35 「**t713.dta**」資料檔 **(N=54 , 5 variables)**

（三）Repeated-measures ANOVA 指令：相依樣本變異數分析

```
. use http://www.Stata-press.com/data/r13/t713
. tabdisp subject dial period, by(noise) cell(score) stubwidth(11)
. anova score noise / subject|noise period noise#period /period#subject|noise
  dial noise#dial / dial#subject|noise period#dial noise#period#dial,
  repeated(period dial)
```

語法：**anova** 依變數 自變數 分母 1/ 分子 1 分母 2/ 分子 2 …, repeated(變數們)

（四）分析結果與討論

```
. anova score noise / subject|noise period noise#period /period#subject|noise
  dial noise#dial / dial#subject|noise period#dial noise#period#dial,
  repeated(period dial)

                    Number of obs =        54    R-squared     =  0.9872
                    Root MSE      = 2.81859    Adj R-squared =  0.9576
```

Source	Partial SS	df	MS	F	Prob > F
Model	9797.72222	37	264.803303	33.33	0.0000
noise	468.166667	1	468.166667	0.75	0.4348
subject|noise	2491.11111	4	622.777778		
period	3722.33333	2	1861.16667	63.39	0.0000
noise#period	333	2	166.5	5.67	0.0293
period#subject|noise	234.888889	8	29.3611111		
dial	2370.33333	2	1185.16667	89.82	0.0000
noise#dial	50.3333333	2	25.1666667	1.91	0.2102
dial#subject|noise	105.555556	8	13.1944444		
period#dial	10.6666667	4	2.66666667	0.34	0.8499
noise#period#dial	11.3333333	4	2.83333333	0.36	0.8357
Residual	127.111111	16	7.94444444		
Total	9924.83333	53	187.261006		

```
Between-subjects error term:  subject|noise
                    Levels:  6         (4 df)
   Lowest b.s.e. variable:  subject
   Covariance pooled over:  noise     (for repeated variables)
```

```
Repeated variable: period
                                        Huynh-Feldt epsilon      =   1.0668
                                        *Huynh-Feldt epsilon reset to 1.0000
                                        Greenhouse-Geisser epsilon =   0.6476
                                        Box's conservative epsilon =   0.5000


                                        ----------- Prob > F -------------
          Source |    df      F     Regular     H-F      G-G       Box
   --------------+------------------------------------------------------
          period |     2   63.39    0.0000    0.0000    0.0003    0.0013
    noise#period |     2    5.67    0.0293    0.0293    0.0569    0.0759
period#subject|noise |     8
   ---------------------------------------------------------------------


Repeated variable: dial
                                        Huynh-Feldt epsilon      =   2.0788
                                        *Huynh-Feldt epsilon reset to 1.0000
                                        Greenhouse-Geisser epsilon =   0.9171
                                        Box's conservative epsilon =   0.5000


                                        ----------- Prob > F -------------
          Source |    df      F     Regular     H-F      G-G       Box
   --------------+------------------------------------------------------
            dial |     2   89.82    0.0000    0.0000    0.0000    0.0007
      noise#dial |     2    1.91    0.2102    0.2102    0.2152    0.2394
  dial#subject|noise |     8
   ---------------------------------------------------------------------


Repeated variables: period#dial
                                        Huynh-Feldt epsilon      =   1.3258
                                        *Huynh-Feldt epsilon reset to 1.0000
                                        Greenhouse-Geisser epsilon =   0.5134
                                        Box's conservative epsilon =   0.2500


                                        ----------- Prob > F -------------
          Source |    df      F     Regular     H-F      G-G       Box
   --------------+------------------------------------------------------
```

```
       period#dial |     4    0.34   0.8499   0.8499   0.7295   0.5934
 noise#period#dial |     4    0.36   0.8357   0.8357   0.7156   0.5825
          Residual |    16
 ─────────────────────────────────────────────────────────────────────
```

1. 二個重複量數之交互作用，其 3 個 ε 相關都不相同。

2. dial 及 period 的主要效果都達顯著性。

3.「noise × period」交互作用項亦達顯著性。

　　接著，求以上 3 項在校準 score 的「margins 平均數」，故用「margins」指令，如下所示。

```
. margins, within(dial)
```

```
. margins, within(dial)

Predictive margins                         Number of obs    =       54

Expression    : Linear prediction, predict()
within        : dial
Empty cells   : reweight


─────────────────────────────────────────────────────────────────────
             |            Delta-method
             |     Margin   Std. Err.       t    P>|t|    [95% Conf. Interval]
─────────────+───────────────────────────────────────────────────────────
        dial |
           1 |   37.38889   .6643478     56.28   0.000    35.98053    38.79724
           2 |   42.22222   .6643478     63.55   0.000    40.81387    43.63058
           3 |   53.22222   .6643478     80.11   0.000    51.81387    54.63058
─────────────────────────────────────────────────────────────────────
```

```
. margins, within(period)
```

```
. margins, within(period)

Predictive margins                                Number of obs  =        54

Expression   : Linear prediction, predict()
within       : period
Empty cells  : reweight


------------------------------------------------------------------------------
             |            Delta-method
             |    Margin   Std. Err.      t    P>|t|     [95% Conf. Interval]
-------------+----------------------------------------------------------------
      period |
          1  |  54.33333   .6643478    81.78   0.000     52.92498    55.74169
          2  |      44.5   .6643478    66.98   0.000     43.09165    45.90835
          3  |        34   .6643478    51.18   0.000     32.59165    35.40835
------------------------------------------------------------------------------
```

margins, within(noise period)

```
. margins, within(noise period)

Predictive margins                                Number of obs  =        54

Expression   : Linear prediction, predict()
within       : noise period
Empty cells  : reweight


------------------------------------------------------------------------------
             |            Delta-method
             |    Margin   Std. Err.      t    P>|t|     [95% Conf. Interval]
-------------+----------------------------------------------------------------
noise#period |
         1 1 |  53.77778   .9395297    57.24   0.000     51.78606    55.76949
         1 2 |  49.44444   .9395297    52.63   0.000     47.45273    51.43616
         1 3 |  38.44444   .9395297    40.92   0.000     36.45273    40.43616
```

```
 2 1  |  54. 88889    . 9395297    58. 42    0. 000    52. 89717    56. 8806
 2 2  |  39. 55556    . 9395297    42. 10    0. 000    37. 56384    41. 54727
 2 3  |  29. 55556    . 9395297    31. 46    0. 000    27. 56384    31. 54727
```

分析結果：[A B 摘要表]

	period$_1$	period$_2$	period$_3$
noise$_1$	53.77	49.44	38.44
noise$_2$	54.88	39.55	29.55
	54.33	44.5	34

5-9 Split-plot ANOVA：二因子混合設計 ANOVA

一、Split-plot ANOVA 之語法

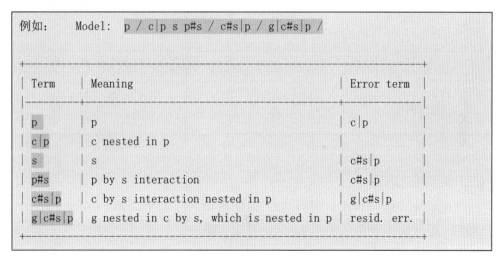

```
例如：    Model:  p / c|p s p#s / c#s|p / g|c#s|p /

+--------------------------------------------------------------------+
|                                                                    |
| Term    | Meaning                                  | Error term   |
|---------+------------------------------------------+--------------|
|                                                                    |
| p       | p                                        | c|p          |
| c|p     | c nested in p                            |              |
| s       | s                                        | c#s|p        |
| p#s     | p by s interaction                       | c#s|p        |
| c#s|p   | c by s interaction nested in p           | g|c#s|p      |
| g|c#s|p | g nested in c by s, which is nested in p | resid. err.  |
|                                                                    |
+--------------------------------------------------------------------+
```

二、範例 1：二因子混合設計 ANOVA

（一）問題說明：虛無假設

> 例題：二因子混合設計 ANOVA(參考林清山，民 81，P385)
>   某研究者想探討不同色調光線以及有無提供回饋對反應時間的影響。下
> 表是其研究資料，試檢定 (1) 對 3 種色光的反應時間 (y) 是否有差異。(2)
> 對光線反應的快慢是否因回饋 (trt 因子) 之有無而有所不同。(α = .05)

1. trt 因子：獨立樣本 (between subject) 設計，它有 2 levels 之回饋與否。
2. time 因子：相依樣本 (within subject) 設計，它有 3 levels 之不同色光。
3. 依變數 y：反應時間之連續變數。

表 5-17　有無回饋時不同色光的反應時間

		紅	綠	黃
	受 試 者id	Time 1	time 2	time 3
回 饋 trt 1	A	4	1	3
	B	9	3	9
	C	8	4	6
	D	9	5	5
	E	6	3	9
無 回 饋 trt 2	F	3	7	11
	G	8	3	8
	H	5	4	10
	I	6	2	12
	J	3	5	9

（二）資料檔之內容

　　「repeated_mix_2anova_P385.dta」自變數 trt 為「有無回饋」(有 4 levels)，
依變數 y 為「紅綠燈的反應時間」。內容如下圖。

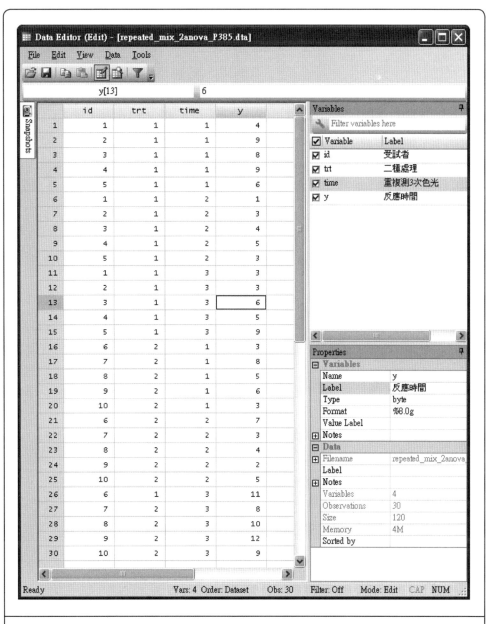

圖 5-36 「**repeated_mix_2anova_P385.dta**」Long 型格式 **(N=30 , 4 variables)**

（三）Split-plot ANOVA 指令：混合設計 (mixed design) 變異數分析

混合 (mixed) 設計係指「between-subject 及 within-subject effects」的混合。

它又稱 split-plot factorial ANOVA。在 Stata 系統, 若資料欄位採用「long」格式,

你需親自界定「between-subject 及 within-subject effects」的誤差項。

通常，between-subject effects 只單一個誤差項；而每個 within-subject 因子都有其各自不同的誤差項。

本例只有二個誤差項。between-subject effect 是 treatment (trt)，且其誤差項是「subject nested in treatment (id | trt)」。「within-subject factor」是 time，且其誤差項是「residual error for the model」。

重複量數 ANOVA 假定：within-subject 共變數結構是混合對稱的 (compound symmetric)，即可交換性的。在每次重複測量時，都假定共變數結構是相等，且每次共變數矩陣是相同的。假如違反此假定，則重複量數 ANOVA 求出的「p 值」並非「true」機率。Stata 指令：anova 的選項「repeated()」，可讓你界定「相依因子」，並算出 p-values 及 F-tests。

混合設計二因子 ANOVA 之 Stata 指令如下：

```
. use  repeated_mix_2anova_P385.dta
. anova y trt / id|trt time trt#time, repeated(time)
```

語法：**anova** 依變數 因子的分子 1/ 分母 1 因子 2 交互項, **repeated**(重複因子)

（四）Split-plot ANOVA 分析結果與討論

1. 印出混合設計二因子變異數分析

```
. anova y trt / id|trt time trt#time, repeated(time)
```

	Number of obs =	30	R-squared	=	0.7557
	Root MSE = 2.00167		Adj R-squared =		0.5277

Source	Partial SS	df	MS	F	Prob > F
Model	185.9	14	13.2785714	3.31	0.0139
trt	.001818182	1	.001818182	0.00	0.9865
id|trt	53.8833333	9	5.98703704		
time	90.4333333	2	45.2166667	11.29	0.0010

```
      trt#time |       37.1      2      18.55        4.63       0.0272
               |
      Residual |       60.1     15   4.00666667
  -------------+-----------------------------------------------------
         Total |        246     29   8.48275862
Between-subjects error term: id|trt
                    Levels:  11          (9 df)
       Lowest b.s.e. variable:  id
    Covariance pooled over:  trt        (for repeated variable)


Repeated variable: time

                                    Huynh-Feldt epsilon      =   1.3431
                                   *Huynh-Feldt epsilon reset to 1.0000
                                    Greenhouse-Geisser epsilon =   0.9563
                                    Box's conservative epsilon =   0.5000


                                   ------------ Prob > F ------------
         Source |    df     F    Regular    H-F      G-G      Box
  --------------+--------------------------------------------------
           time |     2   11.29   0.0010   0.0010   0.0013   0.0109
       trt#time |     2    4.63   0.0272   0.0272   0.0293   0.0659
       Residual |    15
  -----------------------------------------------------------------
```

表 5-18　混合設計二因子變異數分析摘要表

變異來源	SS	DF	MS	F
受試者間				
回饋 (trt)	0.00	1	0.00	0.00
群內受試 (time×trt)	53.88	9	5.99	
受試者內				
色光 (time)	90.43	2	45.22	11.29*
色光 × 回饋 (time×trt)	37.1	2	18.55	4.63*
殘差 (RESIDUAL)	60.1	15	4.33	
全體	244.8	29		

*$F_{.95(2, 16)} = 3.63$

本例題二因子變異數分析摘要表。其中變異來源「time」和「time BY trt」是以「RESIDUAL」爲誤差項。time 因子的 $F = 11.29$，$P < 0.5$；「time×trt 交互項」的 $F = 4.63$，$P < .05$，顯示「treatment-by-time」交互作用達顯著水準，表示有無回饋對受試者對三種不同色光的反應有顯著影響；故須再進一步進行事後比較，以瞭解 trt 因子對哪一種色光有顯著影響，以及到底 time 因子在有回饋的狀況下差異較顯著或在無回饋的狀況下差異較顯著。

此外，Stata 多印了 3 種不同 F-tests 及其 p 值：(1) Huynh-Feldt。(2) Greenhouse-Geisser。及 (3) Box's conservative F。代表若你的實驗資料違反「compound symmetry」假定，則這 3 個 p 值會相同。你可用「Srep」來檢視「pooled within-subject covariance 矩陣」。

```
. matrix list e(Srep)

symmetric e(Srep)[3,3]
            c1          c2          c3
r1   4.5428571
r2    .68571429   1.9714286
r3   1.1571429    .01428571   5.1357143
```

檢視上述 3×3「pooled within-subject covariance」矩陣，雖仍令人懷疑，可能會違反「compound symmetry」假定。但幸運地，但它仍顯示「trt#time 交互項、time 主要效果」之「F-test 的 p 值」是顯著的。

2. 單純效果 (Simple Effects) 檢定

由於 ment-by-time 交互項達顯著性，故應再進行 simple main effect 檢定。檢視主要效果的方法之一，就是看「每一 treatment level」的效果。

(1) The effect of time at each treatment

重複量數 time 因子，它有 3 個 levels。這 3 個 levels 在「treat1、treat」的單純主要效果之事後比較，可用 contrast 指令，如下所示：

```
. contrast time@trt, effect
Contrasts of marginal linear predictions


Margins      : asbalanced


-------------------------------------------------------
             |       df         F        P>F
-------------+-----------------------------------------
    time@trt |
           1 |        2       5.59     0.0153
           2 |        2       9.37     0.0023
       Joint |        4       7.48     0.0016
             |
 Denominator |       15
-------------------------------------------------------



-------------------------------------------------------------------------
             |  Contrast  Std. Err.       t    P>|t|    [95% Conf. Interval]
-------------+-----------------------------------------------------------
    time@trt |
(2 vs base) 1 |       -4   1.265965   -3.16    0.006    -6.69834   -1.30166
(2 vs base) 2 |      -.8   1.265965   -0.63    0.537    -3.49834    1.89834
(3 vs base) 1 |      -.8   1.265965   -0.63    0.537    -3.49834    1.89834
(3 vs base) 2 |     4.85   1.379553    3.52    0.003     1.909552   7.790448
-------------------------------------------------------------------------
```

①在「treat 1」(at trt=1) 無回饋清況下：

   (i) 「time 3 vs. time 1」的比較「(2 vs base) 1」：$t = -3.16(p < 0.05)$，表示綠光反應時間顯著低於紅光。

   (ii) 「time 2 vs. time 1」的比較「(2 vs base) 2」：$t = -0.63(p > 0.05)$，表示黃光反應時間無顯著低於紅光。

②在「treat 2」(at trt=2) 有回饋清況下：

   (i) 「time 3 vs. time 1」的比較「(3 vs base) 1」：$t = -0.63(p > 0.05)$，表示綠光反應時間無顯著低於紅光。

   (ii) 「time 2 vs. time 1」的比較「(3 vs base) 2」：$t = +3.52(p < 0.05)$，表示黃光

反應時間顯著高於紅光。

(2) Pairwise follow ups

若對上述 time 單純主要效果的事後比較，要進一步細看，則可用「margins 指令及選項 pwcompare」。

```
. margins time, at(trt=1) pwcompare(effects) noestimcheck

Pairwise comparisons of predictive margins

Expression    : Linear prediction, predict()
at            : trt              =              1


-------------------------------------------------------------------------
             |            Delta-method    Unadjusted          Unadjusted
             |  Contrast   Std. Err.     t    P>|t|    [95% Conf. Interval]
-------------+-----------------------------------------------------------
        time |
      2 vs 1 |        -4   1.265965   -3.16   0.006   -6.69834   -1.30166
      3 vs 1 |       -.8   1.265965   -0.63   0.537   -3.49834    1.89834
      3 vs 2 |       3.2   1.265965    2.53   0.023    .5016601   5.89834
-------------------------------------------------------------------------
```

在「treat 1」(at trt = 1) 無回饋清況下：「time 3 vs. time 2」的比較「3 vs 2」：$t = +3.2(p < 0.05)$，表示黃光反應時間顯著多於綠光。

```
. margins time, at(trt=2) pwcompare(effects) noestimcheck
. margins time, at(trt=2) pwcompare(effects) noestimcheck

Pairwise comparisons of predictive margins

Expression    : Linear prediction, predict()
at            : trt              =              2


-------------------------------------------------------------------------
```

	Contrast	Delta-method Std. Err.	t	Unadjusted P>|t|	Unadjusted [95% Conf. Interval]	
time						
2 vs 1	-.8	1.265965	-0.63	0.537	-3.49834	1.89834
3 vs 1	4.85	1.379553	3.52	0.003	1.909552	7.790448
3 vs 2	5.65	1.379553	4.10	0.001	2.709552	8.590448

在「treat 2」(at trt = 2) 有回饋清況下：「time 3 vs. time 2」的比較「3 vs 2」：$t = +4.1(p < 0.05)$，表示黃光反應時間顯著多於綠光。

(3) Anova with pooled error term

你要檢定每次重複的 treatment，就要合併 (pooling)「id | trt 及殘差誤差」。故用 full factorial 之二因子 anova 指令：「anova y trt##time」，注意其殘差 df 改為 24。而非之前「df=29」。

```
. anova y trt##time

                          Number of obs =      30     R-squared     =  0.5367
                          Root MSE      = 2.17929     Adj R-squared =  0.4401

        Source |  Partial SS    df      MS          F     Prob > F
    -----------+----------------------------------------------------
         Model |  132.016667     5   26.4033333     5.56    0.0015
               |
           trt |  1.57283105     1   1.57283105     0.33    0.5703
          time |  110.93018      2   55.4650901    11.68    0.0003
      trt#time |  29.2328829     2   14.6164414     3.08    0.0646
               |
      Residual |  113.983333    24   4.74930556
    -----------+----------------------------------------------------
         Total |        246     29   8.48275862
```

(4) The effect of treatment at each time

接著再進行每次重測時之 treatment 單純主要效果，也是用 contrast 指令。由於每次重測時之 treatment 有 2 個 levels；time 有 3 levles，故有三次事後比較。指令如下：

```
. contrast trt@time, effect

Contrasts of marginal linear predictions

Margins      : asbalanced

------------------------------------------------
             |      df          F         P>F
-------------+----------------------------------
    trt@time |
           1 |       1        2.55      0.1235
           2 |       1        0.53      0.4751
           3 |       1        3.37      0.0787
       Joint |       3        2.15      0.1205
             |
 Denominator |      24
------------------------------------------------


--------------------------------------------------------------------------
             | Contrast   Std. Err.      t    P>|t|     [95% Conf. Interval]
-------------+------------------------------------------------------------
    trt@time |
(2 vs base) 1 |    -2.2    1.378304   -1.60   0.124    -5.04468    .6446799
(2 vs base) 2 |       1    1.378304    0.73   0.475    -1.84468    3.84468
(2 vs base) 3 | 2.583333   1.406726    1.84   0.079    -.3200059   5.486673
--------------------------------------------------------------------------
```

①第 1 次測量反應時間時，$t = -1.6, p > 0.05$，故無回饋反應時間，並未顯著低於無回饋。

②第 2 次測量反應時間時，$t = 0.73, p > 0.05$，故無回饋反應時間，並未顯著低於

無回饋。

③第 3 次測量反應時間時，t=1.84, p>0.05，故無回饋反應時間，並未顯著高於無回饋。

（五）Graph of Interaction

　　上述文字描述「交互作用項」之含意，有點冗長難懂，故改用「**margins** 指令及 **marginsplot**」，來繪交互作用圖。結果如下圖。

```
. margins trt#time

Adjusted predictions                           Number of obs    =        30

Expression    : Linear prediction, predict()


─────────────────────────────────────────────────────────────────────────
             |           Delta-method
             |    Margin   Std. Err.      t     P>|t|    [95% Conf. Interval]
─────────────┼───────────────────────────────────────────────────────────
    trt#time |
         1 1 |       7.2   .9746082     7.39    0.000     5.188508    9.211492
         1 2 |       3.2   .9746082     3.28    0.003     1.188508    5.211492
         1 3 |  7.166667   .8896915     8.06    0.000     5.330434      9.0029
         2 1 |         5   .9746082     5.13    0.000     2.988508    7.011492
         2 2 |       4.2   .9746082     4.31    0.000     2.188508    6.211492
         2 3 |      9.75   1.089645     8.95    0.000     7.501083    11.99892
─────────────────────────────────────────────────────────────────────────

. marginsplot, x(time)
```

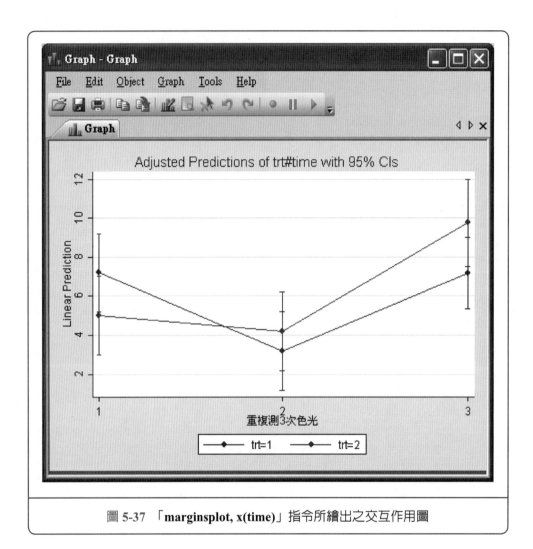

圖 5-37 「**marginsplot, x(time)**」指令所繪出之交互作用圖

（六）小結：**重複量數的限制**

1. 受試者內 (within subject)，因子各 levels 的人數一定要相等。

2. 你必須正確地自定每一效果項 (effect) 的誤差。

3. 前提假定：compound symmetry/exchangeable covariance structure。

三、範例 2：混合設計二因子變異分析

（一）問題說明

重複量數 Data 格式分二型 : Wide vs. Long。

表 5-19　**Wide** 型格式

id	y1	y2	y3	y4
1	3.5	4.5	7.5	7.5
2	6.5	5.5	8.5	8.5
…	…	…	…	…

y1 第 1 次反應，y4 第 4 次反應。以上可轉換成下表之 long 型資料。

表 5-20　**Long** 型格式

id	time	y
1	1	3.5
1	2	4.5
1	3	7.5
1	4	7.5
2	1	6.5
2	2	5.5
2	3	8.5
2	4	8.5
…	…	…

（二）資料檔之內容

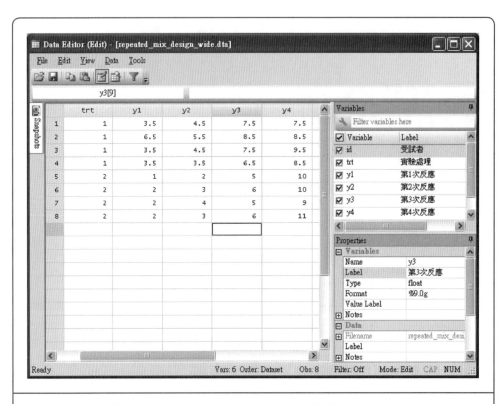

圖 5-38 「repeated_mix_design_wide.dta」資料檔 (N=8 , 6 variables)

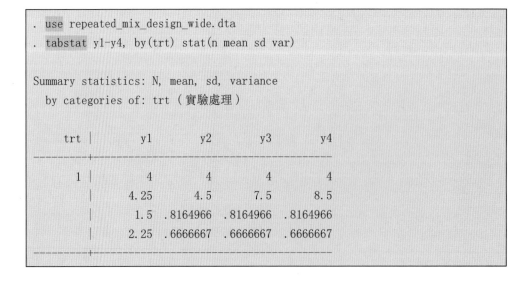

```
     2 |          4          4          4          4
       |       1.75          3        5.5         10
       |         .5   .8164966  .5773503   .8164966
       |        .25   .6666667  .3333333   .6666667
-----------+----------------------------------------------
  Total |          8          8          8          8
       |          3       3.75        6.5       9.25
       |   1.690309   1.101946   1.253566   1.101946
       |   2.857143   1.214286   1.571429   1.214286
-----------+----------------------------------------------
```

. summarize y1-y4

＊先求出 y1-y4 變數的平均數、標準差

```
  Variable |       Obs        Mean    Std. Dev.       Min        Max
-------------+--------------------------------------------------------
       y1 |         8           3    1.690309         1        6.5
       y2 |         8        3.75    1.101946         2        5.5
       y3 |         8         6.5    1.253566         5        8.5
       y4 |         8        9.25    1.101946       7.5         11
```

. tabstat y1-y4, by(trt) stat(n mean sd var)

＊再印出 y1-y4 變數的細格人數、平均數、標準差…

Summary statistics: N, mean, sd, variance
  by categories of: trt（實驗處理）

```
    trt |         y1         y2         y3         y4
-----------+----------------------------------------------
     1 |          4          4          4          4
       |       4.25        4.5        7.5        8.5
       |        1.5   .8164966   .8164966   .8164966
       |       2.25   .6666667   .6666667   .6666667
-----------+----------------------------------------------
     2 |          4          4          4          4
       |       1.75          3        5.5         10
       |         .5   .8164966  .5773503   .8164966
       |        .25   .6666667  .3333333   .6666667
-----------+----------------------------------------------
```

```
 Total |        8           8          8          8
       |        3        3.75        6.5       9.25
       | 1.690309   1.101946   1.253566   1.101946
       | 2.857143   1.214286   1.571429   1.214286
-----------------------------------------------------------------
```

資料欄位格式，從 wide 型轉到 long 型。

```
. reshape long y, i(id) j(time)
(note: j = 1 2 3 4)

Data                                     wide   ->   long
-----------------------------------------------------------------
Number of obs.                              8   ->     32
Number of variables                         6   ->      4
j variable (4 values)                           ->   time
xij variables:
                                  y1 y2 ... y4   ->   y
-----------------------------------------------------------------

. list, sep(4)

     +------------------------+
     | id   time   trt     y |
     |------------------------|
  1. |  1      1     1   3.5 |
  2. |  1      2     1   4.5 |
  3. |  1      3     1   7.5 |
  4. |  1      4     1   7.5 |
     |------------------------|
  5. |  2      1     1   6.5 |
  6. |  2      2     1   5.5 |
  7. |  2      3     1   8.5 |
  8. |  2      4     1   8.5 |
     |------------------------|
```

```
 9. |   3        1        1      3.5 |
10. |   3        2        1      4.5 |
11. |   3        3        1      7.5 |
12. |   3        4        1      9.5 |
    |----------------------------------|
13. |   4        1        1      3.5 |
14. |   4        2        1      3.5 |
15. |   4        3        1      6.5 |
16. |   4        4        1      8.5 |
    |----------------------------------|
17. |   5        1        2       1  |
18. |   5        2        2       2  |
19. |   5        3        2       5  |
20. |   5        4        2      10  |
    |----------------------------------|
21. |   6        1        2       2  |
22. |   6        2        2       3  |
23. |   6        3        2       6  |
24. |   6        4        2      10  |
    |----------------------------------|
25. |   7        1        2       2  |
26. |   7        2        2       4  |
27. |   7        3        2       5  |
28. |   7        4        2       9  |
    |----------------------------------|
29. |   8        1        2       2  |
30. |   8        2        2       3  |
31. |   8        3        2       6  |
32. |   8        4        2      11  |
    +----------------------------------+
```

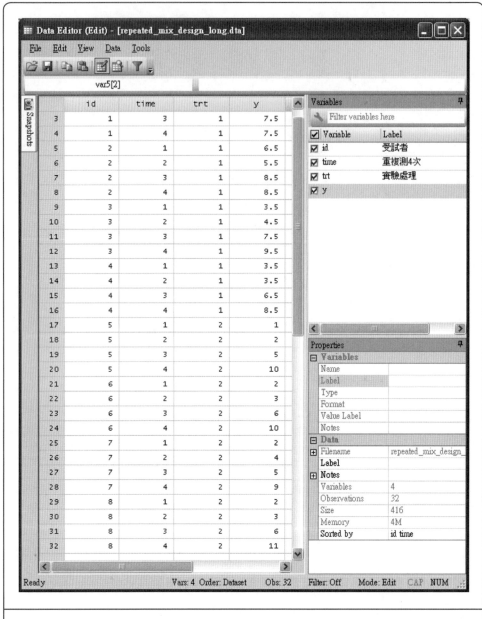

圖 5-39 「**repeated_mix_design_long.dta**」Long 型格式 **(N=32, variables=4)**

（三）Split-plot ANOVA 指令：混合設計 (mixed design) 變異數分析

請見前範例的解說。

```
. use repeated_mix_design_long.dta
. anova y trt / id|trt time trt#time, repeated(time)
```

（四）Split-plot ANOVA 分析結果與討論

1. 印出混合設計二因子變異數分析

```
. anova y trt / id|trt time trt#time, repeated(time)
                                 Number of obs  =      32    R-squared      =  0.9624
                                 Root MSE       =    .712    Adj R-squared  =  0.9352

           Source |  Partial SS    df       MS              F     Prob > F
        ----------+----------------------------------------------------------
            Model |   233.375      13   17.9519231          35.41    0.0000
                  |
              trt |    10.125       1     10.125             6.48    0.0438
           id|trt |     9.375       6     1.5625
        ----------+----------------------------------------------------------
             time |   194.5         3   64.8333333         127.89    0.0000
         trt#time |    19.375       3    6.45833333         12.74    0.0001
                  |
         Residual |     9.125      18    .506944444
        ----------+----------------------------------------------------------
            Total |   242.5        31    7.82258065
```

```
Between-subjects error term:  id|trt
                    Levels:  8          (6 df)
    Lowest b.s.e. variable:  id
    Covariance pooled over:  trt        (for repeated variable)

Repeated variable: time
                                      Huynh-Feldt epsilon         =  0.9432
                                      Greenhouse-Geisser epsilon  =  0.5841
                                      Box's conservative epsilon  =  0.3333
```

```
                                  -------------- Prob > F --------------
          Source |    df      F    Regular     H-F       G-G       Box
    -------------+--------------------------------------------------------
            time |     3  127.89   0.0000    0.0000    0.0000    0.0000
        trt#time |     3   12.74   0.0001    0.0002    0.0019    0.0118
        Residual |    18
    ------------------------------------------------------------------------
```

請見前範例的解說。

```
. matrix list e(Srep)

symmetric e(Srep)[4,4]
           c1          c2          c3          c4
r1       1.25
r2  .66666667   .66666667
r3  .58333333   .33333333          .5
r4          0  -.16666667   .16666667   .66666667
```

請見前範例的解說。

2. 單純效果 (Simple Effects) 檢定

(1) The effect of time at each treatment

```
. contrast time@trt, effect

Contrasts of marginal linear predictions

Margins      : asbalanced

             ------------------------------------------
                     |    df       F        P>F
             --------+---------------------------------
            time@trt |
                   1 |     3     35.96     0.0000
                   2 |     3    104.67     0.0000
```

```
     Joint  |        6        70.32        0.0000
            |
Denominator |       18
--------------------------------------------------------
```

```
              |  Contrast   Std. Err.     t    P>|t|    [95% Conf. Interval]
--------------+-----------------------------------------------------------
     time@trt |
(2 vs base) 1 |      .25    .5034602     0.50   0.626    -.8077307   1.307731
(2 vs base) 2 |     1.25    .5034602     2.48   0.023     .1922693   2.307731
(3 vs base) 1 |     3.25    .5034602     6.46   0.000     2.192269   4.307731
(3 vs base) 2 |     3.75    .5034602     7.45   0.000     2.692269   4.807731
(4 vs base) 1 |     4.25    .5034602     8.44   0.000     3.192269   5.307731
(4 vs base) 2 |     8.25    .5034602    16.39   0.000     7.192269   9.307731
--------------------------------------------------------
```

(2) Pairwise follow ups

```
. margins time, at(trt=1) pwcompare(effects) noestimcheck

Pairwise comparisons of predictive margins

Expression    : Linear prediction, predict()
at            : trt              =            1

--------------------------------------------------------
              |           Delta-method  Unadjusted            Unadjusted
              |  Contrast   Std. Err.     t    P>|t|    [95% Conf. Interval]
--------------+-----------------------------------------------------------
         time |
       2 vs 1 |      .25    .5034602     0.50   0.626    -.8077307   1.307731
       3 vs 1 |     3.25    .5034602     6.46   0.000     2.192269   4.307731
       4 vs 1 |     4.25    .5034602     8.44   0.000     3.192269   5.307731
       3 vs 2 |        3    .5034602     5.96   0.000     1.942269   4.057731
       4 vs 2 |        4    .5034602     7.95   0.000     2.942269   5.057731
       4 vs 3 |        1    .5034602     1.99   0.062    -.0577307   2.057731
--------------------------------------------------------
```

```
. margins time, at(trt=2) pwcompare(effects) noestimcheck

Pairwise comparisons of predictive margins

Expression    : Linear prediction, predict()
at            : trt            =            2


_____
_
          |             Delta-method   Unadjusted              Unadjusted
          | Contrast    Std. Err.     t    P>|t|    [95% Conf. Interval]
----------+-------------------------------------------------------------------
     time |
   2 vs 1 |     1.25    .5034602    2.48   0.023    .1922693    2.307731
   3 vs 1 |     3.75    .5034602    7.45   0.000    2.692269    4.807731
   4 vs 1 |     8.25    .5034602   16.39   0.000    7.192269    9.307731
   3 vs 2 |      2.5    .5034602    4.97   0.000    1.442269    3.557731
   4 vs 2 |        7    .5034602   13.90   0.000    5.942269    8.057731
   4 vs 3 |      4.5    .5034602    8.94   0.000    3.442269    5.557731
_____
```

(3) Anova with pooled error term

```
. anova y trt##time

                        Number of obs =      32    R-squared     =  0.9237
                        Root MSE      = .877971    Adj R-squared =  0.9015

         Source |  Partial SS    df        MS           F      Prob > F
    ------------+----------------------------------------------------------
          Model |      224        7          32        41.51     0.0000
                |
            trt |    10.125       1      10.125        13.14     0.0014
           time |    194.5        3  64.8333333        84.11     0.0000
       trt#time |   19.375        3  6.45833333         8.38     0.0006
                |
       Residual |     18.5       24  .770833333
    ------------+----------------------------------------------------------
          Total |    242.5       31  7.82258065
```

(4) The effect of treatment at each time

```
. contrast trt@time, effect

Contrasts of marginal linear predictions

Margins        : asbalanced


-----------------------------------------------------------
               |        df          F        P>F
---------------+-------------------------------------------
       trt@time |
             1 |         1       16.22     0.0005
             2 |         1        5.84     0.0237
             3 |         1       10.38     0.0036
             4 |         1        5.84     0.0237
         Joint |         4        9.57     0.0001
               |
   Denominator |        24
-----------------------------------------------------------


-----------------------------------------------------------------------------
               | Contrast   Std. Err.     t    P>|t|    [95% Conf. Interval]
---------------+-------------------------------------------------------------
       trt@time |
(2 vs base) 1 |    -2.5    .6208194    -4.03   0.000   -3.781308   -1.218692
(2 vs base) 2 |    -1.5    .6208194    -2.42   0.024   -2.781308   -.2186918
(2 vs base) 3 |     -2     .6208194    -3.22   0.004   -3.281308   -.7186918
(2 vs base) 4 |     1.5    .6208194     2.42   0.024    .2186918    2.781308
-----------------------------------------------------------------------------
```

（五）Graph of Interaction

```
. margins trt#time

Adjusted predictions                              Number of obs   =        32

Expression    : Linear prediction, predict()

─────────────────────────────────────────────────────────────────────────────
             |            Delta-method
             |    Margin   Std. Err.      t     P>|t|    [95% Conf. Interval]
─────────────+───────────────────────────────────────────────────────────────
    trt#time |
        1 1  |      4.25   .4389856     9.68   0.000     3.343978    5.156022
        1 2  |       4.5   .4389856    10.25   0.000     3.593978    5.406022
        1 3  |       7.5   .4389856    17.08   0.000     6.593978    8.406022
        1 4  |       8.5   .4389856    19.36   0.000     7.593978    9.406022
        2 1  |      1.75   .4389856     3.99   0.001     .8439783    2.656022
        2 2  |         3   .4389856     6.83   0.000     2.093978    3.906022
        2 3  |       5.5   .4389856    12.53   0.000     4.593978    6.406022
        2 4  |        10   .4389856    22.78   0.000     9.093978    10.90602
─────────────────────────────────────────────────────────────────────────────

. marginsplot, x(time)

  Variables that uniquely identify margins: trt time
```

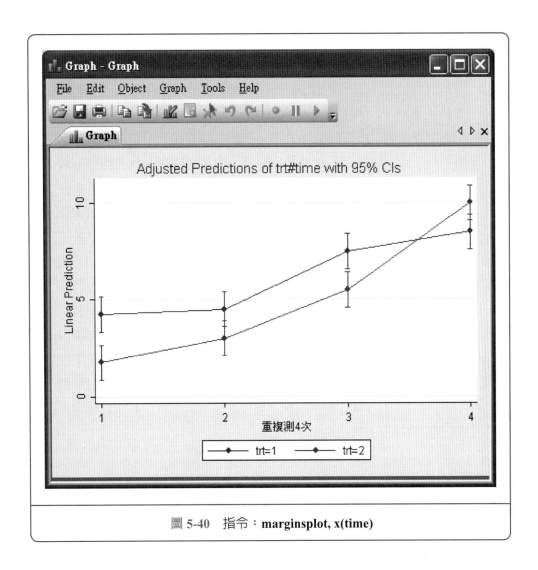

圖 5-40　指令：**marginsplot, x(time)**

5-10 拉丁方格 (Latin-square) 實驗設計 ANOVA

　　當研究者採用受試者內設計，讓同一組受試者接受不同的實驗處理時，因為只有一群受試者，因此不同的實驗狀況之間並不需要進行樣本隨機分派處理，但是受試者的反應卻有可能受到實驗順序的影響，造成實驗效果的混淆。第八種實驗設計，即是以對抗平衡 (counterbalancing) 原理來進行處理實驗順序的問題，由於缺乏隨機化設計，因此也是屬於一種準實驗設計。

假設今天有 A、B、C、D 四種實驗狀況，如果採用完全對抗平衡設計，總計可以產生 4! 種 (24 種) 不同的實驗順序組合，研究者要重複操弄 A、B、C、D 四種實驗處理 24 次，共計 96 次的實驗處理，相當耗費人力。若以下表的拉丁方格來處理，24 種實驗順序被大幅簡化成四組程序，每一個實驗狀況至少一次會出現在另三種實驗條件之後，且每一個實驗狀況與前一個實驗狀況是固定的。對於某一個特定的實驗狀況而言，四組實驗設計代表四種痕跡效應 (carryover effect)，以 D 為例，組合一是 ABC 三種效果的痕跡效應，組合二是 BC 兩種效果的痕跡效應，組合三是 C 效果的痕跡效應，組合三是無實驗痕跡效應。對於 D 而言，其他三種實驗狀況的痕跡效果都被考慮進去了，但是三個實驗狀況的相互順序則不考慮變化，以簡化實驗操弄程序。在這種情況下，每一個受試者僅需接受一套實驗順序即可，可以減少受試者的負擔。

拉丁方格的使用上，受試者人數除了等於實驗設計的數目，也就是每一組實驗設計安排一個受試者 (以本例子而言需要四位受試者)，也可能是實驗設計數目的倍數 (4、8、12…人)，使每一組實驗設計有多個受試者，而每一個受試者仍然僅參與一組實驗設計。每一個實驗處理所累積的總人數越多，統計學的一些假設 (例如常態性假設) 就越能夠達到，研究者即可以進行一些統計檢定來檢驗拉丁方格的適切性 (見 Kirk, 1995)。

表 5-21 拉丁方格

研究設計 ＼ 實驗順序	1	2	3	4
1	D	A	B	C
2	A	B	C	D
3	B	C	D	A
4	C	D	A	B

當我們的研究問題包含有三個以上的因子，而每一個因子的水準數都一樣，而且這些因子之間彼此無「交互作用項」存在時，則拉丁方格實驗設計可用來代替三因子變異數分析的設計，以「控制」干擾變數。

以下說明使用目的：

1. 可把因個別差異所造成的效果加以平衡。

2. 把由於實驗 (或測驗) 前後次序所造成的效果加以平衡，以看出實驗處理效果之間的差異。

一、範例 1：拉丁方格 ANOVA (來源：林清山 p439)

（一）問題說明：虛無假設

> 例題：Latin-square ANOVA(參考林清山，民 81，P439)
>
> 　　　某臨床心理學家想研究三種心理治療方法對三種心理疾病患者的影響，他採拉丁方格實驗設計，下表為實驗結果。試問：(1) 不同醫院之間。(2) 治療方法之間。(3) 不同類病患之間的治療效果有顯著差異嗎？

表 5-22　拉丁方格實驗設計研究資料

	方法 I b1	方法 II b2	方法 III b3
甲 病 院 a1	5,4,6,4 (第三類,C3)	4,6,4,5 (第二類,C2)	5,4,7,5 (第一類,C1)
乙 病 院 a2	6,5,8,5 (第二類,C2)	5,7,9,8 (第一類,C1)	4,2,2,3 (第三類,C3)
丙 病 院 a3	10,8,11,6 (第一類,C1)	3,2,1,4 (第三類,C3)	2,4,3,5 (第二類,C2)

1. A 因子是「病院」，共有甲、乙、丙三個。

2. B 因子是「心理治療方法」，共有三種方法。不同療法的效果是否有差異，也是這研究者關心的事。

3. C 因子是「病患種類」，共有三類。

（二）資料檔之內容

　　「Latin_square_P439.dta」變數之內容如下圖。

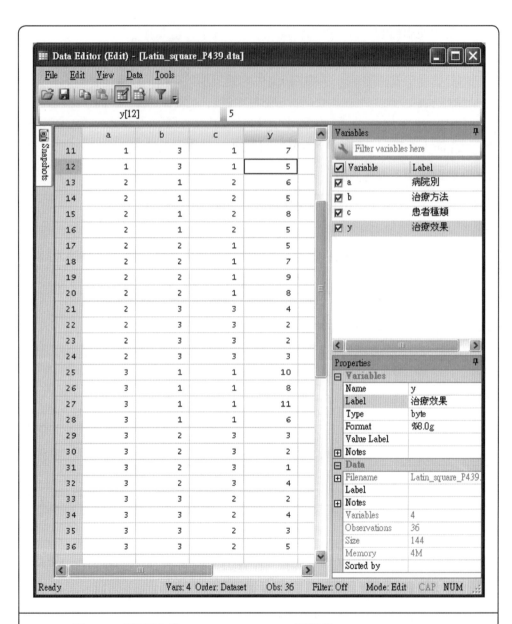

圖 5-41 「拉丁方格 ANOVA_P439.dta」資料檔 (N=36 , 4 variables)

（三）Latin-square ANOVA 之指令

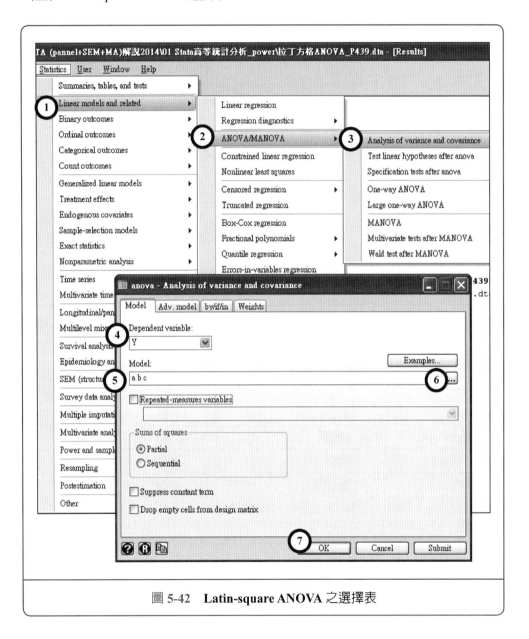

圖 5-42　**Latin-square ANOVA** 之選擇表

```
. use 拉丁方格 ANOVA_P439.dta
. anova y a b c
```

（四）分析結果與討論

```
. anova y a b c

                       Number of obs =      36   R-squared     =  0.6938
                       Root MSE      = 1.41996   Adj R-squared =  0.6305

            Source |  Partial SS    df      MS           F      Prob > F
         ----------+----------------------------------------------------
             Model |     132.5       6  22.0833333      10.95    0.0000
                   |
                 a |  1.72222222     2  .861111111       0.43    0.6564
                 b |  44.0555556     2  22.0277778      10.92    0.0003
                 c |  86.7222222     2  43.3611111      21.51    0.0000
                   |
          Residual |  58.4722222    29  2.01628352
         ----------+----------------------------------------------------
             Total |  190.972222    35  5.45634921
```

表 5-23　變異數分析摘要表

變異來源	平方和	自由度	均方	F
病院 (A)	1.72	2	0.86	0.43
治療法 (B)	44.05	2	22.03	10.92*
病患類別 (C)	86.72	2	43.36	21.51*
細格之內 (w.cell)	58.47	29	43.36	
全體	190.97	35		

結果顯示，橫列的病院 (A) 因子，$F = 0.43, P > 0.05$，效果未達顯著差異。
直行的治療法 (B) 因子，$F = 10.92, P < 0.05$，效果達顯著差異。
隨機依序安排的病患類別 (C)，$F = 21.51, P < 0.05$，效果達顯著差異。

二、範例 2：拉丁方格 ANOVA

（一）問題說明：虛無假設

資料來源：Snedecor and Cochran, 1989.

5×5 拉丁方格之資料格式如下：

Row	Column 1	Column 2	Column 3	Column 4	Column 5
1	257(B)	230(E)	279(A)	287(C)	202(D)
2	245(D)	283(A)	245(E)	280(B)	260(C)
3	182(E)	252(B)	280(C)	246(D)	250(A)
4	203(A)	204(C)	227(D)	193(E)	259(B)
5	231(C)	271(D)	266(B)	334(A)	338(E)

（二）資料檔之內容

「latin_square.dta」內容如下圖。

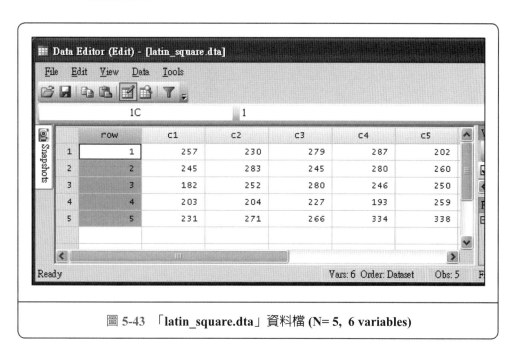

圖 5-43 「latin_square.dta」資料檔 (N= 5, 6 variables)

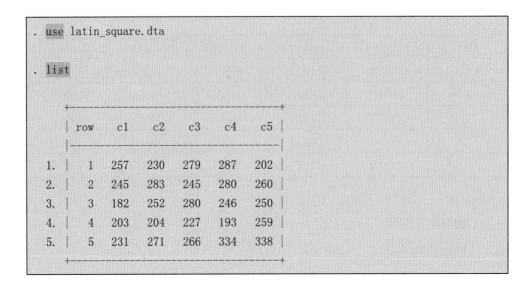

```
. use latin_square.dta

. list

    +-----------------------------------------+
    | row    c1     c2     c3     c4     c5 |
    |-----------------------------------------|
 1. |   1   257    230    279    287    202 |
 2. |   2   245    283    245    280    260 |
 3. |   3   182    252    280    246    250 |
 4. |   4   203    204    227    193    259 |
 5. |   5   231    271    266    334    338 |
    +-----------------------------------------+
```

（三）Latin-square ANOVA 之指令

此 5×5 方格，在進行 ANOVA 指令前，需用「Pkshape」套裝指令「Reshape (pharmacokinetic)」，做欄位格式的轉換。即 row 變數及 c1~c5 變數，依 row 方向由上至下重排序。

```
pkshape row row c1-c5, order(beacd daebc ebcda acdeb cdbae)
```

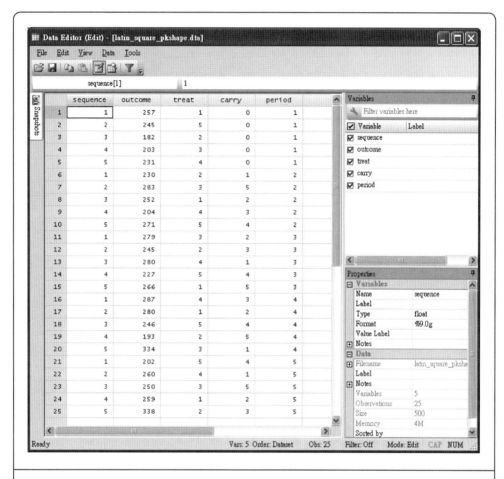

圖 5-44 拉丁方格 **Pkshape** 之後的資料檔 (存在 **latin_square_pkshape.dta** 檔)

```
. anova outcome sequence period treat
```

（四）分析結果與討論

```
. anova outcome sequence period treat

                    Number of obs =      25     R-squared     =  0.6536
                    Root MSE      = 32.4901     Adj R-squared =  0.3073

        Source |   Partial SS    df       MS             F     Prob > F
    -----------+----------------------------------------------------------
         Model |   23904.08      12   1992.00667       1.89     0.1426
               |
      sequence |   13601.36       4    3400.34         3.22     0.0516
        period |    6146.16       4    1536.54         1.46     0.2758
         treat |    4156.56       4    1039.14         0.98     0.4523
               |
      Residual |   12667.28      12   1055.60667
    -----------+----------------------------------------------------------
         Total |   36571.36      24   1523.80667
```

　　結果顯示，橫列的 sequence 因子，$F = 3.22, P > 0.05$，效果未達顯著差異。
直行的 period 因子，$F = 1.46, P > 0.05$，效果亦未達顯著差異。
隨機依序安排的 treat 因子，$F = 0.98, P > 0.05$，效果未達顯著差異。

線性迴歸的診斷

多元迴歸，又稱複迴歸 (Multiple regression model)，其模型為：

$$y = \beta_0 + \beta_1 X_1 + \beta_2 X_2 + \cdots + \beta_k X_k + e$$

(1) 模型的參數 β_k 對每個觀察值而言都是相同的。

(2) β_k：當 X_k 增加一單位，而所有其他變數均保持不變時的 E(y) 變動。

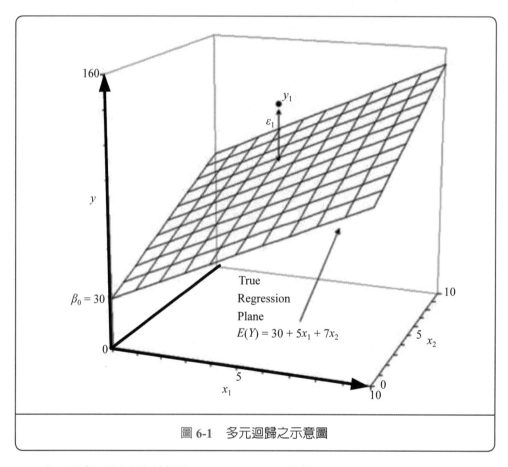

圖 6-1　多元迴歸之示意圖

多元迴歸分析之先前假定 (assumptions)，包括：

1. Linearity：預測變數和依變數之間是線性關係。

2. Normality：OLS 是假定 (assumption) e_i 為常態分配，$e_i \sim N(0, \sigma^2)$ 或 $y_i \sim$ 符合常態分配。

3. Homogeneity of variance (homoscedasticity)：殘差 $e_i = Y_i - \hat{Y}_i$，e_i 是觀測值 Y_i 與配適值之間的差。迴歸分析之先前條件就是，誤差變異應該是常數的 (恆定)。$Var(e_i) = \sigma^2$ 變異數同質性。每組的殘差項的變異數均相等。而每一組的變異數實際上是指 $X = x_i$ 條件下的 Y 之變異數，因此 σ^2 也可以表示為 $\sigma_{Y|X}^2$。

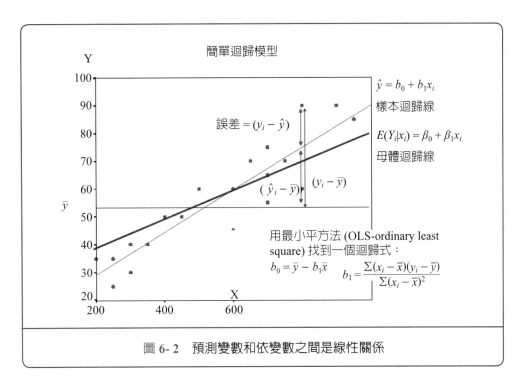

圖 6-2　預測變數和依變數之間是線性關係

4. Independence：每一個觀察值的誤差，應與其他觀察值的誤差無關聯。e_i 彼此不相關，即 $Cov(e_i, e_j) = 0$。

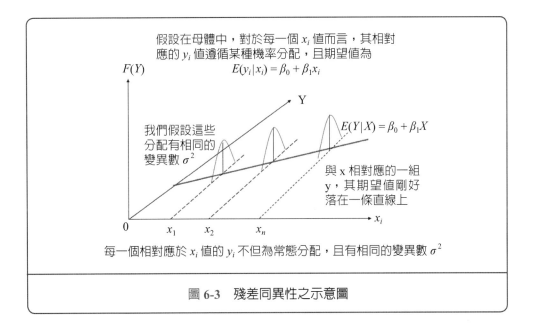

圖 6-3　殘差同異性之示意圖

對殘餘值之診斷主要有兩項：

(1) Influence diagnosis：此診斷要看的是有無一些異常的個案可能對迴歸模式的估計造成不當之影響，並膨脹 standard errors。特別是當樣本數較小時，我們要當心此可能性。Stata list 指令「if」選項可將標準化之殘餘值大於 3 的觀察值之 ID 報告出來。如果此類觀察值數目不多的話 (依機率，每一百個標準化之殘餘值中會有 5 個殘餘值之 z 值大於 2)，那我們就可說是沒有異常個案影響迴歸模式估計的問題。

(2) Normality 與 hetroskedasticity：我們可利用單變數之分析來看檢視預測值和殘餘值是否為常態分配，以及兩者間是否有相關 (依照假定迴歸模式之殘餘項應和自變數間沒有相關)，以及殘餘值在 prediction function 之各 level 是否有相同之變異。在 Stata 之迴歸分析中也是利用 predictive 指令將 predicted values 和 residuals 儲存後做進一步的分析。我們也可直接利用 Plots 內的選項來做這些檢視的工作。

5. Model specification：該模型應適當界定 (應入模型的變數有遺漏嗎？不相關變數有被排除？)。

6. Collinearity(即線性相關)：預測變數們之間若有高度共線性，就會造成迴歸係數的錯計。

Stata 迴歸的診斷法，已有提供許多圖形法和統計檢驗法。本章節「線性迴歸的診斷」Stata 提供的指令，如下：

1. 偵測異常且有影響力的觀察值

指令	統計功能
predict	used to create predicted values, residuals, and measures of influence.
rvpplot	graphs a residual-versus-predictor plot.
rvfplot	graphs residual-versus-fitted plot.
lvr2plot	graphs a leverage-versus-squared-residual plot.
dfbeta	calculates DFBETAs for all the independent variables in the linear model.
avplot	graphs an added-variable plot, a.k.a. partial regression plot.

2. 殘差常態性 (Normality of Residuals) 之檢定

kdensity	produces kernel density plot with normal distribution overlayed.
pnorm	graphs a standardized normal probability (P-P) plot.
qnorm	plots the quantiles of varname against the quantiles of a normal distribution.
iqr	resistant normality check and outlier identification.
swilk	performs the Shapiro-Wilk W test for normality.

3. 殘差異質性 (Heteroscedasticity) 之檢定

rvfplot	graphs residual-versus-fitted plot.
hettest	performs Cook and Weisberg test for heteroscedasticity.
whitetst	computes the White general test for Heteroscedasticity.

4. 共線性 (Multicollinearity) 之檢定

vif	calculates the variance inflation factor for the independent variables in the linear model.
collin	calculates the variance inflation factor and other multicollinearity diagnostics

5. 非線性 (Non-Linearity) 之檢定

acprplot	graphs an augmented component-plus-residual plot.
cprplot	graphs component-plus-residual plot, a.k.a. residual plot.

6. 模型界定之檢定

linktest	performs a link test for model specification.
ovtest	performs regression specification error test (RESET) for omitted variables.

6-1 偵測異常且有影響力的觀察值

　　某一觀察值，實質地與其他觀察值不同，就叫離群值 (outlier)，它會嚴重影響整個迴歸係數的估計。偵測異常的觀察值有以下 3 個方法：

1. 離群值 (Outliers)：在迴歸中，有很大的殘差者，就是離群值。易言之，在預測變數們對依變數有異常的值。造成離群值的原因，可能是取樣特性所造成的，也有可能是你 key in 錯誤。

2. Leverage (槓桿量)：在預測變數有極端值的觀察值，叫做高 Leverage。槓桿量就是偏離平均值有多遠的測量。每個觀察值的 Leverage 都會影響迴歸係數的估計。

3. Influence：排除某觀察值之後，對係數估計的改變數。故 Influence 可想像為槓桿量和離群值的組合。

一、Stata 範例：線性迴歸

　　來源：Statistical Methods for Social Sciences, Third Edition by Alan Agresti and Barbara Finlay (Prentice Hall, 1997).

（一）問題說明

　　為瞭解美國犯罪的原因有哪些？研究者先文獻探討以歸納出，影響「美國暴力犯罪」的原因，並整理成下表，此「crime_Robust_Reg.dta」資料檔之變數如下：

變數名稱	美國犯罪的原因	編碼Codes/Values
sid		
state	州名	
crime	每十萬人中暴力罪案件數	82 ～ 2922
murder	每十萬人中謀殺案件	
pctmetro	X1: 地區住都市人口 %(percent of the population living in metropolitan areas)	
pctwhite	X2: 社區白人 %	
pcths	X3: 社區高中以上學歷 %	
poverty	X4: 社區貧窮人 %	8 ～ 26.4
single	X5: 社區單親家戶 %	8 ～ 22.1

讀入資料檔之前，先設定工作目錄，「File > Chang working directory」，指定 CD 所附資料夾之路徑，接著再選「File > Open」，開啟「interest-inflation. dat」資料檔。

（二）資料檔之內容

「crime_OLS_Reg.dta」資料檔內容如下圖。分析單位為地區 (州)。

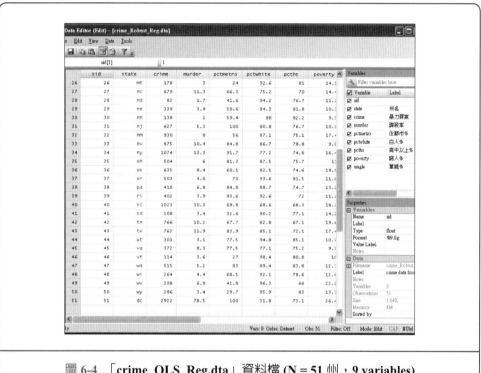

圖 6-4 「**crime_OLS_Reg.dta**」資料檔 (**N = 51** 州，**9 variables**)

（三）線性迴歸之選擇表操作

Statistics > Linear models and related > Linear regression

（四）分析結果與討論

1. Step 1. 觀察資料之特徵

```
* 開啟 crime_OLS_Reg.dta 資料檔
. use crime_OLS_Reg.dta , clear
(crime data from agresti & finlay - 1997)


* 查看各變數的描述
. describe


Contains data from crime_OLS_Reg.dta
  obs:           51                          crime data from agresti & finlay
- 1997
  vars:           9                          23 Feb 2014 21:32
  size:        1,683
-------------------------------------------------------------------------------

storage   display    value
variable name   type    format    label     variable label
-------------------------------------------------------------------------------

sid             float    %9.0g
state           str3     %9s
crime           int      %8.0g                暴力犯案率
murder          float    %9.0g                謀殺率
pctmetro        float    %9.0g                住都市區 %
pctwhite        float    %9.0g                白人 %
pcths           float    %9.0g                高中以上學歷
poverty         float    %9.0g                貧窮線以下 %
single          float    %9.0g                單親家庭 %
-------------------------------------------------------------------------------

Sorted by:
* 查看各變數的平均數，最小值至最大值
. summarize crime murder pctmetro pctwhite pcths poverty single
```

Variable	Obs	Mean	Std. Dev.	Min	Max
crime	51	612.8431	441.1003	82	2922
murder	51	8.727451	10.71758	1.6	78.5

pctmetro	51	67.3902	21.95713	24	100
pctwhite	51	84.11569	13.25839	31.8	98.5
pcths	51	76.22353	5.592087	64.3	86.6
poverty	51	14.25882	4.584242	8	26.4
single	51	11.32549	2.121494	8.4	22.1

圖 6-5　**Summarize** 查看各變數的平均數，最小值至最大值

2. Step 2. 繪資料之散布圖

先以「Scatterplot matrix」粗略查看散布圖。

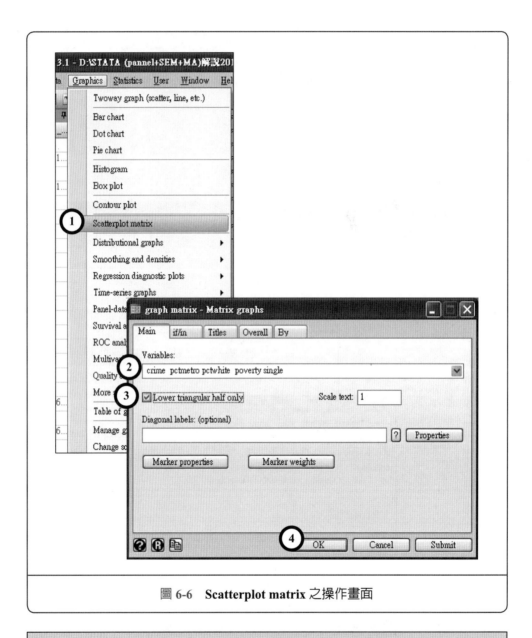

圖 6-6　**Scatterplot matrix** 之操作畫面

```
graph matrix crime  pctmetro pctwhite  poverty single, half
```

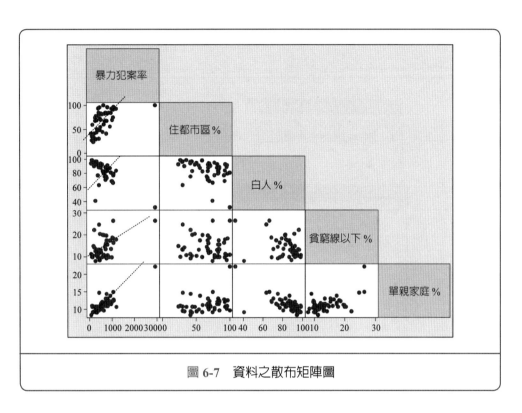

圖 6-7　資料之散布矩陣圖

　　由上圖可看出，四個預測變數對 crime 依變數，都有少數的離群值。再以「scatter」仔細查看散布圖。

3. Step 3. 試探自變數們與依變數的相關及相關分布圖

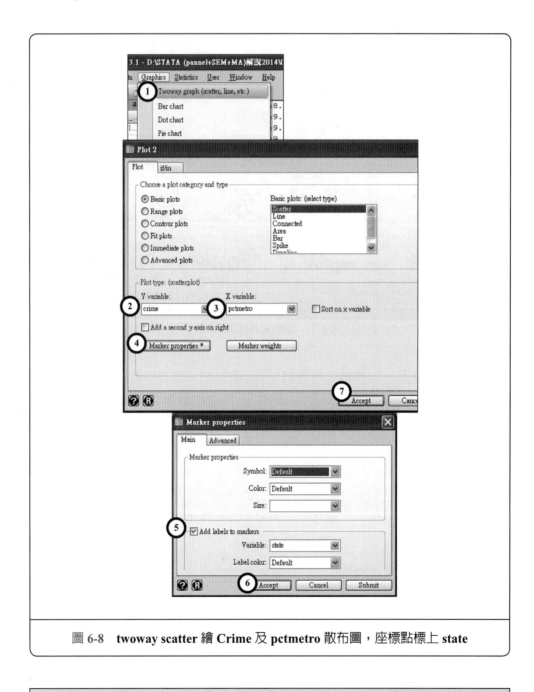

圖 6-8 **twoway scatter 繪 Crime 及 pctmetro 散布圖，座標點標上 state**

```
. twoway (scatter crime pctmetro, mlabel(state))
```

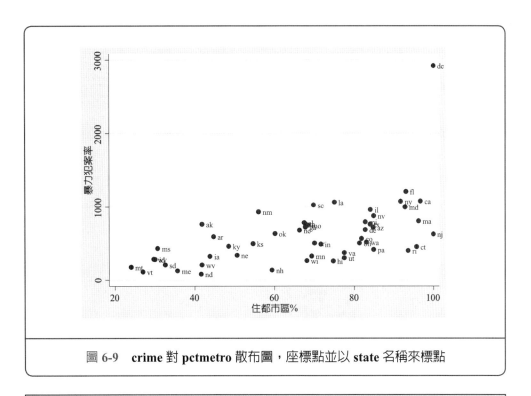

圖 6-9　**crime** 對 **pctmetro** 散布圖，座標點並以 **state** 名稱來標點

```
. twoway (scatter crime poverty, mlabel(state))
```

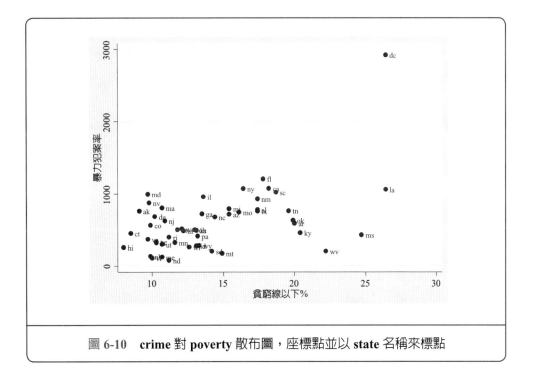

圖 6-10　**crime** 對 **poverty** 散布圖，座標點並以 **state** 名稱來標點

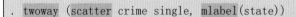

```
. twoway (scatter crime single, mlabel(state))
```

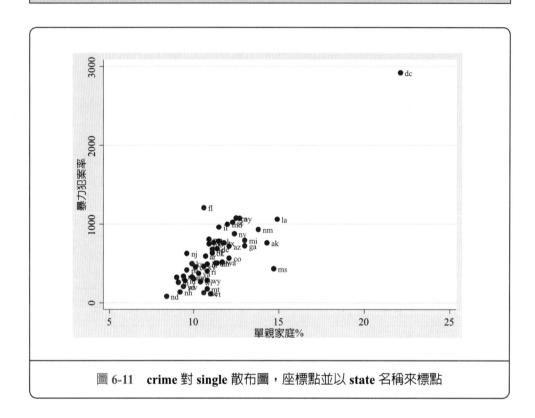

圖 6-11　**crime** 對 **single** 散布圖，座標點並以 **state** 名稱來標點

由上述三個散布圖，顯示：DC 觀察值有高 leverage 且很大的殘差。故要特別注意它的異常。

4. Step 4. 正式 OLS 分析步驟

我們將逐步講述，pctmetro、poverty 及 single 三個預測變數對 crime 依變數的線性迴歸，及其注意事項。

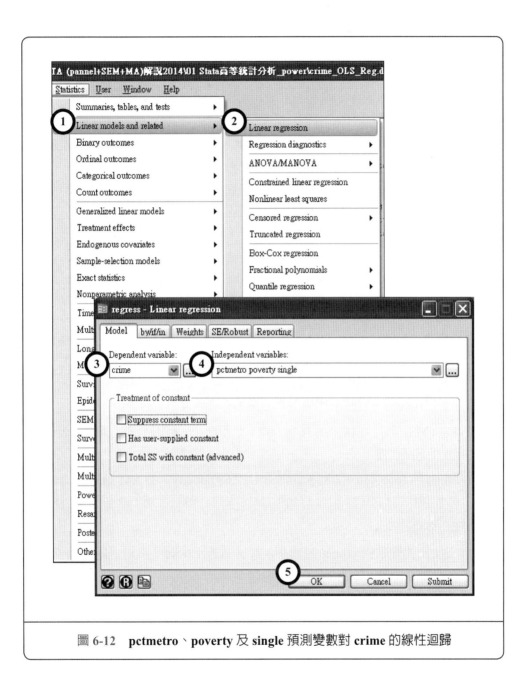

圖 6-12　**pctmetro**、**poverty** 及 **single** 預測變數對 **crime** 的線性迴歸

```
. regress crime pctmetro poverty single

      Source |       SS       df       MS              Number of obs =      51
-------------+------------------------------           F(  3,     47) =   82.16
       Model | 8170480.21        3  2723493.4          Prob > F      =  0.0000
    Residual | 1557994.53       47  33148.8199         R-squared     =  0.8399
-------------+------------------------------           Adj R-squared =  0.8296
       Total | 9728474.75       50  194569.495         Root MSE      =  182.07


       crime |      Coef.   Std. Err.        t    P>|t|     [95% Conf. Interval]
-------------+----------------------------------------------------------------
    pctmetro |   7.828935   1.254699     6.24    0.000     5.304806    10.35306
     poverty |   17.68024    6.94093     2.55    0.014     3.716893     31.6436
      single |   132.4081   15.50322     8.54    0.000     101.2196    163.5965
       _cons |  -1666.436    147.852   -11.27    0.000    -1963.876   -1368.996
```

(1) $R_a^2 = 0.8296$，三個預測變數對 crime 的解釋量為 82.96%。

(2) Root $MS_E = \sqrt{33148.8199} = 182.07$，此值愈小，代表殘差之單位愈小。

(3) OLS 迴歸式為：

crime = -1666.436 + 7.82 pctmetro + 17.68 poverty + 132.41 single

犯罪率 = -1666.436 + 7.82 住市區百分比 + 17.68 貧窮人百分比 + 132.41 單親百分比。

(4) 三個預測變數對 crime(犯罪率) 都呈顯著正相關。可惜迴歸有離群值，故你可參考第 7 章 Robust 迴歸如何處理此問題。

5. Step 5-1. 檢查標準化殘差是否呈常態分布

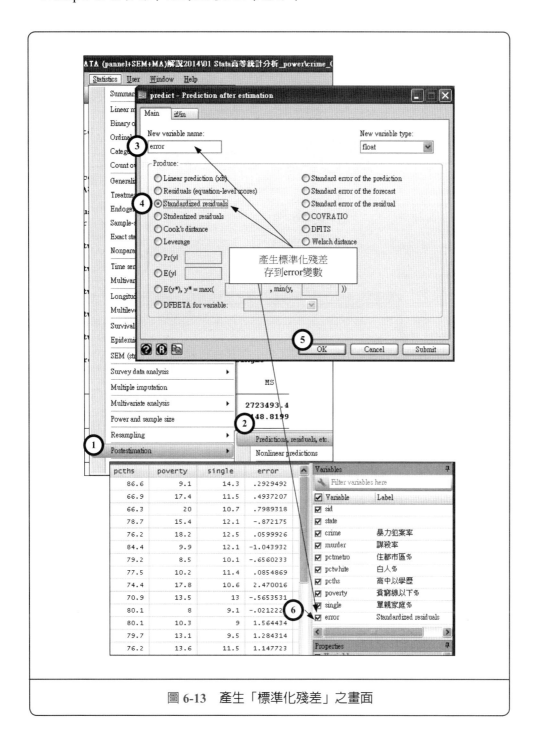

圖 6-13　產生「標準化殘差」之畫面

再用 stem and leaf plot 來檢視「標準化殘差」error。

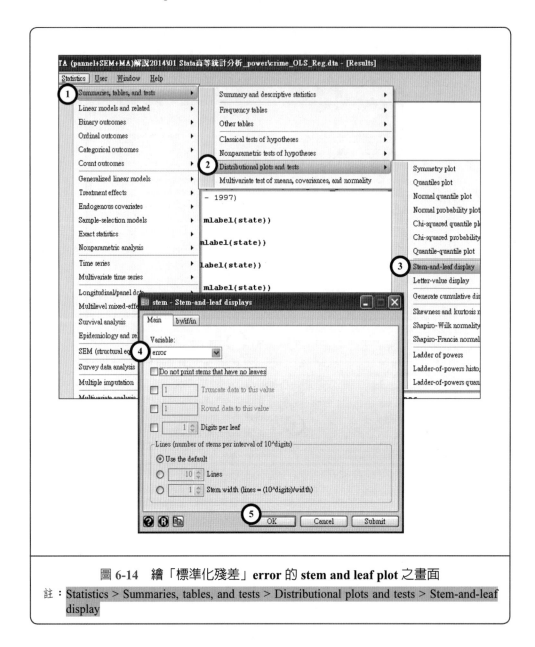

圖 6-14 繪「標準化殘差」error 的 stem and leaf plot 之畫面

註：Statistics > Summaries, tables, and tests > Distributional plots and tests > Stem-and-leaf display

```
. stem error

Stem-and-leaf plot for error (Standardized residuals)

error rounded to nearest multiple of .01
plot in units of .01

 -3** | 19
 -2** |
 -2** |
 -1** | 79, 65
 -1** | 29, 14, 13, 04, 02
 -0** | 87, 85, 66, 58, 57, 55, 55
 -0** | 48, 46, 46, 38, 36, 30, 28, 21, 08, 02
  0** | 05, 06, 09, 13, 27, 29, 29, 31, 36, 41, 49, 49
  0** | 57, 64, 71, 80, 82
  1** | 01, 03, 03, 07, 15, 28
  1** | 56
  2** | 47
  2** |
  3** | 33
```

(1) 莖葉圖，逆時針轉 90 度，即可判定：殘差是否呈常態分布。

(2) 有三個離群值：-3.57, 2.62 及 3.77。

6. Step 5-2. 以標準化殘差為基準，找出離群值

　　莖葉圖雖然找到三個離群值，但仍不知它是屬那三個州？故先 sort 之後，再印殘差最大值及最小值的 state(州名)。

```
* 整個資料檔，以 error 欄位來排序
*Menu 在： Data > Sort
. sort error

* 列出殘差最大值的前 10 名
*Menu 在： Data > Sort
. list sid state error in 1/10
```

```
   + ———————————————————— +
   | sid   state      error |
   |————————————————————|
 1.|  25    ms      -3.193796 |
 2.|  18    la      -1.793716 |
 3.|  39    ri      -1.653521 |
 4.|  47    wa      -1.294313 |
 5.|  35    oh      -1.144457 |
   |————————————————————|
 6.|  48    wi      -1.126045 |
 7.|   6    co      -1.043932 |
 8.|  22    mi      -1.022228 |
 9.|   4    az       -.872175 |
10.|  44    ut       -.8545464 |
   + ———————————————————— +
```

* 列出殘差最小值的前 10 名
. list sid state error in -10/1

```
   + ———————————————————— +
   | sid   state      error |
   |————————————————————|
42.|  24    mo       .8240324 |
43.|  20    md      1.012708 |
44.|  29    ne      1.028228 |
45.|  40    sc      1.029668 |
46.|  16    ks      1.074898 |
   |————————————————————|
47.|  14    il      1.147723 |
48.|  13    id      1.284314 |
49.|  12    ia      1.564434 |
50.|   9    fl      2.470016 |
51.|  51    dc      3.327972 |
   + ———————————————————— +
```

(1) 由 list 所列殘差的最大值及最小值，可看出：ms(密州)、fl(佛州)、dc(華盛頓) 三個是離群值。

(2) 標準化殘差 = [-2, + 2] 就要注意了；標準化殘差 = [-2.5, + 2.5] 就要更加注意了；標準化殘差 = [-3, + 3] 就要考慮，改用 Robust 迴歸來處理了。

(3) 這三個離群值的絕對值，顯示 DC 及 MS 比 FL 嚴重的偏離平均值。

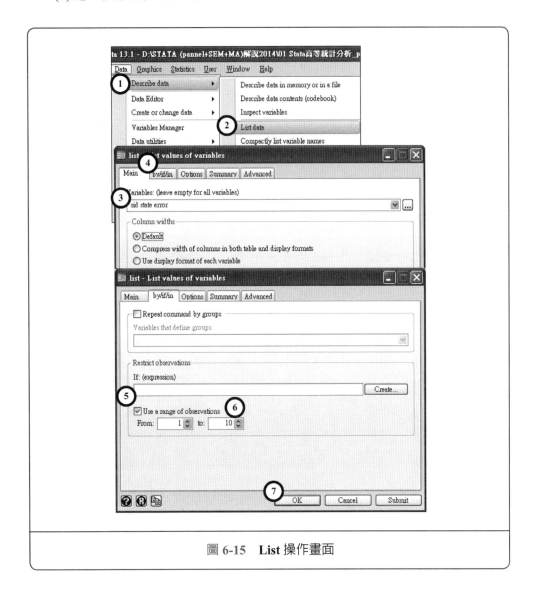

圖 6-15　**List** 操作畫面

Stata 有另一外掛指令「hilo」亦可找到離群 (不同 sort error)，你可執行「findit hilo」來 download 它。

```
.  findit hilo


.  hilo error state
10 lowest and highest observations on error


    + ------------------- +
    |    error     state |
    |-------------------|
    | -3.193796      ms |
    | -1.793716      la |
    | -1.653521      ri |
    | -1.294313      wa |
    | -1.144457      oh |
    |-------------------|
    | -1.126045      wi |
    | -1.043932      co |
    | -1.022228      mi |
    |  -.872175      az |
    |  -.8545464     ut |
    + ------------------- +


    + ------------------- +
    |    error     state |
    |-------------------|
    |  .8240324      mo |
    | 1.012708       md |
    | 1.028228       ne |
    | 1.029668       sc |
    | 1.074898       ks |
    |-------------------|
    | 1.147723       il |
    | 1.284314       id |
    | 1.564434       ia |
    | 2.470016       fl |
    | 3.327972       dc |
    + ------------------- +
```

假設我們設定，標準殘差 = [−2, + 2] 範圍，超過這範圍就是離群值。即標準殘差的絕對值 > 2 者，就是離群值。我們亦可用 List 指令來列出其三個預測變數的值。如下表所示。

圖 6-16　**List** 指令來列出其三個預測變數的值

```
. list error crime pctmetro poverty single if abs(error) > 2

     +------------------------------------------------------+
     |     error   crime   pctmetro   poverty   single |
     |------------------------------------------------------|
  1. | -3.193796     434       30.7      24.7     14.7 |
 50. |  2.470016    1206         93      17.8     10.6 |
 51. |  3.327972    2922        100      26.4     22.1 |
     +------------------------------------------------------+
```

7. Step 5-3. 個別的 leverage 為基準，來判定它對迴歸係數的潛在影響量

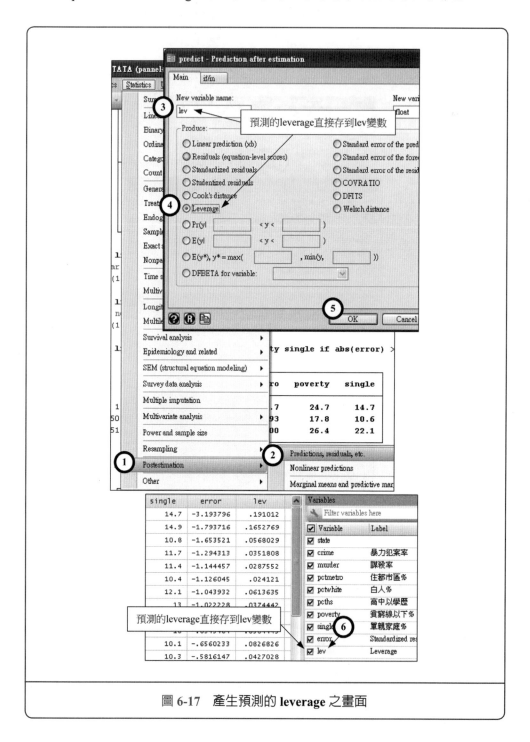

圖 6-17　產生預測的 **leverage** 之畫面

```
. predict lev, leverage
.
. stem lev

Stem-and-leaf plot for lev (Leverage)

lev rounded to nearest multiple of .001
plot in units of .001

  0** | 20, 24, 24, 28, 29, 29, 31, 31, 32, 32, 34, 35, 37, 38, 39, 43, 45, 45, 46, 47, 49
  0** | 50, 57, 60, 61, 62, 63, 63, 64, 64, 67, 72, 72, 73, 76, 76, 82, 83, 85, 85, 85, 91, 95
  1** | 00, 02, 36
  1** | 65, 80, 91
  2** |
  2** | 61
  3** |
  3** |
  4** |
  4** |
  5** | 36
```

你亦可直接採用 hilo 指令之「show(number) high」選項,來印出 leverage 最高的前 number 個觀察值。例如下表。

```
. *印出 leverage 最高的前 6 個觀察值
hilo lev state, show(6) high
6 highest observations on lev

 + ------------------- +
 |     lev    state |
 |-------------------|
 | .1362576     vt |
 | .1652769     la |
 | .1802005     wv |
 | .191012      ms |
 | .2606759     ak |
 |-------------------|
 | .536383      dc |
 + ------------------- +
```

(1) leverage 最高的前 3 個觀察值，依序為：dc(華盛頓)、ak(Alaska)、ms(密州)。

(2) 相較之前分析的離群值，ms(密州)、fl(佛州)、dc(華盛頓) 三個是最高的離群值。

一般來說，觀察值的 leverage $> \dfrac{(2k+2)}{n}$ 就要格外檢視它。

其中，k 為預測變數的個數。n 為樣本數。

以本例來說，(2*3 + 2)/51 = 0.157。故 leverage>0.157 的觀察值都要檢視。

```
. display (2*3 + 2)/51
.15686275

. list state crime pctmetro poverty single state error lev  if lev >0.157

     +--------------------------------------------------------------------+
     | state   crime   pctmetro   poverty   single   state     error   lev |
     |--------------------------------------------------------------------|
  1. |    ms     434      30. 7     24.7     14.7     ms   -3. 193796   .191012 |
  2. |    la    1062        75      26.4     14.9     la   -1.793716   .1652769 |
 15. |    wv     208      41. 8     22. 2     9. 4     wv   -.5456529   .1802005 |
 32. |    ak     761      41. 8      9. 1     14.3     ak    .2929492   .2606759 |
 51. |    dc    2922       100      26.4     22.1     dc    3.327972    .536383 |
     +--------------------------------------------------------------------+
```

(1) 全部樣本中，DC(華盛頓) 的殘差絕對值及 leverage 都是最大值，它對迴歸係數有最大的影響力。

(2) 我們亦可以選擇表「Leverage-versus-squared-residual plot」來繪「殘差平方 vs. 個別的 leverage」散布圖。如下圖。

8. Step 5-4. 個別 leverage vs. 殘差平方之散布圖

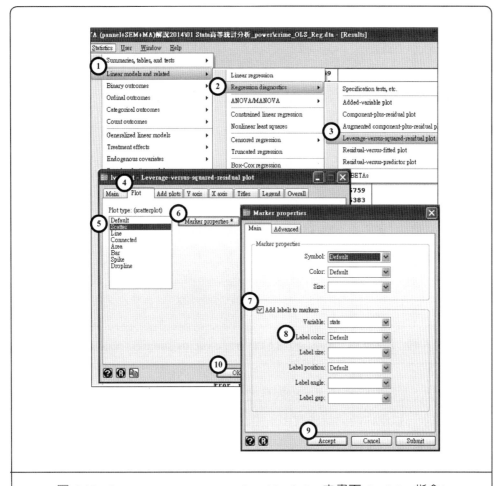

圖 6-18　Leverage-versus-squared-residual plot 之畫面 (lvr2plot 指令)

註：Statistics > Linear models and related > Regression diagnostics > Leverage-versus-squared-residual plot

```
lvr2plot, mlabel(state)
```

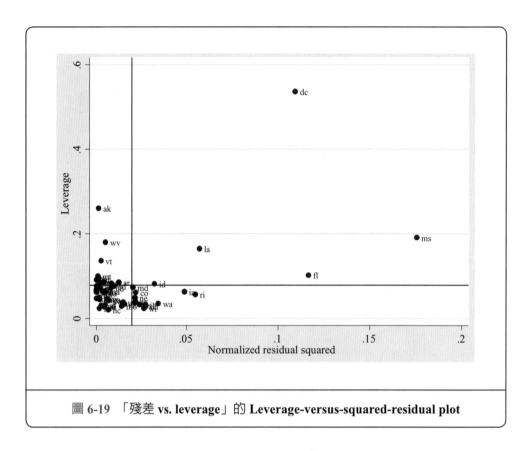

圖 **6-19** 「殘差 **vs. leverage**」的 **Leverage-versus-squared-residual plot**

(1) lvr2plot 使用殘差平方，來取代殘差，是因為確保畫出來座標點都在第 1
象限。以便你能同時檢視出：潛在影響觀察值及 outliers，這二個值都是
迴歸診斷最重視的檢查。

(2) 水平軸「殘差平方」最大者是 ms。

(3) 垂直軸「個別的 Leverage」最大者是 dc。dc 及 ms 這二個觀察值都得留
意。故再用 list 指令，印出來看。

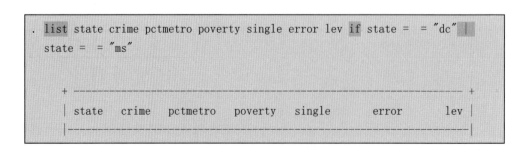

```
1. |    ms    434      30.7     24.7     14.7    -3.193796   .191012 |
51. |   dc    2922     100      26.4     22.1     3.327972   .536383 |
    +  ------------------------------------------------------------  +
```

9. Step 6. 以整體 influence 為測量基準：Cook's D 及 DFITS

(1) Step6-1. Cook's D 及 DFITS

Cook's D 或 DFITS 都具備 residual 及 leverage 組合的特性。Cook's D 愈小愈好，接近 0 最佳；DFITS 亦愈小愈好。

Cook's D 切斷點 (cut-off point) 為 4/n，以本例來說，4/n = 4/51。

```
* 將 cooksd 存到變數 cook_d
. predict cook_d, cooksd
. list crime pctmetro poverty single state cook_d if cook_d > 4/51

    +  ------------------------------------------------------------  +
    | crime   pctmetro   poverty   single   state    cook_d |
    |------------------------------------------------------------|
 1. |  434      30.7      24.7     14.7      ms     .602106 |
 2. | 1062      75        26.4     14.9      la    .1592638 |
50. | 1206      93        17.8     10.6      fl    .173629  |
51. | 2922      100       26.4     22.1      dc    3.203429 |
    +  ------------------------------------------------------------  +
```

Cook's D 最大值是 DC，也是最有影響力的觀察點。

(2) Step 6-2. DFITS 切斷點

DFITS 則愈小愈好。DFITS 切斷點 (cut-off point) 為 $\frac{2}{\sqrt{k/n}}$，k 為預測變數的個數。由於 DFITS 值有正有負，故為了便利看，我們都取 |DFITS|。

```
*DFITS 存到 dfit 變數
. predict dfit, dfits

.
```

```
. list crime pctmetro poverty single state dfit if abs(dfit)>2*sqrt(3/51)

       +----------------------------------------------------------------+
       | crime   pctmetro   poverty   single   state        dfit |
       |----------------------------------------------------------------|
   1.  |   434       30.7      24.7     14.7      ms   -1.735096 |
   2.  |  1062         75      26.4     14.9      la   -.8181195 |
  50.  |  1206         93      17.8     10.6      fl    .8838196 |
  51.  |  2922        100      26.4     22.1      dc    4.050611 |
       +----------------------------------------------------------------+
```

DFITS 最大值也是 DC，也是最有影響係數估計者。

(3) Step 6-3. DFBETA 切斷點

Cook's D 及 DFITS 是測量影響力。你亦可改用 DFBETA 來測量：每一個觀察值被刪除時，迴歸係數如何變化。每一個預測變數都有其 DFBETA 值。

在 Stata 軟體中係用 dfbeta 指令來產生每一個預測變數的 DFBETA，新產生的變數前頭，自動冠上「_DF」前導字元。例如，本例有 3 個預測變數 (Pctmetro、poverty、single)，故這 3 變數 DFBETA 依序存在：_dfbeta_1、_dfbeta_2、_dfbeta_3 新變數中。

```
. dfbeta
                 _dfbeta_1: dfbeta(pctmetro)
                 _dfbeta_2: dfbeta(poverty)
                 _dfbeta_3: dfbeta(single)
* 印出前 5
. list state _dfbeta_1 _dfbeta_2 _dfbeta_3 in 1/5

       +------------------------------------------------+
       | state    _dfbeta_1    _dfbeta_2    _dfbeta_3 |
       |------------------------------------------------|
   1.  |    ms     1.006877    -.6599165    -.5680245 |
   2.  |    la    -.1247451    -.5993823    -.0301384 |
   3.  |    ri    -.2898523     .0780765     .0692385 |
   4.  |    wa     -.100459     .0981195    -.0561568 |
   5.  |    oh     -.095034     .0321535    -.0009137 |
       +------------------------------------------------+
```

①ms(密州) 的 _dfbeta_3 = -0.568，表示排除此筆資料之後，single 係數減少 0.568 標準誤 (standard errors)。即 _dfbeta_3 之 (-0.568) 倍的標準誤 (-0.568 * 15.5)。由於每個觀察值對係數的貢獻有正有負，故 DFBETAs 可能是正或負。

②DFBETA 若超過 $\dfrac{2}{\sqrt{n}}$ 時，可視為離群值 (Outlier) 來處理。本例 n = 51，

$\dfrac{2}{\sqrt{n}} = \dfrac{2}{\sqrt{51}} = 0.28$為切斷點，故 DFBETA = [-0.28, +0.28] 才是正常的觀察值。如下表所示。

```
. scatter _dfbeta_1 _dfbeta_2 _dfbeta_3 sid, ylabel(-1(0.5)3)  yline(0.28
-0.28) mlabel(state state state)
```

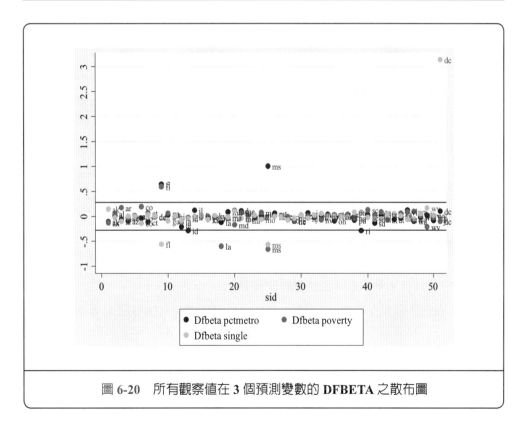

圖 6-20　所有觀察值在 3 個預測變數的 DFBETA 之散布圖

接著再 list 印出，DFBETA 大於決斷點之觀察值。即 list「|_dfbeta_3| > $\dfrac{2}{\sqrt{51}}$」觀察值。

```
. list _dfbeta_3 state crime pctmetro poverty single if abs(_dfbeta_3) > 2/sqrt(51)

  +------------------------------------------------------------+
  |  _dfbeta_3    state    crime    pctmetro    poverty    single |
  |------------------------------------------------------------|
 1. | -.5680245      ms      434        30.7       24.7       14.7 |
50. | -.5606022      fl     1206          93       17.8       10.6 |
51. |  3.139084      dc     2922         100       26.4       22.1 |
  +------------------------------------------------------------+
```

dc(華盛頓) 的 dfbeta = 3.139 > |0.28|，故 dc 應視爲 outlier 來處理。

(4) 小結

我們利用 predict 指令，產生下列新變數來診斷迴歸。整理歸納之後，這些迴歸診斷指標之切斷點如下。

Measure	切斷點
leverage	> (2k + 2)/n
abs(rstu)	> 2
Cook's D	> 4/n
abs(DFITS)	> 2 × sqrt(k/n)
abs(DFBETA)	> 2/sqrt(n)

其中，n 爲樣本數，k 爲預測變數的個數。

由於 dc(華盛頓) 在 leverage、Cook's D、|DFITS|、|DFBETA| 都是最不理想，故 OLS 分析，可考慮，在「排除離群值 dc」之下，重新再做一次線性迴歸。

10. Step 7. 決定排除離群值 dc，重做 OLS

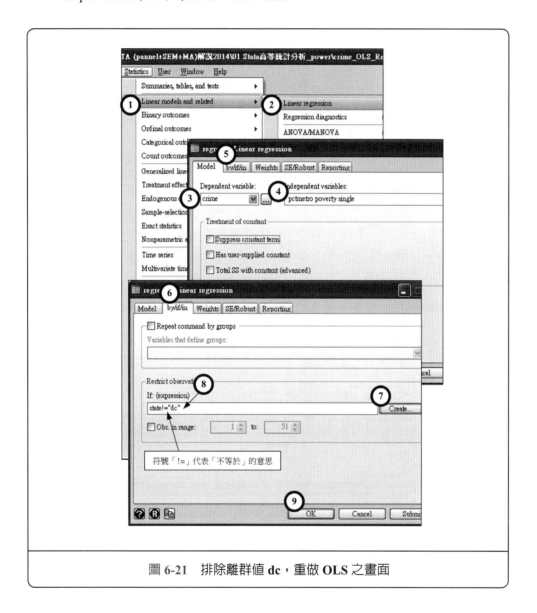

圖 6-21　排除離群值 dc，重做 OLS 之畫面

```
*符號「! =」代表「不等於」的意思
. regress crime pctmetro poverty single if state ! = "dc"

      Source |       SS       df       MS              Number of obs =      50
-------------+------------------------------           F(  3,     46) =   39.90
```

Model	3098767.11	3	1032922.37	Prob > F	= 0.0000
Residual	1190858.11	46	25888.2199	R-squared	= 0.7224
				Adj R-squared	= 0.7043
Total	4289625.22	49	87543.3718	Root MSE	= 160.9

crime	Coef.	Std. Err.	t	P>|t|	[95% Conf. Interval]
pctmetro	7.712334	1.109241	6.95	0.000	5.479547	9.94512
poverty	18.28265	6.135958	2.98	0.005	5.931611	30.6337
single	89.40078	17.83621	5.01	0.000	53.49836	125.3032
_cons	-1197.538	180.4874	-6.64	0.000	-1560.84	-834.2358

　　儘管 OLS 在排除「dc」之後，三個預測變數之迴歸係數都達 0.05 顯著水準，但 single 對 crime 的迴歸係數 β_3，由原來 $\beta_3 = 132.4$ 降至 $\beta_3 = 89.4$。

11. Step 8. 用 avplot 指令，在模型現有眾多自變數之間，找尋離群值

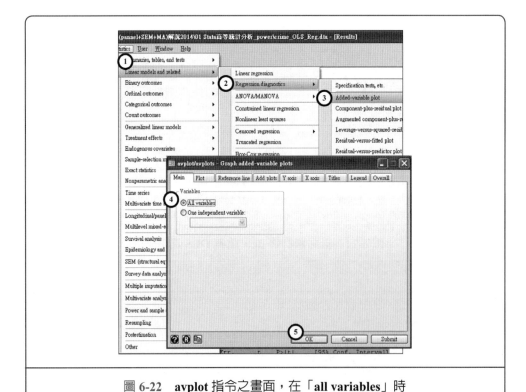

圖 6-22　avplot 指令之畫面，在「all variables」時

註：Statistics > Linear models and related > Regression diagnostics > Added-variable plot

```
. avplots
```

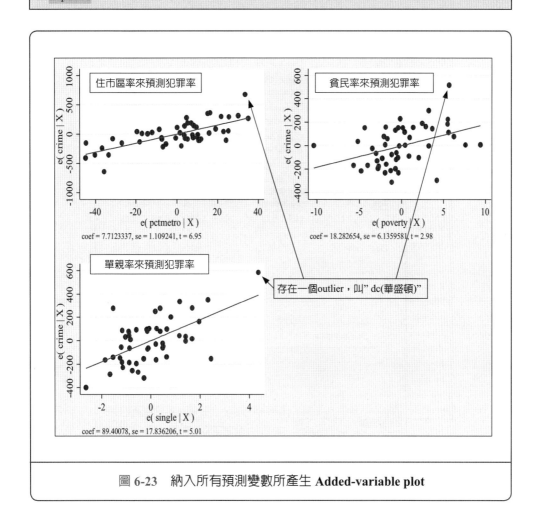

圖 6-23　納入所有預測變數所產生 **Added-variable plot**

　　avplot 指令，在自變數很多時，可快速幫你找尋各自預測變數的離群值。
例如，DC 在三個 avplot 圖中，都很容易肉眼發現存在一個離群值 (outlier)，叫
「dc(華盛頓)」。

　　為何叫「Added-variable plot」？因為 avplot 指令不只可測試現存迴歸模型
中所有預測變數之 outlier 外，avplot 指令亦可快速測試不在迴歸模型中某預測變
數之迴歸係數的估計值 (coef, se, t 值)。例如，本例如果要測試，現有三個預測
變數中，是否能「再加另外一個」預測變數，例如「再加 pctwhite(白人 %)」，
對整體犯罪預測模型是否有幫助？則 avplot 指令是非常好用。

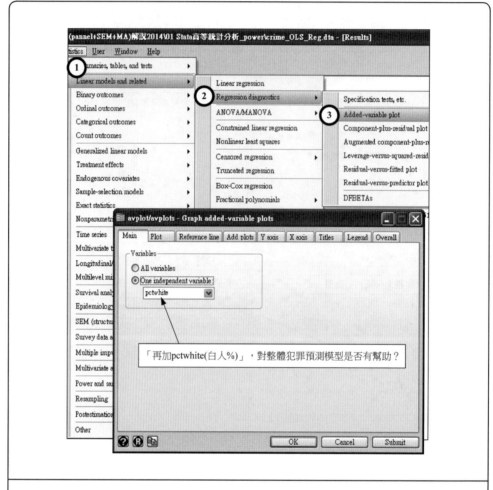

圖 6-24　**avplot** 指令之畫面，在「**one independent variables**」時

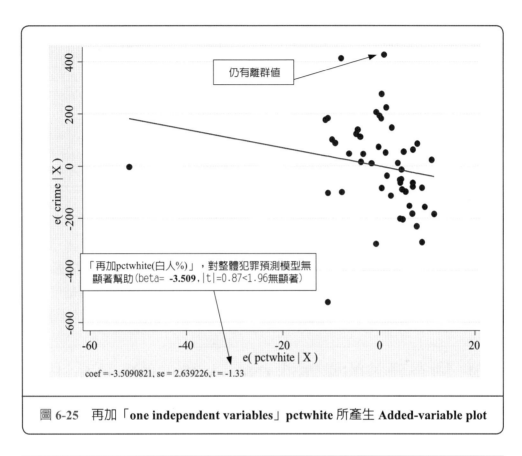

圖 6-25　再加「**one independent variables**」pctwhite 所產生 **Added-variable plot**

```
. avplots    pctwhite
```

　　「再加 pctwhite(白人 %)」之後，上圖 avplot 指令與 OLS(下表) 做比較，
二者產生的迴歸係數是一樣的，「coef = -3.509」。

```
. regress crime pctmetro pctwhite poverty single

    Source |      SS       df       MS              Number of obs =      51
-----------+------------------------------          F(  4,     46) =   63.07
     Model | 8228138.87      4  2057034.72          Prob > F      =  0.0000
  Residual | 1500335.87     46  32615.9972          R-squared     =  0.8458
-----------+------------------------------          Adj R-squared =  0.8324
     Total | 9728474.75     50  194569.495          Root MSE      =  180.6
```

crime	Coef.	Std. Err.	t	P>|t|	[95% Conf. Interval]
pctmetro	7.404075	1.284941	5.76	0.000	4.817623 9.990527
pctwhite	-3.509082	2.639226	-1.33	0.190	-8.821568 1.803404
poverty	16.66548	6.927095	2.41	0.020	2.721964 30.609
single	120.3576	17.8502	6.74	0.000	84.42702 156.2882
_cons	-1191.689	386.0089	-3.09	0.003	-1968.685 -414.6936

二、小結

總得來說，評量 outliers 有二種型態的方法：(1) 一般統計值，如殘差、leverage、Cook's D 及 DFITS，它們都在評估每一觀察值對「整體迴歸結果」的影響。(2) DFBETA 統計值，則在評估每一觀察值對「特定迴歸係數」的影響。

6-2　檢查殘差的常態性 (Normality of Residuals)

若是資料呈現常態分配 (normal distribution)，則誤差項也會呈現同樣的分配，當樣本數夠大時，檢查的方式是使用簡單的 Histogram (直方圖)，若是樣本數較小時，檢查的方式是使用 normal probability plot (常態機率圖)。

Stata 有提供：(1) 圖形法：P-P 圖、Q-Q 圖。(2) 統計檢定法：iqr 指令、Shapiro-Wilk W 常態檢定法。

Stata 範例：殘差的常態性檢定

（一）問題說明

樣本從「California Department of Education's API 2000」資料庫中，隨機抽樣 400 所小學，包括：學校的學術表現、班級人數、招生、貧困…等屬性。

我們係期待，辦校績效 (api00) 較佳者，應是：(1) 補修英語學習者 % (ell) 較少，(2) 貧窮學生少，即學生吃免費餐 %(meals) 較低，(3) 緊急教師證 % 的老師 (full) 較少。

　　研究者先文獻探討以歸納出，影響美國小學「辦校績效」的原因，並整理成下表，此「elem_api_OLS.dta」資料檔之變數如下：

變數名稱	辦校績效的原因	編碼Codes/Values
api00	Y: 辦校績效 (academic performance, API)	
meals	X1: 學生吃免費餐 %，即貧窮學生 %	
ell	X2: 補英語學習者 %	
emer	X3: 緊急教師證 %，兼課教師 %	
acs_k3	幼兒園到小三平均班級人數	連續變數
full	老師有完整教師證 %	連續變數

　　觀察資料之特徵：

```
. Use   elem_api_OLS.dta
. descri

Contains data from D:\Stata (pannel + SEM + MA) 解說 2014\01 Stata 高等統計分析
_power\elem_api_OLS.dta
  obs:          400
  vars:          22                          24 Feb 2014 22:30
  size:       13,600
-------------------------------------------------------------------
storage    display    value
variable name  type    format     label     variable label
-------------------------------------------------------------------
snum           int     %9.0g                 學校編號
dnum           int     %7.0g      dname      郵地區號
api00          int     %6.0g                 辦校績效 2000
api99          int     %6.0g                 辦校績效 1999
growth         int     %6.0g                 1999 to 2000 成長
meals          byte    %4.0f                 學生吃免費餐 %
ell            byte    %4.0f                 補英語學習者
yr_rnd         byte    %4.0f      yr_rnd     year round school
```

```
mobility        byte      %4.0f                      第 1 年住校生 %
acs_k3          byte      %4.0f                      k-3 平均班人數
acs_46          byte      %4.0f                      4-6 年級平均班人數
not_hsg         byte      %4.0f                      父母非高中學歷
hsg             byte      %4.0f                      父母高中畢業
some_col        byte      %4.0f                      parent some college
col_grad        byte      %4.0f                      parent college grad
grad_sch        byte      %4.0f                      parent grad school
avg_ed          float     %9.0g                      平均父母教育
full            byte      %8.2f                      有完整教師證 %
emer            byte      %4.0f                      緊急教師證 %
enroll          int       %9.0g                      學生人數
mealcat         byte      %18.0g     mealcat         學生吃免費餐 %in 3 categories
collcat         float     %9.0g
-----------------------------------------------------------------------------------
Sorted by:  dnum
```

（二）資料檔之內容

「elem_api_OLS.dta」資料檔內容如下圖。分析單位為小學。

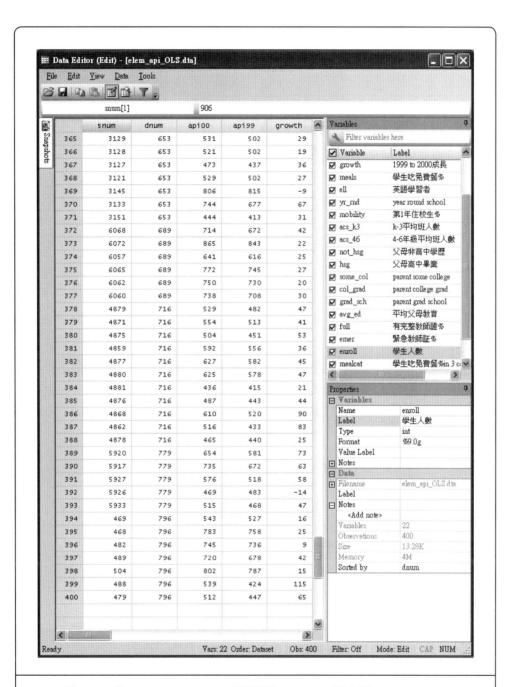

圖 6-26 「**elem_api_OLS.dta**」資料檔 (N = 400 所小學 , 22 variables)

（三）線性迴歸之選擇表操作

Statistics > Linear models and related > Linear regression

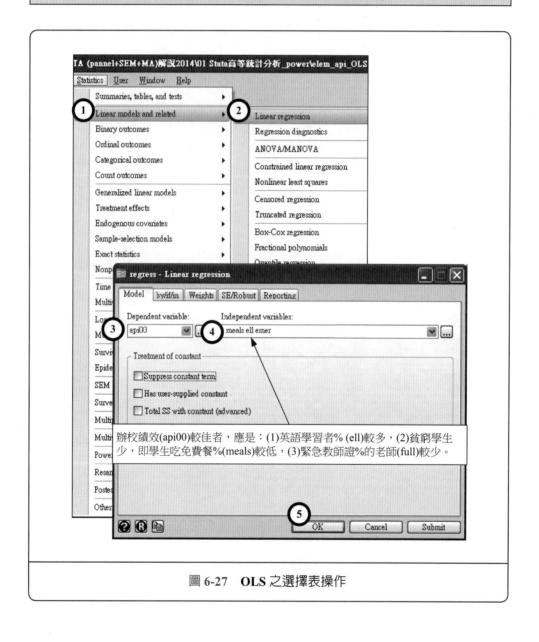

圖 6-27　OLS 之選擇表操作

（四）分析結果與討論

```
. regress api00 meals ell emer

      Source |       SS       df       MS              Number of obs =     400
-------------+------------------------------           F(  3,    396) =  673.00
       Model | 6749782.75       3  2249927.58          Prob > F       =  0.0000
    Residual | 1323889.25     396  3343.15467          R-squared      =  0.8360
-------------+------------------------------           Adj R-squared  =  0.8348
       Total |  8073672      399  20234.7669           Root MSE       =   57.82


       api00 |     Coef.   Std. Err.      t    P>|t|     [95% Conf. Interval]
-------------+----------------------------------------------------------------
       meals | -3.159189   .1497371   -21.10   0.000    -3.453568   -2.864809
         ell | -.9098732   .1846442    -4.93   0.000    -1.272879   -.5468678
        emer | -1.573496    .293112    -5.37   0.000    -2.149746   -.9972456
       _cons |  886.7033    6.25976   141.65   0.000     874.3967    899.0098
------------------------------------------------------------------------------
```

　　顯著影響辦校績效 (api00) 的預測變數，是：(1) 補英語學習者 % (ell) 較少，(2) 貧窮學生少，即學生吃免費餐 %(meals) 較低，(3) 緊急教師證 % 的老師 (full) 較少。

1. Step 1. 用 predict 指令產生殘差 (error 變數)

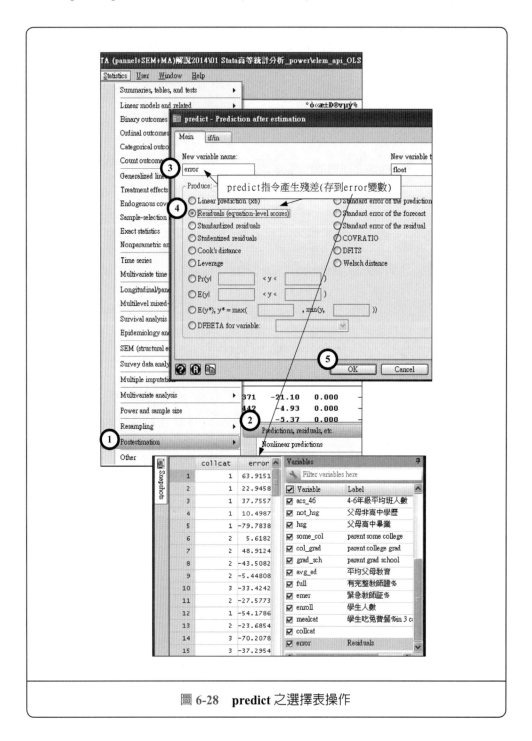

圖 6-28 predict 之選擇表操作

2. Step 2. Kdensity 指令「normal」選項來繪 kernel density plot

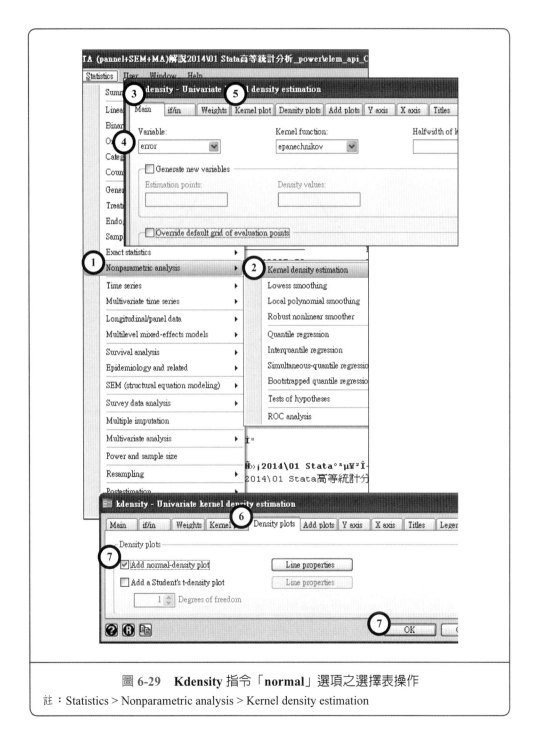

圖 6-29　**Kdensity** 指令「**normal**」選項之選擇表操作

註：Statistics > Nonparametric analysis > Kernel density estimation

```
.  predict error, residuals
.  kdensity error, normal
```

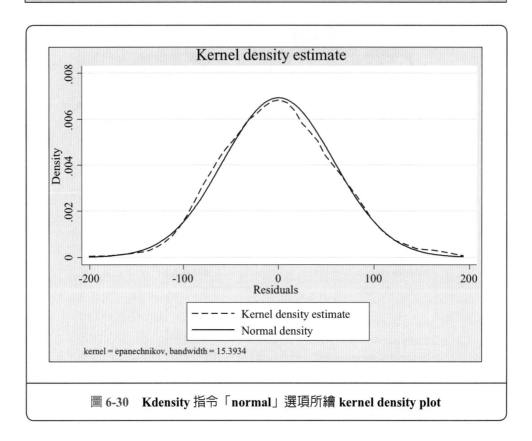

圖 6-30　**Kdensity** 指令「**normal**」選項所繪 **kernel density plot**

　　以迴歸殘差所繪「kernel density 圖」沒有完全貼近常態密度分配，故本例殘差有輕微的偏離常態。

3. Step 3. **繪 P-P 圖、Q-Q 圖**

　　另一種檢定常態性之圖形法，就是 P-P 圖、Q-Q 圖，分配愈貼近 45 度線者愈好。

　　(1) pnorm 指令繪 standardized normal probability (P-P) 圖。

　　(2) qnorm 指 令 繪 the quantiles of a variable against the quantiles of a normal distribution (Q-Q 圖)。

　　(3) qnorm 對中型樣本數之非常態性檢定非常靈敏。如下所示，當 P-P 圖無法偵測出非常態時，Q-Q 圖卻可發現在 45 度線上端有輕微的偏離常態，如結果與 kernel density 圖相似。

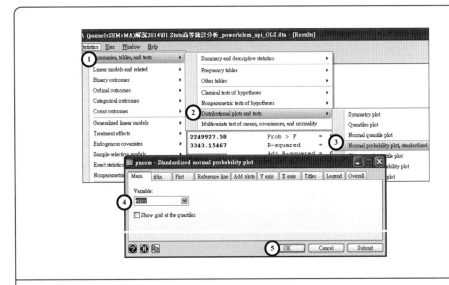

圖 6-31　pnorm 繪 P-P 圖之畫面

註：Statistics > Summaries, tables, and tests > Distributional plots and tests > Normal probability plot, standardized

```
. pnorm error
```

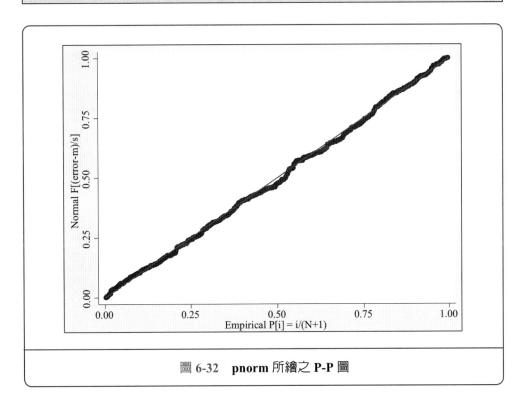

圖 6-32　pnorm 所繪之 P-P 圖

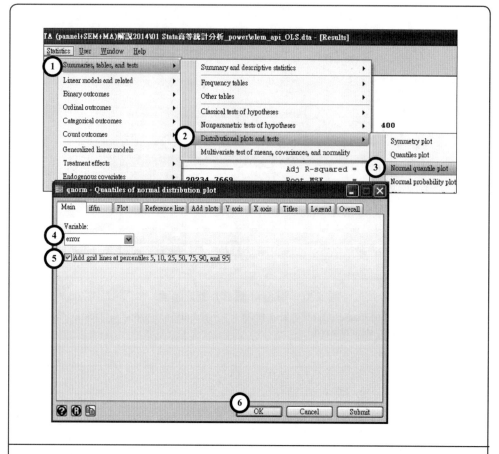

圖 6-33 **qnorm** 繪 **Q-Q** 圖之畫面

註：Statistics > Summaries, tables, and tests > Distributional plots and tests > Normal quantile plot

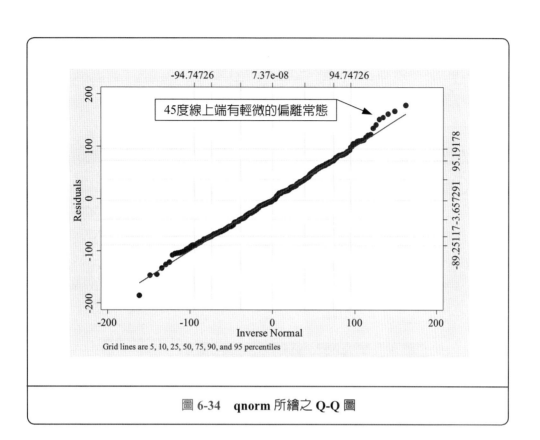

圖 6-34　**qnorm** 所繪之 **Q-Q** 圖

4. Step 4. 改用統計檢定法，可用 iqr 指令

　先用「findit iqr」外掛 iqr 指令檔之後，再執行它

```
. findit iqr
. iqr error

  mean =   7.4e-08      std.dev. =     57.6         (n =   400)
median =  -3.657   pseudo std.dev. =   56.69       (IQR =   76.47)
10 trim =  -1.083
                                        low          high
                                     ------------------------
                   inner fences      -154.7         151.2
                 # mild outliers      1             5
                 % mild outliers      0.25%         1.25%

                   outer fences      -269.4         265.9
               # severe outliers      0             0
               % severe outliers      0.00%         0.00%
```

(1) N = 400 中，中度離群值，low 有一個，high 有五個觀察值。

(2) 這 400 個樣本符合～ N(0,57.6²) 常態分配。

5. Step 5. 再試統計檢定法：Shapiro-Wilk W 常態檢定法

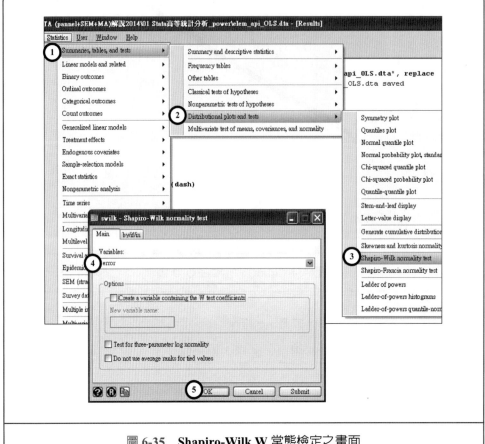

圖 6-35　Shapiro-Wilk W 常態檢定之畫面

註：Statistics > Summaries, tables, and tests > Distributional plots and tests > Shapiro-Wilk normality test

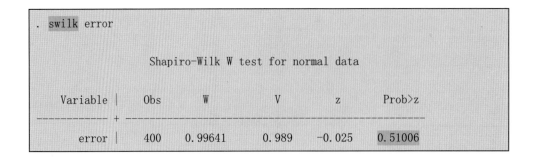

Shapiro-Wilk W test 的 p 值，是假設在常態分配 z 分數之上。由於 p = 0.51 > 0.05，故不能拒絕「H_0：殘差 error 是常態分配」，所以本例迴歸之殘差符合常態性之假定 (assumption)。

6-3 檢查殘差的異質性 (Homoscedasticity)

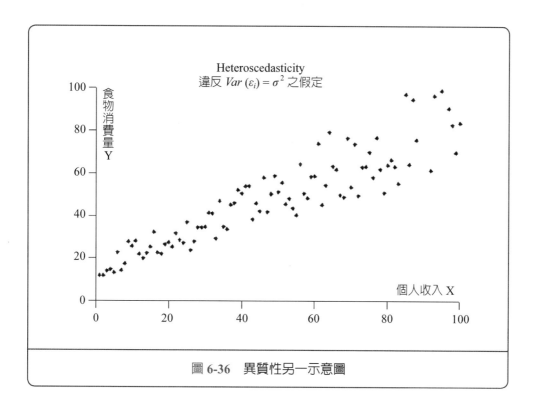

圖 6-36　異質性另一示意圖

　　自變數的誤差項除了需要呈現常態性分配外，其變異數也需要相等，變異數不同質 (heteroscedasticity) 會導致自變數無法有效的估計應變數。例如：殘差分布分析時，所呈現的三角形分布和鑽石分布，在 Stata 軟體中，我們可以使用「estat imtest」，來測試變異數的一致性，當變異數的不相等發生時，我們可以透過轉換 (transform) 成變異數的相等後，再進行迴歸分析。

1. Step 1. 用 rvfplot 指令「yline(0)」選項，來繪殘差散布圖

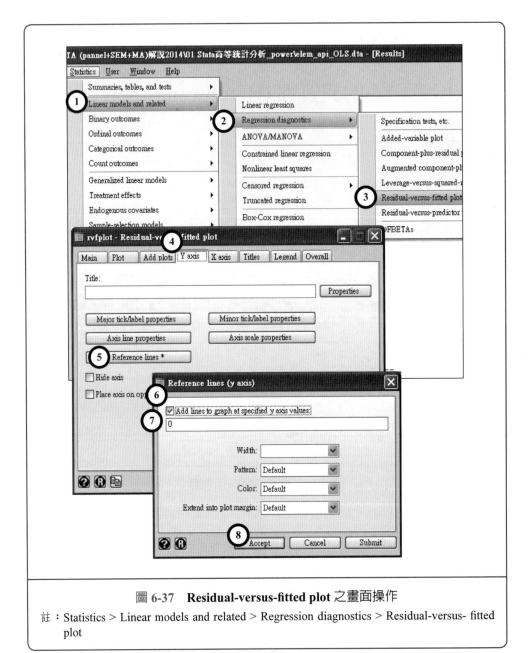

圖 6-37　Residual-versus-fitted plot 之畫面操作

註：Statistics > Linear models and related > Regression diagnostics > Residual-versus- fitted plot

```
rvfplot , yline(0)
```

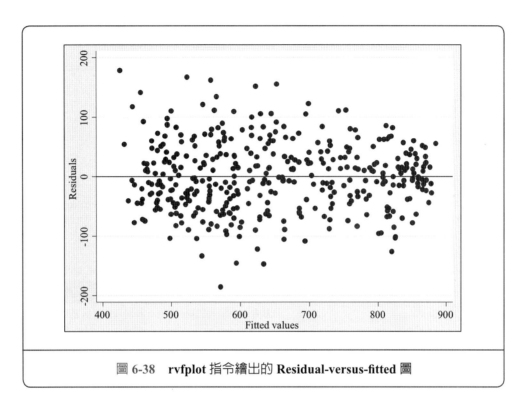

圖 6-38 **rvfplot** 指令繪出的 **Residual-versus-fitted** 圖

　　Residual-versus-fitted 圖，長得喇叭口，左測喇叭口大，右測喇叭口小。故殘差分布違反「左右均勻」原則，我們懷疑「殘差呈異質性」。故再用 imtest、hettest 指令做「殘差異質性」檢定。

2. Step 2. 用 estat 指令來檢定異質性

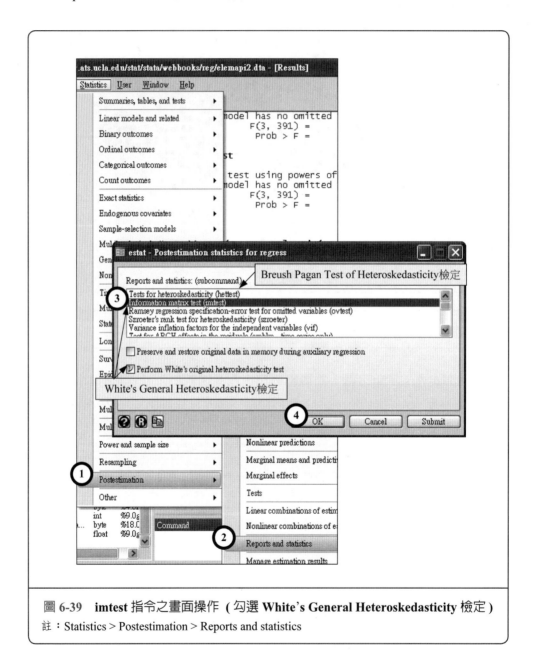

圖 6-39　imtest 指令之畫面操作 **(** 勾選 **White's General Heteroskedasticity** 檢定 **)**

註：Statistics > Postestimation > Reports and statistics

```
. use elem_api_OLS.dta, clear
. quietly regress api00 meals ell emer
*進行 White's General Heteroskedasticity 檢定
. estat imtest,  white

White's test for Ho: homoskedasticity
        against Ha: unrestricted heteroskedasticity

        chi2(9)      =       18.35
        Prob > chi2  =       0.0313

Cameron & Trivedi's decomposition of IM-test

---------------------------------------------------------
        Source |      chi2      df       p
---------------+-----------------------------------------
Heteroskedasticity |      18.35       9     0.0313
        Skewness |       7.78       3     0.0507
        Kurtosis |       0.27       1     0.6067
---------------+-----------------------------------------
         Total |      26.40      13     0.0150
---------------------------------------------------------
```

　　White's General Heteroskedasticity 檢定，結果 $\chi^2_{(9)} = 18.35$，$p < 0.05$，拒絕
「H_0: homoskedasticity」，亦顯示本例之 OLS 殘差具有異質性。這已違反 OLS
的假定 (assumption of normality)。故需改用 Robust OLS 來克服殘差異質性之問
題。

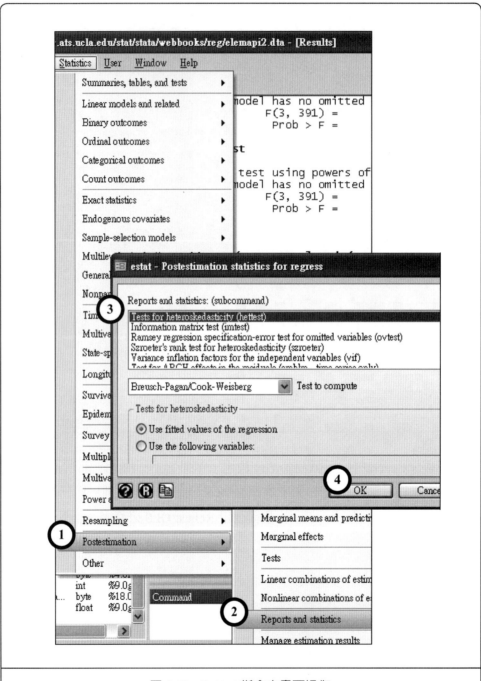

圖 6-40　**hettest** 指令之畫面操作

註：Statistics > Postestimation > Reports and statistics

```
* 進行 Breusch-Pagan test
. estat hettest

Breusch-Pagan / Cook-Weisberg test for heteroskedasticity
        Ho: Constant variance
        Variables: fitted values of api00

        chi2(1)    =     8.75
        Prob > chi2 =   0.0031
```

(1) P = 0.0031<0.05，故拒絕 H_0: Constant variance，表示本迴歸之殘差不符合同質性之假定 (assumption)，故 OLS 係數估計會有偏誤。

(2) 上面之 Residual-versus-fitted 圖，並沒有太強的證據，顯示殘差是異質的。因此，我們不打算談論該如何糾正異質性及其校正方法。

6-4 共線性 (Multicollinearity) 診斷

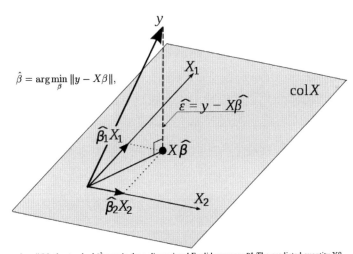

$$\hat{\beta} = \arg\min_{\beta} \|y - X\beta\|,$$

where $\|\cdot\|$ is the standard L^2 norm in the n-dimensional Euclidean space R^n. The predicted quantity $X\beta$ is just a certain linear combination of the vectors of regressors. Thus, the residual vector $y - X\beta$ will have the smallest length when y is projected orthogonally onto the linear subspace spanned by the columns of X. The OLS estimator in this case can be interpreted as the coefficients of vector decomposition of $\hat{y} = Py$ along the basis of X.

圖 6-41　**X1, X2 對 Y 預測之共線性示意圖**

一、共線性的變數

1. 許多變數可能會以某種規律性的方式一起變動，這種變數被稱為是共線性 (collinearity)。

2. 當有數個變數牽涉在模型內時，這樣的問題歸類為共線性或多元共線性 (multicollinearity)。

3. 當模型出現共線性的問題時，要從資料中衡量個別效果 (邊際產量) 將是非常困難的。

4. 當解釋變數幾乎沒有任何變異時，要分離其影響是很困難的，這個問題也是屬於共線性的情況。

5. 共線性所造成的後果：

   (1) 只要解釋變數之間有一個或一個以上的完全線性關係。則完全共線性或完全線性重合的情況會存在，則最小平方估計式無法定義。例：若 r_{23} (correlation coefficient) $= \pm 1$，則 $Var(b_2)$ 則是沒有意義的，因為零出現在分母中。

   (2) 當解釋變數之間存在近似的完全線性關係時，最小平方估計式的變異數、標準誤和共變數中有一些可能會很大，則表示：樣本資料所提供有關於未知參數的資訊相當的不精確。

   (3) 當估計式的標準誤很大時，則檢定結果不顯著。問題在於共線性變數未能提供足夠的資訊來估計它們的個別效果，即使理論可能指出它們在該關係中的重要性。

   (4) 對於一些觀察值的加入或刪除，或者刪除一個明確的不顯著變數是非常敏感的。

   (5) 如果未來的樣本觀察值之內的共線性關係仍然相同，正確的預測仍然是可能的。

二、如何分辨與降低共線性？

1. 相關係數 X_1、X_2，若 $Cov(X_1, X_2) > 0.9$ 時，則表示有強烈的線性關係。

   例：如何判斷 X_1、X_2、X_3 有 collinear 呢？請見範例之 Stata 分析。

2. 估計「輔助迴歸」(auxiliary regressions)

$$X_2 = a_1 x_1 + a_3 x_3 + \cdots + a_k x_k + e$$

若 R^2 高於 0.8，其含意為 X_2 的變異中，有很大的比例可以用其他解釋變數的變異來解釋。

3. Stata 所提供之 collinearity 的統計包括 Tolerance、VIF(variance inflation factor) 和 collin 等指令。

三、共線性對迴歸的衝擊

多元共線性是指多元迴歸分析中，自變數之間有相關存在的一種現象，是一種程度的問題 (degree of matters)，而不是全有或全無 (all or none) 的狀態。多元共線性若是達嚴重的程度時，會對多元迴歸分析造成下列的不良影響：

1. 膨脹最小平方法 (least squares) 估計參數值的變異數和共變數，使得迴歸係數的估計值變得很不精確。
2. 膨脹迴歸係數估計值的相關係數。
3. 膨脹預測值的變異數，但對預測能力不影響。
4. 造成解釋迴歸係數及其信賴區間估計之困難。
5. 造成整體模式的檢定達顯著，但個別迴歸係數之檢定不顯著的矛盾現象和解釋上之困擾。
6. 造成迴歸係數的正負號與所期望者相反的衝突現象，這是由於自變數間之壓抑效果 (suppress effect) 造成的。

四、共線性之診斷法

一個比較簡單的診斷方法是察看自變數間的相關係數矩陣，看看該矩陣中是否有元素值 (即自變數兩兩之間的相關係數值) 是大於 0.90 以上者，若有，即表示該二變數互為多元共線性變數，並認為該迴歸分析中有嚴重的多元共線性問題存在。另一個比較正式、客觀的診斷法，則為使用第 j 個自變數的「變異數膨脹因子」(variance inflation factor) 作為判斷的指標，凡變異數膨脹因子指標值大於 10 者，即表示第 j 個自變數是一個多元共線性變數。在一般的迴歸分析中，針對這種多元共線性問題，有些統計學家會建議將多元共線性變數予以刪除，不納入迴歸方程式中。但避免多元共線性問題所造成困擾的最佳解決方法，不是刪除該具有多元共線性變數，而是使用所謂的「偏差迴歸分析」(biased regression analysis, BRA)。其中以「山脊型迴歸」(ridge regression) 最受到學者們的重視和

使用：除此之外，尚有「主成分迴歸」(principal component regression)、「潛在根迴歸」(latent root regression)、「貝氏法迴歸」(Baysean regression)、「遞縮式迴歸」(shrinkage regression) 等，不過這些偏差迴歸分析法所獲得的迴歸係數值都是「有偏差的」(biased)，亦即這些迴歸係數的期望值不等於母群體的迴歸係數值，所以稱作偏差迴歸係數估計值，而本補救多元共線性問題的方法即稱作偏差迴歸分析法。

五、範例：共線性診斷

例題：共線性良好

承上例，辦校績效 (api00) 較佳者，是：(1) 補修英語學習者 % (ell) 較少，(2) 貧窮學生少，即學生吃免費餐 %(meals) 較低，(3) 緊急教師證 % 的老師 (full) 較少。

以此「elem_api_OLS.dta」資料檔為例，來看看這三個自變數之間是否有共線性的疑慮？

此「elem_api_OLS.dta」資料檔之變數如下：

變數名稱	博士生發表論文篇數的原因	編碼Codes/Values
api00	Y: 辦校績效 (academic performance, API)	
meals	X1: 學生吃免費餐 %，即貧窮學生 %	
ell	X2: 補英語學習者 %	
emer	X3: 緊急教師證 %，兼課教師 %	

Stata 所提供之 collinearity 的統計包括 Tolerance、VIF (variance inflation factor) 和 collin 等指令。這些統計是有關聯性的。如 Tolerance 與 VIF 就是互為倒數，如果是 Tolerance 越小，就表示該自變數與其他自變數間之共線性越高或幾乎是其他自變數的線性組合。

```
. regress api00 meals ell emer

      Source |       SS       df       MS              Number of obs =     400
-------------+------------------------------          F( 3,    396) =  673.00
       Model | 6749782.75      3   2249927.58          Prob > F      =  0.0000
    Residual | 1323889.25    396   3343.15467          R-squared     =  0.8360
-------------+------------------------------          Adj R-squared =  0.8348
       Total |  8073672      399   20234.7669          Root MSE      =   57.82


       api00 |     Coef.   Std. Err.      t     P>|t|     [95% Conf. Interval]
-------------+----------------------------------------------------------------
       meals |  -3.159189   .1497371   -21.10   0.000    -3.453568   -2.864809
         ell |  -.9098732   .1846442    -4.93   0.000    -1.272879   -.5468678
        emer |  -1.573496    .293112    -5.37   0.000    -2.149746   -.9972456
       _cons |   886.7033    6.25976   141.65   0.000     874.3967    899.0098


.
. vif

    Variable |       VIF       1/VIF ( 容認值 )
-------------+----------------------
       meals |      2.73     0.366965
         ell |      2.51     0.398325
        emer |      1.41     0.706805
-------------+----------------------
    Mean VIF |      2.22
```

api00(辦校績效 2000) 的原因？本例只考量教師因素及學生經濟因素。

(1) 整體迴歸 R^2_a = 0.83。Root MSE = 57.82。

(2) 本例之三個自變數 vif (variance inflation factor) 介於 1.41 ～ 2.73 之間，VIF 都 < 4。

(3) 分析結果顯示，容認值 Tolerance = 1/VIF。介於 0.37 ～ 0.71 之間，容認值都 > 0.2，表示共線性良好。

(4) 容忍值 (tolerance)：某一自變數無法被其他自變數所解釋的殘差比，其值介於 0 ～ 1(值愈大愈好)。

(5) 變異數膨脹因子 VIF (variance inflation factor) 與容忍值互為倒數 (值愈小愈好)。

(6) 若 tolerance < 0.2 且 VIF > 4，判定此自變數與其他自變數間存在共線性。

(7) 由迴歸係數，可看出：meals (貧窮學生 %) 愈多、ell (補英語學習者 %) 愈多、emer (兼課教師 %) 愈多的學校，其 api00 (辦校績效) 愈差。

例題：共線性之不良的變數，要排除在迴歸之外

承接上例之資料檔「elem_api_OLS.dta」，影響 api00(辦校績效 2000) 的原因？

承接上例，若不考慮教師因素及學生經濟因素，單純考量家長因素，重做一次迴歸，再診斷自變數們之共線性。

(1) 依變數 Y：api00(辦校績效 2000)。

(2) 預測變數 X 有五個：

acs_k3(幼稚園 k- 小 3 平均班人數)。

some_col (父母一人大學畢業)。

col_grad (父母二人大學畢業)。

grad_sch (父母碩士畢業)。

avg_ed (平均父母教育)。

1. Step 1. 求出多元線性迴歸之共線性

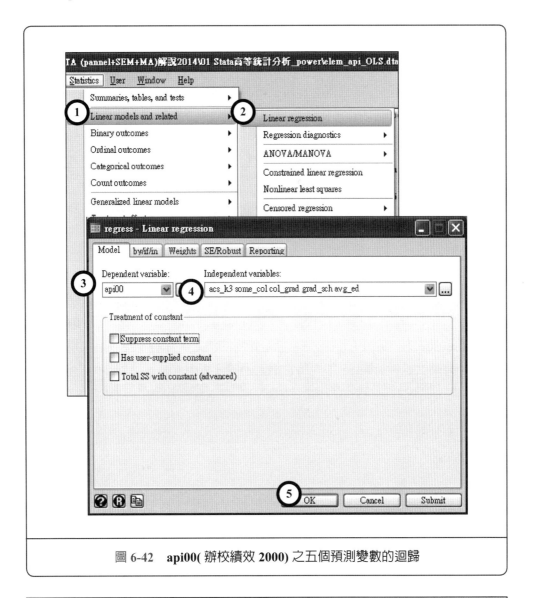

圖 6-42 **api00(** 辦校績效 **2000)** 之五個預測變數的迴歸

```
* 求出 api00( 辦校績效 2000) 之五個預測變數的迴歸
. regress api00 acs_k3 some_col col_grad grad_sch avg_ed

      Source |       SS       df       MS              Number of obs =     379
-------------+------------------------------           F(  5,   373) =  143.79
       Model |  5056268.54      5  1011253.71          Prob > F      =  0.0000
```

```
   Residual |  2623191.21    373   7032.68421         R-squared     =  0.6584
------------+--------------------------------         Adj R-squared =  0.6538
      Total |  7679459.75    378   20316.0311          Root MSE     =  83.861


       api00 |      Coef.   Std. Err.      t    P>|t|     [95% Conf. Interval]
------------+----------------------------------------------------------------
      acs_k3 |   11.45725   3.275411     3.50   0.001     5.016669    17.89784
    some_col |  -.7604543   .8109676    -0.94   0.349    -2.355096    .8341872
    col_grad |  -2.967831   1.017812    -2.92   0.004    -4.969199   -.9664626
    grad_sch |  -2.090898   1.352292    -1.55   0.123    -4.749969    .5681735
      avg_ed |   227.2638    37.2196     6.11   0.000     154.0773    300.4504
       _cons |  -82.60913   81.84638    -1.01   0.313    -243.5473    78.32904
```

　　儘管 acs_k3(幼兒園到小三平均班級人數)、col_grad(父母二人大學畢業)、avg_ed(平均父母教育)，三者對辦校績效 (api00) 的預測效果，都達到 0.05 顯著水準，若到此打住，就下結論，這可能是錯誤的決定，你將不應該納入模型的預測變數 (忽略共線性診斷)，卻誤將它納入迴歸分析中。

2. Step 2. 繪自變數們與依變數的相關分布圖

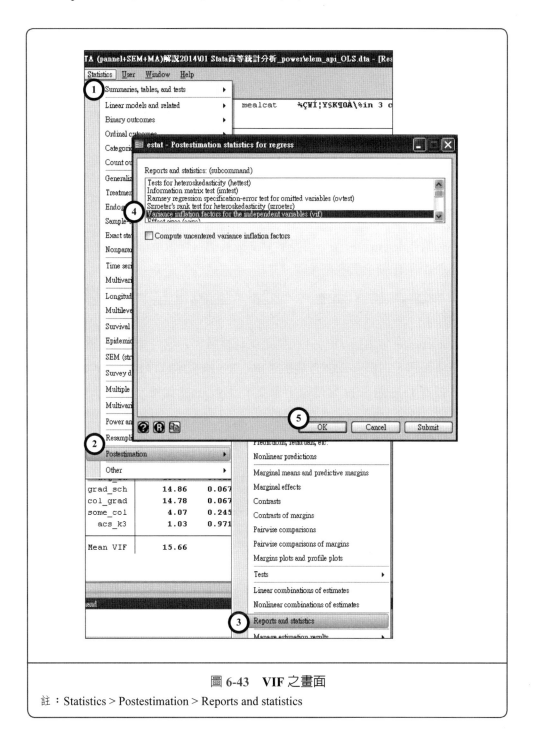

圖 6-43　**VIF** 之畫面

註：Statistics > Postestimation > Reports and statistics

```
. estat vif

    Variable |       VIF       1/VIF
-------------+----------------------
      avg_ed |      43.57     0.022951
    grad_sch |      14.86     0.067274
    col_grad |      14.78     0.067664
    some_col |       4.07     0.245993
      acs_k3 |       1.03     0.971867
-------------+----------------------
    Mean VIF |      15.66
```

(1) 容忍值 (tolerance)：某一自變數無法被其他自變數所解釋的殘差比，其值介於 0 ～ 1(值愈大愈好)。

(2) 變異數膨脹因子 VIF (variance inflation factor) 與容忍值互為倒數 (值愈小愈好)。

(3) 若 tolerance< 0.2 且 VIF > 4，判定此自變數與其他自變數間存在共線性。

(4) 結果顯示，本例有三個自變數 VIF > 4，嚴重度依序為：avg_ed(平均父母教育)、grad_sch(父母碩士畢業)、col_grad(父母二人大學畢業)。故迴歸先排除 VIF = 43.57 最嚴重的 avg_ed，再做一遍迴歸。

3. Step 3. 先排除 VIF 最嚴重的預測變數 (avg_ed)，再做一遍迴歸並求出 VIF

```
regress api00 acs_k3 some_col col_grad grad_sch

      Source |       SS        df       MS              Number of obs =     398
-------------+--------------------------------           F(  4,   393) =  107.12
       Model |   4180144.34     4   1045036.09           Prob > F      =  0.0000
    Residual |   3834062.79    393   9755.88497           R-squared     =  0.5216
-------------+--------------------------------           Adj R-squared =  0.5167
       Total |   8014207.14    397   20186.9197           Root MSE      =  98.772

-------------------------------------------------------------------------------
       api00 |      Coef.   Std. Err.      t    P>|t|     [95% Conf. Interval]
-------------+-----------------------------------------------------------------
```

```
   acs_k3 |   11.7126   3.664872    3.20   0.002    4.507392   18.91781
 some_col |   2.158271  .4438822    4.86   0.000    1.28559    3.030952
 col_grad |   2.479916  .3395548    7.30   0.000    1.812345   3.147487
 grad_sch |   5.634762  .4581979   12.30   0.000    4.733936   6.535588
    _cons |   283.7446  70.32475    4.03   0.000    145.4848   422.0044
--------------------------------------------------------------------------

. estat vif

  Variable |      VIF      1/VIF
-----------+----------------------
  col_grad |     1.28    0.782726
  grad_sch |     1.26    0.792131
  some_col |     1.03    0.966696
    acs_k3 |     1.02    0.976666
-----------+----------------------
  Mean VIF |     1.15
```

(1) 未排除 VIF 最嚴重的預測變數 (avg_ed)，整體迴歸 $R_a^2 = 0.83$ 較高，係因爲有預測變數共線性嚴重所造成。

(2) 排除 VIF 最嚴重的預測變數 (avg_ed)，整體迴歸 $R_a^2 = 0.5167$ 反而下降，修正共線性之後才較合理。

(3) 未排除 VIF 最嚴重的預測變數 (avg_ed)，some_col(父母一人大學畢業) 未達 0.05 顯著水準。排除 avg_ed 之後，some_col 反而顯著 (beta = 2.158, p < 0.05)。

(4) 未排除 avg_ed 時，grad_sch(父母碩士畢業)、col_grad(父母二人大學畢業) 的共線性都很嚴重。但排除 VIF 最嚴重的 avg_ed 之後，二者 VIF 都變正常。

(5) 故預測變數挑選：some_col(父母一人大學畢業)、col_grad(父母二人大學畢業)、grad_sch(父母碩士畢業)，這三個自變數都符合「沒有共線性」之歸迴假定 (assumption)。

4. Step 4. 亦改用 Stata 外掛指令 collin，來診斷共線性

先用「findit collin」來安裝 collin.ado 指令檔，再執行它，省時且方便。

```
. collin acs_k3  grad_sch col_grad some_col avg_ed
(obs = 379)


  Collinearity Diagnostics

                          SQRT                     R-
    Variable      VIF      VIF     Tolerance     Squared
-------------------------------------------------------------
     acs_k3      1.03     1.01      0.9719       0.0281
    grad_sch    14.86     3.86      0.0673       0.9327
    col_grad    14.78     3.84      0.0677       0.9323
    some_col     4.07     2.02      0.2460       0.7540
     avg_ed     43.57     6.60      0.0230       0.9770
-------------------------------------------------------------
  Mean VIF      15.66

                          Cond
          Eigenval       Index
-------------------------------------------
      1     5.0125      1.0000
      2     0.5889      2.9175
      3     0.2526      4.4550
      4     0.1420      5.9404
      5     0.0028     42.0362
      6     0.0012     65.8866
-------------------------------------------
  Condition Number       65.8866
  Eigenvalues & Cond Index computed from scaled raw sscp (w/ intercept)
  Det(correlation matrix)    0.0183


.
. collin acs_k3 grad_sch col_grad some_col
(obs = 398)


  Collinearity Diagnostics
```

```
                        SQRT                        R-
   Variable      VIF     VIF    Tolerance       Squared
------------------------------------------------------------
    acs_k3      1.02    1.01    0.9767       0.0233
   grad_sch     1.26    1.12    0.7921       0.2079
   col_grad     1.28    1.13    0.7827       0.2173
   some_col     1.03    1.02    0.9667       0.0333
------------------------------------------------------------
   Mean VIF     1.15


                          Cond
        Eigenval          Index
------------------------------------------------------------
    1     3.9699          1.0000
    2     0.5986          2.5752
    3     0.2551          3.9448
    4     0.1739          4.7775
    5     0.0025         39.9253
------------------------------------------------------------
Condition Number         39.9253
Eigenvalues & Cond Index computed from scaled raw sscp (w/ intercept)
Det(correlation matrix)    0.7656
```

採用 collin 指令,與前面「estat vif」方法所得結果相同,但它使用較簡單。

6-5 自變數與依變數要線性關係 (Linearity),此假定若違反,則取 log()

一、線性關係

迴歸模型中,依變數和自變數之間的關係必須是線性 (Linearity),也就是說,依變數與自變數存在著相當固定比率的關係,若是發現依變數與自變數呈現非線性關係時,可以透過轉換 (transform) 成線性關係,再進行迴歸分析。

做雙變數相關之分析,旨在檢視變數間之關係是否為線性關係和是否為共線

性 (collinearity) 之情況。最基本的做法是看雙變數之相關矩陣。如果依變數與自變數間之關係很弱或比自變數間之相關弱的話，就應質疑所設定之多元迴歸模式是否適當。

檢視自變數與依變數間是否爲線性關係的基本做法是看雙變數間之散布圖 (scatter plot)。進階且比較好的做法是在控制其他自變數後，再看某一自變數與依變數間之部分線性關係 (partial linearity)。線性關係是迴歸分析重要的假定，而且指的是自變數與依變數間之部分線性關係。我們並不用太關心自變數間是否爲線性關係，但如對自變數間關係之設定有誤時，也會導致我們對虛假關係不適當的控制和解釋上的錯誤。

探索自變數與依變數間部分線性關係的方式是在控制其他自變數後，逐一檢視某一自變數及進一步加入此自變數之平方後，看看兩個迴歸模式間是否達顯著之差異。如果是的話，則此自變數與依變數間之關係並不是線性關係。當發現自變數與依變數間並非線性關係時，除了將該自變數之平方加入迴歸分析的方法外，也可將該自變數做對數轉換 (log transformation)，例如我們常將個人之收入做對數轉換之處理。究竟如何處理是適當的，則要以理論爲基礎。

二、Stata 範例：Linearity 診斷

（一）問題說明

1985 年代，爲瞭解世界各國少子化的原因有哪些？研究者先文獻探討以歸納出，影響「世界各國出生率」的原因，並整理成下表，故分析單位爲國家。此「couart2_regression.dta」資料檔之變數如下：

變數名稱	各國出生率的原因	編碼Codes/Values
birth	Y：出生率 /1000 人	連續變數
gnpcap	X1: 人均 GNP(1985)	連續變數
urban	X2: 城市人口 %(1985)	連續變數

（二）資料檔之內容

「nations_OLS_Linearity.dta」資料檔內容如下圖。

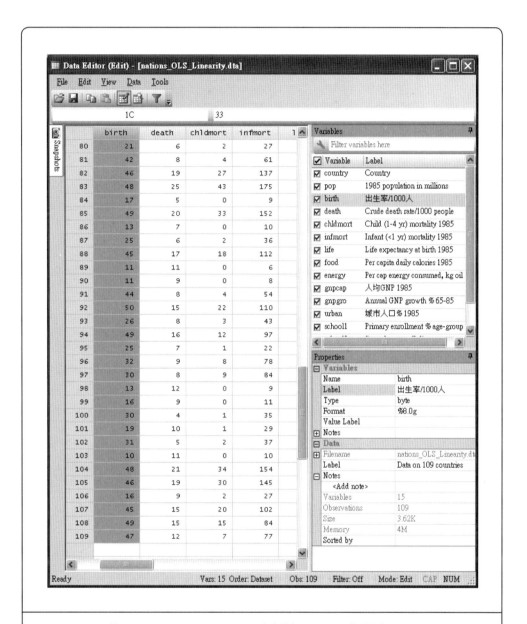

圖 6-44 「**nations_OLS_Linearity**」資料檔 (N = 109 個國家 , 15 variables)

以下爲觀察資料之特徵。

```
. use nations_OLS_Linearity, clear
. describe

  obs:            109                          Data on 109 countries
  vars:            15                          25 Feb 2014 17:36
  size:          3,706
_____

                 storage   display    value
variable name    type      format     label      variable label
_____

country          str8      %9s                   Country
pop              float     %9.0g                 1985 population in millions
birth            byte      %8.0g                 出生率/1000 人
death            byte      %8.0g                 Crude death rate/1000 people
chldmort         byte      %8.0g                 Child (1-4 yr) mortality 1985
infmort          int       %8.0g                 Infant (<1 yr) mortality 1985
life             byte      %8.0g                 Life expectancy at birth 1985
food             int       %8.0g                 Per capita daily calories 1985
energy           int       %8.0g                 Per cap energy consumed, kg oil
gnpcap           int       %8.0g                 人均 GNP 1985
gnpgro           float     %9.0g                 Annual GNP growth % 65-85
urban            byte      %8.0g                 城市人口% 1985
school1          int       %8.0g                 Primary enrollment % age-group
school2          int       %8.0g                 Secondary enroll % age-group
school3          byte      %8.0g                 Higher ed. enroll % age-group
_____

Sorted by:
```

（三）線性迴歸之選擇表操作

```
Statistics > Linear models and related > Linear regression
```

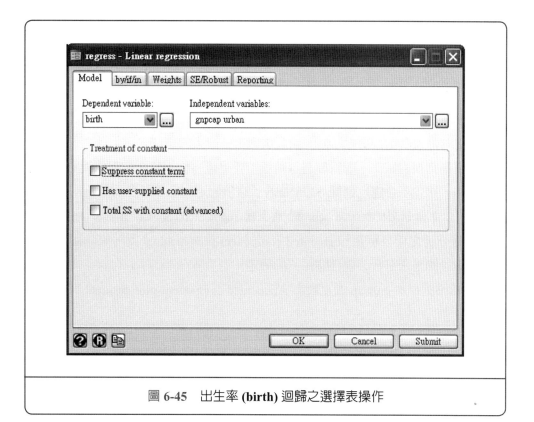

圖 6-45　出生率 **(birth)** 迴歸之選擇表操作

（四）分析結果與討論

1. Step 1. 迴歸分析

```
. regress birth gnpcap urban

      Source |       SS       df       MS              Number of obs =     108
-------------+------------------------------           F( 2,   105) =   64.22
       Model |  10796.488       2   5398.24399          Prob > F      =  0.0000
    Residual |  8825.5861     105   84.053201           R-squared     =  0.5502
-------------+------------------------------           Adj R-squared =  0.5417
       Total |  19622.0741    107   183.38387           Root MSE      =  9.1681

-------------------------------------------------------------------------------
       birth |     Coef.   Std. Err.      t    P>|t|     [95% Conf. Interval]
-------------+-----------------------------------------------------------------
      gnpcap |  -.000842   .0002637    -3.19   0.002    -.0013649   -.0003191
```

urban	−.2823184	.0462191	−6.11	0.000	−.3739624	−.1906744
_cons	48.85603	1.986909	24.59	0.000	44.91635	52.7957

雖然，預測 birth(出生率 /1000 人) 之二個自變數：gnpcap(人均 GNP) 及 urban(住城市人口 %) 都達到 0.05 顯著水準。一般人做迴歸，常以此迴歸分析當結論，這是錯誤的做法。因為你還忽略了：要事後再檢視自變數與依變數是否呈線性關係，這才不會違反迴歸「Linearity」這項假定。

2. Step 2. *每個預測變數，用 acprplot 指令繪* augmented component-plus-residual 圖

迴歸分析之前，可用 augmented component-plus-residual 圖，來診斷自變數與依變數之間是否符合「線性關係」的假定。

(1) Step 2-1. 繪 gnpcap 自變數之 augmented component-plus-residual 圖

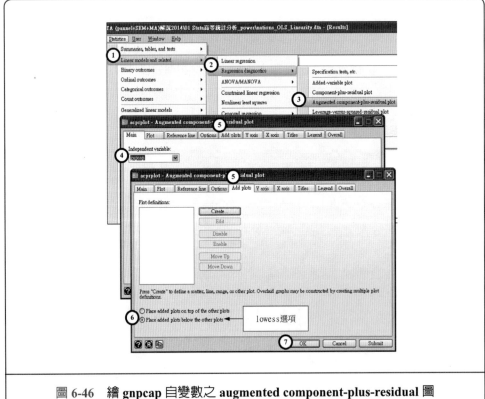

圖 6-46　繪 gnpcap 自變數之 augmented component-plus-residual 圖

註：Statistics > Linear models and related > Regression diagnostics > Augmented component-plus-residual plot

```
. acprplot gnpcap, lowess
```

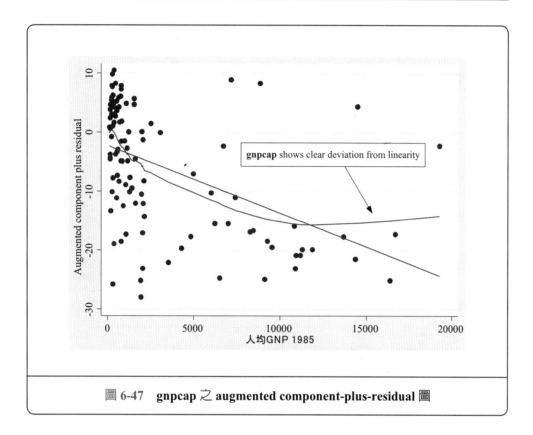

圖 6-47　**gnpcap 之 augmented component-plus-residual 圖**

(2) Step 2-2. 繪 urban 自變數之 augmented component-plus-residual 圖

```
. acprplot urban, lowess
```

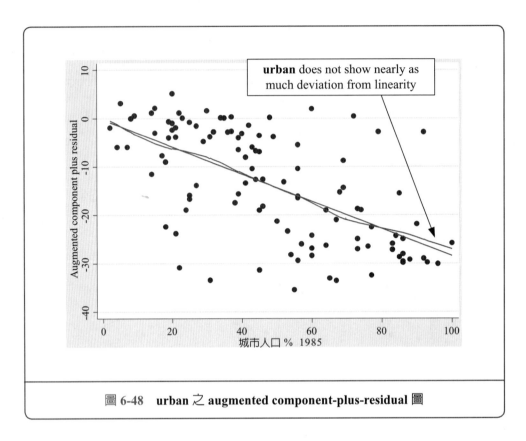

圖 6-48　**urban** 之 **augmented component-plus-residual** 圖

由 gnpcap(人均 GNP)、urban(住城市人口 %) 二個預測變數之 augmented：
① component-plus-residual 圖，可比較出來，gnpcap 殘差分布圖比 urban 更偏離
「直線性」，故可判定 gnpcap(人均 GNP) 與 birth(出生率 /1000 人) 兩者不是
「直線關係」，這已違反迴歸「(Linearity)」假定。
② 當發現自變數與依變數間並非線性關係時，除了將該自變數之平方加入迴歸
分析的方法外，也可將該自變數做對數轉換 (log transformation)。

(3) Step 2-3. kdensity 繪 gnpcap 自變數之 Kernel 密度圖

非線性關係，我們懷疑 gnpcap 可能是嚴重偏態所造成的，所以再繪 gnpcap
自變數之 Kernel 密度圖，來比對它是否偏態。

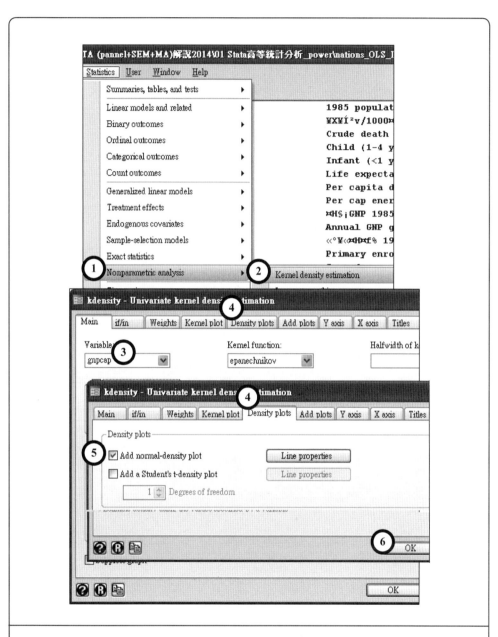

圖 6-49 繪 **gnpcap** 之 **Kernel** 密度圖之畫面

註：Statistics > Nonparametric analysis > Kernel density estimation

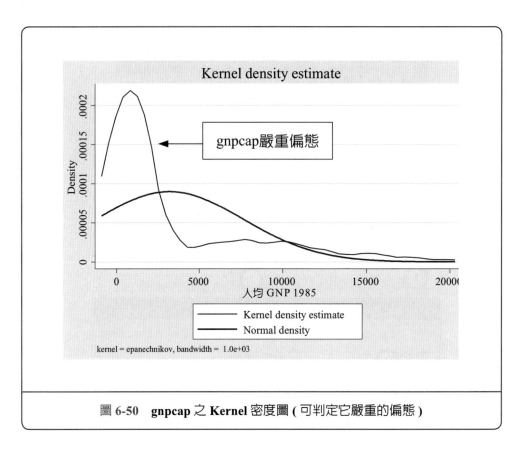

圖 6-50　gnpcap 之 Kernel 密度圖 (可判定它嚴重的偏態)

　　由於 gnpcap 有嚴重的偏態，故先 log(gnpcap) 做變數變換，使它更趨近常態之後，再做迴歸分析。

3. Step 3. gnpcap 取 log() 之後，再判定常態分配？

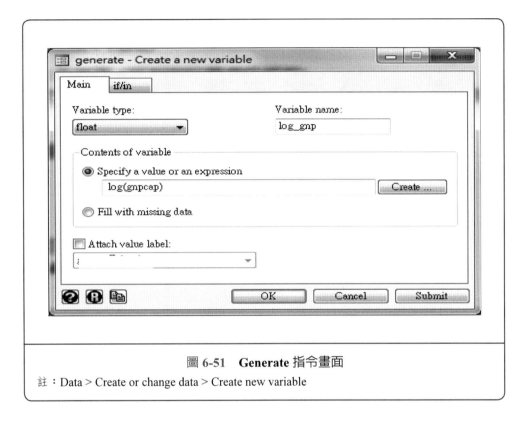

圖 6-51　**Generate** 指令畫面

註：Data > Create or change data > Create new variable

```
. generate log_gnp =  log(gnpcap)

. label variable log_gnp "gnpcap 取 log()"
. kdensity log_gnp, normal
```

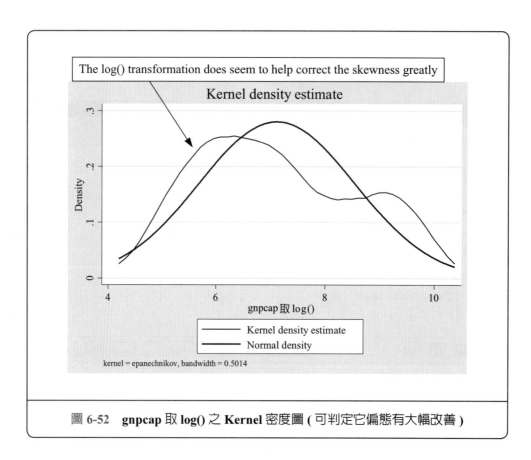

圖 **6-52**　　**gnpcap** 取 **log()** 之 **Kernel** 密度圖 (可判定它偏態有大幅改善)

4. Step 4. 具常態的 gnpcap，納入迴歸分析

```
. regress birth log_gnp urban

      Source |       SS       df       MS              Number of obs =     108
-------------+------------------------------           F(  2,    105) =   76.20
       Model |  11618.0395        2   5809.01974       Prob > F      =  0.0000
    Residual |   8004.0346      105   76.2289009       R-squared     =  0.5921
-------------+------------------------------           Adj R-squared =  0.5843
       Total |  19622.0741      107   183.38387        Root MSE      =  8.7309

-------------------------------------------------------------------------------
       birth |      Coef.   Std. Err.      t    P>|t|     [95% Conf. Interval]
-------------+-----------------------------------------------------------------
```

```
  log_gnp |   -4.877688   1.039477   -4.69   0.000   -6.93878   -2.816596
    urban |   -.156254   .0579632   -2.70   0.008   -.2711843   -.0413237
    _cons |   74.87778   5.439654   13.77   0.000   64.09196   85.66361
----------------------------------------------------------------------------
```

(1) 之前，未做「線性關係」診斷時，雖然，預測 birth(出生率 /1000 人) 之二個自變數：gnpcap(人均 GNP) 及 urban(住城市人口 %) 都達到 0.05 顯著水準。但是 gnpcap 對依變數的關係，違反迴歸「Linearity」這項假定。

(2) 違反迴歸「Linearity」假定的 gnpcap，經 log(gnpcap) 變數變換之後，就貼近常態。再以變換後 log(gnpcap) 取代 gnpcap，納入迴歸分析。分析結果如上表。顯示，log(gnpcap) 及 urban 關係不但符合「線性」之迴歸假定，而且對 birth(出生率 /1000 人) 亦有顯著的預測效果。

(3) 整體迴歸模型為：

$$\text{Birth} = 74.88 - 4.88 \times \log(\text{gnpcap}) - 0.156 \times \text{urban}$$

表示人民平均所得愈高的國家、愈都市的國家，其人民養育子女的數目就愈少。

4. Step 4. 判斷模型中這 2 個自變數足夠嗎？

```
. estat ovtest

Ramsey RESET test using powers of the fitted values of birth
        Ho:  model has no omitted variables
                F(3, 102) =      2.10
                Prob > F =      0.1046
```

本例子，ovtest 接受「虛無假設 Ho: model has no omitted variables」，表示你模型中所納入的自變數們，已沒有遺漏其他自變數了。

6-6 模型界定：如何篩選足夠的預測變數們？

迴歸模型如何適當的界定 (Model Specification)？牽涉那些預測變數應該被納入歸迴分析，那些預測變數應該被排除歸迴分析之外。

多元迴歸模型之眾多預測變數當中，若錯將該納入模型中的某變數，將它排除在模型之外，則它與其他變數的「共同變異」會被錯估，且模型誤差項也會被高估。換句話說，若不相干的預測變數錯誤被納入模型中，則此模型誤差也會影響迴歸係數的估計。

1. **Step 1. 先挑一個最有可能之預測變數，偵測它適不適合於模型？**

Stata 提供 linktest、ovtest 二個指令，讓你偵測被挑選的預測變數，到底該不該納入迴歸分析：

(1) linktest 可偵測你「界定模型」預測值是否正確到位？

(2) ovtest 可偵測你「界定模型」，要不要再加「其他預測變數」？

假設你認為「小班教學」能提升小學的辦校績效 (api00)，故用 acs_k3(幼兒園到小三平均班級人數) 當迴歸模型的第一個預測變數。

```
. use http://www.ats.ucla.edu/stat/Stata/webbooks/reg/elemapi2

. regress api00  acs_k3

      Source |       SS       df       MS              Number of obs =     398
-------------+------------------------------           F(  1,   396) =   11.93
       Model |  234353.831     1   234353.831          Prob > F      =  0.0006
    Residual |  7779853.31   396   19646.0942          R-squared     =  0.0292
-------------+------------------------------           Adj R-squared =  0.0268
       Total |  8014207.14   397   20186.9197          Root MSE      =  140.16

------------------------------------------------------------------------------
       api00 |      Coef.   Std. Err.      t    P>|t|     [95% Conf. Interval]
-------------+----------------------------------------------------------------
      acs_k3 |   17.75148   5.139688     3.45   0.001     7.646998    27.85597
       _cons |   308.3372   98.73085     3.12   0.002      114.235    502.4393
------------------------------------------------------------------------------
```

儘管 acs_k3(幼兒園到小三平均班級人數) 對辦校績效 (api00) 的預測效果，達到 0.05 顯著水準，Beta = 17.75(< 0.05)。但這可能是錯誤的決定，你誤將不應該納入模型的預測變數，卻誤將它納入迴歸分析中。

你可用 linktest、ovtest 二個指令，來偵測：除了你挑選預測變數們，到底該不該再加其他變數於迴歸模型中？

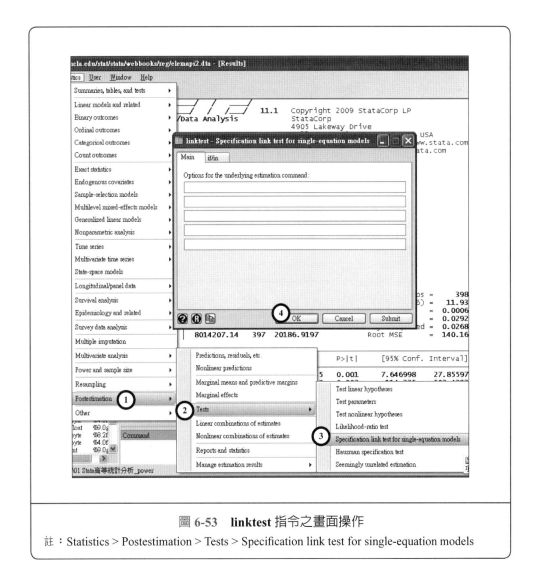

圖 6-53　**linktest** 指令之畫面操作

註：Statistics > Postestimation > Tests > Specification link test for single-equation models

linktest 指令係執行「a model specification link test for single-equation models」。假如你界定模型是適當的，則「不應會再出現其他變數」，基於這個觀念。linktest 指令會自動增加二個新變數：預測變數 _hat、預測變數平方 _hatsq (當對照組)。若預測變數 _hat 是對的；則預測變數平方 _hatsq 就要是錯的。即，_hat

與 _hatsq 對應係數的顯著水準 p 值是要對立。

故判斷多元線性迴歸,到底要納入幾個適當的預測變數才足夠? Stata 提供二個判斷準則:

(1) linktest 指令新產生的: _hat 係數的 p < 0.05,且 _hatsq 係數 > 0.05,兩個 p 值要對立狀態,因爲預測值只限一個對,那另一個就是錯的。

(2) ovtest 要能接受「虛無假設 Ho: model has no omitted variables」,表示你模型中所納入的自變數們,已沒有遺漏其他自變數了。

```
. regress api00 acs_k3

      Source |       SS          df       MS              Number of obs =     398
-------------+--------------------------------            F(  1,    396) =   11.93
       Model |  234353.831        1   234353.831          Prob > F      =  0.0006
    Residual |  7779853.31      396   19646.0942          R-squared     =  0.0292
-------------+--------------------------------            Adj R-squared =  0.0268
       Total |  8014207.14      397   20186.9197          Root MSE      =  140.16


       api00 |      Coef.   Std. Err.      t    P>|t|     [95% Conf. Interval]
-------------+----------------------------------------------------------------
      acs_k3 |   17.75148   5.139688     3.45   0.001     7.646998    27.85597
       _cons |   308.3372   98.73085     3.12   0.002      114.235    502.4393


. linktest

      Source |       SS          df       MS              Number of obs =     398
-------------+--------------------------------            F(  2,    395) =    7.09
       Model |  277705.911        2   138852.955          Prob > F      =  0.0009
    Residual |  7736501.23      395   19586.0791          R-squared     =  0.0347
-------------+--------------------------------            Adj R-squared =  0.0298
       Total |  8014207.14      397   20186.9197          Root MSE      =  139.95
```

```
    api00 |      Coef.    Std. Err.      t    P>|t|    [95% Conf. Interval]
----------- + ---------------------------------------------------------------
     _hat |   -11.05006   8.104639    -1.36   0.174    -26.98368    4.883563
   _hatsq |    .0093318   .0062724     1.49   0.138    -.0029996    .0216631
    _cons |     3884.48   2617.695     1.48   0.139    -1261.877    9030.837
----------------------------------------------------------------------------


. estat ovtest


Ramsey RESET test using powers of the fitted values of api00
       Ho:  model has no omitted variables
              F(3, 393) =       4.13
               Prob > F =      0.0067
```

(1) linktest 指令新產生的：_hat 係數的 p > 0.05，且 _hatsq 係數 > 0.05，兩個 p 值要「沒有」對立狀態，表示模型界定是錯的。故模型仍要再加其他變數進來。

(2) Ramsey RESET 檢定結果，p = 0.0067 < 0.05，拒絕「虛無假設 Ho: model has no omitted variables」，表示你模型中所納入的自變數們，仍有遺漏了其他變數。

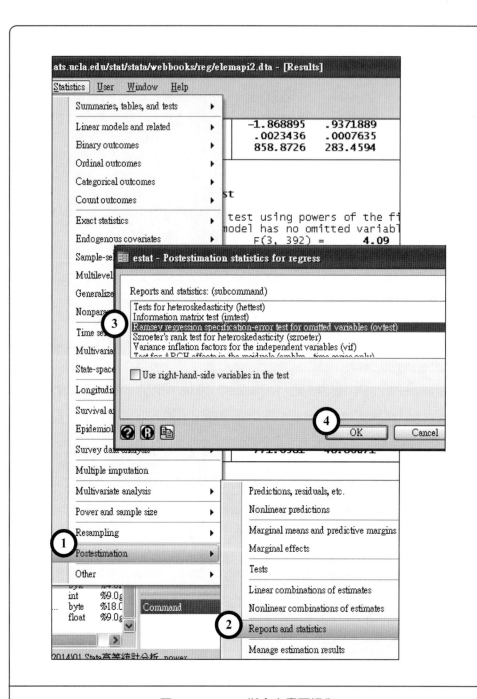

圖 6-54　**ovtest** 指令之畫面操作

註：Statistics > Postestimation > Reports and statistics

2. Step 2. 再加另一個預測變數，偵測這二個自變數適不適合於模型？

假設你認為：full(老師有完整教師證 %) 是預測 api00(辦校績效 (academic performance)，第 2 重要的自變數。直覺上，你就會加它至迴歸模型中。

```
. regress api00 acs_k3 full

      Source |       SS       df       MS              Number of obs =      398
-------------+------------------------------           F(  2,    395) =   101.19
       Model |  2715101.89       2  1357550.95         Prob > F      =   0.0000
    Residual |  5299105.24     395  13415.4563         R-squared     =   0.3388
-------------+------------------------------           Adj R-squared =   0.3354
       Total |  8014207.14     397  20186.9197         Root MSE      =   115.83


       api00 |      Coef.   Std. Err.      t    P>|t|     [95% Conf. Interval]
-------------+----------------------------------------------------------------
      acs_k3 |   8.355681   4.303023     1.94   0.053    -.1040091    16.81537
        full |   5.389788   .3963539    13.60   0.000     4.610561    6.169015
       _cons |   32.21346   84.07525     0.38   0.702    -133.0775    197.5044
-------------+----------------------------------------------------------------

.
. linktest
      Source |       SS       df       MS              Number of obs =      398
-------------+------------------------------           F(  2,    395) =   108.32
       Model |   2838564.4       2   1419282.2         Prob > F      =   0.0000
    Residual |  5175642.74     395   13102.893         R-squared     =   0.3542
-------------+------------------------------           Adj R-squared =   0.3509
       Total |  8014207.14     397  20186.9197         Root MSE      =   114.47


       api00 |      Coef.   Std. Err.      t    P>|t|     [95% Conf. Interval]
-------------+----------------------------------------------------------------
        _hat |  -1.868895   .9371889    -1.99   0.047    -3.711397   -.0263935
      _hatsq |   .0023436   .0007635     3.07   0.002     .0008426    .0038447
       _cons |   858.8726   283.4594     3.03   0.003     301.5948     1416.15
-------------+----------------------------------------------------------------
```

```
 _

 .

 . estat ovtest

Ramsey RESET test using powers of the fitted values of api00
        Ho:  model has no omitted variables
              F(3, 392) =      4.09
              Prob > F =     0.0071
```

迴歸模型納入第二個自變數 full(老師有完整教師證 %) 之後，分析結果為：

(1) linktest 指令新產生的：_hat 係數的 $p < 0.05$，且 _hatsq 係數 < 0.05，兩個 p 值要「沒有」對立狀態，表示模型界定是錯的。故模型仍要再加其他變數進來。

(2) Ramsey RESET 檢定結果，$p = 0.007 < 0.05$，拒絕「虛無假設 Ho: model has no omitted variables」，表示你模型中所納入的自變數們，仍有遺漏了其他變數。

3. Step 3. 加到 3 個預測變數，判斷模型中這 3 個自變數足夠嗎？

   判斷模型中這 n 個自變數足夠嗎？有二個準則：

   (1) linktest 指令新產生的：_hat 係數的 $p < 0.05$，且 _hatsq 係數 > 0.05，兩個 p 值要對立狀態，因為預測值只限一個對，那另一個就是錯的。

   (2) ovtest 要能接受「虛無假設 Ho: model has no omitted variables」，表示你模型中所納入的自變數們，已沒有遺漏其他自變數了。

```
. regress api00  acs_k3 full meals

      Source |       SS       df       MS              Number of obs =     398
-------------+------------------------------           F(  3,    394) =  615.55
       Model |  6604966.18      3   2201655.39         Prob > F      =  0.0000
    Residual |  1409240.96    394   3576.7537          R-squared     =  0.8242
-------------+------------------------------           Adj R-squared =  0.8228
       Total |  8014207.14    397   20186.9197         Root MSE      =  59.806
```

```
--------------------------------------------------------------------------
     api00 |      Coef.   Std. Err.      t    P>|t|     [95% Conf. Interval]
-----------+--------------------------------------------------------------
    acs_k3 |  -.7170622   2.238821    -0.32   0.749    -5.118592    3.684468
      full |   1.327138   .2388739     5.56   0.000     .857511    1.796765
     meals |  -3.686265   .1117799   -32.98   0.000    -3.906024   -3.466505
     _cons |   771.6581   48.86071    15.79   0.000     675.5978    867.7184
--------------------------------------------------------------------------


. linktest
    Source |       SS        df       MS              Number of obs =     398
-----------+------------------------------           F(  2,   395) =  931.68
     Model |  6612479.76      2   3306239.88          Prob > F      =  0.0000
  Residual |  1401727.38    395   3548.67691          R-squared     =  0.8251
-----------+------------------------------           Adj R-squared =  0.8242
     Total |  8014207.14    397   20186.9197          Root MSE      =  59.571


--------------------------------------------------------------------------
     api00 |      Coef.   Std. Err.      t    P>|t|     [95% Conf. Interval]
-----------+--------------------------------------------------------------
      _hat |    1.42433   .2925374     4.87   0.000     .849205    1.999455
    _hatsq |  -.0003172   .000218     -1.46   0.146    -.0007458    .0001114
     _cons |  -136.5102   95.05904    -1.44   0.152    -323.3951    50.3747
--------------------------------------------------------------------------


.
. estat ovtest

Ramsey RESET test using powers of the fitted values of api00
      Ho:  model has no omitted variables
             F(3, 391) =        2.56
             Prob > F =       0.0545
```

迴歸模型納入：第 2 個 full(老師有完整教師證 %)、及第 3 個自變數 meals(學生吃免費餐 %，即貧窮學生 %) 之後，分析結果為：

(1) linktest 指令新產生的：_hat 係數的 p < 0.05(預測是對的)，且 _hatsq 係數的 p > 0.05，兩個 p 值「是」對立狀態，表示模型界定是對的且恰當的。

(2) Ramsey RESET 檢定結果，p = 0.007 > 0.05，接受「虛無假設 Ho: model has no omitted variables」，表示你模型中所納入的自變數們，已沒有遺漏了其它變數。故迴歸分析就到此打住，可不用再加其他變數了。

連續 vs. 類別依變數 之迴歸分析

Stata 預測用途之統計法

		橫斷面	縱貫面	
			限定態 (有差分變數)	不限非定態
1. 單 一 方 程 式 之 迴歸	1. OLS(最小平方法) 迴歸 2. WLS(加權平方法) 3. Probit 迴歸 4. Robust 迴歸 (rreg 指令) 5. Prais-Winsten 迴歸 6. 分量 (Quantile) 迴歸 7. Logit 迴歸 8. Conditional logistic 9. Ordered Logit 10. Ordered Probit 11. Multinomial Logit 12. Zero-inflated Poisson 迴歸 13. negative binomial 迴歸 14. 截取迴歸 (censored regression) 15. 斷尾迴歸 (truncated regression) 16. Errors-in-variables 迴歸 17. 有 限 資 訊 最 大 概 似 估 計 法 (limited-information max likelihood) 18. 廣義動差估計法 (generalized method of moments) 19. 動態模型	1. ARMA(若無單根)，類似 ARIMA(p,l,q) 2. arch/garch 模型	1. ARIMA(p,l,q)，若 有 單 根，則 為 ECM
2. 聯 立 方 程 式 之 迴歸	1. 似不相關迴歸 2. 兩階段 (2- stage) 迴歸 3. 三階段 (three-stage) 迴歸	1. 向量自我迴歸 (VAR) 2. Structural VAR	向量誤差修正模型 (VECM)

Stata 除了廣義線性迴歸 (reg 指令) 外，尚還有下列指令，讓你執行各種類型之歸迴。

Stata指令	說明
areg	an easier way to fit regressions with many dummy variables
arch	regression models with ARCH errors
arima	ARIMA models
boxcox	Box-Cox regression models
cnsreg	constrained linear regression
eivreg	errors-in-variables regression

Stata指令	說明
etregress	linear regression with endogenous treatment effects
frontier	stochastic frontier models
gmm	generalized method of moments estimation
heckman	Heckman selection model
intreg	interval regression
ivregress	single-equation instrumental-variables regression
ivtobit	tobit regression with endogenous variables
newey	regression with Newey-West standard errors
nl	nonlinear least-squares estimation
nlsur	estimation of nonlinear systems of equations
qreg	quantile (including median) regression
reg3	three-stage least-squares (3SLS) regression
rreg	a type of robust regression
gsem	generalized structural equation models
sem	linear structural equation models
sureg	seemingly unrelated regression
tobit	tobit regression
truncreg	truncated regression
xtabond	Arellano-Bond linear dynamic panel-data estimation
xtdpd	linear dynamic panel-data estimation
xtfrontier	panel-data stochastic frontier model
xtgls	panel-data GLS models
xthtaylor	Hausman-Taylor estimator for error-components models
xtintreg	panel-data interval regression models
xtivreg	panel-data instrumental-variables (2SLS) regression
xtpcse	linear regression with panel-corrected standard errors
xtreg	fixed- and random-effects linear models
xtregar	fixed- and random-effects linear models with an AR(1) disturbance
xttobit	panel-data tobit models

Stata「regress」之後指令 (postestimation)：

Stata指令	說明
estat archlm	test for ARCH effects in the residuals
estat bgodfrey	Breusch-Godfrey test for higher-order serial correlation
estat durbinalt	Durbin's alternative test for serial correlation
estat dwatson	Durbin-Watson d statistic to test for first-order serial correlation
dfbeta	DFBETA influence statistics
estat hettest	tests for heteroskedasticity
estat imtest	information matrix test
estat ovtest	Ramsey regression specification-error test for omitted variables
estat szroeter	Szroeter's rank test for heteroskedasticity
estat vif	variance inflation factors for the independent variables
estat esize	eta-squared and omega-squared effect sizes
迴歸參數的檢定 (Tests of parameters)	
test	Wald test of linear hypotheses
testnl	Wald test of nonlinear hypotheses
lrtest	likelihood-ratio tests
hausman	Hausman specification test
suest	generalization of the Hausman test

7-1 瞭解各類型迴歸分析

　　迴歸分析係以數學和統計方法來確認一組變數中的系統性部分，並依此解釋過去的現象和預測未來，它將研究的變數區分為依變數與自變數，建立依變數為自變數之函數模型，其主要目的是用來解釋資料過去的現象及自由變數來預測依變數未來可能產生之數值。

1. 自變數 (Independent variable)：由數學方程式預測的變數。

2. 依變數 (Dependent variable)：又稱反應變數，據以預測依變數的值之變數。

3. 簡單線性迴歸 (Simple Linear Regression)：僅有一自變數與一依變數，且其關

係大致上可用一直線表示。

$$Y = \alpha + \beta X + U$$

其中

α，β 為未知參數 (迴歸係數)，需要我們去估計。

U 代表不能由 $\alpha + \beta X$ 所描述的 Y 行為，亦即 Y 與線性模型之間的誤差。

4. 複迴歸 (Multiple Regression)：兩個以上自變數的迴歸。

5. 多變數迴歸 (Multi-Variable Regression)：又稱向量迴歸 (如 VAR,VECM)，用多個自變項預測數個依變數，建立之聯立迴歸方程式。例如，Stata 的 Multiple Equation 迴歸。

7-1-1 各類型迴歸之適用情境

依變數 (outcome) ＼ 自變數 (predictor)	連續變數	類別變數	連續 + 類別變數
連續變數	線性迴歸 censored 迴歸 truncated 迴歸 Robust 迴歸 Quantile 迴歸 Constrained 迴歸 Errors-in-variables 迴歸	線性迴歸 censored 迴歸 truncated 迴歸 Robust 迴歸 Quantile 迴歸 Constrained 迴歸 Errors-in-variables 迴歸	線性迴歸 censored 迴歸 truncated 迴歸 Robust 迴歸 Quantile 迴歸 Constrained 迴歸 Errors-in-variables 迴歸
bianry變數	線性迴歸 ≈ Logistic 迴歸 ≈ probit 迴歸 Conditional logistic 迴歸	線性迴歸 ≈ Logistic 迴歸 ≈ probit 迴歸 Conditional logistic 迴歸	線性迴歸 ≈ Logistic 迴歸 ≈ probit 迴歸 Conditional logistic 迴歸
Ordinal變數	Ordered Logit and Ordered Probit Analysis	Ordered Logit and Ordered Probit Analysis	Ordered Logit and Ordered Probit Analysis
Nominal類別變數	Multinomial Logit 及相關模型	Multinomial Logit 及相關模型	Multinomial Logit 及相關模型

自變數 (predictor) \ 依變數 (outcome)	連續變數	類別變數	連續 + 類別變數
Count變數：Count迴歸	1. Poisson 迴歸 2. Zero-inflated Poisson 迴歸 3. negative binomial 迴歸 4. Zero-inflated negative binomial 迴歸 5. Truncated negative binomial 迴歸 6. Truncated Poisson 迴歸 7. Zero-truncated Poisson 迴歸 8. Mixed-effects Poisson 迴歸	1. Poisson 迴歸 2. Zero-inflated Poisson 迴歸 3. negative binomial 迴歸 4. Zero-inflated negative binomial 迴歸 5. Truncated negative binomial 迴歸 6. Truncated Poisson 迴歸 7. Zero-truncated Poisson 迴歸 8. Mixed-effects Poisson 迴歸	1. Poisson 迴歸 2. Zero-inflated Poisson 迴歸 3. negative binomial 迴歸 4. Zero-inflated negative binomial 迴歸 5. Truncated negative binomial 迴歸 6. Truncated Poisson 迴歸 7. Zero-truncated Poisson 迴歸 8. Mixed-effects Poisson 迴歸
多個依變數	Multiple Equation 迴歸 seemingly unrelated 迴歸 (同一組自變數)	Multiple Equation 迴歸 seemingly unrelated 迴歸 (同一組自變數)	Multiple Equation 迴歸 seemingly unrelated 迴歸 (同一組自變數)

註：「≈」表示迴歸係數之顯著性 z 檢定，p 值都是非常接近

依變數	Stata提供的模型	Codes/Value
二元 (binary) 依變數模型	linear probability model (LPM), probit, logit	e.g. 是與否、同意與不同意。接受貸款申請與否、購屋與否。
多項選擇模型 (multinomial choice)	multinomial probit, multinomial logit	選擇主修經濟、財務、企管、會計或資管。
有序 (ordered) 選擇模型	ordered probit	依變數為非數字，但具有自然的順序。 e.g. 成績 A, B, C, D。 債券等級 AAA, AA 等。
計數資料 (count data) 模型	Poisson 迴歸	依變數為非負整數。 e.g. 某戶子女人數。 某人一年看醫生次數。
個體選擇模型	Tobit 迴歸	y 基本上為連續的正值，但其值為 0 的機率大於 0。 e.g. (1) 保險額度。 (2) 退休基金投資於股票的額度。

依變數	Stata提供的模型	Codes/Value
Heckit 模型： 解釋變數 x 可以 觀察到，但由於 另外一些因素的 影響，y 並非全 部可觀察	heckprobit 迴歸	(1) 截取迴歸 (censored regression)：依變數超過 某門檻就不存此觀測值，但自變數資訊存 在。Stata 有提供 Tobit 迴歸。 (2) 斷尾迴歸 (truncated regression)：自變數與依 變數超過某門檻，就都不存在觀測值。Stata 有 Truncated regression。

1. 以上多數的模型通常並不適合 OLS 估計法 (因爲「違反常態性」假定)，
   可以採用非線性最小平方法 (NLS) 來估計，但 NLS 估計式常常是無效率的
   (inefficient)，一般都採用最大概似估計法 (maximum likelihood estimation)。
2. 最大概似估計法在小樣本中它的性質是未知的；但是我們可以證明在大樣本
   裡 (有學者主張樣本數 500 以上)，最大概似估計式是常態分配的、一致的，
   而且是最佳的。
3. 我們必須將以上的迴歸函數解釋爲機率的預測。

名詞解釋

1. 質量依變數 (qualitative dependent variable)：依變數的本質是質性的、離散的。
2. 受限依變數 (limited dependent variable)：依變數值的範圍受到限制。
   (1) 多數的經濟變數是受限的，例如必須爲正。但如果變數值可視爲連續，並
       不需要特殊的經濟模型來處理。
   (2) 如果變數值是離散、受限於幾個數據，則以連續變數來處理並不合理。

7-1-2 線性迴歸之基本概念

一、預測變數與效標變數

在迴歸分析中，我們利用一組已知而且經常是可以控制的獨立變數 X_i 來預
測依變數 Y_i 的值。此處 X_i 是用來預測的變數，稱爲預測變數或解釋變數；Y_i 是
被預測的變數，稱爲效標變數。例如以智力測驗的分數來預測學業成績，則智力
分數爲預測變數，學業成績爲效標變數。

簡單迴歸與多元迴歸

在迴歸分析中，如果預測變數 (X_i) 只有一個，則稱之爲簡單迴歸分析。如果

預測變數有二個以上，則稱為多元迴歸分析或複迴歸分析。

二、線性迴歸分析的前提假定 (assumption)：線性關係、常態性、同質變異數、殘差項獨立

在使用迴歸分析前，必須要確認資料是否符合迴歸分析的基本統計假定，否則，當資料違反迴歸分析的基本統計假定時，會導致統計推論偏誤的發生。

迴歸分析的基本統計假定有下列 4 項：

1. 線性關係

依變數和自變數之間的關係必須是線性，也就是說，依變數與自變數存在著相當固定比率的關係。若是發現依變數與自變數呈現非線性關係時，亦可以透過轉換 (transform) 成線性關係，再進行迴歸分析；或者直接採用 Stata non-linear regression 指令來分析。

> 線性迴歸中的「線性」二字是指模型為參數（而非變數）的線性函數。
> 例如：$\alpha + \beta X^2$，$\alpha + \beta \log X$ 都是線性迴歸模型。
> $\alpha + X^{\beta}$ 不是線性迴歸模型。

2. 常態性 (normality)

若是資料呈現常態分配 (normal distribution)，則殘差項也會呈現同樣的分配。常態性檢定法有：

(1) 繪圖法：當樣本數夠大時，簡單的檢查方式是使用 Histogram（直方圖），若是樣本數較小時，檢查的方式則是使用 normal probability plot (p-p plot)、Normal quantile- quantile (q-q plot)。若樣本殘差值的累積機率分布，剛好成一條右上到左下的四十五度線，則表示樣本觀察值符合常態性之假定。

(2) 統計檢定法：Kolmogorov-Smirnov 法、Shapiro-Wilks 法（一般僅用在樣本數 $n < 50$ 的情況）。

(3) 求出常態分配之偏態或峰度，分別代入下列對應的 Z 公式，若 Z 值 = [+1.96, −1.96]，則算符合常態性。樣本之各個變數經以上檢定若皆符合常態性，則不必再進行資料轉換。

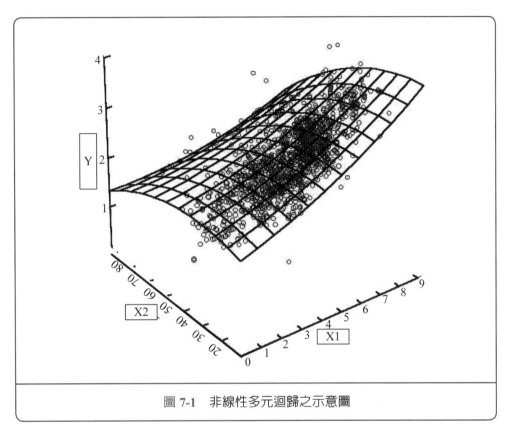

圖 7-1　非線性多元迴歸之示意圖

$$Z_{skewness} = \frac{skewness}{\sqrt{6/N}}，(N：樣本數)$$

$$Z_{kurtosis} = \frac{kurtosis}{\sqrt{24/N}}，(N：樣本數)$$

3. 殘差項的獨立性

自變數的殘差項，相互之間應該是獨立的，也就是殘差項與殘差項之間沒有相互關係，否則，在估計迴歸參數時，會降低統計的檢定力，我們可以藉由殘差 (Residuals) 的圖形分析來檢查，尤其是與時間序列和事件相關的資料，特別需要注意去處理。

4. 殘差項的變異數同質 (Homoscedasticity)

自變數的殘差項除了需要呈現常態性分配外，其變異數也需要相等，變異數的不相等 (heteroscedasticity) 會導致自變數無法有效的估計依變數。例如：殘差

分布分析時，所呈現的三角形分布和鑽石分布。當變異數的不相等發生時，可以透過：(1) 轉換 (transform) 成變異數的相等後、(2)Welch's test 再修正 F 值的自由度，再進行迴歸分析。

三、共線性檢定

主要有下列四種方式：

(1) 變數間的相關係數：依 Judge 等人 (1982) 的標準，若任兩個自變數間的相關係數超過 0.8，表示兩者中間存著嚴重的多元共線性問題，但它並非是檢定共線性問題的充分條件。

(2) VIF 值：利用 Stata regression 分析之迴歸係數的容忍值與變異數膨脹因素 (VIF)，作為檢定自變數間是否有線性重合問題的參考，其中容忍值 (Tolerance) 的值在 0 與 1 之間，它是變異數膨脹因素值的倒數，變異數膨脹因素值愈大或容忍值值愈小，表示變數間線性重合的問題愈嚴重。通常 VIF 值大於 10 時，該自變數就可能與其他自變數間有高度的線性重合。

(3) 條件指數 (condiction index, CI 值)：根據 Belsey, Kuh & Welsch(1980) 指出，若 CI 值在 10 左右，則表示變數間低共線性。若 CI 值介於 30 到 100 之間表示變數間具有中度至高度的線性相關。

四、自我相關 (AR) 的檢定

時間序列分析，如 ARIMA,GARCH,VCM,VECM 等迴歸分析，都會要求計算縱橫面之時間序，本身是否有自我相關 (前期會影響後期)。

一般 Durbin-Wation(DW) 值若介於 1.5 至 2.5 之間，則表示無自我相關現象。

Durbin-Waton test：$DW = \dfrac{\sum\limits_{i=2}^{n} (e_i - e_{i-1})^2}{\sum\limits_{i=1}^{n} e_i^2}$

五、直線迴歸 vs. 非直線迴歸

迴歸分析主要是想找出一適當的數學方程式來表示變數間的關係，這個方程式稱為迴歸方程式。當迴歸方程式具有線性特性時，稱為直線迴歸，否則稱為非直線迴歸。

迴歸係數

當變數間具有線性關係時，我們可用下式來表示：

美規寫法　$Y_i = \alpha + \beta X_i + e_i$　，誤差 $e_i \sim$ 符合 $N(0, \sigma^2)$

歐規寫法　$Y_i = \alpha + \beta X_i + u_i$　，誤差 $u_i \sim$ 符合 $N(0, \sigma^2)$

其中：

Y 依變數，又稱反應變數 (dependent variable 或 regressand)

X 自變數，又稱解釋變數 (explanatory variable 或 regressor)。

參數 α 和 β 稱作迴歸係數 (regression coefficient)。

α：截距項，β：斜率。

(1) 斜率係數 β，是衡量 X 的邊際效果，當 X 變動一單位時，估計的迴歸線
會預測應變數。

(2) 截距係數 α 則表示當 X 為 0 時，估計的迴歸線所預測的應變數 Y。

母群的迴歸係數以 α 和 β 表示，其估計值則以 a 和 b 表示。

六、最小平方法之原理

估計迴歸係數最常用的方法之一，就是普通最小平方 (ordinary least squares, OLS)，又簡稱為最小平方法。OLS 方法所找的就是使誤差平方和 (或其平均) 最小的那條直線。

在散布圖上，我們可以畫一條直線，通過各點附近，使這一條直線最能代表各個點 (觀察值)，這條線稱為最適合線。求取最適合線的客觀且具有效率的方法即為最小平方法：即使各點至此線之平行於 Y 軸的距離的平方和變為最小。

定義：普通最小平方法 (ordinary least squares, OLS)

$$Y = \alpha + \beta X + U$$

找 α 和 β 使模型誤差 U_i 的平方和極小。採用誤差平方和是為了避免正負誤差之間互相抵銷。

1. 目標函數如下：

$$Q(\alpha, \beta) = \frac{1}{n}\sum_{i=1}^{n}(Y_i - \alpha - \beta X_i)^2 = \frac{1}{n}\sum_{i=1}^{n}U_i^2$$

2. 最小平方法所找的就是使誤差平方和 (或其平均) 最小的那條直線。

3. 如果目標函數改變 (如 U_i 的絕對值之和)，就會產生不同的迴歸線。

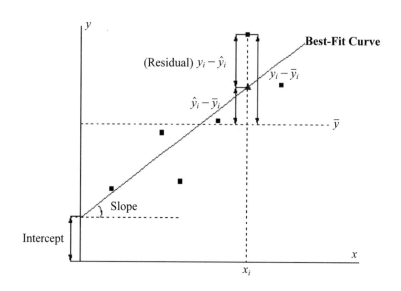

4. 為使目標函數之值最小，必須解出以下的一階條件 (first order condition)。

$$\frac{\partial}{\partial \alpha} Q(\alpha, \beta) = -2\frac{1}{n}\sum_{i=1}^{n}(Y_i - \alpha - \beta X_i) = 0$$

$$\frac{\partial}{\partial \beta} Q(\alpha, \beta) = -2\frac{1}{n}\sum_{i=1}^{n}(Y_i - \alpha - \beta X_i)X_i = 0$$

5. 這兩個一階條件又稱作**標準方程式 (normal equations)**。

6. 可從標準方程式中求出 α 和 β 的解，稱作最小平方估計式 (ordinary least squares estimator，簡稱 OLS estimator)，即

$$\widehat{\beta}_n = \frac{\sum_{i=1}^{n}(X_i - \overline{X}_n)(Y_i - \overline{Y}_n)}{\sum_{i=1}^{n}(X_i - \overline{X}_n)^2}$$

$$\widehat{\alpha}_n = \overline{Y}_n - \widehat{\beta}_n \overline{X}_n$$

7. 若 X_i 為常數 (非變數)，$X_i = \overline{X}_n$，則 $\hat{\beta}_n$ 根本無法計算，這是為什麼需要「認定條件」的原因。

8. 將最小平方估計式 $\hat{\alpha}_n$ 和 $\hat{\beta}_n$ 代入設定的線性模型就可得到一條截距為 $\hat{\alpha}_n$，斜率為 $\hat{\beta}_n$ 的直線，稱作估計的迴歸線 (estimated regression line)。

9. 斜率係數估計式 $\hat{\beta}_n$ 衡量 X 的邊際效果：當 X 變動一單位時，估計的迴歸線會預測依變數 Y 將變動 $\hat{\beta}_n$ 個單位。

10. 截距係數 $\hat{\alpha}_n$ 則表示當 X 為 0 時，估計的迴歸線所預測的依變數 Y。

11. 將樣本中的變數 X_i 代入估計的迴歸線，即可求得估計的依變數。

一般而言，決定最適合線的步驟即是在樣本的斜率 b 和截距 a 的過程。

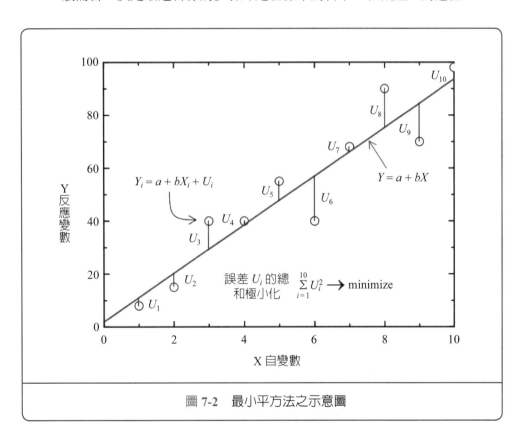

圖 7-2 最小平方法之示意圖

七、適配度 (goodness of fit) 和決定係數

根據現有的資料建立一個統計模式時，有一個重要的程序，即檢定此模式與資料的符合程度，或稱適配度 (goodness of fit)。

不同的解釋變數可能都適合描述依變數 Y 的系統性部分。如果可以衡量迴歸線的適配度，就可以選擇適配度較高的迴歸線來描述依變數的系統性部分。所

以適配度的衡量指標就可以作為比較不同迴歸模型的基準。

檢定適配度最常用的量數是 R^2，或稱決定係數 (coefficient of determination)。當 R^2 等於 0 表示變數間沒有線性關係存在，而不是沒有相關，這點須特別留意。

樣本的 R^2 是估計模式適配度的一個最佳估計值，但卻非母群 R^2 的不偏估計值。因此要估計母群的 R^2 時，須加以調整。Stata 會列印出調整後的 R^2(Adjusted R Square)，使調整後的 R_a^2 更能反映出模式與母群的適配度。

$$non\text{-}pseudo \ \ R^2 = \frac{SS_R}{SS_T}$$

$$R_a^2 = R^2 - \frac{P(1 - R^2)}{N - P - 1}$$

式中，P 代表迴歸方程式中自變數的個數。

最小平方法之迴歸模型 (OLS) 中，non-pseudo(非擬眞)R-squared 最常用來檢視線性迴歸模型 (OLS) 的適配度。coefficient of determination 又分成置中的與非置中的決定係數兩種。

$$置中的 R^2 = \frac{\sum_{i=1}^{n}(Y_i - \overline{\hat{Y}}_n)^2}{\sum_{i=1}^{n}(Y_i - \overline{Y}_n)^2} = 1 - \frac{\sum_{i=1}^{n}\hat{U}_i^2}{\sum_{i=1}^{n}(Y_i - \overline{Y}_n)^2}$$

$$非置中的 R^2 = \frac{\sum_{i=1}^{n}\hat{Y}_i^2}{\sum_{i=1}^{n}Y_i^2} = 1 - \frac{\sum_{i=1}^{n}\hat{U}_i^2}{\sum_{i=1}^{n}Y_i^2}$$

八、Stata 六種 Pseudo R^2

$$R^2 = \frac{\left[\sum_{i=1}^{n}(\hat{Y}_i - \overline{\hat{Y}}_n)(Y_i - \overline{Y}_n)\right]^2}{\left[\sum_{i=1}^{n}(Y_i - \overline{Y}_n)^2\right]\left[\sum_{i=1}^{n}(\hat{Y}_i - \overline{\hat{Y}}_n)^2\right]} = \frac{\left[\sum_{i=1}^{n}(X_i - \overline{X}_n)(Y_i - \overline{Y}_n)\right]^2}{\left[\sum_{i=1}^{n}(Y_i - \overline{Y}_n)^2\right]\left[\sum_{i=1}^{n}(X_i - \overline{X}_n)^2\right]}$$

Logistic 迴歸、Probit 迴歸、Tobin 等迴歸的 R^2 不等同於 OLS 迴歸的 R^2，因為 Logistic 迴歸改採最大概似疊代法 (maximum likelihood) 來估計迴歸係數，所以 OLS 迴歸的適配度就不適合 Logistic 迴歸。

　　爲此理由，Stata 另外提供下表所列之 pseudo(擬眞)R-squareds。稱作「pseudo」R-squareds 是因爲它們在意義上相似於 OLS 迴歸的 R^2，且 $R^2 = [0, 1]$，此值愈高，表示該模型適配愈佳。但是，這六個 pseudo R-squareds 不能解釋爲 OLS 迴歸的 R^2。

表 7-1　Stata「fitstat」指令之 6 種 Pseudo(擬眞)R-Squareds

Pseudo R^2	公式(Formula)	說明
1. Efron's	$R^2 = 1 - \dfrac{\sum_{i=1}^{N}(y_i - \hat{\pi}_i)^2}{\sum_{i=1}^{N}(y_i - \overline{y})^2}$ $\hat{\pi}_i$ = model predicted probabilities	Efron's R^2 等於「預測值與實際值之間的相關平方」。 Efron's R^2 不可當作 OLS 迴歸的 R^2。 Logistic 迴歸的依變數是機率值 (已不是連續變數)，但在 OLS 迴歸中，依變數是連續變數，故兩者在解釋意義上是不相同的。
2. McFadden's	$R^2 = 1 - \dfrac{\ln \hat{L}(M_{Full})}{\ln \hat{L}(M_{intercept})}$ M_{full} = Model with predictors $M_{intercept}$ = Model without predictors $\hat{L}$ = Estimated likelihood	McFadden's R^2 比前一個公式，多了自然對數 Ln() 外，其餘都一樣。 R^2 係根據截距的模式和完全估計模式的對數概似之比值。
3. McFadden's (adjusted)	$R^2_{adj} = 1 - \dfrac{\ln \hat{L}(M_{Full}) - K}{\ln \hat{L}(M_{intercept})}$ $\hat{L}$ = Estimated likelihood	可修正 OLS 預測變數過多時，適合度偏高的缺點
4. Cox & Snell	$R^2 = 1 - \left\{ \dfrac{L(M_{intercept})}{L(M_{Full})} \right\}^{2/N}$	Cox & Snell's R^2 採取本表公式 2。此比值代表整個模型在截距模型的改進。
5. Nagelkerke / Cragg & Uhler's	$R^2 = \dfrac{1 - \left\{ \dfrac{L(M_{intercept})}{L(M_{Full})} \right\}^{2/N}}{1 - L(M_{intercept})^{2/N}}$	Nagelkerke/Cragg & Uhler's R^2 採取本表公式 2。它調整 Cox & Snell's R^2，故其值域為 0 到 1。 當 $L(M_{full}) = 1$，則 $R^2 = 1$；當 $L(M_{full}) = L(M_{intercept})$，則 $R^2 = 0$。
6. McKelvey & Zavoina	$R^2 = \dfrac{\hat{Var}(\hat{y}*)}{\hat{Var}(\hat{y}*) + Var(\varepsilon)}$	McKelvey & Zavoina's R^2 類似本表公式 1，但其依變數仍是連續潛在變數 (值 = [0,1])。
7. Count	$R^2 = \dfrac{\#Correct}{Total\ Count}$	此公式不適合 OLS。它轉換連續型勝算機率為 binary 變數，再評判預測值是否正確？
8. Adjusted Count	$R^2 = \dfrac{Correct - n}{Total - n}$ n = Count of most frequent outcome	Adjusted Count R-Square 係改自本表公式 2。此調整公式不受預測變數的多或少個而影響。此調整與 OLS 或 McFadden's R-Squareds 的調整無關。

Pseudo R^2	公式(Formula)	說明
9. Efron's	$R = 1 - \dfrac{\sum_{i=1}^{N}(y_i - \hat{\pi}_i)^2}{\sum_{i=1}^{N}(y_i - \bar{y})^2}$ $\hat{\pi}$ = model predicted probabilities	

註：Stata 迴歸之勝算機率值$\hat{\pi}$符號，有些教科書係改用$\hat{p}$符號

九、線性迴歸分析的檢定公式

詳情請見第 2 章公式推理。主要公式如下：

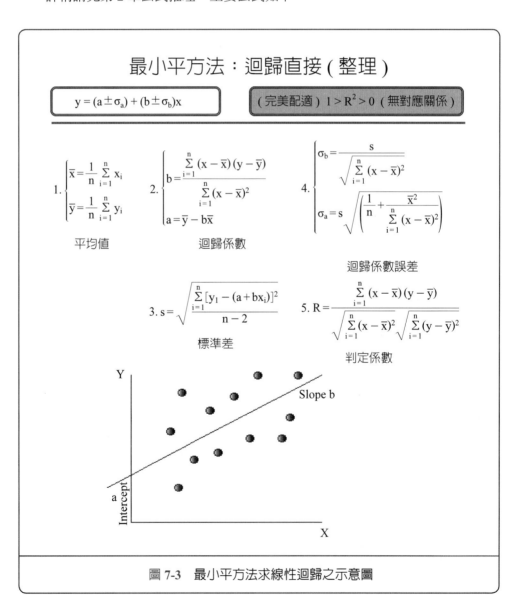

圖 7-3　最小平方法求線性迴歸之示意圖

十、概似比法 (Likelihood Ratio, LR)

（一）點估計：最大概似法 (ML)

假如 (1) 教室玻璃被打破了，通常老師會從平常最調皮的同學開始問。(2) 有命案發生，從現場採到的指紋開始追查。這二個案例皆是因認爲這些人嫌疑最大。(3) 醫生看診，常也是從病人的症狀，推測那一種病最易產生此症狀。從所得之觀測值，推測究竟參數爲何，會使得到此一觀測值之機率最大，這也是一種常用的估計方法。在統計學裡稱爲最大概似法 (method of maximum likelihood)。所得之估計量稱爲最大概似估計量 (maximum likelihood estimator，簡稱 MLE)。這種估計法有其道理，但會不會誤判？當然會。只是警方辦案，不從有前科、有地緣關係、由現場蒐到的可疑事物開始追查，難道要從毫不相干者開始查？那不是更不合理嗎？統計理論顯示，最大概似估計量，有很多好的性質：一致最小平方無偏估計 (UMVUE)，也有漸近常態分布等特性。因此它也是廣爲被採用的一種估計法。

（二）假設檢定：概似比 (LR)

1. 迴歸模型之適配度：概似比 Likelihood Ratio(LR) 檢定

例如，假設我們要檢定自我迴歸 AR(2) 模型是否比 AR(1) 模型來的好，因此我們可以分別算出兩個模型的最大概似值分別爲 L_u 與 L_R，則 L_R 統計量爲：

$$LR = -2(L_R - L_U) \sim 符合 \chi^2_{(m)} 分配$$

假如，P < 0.05 表示達顯著的話，則表示 AR(2) 模型優於 AR(1) 模型。

以 Logit 迴歸來說，假設 $LR_{(df)} = 188$，P < 0.05，表示我們界定的預測變數對依變數之模型，比「null model」顯著的好，即表示目前這個 Logit 迴歸模型適配得很好。

2. 概似比特性

(1) 不受盛行率影響。

(2) 將敏感度 (sensitivity)、特異度 (specificity) 結合成單一數字。

(3) 可以量化檢驗結果之實務 (臨床) 意義。

(4) 可以結合一連串檢驗換算成檢驗後事件發生率。

(5) 但是，LR 依然受 Cut off 值影響。

7-1-3 Stata 各類型迴歸

（一）線性機率迴歸

1. 線性機率模型 (Linear Probability Model, LPM)：

$$\Pr(y_i) = F(\beta_0 + \beta_1 x_i + u_i)$$

2. 依變數 y_i 有兩種結果 (outcome) 反應：$y_i = 0$ 或 $y_i = 1$。這種迴歸函數其依變數為二元數值的迴歸，是為機率的預測。

3. 依據 Bernoulli 分配，如果 y 是 0-1 二元變數，則其期望值表示 $y = 1$ 的機率。

4. 令 p 表示 y 為 1 的機率，則：

$p = E(y \mid x) = P(y = 1 \mid x)$

5. 換句話說，對於一個二元變數，迴歸的預測值表示在給定 x 下，$y = 1$ 的機率

6. 稱為線性機率模型是因為公式右邊為線性，而左邊取期望值是機率。

　　線性機率模型之缺點：

1. p 與 x 呈線性關係。

2. 由於依變數不是 0 就是 1，因此殘差項不是常態分配，造成假設檢定失眞。

3. 殘差項具異質性，$\mathrm{var}(u_i) = p_i \times (1 - p_i)$。

4. 傳統 OLS 的 R^2 將失眞，故 Stata 另外提供六種 Pseudo R^2。

5. 預測值可能在 (0,1) 範圍之外：$\hat{P} = \hat{\beta}_0 + \hat{\beta}_1 x_i + u_i$。

6. 更合理的迴歸線應該呈現 S 型，故學者再推 Probit 迴歸。

（二）Probit 迴歸

1. 爲了使機率保持在 (0,1) 的區間內，我們可以考慮不同的機率函數來描述其非線性關係，即選擇 $G(\beta_0 + \beta_1 x)$，且 $0 < G(z_i) = p_i < 1$。

2. Probit 模型：選擇 $G(z)$ 爲標準常態分配的 C.D.F.。

3. 此模型是非線性的，因此不宜以 OLS 方式估計，一般都選擇採用最大概似估計法。

$$P_i = G(\beta_0 + \beta_1 x_i) = G(z_i)$$

$$P_i = \int_{-\infty}^{Z_i} \frac{1}{\sqrt{2\pi}} e^{-v^2/2} dv$$

其他教科書，係用下列符號來表示 Probit 模型：

$$decision_i = \beta_0 + \sum \beta_i x_i + u_i$$

其中，$\text{Prob}(1 | x_i) = \int_{-\infty}^{\beta_0 + \sum \beta_i x_i + u_i} \phi(t)dt$

4. Probit 模型通常寫成：

$$z_i = G^{-1}(p_i) = \beta_0 + \beta_1 x_i$$

5. 一般而言，我們所關切的是 x 對 $p(y = 1 | x)$ 的影響，即 $\frac{\partial p}{\partial x}$ 。

6. 在計算上，非線性模型比較複雜。如果 x 是連續變數，依微積分的觀念：

$$\frac{\partial p}{\partial v} = g(\beta_0 + \beta_1 x)\beta_1$$

其中，$g(z)$ 為 $\frac{dG}{dz}$ 。

上式說明了連續變數 x 增加對 p 的影響，其與 x 及 β_0、β_1 的估計有關。

7. 如果 x 是二元變數，如 0 或 1，則 x 由 0 改變為 1 的偏效應為

$$G(\beta_0 + \beta_1 x)\beta_0$$

如果 x 是離散變數，則 x 由 c 改變為 $c + 1$ 的偏效應為：

$$G[\beta_0 + \beta_1(c + 1)] - G[\beta_0 + \beta_1(c)]$$

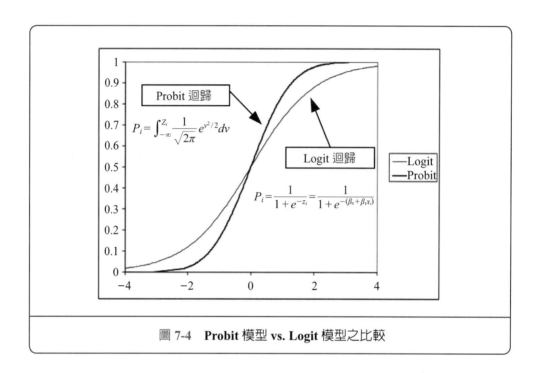

圖 7-4　**Probit 模型 vs. Logit 模型之比較**

（三）Logit 迴歸

1. Logit 模型：選擇 $G(z)$ 為 logistic 分配。

2. 此模型也是非線性的，因此一般都是採用最大概似估計法

$$P_i = G(\beta_0 + \beta_1 x_i) = G(z_i)$$

$$P_i = \frac{1}{1 + e^{-z_i}} = \frac{1}{1 + e^{-(\beta_0 + \beta_1 x_i)}}$$

其他教科書，係用下列符號來表示 Logit 模型

$$\pi(x) = \frac{exp(\alpha + \beta x)}{1 + exp(\alpha + \beta x)}$$

或

$$P(y_n = 1 \mid x_n) = \frac{\exp(b_0 + b_1 X_1 + \ldots + b_k X_k)}{1 + \exp(b_0 + b_1 X_1 + \ldots b_k X_k)}$$

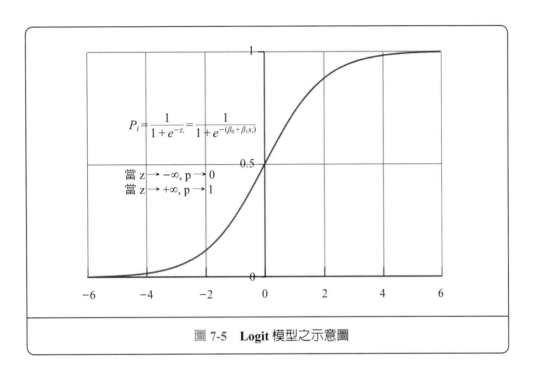

圖 7-5　**Logit** 模型之示意圖

Logit 模型經過轉換以後，可以用來預測事件發生的勝算 (odd)：

$$Ln(\frac{P_i}{1 - P_i}) = \beta_0 + \beta_1 x_i$$

（四）Probits 與 Logits 比較

1. Stata 的 Probits 迴歸與 Logits 迴歸之分析結果，z 值及 p 值都很相近。

2. Probit 與 logit 模型都是非線性的，因此需要採用最大概似估計法。

3. 傳統上，由於 logit 模型計算上比較容易，因此比較普遍。

4. Probit 與 logit 模型的參數不應直接比較。

5. 近年來 probit 與 logit 模型被廣泛地運用於各領域研究，其效果具體而顯著，
   如：

   (1) 各種疾病的危險族群等。

   (2) 預測財務艱困企業。

   (3) 預測消費族群的購買行為。

   (4) 計算客戶未來成為催收戶之機率模型。

(5) 計算飛行員疏失的機率。

（五）**最大概似比率檢定** (maximum Likelihood ratio test)

1. 線性機率模型 (LPM) 及線性迴歸模型，都是採用 F 統計量來進行檢定。

2. Probit 模型與 logit 模型都採用最大概似比率檢定。

3. 最大概似估計法可以得到對數概似函數 (log-likelihood, LR)。

4. 進行最大概似比率檢定時，我們必須估計受限模型與非受限制模型。

5. 檢定的統計量為：

$$LR = 2(L_{ur} - L_r) \sim 符合 \chi^2_{(q)} 分配。$$

其中，L_{ur} 表示「未受限」之對數最大概似函數。

L_r 表示「受限」之對數最大概似函數，q 為受限數目。

（六）**適配度** (fitness)

1. Stata 另外提供 6 種 pseudo R^2。

2. 線性機率模型 (LPM) 及線性迴歸模型，我們可以比較 R^2 來判斷迴歸的適配度。R^2 值愈大迴歸模型就愈適配。

3. 但對於 probit 或 logit 迴歸，我們需要新的測度，叫做 pseudo R^2，其定義：

$$pseudo\ R^2 = 1 - \frac{L_{ur}}{L_0}$$

其中，L_{ur} 表示未受限之對數最大概似函數。

L_0 表示僅含截距之對數最大概似函數。

通常 $|L_{ur}| < |L_0|$，因此 $1 - \frac{L_{ur}}{L_0} > 0$。

4. 你也可以比較樣本中正確預測的百分比 P

若 $P_i > 0.5$ 則 $\hat{y}_i = 1$；若 $P_i < 0.5$ 則 $\hat{y}_i = 0$。

5. 比較 y_i 預測值與實際值，稱為正確預測百分比 (percent correctly predicted)，即：

$$\frac{正確預測的數目}{觀察值總數目}$$

例如：樣本數 = 400，360 個實際值為 0，40 個實際值為 1。

預測結果：

360 個中有 300 個預測正確

40 個中有 0 個預測正確

以 $y_i = 0$ 而言，正確預測百分比為 300/360

以 $y_i = 1$ 而言，正確預測百分比為 0

整體而言，正確預測百分比為 300/400

（七）Tobit 模型

1. Tobit 模型是一個截取 (censored) 迴歸模型，係由 James Tobin(1958) 提出，旨在描述一個非負因變數 y_i 和一個自變數 (或向量)x_i 之間的關係。

2. Tobit 模型特別適合處理個人的成績、家庭收入或公司的行為 (營收、增資額度)。

3. 例如：最近一年中，多數的家庭其捐款為 0。由於捐款的分配必定為正，範圍 0 至無窮大，但許多捐款集中為 0。

4. 又如：以家庭收入 (x) 來預測購屋花費 (y)，若某家庭無購屋，則 $y = 0$。基本上合理的迴歸模型，係假定 y 為連續的正值，且 $y = 0$ 機率很大。

5. 傳統我們慣用線性 OLS 或 LPM 來估計上例之迴歸參數，可是 OLS 或 LPM 得到 y 的預測值可能是負值，這是不合理的現象，因為捐款數或購屋花費不可能是負值。

6. 預防不合理的預測值出現，可使用 Tobit 模型來處理這種不合理的現象。

7. $y_i = \begin{cases} y_i^*, & if \quad y_i^* > 0 \\ 0, & if \quad y_i^* \leq 0 \end{cases}$

其中，y_i^* 為潛在變數 (latent variable)。

$y^* = x\beta + u_i, \quad u_i \,|\, x \sim$ 符合 $N(0, \sigma^2)$

但我們僅僅能觀察到 y，$y = \max(0, y^*)$

$$y_i = \begin{cases} y^* = \beta_0 + \beta_1 x_i + u_i, & y^* > 0 \\ 0 & , y^* \leq 0 \end{cases}$$

也有教科書用下列符號來表示 Tobit 模型：

$$Y_i^* = \alpha X_i + \beta Z_i + \varepsilon_i$$

$$Y_i = \begin{cases} Y_i^* & if \quad Y_i^* > 0 \\ 0 & otherwise, i = 1, 2, ..., N. \end{cases}$$

$$y_{1i}^* = \alpha_1 y_{2i} + \beta_1 x_{1i} + \varepsilon_{1i}$$

$$y_{2i} = \alpha_2 y_{1i}^* + \beta_2 x_{2i} + \varepsilon_{2i}$$

$$y_{1i} = \begin{cases} y_{1i}^* & if \quad y_{1i}^* > 0 \\ 0 & otherwise, i = 1, 2, ..., N. \end{cases}$$

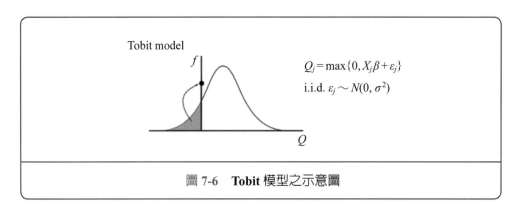

圖 7-6　**Tobit** 模型之示意圖

8. 關於 Tobit 模型，有兩種期望值是我們感興趣的：

$E(y \mid x)$：表示給定 x 之下 y 的期望值。

$E(y \mid y > 0, x)$：表示給定 x，在 $y > 0$ 時的期望值。

(1) $E(y \mid x) = \Phi(\frac{x\beta}{\sigma})x\beta + \sigma\phi(\frac{x\beta}{\sigma})$

上式表示，在 Tobit 模型下，$E(y \mid x)$ 是 x 與 x 的非線性函數。

進一步的證明：對於任何的 x 與 β，等式右邊恆為正值。

(2) $E(y \mid y > 0, x) = x\beta + \sigma\lambda(\frac{x\beta}{\sigma})$

其中 $\lambda(c) = \dfrac{\phi(c)}{\Phi(c)}$，稱為 inverse Mills ratio。

上式表示 $E(y \mid y > 0, x)$ 等於 $x\beta$ 再加上一調整項。因此，僅以 $y > 0$ 的樣本採用 OLS 來估計參數是偏誤、不一致的。

9. Tobit 模型採用最大概似估計法來估計參數。

10. Stata 執行 Tobit 模型與 OLS 所得到的結果差異不大，但對參數的解釋與 OLS 並不一樣。

11. Tobit 模型參數的解釋：β 乃估計 x 對 y^* 的效應，而不是 y，除非潛伏變數 y^* 是我們興趣所在，我們並無法直接解釋參數。

12. Tobit 模型中，偏效應 (Partial Differentiation) 與所有的解釋變數以及所有的參數有關。

(1) $\dfrac{\partial E(y \mid x)}{\partial x_j} = \beta_j \times \Phi(\dfrac{x\beta}{\sigma})$

(2) $\dfrac{\partial E(y \mid y > 0, x)}{\partial x_j} = \beta_j \{1 - \lambda(\dfrac{x\beta}{\sigma})[\dfrac{x\beta}{\sigma} + \lambda(\dfrac{x\beta}{\sigma})]\}$

（八）Poisson 模型 (Count 依變數之迴歸)

假設 y 是 Poisson 隨機變數，則其機率密度函數為：

$$p(y = h) = \frac{e^{-\lambda}\lambda^h}{h!}, \quad h = 0, 1, 2, \dots$$

$$E(y) = \text{Var}(y) = \lambda$$

$$\sigma^2 = E[(N - \mu)^2] = \sum_{x=0}^{\infty} (n - \mu)^2 P_N(n) = \sum_{x=0}^{\infty} (n - \lambda)^2 \frac{\lambda^x}{n!} e^{-\lambda}$$

$$= e^{-\lambda} \sum_{x=0}^{\infty} (n^2 + \lambda^2 - 2n\lambda) \frac{\lambda^x}{n!}$$

$$= e^{-\lambda} \left[\sum_{x=0}^{\infty} \frac{\lambda n \lambda^{n-1}}{(n-1)!} + \lambda^2 \sum_{x=0}^{\infty} \frac{\lambda^x}{n!} - 2\lambda^2 \sum_{x=0}^{\infty} \frac{\lambda^{n-1}}{(n-1)!} \right]$$

$$= e^{-\lambda} \left[\sum_{x=0}^{\infty} \frac{\lambda(m+1)\lambda^m}{m!} \bigg|_{m-n-1} + \lambda^2 e^{\lambda} - 2\lambda^2 e^{\lambda} \right]$$

$$= e^{-\lambda} \left[\lambda \sum_{x=0}^{\infty} \frac{m\lambda^m}{m!} + \lambda \sum_{x=0}^{\infty} \frac{\lambda^m}{m!} + \lambda^2 e^{\lambda} - 2\lambda^2 e^{\lambda} \right]$$

$$= e^{-\lambda} (\lambda^2 e^{\lambda} + \lambda e^{\lambda} + \lambda^2 e^{\lambda} - 2\lambda^2 e^{\lambda}) = \lambda$$

因為我們所感興趣的，是解釋變數 x 對 y 的影響，因此表示為：

$$p(y = h \mid x) = \frac{e^{-E(y \mid x)}[E(y \mid x)]^h}{h!}, \quad h = 0, 1, 2, \dots$$

其他教科書，則用下例符號來表示 Poisson 模型：

$$P(Y_i = y_i) = \begin{cases} \pi_i(1-\pi_i)\left(\dfrac{m_i}{1+\phi m_i}\right)^{y_i}\dfrac{(1+\phi y_i)^{y_i-1}}{y_i}x \\[2mm] \exp\left\{\dfrac{-m_i(1+\phi y_i)}{1+\phi_{m_i}}\right\}, \quad y=0 \\[4mm] (1-\pi_i)\left(\dfrac{m_i}{1+\phi m_i}\right)^{y_i}\dfrac{(1+\phi y_i)^{y_i-1}}{y_i}x \\[2mm] \exp\left\{\dfrac{-m_i(1+\phi y_i)}{1+\phi m_i}\right\}, \quad y>0 \end{cases}$$

1. 一般的做法將條件期望值以指數函數來表示：

$$E(y\,|\,x) = e^{(\beta_0 + \beta_1 + \cdots + \beta_k x_k)}$$

2. 偏效應：

$$\frac{\partial E(y\,|\,x)}{\partial x_j} = e^{(\beta_0 + \beta_1 + \cdots + \beta_k x_k)} \times \beta_j$$

3. 參數的估計可以採用最大概似法 (MLE) 來進行。

4. 在採用 Poisson MLE 時，如果毋須假設 Poisson 分配完全正確，其修正步驟稱為 QMLE。

5. 排除性限制 (exclusion restrictions) 檢定可以採用最大概似比率進行。

（九）截取迴歸 (Stata 有提供 Tobit 迴歸)

截取迴歸 (censored regression)：依變數超過某門檻就刪除此觀察值，但自變數資訊存在。

1. 上述介紹的 probit、logit、Tobit、Poisson 模型，基本上是希望能捕捉 y 分配的重要特徵，並沒有資訊不足的問題。若遇到資訊不足的問題，就可改用截取迴歸。

2. 例如：在問卷調查中，小於 $600,000 的收入可以填入，但大於 $600,000 之收入選「大於 $600,000」。儘管，上述例子，非常類似遺失資料的問題，不過我們仍然具有一些資訊。

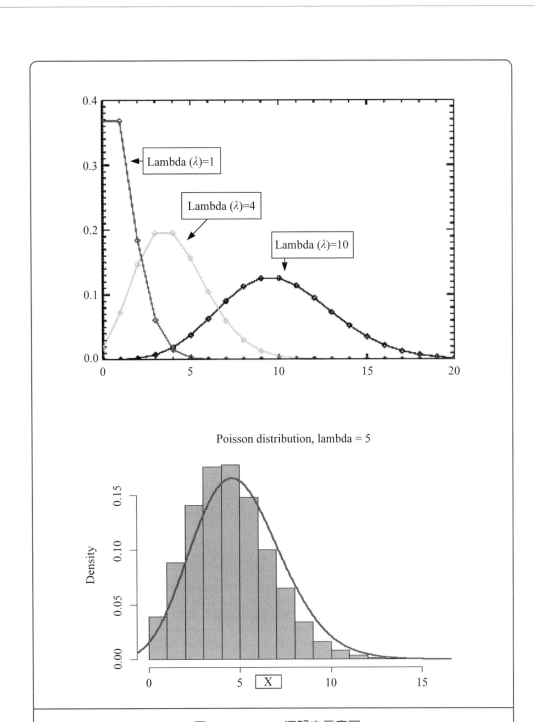

圖 7-7　**Poisson** 迴歸之示意圖

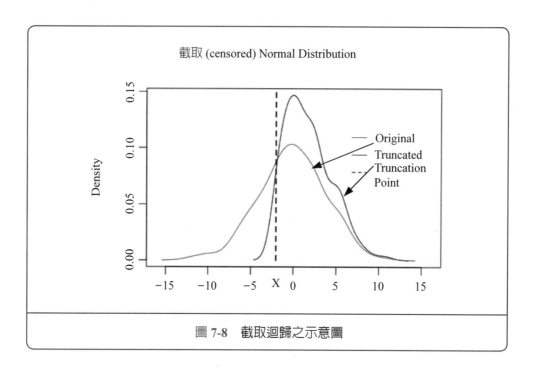

圖 7-8　截取迴歸之示意圖

3. 截取迴歸 (censored regression)

$y = x\beta + u, u \mid x, c \sim$ 符合 $N(0, \sigma^2)$

右截取：$w = \min(y, c)$

左截取：$w = \max(y, c)$

4. 以 OLS 應用於未被截取的資料，或是以 OLS 應用於 w 都是不一致的估計式。
我們必須採用最大概似估計法。

5. 截取迴歸與 Tobit 模型並不相同：

(1) 因為，Tobit 模型處理經濟行為，通常 y 會得到 0。而 Censored 迴歸之意思
如上圖。截取迴歸面對的是資料蒐集的問題，由於某些緣故，資料被截斷
了。

(2) 截取迴歸模型的參數解釋與一般的 OLS 一樣，但 Tobit 的參數解釋與一般
的 OLS 是不一樣的。

（十）斷尾迴歸 (truncated regression)

1. Stata 有 Zero-truncated Poisson 及 Zero-truncated negative binomial 迴歸。

2. 缺少母體裏某些 segment 全部的資訊。

3. 如果 y_i 超過 (或低於) 門檻值，則我們才可以隨機抽取樣本 (x_i, y_i)。

$$f_{Y|X}(y|x;\beta) = \frac{1}{\sigma}\phi\left(\frac{y-x'\alpha}{\sigma}\right) \quad \text{and} \quad p_2(\beta) = \int P(U > -x'\alpha)dF_X(x)$$
$$= \int \Phi\left(x'\frac{\alpha}{\sigma}\right)d F_X(x)$$

4. 在截取迴歸裏，對於任何的隨機樣本，我們都有 x_i 的觀測值；在斷尾迴歸裏，若 y_i 超過門檻值，我們並無 x_i、y_i 的觀測值。

5. 斷尾迴歸最受質疑的問題就是違反隨機取樣，進而會違反「線性」假定 (assumption) 疑慮，即：依變數的平均值是迴歸係數和預測變數的「線性」組合。

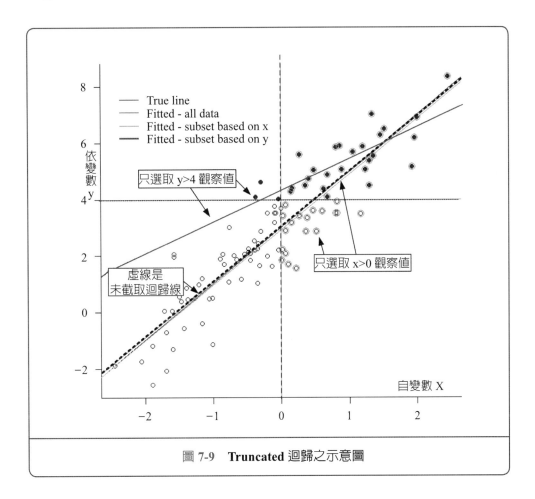

圖 7-9   **Truncated** 迴歸之示意圖

（十一）非隨機樣本 (non-random sample)

下列原因都會造成非隨機樣本：

1. 以斷尾迴歸來篩選你要的觀察值。

2. 在分析已婚婦女薪資的決定因子裏，收集已婚婦女資料並詢問其薪資，如果是家庭主婦可能拒絕回答。以職業婦女的資料跑迴歸。這樣的樣本本身就是「斷尾」。

3. 假設 y 爲家庭購屋花費，x 爲經濟變數 (收入)。若某家庭無購屋，則 $y = 0$。考慮將收集的樣本中 $y = 0$ 的資料刪除再跑迴歸，此稱爲內生樣本選擇。

4. 偶然斷尾 (incidental truncation)：解釋變數 x 可以觀察到，但由於另外一些因素的影響，y 並非全部可觀察。例如，$y = \beta_0 + \beta_1 \times income^o$，$income^o$ 表示受訪者有供薪水者。假如你在調查時，受訪者有工作，我們就有其薪資資料，但是，如果受訪者失業，我們無法觀察到 y。不過對於所有的調查對象，我們仍有他們的教育、工作經驗、性別、婚姻狀況等資料可以用。

（十二）Heckit 模型

1. 經濟學家 Heckman(1976) 所提出。

$$\left.\begin{array}{l} z_i^* = w'_i \alpha + e_i \\ z_i = 0 \quad \text{if} \quad z_i^* \leq 0 \\ z_i = 1 \quad \text{if} \quad z_i^* > 0 \end{array}\right\} \text{Selection equation}$$

$$\left.\begin{array}{l} y_i^* = x'_i \beta + u_i \\ y_i = y_i^* \quad \text{if} \quad z_i = 1 \\ y_i \quad \text{not observed } z_i = 0 \end{array}\right\} \text{Outcome equation}$$

2. 旨在修正偶然斷尾樣本所產生的偏誤。

3. Stata 的 Sample-selection 模型有二種方法：Heckman selection model (ML)、Heckman selection model (two-step)。

4. 此方法包括兩個步驟：

   (1) 執行 probit 迴歸，解釋爲什麼某些 y 不可觀察。

   (2) 執行可觀察 y 對解釋變數及修正項 inverse Mills ratio 之 OLS 迴歸。

5. 在原迴歸中，加入選擇方程式：

$$y = x\beta + u, E(u \mid x) = 0$$

$s = I[\gamma_1 z + v \geq 0]$

其中

$x\beta = \beta_0 + \beta_1 x_1 + ... + \beta_k x_k$

$z_\gamma = \gamma_0 + \gamma_1 z_1 + ... + \gamma_m z_m$

x 是 z 的子集。

$I[\cdot]$ 是指標變數 (indicator variable)。

$s = 1$ 表示 y 是可觀察的。

有的教科書係以下列符號來表示 Heckit 模型：

$y_1 = x_1 \beta_1 + u_1$ (1a)

$y_2 = 1[x_2 \delta_2 + v_2 > 0]$ (1b)

6. 進一步證明：

$E(y \mid z, s = 1) = x\beta + \rho \times \lambda(z\gamma)$

7. Heckit 模型的目的是估計 β。

8. 以上的公式表示，我們可以採用 y 為可觀察的樣本，但必須加上一修正項作為解釋變數。

9. 由於 γ 是未知的，因此 $\lambda(z\gamma)$ 也是未知的

第一步：以所有的樣本應用 probit 模型來估計 γ：

$p(s = 1 \mid z) = \Phi(z\gamma)$

第二步：以 y 可觀察的樣本，跑其對解釋變數及 inverse Mills ratio 迴歸。

10. 檢定 $H_0: \rho = 0$，無樣本選擇問題

7-2 Continuous 依變數：線性迴歸模型

線性迴歸的應用例子，包括：

1. 毛豆合格莢產量之氣象估計模式的研究。

2. 臺南市空屋現象之觀察與分析。

3. 以尿中 TTCA 探討嫘縈絲工廠勞工二硫化碳暴露之生物偵測。

4. 臺灣高科技產業經營績效與其對大陸投資規模之研究。

5. 臺灣上市上櫃航運公司外匯風險暴露之研究。

6. 鐵路事故嚴重程度之研究。

7. 1960 後過度開發引發鹹海大規模的削減。

8. 世界主要都市捷運路網型態與運輸需求特性關係之研究。

9. 區段人體組織成分之量測系統。

10. 建構於 iOS 智慧型手持裝置之行車記錄互動定位服務整合系統。

11. 蓮華池森林動態樣區之地形與土壤性質對於林木豐富度及生態質量之影響。

12. 學校可及性對高中學生學習表現之影響——桃園縣之實證分析。

13. 第二型糖尿病與居住地空氣污染指標的相關性研究。

14. 臺灣地區年雨量趨勢與分布變化之研究。

15. 統計迴歸於聚丙烯製程反應之研究。

16. 大學學力測驗成績預測建模與分析——以臺南市某高中為例。

17. 外國直接投資越南決定因素之探討——河內與胡志明市之比較。

18. 來臺旅客旅遊景點分散程度之研究。

19. 實施石油管理法對臺灣經濟成長影響之研究。

20. 金融風暴後預測模型之研究——以臺灣紡織業為例。

7-2-1 簡單線性迴歸

Stata 會根據你分析的依變數，係屬連續變數或類別變數，自動挑選：OLS 線性迴歸或線性機率迴歸來分析，可見 Stata 是有智慧判斷的軟體。Stata reg 指令適用於橫斷面 OLS 及時間序列 OLS。

一、範例 1：簡單線性迴歸

（一）問題說明

例題：簡單線性迴歸 (參考林清山，民 81，p149)
　　下表是去年 10 名高中畢業生高中成績和大學入學成績。試根據此一資料求一預測公式。

學　　生	A	B	C	D	E	F	G	H	I	J
高中成績(X)	11	10	6	5	3	7	3	8	9	2
大學入學成績(Y)	12	9	9	7	5	5	6	6	10	3

計算 $Y = bx + a$ 迴歸方程式的方法：

根據 X 變數來預測 Y 變數時的「迴歸係數」(regression coefficient) 公式為：

$$b_{Y.X} = \frac{\sum XY - \frac{\sum X \sum Y}{N}}{\sum X^2 - \frac{(\sum X)^2}{N}} = \frac{\sum (X - \overline{X})(Y - \overline{Y})}{\sum (X - \overline{X})^2}$$

$$= \frac{\text{Cross} - \text{Product}}{SS_X} = \frac{\frac{\sum (X - \overline{X})(Y - \overline{Y})}{N-1}}{\frac{\sum (X - \overline{X})^2}{N-1}} = \frac{\text{COV}_{xy}}{S_x^2}$$

得 $b = \dfrac{\sum XY - \dfrac{\sum X \sum Y}{N}}{\sum X^2 - \dfrac{(\sum X)^2}{N}} = \dfrac{523 - \dfrac{(64)(72)}{10}}{498 - \dfrac{(64)^2}{10}} = \dfrac{62.2}{88.4} = .7036$

而截距 a 之公式為：

$$a_{Y.X} = \overline{Y} - b_{Y.X}\overline{X} = 7.2 - (.7036)(6.4) = 2.6970$$

（二）資料檔之內容

「簡單線性迴歸 p154.dta」，自變數 x 為高中成績 (連續變數)，依變數 y 為大學入學考成績。資料檔內容如下圖。

圖 7-10 「**linear_regression_p154.dta**」資料檔 **(N = 10 , 2 variables)**

（三）線性迴歸之選擇表操作

```
Statistics > Linear models and related > Linear regression
```

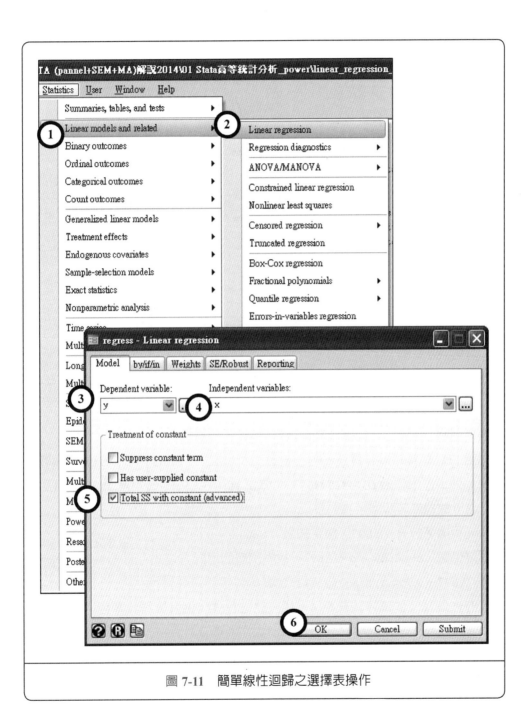

圖 7-11　簡單線性迴歸之選擇表操作

（四）分析結果與討論

```
. use linear_regression_p154.dta

. regress y x, tsscons

    Source |       SS       df       MS              Number of obs =      10
-----------+------------------------------           F(  1,     8) =   14.69
     Model | 43.7651584    1  43.7651584             Prob > F      =  0.0050
  Residual | 23.8348416    8   2.9793552             R-squared     =  0.6474
-----------+------------------------------           Adj R-squared =  0.6033
     Total |      67.6     9  7.51111111             Root MSE      =  1.7261


         y |     Coef.   Std. Err.      t     P>|t|    [95% Conf. Interval]
-----------+----------------------------------------------------------------
         x |  .7036199   .1835841     3.83   0.005     .2802743    1.126966
     _cons |  2.696833   1.295537     2.08   0.071    -.2906801    5.684345
```

1. 簡單迴歸分析結果，如圖 7-12。
2. 迴歸的變異數分析摘要表，$SS_{reg} = 43.765$，$SS_{res} = 23.835$，$p < 0.05$ 達顯著水準。列出迴歸係數 (B = 0.7036)、標準誤 =0.183。95% 信賴區間 =[0.28,1.227] 未含 0 故達顯著水準。
3. 多元相關係數 $R = 0.805$、決定係數 R Square = 0.647。
4. 迴歸係數，$b = 0.704$，$a = 2.697$，故本例題的迴歸方程式可寫成：
   $Y = 2.697 + 0.704\ X$
5. 若有一個學生的高中成績為 4，代入此方程式，則其大學入學考之預測成績為：
   $Y = 2.697 + 0.704 \times 4 = 5.5113$

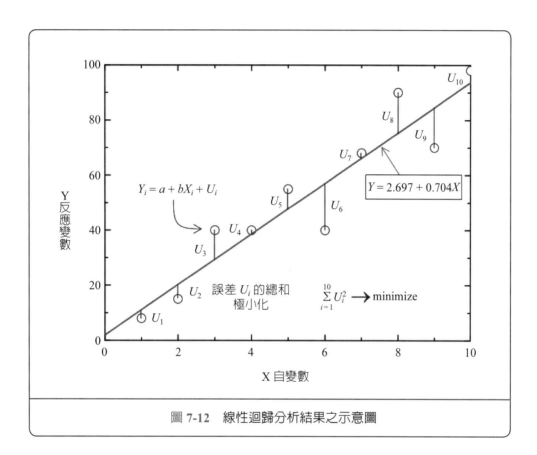

圖 7-12　線性迴歸分析結果之示意圖

（五）畫 95%CI 迴歸線

```
. use linear_regression_p154.dta
* quietly 係指，只做歸迴分析，但不印出結果
. quietly regress y x, tsscons

*最近一次迴歸之預測值，存至 hat 變數
predict hat
*最近一次迴歸之「standard error of the prediction」，存至 stf 變數
predict stf, stdf
*新產生「預測 95%CI」
gen lo = hat - 1.96*stf
gen hi = hat + 1.96*stf

*繪 1 個散布圖，3 條線性圖
twoway(scatter y x)(line hat x)(line lo x)(line hi x), ytitle(大學學測 Low/
Fitted/High)
```

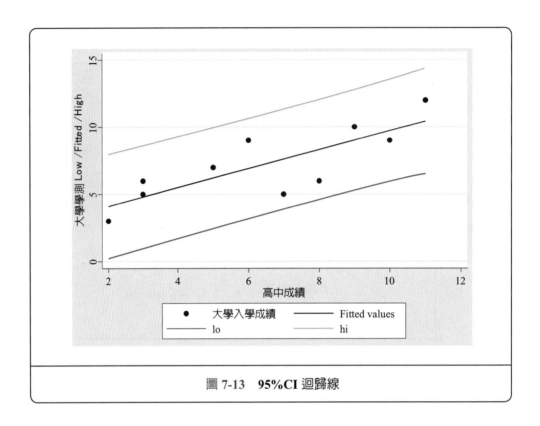

圖 7-13　**95%CI** 迴歸線

7-2-2　多元線性迴歸

一、多元迴歸模型的意涵

　　例如，$Y = \beta_0 + \beta_1 X_1 + \beta_2 X_2 + residual$ 多元迴歸來說，其對應的多元迴歸模型的幾何圖，如圖 7-14。

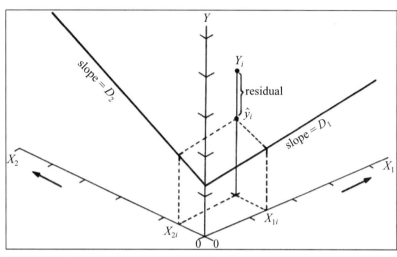

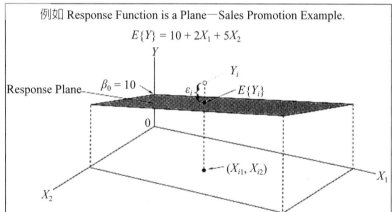

圖 7-14　多元迴歸模型之示意圖

二、多元迴歸模型的分析流程圖

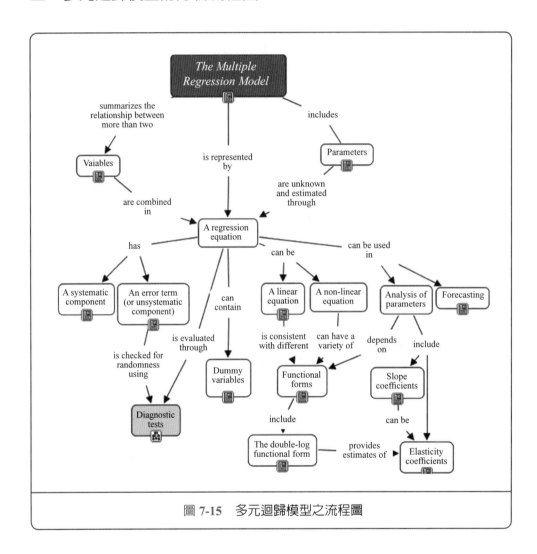

圖 7-15　多元迴歸模型之流程圖

三、多元迴歸模型的挑選

　　迴歸分析的目的之一在於找尋一些對依變數 (response variable) 重要的預測變數 (predicator variable)，以建立二者間的關係，並希望此關係建立後能夠對未來的反應結果提供預測。在迴歸模式的建構中常要從一群有潛力的預測變數中，挑選出一些最佳 (optimal) 的預測變數組合，以做為決定最佳迴歸模式之基礎。一般而言，有二種方式：(1) 逐步迴歸 (stepwise regression)；(2) 所有可能迴

歸 (all possible regressions)——可用來挑選最佳的變數組合，由於使用逐步迴歸可能產生一些問題，例如無法辨認 q 個最佳組合的預測變數。

所謂「所有可能迴歸」是對所有潛在的預測變數組合做檢查，利用某些準則 (criteria) 來決定所謂最佳的預測變數組合，可採用的準則相當多，例如：「coefficient of determination(R^2)」、「adjusted R^2」、「Anscombe-Tukey criterion(Ap)」、「Cp」、「PRESS」、「residual mean square(RMS)」、「mean square of error(MSE)」、「prediction criterion(PC)」、「Akaike information criterion(AIC)」、「Bayesian information criterion (BIC)」 等 (Chatterjee, Hadi & Price,2000)。

在上述的準則中，「adjusted R^2」和「Mallows Cp」係經常被當成挑選變數的標準，Olejnik, Mills 與 Keselman(2000) 認為，使用校正後 R^2 時所選取的校正後 R_a^2 的值愈高，所選的模式愈佳。Cp 是用來測量偏誤的，當模式的偏誤為零時，Cp 的期望值是 $k + 1$(k 為所投入的自變數個數)。所以，界定的最佳模式是當 Cp 和 $k + 1$ 差距的絕對值最小時。在實務上，最佳模式的界定經常是將 Cp 值最小時視為最佳模式。在準則的使用方面，Mallows(2000) 不建議使用 Cp 值最小的方式來挑選變數，他表示在一些例子中 (例如：很多競爭的變數組合之 Cp 值都相當接近)，以 Cp 值最小來挑選變數組合所得到的結果並不理想。Chatterjee, Hadi 與 Price (2000) 表示，不能只以 Cp 法來挑選變數。要有效運用 Cp 法必須同時注意 RMS 才能避免統計分析結果有扭曲之情形。Olejnik, Mills 與 Keselman(2000) 的研究結果顯示，當預測變數的數目愈少，變數間不具高相關。那麼，採取 Cp 的方式在選擇變數上或許可以提供好的抉擇。相反地，如當預測變數太多，且變數與變數間有中等或高度的相關，則即使在很大的樣本之情況下，此種方式 (Cp 最小) 仍不太可能可以成功地識別出真正的變數。在 Olejnik, Mills 與 Keselman 的研究中所得到的重要結論乃是：採取上述兩個方式 (校正後 R_a^2 最大或 Cp 最小) 都不見得能挑選到最佳的模式。因此，建議研究者於選擇預測方程式中的變數時，必須加入理論或專業判斷。

Hubert 1989 年曾提出一種方法，這種方法可用來替代逐步迴歸。此法可分為二個步驟：(一) 就變數的選取加以敘述。(二) 就變數的重要性加以說明。具體言之，第一個步驟 (變數的選取) 又可區分成二個步驟：(1) 所有可能變數的組合。(2) 決定哪一種組合是最好的。所謂「所有可能變數的組合」係指：利用

Stata 外掛的 package「RSQUARE」指令檔，電腦可提供 $2^n - 1$ 個迴歸公式 (n 表預測變數的個數) 中各種變數組合的 R^2 與 Cp。研究者可在各組合中挑選複相關平方 (R^2) 最高者爲該組合中最佳的組合。所謂「決定哪一種組合是最好的」係指：當得知各種組合的 R^2 之後，再去決定自變數的個數。

決定自變數的個數時可依據校正後 R^2_a 值或 Cp 值來作判斷。而第二個步驟 (變數的重要性) 是指：當找出變數的最佳組合後，再著手於各變數相對的重要性。方法的步驟如下：$R^2_p - R^2_{(i)}$，$i = 1, 2, ... p-1$。例如有 X1、X2、X3、X4 四個預測變數與一個效標變數 Y。$R^2_{y.1234}$ 代表 R^2_p，而 $R^2_{y.234}$ 則代表 $R^2_{(1)}$，表示 X1 不在其中，而只有 X2、X3、X4 三個預測變數。則 $R^2_{y.1234} - R^2_{y.234}$ 就代表 X1 所造成的差異部分，X2、X3、X4 依此類推。之後，再比較四個的差異值。最大者可謂相對的重要性較高，次大者其重要性次之。例如有人認爲以 R^2(挑最大)、MSE(挑最小) 或 Cp(挑最小) 值做判斷時，所選到的模式不一定相同。因此，建議分別以各種標準 (如 R^2、MSE 或 Cp) 挑出最佳模式，最後再從各種標準所挑選出的模式中找出共同者，做爲最後模式選擇的參考。而 Olejnik, Mills 與 Keselman(2000) 則認爲，研究者可檢視所有模式的校正後 R^2_a 值或 Cp 值。研究時，經常會有一些模式有類似的 R^2 值或 Cp 值，研究者或許可從這些競爭模式中挑選出較佳的模式。

若採取 Hubert 所提出的方式來選取迴歸之模式，先以 R^2 的大小爲依據，以各組合中 R^2 最高者爲該組合中最佳的組合。再以校正後 R^2(最大值)、Cp(最小值) 和 MSE(最小值) 來決定自變數的個數。由於以 Cp 最小值選取變數時可能有一些問題。因而，會再參酌校正後 R^2_a 和 MSE 之值來作綜合的判斷。此外，由於進行迴歸分析時必須符合一些假定。例如：準則 (效標) 變數與預測變數的直線關係；殘差項的變異數相等；殘差項的獨立性；殘差項分配的常態性。因而，研究者仍要對迴歸模式是否能符合迴歸分析之基本假定 (assumption) 進行檢定，以確定迴歸模式之適配性。最後，再去進行變數間關係之解釋 (亦即探討各變數相對的重要性)。

四、範例 2：多元迴歸

（一）問題說明

例題：多元迴歸　(參考林清山，民 81，p561)

　　某教師想根據高中平均學業成績 (X1) 和智力測驗成績 (X2) 來預測大學入學考成績 (Y)，乃自去年參與大學入學考的學生中抽取一部分學生作為樣本。下表是這些學生每人的三項分數。試根據高中平均學業成績和智力測驗成績預測大學入學考成績時的多元迴歸預測公式及多元相關係數。

　　假定今年有一位應屆高三畢業生，其高中學業成績為 14，智力測驗成績為 9。試預測如果他也參加今年的大學入學考，他將得幾分？

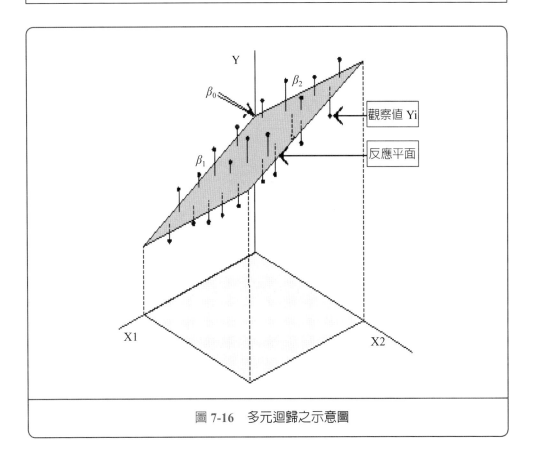

圖 7-16　多元迴歸之示意圖

學　生	Y：大學入學考成績	X1：高中平均學業成績	X2：智力
A	11	13	8
B	5	9	6
C	8	10	4
D	13	15	8
E	7	11	7
F	12	13	10
G	10	12	9
H	15	11	9
I	11	9	8
J	6	7	5

$\overline{Y} = 9.8$

$\overline{X}_1 = 11.0$

$\overline{X}_2 = 7.2$

$S_Y = 3.225$

$S_1 = 2.357$

$S_2 = 1.814$

$r_{Y1} = .643$

$r_{Y2} = .768$

$r_{12} = .598$

計算方法如下。

1. 標準化迴歸係數的計算

標準化迴歸方程式 $Z_y = \beta_1 Z_1 + \beta_2 Z_2$，其中二個係數公式為：

$$\beta_1 = \frac{\gamma_{Y1} - \gamma_{Y2}\gamma_{12}}{1 - \gamma_{12}^2} = \frac{.643 - (.768)(.598)}{1 - (.598)^2} = .286$$

$$\beta_2 = \frac{\gamma_{Y2} - \gamma_{Y1}\gamma_{12}}{1 - \gamma_{12}^2} = \frac{.786 - (.643)(.598)}{1 - (.598)^2} = .597$$

得標準分數化迴歸公式：

$$\hat{Z}_Y = 0.286Z_1 + 0.597Z_2$$

由標準分數化的迴數係數可大約看出兩個預測變數的相對重要性。以本例而言，第二個預測變數 (智力測驗成績) 比第一個預測變數 (高中學業成績) 在預測大學入學考成績方面為較具重要性。

2. 原始分數迴歸方程式的計算

代入複相關係數 $R = \sqrt{\beta_1 \gamma_{Y1} + \beta_2 \gamma_{Y2}}$ 公式，得

$$R = \sqrt{.286(.643) + .597(.768)} = .8015$$
$$R^2 = .6424(\text{決定係數})$$

接著計算原始分數迴歸方程式 $Y = a + b_1 X_1 + b_2 X_2$ 這三個未知數，其中

$$b_1 = \beta_1 \frac{S_Y}{S_1} = (.286)\frac{3.225}{2.357} = .391$$
$$b_2 = \beta_2 \frac{S_Y}{S_2} = (.597)\frac{3.225}{1.814} = 1.061$$
$$a = \overline{Y} - b_1 \overline{X_1} - b_2 \overline{X_2} = 9.8 - (.391)(11.0) - (1.061)(7.2) = -2.140$$

最後得原始分數的迴歸方程式為：
$$\hat{Y} = 0.391X_1 + 1.062X_2 - 2.140$$

（二）資料檔之內容

「Multi_linear_regression_p561.dta」資料檔內容如下圖。

圖 7-17 「**Multi_linear_regression_p561.dta**」資料檔 (N=10 , 3 variables)

（三）多元迴歸之選擇表操作

Statistics > Linear models and related > Linear regression

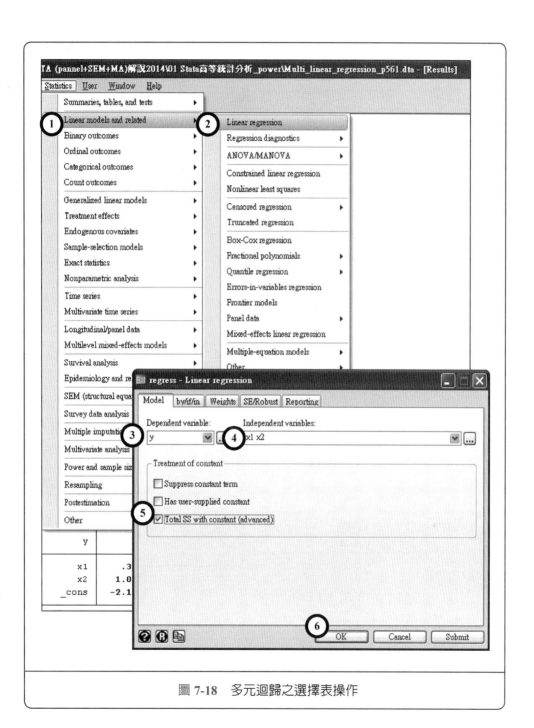

圖 7-18　多元迴歸之選擇表操作

（四）分析結果與討論

1. Step 1. 全部自變數都納入分析

```
. use Multi_linear_regression_p561.dta

. regress y x1 x2, tsscons

      Source |       SS       df       MS              Number of obs =      10
-------------+------------------------------           F(  2,      7) =    6.28
       Model |  60.0883281     2   30.044164           Prob > F      =  0.0275
    Residual |  33.5116719     7   4.7873817           R-squared     =  0.6420
-------------+------------------------------           Adj R-squared =  0.5397
       Total |        93.6     9        10.4           Root MSE      =   2.188


           y |      Coef.   Std. Err.      t    P>|t|     [95% Conf. Interval]
-------------+----------------------------------------------------------------
          x1 |    .392429   .3860154     1.02   0.343    -.5203523     1.30521
          x2 |   1.059937   .5016996     2.11   0.072    -.1263942    2.246268
       _cons |  -2.148265   3.635505    -0.59   0.573     -10.74487    6.448339
```

(1) 多元相關係數 $R = 0.801$，決定係數 $R_a^2 = 0.539$，誤差的均方 (MS_E) 開根號，即為「Root MS_E」，即 Root $MS_E = \sqrt{MS_E} = \sqrt{4.787} = 2.189$，此值愈小表示迴歸模型愈佳。

(2) $B_1 = 0.392$，$B_2 = 1.060$。故原始分數的迴歸方程式可寫成：

$Y = -2.148 + 0.392X_1 + 1.06X_2$

標準化迴歸係數 Beta1 $= 0.287$，Beta2 $= 0.596$，

故標準化迴歸方程式可寫成：

$Z_Y = 0.287Z_1 + .596Z_2$

(3) $B_1 = 0.392(t = 1.02, p > 0.05)$ 未達顯著水準，故模型可捨棄它；且 95%CI $= [-.052, +1.31]$ 亦含 0 所以未達顯著。$B_2 = 1.060$ $(t = 2.11, p < 0.05)$ 則達顯著水準。故基於迴歸模型要愈簡單的原則，只需用一個 X_2 預測變數，即可有效來預測 y(大學入學考)。故再執行簡單迴歸「 regress y x2,

tsscons」，結果如下，顯示「Root MSE = 2.193」，幾乎近似前次多元迴歸的 MSE =2.189。表示採用簡單迴歸之誤差，等同多元迴歸，故採用較簡潔之簡單迴歸是聰明的決策。此外，簡單迴歸 $R^2 = 0.589$ 的解釋量，亦近似於簡單迴歸 $R^2 = 0.642$。故迴歸模型少納入一個 X_1 是最佳決擇。

2. Step 2. 捨棄部分不顯著的自變數

```
. regress y  x2, tsscons

      Source |       SS       df       MS              Number of obs =      10
-------------+------------------------------           F(  1,      8) =   11.47
       Model | 55.1405405     1  55.1405405            Prob > F      =  0.0095
    Residual | 38.4594595     8  4.80743243            R-squared     =  0.5891
-------------+------------------------------           Adj R-squared =  0.5377
       Total |      93.6      9        10.4            Root MSE      =  2.1926

------------------------------------------------------------------------------
           y |      Coef.   Std. Err.      t    P>|t|     [95% Conf. Interval]
-------------+----------------------------------------------------------------
          x2 |   1.364865   .4030053     3.39   0.010     .435533    2.294197
       _cons |   -.027027   2.983328    -0.01   0.993    -6.906594    6.85254
------------------------------------------------------------------------------
```

3. Step 3. 迴歸模型之適配度檢定

分析完任何迴歸 (clogit, cnreg, cloglog, intreg, logistic, logit, mlogit, nbreg, ocratio, ologit, oprobit, poisson, probit, regress, zinb, 及 zip) 之後，最近一次的迴歸分析會暫存在 Stata 記憶體中，因此事後才可用「fitstat」指令，來檢定「最後一次迴歸分析」的適配度。

(1) Step 3-1. 先做多元迴歸之適配度

```
. use Multi_linear_regression_p561.dta
* quietly 係指，只做歸迴分析，但不印出結果
. quietly regress y x1 x2
. fitstat
```

①安裝 fitstat 指令檔之後，直接在 Command 鍵入「fitstat」，即可求得八種 pseudo R^2。R^2 值愈大，表示你最近一次分析的迴歸解釋量就愈高。

②Stata 八種 pseudo R^2 計算公式，儘管與 non-pseudo R^2 不同，但背後之解釋意義卻很相似。

```
. clear
* 清除 資料檔
. use Multi_linear_regression_p561.dta
* 開啟此 資料檔


* quietly 係指，只做歸迴分析，但不印出結果
. quietly regress y x1 x2
* 執行 y= x1+ x2 多元迴歸，但不印出。只將迴歸分析結果暫存在記憶體


. *先用「findit fitstat」找此 ado 命令檔，並人工 copy 至工作目錄之資料夾，再執行它
. fitstat
* 適配度分析


Measures of Fit for regress of y


Log-Lik Intercept Only:        -25.372    Log-Lik Full Model:        -20.236
D(7):                           40.472    LR(2):                      10.271
                                          Prob > LR:                   0.006

R2:                              0.642    Adjusted R2:                 0.540
AIC:                             4.647    AIC*n:                      46.472
BIC:                            24.354    BIC':                       -5.666
```

①迴歸模型的評估常使用判定係數 (coefficient of determination) non-pseudo R^2 公式：

$$\text{non-pseudo } R^2 = \frac{SS_R}{SS_T}$$

②多元迴歸之決定係數 R Square = 0.642。R square 代表的是一個迴歸模式的解釋能力，本例，迴歸模型的解釋能力高達 64.2%。

③AIC(Akaike information criterion), BIC(Bayesian information criterion) 兩項資訊
準則。AIC 與 BIC 所計算出來的值越小，則代表模型的適配度越佳。

$AIC = T \times Ln(SS_E) + 2k$

$BIC = T \times Ln(SS_E) + k \times Ln(T)$

④判定係數 R^2、AIC 與 BIC，雖然是幾種常用的準則，但是卻沒有統計上所要
求的『顯著性』。

⑤當我們利用判定係數或 AIC 與 BIC 找出一個適配度較佳的模型，但是我們卻
不知道這個模型是否『顯著地』優於其他模型。

⑥AIC (Akaike Information Criterion) 屬於一種判斷任何迴歸 (e.g 迴歸模型) 是否
恰當的訊息準則，一般來說數值愈小，迴歸模型的適配較好。AIC = 4.647。

⑦BIC (Bayesian information criterion) 亦屬於一種判斷任何迴歸是否恰當的訊息
準則，一般來說數值愈小，迴歸模型的適配較好。但較少有研究者用它。BIC
= 24.354。

⑧適配度：概似比 Likelihood Ratio(LR) 檢定

例如，假設我們要檢定 AR(2) 模型是否比 AR(1) 模型來的好，因此我們可以
分別算出兩個模型的最大概似值分別為 L_u 與 L_R，則 L_R 統計量為：

$LR = -2(L_R - L_U)$ ～符合 $\chi^2_{(m)}$ 分配

假如，$P < 0.05$ 表示達顯著的話，則表示 AR(2) 模型優於 AR(1) 模型。

以本例 Logit 迴歸來說，結果得 LR(2) = 10.27, $P < 0.05$，表示我們界定的預測
變數對依變數之模型，比「null model」顯著的好，即表示目前這個迴歸模型
適配得很好。

(2) Step 3-2. 再做簡單迴歸之適配度

```
* quietly 係指，只做歸迴分析，但不印出結果
. quietly regress y  x2

. fitstat


Measures of Fit for regress of y


Log-Lik Intercept Only:      -25.372    Log-Lik Full Model:       -20.924
```

D(8):	41.849	LR(1):	8.894
		Prob > LR:	0.003
R2:	0.589	Adjusted R2:	0.538
AIC:	4.585	AIC*n:	45.849
BIC:	23.428	BIC':	-6.592

①迴歸模型的評估常使用判定係數 (coefficient of determination) non-pseudo R2 公式：

$$\text{non-pseudo } R^2 = \frac{SS_R}{SS_T}$$

本例迴歸之決定係數 R Square = 0.589。R square 代表的是一個迴歸模式的解釋能力，本例結果是 0.589，表示此模型的解釋能力高達 58.9%，略低多元迴歸之 64.2%。

②AIC(Akaike information criterion), BIC(Bayesian information criterion) 兩項資訊準則。AIC 與 BIC 所計算出來的值越小，則代表模型的適配度越佳。

$$\text{AIC} = T \times Ln(SS_E) + 2k$$
$$\text{BIC} = T \times Ln(SS_E) + k \times Ln(T)$$

③本例 AIC (Akaike Information Criterion) = 4.585，略低多元迴歸之 AIC = 4.647。此值愈小，時間序列模型的適配較好。顯示簡單迴歸比多元迴歸更不會有 overfit(為增加 R2 而需增加參數的個數) 問題。

④本例 BIC (Bayesian information criterion) = 23.428，近似多元迴歸之 BIC = 24.354。

⑤簡單迴歸 LR(2) 之 p = 0.003 < 0.05，多元迴歸之 p = 0.006 < 0.05。表示，多元迴歸及簡單迴歸兩者 model 都比「null model」顯著的好。故一個自變數係可以取代二個自變數之迴歸模型。

⑥判定係數 R^2、AIC 與 BIC，雖然是幾種常用的準則，但是卻沒有統計上所要求的『顯著性』。

⑦當我們利用判定係數或 AIC 與 BIC 找出一個適配度較佳的模型，但是我們卻不知道這個模型是否『顯著地』優於其他模型。

⑧適配度：概似比 Likelihood Ratio(LR) 檢定

例如，假設我們要檢定 AR(2) 模型是否比 AR(1) 模型來的好，因此我們可以分別算出兩個模型的最大概似值分別為 L_u 與 L_R，則 L_R 統計量為：

$LR = -2(L_R - L_U)$ ～符合 $\chi^2_{(m)}$ 分配

假如，$P < 0.05$ 表示達顯著的話，則表示 AR(2) 模型優於 AR(1) 模型。

以本例簡單迴歸來說，結果得 LR(1)= 8.89, $P < 0.05$，表示我們界定的預測變數對依變數之模型，比「null model」顯著的好，即表示目前這個簡單迴歸模型適配得很好。

(3) Step3-3. 直接「多元迴歸 vs. 簡單迴歸」兩模型之適配度比較

```
.* 限在同一個資料檔之下做適配度比較
use Multi_linear_regression_p561.dta
*先暫存多元迴歸之適配度 (R²、AIC、BIC、Likelihood Ratio) 至 r2_1
. regress y x1 x2
. fitstat, sav(r2_1)
*再做「簡單迴歸 vs. 多元迴歸」兩模型適配度差 (R²、AIC、BIC、Likelihood Ratio)
. regress y  x2
. fitstat, using(r2_1)
```

```
. use Multi_linear_regression_p561.dta
*先求多元迴歸之適配度
. regress y x1 x2
```

Source	SS	df	MS		Number of obs =	10
					F(2, 7) =	6.28
Model	60.0883281	2	30.044164		Prob > F =	0.0275
Residual	33.5116719	7	4.7873817		R-squared =	0.6420
					Adj R-squared =	0.5397
Total	93.6	9	10.4		Root MSE =	2.188

y	Coef.	Std. Err.	t	P>|t|	[95% Conf. Interval]	
x1	.392429	.3860154	1.02	0.343	-.5203523	1.30521
x2	1.059937	.5016996	2.11	0.072	-.1263942	2.246268
_cons	-2.148265	3.635505	-0.59	0.573	-10.74487	6.448339

```
.
.  fitstat, sav(r2_1)


Measures of Fit for regress of y

Log-Lik Intercept Only:      -25.372    Log-Lik Full Model:       -20.236
D(7):                         40.472    LR(2):                     10.271
                                         Prob > LR:                 0.006
R2:                            0.642    Adjusted R2:               0.540
AIC:                           4.647    AIC*n:                    46.472
BIC:                          24.354    BIC':                     -5.666


(Indices saved in matrix fs_r2_1)
```

* 再求簡單迴歸之適配度

```
. regress y  x2

      Source |       SS       df       MS              Number of obs =      10
-------------+------------------------------           F(  1,      8) =   11.47
       Model |  55.1405405     1  55.1405405           Prob > F      =  0.0095
    Residual |  38.4594595     8  4.80743243           R-squared     =  0.5891
-------------+------------------------------           Adj R-squared =  0.5377
       Total |        93.6     9        10.4           Root MSE      =  2.1926


           y |      Coef.   Std. Err.      t    P>|t|     [95% Conf. Interval]
-------------+----------------------------------------------------------------
          x2 |   1.364865   .4030053     3.39   0.010     .435533    2.294197
       _cons |   -.027027   2.983328    -0.01   0.993    -6.906594    6.85254
```

.* 前次（多元）迴歸與最近模型之適配度比較

```
. fitstat, using(r2_1)


Measures of Fit for regress of y
*                             簡單迴歸           多元迴歸       兩迴歸模型的差
                              Current          Saved         Difference
Model:                        regress          regress
```

N:	10	10	0
Log-Lik Intercept Only:	-25.372	-25.372	0.000
Log-Lik Full Model:	-20.924	-20.236	-0.689
D:	41.849(8)	40.472(7)	1.377(1)
LR:	8.894(1)	10.271(2)	1.377(1)
Prob > LR:	0.003	0.006	0.241
R2:	0.589	0.642	-0.053
Adjusted R2:	0.538	0.540	-0.002
AIC:	4.585	4.647	-0.062
AIC*n:	45.849	46.472	-0.623
BIC:	23.428	24.354	-0.925
BIC':	-6.592	-5.666	-0.925

Difference of   0.925 in BIC' provides weak support for current model.

Note: p-value for difference in LR is only valid if models are nested.

「簡單迴歸 vs. 多元迴歸」適配度的差 (Difference)，其 LR(1) = 1.377，p = 0.241 > 0.05，表示「前次 (多元) 迴歸與最近模型」這兩個模型的適配度並無顯著差別，故簡單迴歸可取代多元迴歸。

本例所有六種 pseudo R-squareds 都顯示，簡單迴歸模型比多元迴歸模型之適配度低：多放一個預測變數入迴歸模式 (即數學方程式) 中不會有問題；然而，針對類別變數，例如：性別 (男生、女生)、滿意度 (無、中等、大) 及血型 (O 型、A 型、B 型及 AB 型) 這類資料通常為非量化的特質；而如何將這些非量化的特質代入模式中，虛擬變數的使用即是用來解決這個問題的。

7-3　如何挑選預測變數的所有可能組合

一、範例：建立複迴歸模型 (x1 x2 x3 x4)

（一）問題說明

研究者想瞭解，在有名河流之流域 (分析單位) 中，氮排放量的有效預測模型為何？預測的自變數挑 x1,x2,x3,x4 四個 (都是連續變數)，依變數 y 為氮排放量 (y 衡量河流受污染程度，因為氮化物會造成水質的優氧化)；因為氮排放量非常態分配，故取對數函數使它呈現常態分配，logy 為 Log(Y)。N = 54 河流域。

1. 依變數 y：河流流域之氮排放量。因它非常態故它再取 log()，變成常態分配之 logy 變數。

2. x1 自變數：住宅人數 (百萬)。

3. x2 自變數：農耕面積。

4. x3 自變數：森林面積。

5. x4 自變數：工業 / 商業。

6. x2x3：人工新增的 x2 及 x3 交互作用項。因為農耕面積增加，森林面積就會減少，故這兩個變數有「一長一減」交互關係。

（二）資料檔之內容

「 Select_Predictor_Variables.dta 」資料檔內容如下圖。

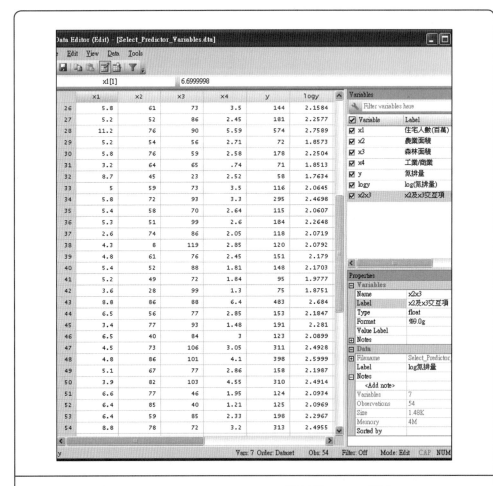

圖 7-19 「**Select_Predictor_Variables.dta**」資料檔 (**N= 54** 河流 **, 7 variables**)

1. 你可在Stata選「Data > Data editor > Data editor (Edit)」來新建資料檔(如上圖)。
2. 亦可採用，Stata 新建資料檔「input」指令 (如下)：

```
. clear
. *原始資
. input x1 x2 x3 x4 y logy
    6.7  62   81  2.59  200  2.3010
    5.1  59   66  1.70  101  2.0043
    7.4  57   83  2.16  204  2.3096
    6.5  73   41  2.01  101  2.0043
    7.8  65  115  4.30  509  2.7067
    5.8  38   72  1.42   80  1.9031
    5.7  46   63  1.91   80  1.9031
    3.7  68   81  2.57  127  2.1038
    6.0  67   93  2.50  202  2.3054
    3.7  76   94  2.40  203  2.3075
    6.3  84   83  4.13  329  2.5172
    6.7  51   43  1.86   65  1.8129
    5.8  96  114  3.95  830  2.9191
    5.8  83   88  3.95  330  2.5185
    7.7  62   67  3.40  168  2.2253
    7.4  74   68  2.40  217  2.3365
    6.0  85   28  2.98   87  1.9395
    3.7  51   41  1.55   34  1.5315
    7.3  68   74  3.56  215  2.3324
    5.6  57   87  3.02  172  2.2355
    5.2  52   76  2.85  109  2.0374
    3.4  83   53  1.12  136  2.1335
    6.7  26   68  2.10   70  1.8451
    5.8  67   86  3.40  220  2.3424
    6.3  59  100  2.95  276  2.4409
    5.8  61   73  3.50  144  2.1584
    5.2  52   86  2.45  181  2.2577
   11.2  76   90  5.59  574  2.7589
    5.2  54   56  2.71   72  1.8573
    5.8  76   59  2.58  178  2.2504
```

```
    3.2   64    65   0.74    71   1.8513
    8.7   45    23   2.52    58   1.7634
    5.0   59    73   3.50   116   2.0645
    5.8   72    93   3.30   295   2.4698
    5.4   58    70   2.64   115   2.0607
    5.3   51    99   2.60   184   2.2648
    2.6   74    86   2.05   118   2.0719
    4.3    8   119   2.85   120   2.0792
    4.8   61    76   2.45   151   2.1790
    5.4   52    88   1.81   148   2.1703
    5.2   49    72   1.84    95   1.9777
    3.6   28    99   1.30    75   1.8751
    8.8   86    88   6.40   483   2.6840
    6.5   56    77   2.85   153   2.1847
    3.4   77    93   1.48   191   2.2810
    6.5   40    84   3.00   123   2.0899
    4.5   73   106   3.05   311   2.4928
    4.8   86   101   4.10   398   2.5999
    5.1   67    77   2.86   158   2.1987
    3.9   82   103   4.55   310   2.4914
    6.6   77    46   1.95   124   2.0934
    6.4   85    40   1.21   125   2.0969
    6.4   59    85   2.33   198   2.2967
    8.8   78    72   3.20   313   2.4955
. end

. label variable y "氮排量"
. label variable x3 "森林面積"
. label variable x2 "農耕面積"
. label variable x1 "住宅人數 ( 百萬 )"
. label variable x4 "工業 / 商業"
. gen x2x3=x2*x3
```

*因為農耕面積增加，森林面積就會減少，故這兩個變數有「一長一減」交互作用關係

（三）建立複迴歸模型 (x1 x2 x3 x4) 之選擇表操作

Statistics > Linear models and related > Linear regression

我們會依序檢測下列四個多元迴歸模型，看那一個模型最佳 (QQ 圖呈 45 度、誤差散布均勻)：

1. $y = x1 + x2 + x3 + x4$。

2. $\log y = x1 + x2 + x3 + x4$。

3. $y = x2 + x3$。

4. $\log y = x2 + x3$。

（四）建立複迴歸模型 (x1 x2 x3 x4)

1. Step 1. 先判斷依變數：y vs. logy 何者較適合於迴歸模型

    (1) Step 1-1. 先判斷 y 在 (x1 x2 x3 x4) 迴歸之殘差圖

圖 7-20　多元線性迴歸之選擇表操作

```
. use Select_Predictor_Variables.dta
. regress y x1 x2 x3 x4

      Source |       SS           df       MS            Number of obs =       54
-------------+------------------------------            F(  4,     49) =    62.79
       Model |  936264.538        4   234066.135         Prob > F       =   0.0000
    Residual |  182666.962       49   3727.89718         R-squared      =   0.8367
-------------+------------------------------            Adj R-squared  =   0.8234
       Total |   1118931.5       53   21111.9151         Root MSE       =   61.057


           y |      Coef.   Std. Err.      t    P>|t|     [95% Conf. Interval]
-------------+----------------------------------------------------------------
          x1 |   33.16383   7.017275     4.73   0.000     19.06209    47.26557
          x2 |    4.27186   .5633845     7.58   0.000     3.139696    5.404023
          x3 |   4.125738   .5111609     8.07   0.000     3.098522    5.152955
          x4 |   14.09156   12.52533     1.13   0.266    -11.07902    39.26215
       _cons |  -621.5975   64.80043    -9.59   0.000    -751.8189   -491.3762


. *將這次迴歸之殘差 (residual)，存到資料檔 r 變數中
. predict r, resid

*繪殘差常態機率圖 (Q-Q 圖). 如下圖
. qnorm r, ylabel(-100(100)300) xlabel(-200(100)200)
```

　　複迴歸模型的輸出報表，由上表之 F value 顯示，其具有足夠的證據能夠拒絕虛無假設，並且調整後的 R 百分比可高達 82.34%，RMS_E 為 61.057，其中各個迴歸項係數為 $\beta_0 = (-621.59)(p < 0.05)$、人口數 $\beta_1 = 33.16(p < 0.05)$、農耕面積 $\beta_2 = 4.27(p < 0.05)$、森林面積 $\beta_3 = 4.13(p < 0.05)$、工業面積 $\beta_4 = 14.09(p > 0.05)$，利用以上的係數，建立預測模型，進行殘差分析，得 $\sqrt{MS_E} = \sqrt{3727.897}$，高達 61.057，此結果並非理想。

　　繪製殘差常態機率圖，如圖 7-21。

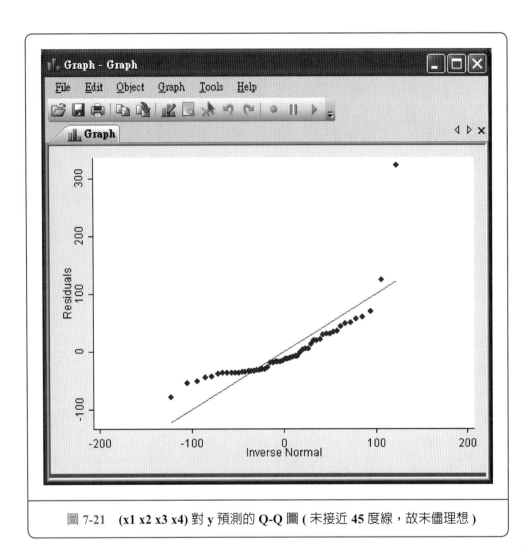

圖 7-21　**(x1 x2 x3 x4)** 對 **y** 預測的 **Q-Q** 圖 (未接近 **45** 度線，故未儘理想)

(2) Step 1-2. 再判斷 logy 在 (x1 x2 x3 x4) 迴歸之殘差圖

```
* quietly 係指，只做歸迴分析，但不印出結果
. quietly regress logy x1 x2 x3 x4
* quietly 不印迴歸結果
*將這次迴歸之殘差 (residual)，存到資料檔 r2 變數中
. predict r2, resid

*繪殘差常態機率圖 (Q-Q 圖)．如下圖
. qnorm r2, ylabel(-.15(.6).15) xlabel(-.15(.6).15)
```

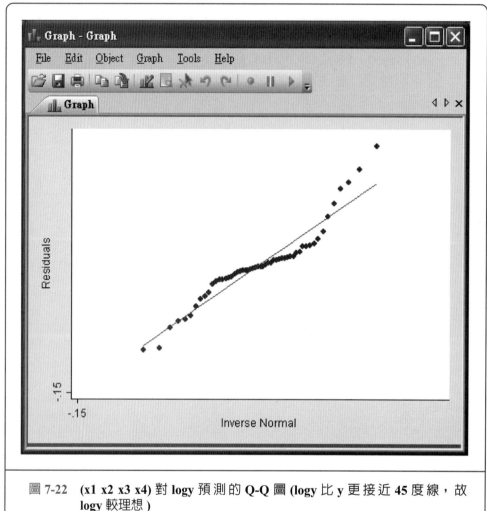

圖 7-22　**(x1 x2 x3 x4)** 對 **logy** 預測的 **Q-Q** 圖 **(logy** 比 **y** 更接近 **45** 度線，故 **logy** 較理想 **)**

2. Step 2. 測試交互作用項 (x2 × x3) 對 y vs. logy 迴歸，何者較佳？

　　(1) Step 2-1. 先測試交互作用項 (x2 × x3) 在 y 的迴歸之殘差圖

　　由於 x2, x3 二預測變數有彼消此長 (一增一減關係)，故我們仍測試一下，這二個預測變數之「相乘積之交互作用項」是否適合來當預測變數？在此我們先用繪圖法來看「交互作用項」殘差是否同質？

```
. quietly regress y x2  x3

*將這次迴歸之殘差 (residual)，存到資料檔 r1 變數中
. predict r1, resid

*繪殘差常態機率圖 (Q-Q 圖 ). 如下圖
. graph twoway scatter r1 x2x3, ylabel(-200(100)400) xlabel(0(5000)10000)
```

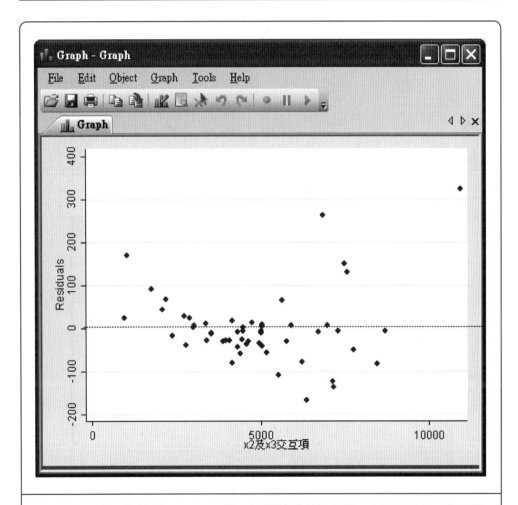

圖 7-23　交互作用項 **(x2 × x3)** 對 **y** 預測的殘差散布圖 (未均勻分布，故未儘理想)

儘管，x2, x3 二變數有彼消此長 (一增一減關係)，但殘差分布圖顯示：殘差是異質，呈現上下不均勻之非常態分配。故 x2, x3 二變數之「相乘積之交互作用項」不適合來當預測變數。

(2) Step 2-2. 再測交互作用項 (x2 × x3) 在 logy 的迴歸之殘差圖

由於 x2, x3 二變數之「相乘積之交互作用項」殘差呈現不均勻分布，我們懷疑可能是 y 變數本身不是常態分布，故 y 變數做變數變換，取對數 log(y) 存至 logy 變數，使用常態化。

接著再繪 x2, x3 二變數「交互作用項」對 logy 依變數之殘差圖。

```
. quietly regress logy x2 x3
* 將這次迴歸之殘差 (residual)，存到資料檔 r3 變數中
. predict r3, resid
* 繪殘差常態機率圖. 如下圖
. graph twoway scatter r3 x2x3, ylabel(-.4(.1)0.4) xlabel(0 5000 10000)
```

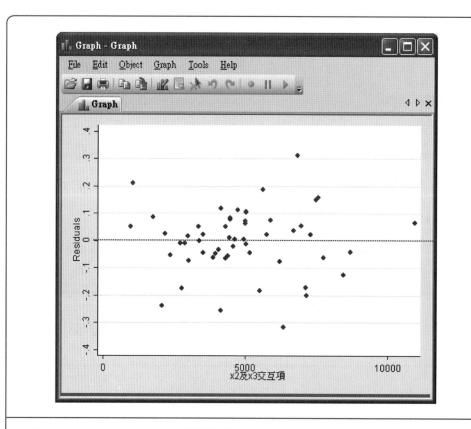

圖 7-24　**(x2 × x3) 對 logy 預測的殘差散布圖 (logy 比 y 更均勻分布，故 logy 較理想)**

由於 (x2 × x3) 交互作用項對 logy 之殘差圖,遠比對 y 來得均勻,故我們決定捨棄 y,改以 logy 來取代。

前次 Q-Q 圖發現 logy 殘差也比 y 更接近 45 度線。而且這次殘差散布圖 (上面二個圖),logy 也比 y 更接近常態,故我們可肯定:logy 比 y 更適合於 (x1 x2 x3 x4)。

可惜本例之迴歸仍有一問題,就是此模型的殘差圖與 $\sqrt{MS_E}$ 值似乎不盡理想,所以,需再利用 Mallow's CpStatistic 與 Adjusted R-square(R_a^2) 的方法,進行較佳的模型篩選。

3. Step 3. 再次確認,logy 對 x1 ~ X4 相關之散布圖,是否呈均勻分布

```
. graph matrix logy x1 x2 x3 x4
```

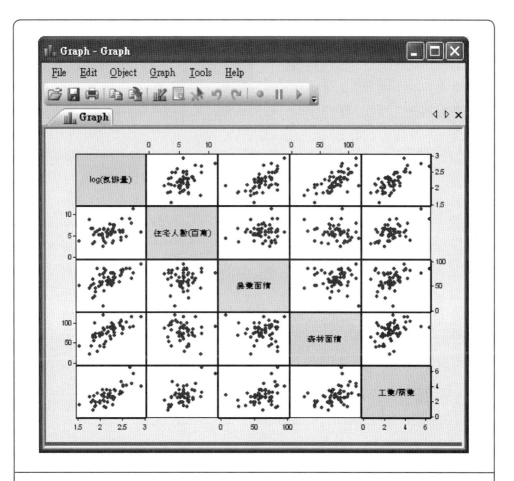

圖 7-25　**logy** 對 **(x1 x2 x3 x4)** 相關之散布圖矩陣 (大致都呈常態)

粗略來看，logy 對 (x1 x2 x3 x4) 相關之散布圖矩陣，大多呈常態分布。此圖再次確認 logy 是可被 (x1 x2 x3 x4) 所預測的。

4. Step 4. 用「RSQUARE」指令，計算所有可能預測變數們的 rsquare，即可自動地找出最佳的可能組合

Stata 有個外加「RSQUARE」package，你可用「 findit rsquare」指令找 (或直接網址下載：http://www.ats.ucla.edu/stat/Stata/ado/analysis)，並安裝它。接著再執行「 rsquare logy x1 x2 x3 x4」指令即可。

```
.  findit  rsquare

* 模型比較 By Mallow's CpStatistic & Adjusted R-square
.  rsquare  logy x1 x2 x3 x4


Regression models for dependent variable : logy

R-squared  Mallows C      SEE        MSE        models with 1 predictor
0.1200      1510.59      3.4961      0.0672      x1
0.3515      1100.01      2.5763      0.0495      x2
0.4424       938.86      2.2153      0.0426      x3
0.5274       788.15      1.8776      0.0361      x4
R-squared  Mallows C      SEE        MSE        models with 2 predictors
0.4381       948.55      2.2325      0.0438      x1 x2
0.6458       580.14      1.4072      0.0276      x1 x3
0.5278       789.34      1.8758      0.0368      x1 x4
0.8130       283.67      0.7430      0.0146      x2 x3
0.6496       573.44      1.3922      0.0273      x2 x4
0.6865       507.90      1.2453      0.0244      x3 x4
R-squared  Mallows C      SEE        MSE        models with 3 predictors
0.9723         3.04      0.1099      0.0022      x1 x2 x3
0.6500       574.71      1.3905      0.0278      x1 x2 x4
0.7192       451.99      1.1156      0.0223      x1 x3 x4
0.8829       161.66      0.4652      0.0093      x2 x3 x4
R-squared  Mallows C      SEE        MSE        models with 4 predictors
0.9724         5.00      0.1098      0.0022      x1 x2 x3 x4
```

　　如何挑選本例 4 個預測變數之最佳組合呢？若用暴力法來排列組合，則有 15 種可能排列組合。因此採暴力法來測試最佳迴歸模型，係非常不智的。故你可改用，根據迴歸項各種組合來看「Mallow's CpStatistic & Adjusted R-square」值。總之，模型組合之挑選準則是：Mallow's Cp 挑最小者；Adjusted R-square 挑最大者。

(1) 依「Mallows Cp 準則法」，我們挑「x1 x2 x3」，Mallows Cp = 3.04 最小值。

(2) 依「R^2_{Adj} 準則法」，我們挑最大值「x1 x2 x3 x4」，R^2_{Adj} = 0.972；或「x1 x2 x3」，R^2_{Adj} = 0.972。

　　根據上述二準則法的交集，從 4 個預測變數 15 種可能組合中，所挑選的最佳組合為：

　　「y = x1 + x2 + x3」。

5. Step 5. 用逐步 (stepwise) 迴歸，再次確認最佳組合「x1 x2 x3」

(1) 逐步 (stepwise) 迴歸之選擇表

Statistics > Other > Stepwise estimation

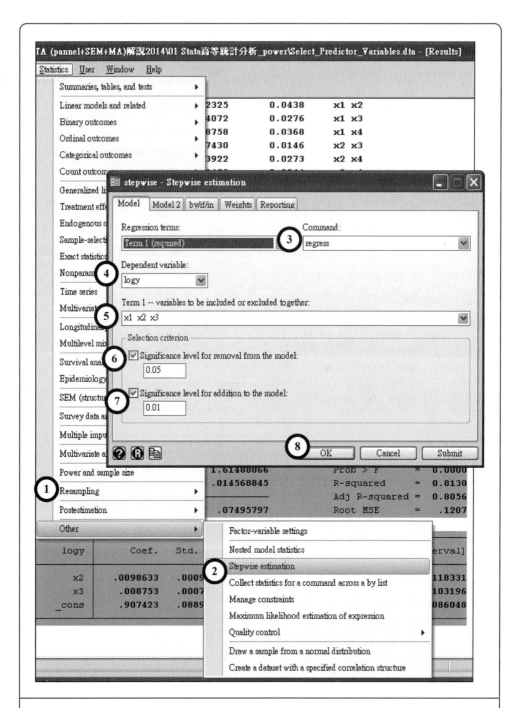

圖 7-26　逐步 (stepwise) 迴歸之選擇表 (只選「**x1 x2 x3**」)

註：Statistics > Other > Stepwise estimation

```
*線性逐步 (stepwise) 迴歸之指令
. stepwise, pr(0.05) pe(0.01) : regress logy (x1 x2 x3)
                    begin with full model
p < 0.0500              for all terms in model

    Source |       SS       df       MS            Number of obs =       54
-----------+------------------------------         F(  3,    50) =  586.04
     Model | 3.86291372     3  1.28763791          Prob > F      =  0.0000
  Residual | .109858708    50  .002197174          R-squared     =  0.9723
-----------+------------------------------         Adj R-squared =  0.9707
     Total | 3.97277243    53  .07495797           Root MSE      =  .04687


      logy |     Coef.   Std. Err.      t    P>|t|     [95% Conf. Interval]
-----------+----------------------------------------------------------------
        x1 |   .0692251   .0040779    16.98   0.000    .0610343    .0774159
        x2 |   .0092945   .0003825    24.30   0.000    .0085263    .0100628
        x3 |   .0095236   .0003064    31.08   0.000    .0089082    .0101391
     _cons |   .4836209   .0426287    11.34   0.000    .3979985    .5692432

```

逐步 (stepwise) 迴歸結果：

① 整體模型達顯著 $F_{.95(3,50)} = 586.04$，$(p < 0.05)$。解釋量 $R^2_{Adj} = 97\%$ 非常高。誤差平方根 $\sqrt{MS_E} = 0.0468$ 非常小。

② 最佳 線性迴歸之組合為：$y = 0.4836 + .069\ X1 + 0.009\ X2 + 0.009\ X3$。即

氮排放量 $= 0.4836 + 0.069$ 住宅人口 $+ 0.009$ 農耕面積 $+ 0.009$ 森林面積

6. Step 6. 最佳線性迴歸的共線性診斷 (Collinearity diagnostics)

容忍值 (tolerance) 是共線性的指標，容忍值 = (1 – 自變數被其他變數所解釋的變異量)，容忍值 (0 ～ 1 之間)，愈大愈好。容忍值愈大，代表共線性問題愈小，容忍值的倒數 = 變異數膨脹因素 (VIF, variance inflation faction)，VIF 的值愈小愈好，代表愈沒有共線性問題。

```
. estat vif
*    自變數      變異數膨脹因素   容忍值
     Variable |       VIF        1/VIF
--------------+----------------------------
          x1 |      1.03       0.970108
          x3 |      1.02       0.977506
          x2 |      1.01       0.991774
--------------+----------------------------
     Mean VIF |      1.02
```

x1, x2, x3 的容忍值均大於 0.97 非常高，變異數膨脹因素均小於 1.01 都非常小，故此三個自變數「排除其他自變數之後」，它們可解釋的變異量已非常高。

7-4 Binary 依變數：Linear Probability、Probit 及 Logit 迴歸

Logit 迴歸的基本型態與一般線性迴歸並無不同，如：

$$Y_i = \beta_0 + \beta_1 X_{1i} + \beta_2 X_{2i} + ... + \beta_k X_{ki} + U_i$$

惟依變數 Y 不再如一般線性迴歸需要服從常態分配的假設，而為二分類 (Binary 或 Dichotomous) 變數型態，如「成功、失敗」，「事件不幸發生、未發生」或順序尺度之多分類 (polytomous) 變數，如「沒意見、同意、非常同意」，「無症狀、症狀溫和、症狀嚴重」。

例如，使用 Logit 迴歸分析來預測企業初次公開發行公司債的可能性。其 Logit 迴歸模型示於下式：

$$Pr(IPO)_{it} = F(\beta_1 Sales_{it-1} + \beta_2 Growth_{it} + \beta_3 Capes_{it-1} + \beta_4 MTB_{it-1} + \beta_5 R \& D_{it-1} + \beta_6 Intership_{it-1})$$

上式中的 IPO_{it} 為一虛擬變數，若公司在 t 年度決定發行公司債，則其值

為 1，否則為 0。其中，F(.) 為標準常態分配的累積分配函數。

$$F(\cdot) = \int_{-\infty}^{\infty} \frac{1}{\sqrt{2\pi}} e^{-\frac{x^2}{2}} dx$$

1. 使用銷售額 ($Sales_{it-1}$) 作為公司規模的代理變數，以發行債券前一會計年度 (t-1) 年末之值取自然對數。由於規模愈大的公司愈有可能藉由首次公開發行公司債來獲取外部資金，因此預期 $Sales_{it-1}$ 之係數將是正值。

2. 銷售額成長率 ($Growth_{it}$) 為銷售額的變動程度，定義為發行債券前一年與發行當年銷售額之變化率，而 $Capex_{it-1}$ 是指發行前一年度該公司的資本支出佔總資產帳面價值的比例。

3. $Growth_{it}$ 與 $Capex_{it-1}$ 是用以衡量每家公司對於融資需求的程度，我們預期此二變數與初次發行公司債的機率之間為正相關。

4. MTB_{it-1} 為市值對帳面值比，亦即 (權益市值＋負債總額帳面值) ／資產總額帳面值之比例，我們使用 MTB_{it-1} 作為預期公司未來成長機會的代理變數。

5. $R\,\&\,D_{it-1}$ 為研發費用率，是指每家公司的研究發展費用佔銷售額之比例。

6. $Inership_{it-1}$ 代表內部人持股比例，以董監事與經理人的持股比例來衡量。本文預期 MTB_{it-1} 與 $Inership_{it-1}$ 二變數與初次發行公司債的機率之間為負相關，而 $R\,\&\,D_{it-1}$ 與初次發行公司債的機率之間呈正相關。

　　Logistic 迴歸之應用例子，包括：

1. 中國大陸上市公司財務危機之探討──以中小企業板為例。
2. 晶圓瑕疵分布之鑑別分析。
3. 觀光夜市之消費者選擇行為研究──以大臺北地區夜市為例。
4. Logistic 與 Probit 迴歸方法進行山崩潛勢評估──以高雄荖濃溪集水區為例。
5. 臺灣中高齡人口憂鬱症狀之影響因子探討。
6. 臺灣股市績效預測分析的探討：以羅吉斯迴歸為例。
7. 醫療險短期出險因素之研究。
8. 運用財務指標評估企業資訊揭露與財務危機──以臺灣上市電子業為例。
9. 房貸違約階段存活時間及影響因素之研究。

10. 影響房屋貸款逾期因素之實證分析。

11. 財務彈性穩定性對 CEO 薪酬政策影響之研究。

12. 頭頸癌患者放射線治療對產生口乾分析。

13. 應用羅吉斯迴歸模型建構絕緣礙子火花偵測系統。

14. 綠色能源產業公司之投資潛力評估——以綜效鑑識模式。

15. 臺灣養老市場金融需求之研究。

16. 應收帳款呆帳預測之研究——以臺灣某化學公司爲例。

17. 影響臺灣地區中高齡人口選擇未來養老居住方式之因子探討。

18. 法拍屋房屋貸款授信違約風險評估之研究——考量投資客變數。

19. 公司績效、公司治理與財務危機關聯性之探討。

20. 壽險保單申訴項目與申訴結果之研究。

21. 建物地震損害程度評估模式之研究。

22. 修正後 O'glove 盈餘品質與財務危機之探討。

23. 婚姻之路——影響東亞女性婚姻抉擇因素之探討。

7-4-1 Logit 模型之解說

logit 迴歸執行之後，才可做下列指令的事後檢定。

Stata指令	說明
estat	class ification report various summary statistics, including the classification table
estat gof	Pearson or Hosmer-Lemeshow goodness-of-fit test
lroc	compute area under ROC curve and graph the curve
lsens graph	sensitivity and specificity versus probability cutoff
contrast	contrasts and ANOVA-style joint tests of estimates
estat ic	Akaike's and Schwarz's Bayesian information criteria (AIC and BIC)
estat summarize	summary statistics for the estimation sample
estat vce	variance-covariance matrix of the estimators (VCE)
estat (svy)	postestimation statistics for survey data
estimates	cataloging estimation results

Stata指令	說明
(1) forecast	dynamic forecasts and simulations
lincom	point estimates, standard errors, testing, and inference for linear combinations of coefficients
linktest	link test for model specification
(2) lrtest	likelihood-ratio test
margins	marginal means, predictive margins, marginal effects, and average marginal effects
marginsplot	graph the results from margins (profile plots, interaction plots, etc.)
nlcom	point estimates, standard errors, testing, and inference for nonlinear combinations of coefficients
predict	predictions, residuals, influence statistics, and other diagnostic measures
predictnl	point estimates, standard errors, testing, and inference for generalized predictions
pwcompare	pairwise comparisons of estimates
suest	seemingly unrelated estimation
test	Wald tests of simple and composite linear hypotheses
testnl	Wald tests of nonlinear hypotheses

(1) forecast is not appropriate with mi or svy estimation results.

(2) lrtest is not appropriate with svy estimation results.

在定量分析的實際研究中,線性迴歸模型 (Linear Regression Model) 是最流行的統計方式。但許多社會科學問題的觀察,都只是分類而非連續的,此時線性迴歸就不適用了。

羅吉斯 Logistic 迴歸類似線性迴歸模式,但 Logistic 迴歸所探討問題的依變數是離散型,特別是其分類只有二類 (例如「公司破產 vs. 永續」、「是與否」、「男與女」、「成功與失敗」)。

例如,收集國內上市、上櫃公開發行之中小企業 (員工人數在 200 人以下或公司實收資本額新臺幣八千萬元以下或公司營業額在新臺幣一億元以下) 財務資料,將資料分類為財務健全公司 vs. 財務危機公司兩大群組,並針對 2000 ~ 2007 年之財務比率,即以下這五個自變數進行羅吉斯分析。

> X1 稅後淨值報酬率 (獲利能力)
>
> X2 現金流量比率 (現金流量指標)
>
> X3 營收成長率 (成長率指標)
>
> X4 負債比率 (償債能力指標)
>
> X5 存貨週轉率 (經營能力指標)

　　對於離散型 (類別) 變數有很多分析方法，有兩個原因使人會選擇羅吉斯迴歸：(1) 基於數學觀點，羅吉斯為一個極富彈性且容易使用的函數。(2) 適用於解釋生物 / 醫學上的意義。

　　利用羅吉斯迴歸的目的是在於建立一個最精簡和最能配適 (fit) 的分析結果，而且在實用上合理的模式，建立模式後可用來預測依變數與一組預測變數之間的關係。

　　Logistic 迴歸的應用例子，包括：

1. 臺南市空屋現象之觀察與分析。
2. 企業購買選擇行為與使用意願之研究──以網路電話閘道器為例。
3. 以二元資料迴歸方法建構建物震害危險度最適預測模式──以中興新村都市計畫區為例。
4. 應用羅吉斯迴歸構建銀行放款信用評等模式。
5. 營利事業所得稅逃漏稅預測模式之比較研究。
6. 從選擇權觀點探討我國上櫃公司違約距離與違約風險。
7. 信用卡資產組合風險之研究。
8. 上市公司財務危機與轉投資活動關係之研究。
9. 國軍主計財務軍官離職率模式構建之研究。
10. 汽車保險續保之研究──以汽車第三人責任保險為例。
11. 個人小額信用貸款授信模式之個案研究。
12. 人類免疫缺陷病毒之蛋白水解酶抑制劑其活性、分子接合能量與分子凸狀殼關係之研究。
13. 停經後婦女之腎虛症與骨質疏鬆症關聯性之研究。
14. 運用空間資訊技術建立崩塌地發生機率模式之研究──以雪霸國家公園為例。
15. 影響公務預算編用適切性認知之因素探討。

16. 來臺旅客參與觀光旅遊線之消費型態研究。

17. 溫泉休閒產業未來發展——以礁溪溫泉區爲例。

18. 臺灣電腦廠商在中國大陸投資趨勢之研究——以區位選擇觀點分析。

19. 母女影響與消費者購買偏好關係之研究。

20. 投資型保險商品購買預測之研究。

一、Logistic 迴歸的假定

羅吉斯迴歸的基本假定 (assumption) 與其他多變數分析之假設不同，因爲它不需要假定分配類型，在羅吉斯分配中，自變數對於依變數之影響方式是以指數的方式來變動，即。此意味著羅吉斯迴歸無需具有符合常態分配的假設，但是如果預測變數爲常態分配的話，結果會比較可靠。在羅吉斯迴歸分析中，自變數可以是類別變數 (category variable)，也可以是連續變數。

二、Logistic 迴歸模型

如果依變數的編碼是二進制，例如違約 ($Y = 1$，不違約：$Y = 0$)，我們想知道的是預測違約的可能性，這就是典型羅吉斯迴歸，它於是創造一個潛在變數 (latent variable)Y^*，令解釋變數只有一個 X，則二元資料的分析模型如下：

$$y_j^* = \beta_0 + \sum_{i=1}^{n} \beta_i x_{i,j} + \varepsilon_j$$

$$\begin{cases} y_j = 1 \ if \ y_j^* \geq \theta \\ y_j = 0 \ if \ y_j^* < \theta \end{cases}$$

其中，θ 爲決斷值。

（一）Logit function 轉換

原始分數代入：

$$P = \frac{1}{1 + e^{-y^*}}$$

所得機率如下。

原始分數 $y*$(score)	Prob(Default)
−8	0.03%
−7	0.09%
−6	0.25%
−5	0.67%
−4	1.80%
−3	4.74%
−2	11.92%
−1	26.89%
0	50.00%
1	73.11%
2	88.08%
3	95.26%

Logit 迴歸就是利用 Logit 函數來建立模型，如：

$$E(Y_i) = \frac{1}{1 + e^{-(\beta_0 + \beta_1 X_{1i} + \beta_2 X_{2i} + \cdots + \beta_k X_{ki})}} = \frac{e^{\beta_0 + \beta_1 X_{1i} + \beta_2 X_{2i} + \cdots + \beta_k X_{ki}}}{1 + e^{\beta_0 + \beta_1 X_{1i} + \beta_2 X_{2i} + \cdots + \beta_k X_{ki}}}$$

其對應的函數圖形如圖 7-27，形狀類似 S 形，$E(Y_i)$ 其值界於 0 與 1 間，為推估 Y_i 的機率值。由上式可以解決一般線性模型其 Y 值代表機率時，Y 值超過 0 或 1 的窘境，使 Logit 模型非常適合解決應變數為分類變數情形。

（二）Logistic 迴歸之學理

1. 受限依變數的問題

線性迴歸 (以下稱 OLS) 是所有迴歸分析的入門與基礎。可是 OLS 有許多前提與假定，只有當這些前提與假定都存在時，OLS 所估算的線性函數參數值才會準確。其中有一個條件是依變數必須是呈常態分布的連續變數 (如某個小學二年級學生第一次月考的數學成績、某一個國家的國民體重、臺灣國內所有護理之家的住民跌倒率等等)，可是有很多時候我們研究或分析的依變數並非這種型態的變數，這時 OLS 便派不上用場。這些不符合 OLS 依變數條件要求的情況很多，計量經濟學通稱這些為「受限的依變數」(limited dependent variables,

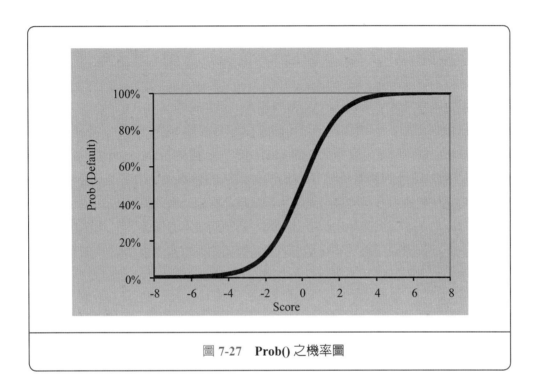

圖 7-27　**Prob()** 之機率圖

LDV)，針對不同的 LDV，統計學家與計量經濟學家大多已經發展出不同的模式去處理，

在研究上經常遇到的一種 LDV 情況，就是依變數是二元變數 (binary variable)，這類的變數的數值只有兩種可能，常見的例子比如：

(1) 公司財務健全 vs. 破產之預測。

(2) 市民罹患冠心病(coronary heart disease, CHD)的狀態(有罹患或者沒有罹患)。

(3) 應屆畢業大學生應徵職務的結果 (被錄取或者沒被錄取)。

二元 Logistic 迴歸模式適合使用 Logistic 迴歸程序或多元 Logistic 迴歸程序。每種程序都有其他程序未提供的選項。理論上很重要的差異是 Logistic 迴歸程序會產生所有的預測、殘差 (residual)、影響統計量 (Influence)、以及在個別觀察值等級使用資料的適配度測試，而不管資料是如何輸入的，以及共變數形式的數量是否小於觀察值的總數量。但是多元 Logistic 迴歸程序會內部整合觀察值以形成預測變數相同的共變異數形式的子母體，以產生預測、殘差以及根據這些子母體的適配度測試。如果所有的預測變數都是類別變數，或是任何連續預測變數只具有有限的變數值。

(1) 以使每個共變數樣式中都有數個觀察值。

(2) 子母體方式可以產生有效的適配度檢定和情報殘差，但是個別觀察值等級方法則不能。

2. 處理二元依變數的模式——Logit 模式與 Probit 模式

　　解決這個問題的方法有好幾個，最常用的有兩種，第一種是「邏輯迴歸分析」(logistic regression，或稱為 logit model)，另一種是 probit model。這兩種方式都是透過非線性的函數去估算我們所感興趣的參數值，前者是使用 logit 函數，後者是使用常態分布的累積函數。這兩種非線性函數的共同點是它們的數值永遠介於 0 與 1 之間，因此我們所得到的迴歸預測值不會像線性迴歸所得到預測值有超過 1 或低於 0 的情況。其實這兩種函數值的分布情況很相似，不注意的話還看不出來它們的區別。下圖是 logit 函數值的分布圖。

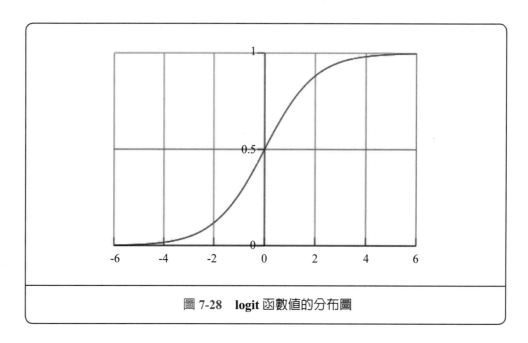

圖 7-28　logit 函數值的分布圖

3. Logistic 迴歸的基本原理

　　如果用 $\pi(x)$ 代表 logit 函數，其轉換公式為：

$$\pi(x) = \frac{1}{1 + e^{-x}}$$

(1) 當 $x = 0$ 時，$e^{-x} = e^0 = 1$，因此 $\pi(0) = 1/(1 + 1) = 0.5$

(2) 當 $x = \infty$(無限大) 時，$e^{-x} = e^{-\infty} = 0$，因此 $\pi(\infty) = 1/(1 + 0) = 1$

(3) 當 $x = -\infty$(負無限大) 時，$e^{-x} = e^{\infty} = \infty$，因此 $\pi(-\infty) = 1/(1 + \infty) = 0$

相反地，$1 - \pi(x) = 1 - \dfrac{1}{1 + e^{-x}} = \dfrac{e^{-x}}{1 + e^{-x}}$

再對上面公式，取 odds ratio 之自然對數：$Log\left(\dfrac{\pi}{1 - \pi}\right) = \beta_0 + \beta_1 X + e_i$，此數學式即是 Logit 迴歸式，這些參數彼此關係如下。

$$\ln\left(\frac{P}{1 - P}\right) = a + bX$$

$$\frac{P}{1 - P} = e^{a + bX}$$

$$P = \frac{e^{a + bX}}{1 + e^{a + bX}}$$

註：P 成功率，(1-P) 失敗率，odds ratio=P/(1-P)

(1) 當勝算機率 (odds) π 從 0 增加到 1 時，odds 從 0 增加到 ∞，而分對數 logit 則從 $-\infty$ 增加到 ∞。

(2) 當 $\pi = 1/2$ 時，odds $= 1$，而 logit $= 0$。

(3) 當 $\pi > 1/2$ 時，logit > 0。

(4) 當 $\pi < 1/2$ 時，logit < 0。

此外：

(1) 當 $\beta_1 > 0$，X 變大，π 也變大。

(2) 當 $\beta_1 < 0$，X 變大，π 變小。

(3) $|\beta_1|$ 越大，logistic 曲線越陡。但是在 logistic regression model 裡，這不是斜率的意思。

(4) 斜率會隨著 X 不同而不同。

如果 $\pi = 0.5$，則勝算比 (odds) 為 $\dfrac{\pi}{1 - \pi} = 1$，再取自然對數，可得：

$Log(\dfrac{\pi}{1 - \pi}) = Log(1) = 0$

即 $0 = \beta_0 + \beta_1 X$

所以 $X = -\beta_0 / \beta_1$

當 $X = -\beta_0 / \beta_1$，$\pi = 0.5$。

(5) $\beta_1 \times \pi(1 - \pi)$ 是 logistic 曲線在特定 π 值時的切線斜率。

若自變項 X 預測得知 $\pi = 0.5$ 則，在這個 X 值上切線的斜率是 $0.25 \times \beta_1$。

當 $\pi = 1/2$ 時，切線斜率最大，logit $= 0$，也就是當 $X = -\beta_0 / \beta_1$ 時。

定義：單變數羅吉斯迴歸

假設 $\pi(x) = E(y \mid x)$，則模型表示如下：

$$成功率\ \pi(x) = \frac{e^{(\beta_0 + \beta_1 x)}}{1 + e^{(\beta_0 + \beta_1 x)}}$$

若將 $\pi(x)$ 做羅吉斯轉換，可得下列表示式：

$$g(x) = Logit[\pi(x)] = Ln\left(\frac{\pi(x)}{1 - \pi(x)}\right) = \beta_0 + \beta_1 x + e$$

經由此轉換，g(x) 便符合線性迴歸模型的性質，此時 g(x) 就為連續變數。

如果依變數為二分變項時，羅吉斯迴歸有以下特性：

1. 條件期望值的迴歸式必須介於 0 ～ 1 之間，即

$$0 \leq E(y \mid x) = \pi(x) = \frac{exp(\beta_0 + \beta_1 x)}{1 + exp(\beta_0 + \beta_1 x)} \leq 1$$

2. 其誤差分配是服從二項分配而不是服從常態分配。
3. 用來處理線性迴歸的分析原則也可以用在羅吉斯迴歸上。

例如，調查 125 名病人，年齡 (age) 與罹患冠心病 (CHD) 關係，蒐集數據如下圖。

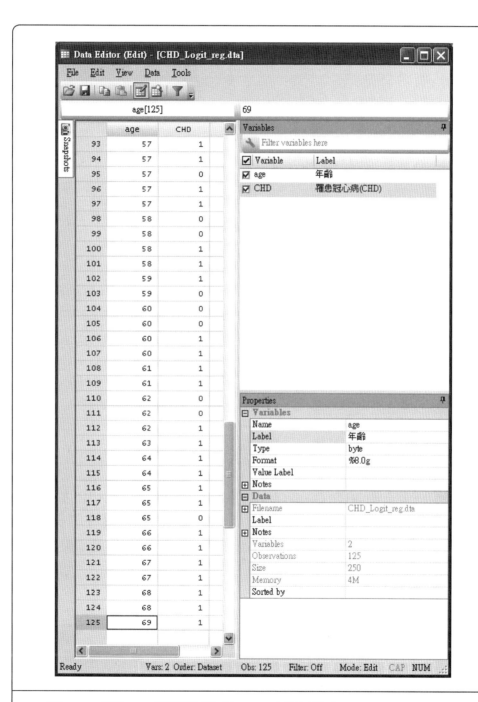

圖 7-29　年齡 **(age)** 與罹患冠心病 **(CHD)** 之資料檔「**CHD_Logit_reg.dta**」

倖若採傳統 OLS 的線性函數是：$CHD = \beta_0 + \beta_1 \times Age$。OLS 的分析基礎，如下圖之散布圖所示，因為資料分散圖顯示二組群之分配並非常態，故採 OLS 迴歸分析，似乎不太合理。

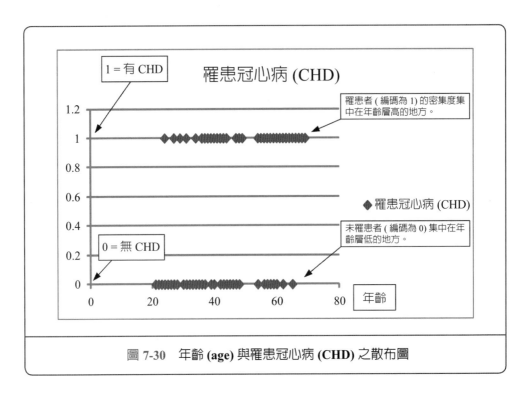

圖 7-30　年齡 (age) 與罹患冠心病 (CHD) 之散布圖

相對地，logit model 是透過 $\pi(\beta_0 + \beta_1 \times Age)$ 來描述 Age 與 CHD 的關係，分析公式為：$CHD_i = \pi(\beta_0 + \beta_1 \times Age_i) + e_i$ $(i = 1 \sim 125)$。我們的目的是要去估算或找到 β_0 與 β_1 這兩個值，使 $\pi(\beta_0 + \beta_1 \times Age_i)$ 的 125 個數值最接近資料中這 N = 125 個 CHD_i 的值。

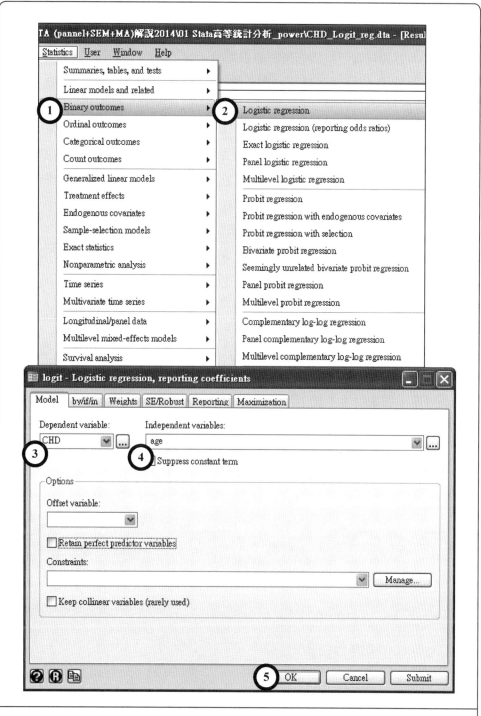

圖 7-31　年齡 **(age)** 與罹患冠心病 **(CHD)** 之 **Logit** 分析畫面

非線性迴歸分析 (如 logistic regression) 在估算或尋找參數值 (β_0 與 β_1) 時，所用的數學原理不再是「最小平方和」，而是「最大可能性」(maximum likelihood)，意思是說所找到的這一組參數值，會使得所預測到的 N=125 個 $\pi(\beta_0 + \beta_1 \times \text{Age}_i)$ 數值 (因為有 125 個年齡的值) 分別符合資料中 125 個 CHD_i 值的整體可能性達到最大。有趣的是，線性迴歸的「最小平方和」恰好也符合非線性迴歸的「最大可能性」的原理，事實上「最小平方和」是「最大可能性」一種特殊情況。因此，線性關係中，使用「最小平方和」與「最大可能性」所估算的參數值會是一致的。不過「最大可能性」可以適用的不僅在線性關係，連非線性關係也可以運用，而「最小平方和」只適用於線性關係的分析。

OLS 在運用「最小平方和」估算參數值時有公式可以直接去計算，但是非線性模式在運用「最大可能性」原理時，並非直接去計算參數值，而是由電腦一再嘗試疊代運算 (iteration)，直到所找到的參數值達到最大可能性。所以一般電腦統計軟體在非線性迴歸模式的結果中都會呈現經過了幾次的疊代運算，才找到這組最理想 (最具代表性) 的參數值。

當我們找到參數值 (β_0 與 β_1) 時，便可以去計算 $\pi(\beta_0 + \beta_1 \times \text{Age}_i)$ 的值，所得到的這 125 個數值其實就是代表各個年齡的人得到 CHD 的可能性。因此，logit 函數的好處，就是將原本是「有或無 CHD(0,1)」的結果，轉變成每一個年齡得到 CHD 的發生「機率」Pr(age)。針對上面的 125 位民眾的年齡與 CHD 的資料，我用 logit model 去分析，假設得到的結果是 $\beta_0 = -5.310$，$\beta_1 = 0.111$，我將此組 (β_0, β_1) 帶入 $\pi(-5.310 + 0.111 \times \text{Age}_i)$ 去計算各個年齡的人預期得到 CHD 的可能發生率：

年齡 X 與患心臟病機率的關係式為 $\Pr(age_i) = \pi = \dfrac{e^{-5.31+0.111 \times age_i}}{1 + e^{-5.31+0.111 \times age_i}}$

經過羅吉斯轉換後：$g(x) = \ln \dfrac{\pi(x)}{1-\pi(x)} = b_0 + b_1 X$

$Ln(\dfrac{\pi}{1-\pi}) = -5.310 + 0.111($ 年齡 $)$

則此時 CHD 與年齡就呈線性關係。

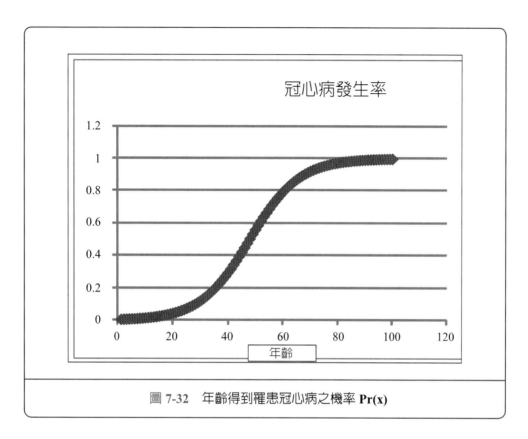

圖 7-32　年齡得到罹患冠心病之機率 **Pr(x)**

　　我們可以來比較用 logit model 所預估的各年齡的人得到 CHD 的可能性與前面用年齡分組所得到的結果，我將線性迴歸線畫在同一個散布圖，可以看到這兩種方式所得到的結果有重疊在一起，但是用 logit model 所得到的結果與實際的情況相當吻合。

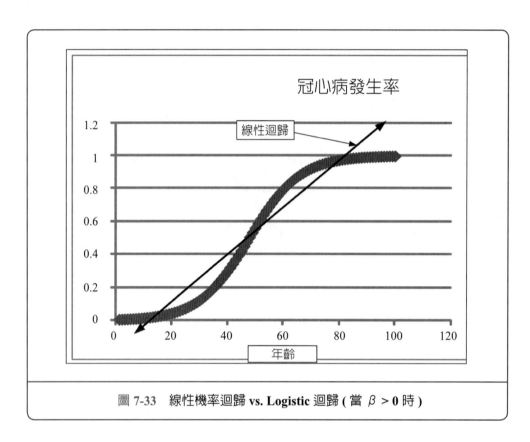

圖 7-33　線性機率迴歸 **vs. Logistic** 迴歸 (當 $\beta > 0$ 時)

4. Logistic 迴歸的好處

　　在面對二元依變數的情況，logit model 可能是被運用得最廣的，特別是在生物統計、醫學與流行病學的研究方面，logit model 有其優勢存在；因為 logit model 所得到的自變數的係數值透過簡單的換算，就可以得到生物醫學上常用到的一個指標值——「勝算比」(odds ratio)。在 logit model 中，如果我們使用的自變數也是二元變數，更能夠凸顯在結果解讀上的方便。

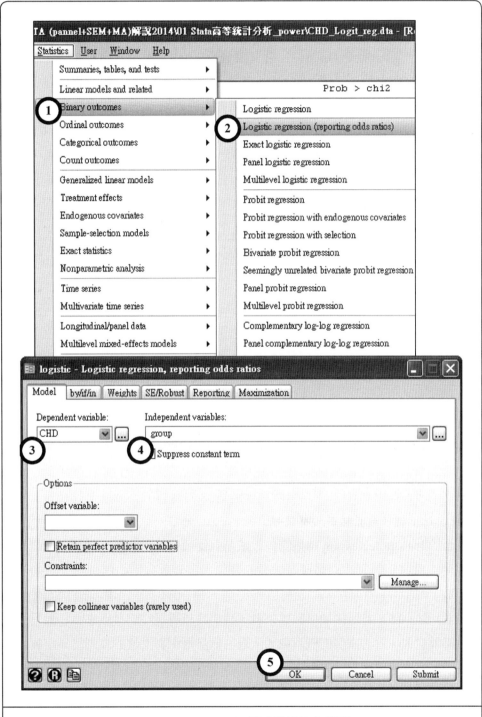

圖 7-34　**Logistic** 迴歸求勝算比之畫面

我們在將上述 125 筆資料根據年齡分成兩組 (如下表)，第一組是年齡大於或等於 40 歲的人，另一組包含年齡小於 40 歲的人。我用一個新變數 (group) 來代表這兩組，第一組是 group=1，第二組是 group=0。第一組中有 58.7% 的人得到 CHD，41.3% 的人沒有得到 CHD，其得到 CHD 的勝算 (odds，也就是這一組的人得到 CHD 的機會與沒得到 CHD 的機會的相對值)=58.7%/41.3%=1.423。較年輕組中有 16.2% 的人得到 CHD，83.8% 的人沒有得到 CHD，其得到 CHD 的勝算 =16.2%/83.8% =0.194。如果我們將第一組的勝算除以第二組的勝算，便可以得到這兩組得到 CHD 的勝算比值 (odds ratio)。此處所得到的結果告訴我們，年長組的人罹患 CHD 相較於沒有罹患 CHD 的情況，是年輕組的 7.353 倍。

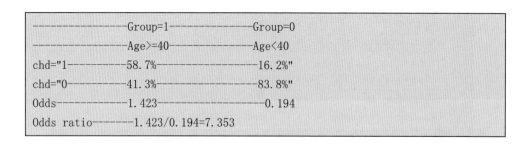

```
-----------------Group=1----------------Group=0
-----------------Age>=40----------------Age<40
chd="1----------58.7%---------------16.2%"
chd="0----------41.3%---------------83.8%"
Odds-----------1.423----------------0.194
Odds ratio------1.423/0.194=7.353
```

現在我們用 logit model 去分析 CHD 與這兩組的關係 (將自變數由 Age 改成 group)，所得到的 group 的參數是 1.995049。很有趣的是，當我們去取這個值的指數時，exp(1.995049)=7.35256，剛好是等於前面計算出來的 odds ratio。

需要強調的是，odds ratio 並不是指這兩組人罹患 CHD 的平均可能性的比值。這兩組人罹患 CHD 的平均可能性分別是 58.73% 與 16.22%，其比值是 3.62。

5. Logistic 迴歸分析結果的解讀

至於 logistic regression 結果的係數或勝算比值要如何解讀，這裡用一個簡例來說明：探討年齡與性別與冠心病發的關係，自變數分別是年齡 (1 ～ 100，連續變數) 與性別 (男與女，二元變數，女 =1，男 =0)。如果年齡與性別的係數分別是 0.1 與 −0.5，若直接從係數值來看，我們應該說冠心病發機率與年齡呈正相關，年齡愈大，冠心病發的機率愈大；冠心病發機率與女性的性別呈負相關，女性冠心病發機率要比男性來得小。

如果將係數轉換成勝算比值 (odds ratio)，年齡與性別的 odds ratio 分別為 1.105 與 0.6065(odds ratio=exp(係數值))。解釋的方式是：年齡每增加 1 歲，冠

心病發的勝算值 (病發機率 / 未病發機率的比值) 是未增加前的 1.105 倍。在二變數方面，會更容易解釋：女性冠心病發的勝算值 (病發機率 / 未病發機率的比值) 只有男性的 0.6065 倍。

此外，我們也可以說男性冠心病發的勝算值為女性的 1.648(1/0.6065) 倍。($e^{-0.5}$ = 0.6065)。其實，如果我們將性別變數的男性改設定為 1，女性為 0，再跑一次 logistic regression，所得到的係數會是 0.5(從 −0.5 變成 0.5)，而 odds ratio = $e^{0.5}$ = 1.648，意義完全一樣，只是比較的基礎不同而已。

如果要解釋 logit model 中乘積項或交互項 (interaction term) 的係數或勝算比值的意義，就比較複雜了，不過大體上的相關性說明原則應該是跟前面所說的一樣。比如有一個乘積項是性別 x 抽菸與否 (抽菸 =1，未抽菸 =0)，如果此乘積項的係數是 0.2 (正值，$e^{0.2}$ = 1.22)，可以解讀為：女性抽菸後得到冠心病的勝算率為男性的 1.22 倍；此即意謂：與男性相較之下，抽菸對女性 (性別：女 =1，男 =0) 得到冠心病發的影響要比抽菸對男性的影響來得大。或是：女性從不抽菸變成抽菸所帶來冠心病發的風險，要比男性從不抽菸變成抽菸所帶來冠心病發的風險來的高；也就是：女性性別與抽菸互動之下，與冠心病發機率有正相關。(乘積項的勝算比率是女性抽菸得到冠心病的勝算比率 / 男性抽菸得到冠心病的勝算比率)。

7-4-2 Probit 迴歸模型之解說

Linear Probability 迴歸之應用例子，包括：
1. 探討臺商製造業赴廈門設廠與回流臺灣之區位選擇。
2. 影響需求臺灣貿易商之因素。
3. 探討通路、保費及繳費別對解約率之影響。
4. 探討性別、保額及繳費期間對解約率之影響。
5. 臺灣省國民中學教師流動因素與型態之研究。

Probit 迴歸分析與羅吉斯迴歸分析最大的不同點，在於在 Probit 迴歸分析中依變數不再是二元變數 (即 0 與 1)，而是介於 0 與 1 之間的百分比變數。進行 Probit 迴歸分析時，與前節在羅吉斯分析時所導出之模式相同。

成功的機率：$P = \dfrac{e^{f(x)}}{1 + e^{f(x)}}$

失敗機率為：$1 - p = \dfrac{1}{1 + e^{f(x)}}$

勝算比 (odd ratio) 為：$\dfrac{P}{1-P} = e^{f(x)}$

$$\ln \frac{p}{1-p} = f(x) = \beta_0 + \beta_1 X + \beta_2 X_2 + \cdots\cdots + \beta_k X_k$$

（一）Probit 模式之假設

H_0：Probit 模式適配度 (Goodness of fit) 佳

H_1：Probit 模式適配度 (Goodness of fit) 不佳

（二）Probit 模式之例子解說

　　研究者想瞭解，400 名大學申請入學機率是否被接受 (admit, 0 = 未接受，1 = 被接受)，是否受到學生之 GRE、GPA 成績及推薦學校聲望 (rank) 的影響。資料檔內容如下。

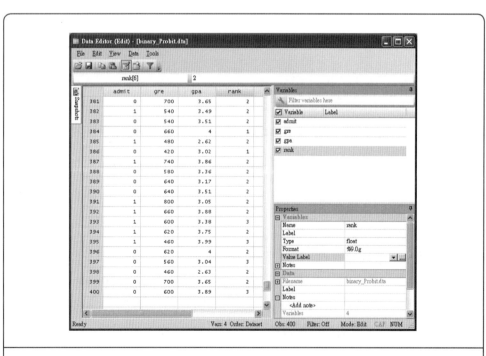

圖 7-35　Probit 迴歸之「binary_Probit.dta」資料檔 (N=400, 4 variables)

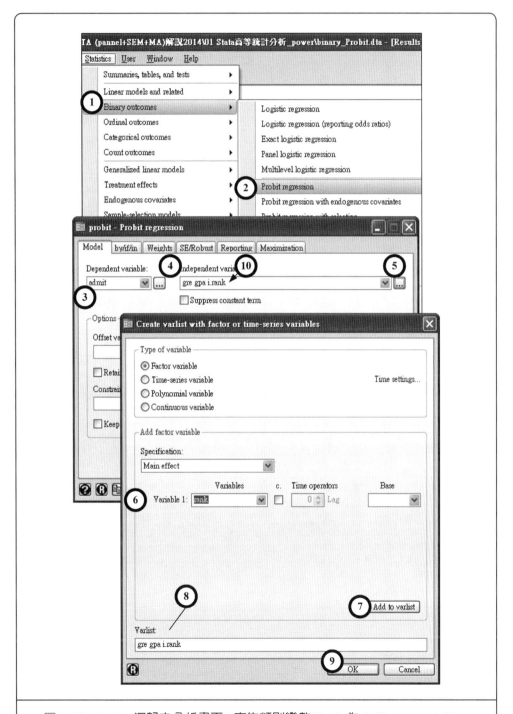

圖 7-36　**Probit** 迴歸之分析畫面 (宣告類別變數 **Rank** 為 **Indicator variables**)

```
. use binary_Probit.dta, clear

. summarize gre gpa

    Variable |      Obs        Mean    Std. Dev.        Min        Max
-------------+--------------------------------------------------------
         gre |      400       587.7     115.5165        220        800
         gpa |      400      3.3899    .3805668       2.26          4

. tab rank

       rank |      Freq.     Percent        Cum.
------------+-----------------------------------
          1 |        61       15.25       15.25
          2 |       151       37.75       53.00
          3 |       121       30.25       83.25
          4 |        67       16.75      100.00
------------+-----------------------------------
      Total |       400      100.00

. tab admit rank
```

*高中學校聲望 Rank=1，入學率最高 =(33/61 人) 、 Rank=4 入學率最低 =(12/67)

```
           |                  rank
     admit |      1        2        3        4 |    Total
-----------+--------------------------------------+----------
         0 |     28       97       93       55 |      273
         1 |     33       54       28       12 |      127
-----------+--------------------------------------+----------
     Total |     61      151      121       67 |      400


. probit admit gre gpa i.rank
```

*因為 rank 次序變數，為前面加「i.」表示是「Factorial Variable」

```
Iteration 0:   log likelihood = -249.98826
Iteration 1:   log likelihood = -229.29667
Iteration 2:   log likelihood = -229.20659
```

```
Iteration 3:    log likelihood = -229.20658

Probit regression                          Number of obs   =        400
                                           LR chi2(5)      =      41.56
                                           Prob > chi2     =     0.0000
Log likelihood = -229.20658                Pseudo R2       =     0.0831

-------------------------------------------------------------------------------
     admit |      Coef.    Std. Err.      z     P>|z|     [95% Conf. Interval]
-----------+-------------------------------------------------------------------
       gre |   .0013756    .0006489     2.12    0.034     .0001038    .0026473
       gpa |   .4777302    .1954625     2.44    0.015     .0946308    .8608297
           |
      rank |
         2 |  -.4153992    .1953769    -2.13    0.033    -.7983308   -.0324675
         3 |   -.812138    .2085956    -3.89    0.000    -1.220978   -.4032981
         4 |   -.935899    .2456339    -3.81    0.000    -1.417333   -.4544654
           |
     _cons |  -2.386838    .6740879    -3.54    0.000    -3.708026   -1.065649
-------------------------------------------------------------------------------
```

1. 整個迴歸模型達顯著水準 ($\chi^2_{(5)} = 41.56$, $p < 0.05$)。

2. 整個迴歸模型解釋量 R^2 為 8.31%。

3. 二個連續之自變數 GRE、GPA 成績都會影響學生申請大學之成功率。

4. GRE 每增加 1 單位，Z 值就增加 0.001。

5. GPA 每增加 1 單位，Z 值就增加 0.478。

6. 類別之自變數 Rank，就讀高中學校聲望，由「1 級到 2 級」Z 值就減少 0.415 (z = -2.13，P = 0.033 < 0.05)、「2 級到 3 級」(z = -3.89，P = < 0.05)、「3 級到 4 級」(z = -3.81，P = < 0.05)，Rank 每降一級，都會顯著降低大學入學之申請成功率。

```
. test  2. rank 3. rank 4. rank

(1)  [admit]2. rank = 0
(2)  [admit]3. rank = 0
(3)  [admit]4. rank = 0

          chi2( 3) =    21.32
        Prob > chi2 =    0.0001
```

類別變數 Rank 之整體效果達顯著，$\chi^2_{(3)} = 21.32(p < 0.05)$

```
. test 2. rank = 3. rank

(1)  [admit]2. rank - [admit]3. rank = 0
          chi2( 1) =    5.60
        Prob > chi2 =    0.0179
```

$P < 0.05$，故拒絕「H_0: coefficient for rank = 2 is equal to the coefficient for rank = 3」

```
. margins rank, atmeans
* 計算 Rank 每一等級平均之入學申請成功率

Adjusted predictions                         Number of obs   =      400
Model VCE    : OIM

Expression  : Pr(admit), predict()
at          : gre        =       587.7 (mean)
              gpa        =      3.3899 (mean)
              1. rank    =       .1525 (mean)
              2. rank    =       .3775 (mean)
              3. rank    =       .3025 (mean)
              4. rank    =       .1675 (mean)

_____
```

```
            |               Delta-method
            |      Margin   Std. Err.      z    P>|z|     [95% Conf. Interval]
------------+----------------------------------------------------------------
       rank |
          1 |    .5163741   .0656201    7.87   0.000     .3877611    .6449871
          2 |    .3540742   .0394725    8.97   0.000     .2767096    .4314388
          3 |    .2203289   .0383674    5.74   0.000     .1451302    .2955277
          4 |    .1854353   .0487112    3.81   0.000     .0899631    .2809075
------------+----------------------------------------------------------------
```

GRE、GPA 都維持在平均數時，學生若能就讀聲望最高等級 (Rank = 1) 的學校，其入學成功率最高，機率高達 0.25。相反地，學生若就讀學校聲望最低等級 (Rank = 4) 的學校，其入學成功率最高，只有 0.19。

```
. fitstat
*先用「findit fitstat」指令，找到 fitstat 套裝，再執行該 ADO 指令檔
Measures of Fit for probit of admit

Log-Lik Intercept Only:    -249.988   Log-Lik Full Model:      -229.207
D(393):                     458.413   LR(5):                     41.563
                                      Prob > LR:                  0.000
McFadden's R2:                0.083   McFadden's Adj R2:          0.055
Maximum Likelihood R2:        0.099   Cragg & Uhler's R2:         0.138
McKelvey and Zavoina's R2:    0.165   Efron's R2:                 0.101
Variance of y*:               1.197   Variance of error:          1.000
Count R2:                     0.710   Adj Count R2:               0.087
AIC:                          1.181   AIC*n:                    472.413
BIC:                      -1896.232   BIC':                     -11.606
```

1. 整個 Probit 迴歸模型之適配度顯著性，LR(5) 即 Likelihood Ratio 檢定，自由度為 5(因 2 + 3 個自變數)，$p = 0.000 < 0.05$。表示本例界定的模型，比「null model」顯著來得好，故可以說，本例 Probit 迴歸模型適配良好。

2. 六個複相關平方 R^2 的值在 0.099 到 0.165 之間，故 3 個自變數之整體解釋量不算高。

3. AIC (Akaike Information Criterion) 屬於一種判斷任何迴歸 (e.g 時間序列模型)
   是否恰當的訊息準則，一般來說數值愈小，時間序列模型的適配較好。AIC =
   1.18 不算高。

4. BIC (Bayesian information criterion) 亦屬於一種判斷任何迴歸是否恰當的訊息
   準則，一般來說數值愈小，時間序列模型的適配較好。但較少有研究者用它。
   BIC = −1896.232，非常小，故模型適配得很好。

7-4-3 Binary 依變數：Linear Probability, Probit 及 Logit 迴歸三者比較

　　對依變數屬類別型變數之多元迴歸，採用 Stata 的線性迴歸、Logit 模型及
Probit 模型，所得結果都是非常接近。請看本例這 3 種不同的多元迴歸之比較。

一、範例：線性機率、Probit 及 Logit 三歸迴模型

（一）問題說明

> 例題：研究者調查 753 名公民，問卷題項包括：
>
> 　　依變數為類別型 lfp：有償勞動力：1=yes 0=no
>
> 　　預測變數有下列 7 個，有些是類別變數、有些是連續自變數。
>
> 　　1. 連續型自變數 k5：# kids < 6。
>
> 　　2. 連續型自變數 k618：# kids 7 ～ 18。
>
> 　　3. 連續型自變數 age：妻子年齡。
>
> 　　4. 類別型自變數 wc：太太學歷為大學嗎：1=yes 0=no。
>
> 　　5. 類別型自變數 hc：先生學歷為大學嗎：1=yes 0=no。
>
> 　　6. 連續型自變數 lwg：Log(太太薪水)。因為薪水不符常態分配，故取
> 　　　 自然對數，才符合常態。
>
> 　　7. 連續型自變數 inc：家庭收入 (不含妻的薪水)。

（二）資料檔之內容

　　「binlfp2_reg_logit_probit.dta」資料檔內容如下圖。

圖 7-37 「**binlfp2_reg_logit_probit.dta**」資料檔 (**N=753 , 8 variables**)

（三）多元迴歸之選擇表操作

迴歸分析前，先對各變數之屬性，通盤瞭解。指令有：「 describe 」、
「 sum 」。

```
. use binlfp2_reg_logit_probit.dta
(Data from 1976 PSID-T Mroz)

. describe
Contains data from binlfp2_reg_logit_probit.dta
  obs:           753                          Data from 1976 PSID-T Mroz
  vars:            8                          11 Feb 2014 20:37
  size:        10,542                         (_dta has notes)
```

| | storage | display | value | |
variable name	type	format	label	variable label
lfp	byte	%9.0g	lfplbl	有償勞動力：1=yes 0=no
k5	byte	%9.0g		# kids < 6
k618	byte	%9.0g		# kids 7-18
age	byte	%9.0g		妻子年齡
wc	byte	%9.0g	collbl	太太大學嗎：1=yes 0=no
hc	byte	%9.0g	collbl	先生大學嗎：1=yes 0=no
lwg	float	%9.0g		Log（太太薪水）
inc	float	%9.0g		家庭收入（不含妻）

```
Sorted by:  lfp
. sum
```

Variable	Obs	Mean	Std. Dev.	Min	Max
lfp	753	.5683931	.4956295	0	1
k5	753	.2377158	.523959	0	3
k618	753	1.353254	1.319874	0	8
age	753	42.53785	8.072574	30	60
wc	753	.2815405	.4500494	0	1
hc	753	.3917663	.4884694	0	1
lwg	753	1.097115	.5875564	-2.054124	3.218876
inc	753	20.12897	11.6348	-.0290001	96

1. Step 1：線性之多元迴歸

選擇表操作：

Statistics > Linear models and related > Linear regression

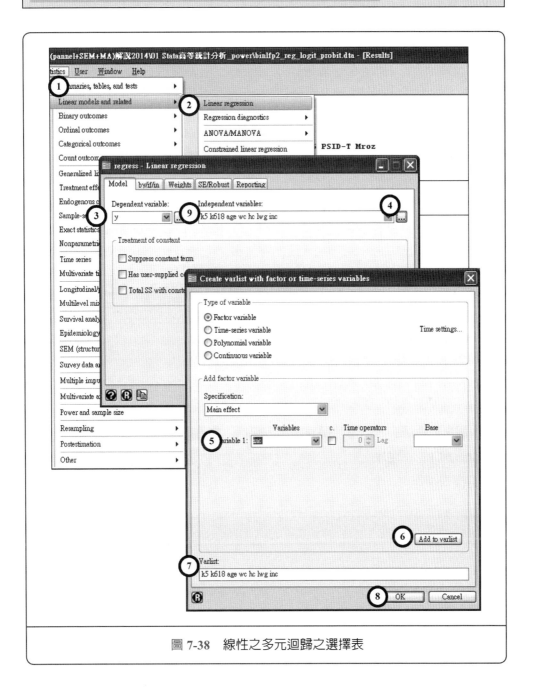

圖 7-38　線性之多元迴歸之選擇表

```
. regress lfp k5 k618 age wc hc lwg inc, tsscons

      Source |       SS       df       MS              Number of obs =     753
-------------+------------------------------           F(  7,    745) =   18.83
       Model |  27.7657494     7   3.96653564           Prob > F      =  0.0000
    Residual |  156.962006   745   .210687257           R-squared     =  0.1503
-------------+------------------------------           Adj R-squared =  0.1423
       Total |  184.727756   752   .245648611           Root MSE      =  .45901


         lfp |      Coef.   Std. Err.      t    P>|t|     [95% Conf. Interval]
-------------+----------------------------------------------------------------
          k5 |  -.294836    .0359027    -8.21   0.000    -.3653185   -.2243534
        k618 |  -.011215    .0139627    -0.80   0.422     -.038626     .016196
         age |  -.0127411   .0025377    -5.02   0.000     -.017723   -.0077591
          wc |   .163679    .0458284     3.57   0.000     .0737109    .2536471
          hc |   .018951    .042533      0.45   0.656    -.0645477    .1024498
         lwg |   .1227402   .0301915     4.07   0.000     .0634697    .1820107
         inc |  -.0067603   .0015708    -4.30   0.000     -.009844   -.0036767
       _cons |   1.143548   .1270527     9.00   0.000      .894124    1.392972
-----------------------------------------------------------------------------
```

線性機率迴歸模型爲：

Lfp = 1.143 − 0.294 × k5 − 0.011 × k618 − 0.0127× age + .163×wc + .0189 × hc − 0.006 × inc。

7 個自變數，有 5 個達到顯著水準，包括：k5、age、hc、lwg、inc。

2. Step2：Logit 迴歸

選擇表操作：

Statistics > Binary outcomes > Logistic regression

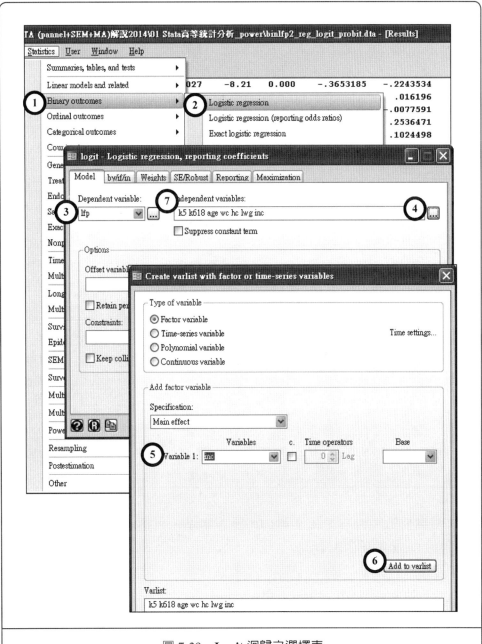

圖 7-39　**Logit** 迴歸之選擇表

```
. logit lfp k5 k618 age wc hc lwg inc

Iteration 0:    log likelihood =  -514.8732
Iteration 1:    log likelihood = -453.03179
Iteration 2:    log likelihood = -452.63343
Iteration 3:    log likelihood = -452.63296
Iteration 4:    log likelihood = -452.63296

Logistic regression                          Number of obs   =      753
                                             LR chi2(7)      =   124.48
                                             Prob > chi2     =   0.0000
Log likelihood = -452.63296                  Pseudo R2       =   0.1209
```

lfp	Coef.	Std. Err.	z	P>|z|	[95% Conf. Interval]	
k5	-1.462913	.1970006	-7.43	0.000	-1.849027	-1.076799
k618	-.0645707	.0680008	-0.95	0.342	-.1978499	.0687085
age	-.0628706	.0127831	-4.92	0.000	-.0879249	-.0378162
wc	.8072738	.2299799	3.51	0.000	.3565215	1.258026
hc	.1117336	.2060397	0.54	0.588	-.2920969	.515564
lwg	.6046931	.1508176	4.01	0.000	.3090961	.9002901
inc	-.0344464	.0082084	-4.20	0.000	-.0505346	-.0183583
_cons	3.18214	.6443751	4.94	0.000	1.919188	4.445092

7 個自變數，也有 5 個達到 0.05 顯著水準，包括：k5、age、hc、lwg、inc。整個 Logit 迴歸模型為：

Pr(Lfp) = F(4.94 − 7.43 × k5 − 0.95 × k618 − 4.92 × age + 3.51 × wc + 0.54 × hc + 4.01 × lwg − 4.20 × inc)

F(.) 為標準常態分配的累積分析函數。

在 5% 水準下，小孩人數小於 5(k5)、妻子年齡 (age)、家庭收入 (inc)，分別與有償勞動力 (lfp) 之機率呈顯著負相關，而太太是否有大學學歷 (wc)、太太薪水 (lwg) 與有償勞動力 (lfp) 之機率則呈顯著正相關。

```
. quietly logit lfp k5 k618 age wc hc lwg inc

. fitstat, sav(r2_1)
* 前次迴歸之適配度，暫存到 r2_1

. quietly logit lfp k5  age wc  lwg inc

. fitstat, using(r2_1)
* 最近迴歸之適配度，與前次迴歸 r2_1 做比較
Measures of Fit for logit of lfp
```

*	前次迴歸 Current	本次迴歸 Saved	二個迴歸適配度之差距 Difference
Model:	logit	logit	
N:	753	753	0
Log-Lik Intercept Only:	-514.873	-514.873	0.000
Log-Lik Full Model:	-453.228	-452.633	-0.595
D:	906.455(747)	905.266(745)	1.190(2)
LR:	123.291(5)	124.480(7)	1.190(2)
Prob > LR:	0.000	0.000	0.552
McFadden's R2:	0.120	0.121	-0.001
McFadden's Adj R2:	0.108	0.105	0.003
Maximum Likelihood R2:	0.151	0.152	-0.001
Cragg & Uhler's R2:	0.203	0.204	-0.002
McKelvey and Zavoina's R2:	0.214	0.217	-0.004
Efron's R2:	0.153	0.155	-0.002
Variance of y*:	4.183	4.203	-0.019
Variance of error:	3.290	3.290	0.000
Count R2:	0.681	0.693	-0.012
Adj Count R2:	0.262	0.289	-0.028
AIC:	1.220	1.223	-0.004
AIC*n:	918.455	921.266	-2.810
BIC:	-4041.721	-4029.663	-12.059
BIC':	-90.171	-78.112	-12.059

```
Difference of  12.059 in BIC' provides very strong support for current model.


Note: p-value for difference in LR is only valid if models are nested.
```

(1) AIC(Akaike information criterion)、BIC(Bayesian information criterion) 兩項資訊準則。AIC 與 BIC 所計算出來的值越小,則代表模型的適配度越佳。

$$AIC = T \times Ln(SS_E) + 2k$$

$$BIC = T \times Ln(SS_E) + k \times Ln(T)$$

(2) 判定係數 R^2、AIC 與 BIC,雖然是幾種常用的準則,但是卻沒有統計上所要求的『顯著性』。

(3) 當我們利用判定係數或 AIC 與 BIC 找出一個適配度較佳的模型,但是我們卻不知道這個模型是否『顯著地』優於其他模型。

(4) 適配度檢定:概似比 Likelihood Ratio(LR) 檢定

例如,假設我們要檢定 AR(2) 模型是否比 AR(1) 模型來的好,因此我們可以分別算出兩個模型的最大概似值分別為 L_u 與 L_R,則 L_R 統計量為:

$$LR = -2(L_R - L_U) \sim 符合 \chi^2_{(m)} 分配$$

假如,P<0.05 表示達顯著的話,則表示 AR(2) 模型優於 AR(1) 模型。

以本例 Logit 迴歸來說,結果得 LR(2) = 1.190, P > 0.05,表示我們「最近一次」界定的 Logit 迴歸模型,並沒有比「前次」界定的 Logit 模型來得好。

(5) 若將 p 值不顯著的預測變數 (k618, wc) 捨棄之後,再進行第二次迴歸,並比較兩批迴歸適配度之比較,分析解說如下:

前次 logit 迴歸「lfp = k5 + k618 + age + wc + hc + lwg + inc」與最近一次的 logit 迴歸,兩者適配度的準則並無顯著的差異 (Likelihood Ratio = 1.19, P > 0.05),故用較簡潔的最近一次迴歸「lfp = −1.43 × k5 −.058 × age + 0.87 × wc + 0.615× lwg − 0.0336 × inc」是不錯的決定。且前後二次迴歸之 AIC 差 = −0.004,顯示前次迴歸比後一次迴歸,AIC 只好 0.004,接近於 0。故我們可大膽說,後一次 Logit 迴歸模型是精簡且有預測效果的。

3. Step 3:probit 迴歸

選擇表操作:

```
Statistics > Binary outcomes > Probit regression
```

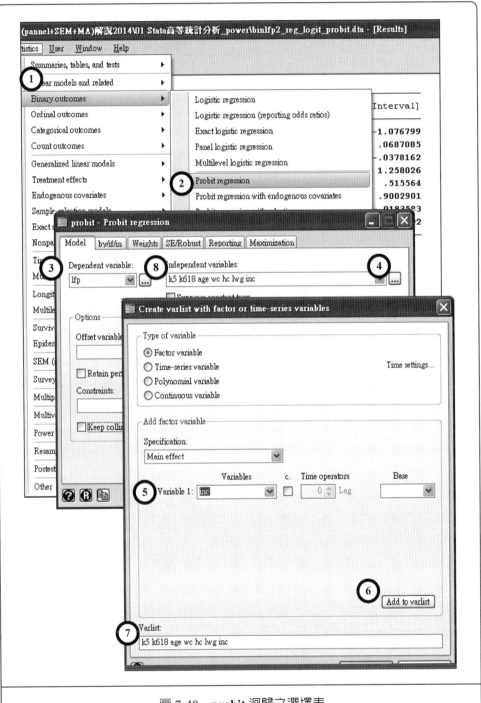

圖 7-40 **probit** 迴歸之選擇表

```
. probit lfp k5 k618 age wc hc lwg inc

Iteration 0:   log likelihood = -514.8732
Iteration 1:   log likelihood = -452.84838
Iteration 2:   log likelihood = -452.69498
Iteration 3:   log likelihood = -452.69496


Probit regression                          Number of obs   =        753
                                           LR chi2(7)      =     124.36
                                           Prob > chi2     =     0.0000
Log likelihood = -452.69496                Pseudo R2       =     0.1208
```

lfp	Coef.	Std. Err.	z	P>|z|	[95% Conf. Interval]	
k5	-.8747111	.1135584	-7.70	0.000	-1.097281	-.6521408
k618	-.0385945	.0404893	-0.95	0.340	-.1179521	.0407631
age	-.0378235	.0076093	-4.97	0.000	-.0527375	-.0229095
wc	.4883144	.1354873	3.60	0.000	.2227641	.7538647
hc	.0571703	.1240053	0.46	0.645	-.1858755	.3002162
lwg	.3656287	.0877792	4.17	0.000	.1935846	.5376727
inc	-.020525	.0047769	-4.30	0.000	-.0298875	-.0111625
_cons	1.918422	.3806539	5.04	0.000	1.172354	2.66449

7 個自變數，也是有 5 個達到顯著水準，包括：k5、age、hc、lwg、inc。

在 5% 誤差水準下，小孩人數小於 5(k5)、妻子年齡 (age)、家庭收入 (inc)，分別與有償勞動力 (lfp) 之機率呈顯著負相關，而太太是否有大學學歷 (wc)、太太薪水 (lwg) 與有償勞動力 (lfp) 之機率則呈顯著正相關。

二、小結

以上三種不同的迴歸模型，可看出線性迴歸、Logit 迴歸及 Porbit 迴歸，三者的分析之顯著性考驗其 p 值都是非常接近。只是三者計算公式之單位不同而已。此外，線性迴歸的依變數，不論是連續變數或類別變數都可以。但 Logit 迴歸及 Porbit 迴歸的依變數，只限類別變數才可以。

線性迴歸、Logit 迴歸及 Porbit 迴歸三者的預測變數 (自變數)，不論是連續變數或類別變數都可以。

7-4-4 Conditional logistic 迴歸之實作 (配對法)

Conditional logistic 迴歸之應用例子，包括：

1. 偵測財務報表不當認列——以條件式邏輯迴歸來評估。
2. 第二型糖尿病與居住地空氣污染指標的相關性研究。
3. 條件羅吉斯迴歸模式於二元分類法的應用探討。

一、範例 1：配對法之 Logit 迴歸，採 Conditional logistic 迴歸

若想提高研究設計之外部效度，概括來說，可用下列方法來「控制」外生 (extraneous) 變數：

1. 排除法：選擇相同外在變數之標準。例如，害怕「年齡」這個外生變數會影響自變數，所以隨機找同年齡 (如 18 歲) 的人當樣本。此種做法，雖提升了內部效度，但卻損及外部效度。
2. 隨機法：採用控制組 (對照組) 及實驗組，將樣本隨機分派至二組，以抵銷外生變數。
3. 共變數分析法 (Analysis of Covariance, ANCOVA)：一起記錄外生變數，將它納入研究設計中，以共變數分析來分析。例如，教師想瞭解，在排除學生「學習態度 (Aptitude)」影響之後，不同的教學方法 (General vs. Specific) 是否對學生的學習成就 (achieve) 有影響？可見 ANCOVA 是在調整「基本態度」之後，才比較二種教學方法的效果。
4. **配對法**：即以外生變數來配對。在實務上，可能較難找到這樣的配對再分組至實驗組及控制組中。例如下面例子，因為產婦年齡愈高，就愈會早產。可惜醫生無法「開個處方箋」叫產婦年齡不要增長。故為了「控制」產婦年齡這個外生變數的干擾，你可找產婦年齡相同者「精準配對」(體重過輕之早產兒 vs. 非早產兒)，如此即可排除產婦年齡對早產兒的影響，進而有效發現「導至早產兒的其他因素」。
5. 重複實驗：同組的人先作實驗群，也作控制組。一群當二群用，其缺點：除

了會受到 pre-test 影響外，且亦受到施測順序 (實驗 - 控制、控制 - 實驗) 的影響。

（一）問題說明

為瞭解產婦年齡對早產的影響力，故以「樣本設計」：產婦年齡相同者「精準配對」(體重過輕之早產兒 vs. 非早產兒)，進而有效發現「導至早產兒的其他因素」有那些？

產婦年齡由 14 ～ 34 歲，本例共找到 56 個配對生產 (早產兒 vs. 非早產兒) 產婦。而影響早產的原因，歸納成下表，即「lowbwt11.dta」資料檔之變數如下：

變數名稱	早產的原因	編碼Codes/Values
pair	以產婦年齡，來 1-1 配對 (過輕 vs. 正常重量嬰兒)	1 ～ 56 歲配對 (過輕 vs. 正常重量嬰兒)
low	早產兒 vs. 非早產兒	1 為 BWT<=2500g,0 為 BWT>2500g
age	產婦年齡	Years
lwt	1. 最近一次月經時產婦體重 (Pounds)	Pounds
race	2. 種族	1 = White, 2 = Blac, 3 = Other
smoke	3. 懷孕時抽煙否	0 = No, 1 = Yes
ptd	4. 早產家族史	0 = None, 1 = Yes
ht	5. 高血壓家族史	0 = No, 1 = Yes
ui	6. 子宮煩躁症 (Uterine Irritability)	0 = No, 1 = Yes

（二）資料檔之內容

「lowbwt11.dta」資料檔內容如下圖。

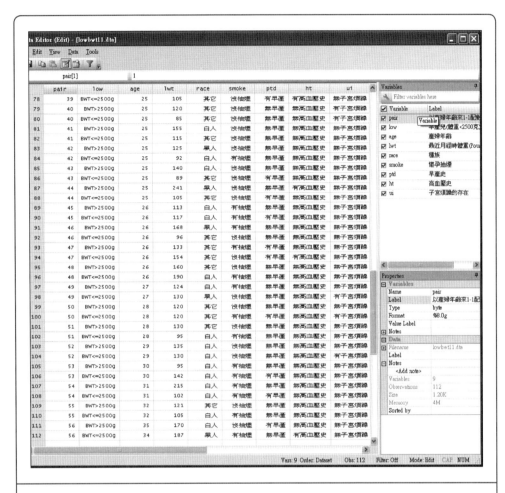

圖 7-41 「**lowbwt11.dta**」資料檔 (N=112 , 9 variables)

（三）Conditional logistic 迴歸之選擇表操作

Statistics > Categorical outcomes > Conditional logistic regression

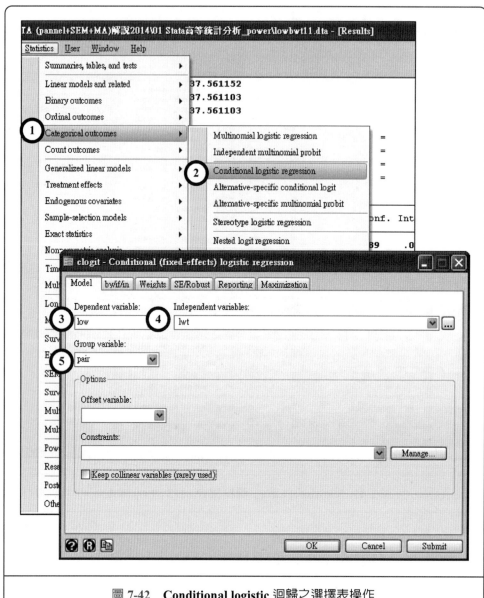

圖 7-42　**Conditional logistic** 迴歸之選擇表操作

（四）分析結果與討論

1. Step 1. 產婦產前體重對早產的影響

```
. use lowbwt11.dta
. clogit low lwt, group(pair)

Iteration 0:    log likelihood = -37.604933
Iteration 1:    log likelihood = -37.561152
Iteration 2:    log likelihood = -37.561103
Iteration 3:    log likelihood = -37.561103

Conditional (fixed-effects) logistic regression    Number of obs   =      112
                                                    LR chi2(1)      =     2.51
                                                    Prob > chi2     =   0.1131
Log likelihood = -37.561103                         Pseudo R2       =   0.0323


------------------------------------------------------------------------------
     low  |    Coef.    Std. Err.      z     P>|z|    [95% Conf. Interval]
---------+--------------------------------------------------------------------
     lwt  |  -.0093749   .0061654   -1.52   0.128   -.0214589    .0027091
```

*產婦胖瘦除以 10，再做一次條件 LOGIT 迴歸之勝算比
```
. gen lwt10 = lwt/10
```
*改求 Odds Ratio(OR)
```
. clogit low lwt10, group(pair) or
Iteration 0:    log likelihood = -37.604933
Iteration 1:    log likelihood = -37.561152
Iteration 2:    log likelihood = -37.561103
Iteration 3:    log likelihood = -37.561103

Conditional (fixed-effects) logistic regression    Number of obs   =      112
                                                    LR chi2(1)      =     2.51
                                                    Prob > chi2     =   0.1131
Log likelihood = -37.561103                         Pseudo R2       =   0.0323


------------------------------------------------------------------------------
     low  | Odds Ratio  Std. Err.      z     P>|z|    [95% Conf. Interval]
```

lwt10	.9105114	.0561368	−1.52	0.128	.8068732	1.027461

(1) $Z = -1.52(p > 0.05)$，表示產婦產前體重每增加一磅，就會增加早產「0.0093」單位的機率。但產婦胖瘦對早產兒「未達」顯著影響力。

(2) 產婦體重除以 10，再做一次條件 logit 迴歸，結果 $Z = -1.52$ 仍是一樣，「未達」顯著。但 Odds Ratio = 0.91，小於無效垂直線「1」，表示，產婦控制體重對早產風險機率仍小於 1。

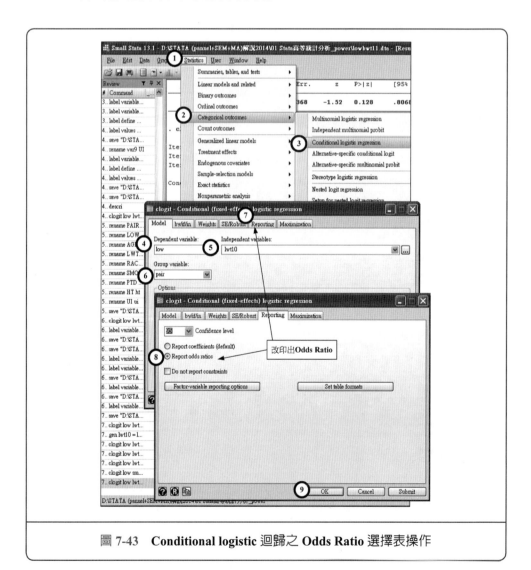

圖 7-43　Conditional logistic 迴歸之 Odds Ratio 選擇表操作

2. Step2. 產婦抽煙對早產的影響

```
. clogit low smoke, group(pair)

Iteration 0:   log likelihood = -35.425931
Iteration 1:   log likelihood = -35.419283
Iteration 2:   log likelihood = -35.419282

Conditional (fixed-effects) logistic regression     Number of obs   =        112
                                                    LR chi2(1)      =       6.79
                                                    Prob > chi2     =     0.0091
Log likelihood = -35.419282                         Pseudo R2       =     0.0875

------------------------------------------------------------------------------
         low |      Coef.   Std. Err.      z    P>|z|     [95% Conf. Interval]
-------------+----------------------------------------------------------------
       smoke |   1.011601   .4128614     2.45   0.014     .2024074    1.820794
. clogit low smoke, group(pair) or

Iteration 0:   log likelihood = -35.425931
Iteration 1:   log likelihood = -35.419283
Iteration 2:   log likelihood = -35.419282

Conditional (fixed-effects) logistic regression     Number of obs   =        112
                                                    LR chi2(1)      =       6.79
                                                    Prob > chi2     =     0.0091
Log likelihood = -35.419282                         Pseudo R2       =     0.0875

------------------------------------------------------------------------------
         low | Odds Ratio  Std. Err.      z    P>|z|     [95% Conf. Interval]
-------------+----------------------------------------------------------------
       smoke |       2.75   1.135369     2.45   0.014     1.224347    6.176763
------------------------------------------------------------------------------
. sort pair
```

```
*產婦年齡來配對，合其二人的「總抽煙人數 (test 變數)」
. egen test = total(smoke), by(pair)
*前出前 20 筆資料，產婦之「總抽煙人數 (test 變數)」名單
. list pair smoke test in 1/20

     .
         +----------------------+
         | pair   smoke   test  |
         |----------------------|
  1.  |    1   沒抽煙      1  |
  2.  |    1   有抽煙      1  |
  3.  |    2   沒抽煙      0  |
  4.  |    2   沒抽煙      0  |
  5.  |    3   沒抽煙      0  |
         |----------------------|
  6.  |    3   沒抽煙      0  |
  7.  |    4   沒抽煙      1  |
  8.  |    4   有抽煙      1  |
  9.  |    5   有抽煙      2  |
 10.  |    5   有抽煙      2  |
         |----------------------|
 11.  |    6   沒抽煙      1  |
 12.  |    6   有抽煙      1  |
 13.  |    7   沒抽煙      0  |
 14.  |    7   沒抽煙      0  |
 15.  |    8   沒抽煙      0  |
         |----------------------|
 16.  |    8   沒抽煙      0  |
 17.  |    9   有抽煙      1  |
 18.  |    9   沒抽煙      1  |
 19.  |   10   有抽煙      2  |
 20.  |   10   有抽煙      2  |
         +----------------------+

*配對產婦中有一人抽煙，其產婦抽煙否對早產兒之交叉表
. tab low smoke  if test == 1
```

早產兒（體重 <2500 克）	懷孕抽煙		
	沒抽煙	有抽煙	Total
BWT>2500g	22	8	30
BWT<=2500g	8	22	30
Total	30	30	60

(1) 產婦抽煙 (smoke) 會顯著影響早產 ($Z = 2.45$, $p < 0.05$)。Odds Ratio = 2.75，大於無效垂直線「1」，表示，產婦抽煙比沒抽煙者之早產機率比為 2.75 倍。

(2) 由於配對產婦中，有的有抽煙，有的沒抽煙。故我們只選「配對產婦中有一人抽煙」(30 名) 當中，有抽煙產婦，其早產率為 (22/30)，是無抽煙產婦的「2.75」倍 ($\frac{22/30}{8/30}$)。無抽煙產婦，其早產率為 (8/30)。顯示抽煙會嚴重影響早產率。

3. Step3. 種族對產婦早產的影響

Logit 迴歸，針對類別型 (非連續型) 之預測變數，你可用下列指令直接分析，或改用 Stata 外掛之 xi3 package 指令。你可用「findit xi3」指令，來安裝 xi3 package，再執行此指令。

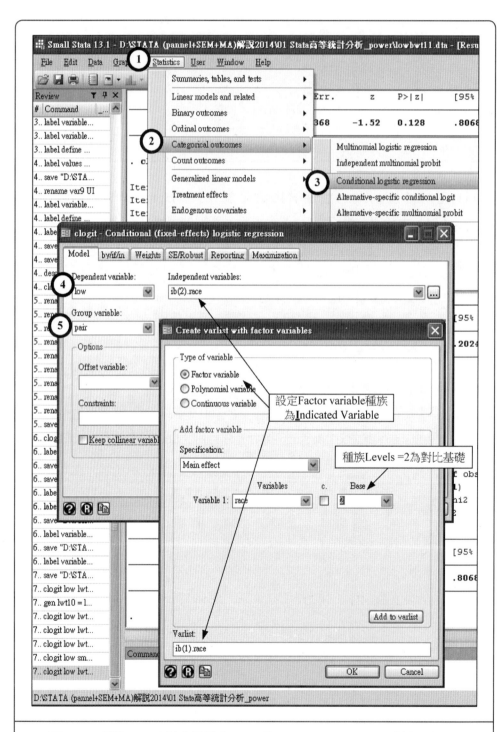

圖 7-44　種族 (race) 對產婦早產 (low) 的 Conditional Logit 迴歸之選擇表

```
. tabulate race low, chi2

              |   早產兒（體重 <2500 克）
    種族      | BWT>2500g  BWT<=2500 |     Total
--------------+----------------------+----------
      白人    |      22         22   |       44
      黑人    |      10         11   |       21
      其它    |      24         23   |       47
--------------+----------------------+----------
     Total    |      56         56   |      112

           Pearson chi2(2) =    0.0689   Pr = 0.966


* race 變數為 Indicator variable，race 變數 Level=2 為族群間之比較基準 (base)
. clogit low ib(2).race, group(pair)


Iteration 0:   log likelihood = -38.788497
Iteration 1:   log likelihood = -38.787243
Iteration 2:   log likelihood = -38.787243


Conditional (fixed-effects) logistic regression    Number of obs   =        112
                                                   LR chi2(2)      =       0.06
                                                   Prob > chi2     =     0.9714
Log likelihood = -38.787243                        Pseudo R2       =     0.0007


------------------------------------------------------------------------------
        low |      Coef.   Std. Err.      z    P>|z|     [95% Conf. Interval]
------------+-----------------------------------------------------------------
       race |
      白人  |  -.0870496   .5233129    -0.17   0.868    -1.112724    .9386249
      其它  |  -.1160498   .4822154    -0.24   0.810    -1.061175    .8290749
------------------------------------------------------------------------------

* 算 Odds Ratio
. clogit low ib(2).race, group(pair) or


Iteration 0:   log likelihood = -38.788497
Iteration 1:   log likelihood = -38.787243
Iteration 2:   log likelihood = -38.787243
```

```
Conditional (fixed-effects) logistic regression    Number of obs   =        112
                                                   LR chi2(2)      =       0.06
                                                   Prob > chi2     =     0.9714
Log likelihood = -38.787243                        Pseudo R2       =     0.0007


         low | Odds Ratio   Std. Err.      z    P>|z|     [95% Conf. Interval]
-------------+----------------------------------------------------------------
        race |
        白人 |   .9166316   .4796852    -0.17   0.868     .3286624    2.556464
        其他 |   .8904308   .4293794    -0.24   0.810     .3460491    2.291198
------------------------------------------------------------------------------
```

(1) 由「 tabulate race low, chi2 」指令產生的交叉表，顯示：白人早產率居
    中 = (22/44) = 0.5；黑人早產率最低 = (10/21) = 0.476；其他族裔早產率
    最高 = (24/47) = 0.51。

(2)「 clogit low ib(2).race, group(pair)」之「Coef. 欄」，因對比準設為 Race
    = Level 2 黑人。結果顯示：「黑人 vs. 白人」早產率比值為 −.087(負向表
    示「由白人轉成黑人」早產比值減少)。「黑人 vs. 其他族裔」早產率比
    值為 −0.116。故黑人發生早產機率是最低的

(3) 由 Odds Ratio 來看，「黑人 vs. 白人」早產 Odds Ratio 為 0.916 < 1，表示
    「黑人比白人」早產機率低。「黑人 vs. 其他族裔」早產 Odds Ratio 為 0.89
    < 1，表示「黑人比其他族裔」早產機率低。

4. Step 4. 早產家庭史對產婦早產的影響

因為產婦之早產家庭史 (ptd) 是 binary 變數，只有二個 levels。故可直接視
同「連續型預測變數」。

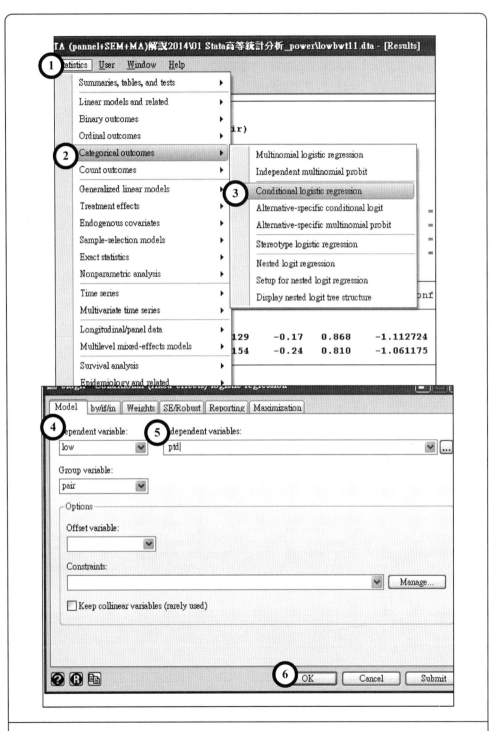

圖 7-45　早產家庭史 **(ptd)** 對產婦早產 **(low)** 的 **Conditional Logit** 迴歸之選擇表

```
. clogit low ptd, group(pair)

Iteration 0:   log likelihood = -35.449335
Iteration 1:   log likelihood = -35.424882
Iteration 2:   log likelihood = -35.424856
Iteration 3:   log likelihood = -35.424856

Conditional (fixed-effects) logistic regression    Number of obs   =      112
                                                   LR chi2(1)      =     6.78
                                                   Prob > chi2     =   0.0092
Log likelihood = -35.424856                        Pseudo R2       =   0.0874

-----------------------------------------------------------------------------
       low |     Coef.    Std. Err.      z     P>|z|    [95% Conf. Interval]
-----------+-----------------------------------------------------------------
       ptd |  1.321756   .5627314    2.35    0.019    .2188225    2.424689
-----------------------------------------------------------------------------

. clogit low ptd, group(pair) or

Iteration 0:   log likelihood = -35.449335
Iteration 1:   log likelihood = -35.424882
Iteration 2:   log likelihood = -35.424856
Iteration 3:   log likelihood = -35.424856

Conditional (fixed-effects) logistic regression    Number of obs   =      112
                                                   LR chi2(1)      =     6.78
                                                   Prob > chi2     =   0.0092
Log likelihood = -35.424856                        Pseudo R2       =   0.0874

-----------------------------------------------------------------------------
       low | Odds Ratio  Std. Err.      z     P>|z|    [95% Conf. Interval]
-----------+-----------------------------------------------------------------
       ptd |      3.75   2.110243    2.35    0.019    1.24461    11.29872
-----------------------------------------------------------------------------
```

(1) 早產家庭史 (ptd) 對產婦早產 (low) 的 $Z = 2.35$, $p < 0.05$，表示早產家庭史 (ptd) 對產婦早產 (low) 有顯著影響力。其中，Z 代表常態標準分配之 z 值。

(2) 早產家庭史 (ptd) 對產婦早產 (low) 的 odds ratio = 3.75，故「母親有早產」之產婦，其早產 (勝出) 率，比「母親無早產」者高出 3.75 倍的早產率。

5. Step 5. 高血壓家庭史 (ht) 對產婦早產 (low) 的影響

```
. clogit low ht, group(pair)

Iteration 0:    log likelihood = -37.999811
Iteration 1:    log likelihood = -37.993415
Iteration 2:    log likelihood = -37.993413

Conditional (fixed-effects) logistic regression    Number of obs   =        112
                                                   LR chi2(1)      =       1.65
                                                   Prob > chi2     =     0.1996
Log likelihood = -37.993413                        Pseudo R2       =     0.0212

------------------------------------------------------------------------------
         low |      Coef.   Std. Err.      z    P>|z|     [95% Conf. Interval]
-------------+----------------------------------------------------------------
          ht |   .8472975   .6900655     1.23   0.220     -.505206    2.199801
------------------------------------------------------------------------------

. clogit low ht, group(pair) or

Iteration 0:    log likelihood = -37.999811
Iteration 1:    log likelihood = -37.993415
Iteration 2:    log likelihood = -37.993413

Conditional (fixed-effects) logistic regression    Number of obs   =        112
                                                   LR chi2(1)      =       1.65
                                                   Prob > chi2     =     0.1996
Log likelihood = -37.993413                        Pseudo R2       =     0.0212

------------------------------------------------------------------------------
         low | Odds Ratio   Std. Err.      z    P>|z|     [95% Conf. Interval]
-------------+----------------------------------------------------------------
          ht |   2.333333   1.610152     1.23   0.220     .6033812    9.023218
------------------------------------------------------------------------------
```

(1) 高血壓家庭史 (ht) 對產婦早產 (low) 的 $Z = 1.23$, $p > 0.05$，表示高血壓家庭史對產婦早產無顯著影響力。

(2) 高血壓家庭史 (ht) 對產婦早產 (low) 的 odds ratio = 2.33，故「父母有高血壓」之產婦，其早產 (勝出) 率，比「父母無高血壓」者高出 2.33 倍的早產率。

6. **Step 6. 子宮煩躁症 (ui) 對早產的影響**

```
. clogit low ui, group(pair)

Iteration 0:   log likelihood = -36.732247
Iteration 1:   log likelihood = -36.723253
Iteration 2:   log likelihood = -36.72325

Conditional (fixed-effects) logistic regression    Number of obs   =      112
                                                   LR chi2(1)      =     4.19
                                                   Prob > chi2     =   0.0408
Log likelihood = -36.72325                         Pseudo R2       =   0.0539

------------------------------------------------------------------------------
         low |      Coef.   Std. Err.      z    P>|z|     [95% Conf. Interval]
-------------+----------------------------------------------------------------
          ui |   1.098612   .5773502     1.90   0.057    -.0329738    2.230197
------------------------------------------------------------------------------

. clogit low ui, group(pair) or

Iteration 0:   log likelihood = -36.732247
Iteration 1:   log likelihood = -36.723253
Iteration 2:   log likelihood = -36.72325

Conditional (fixed-effects) logistic regression    Number of obs   =      112
                                                   LR chi2(1)      =     4.19
                                                   Prob > chi2     =   0.0408
Log likelihood = -36.72325                         Pseudo R2       =   0.0539

------------------------------------------------------------------------------
         low | Odds Ratio   Std. Err.      z    P>|z|     [95% Conf. Interval]
```

```
------------+------------------------------------------------------------
         ui |   2.999999    1.73205      1.90    0.057     .9675639    9.301702
------------+------------------------------------------------------------
```

(1) 子宮煩躁症 (ui) 對產婦早產 (low) 的 $Z = 1.23$, $p = 0.057 > 0.05$，表示子宮煩躁症對產婦早產發生機率呈正相關 $(Z = +1.9, p = 0.57)$，且「逼近 $p < 0.05$」顯著影響力。

(2) 子宮煩躁症對產婦早產 (low) 的 odds ratio = 2.33，故「子宮煩躁症」之產婦，其早產 (勝出) 率，比「無子宮煩躁症」者高出 2.999 倍的早產率。

二、小結

影響早產之預測變數	Odds Ratio值 (OR)	醫生是否可診療其處方 (treated)
1. 最近一次月經時產婦體重 $(p > 0.05)$	0.91	不可
2. 種族 $(p > 0.05)$	「黑人 vs. 白人」=0.916。「黑人 vs. 其他族裔」=0.89	因天生的，故無處方
3. 懷孕時抽煙否 $(p < 0.05)$	2.75*	可事前宣導，故 semi 可控制
4. 早產家族史 $(p < 0.05)$	3.75*	因天生的，故無處方
5. 高血壓家族史 $(p < 0.05)$	2.33	因天生的，故無處方
6. 子宮煩躁症 (Uterine Irritability) $(p > 0.05)$	2.99，「接近」顯著	醫生唯一可處理的因子

* $p < 0.05$

7-5 Ordinal 依變數：Ordered Logit 及 Ordered Probit Analysis

Ordered Logit 迴歸之應用例子，例如：公司信用評等與董監事股權質押之關聯性。

Ordered Probit 迴歸之應用例子，例如：

1. 大臺中地區居住環境滿意度之區域分析。

2. 節慶活動遊客滿意度與消費行為關係之探討——以高雄內門宋江陣活動為例。

7-5-1 Ordered Logit 及 Ordered Probit 模型之解說

Ordered Logit Model 是屬質因變數迴歸模型，其假設有 $g + 1$ 個有序群體，從第 1 個群體到第 i 個群體發生的累積機率為 Logistic 分配，到第 $g + 1$ 個群體的累積發生機率為 1。對有 k 個解釋變數的樣本向量 X，$X = (X_1, X_2, ... , X_k)$。

若 p_0 為組別 0 的機率，p_1 為組別 1 的機率，p_2 為組別 2 的機率，p_3 為組別 3 的機率，…，p_{g+1} 為組別 $g + 1$ 的機率。

定義：Ordered Logit 模型

$$Y_i = \beta'X_i + \varepsilon_i$$

$u_0 < Y_i \le u_1$，則 $R_i = 1$
$u_1 < Y_i \le u_2$，則 $R_i = 2$
$\qquad \vdots \qquad \vdots$
$u_{g-1} < Y_i \le u_g$，則 $R_i = g$
$u_g < Y_i$，則 $R_i = g + 1$

其中：

Y_i = 理論值
X_i = 財務比率和非財務比率的自變數向量
β' = 自變數的係數向量
u_g = 等級 (Order) 分界值
殘差項 ε 為標準 Logistic Distribution。

假設 X 屬於某個群體的發生機率為 Logistic 分配，則對 X 向量來說：

$$P(R_i = g \mid X) = p_g = P(u_{g-1} < Y_i \le u_g)$$

$$= P(u_{g-1} - \beta'X_i < \varepsilon_i \le u_g - \beta'X_i)$$

$$= \frac{1}{1 + e^{-(u_g - \beta'X_i)}} - \frac{1}{1 + e^{-(u_{g-1} - \beta'X_i)}}$$

$$P(R_i = 0 \mid X) = p_0 = X \text{ 屬於群體 0 的機率}$$
$$= F(u_0 - \beta' X_i) = \frac{1}{1 + e^{-(u_0 - \beta' X_i)}}$$

$$P(R_i = 1 \mid X) = p_1 = X \text{ 屬於群體 1 的機率}$$
$$= F(u_1 - \beta' X_i) - F(u_0 - \beta' X_i)$$
$$= \frac{1}{1 + e^{-(u_1 - \beta' X_i)}} - \frac{1}{1 + e^{-(u_0 - \beta' X_i)}}$$

$$\vdots \qquad \vdots$$

$$P(R_i = g \mid X) = p_g = X \text{ 屬於群體 } g \text{ 的機率}$$
$$= F(u_g - \beta' X_i) - F(u_{g-1} - \beta' X_i)$$
$$= \frac{1}{1 + e^{-(u_g - \beta' X_i)}} - \frac{1}{1 + e^{-(u_{g-1} - \beta' X_i)}}$$

$$P(R_i = g + 1 \mid X) = p_{g+1} = X \text{ 屬於群體 } g+1 \text{ 的機率}$$
$$= 1 - F(u_g - \beta' X_i)$$
$$= 1 - \frac{1}{1 + e^{-(u_g - \beta' X_i)}}$$

故

$$\text{群體} R_i = \begin{cases} 0, 若 Y_i \le u_0 \quad, P(R_i = 0 \mid x_i) = F(u_0 - x_i'\beta) = \dfrac{1}{1 + e^{-(u_0 - \beta' X_i)}} = p_0 \\[2ex] 1, 若 u_0 < Y_i \le u_1 \quad, P(R_i = 1 \mid x_i) = F(u_1 - x_i'\beta) - F(u_0 - x_{i\beta}') = \\[2ex] \qquad\qquad\qquad = \dfrac{1}{1 + e^{-(u_1 - \beta' X_i)}} - \dfrac{1}{1 + e^{-(u_0 - \beta' X_i)}}) = (p_0 + p_1) - p_0 \\[2ex] \vdots \qquad\qquad \vdots \qquad\qquad \vdots \\[2ex] g, 若 u_{g-1} < Y_i \le u_g, P(R_i = g \mid x_i) = F(u_g - x_i'\beta) - F(u_{g-1} - x_{i\beta}') = \\[2ex] \qquad\qquad\qquad = \dfrac{1}{1 + e^{-(u_g - \beta' X_i)}} - \dfrac{1}{1 + e^{-(u_{g-1} - \beta' X_i)}}) \\[2ex] \qquad\qquad\qquad = (p_0 + p_1 + \cdots + p_g) - (p_0 + p_1 + \cdots + p_{g-1}) \\[2ex] g + 1, 若 u_g < Y_i \quad, P(R_i = g+1 \mid x_i) = 1 - F(u_g - x_i'\beta) \\[2ex] \qquad\qquad\qquad = 1 - \dfrac{1}{1 + e^{-(u_g - \beta' X_i)}}) \\[2ex] \qquad\qquad\qquad = 1 - (p_1 + p_2 + \cdots + p_g) \end{cases}$$

上表之公式需經累積對數機率分配轉換才求機率，以下就是轉換公式：

$$\text{Logit}(p_0) \equiv Ln(\frac{p_0}{1-p_0}) = u_0 - \beta \,|\, x$$

$$\text{Logit}(p_0 + p_1) \equiv Ln(\frac{p_0 + p_1}{1 - p_0 - p_1}) = u_1 - \beta \,|\, x$$

$$\text{Logit}(p_0 + p_1 + p_2) \equiv Ln(\frac{p_0 + p_1 + p_2}{1 - p_0 - p_1 - p_2}) = u_2 - \beta \,|\, x$$

$$\vdots \qquad \qquad \vdots$$

$$\text{Logit}(p_0 + p_1 + p_2 + \cdots + p_g) \equiv Ln(\frac{p_0 + p_1 + p_2 + \cdots + p_g}{1 - p_0 - p_1 - p_2 - \cdots - p_g}) = u_g - \beta \,|\, x$$

$$p_g = 1 - p_0 - p_1 - p_2 - \cdots - p_g$$

$F(u_g - x'\beta)$ 的值從 0 到 1，當 $u_g - x'\beta$ 值與事件發生累積機率 p 為正向關係時，經過 Logistic 函數轉換後，可確保 p 值介於 0 與 1 之間，代表屬於某個群體及次序上小於此群體的累積機率。

7-5-2 Ordered Logit 及 Ordered Probit 迴歸之實作

像本例之「親子親密程度」是屬 Ordinal，其編碼為「1、2、3、4」，codes 意義是「1 分 < 2 分 < 3 分 < 4 分」，但不全是「$\frac{4分}{2分} = \frac{2分}{1分}$」。因此，若依變數是介於 Binary 變數與連續變數之間，這種 Ordered 依變數，採用 Binary Logit 與 OLS 迴歸都不太對，故 Stata 提供「Ordered Logit 及 Ordered Probit 迴歸」。

一、範例：Ordered Logit 迴歸

（一）問題說明

為瞭解影響親子親密程度的關係的原因有哪些？研究者先文獻探討並歸納出，影響親子親密程度的關係的原因，並整理成下表，此「ordwarm2_Oridinal_reg.dta」資料檔之變數如下：

變數名稱	親子親密程度的原因	編碼Codes/Values
warm	媽媽可以和孩子溫暖的關係	依程度分為：SD、D、A、SA 四程度。Strongly Disapprove (1), Disapprove (2), Approve (3), Strongly Approve (4).

變數名稱	親子親密程度的原因	編碼Codes/Values
yr89	1. ye89Survey 嗎？ （老一代 vs. 新世代）	1=1989 0=1977
male	2. 男性嗎？	1=male 0=female
white	3. 白人嗎？	1=white 0=not white
age	4. 年齡	
ed	5. 受教育年數	
prst	6. 職業聲望 (prestige)	
warmlt2	Dummy variable	1=SD; 0=D,A,SA
warmlt3	Dummy variable	1=SD,D; 0=A,SA
warmlt4	Dummy variable	1=SD,D,A; 0=SA

（二）資料檔之內容

「ordwarm2_Oridinal_reg.dta」資料檔內容如下圖。

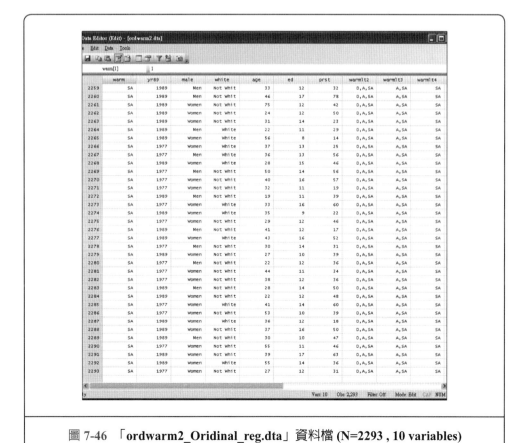

圖 7-46 「**ordwarm2_Oridinal_reg.dta**」資料檔 (N=2293 , 10 variables)

瞭解各變數之特性：

```
. use ordwarm2_Oridinal_reg.dta
(77 & 89 General Social Survey)


. describe


Contains data from D:\Stata (pannel+SEM+MA) 解說 2014\01 Stata 高等統計分析_
power\ordwarm2_Oridinal_reg.dta
  obs:        2,293                     77 & 89 General Social Survey
  vars:         10                      12 Feb 2014 16:32
  size:     32,102 (99.7% of memory free)   (_dta has notes)
--------------------------------------------------------------------------
storage  display    value
variable name  type  format    label      variable label
--------------------------------------------------------------------------
warm          byte   %10.0g    SD2SA   Mom can have warm relations with child
yr89          byte   %10.0g    yrlbl   Survey year: 1=1989 0=1977
male          byte   %10.0g    sexlbl  Gender: 1=male 0=female
white         byte   %10.0g    racelbl Race: 1=white 0=not white
age           byte   %10.0g            Age in years
ed            byte   %10.0g            Years of education
prst          byte   %10.0g            Occupational prestige
warmlt2       byte   %10.0g    SD      1=SD; 0=D,A,SA
warmlt3       byte   %10.0g    SDD     1=SD,D; 0=A,SA
warmlt4       byte   %10.0g    SDDA    1=SD,D,A; 0=SA
--------------------------------------------------------------------------
Sorted by:  warm
. sum warm yr89 male white age ed prst

    Variable |      Obs       Mean    Std. Dev.     Min       Max
-------------+------------------------------------------------------
        warm |     2293   2.607501   .9282156       1         4
        yr89 |     2293   .3986044   .4897178       0         1
        male |     2293   .4648932   .4988748       0         1
       white |     2293   .8765809   .3289894       0         1
         age |     2293   44.93546   16.77903      18        89
```

ed	2293	12. 21805	3. 160827	0	20
prst	2293	39. 58526	14. 49226	12	82

(三) 分析結果與討論

1. Step 1. 線性機率迴歸分析：當對照組

Statistics > Linear models and related > Linear regression

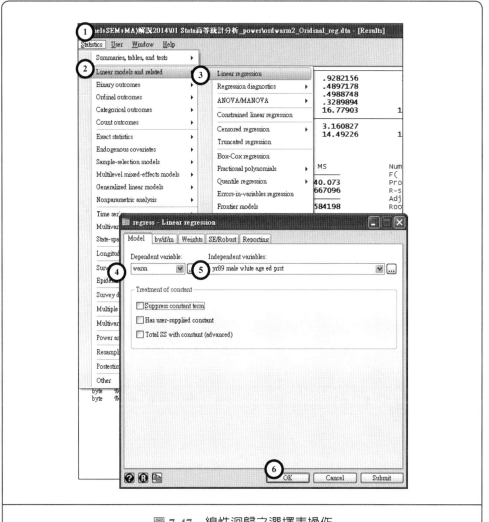

圖 7-47　線性迴歸之選擇表操作

```
. regress warm yr89 male white age ed prst

    Source |      SS        df       MS              Number of obs =    2293
-----------+------------------------------           F( 6, 2286)   =   52.82
     Model |   240.438       6     40.073            Prob > F       =  0.0000
  Residual | 1734.31298    2286  .758667096          R-squared      =  0.1218
-----------+------------------------------           Adj R-squared  =  0.1195
     Total | 1974.75098    2292  .861584198          Root MSE       =  .87101


      warm |     Coef.   Std. Err.      t    P>|t|     [95% Conf. Interval]
-----------+----------------------------------------------------------------
      yr89 |  .2624768   .0377971     6.94   0.000     .1883566    .3365969
      male | -.3357608   .0366127    -9.17   0.000    -.4075583   -.2639632
     white | -.1770232   .0559223    -3.17   0.002    -.2866869   -.0673596
       age | -.0101114   .0011623    -8.70   0.000    -.0123907    -.007832
        ed |  .0312009   .0075313     4.14   0.000     .016432     .0459698
      prst |  .0026999   .0015574     1.73   0.083    -.0003542    .0057541
     _cons |  2.780412   .1100734    25.26   0.000     2.564558    2.996266
```

對親子親密程度之預測，除了職業聲望 (prst) 未達顯著外，其餘五個預測變數都達顯著水準，包括：1. ye89Survey(老一代 vs. 新世代)，2. 性別，3. 種族，4. 年齡，5. 受教育年數。

由於本例，依變數「親子親密程度」是 Likert 四點計分量表，故用線性迴歸有點怪的，由於不放心，故再用 Ordered probit 迴歸、Ordered Logit 迴歸。三種迴歸做比較，即可知道 Stata 這三種迴歸是否有相同之分析結果。

2. Step 2. Ordered probit 迴歸分析：正確處理法

Statistics > Ordinal outcomes > Ordered probit regression

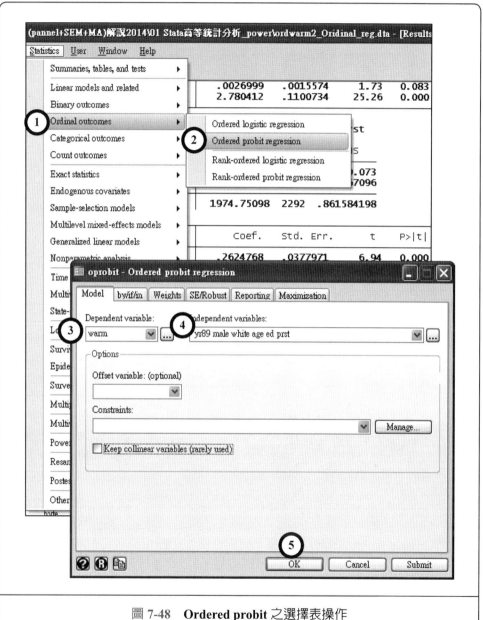

圖 7-48　**Ordered probit** 之選擇表操作

```
. oprobit warm yr89 male white age ed prst

Iteration 0:    log likelihood = -2995.7704
Iteration 1:    log likelihood = -2848.7542
Iteration 2:    log likelihood =  -2848.611
Iteration 3:    log likelihood =  -2848.611


Ordered probit regression                      Number of obs   =      2293
                                               LR chi2(6)      =    294.32
                                               Prob > chi2     =    0.0000
Log likelihood =  -2848.611                    Pseudo R2       =    0.0491


------------------------------------------------------------------------------
     warm |     Coef.    Std. Err.      z     P>|z|    [95% Conf. Interval]
----------+-------------------------------------------------------------------
     yr89 |   .3188147   .0468521     6.80   0.000     .2269863    .4106431
     male |  -.4170287   .0455461    -9.16   0.000    -.5062974     -.32776
    white |  -.2265002   .0694776    -3.26   0.001    -.3626738   -.0903267
      age |  -.0122213   .0014427    -8.47   0.000    -.0150489   -.0093937
       ed |   .0387234   .0093241     4.15   0.000     .0204485    .0569983
     prst |    .003283    .001925     1.71   0.088    -.0004899    .0070559
----------+-------------------------------------------------------------------
    /cut1 |  -1.428578   .1387749               -1.700572   -1.156585
    /cut2 |  -.3605589   .1369224                -.6289219   -.0921959
    /cut3 |   .7681637   .1370569                 .4995371    1.03679
------------------------------------------------------------------------------
```

(1) Ordered probit 迴歸分析結果，與線性機率迴歸相似。

(2) 對親子親密程度之預測，除了職業聲望 (prst) 未達顯著外，其餘五個預測變數都達顯著水準，包括：1. ye89Survey(老一代 vs. 新世代)，2. 性別，3. 種族，4. 年齡，5. 受教育年數。

(3) 因為依變數「warm」有 4 個次序，故 Ordered probit 迴歸會產生 (4-1) 個截斷點 (cut)，來區別「warm」4 個次序。因此我們再 (4-1) 個截斷點 (cut) 之兩兩效果比較。

(4) 三個 cut 之 95CI% 均未含「0」，表示：「warm」四個 Levels 之類別間，

有顯著的差異。

(5) 整個 Ordered Logit 迴歸模型為：

$$Pr(warm) = F(1.71 + 6.80 \times yr89 - 9.16 \times male - 3.26 \times white - 8.47 \times age + 4.15 \times ed + 1.71 \times prst)$$

F(.) 為標準常態分配的累積分析函數。

在 5% 水準下，男性 (male)、年齡 (age)、白人 (white)，分別與親子親密程度 (warm) 之機率呈顯著負相關；而新世代 (yr89)、學歷 (ed) 與親子親密程度之機率則呈顯著正相關。

3. Step 3. Ordered Logit 迴歸分析，並與 Ordered Probit 迴歸做比較

```
Statistics > Ordinal outcomes > Ordered logistic regression
```

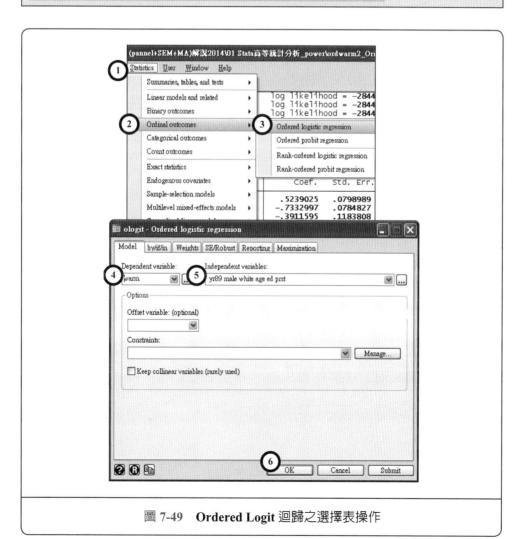

圖 7-49　Ordered Logit 迴歸之選擇表操作

```
. ologit warm yr89 male white age ed prst

Iteration 0:   log likelihood = -2995.7704
Iteration 1:   log likelihood = -2846.4532
Iteration 2:   log likelihood = -2844.9142
Iteration 3:   log likelihood = -2844.9123
Iteration 4:   log likelihood = -2844.9123

Ordered logistic regression              Number of obs   =      2293
                                         LR chi2(6)      =    301.72
                                         Prob > chi2     =    0.0000
Log likelihood = -2844.9123              Pseudo R2       =    0.0504

------------------------------------------------------------------------------
        warm |      Coef.   Std. Err.      z    P>|z|     [95% Conf. Interval]
-------------+----------------------------------------------------------------
        yr89 |   .5239025   .0798989     6.56   0.000     .3673036    .6805014
        male |  -.7332997   .0784827    -9.34   0.000     -.887123   -.5794765
       white |  -.3911595   .1183808    -3.30   0.001    -.6231816   -.1591373
         age |  -.0216655   .0024683    -8.78   0.000    -.0265032   -.0168278
          ed |   .0671728    .015975     4.20   0.000     .0358624    .0984831
        prst |   .0060727   .0032929     1.84   0.065    -.0003813    .0125267
-------------+----------------------------------------------------------------
       /cut1 |  -2.465362   .2389128                     -2.933622   -1.997102
       /cut2 |   -.630904   .2333156                     -1.088194   -.1736138
       /cut3 |   1.261854    .234018                      .8031871    1.720521
------------------------------------------------------------------------------
```

Ordered Logit 迴歸分析結果，與「線性機率迴歸、Ordered Logit 迴歸」都非常相似。

4. Step 4. 印出 Ordered logistic 迴歸預測之 SD、D、A、SA

用「findit listcoef」找到此 Package，在按裝它之後，即可執行「listcoef, std」指令。

```
. listcoef, std

ologit (N=2293): Unstandardized and Standardized Estimates

 Observed SD: .9282156
   Latent SD: 1.9410634
```

warm	b	z	P>|z|	bStdX	bStdY	bStdXY	SDofX
yr89	0.52390	6.557	0.000	0.2566	0.2699	0.1322	0.4897
male	-0.73330	-9.343	0.000	-0.3658	-0.3778	-0.1885	0.4989
white	-0.39116	-3.304	0.001	-0.1287	-0.2015	-0.0663	0.3290
age	-0.02167	-8.778	0.000	-0.3635	-0.0112	-0.1873	16.7790
ed	0.06717	4.205	0.000	0.2123	0.0346	0.1094	3.1608
prst	0.00607	1.844	0.065	0.0880	0.0031	0.0453	14.4923

(1)「Standardized Estimates」可提供一個「標準化」比較基準點,來針對不同「測量單位」自變數之間,做預測效果的比較。

(2)「bStdX」欄位,Beta 係數之正負值,可看出該自變數與依變數是「正比或負比」相關。例如,age 的 bStdX = −0.36,表示年齡愈大,愈沒有親子親密關係。人愈老愈孤單。

(3)「bStdX」欄位取絕對值之後,可看六個預測變數對「親子親密程度」之預測效果,由高至低依序為:性別 (male)、年齡 (age)、年輕世代 (yr89) > 老世代、教育程度(愈高親子關係愈好)、種族(white),最後職業聲望(prst)。

5. Step 5. Logit 迴歸求出各 Levels 的機率值、機率交互作用圖

用「prgen」package 指令前,先用「findit prgen」安裝此 ado 檔之後,即可用它來印出迴歸之預測值及信賴區間。「prgen」語法如下:

```
prgen varname, [if] [in] generate(prefix) [from(#) to(#) ncases(#) gap(#)
    x(variables_and_values) rest(stat) maxcnt(#) brief all noisily marginal
    ci prvalueci_options]
```

```
* 找 prgen.ado 指令檔，downloa/ 安裝它，再人工 copy 到你的工作目錄
. findit prgen

. prgen age, x(male = 0 yr89 = 1) generate(w89) from(20) to(80)   ncases(7)

oprobit: Predicted values as age varies from 20 to 80.


          yr89      male      white       age        ed       prst
x=           1         0  .88939567  46.713797  11.875713  38.920182
```

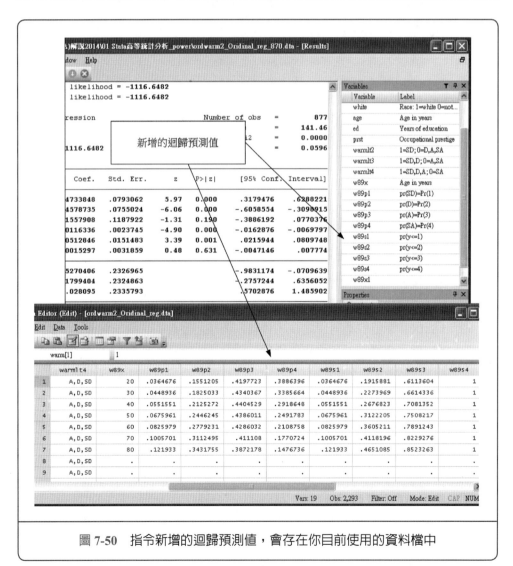

圖 7-50 指令新增的迴歸預測值，會存在你目前使用的資料檔中

6. Step 6. 印出 Ordered Logit 迴歸之勝算機率值、並繪出交互作用圖

```
* quietly 係指，只做歸迴分析，但不印出結果
. quietly ologit warm yr89 male white age ed prst

* 樣本只篩選女性 (male = 0) 且為新世代者 (yr89 = 1)
. prgen age, from(20) to(80) x(male = 0 yr89 = 1) ncases(7) generate(w89)

ologit: Predicted values as age varies from 20 to 80.

            yr89        male       white        age         ed        prst
x=             1           0    .8765809   44.935456   12.218055   39.585259

. label var w89p1 "SD"
. label var w89p2 "D"
. label var w89p3 "A"
. label var w89p4 "SA"
. label var w89s1 "SD"
. label var w89s2 "SD & D"
. label var w89s3 "SD, D & A"

. graph twoway (scatter  w89p1 w89p2 w89p3 w89p4 w89x, msymbol(Oh Dh Sh Th) c(l l l l)
xtitle(" 年 齡 ") ytitle("Predicted Pr> obability") xlabel(20(20)80) ylabel(0
.25 .50 ) )
```

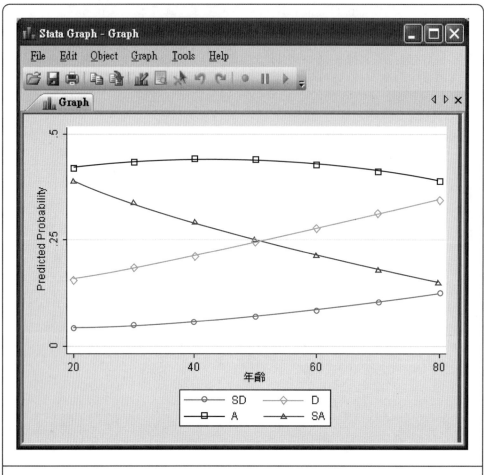

圖 7-51　各年齡層之親子親密程度之預測機率

```
. quietly ologit warm yr89 male white age ed prst

*用「findir pttab」安裝此指令檔「pttab.ado」

*全部樣本。男女兩性之親子親密程度的交叉機率表
. prtab yr89 male, novarlbl

ologit: Predicted probabilities for warm
*親子親密 (warm)，1=SD.
Predicted probability of outcome 1 (SD)
```

```
------------------------------------
          |       male
   yr89   |  Women      Men
----------+-------------------
   1977   |  0.0989    0.1859
   1989   |  0.0610    0.1191
------------------------------------
```

Predicted probability of outcome 2 (D)

```
------------------------------------
          |       male
   yr89   |  Women      Men
----------+-------------------
   1977   |  0.3083    0.4026
   1989   |  0.2282    0.3394
------------------------------------
```

＊親子親密 (warm), 3=A.

Predicted probability of outcome 3 (A)

```
------------------------------------
          |       male
   yr89   |  Women      Men
----------+-------------------
   1977   |  0.4129    0.3162
   1989   |  0.4406    0.3904
------------------------------------
```

Predicted probability of outcome 4 (SA)

```
------------------------------------
          |       male
   yr89   |  Women      Men
----------+-------------------
   1977   |  0.1799    0.0953
   1989   |  0.2703    0.1510
------------------------------------
```

```
              yr89        male       white        age          ed        prst
x=     .39860445   .46489315    .8765809   44.935456   12.218055   39.585259
```

　　男女兩性之親子親密程度的交叉機率表，顯示「男女兩性 × 新舊世代」在親子親密程度上，有交互作用效果。

```
* 用「findit prchange」找此 ado 指令檔，downloa/ 安裝它，再人工 copy 到你的工作目錄
* 樣本只篩選女性 (male = 0) 且為新世代者 (yr89 = 1)
* 年齡 (age)、教育程度 (ed)、職業聲望 (prst) 三者之機率之 margin 效果
. prchange age ed prst, x(male = 0 yr89 = 1) rest(mean)

ologit: Changes in Probabilities for warm

age
```

*		非常不同意	不同意	同意	非常同意
	Avg|Chg|	SD	D	A	SA
Min->Max	.16441458	.10941909	.21941006	-.05462247	-.27420671
-+1/2	.00222661	.00124099	.00321223	-.0001803	-.00427291
-+sd/2	.0373125	.0208976	.05372739	-.00300205	-.07162295
MargEfct	.00222662	.00124098	.00321226	-.00018032	-.00427292

* 女性新世代者，age 每增一歲，親子親密程度就增加 0.222% 單位的機率。

```
ed
```

*		非常不同意	不同意	同意	非常同意
	Avg|Chg|	SD	D	A	SA
Min->Max	.14300264	-.09153163	-.19447364	.04167268	.2443326
-+1/2	.0069032	-.00384806	-.00995836	.00055891	.01324749
-+sd/2	.02181124	-.01217654	-.03144595	.00176239	.04186009
MargEfct	.00690351	-.00384759	-.00995944	.00055906	.01324796

* 女性新世代者，接受教育多一年，親子親密程度就增加 0.69% 單位的機率。

```
prst
```

*		非常不同意	不同意	同意	非常同意
	Avg|Chg|	SD	D	A	SA
Min->Max	.04278038	-.02352008	-.06204067	.00013945	.08542132
-+1/2	.00062411	-.00034784	-.00090037	.00005054	.00119767

```
  -+sd/2    .00904405  -.00504204  -.01304607   .00073212   .01735598
MargEfct    .00062411  -.00034784  -.00090038   .00005054   .00119767
*女性新世代者，最低級 (Min) 職業聲望升到最高級 (MAX)，親子程度就增加 4.278% 單位
的機率。

*         非常不同意        不同意        同意      非常同意
                 SD              D            A            SA
Pr(y|x)  .06099996  .22815652  .44057754  .27026597

             yr89      male     white       age        ed      prst
    x=          1         0   .876581   44.9355   12.2181   39.5853
sd_x=   .489718   .498875   .328989    16.779   3.16083   14.4923
```

7. Step 7. 用 Logit 迴歸，再複驗 OrderedLogit 迴歸 (以 levels 分群執行 Logit 迴歸)

```
.*新增三個 Dummy 變數：mle1、mle2、mle3
  gen mle1 = (warm>1)
. gen mle2 = (warm>2)
. gen mle3 = (warm>3)
```

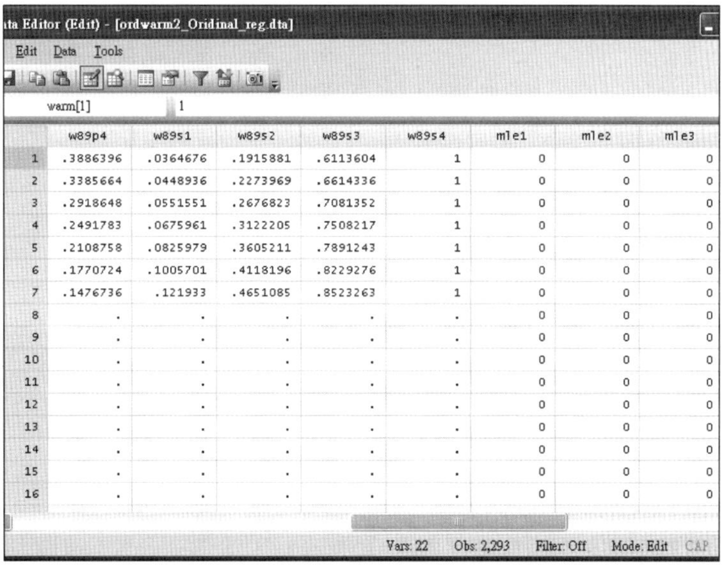

	w89p4	w89s1	w89s2	w89s3	w89s4	mle1	mle2	mle3
1	.3886396	.0364676	.1915881	.6113604	1	0	0	0
2	.3385664	.0448936	.2273969	.6614336	1	0	0	0
3	.2918648	.0551551	.2676823	.7081352	1	0	0	0
4	.2491783	.0675961	.3122205	.7508217	1	0	0	0
5	.2108758	.0825979	.3605211	.7891243	1	0	0	0
6	.1770724	.1005701	.4118196	.8229276	1	0	0	0
7	.1476736	.121933	.4651085	.8523263	1	0	0	0
8	.	.	.	.	.	0	0	0
9	.	.	.	.	.	0	0	0
10	.	.	.	.	.	0	0	0
11	.	.	.	.	.	0	0	0
12	.	.	.	.	.	0	0	0
13	.	.	.	.	.	0	0	0
14	.	.	.	.	.	0	0	0
15	.	.	.	.	.	0	0	0
16	.	.	.	.	.	0	0	0

圖 7-52　新增三個 **binary** 變數 (虛擬變數 **mle1, mle2, mle3**)

* 第一個 Dummy 變數 mle1 之 Logit 迴歸
. logit mle1 yr89 male white age ed prst

```
Iteration 0:   log likelihood = -883.91038
Iteration 1:   log likelihood = -824.35787
Iteration 2:   log likelihood = -819.63261
Iteration 3:   log likelihood = -819.61992
Iteration 4:   log likelihood = -819.61992
```

Logistic regression				Number of obs	=	2293
				LR chi2(6)	=	128.58
				Prob > chi2	=	0.0000
Log likelihood = -819.61992				Pseudo R2	=	0.0727

mle1	Coef.	Std. Err.	z	P>|z|	[95% Conf. Interval]	
yr89	.9647422	.1542064	6.26	0.000	.6625033	1.266981
male	-.3053643	.1291546	-2.36	0.018	-.5585025	-.052226
white	-.5526576	.2305397	-2.40	0.017	-1.004507	-.1008082
age	-.0164704	.0040571	-4.06	0.000	-.0244221	-.0085187
ed	.1047962	.0253348	4.14	0.000	.0551409	.1544516
prst	-.0014112	.0056702	-0.25	0.803	-.0125246	.0097023
_cons	1.858405	.3958164	4.70	0.000	1.082619	2.63419

* 第二個 Dummy 變數 mle2 之 Logit 迴歸
. logit mle2 yr89 male white age ed prst

```
Iteration 0:   log likelihood = -1575.4005
Iteration 1:   log likelihood = -1450.0097
Iteration 2:   log likelihood = -1449.7864
Iteration 3:   log likelihood = -1449.7863
```

Logistic regression				Number of obs	=	2293
				LR chi2(6)	=	251.23
				Prob > chi2	=	0.0000
Log likelihood = -1449.7863				Pseudo R2	=	0.0797

```
--------------------------------------------------------------------------------
     mle2 |      Coef.    Std. Err.       z     P>|z|     [95% Conf. Interval]
----------+---------------------------------------------------------------------
     yr89 |   .5654063    .0928433     6.09    0.000     .3834367    .7473758
     male |  -.6905423    .0898786    -7.68    0.000    -.8667012   -.5143834
    white |  -.3142708    .1405978    -2.24    0.025    -.5898374   -.0387042
      age |  -.0253345    .0028644    -8.84    0.000    -.0309486   -.0197203
       ed |   .0528527    .0184571     2.86    0.004     .0166774    .0890279
     prst |   .0095322    .0038184     2.50    0.013     .0020482    .0170162
    _cons |   .7303287     .269163     2.71    0.007     .2027789    1.257879
--------------------------------------------------------------------------------
```

* 第三個 Dummy 變數 mle3 之 Logit 迴歸

. logit mle3 yr89 male white age ed prst

```
Iteration 0:   log likelihood = -1087.3382
Iteration 1:   log likelihood = -1015.4742
Iteration 2:   log likelihood = -1011.9649
Iteration 3:   log likelihood = -1011.9542
Iteration 4:   log likelihood = -1011.9542
```

```
Logistic regression                        Number of obs    =       2293
                                           LR chi2(6)       =     150.77
                                           Prob > chi2      =     0.0000
Log likelihood = -1011.9542                Pseudo R2        =     0.0693
```

```
--------------------------------------------------------------------------------
     mle3 |      Coef.    Std. Err.       z     P>|z|     [95% Conf. Interval]
----------+---------------------------------------------------------------------
     yr89 |   .3190732    .1140756     2.80    0.005     .0954891    .5426572
     male |  -1.083789    .1220668    -8.88    0.000    -1.323035   -.8445422
    white |  -.3929984    .1577582    -2.49    0.013    -.7021989    -.083798
      age |  -.0185905    .0037659    -4.94    0.000    -.0259715   -.0112096
       ed |   .0575547    .0253812     2.27    0.023     .0078085    .1073008
     prst |   .0055304    .0048413     1.14    0.253    -.0039584    .0150193
    _cons |  -1.024517    .3463123    -2.96    0.003    -1.703276   -.3457571
--------------------------------------------------------------------------------
```

在 warm 2「warm > 2」時，職業聲望 (prst) 額外會影響親子親密程度。

因此若依變數為 Ordered 變數時，傳統 (SAS, SPSS 軟體)Logit 迴歸，你就要像本例這樣「分層」分三群組分別執行三次 Logit 分析。但有 Ordered Logit 迴歸分析，一次就搞定，不但省時且有效率。

8. Step 8. Ordered 依變數，各 Levels 之間的 Logit 迴歸分析

```
. quietly ologit warm yr89 male white age ed prst

.* brant 檢定：parallel regression 假定
. brant, detail

Estimated coefficients from j-1 binary regressions

              y>1          y>2          y>3
  yr89    .9647422    .56540626    .31907316
  male  -.30536425   -.69054232  -1.0837888
 white  -.55265759   -.31427081   -.39299842
   age   -.0164704   -.02533448   -.01859051
    ed   .10479624    .05285265    .05755466
  prst  -.00141118    .00953216    .00553043
 _cons  1.8584045    .73032873   -1.0245168


Brant Test of Parallel Regression Assumption


   Variable |    chi2    p>chi2    df
------------+----------------------------
        All |   49.18    0.000    12
------------+----------------------------

       yr89 |   13.01    0.001     2
       male |   22.24    0.000     2
      white |    1.27    0.531     2
        age |    7.38    0.025     2
         ed |    4.31    0.116     2
       prst |    4.33    0.115     2
------------------------------------------
```

A significant test statistic provides evidence that the parallel
regression assumption has been violated.

(1)「Brant Test of Parallel Regression」檢定結果拒絕 H_0：parallelregression，顯示：整體而言 (all)，Ordered Logit 迴歸分析達到顯著 ($\chi^2_{(12)} = 49.18$, $P <$ 0.05)，彼此預測的迴歸線係不平行，即組內迴歸係數是異質性($p < 0.05$)。

(2) 但預測變數分開來看，種族 (white)、教育程度 (ed)、職業聲望 (prst)，三者在親子親密程度之組內迴歸係數卻是同質性 ($p < 0.05$)。

7-6 Nominal 依變數：Multinomial Logit 迴歸之多項選擇

一般在研究迴歸分析時，常遇到應變數為二擇一的問題，如高中畢業後，是否繼續讀大學？或是公司成長至某階段時，是否選擇上市？此種問題一般可使用 Binomial Logit 迴歸或 Binomial Probit 迴歸來作分析。然而在某些情況下，迴歸分析所面臨的選擇不止是二擇一的問題，如某一通勤者可能面臨自己開車、搭公車或搭捷運去上班的三擇一問題。或是，公司面臨是否初次發行公司債，若是選擇發行，則要選擇普通公司債，或是轉換公司債？此時決策者面臨多個方案選擇，一個較佳的解決方式，為使用 Multinomial Logit 迴歸，此迴歸可同時解決多重方案的選擇問題。

Multinomial Logit 迴歸係指「當依變數分類超過 2 項」之多項選擇迴歸。例如，美國總統大選選民民意調查，欲瞭解選民之性別、年齡層及學歷別，如何影響投票給當時 3 位候選人。

Multinomial Logit 迴歸，也是質化變數的機率迴歸。例如，當公司選擇初次公開發行公司債時，它可以有三種方案可以選擇：發行有擔保公司債，發行可轉換債券，或是選擇不發行。當一項決策面面臨多重方案時，一個較佳的解決方式，為使用 Multinomial Logit 迴歸，此迴歸可同時解決多重方案的選擇問題。

Stata 多項選擇迴歸 (multinomial choice)： 又分 multinomial probit, Multinomial (polytomous)logistic 迴歸兩種。

舉例來說，財務危機研究方法眾多，且持續不斷的推陳出新，包括：探

取逐步多元區別分析法 (stepwise multiple discriminant analysis, MDA)、羅吉斯迴歸分析 (logit model)、機率單位迴歸 (probit model)、遞迴分割演算迴歸 (recursive partitioning model)、類神經網路 (artificial neural netwoks)、比較決策樹 (classification and regression trees, CART) 等資料探勘技術、概略集合理論 (rough sets theory)、存活分析 (survival analysis) 等方法不斷的進步更新。

表 7-2 「預警」迴歸之統計方法比較表

方法	假定條件	優點	缺點
單變數 (如 Odds Ratio)	1. 分析性變數。 2. 資料分布服從常態分配。	適合單一反應變數不同組別之比較。	比較母體若超過二群以上則較不適合。
區別分析	1. 反應變數為分類別變數，而解釋變數為分析性。 2. 資料分布服從常態分配。	1. 可同時考慮多項指標，對整體績效衡量較單變數分析客觀。 2. 可瞭解哪些財務比率最具區別能力。	1. 不適合處理分類別解釋變數。 2. 財務資料較難以符合常態假設。 3. 迴歸使用前，資料須先經標準化。
羅吉斯迴歸	1. 反應變數為分類別變數。	1. 解釋變數可是分析性或分類別。 2. 可解決區別分析中自變數資料非常態的問題。 3. 迴歸適用於非線性。 4. 資料處理容易、成本低廉。	加入分類別解釋變數，參數估計受到樣本數量影響。
Probit 迴歸	1. 殘差項須為常態分配。 2. 各群體之共變數矩陣為對角化矩陣。	1. 可解決區別分析中自變數資料非常態的問題。 2. 機率值介於 0 與 1 之間。 3. 迴歸適用非線性狀況。	1. 迴歸使用前必須經由資料轉換。 2. 計算程序較複雜。這二個疑問 Stata 都可輕易解決

誠如 Zmijewski(1984) 所說，財務比率資料大多不符合常態分配，有些「依變數 (Y) 為 nomial 變數，且 Levels 個數大於 2」，而羅吉斯迴歸、Multinomial Logit 迴歸恰可解決自變數非常態、迴歸非線性與依變數 (Y) 非連續變數的疑問，且 Stata 資料處理容易。因此，本章節特別介紹：多元羅吉斯迴歸 (Multinomial Logit Model, MNLM)。

7-6-1 Multinomial Logit 迴歸之解說

Multinomial Logit 迴歸之應用例子，例如：

1. 預期財富向下移轉對子女教育之影響——實證分析。
2. 以多項羅吉斯迴歸模型分析青少年 BMI 與身體活動量之相關性。
3. 臺灣選民經濟投票行為之研究：以四次總統大選為例。
4. 法拍屋拍定拍次、競標人數與得標價之決定因素：以士林法院為例。
5. 企業槓桿與研發技術槓桿之研發策略選擇之研究。
6. 董事會結構、操作衍生性金融商品交易對資訊透明度的影響。
7. 信用卡業務的徵審過程、繳款改變與違約之研究。
8. 商業銀行如何衡量住宅貸款之違約機率與違約損失率——內部模型法之應用。

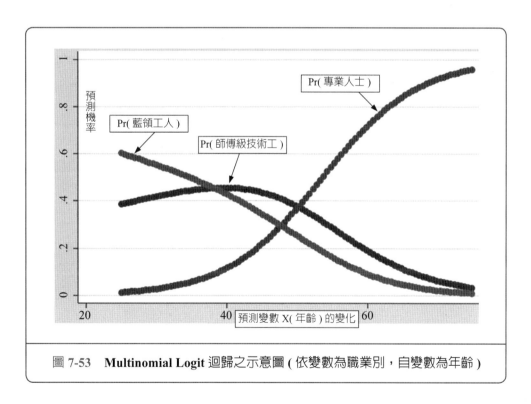

圖 7-53　**Multinomial Logit** 迴歸之示意圖 (依變數為職業別，自變數為年齡)

例如，影響我國上市公司初次公開發行公司債之因素為下列 6 個預測變數，其 Logit 迴歸之表示式為：

$$Ln(IPO_{it}) = F(\beta_0 + \beta_1 Sales_i + \beta_2 Growth_i + \beta_3 Capex_i + \beta_4 MTB_i + \beta_5 R\&D_i + \beta_6 Inteship_i)$$

上式中的 IPO_{it} 為一 Nomial 變數，若公司在 t 年度決定發行公司債，則其值為 1，否則為 0。

F(.) 為標準常態分配的累積分配函數。

1. 使用銷售額 ($Sales_{it-1}$) 作為公司規模的代理變數，以發行債券前一會計年度 (t-1) 年末之值取自然對數。由於規模愈大的公司愈有可能藉由首次公開發行公司債來獲取外部資金，因此預期 $Sales_{it-1}$ 之係數將是正值。

2. 銷售額成長率 ($Growth_{it}$) 為銷售額的變動程度，定義為發行債券前一年與發行當年銷售額之變化率，而 $Capex_{it-1}$ 是指發行前一年度該公司的資本支出占總資產帳面價值的比例。

3. $Growth_{it}$ 與 $Capex_{it-1}$ 是用以衡量每家公司對於融資需求的程度，我們預期此二變數與初次發行公司債的機率之間為正相關。

4. MTB_{it-1} 為市值對帳面值比，亦即 (權益市值＋負債總額帳面值) ／資產總額帳面值之比例，我們使用 MTB_{it-1} 作為預期公司未來成長機會的代理變數。

5. $R\&D_{it-1}$ 為研發費用率，是指每家公司的研究發展費用占銷售額之比例。

6. $Inership_{it-1}$ 代表內部人持股比例，以董監事與經理人的持股比例來衡量。本文預期 MTB_{it-1} 與 $Inership_{it-1}$ 二變數與初次發行公司債的機率之間為負相關，而 $R\&D_{it-1}$ 與初次發行公司債的機率之間呈正相關。

Multinomial Logit 迴歸之推導

令 N 個方案其機率分別為 $P_1, P_2, \ldots, P_N$。故 Multinomial Logit 迴歸可以下列式子表示之：

$$\log(\frac{P_{jt}}{p_{1t}}) = X_t\beta_j, \quad j = 2,3,\cdots,N; \quad t = 1,2,3,\cdots,T$$

其中，

t：表第 t 個觀察值。

T：表觀察值的個數。

X_t：表解釋變數的 $1 \times K$ 個向量中之第 t 個觀察值。

β_j：表未知參數的 $K \times 1$ 個向量。

上式，N-1 的方程式，其必要條件爲 $P_{1t} + P_{2t} + ... + P_N = 1$，且各機率值皆不相等。故各機率值可以下列式子表示之：

$$P_{1t} = \frac{1}{1 + \sum_{j=2}^{N} e^{X_t \beta_i}}$$

$$P_{it} = \frac{e^{X_t \beta_i}}{1 + \sum_{j=2}^{N} e^{X_t \beta_i}}, \quad i = 2, 3, \cdots, N$$

此迴歸可藉由最大概似法 (Likelihood) 中觀察其最大概似函數來估計：

$$L = \prod_{t \in \theta_1} P_{1t} \times \prod_{t \in \theta_2} P_{2t} \times \cdots \times \prod_{t \in \theta_n} P_{Nt}$$

$\theta_j = \{t \mid$ 第 j 個觀察值 $\}$

Π 是機率 p 連乘之積。

因此

$$L = \prod_{t \in \theta_1} \frac{1}{1 + \sum_{j=2}^{N} e^{X_t \beta_j}} \times \prod_{i=2}^{N} \prod_{t \in \theta_1} \frac{e^{X_t \beta_j}}{1 + \sum_{j=2}^{N} e^{X_t \beta_j}} = \prod_{t=1}^{T} \left(\frac{1}{\sum_{j=2}^{N} e^{X_t \beta_j}} \right) \times \prod_{i=2}^{N} \prod_{t \in \theta_1} e^{X_t \beta_j}$$

而此概似函數的最大值可藉由非線性的最大化方式求得。爲獲取 $\beta_1, \beta_2, ..., \beta_N$ 的有效估計量，必須建構一個資訊矩陣 (Information Matrix)，可以下列式子表示之：

$$F = \begin{bmatrix} F_{22} & F_{23} & F_{24} & F_{2N} \\ F_{32} & F_{33} & \cdots & F_{3N} \\ \vdots & \vdots & \ddots & \vdots \\ F_{N2} & F_{N3} & \cdots & F_{NN} \end{bmatrix}$$

其中

$$F_{rr} = \sum_{t=1}^{T} P_{rt}(1 - P_{rt})X_t'X_t \quad , \quad r = 2, 3, \ldots, N$$

$$F_{rs} = -\sum_{t=1}^{T} (P_{rt}P_{st})X_t'X_t \quad , \quad r = 2, 3, \ldots, N$$

F 的反矩陣即為 $\hat{\beta}$ 之漸進共變異數矩陣 (Asymptotic Covariance Matrix)，其中，$\hat{\beta} = [\hat{\beta}_2, \hat{\beta}_3, \cdots, \hat{\beta}_N]$。Multinomial Logit 迴歸需要選擇某一方案當作「基底」(Base) 方案，而將其他方案與此「基底」進行比較，因此我們在上述的三個方案當中，選擇以不發行公司債作為基底方案。其中，Logit 迴歸方程式的應變數為第 i 個方案相對於基底方案之「勝算比」(Log-odds) 機率。

假設 Multinomial Logit 迴歸之自變數有 6 個，包括：公司規模 (Sales)、融資需求 (Growth)、預期未來成長機會 (MTB)、研究發展費用率 (R&D)、內部人持股率 (Inership)。上述這些自變數所建立 Multinomial Logit 迴歸如下：

$$Ln(\frac{P_{si}}{P_{ni}}) = \beta_0 + \beta_1 Sales_i + \beta_2 Growth_i + \beta_3 Capex_i + \beta_4 MTB_i + \beta_5 R\&D_i + \beta_6 Inteship_i$$

$$Ln(\frac{P_{ci}}{P_{ni}}) = \beta_0 + \beta_1 Sales_i + \beta_2 Growth_i + \beta_3 Capex_i + \beta_4 MTB_i + \beta_5 R\&D_i + \beta_6 Inteship_i$$

其中

1. P_{ni} 代表第 i 家公司選擇「不發行」公司債的機率。

2. P_{si} 與 P_{ci} 分別表示第 i 家公司選擇「發行」有擔保公司債及可轉換公司債之機率。

經 Multinomial Logit 迴歸分析結果如下表。

表 7-3 **Multinomial Logit** 迴歸模式預測初次發行公司債

自變數	$Ln\left(\dfrac{P_{si}}{P_{ni}}\right)$ (P-value)	$Ln\left(\dfrac{P_{ci}}{P_{ni}}\right)$ (P-value)
銷售額	1.084[a2] (0.209)	0.769[a] (0.160)
銷售額成長率	0.012[b] (0.005)	0.012[b] (0.005)

自變數	$Ln\left(\dfrac{P_{si}}{P_{ni}}\right)$ (P-value)	$Ln\left(\dfrac{P_{ci}}{P_{ni}}\right)$ (P-value)
資本支出 / 總資產	0.028 (0.021)	0.043[a] (0.016)
市值對帳面值比	−0.902[a] (0.277)	−0.061 (0.136)
研發費用率	0.179[b] (0.074)	0.119[b] (0.058)
內部人持股比例	−0.024[c] (0.013)	−0.012 (0.010)

註：1. P_{ni}，P_{si}，P_{ci} 分別代表第 i 家公司選擇「不發行」公司債、有擔保公司債、可轉換公司債之機率。

　　2. a, b, c 分別表示達 1%，5%，10% 的顯著水準。括弧中之數值為標準誤 (Standard Errors)。

　　結果顯示：銷售額 (Sales) 在 1% 顯著水準下，分別與「選擇發行有擔保公司債相對於不發行公司債之機率」以及「選擇發行可轉換公司債相對於不發行公司債之機率」呈現顯著正相關。

　　其次，衡量公司融資需求的兩個代理變數：銷售額成長率 (Growth) 與資本支出占總資產比例 (Capex) 之研究結果顯示，Growth 在 5% 水準下，分別與發行有擔保公司債以及可轉換公司債之機率呈顯著正相關。雖然 Capex 是在 1% 顯著水準下，僅與發行可轉換公司債的機率呈正相關，但是 Capex 對於全體樣本發行有擔保公司債仍是有正面的影響性存在。

7-6-2　Multinomial Logit 迴歸之實作

　　如圖 7-53「Multinomial Logit 迴歸之示意圖」所示。由於本例之「occ 職業別」是屬 nomial 變數，其編碼為：1 = Menial 工作者，2 = BlueCol，3 = Craft，4 = WhiteCol，5 = Prof。這 5 種職業類別之 codes 意義，並不是「1 分 < 2 分 < 3 分 < 4 分 < 5 分」。因此這種 nomial 依變數，採用 Binary Logit 與 OLS 迴歸都不太對，故 Stata 提供「Multinomial Logit 迴歸」，來分析「多個自變數」對 Multinomial 依變數各類別之勝算機率。

一、範例：Multinomial Logit 迴歸

(一) 問題說明

研究者先文獻探討以歸納出影響職業別的遠因，並整理成下表，此「nomocc2_Multinomial_Logit.dta」資料檔之變數如下：

變數名稱	影響親子親密程度的遠因	編碼Codes/Values
occ	職業別	(1)Menial，(2)BlueCol，(3)Craft，(4)WhiteCol，(5) Prof
white	1. 白人嗎？(種族優勢)	1=white 0=not white
ed	2. 受教育年數	
exper	3 工作經驗的年數	

(二) 資料檔之內容

「nomocc2_Multinomial_Logit.dta」資料檔內容如下圖。

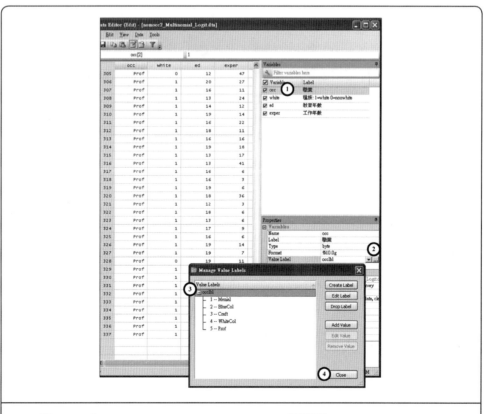

圖 7-54 「**nomocc2_Multinomial_Logit.dta**」資料檔 (**N=337，4 variables**)

（三）Multinomial Logit 迴歸之選擇表操作

Statistics > Categorical outcomes > Multinomial logistic regression

1. Setp 1. Multinomial Logit 迴歸，看 3 個自變數之預測效果

```
. use nomocc2_Multinomial_Logit.dta
* 職業別（第 1 個類別為比較基準）之 Multinomial Logit 迴歸
. mlogit occ white ed exper, baseoutcome(1)


Iteration 0:    log likelihood = -509.84406
Iteration 1:    log likelihood = -432.18549
Iteration 2:    log likelihood = -426.88668
Iteration 3:    log likelihood = -426.80057
Iteration 4:    log likelihood = -426.80048
Iteration 5:    log likelihood = -426.80048


Multinomial logistic regression              Number of obs    =      337
                                             LR chi2(12)      =   166.09
                                             Prob > chi2      =   0.0000
Log likelihood = -426.80048                  Pseudo R2        =   0.1629


------------------------------------------------------------------------------
      occ |     Coef.    Std. Err.      z    P>|z|    [95% Conf. Interval]
----------+-------------------------------------------------------------------
Menial    |  (base outcome)
----------+-------------------------------------------------------------------
BlueCol   |
    white | 1.236504    .7244352     1.71   0.088   -.1833631    2.656371
       ed | -.0994247   .1022812    -0.97   0.331   -.2998922    .1010428
    exper | .0047212    .0173984     0.27   0.786   -.0293789    .0388214
    _cons | .7412336    1.51954      0.49   0.626   -2.23701     3.719477
----------+-------------------------------------------------------------------
Craft     |
    white | .4723436    .6043097     0.78   0.434   -.7120817    1.656769
       ed | .0938154    .097555      0.96   0.336   -.0973888    .2850197
    exper | .0276838    .0166737     1.66   0.097   -.004996     .0603636
```

```
    _cons |  -1.091353   1.450218     -0.75   0.452    -3.933728    1.751022
----------+----------------------------------------------------------------
WhiteCol  |
    white |   1.571385   .9027216      1.74   0.082    -.1979166    3.340687
       ed |   .3531577   .1172786      3.01   0.003     .1232959    .5830194
    exper |   .0345959   .0188294      1.84   0.066     -.002309    .0715007
    _cons |  -6.238608   1.899094     -3.29   0.001    -9.960764   -2.516453
----------+----------------------------------------------------------------
Prof      |
    white |   1.774306   .7550543      2.35   0.019     .2944273    3.254186
       ed |   .7788519   .1146293      6.79   0.000     .5541826    1.003521
    exper |   .0356509    .018037      1.98   0.048     .000299     .0710028
    _cons |  -11.51833   1.849356     -6.23   0.000      -15.143   -7.893659
```

註:「Z 欄」的 z 值,是指標準常態分配之標準分數。

以 occ = 1(Menial) 為比較基礎,它與「其他 4 種」職業,是否因為「種族 (white)、學歷高低 (ed)、工作年資 (exper)」而影響呢? Multinomial logistic 迴歸分析結果如下:

(1)「Menial vs. BlueCol」職業比較:「種族 (white)、學歷高低 (ed)、工作年資 (exper)」,三者並無顯著影響受訪者,是否擔任「卑微、藍領」工作的機率。

(2)「Menial vs. Craft」職業比較:「種族 (white)、學歷高低 (ed)、工作年資 (exper)」,三者並無顯著影響受訪者,是否擔任「卑微、師傅級工人」工作的機率。

(3)「Menial vs. WhiteCol」職業比較:教育程度 (z = + 3.01, P < 0.05),表示低教育者多數擔任卑微工作;高學歷多數擔任白領工作的機率是顯著的。可見,要當白領階級,學歷是必要條件。

(4)「Menial vs. BlueCol」職業比較:「種族 (white)、學歷高低 (ed)、工作年資 (exper)」,三者會顯著影響受訪者,是否擔任「卑微、專業人士」工作的機率。可見,在美國求職要找專業工作(金融分析師、律師、教師、CEO),除了學歷要高、工作資歷要深外,白人種族優勢仍是必要的關鍵因素。

2. Setp 2. 以依變數某類別為比較基準，做三個自變數之概似比 (LR) 檢定

再以 occ = 5「專業人士」身分為職業別的比較基準點，本例所進行：概似比 (LR) 檢定、Wald 檢定，結果如下：

```
* 以「occ=5」為職業別之間的比較基礎，
. quietly mlogit occ white ed exp, baseoutcome(5)

* 三個自變數之概似比檢定
. mlogtest, lr

Likelihood-ratio tests for independent variables (N=337)

Ho: All coefficients associated with given variable(s) are 0.


             |    chi2    df   P>chi2
-------------+--------------------------
      white  |   8.095     4    0.088
         ed  | 156.937     4    0.000
       exper |   8.561     4    0.073
-------------------------------------------


* 三個自變數之 Wald 檢定
. mlogtest, wald

* Wald tests for independent variables (N=337)

Ho: All coefficients associated with given variable(s) are 0.


             |    chi2    df   P>chi2
-------------+--------------------------
      white  |   8.149     4    0.086
         ed  |  84.968     4    0.000
       exper |   7.995     4    0.092
-------------------------------------------
```

(1) 以「專業人士」職業身分為職業別的比較基準點,再與「其他4種」職業做機率比較。經概似比 (Likelihood Ratio,LR) 檢定結果顯示,「專業人士 vs. 其他 4 種職業」在學歷 (ed) 方面有顯著機率差別。$\chi^2_{(4)} = 156.937(p < 0.05)$,拒絕「$H_0$:預測變數所有迴歸係數都是 0」,接受 H_1「自變數的迴歸係數有一不為 0」。要成為「專業人士」的機率,係與學歷呈正相關。學歷愈高,當選「專業人士」的機率就愈高。

(2) Wald 檢定,在學歷 (ed) 方面,$\chi^2_{(4)} = 84.968(p < 0.05)$,亦拒絕「$H_0$: All coefficients associated with given variable(s) are 0」,故要成為「專業人士」,高學歷係可顯著提升其當選的機率,即學歷是必要條件之一。

(3) mlogit 迴歸之事後檢定,「Likelihood-ratio tests(mlogtest , lr)」及「Wald tests(mlogtest , wald)」兩者都可測出:預測變數之預測效果是否顯著。

3. Setp 3. 以依變數某類別為比較基準,並與「其他類別」做線性假設之檢定

test 語法:旨在 Test linear hypotheses after estimation。

```
test coeflist                          (Syntax 1)
test exp = exp [= ...]                 (Syntax 2)
test [eqno]
```

test 選擇表:

```
Statistics > Postestimation > Tests > Test linear hypotheses
```

```
* 以職業別「5= 專業人士」為比較基準。做 Multinomial Logit 迴歸,但不印出
. quietly mlogit occ white ed exp, baseoutcome(5)

* 「occ=4」白領階級與其他 4 種職業別做係數檢定
. test  [4]
 ( 1)  [WhiteCol]white = 0
 ( 2)  [WhiteCol]ed = 0
 ( 3)  [WhiteCol]exper = 0

         chi2(  3) =    22.20
       Prob > chi2 =     0.0001
```

在「occ=4」白領階級與其他 4 種職業別之事後比較，$\chi^2_{(3)} = 22.2$ ($p < 0.05$)，拒絕「H_0：種族、學歷、工作資歷三者的迴歸係數爲 0」。故種族 (white)、學歷 (ed)、工作資歷 (exper) 三者是可有效區別「專業人士 vs. 其他 4 種職業別」的勝算機率。

4. Setp 4. 自變數每變化一個單位，所造成邊際 (margin) 效果

```
* 限制以 occ=5( 專業人士 ) 為基準，進行 Multinomial Logit 迴歸，quietly 報表不印出
.quietly mlogit occ white ed exp, basecategory(5)

* 職業別邊際 (margin) 效果之機率變化
. prchange

mlogit: Changes in Probabilities for occ

* 由「非白人轉變白人」，擔任專業人士的機率，平均增加 11.6%
white
           Avg|Chg|      Menial      BlueCol        Craft      WhiteCol         Prof
0->1       .11623582   -.13085523    .04981799   -.15973434    .07971004     .1610615

*「學歷每增加一年」，擔任專業人士的機率，平均增加 5.895%
ed
           Avg|Chg|      Menial      BlueCol        Craft      WhiteCol         Prof
Min->Max   .39242268   -.13017954   -.70077323   -.15010394    .02425591    .95680079
   -+1/2   .05855425   -.02559762   -.06831616   -.05247185    .01250795    .13387768
  -+sd/2   .1640657    -.07129153   -.19310513   -.14576758    .03064777    .37951647
MargEfct   .05894859   -.02579097   -.06870635   -.05287415    .01282041    .13455107

*「工作經歷每增加一年」，擔任專業人士的機率，平均增加 0.233%
exper
           Avg|Chg|      Menial      BlueCol        Craft      WhiteCol         Prof
Min->Max   .12193559   -.11536534   -.18947365    .03115708    .09478889    .17889298
   -+1/2   .00233425   -.00226997   -.00356567    .00105992    .0016944     .00308132
  -+sd/2   .03253578   -.03167491   -.04966453    .01479983    .02360725    .04293236
MargEfct   .00233427   -.00226997   -.00356571    .00105992    .00169442    .00308134


              Menial      BlueCol       Craft      WhiteCol        Prof
```

```
Pr(y|x)  .09426806  .18419114  .29411051  .16112968  .26630062


           white       ed     exper
    x=   .916914    13.095   20.5015
 sd_x=   .276423   2.94643   13.9594
```

5. Setp 5. 繪各預測變數變動一個單位時，當選各職業別之機率變化圖

```
. mlogplot white ed exper, std(0ss) p(.1) min(-.25) max(.5) dc ntics(4)
```

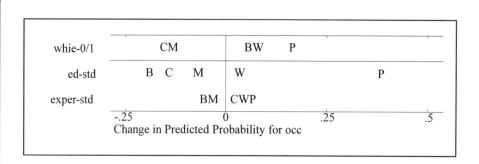

圖 7-55　種族 (white)、學歷 (ed)、工作經驗 (exper) 三者變動一個單位時，當選各職業別之機率變化圖

註：B 為 BlueCol(藍領階級)。C 為 Craft(師傅級工人)。M 為 Menial(低微工人)。P 為 Prof(專業人士)。W 為 WhiteCol(白領階級)

(1) White=0，非白人多數人是從事 C、M。White=1，白人多數係從事 B、W、P。

(2) 學歷在平均數以下者，多數人是從事 B、C、M。學歷在平均數以上者，多數人是從事 W、P。尤其，擔任 Prof(專業人士) 職務，其高學歷遠遠超越其他職業者。

(3) 工作資歷在平均數以下者，多數人是從事 B、M。工作資歷在平均數以上者，多數人是從事 C、W、P。但差距不大。

6. Setp 6. 以「專業人士」占最高機率之白人來說，比較他擔任各行業間之機率

```
. quietly mlogit occ white ed exp, baseoutcome(5)
＊僅以白人來看，列出名目依變數 5 個群組之間，兩兩係數比較（3 個自變數對 occ 的勝
  算機率）
listcoef white

mlogit (N=337): Factor Change in the Odds of occ

Variable: white (sd=.27642268)

Odds comparing |
Alternative 1  |
to Alternative 2 |      b        z     P>|z|    e^b    e^bStdX
-----------------+---------------------------------------------------
Menial  -BlueCol  |  -1.23650   -1.707   0.088   0.2904   0.7105
Menial  -Craft    |  -0.47234   -0.782   0.434   0.6235   0.8776
Menial  -WhiteCol |  -1.57139   -1.741   0.082   0.2078   0.6477
Menial  -Prof     |  -1.77431   -2.350   0.019   0.1696   0.6123
BlueCol -Menial   |   1.23650    1.707   0.088   3.4436   1.4075
BlueCol -Craft    |   0.76416    1.208   0.227   2.1472   1.2352
BlueCol -WhiteCol |  -0.33488   -0.359   0.720   0.7154   0.9116
BlueCol -Prof     |  -0.53780   -0.673   0.501   0.5840   0.8619
Craft   -Menial   |   0.47234    0.782   0.434   1.6037   1.1395
Craft   -BlueCol  |  -0.76416   -1.208   0.227   0.4657   0.8096
Craft   -WhiteCol |  -1.09904   -1.343   0.179   0.3332   0.7380
Craft   -Prof     |  -1.30196   -2.011   0.044   0.2720   0.6978
WhiteCol-Menial   |   1.57139    1.741   0.082   4.8133   1.5440
WhiteCol-BlueCol  |   0.33488    0.359   0.720   1.3978   1.0970
WhiteCol-Craft    |   1.09904    1.343   0.179   3.0013   1.3550
WhiteCol-Prof     |  -0.20292   -0.233   0.815   0.8163   0.9455
Prof    -Menial   |   1.77431    2.350   0.019   5.8962   1.6331
Prof    -BlueCol  |   0.53780    0.673   0.501   1.7122   1.1603
Prof    -Craft    |   1.30196    2.011   0.044   3.6765   1.4332
Prof    -WhiteCol |   0.20292    0.233   0.815   1.2250   1.0577
-----------------------------------------------------------------
```

僅白人在各類業別 (occ) 的勝算機率來看，白人在「Menial-Prof」、「Craft-Prof」職業別之人口比例，有顯著差異。即白人多數擔任 Prof 工作，非白人多數擔任 Menia、Craft 工作。

7-7 Count 依變數：Zero-inflated Poisson 迴歸 vs. Negative binomial 迴歸

Zero-inflated 迴歸的應用例子，包括：

1. 調整產險資料之過度分散。
2. 影響糖尿病、高血壓短期發生的相關危險因子探討。
3. 大臺北地區小客車肇事影響因素之研究。
4. 房屋貸款違約與提前清償風險因素之研究。
5. 從專利資訊探討廠商專利品質之決定因素。
6. 產險異質性──案例分析。
7. 應用零值膨脹卜瓦松模型於高品質製程管制圖之研究。
8. 智慧資本、專利品質與知識外溢：臺灣半導體產業之實證分析。
9. Zero-inflated Poisson 分配下計數值管制圖之經濟性設計。
10. 臺灣地區自殺企圖者之重複自殺企圖次數統計模型探討。
11. 應用技術模式分析機車肇事行為。
12. 平交道風險因素分析與其應用。
13. 過多零事件之成對伯努力資料在不同模型下比較之研究。

Counts 迴歸之 Stata 指令如下：

Stata指令	Counts迴歸	選擇表之操作
expoisson	Exact Poisson 迴歸	Statistics > Exact statistics > Exact Poisson regression
nbreg gnbreg	Negative binomial 迴歸	nbreg Statistics > Count outcomes > Negative binomial regression gnbreg Statistics > Count outcomes > Generalized negative binomial regression
poisson	Poisson 迴歸	Statistics > Count outcomes > Poisson regression

Stata指令	Counts迴歸	選擇表之操作
tnbreg	Truncated negative binomial 迴歸	Statistics > Count outcomes > Truncated negative binomial regression
tpoisson	Truncated Poisson 迴歸	Statistics > Count outcomes > Truncated Poisson regression
zinb	Zero-inflated negative binomial 迴歸	Statistics > Count outcomes > Zero-inflated negative binomial regression
zip	Zero-inflated Poisson 迴歸	Statistics > Count outcomes > Zero-inflated Poisson regression
ztnb	Zero-truncated negative binomial 迴歸	Statistics > Count outcomes > Zero-truncated negative binomial regression
ztp	Zero-truncated Poisson 迴歸	Statistics > Count outcomes > Zero-truncated Poisson regression
xtmepoisson	Multilevel（多層次）mixed -effects Poisson 迴歸	Statistics > Longitudinal/panel data > Multilevel mixed-effects models > Mixed-effects Poisson regression

離散資料，這種非連續資料要改用 Poisson 分配、負二項 (negative binomial) 分配。

7-7-1　Poisson 分配

$$p(x; \lambda, t) = \Pr[X = x] = \frac{(\lambda t)^x e^{-\lambda t}}{x!} \quad x = 0, 1, 2, \ldots$$

p：表示機率集結函數

X：卜瓦松機率事件可能次數之機率

λ：事件平均發生率

t：時間或空間區段數

一、Poisson 分配之公式推導

在任何一本統計學的書，我們可以看到 Poisson 分配的公式為

$$P(X = x) = \frac{e^{-\lambda} \cdot \lambda^x}{x!}$$

公式如何來的呢？

我們可將 Poisson 分配視爲二項分配的極限狀況，我們知道二項分配的機率分配公式：

$$P(X = x) = C_x^n p^x (1 - p)^{n-x}$$

$\lambda = np$ 　機率 p 極小，n 極大

$$p = \frac{\lambda}{n}$$

$$P(X = x) = \lim_{n \to \infty} C_x^n p^x (1 - p)^{n-x}$$

$$= \lim_{n \to \infty} \frac{n(n-1)(n-2)\cdots 3 \cdot 2 \cdot 1}{x!(n-x)!} \left(\frac{\lambda}{n}\right)^x \left(1 - \frac{\lambda}{n}\right)^{n-x}$$

$$= \lim_{n \to \infty} \frac{n(n-1)(n-2)\cdots(n-x+1)}{x!} \left(\frac{\lambda^x}{n^x}\right) \left(1 - \frac{\lambda}{n}\right)^{n-x}$$

$$= \frac{\lambda^x}{x!} \lim_{n \to \infty} \frac{n(n-1)(n-2)\cdots(n-x+1)}{n^x} \left(1 - \frac{\lambda}{n}\right)^{n-x}$$

$$= \frac{\lambda^x}{x!} \lim_{n \to \infty} \underbrace{\frac{n(n-1)(n-2)\cdots(n-x+1)}{n \cdot n \cdots\cdots\cdots\cdots\cdots \cdot n \cdot n}}_{x} \left(1 - \frac{\lambda}{n}\right)^n \cdot \left(1 - \frac{\lambda}{n}\right)^{-x}$$

$$\because \underbrace{\frac{n(n-1)(n-2)\cdots(n-x+1)}{n \cdot n \cdots\cdots\cdots\cdots\cdots \cdot n \cdot n}}_{x} \to 1$$

$$\left(1 - \frac{\lambda}{n}\right)^n \to e^{-\lambda}$$

$$\left(1 - \frac{\lambda}{n}\right)^{-x} \to 1$$

二、poisson 迴歸分析之事後檢定

poisson 迴歸分析之後，才可執行下列事後檢定，如下：

Stata指令	說明
contrast	contrasts and ANOVA-style joint tests of estimates
estat ic	Akaike's and Schwarz's Bayesian information criteria (AIC and BIC)
estat summarize	summary statistics for the estimation sample
estat vce	variance-covariance matrix of the estimators (VCE)

Stata指令	說明
estat (svy)	postestimation statistics for survey data
estimates	cataloging estimation results
(1) forecast	dynamic forecasts and simulations
lincom	point estimates, standard errors, testing, and inference for linear combinations of coefficients
linktest	link test for model specification
(2) lrtest	likelihood-ratio test
margins	marginal means, predictive margins, marginal effects, and average marginal effects
marginsplot	graph the results from margins (profile plots, interaction plots, etc.)
nlcom	point estimates, standard errors, testing, and inference for nonlinear combinations of coefficients
predict	predictions, residuals, influence statistics, and other diagnostic measures
predictnl	point estimates, standard errors, testing, and inference for generalized predictions
pwcompare	pairwise comparisons of estimates
suest	seemingly unrelated estimation
test	Wald tests of simple and composite linear hypotheses
testnl	Wald tests of nonlinear hypotheses

(1) forecast is not appropriate with mi or svy estimation results.
(2) lrtest is not appropriate with svy estimation results.

單位時間內「事件發生次數」的分配為卜瓦松分配 (Poisson distribution)。由法國數學家 Poisson 於 1838 年提出，是統計與機率學裡常見到的離散機率分配。

三、Poisson 的應用

在醫學、公共衛生及流行病學研究領域中，除了常用羅吉斯 (logistic regression) 及線性迴歸 (linear regression) 模型外，Poisson 迴歸模型也常應用在各類計數資料 (count data) 的模型建立上。例如估計疾病死亡率或發生率、細菌或病毒的菌落數及瞭解與其他相關危險因子之間的關係等，然而這些模型都是廣義線性模式 (generalized linear models) 的特殊情形。

Poisson 分布主要用於描述在單位時間 (空間) 中稀有事件的發生數。即需滿足以下四個條件：

1. 給定區域內的特定事件產生的次數，可以是根據時間、長度、面積來定義。

2. 各段相等區域內的特定事件產生的概率是一樣的。

3. 各區域內，事件發生的概率是相互獨立的。

4. 當給定區域變得非常小時，兩次以上事件發生的概率趨向於 0。例如：

   (1) 放射性物質在單位時間內的放射次數；

   (2) 在單位容積充分搖勻的水中的細菌數；

   (3) 野外單位空間中的某種昆蟲數等。

Poisson 迴歸之應用例子，包括：

1. 領導校長型態 = 三總主任 (教務、訓導、總務) ＋學校威望＋年齡＋工作年數＋企圖心＋結婚否。

2. 個體意圖自殺次數 = 課業壓力＋家庭＋經濟＋社會＋感情＋年齡。

3. 社會經濟地位 (高中低) = 收入＋支出＋職業＋理財＋小孩＋城市人口 %。

4. 生小孩數目 = 職業＋收入＋外籍配偶＋年齡＋城鄉＋富爸爸＋畢業學校聲望。

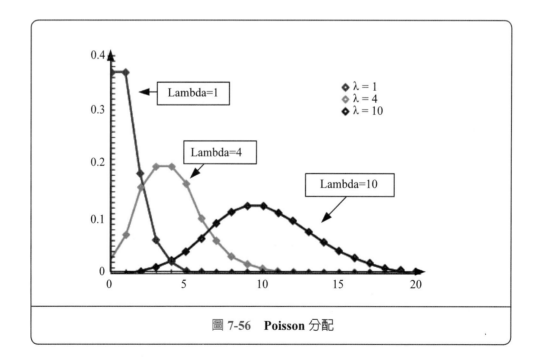

圖 7-56　**Poisson** 分配

四、Poisson 分配

　　卜瓦松分配 (Poisson Distribution) 由法國數學家 Simon Denis Poisson 提出。
卜瓦松分配之特性：

1. 在兩個不相交的時間間隔，特定事件發生變化的次數為獨立。

2. 在短時間間隔或小空間區域發生一次變化的機率，近乎與區間長度、面積或
   體積成正比。

3. 在同樣的一個短時間間隔，有兩個或以上的變化發生之機率近乎 0。滿足上述
   特性者，稱之為卜瓦松過程。若隨機變數 X 表示卜瓦松過程每段時間變化的
   次數，則 X 稱為卜瓦松隨機變數。

4. 發生於一段時間或某特定區域的成功次數之期望值為已知。

　　卜瓦松分配之推演：設 g(x,w) 表示在長 w 的時間內有 X 次變化的機率，則
由卜瓦松過程知：

1. 設 X_1 表示在 h_1 時間間隔內發生之次數，X_2 表示在 h_2 時間間隔內發生之次數，
   若 h_1、h_2 不相交，則 X_1、X_2 為隨機獨立。

2. $g(1 , h) = \alpha h + o(h)$，其中 α 為一常數，$h > 0$，且 $o(h)$ 表任何滿足：

$$\lim_{h \to 0} \frac{o(h)}{h} = 0 \text{ 之函數}$$

3. $\sum_{x=2}^{\infty} g(x,h) = o(h)$

　　由上述三個式子導出 X 的 pdf 為：

$$f(x) = \frac{\lambda^x e^{-\lambda}}{x!} \qquad x = 0,1,2,...$$
$$= 0 \qquad\qquad 其他$$

此分配常以 $p(x , \lambda)$ 表示。

五、Poisson 分布的性質

1. Poisson 分布的均數與變異數相等，即 $\sigma^2 = m$

2. Poisson 分布係可加性

如果 $X_1, X_2, \cdots, X_k$ 相互獨立，且它們分別服從以 $\mu_1, \mu_2, \cdots, \mu_k$ 為參數的 Poisson 分布，則 $T = X_1 + X_2 + \cdots + X_k$ 也服從 Poisson 分布，其參數為 $\mu_1 + \mu_2 + \cdots + \mu_k$。

3. Poisson 分布的常態近似

m 相當大時，近似服從常態分布：$N(m, m)$。

4. 二項分布與 Poisson 分布非常近似

設 $X_i \sim B(n_i, \pi_i)$，則當 $n_i \to \infty$，π_i 很小，且 $n_i\pi_i = \mu$ 保持不變時，可以證明 X_i 的極限分布是以 μ 為參數的 Poisson 分布。

六、廣義 Poisson 分配

為因應 Poisson 分配必須假定 (assumption) 在母體為 Equi-dispersion 狀況下才能使用，Consul 和 Jain 於 1970 年首先提出廣義卜瓦松分配 (Generalized Poisson Distribution) 來處理資料中 Over-dispersion 及 Under-dispersion 的情形。

令 Y 為單位時間內事件的發生次數，並且假設 Y 是一組服從廣義卜瓦松分配 GPoi(λ, α) 的隨機變數，其值為非負整數，則其機率密度函數為

$$P_r(Y = y) = \frac{1}{y!}(\frac{\lambda}{1+\alpha\lambda})^y (1+\alpha y)^{y-1} \exp(-\frac{\lambda(1+\alpha y)}{1+\alpha\lambda}), y = 0,1,2,\cdots, \lambda > 0$$

其中：λ 為單位時間內事件發生的平均次數，當 λ 越大，其機率密度函數圖形有越平緩及眾數越往右移的狀況。

α 為散布參數 (Dispersion parameter)，當 α 越大，其機率密度函數圖形之散布程度越廣。

期望值及變異數分別為

$$E(Y) = \lambda，\text{Var}(Y) = \lambda(1 + \beta\lambda)^2$$

可看出：

(1) 當 $\alpha = 0$ 時，即 Equi-dispersion 狀況。

(2) 當 $\alpha > 0$ 時，即 Over-dispersion 狀況。

(3) 當 $\alpha < 0$ 時，即 Under-dispersion 狀況，也就是變異數小於平均數的情況，不過此機率密度函數只有在 $1 + \alpha\lambda > 0$ 且 $1 + \alpha y > 0$ 時才能成立。

當我們觀測到的是 t 個單位時間內事件發生的次數 μ 時，令 Y 為 t 個單位時間內事件的發生次數時，其機率密度函數為

$$P_r(Y = y) = \frac{1}{y!}(\frac{\mu}{1+\alpha\mu})^y (1+\alpha y)^{y-1} \exp(-\frac{\mu(1+\alpha y)}{1+\alpha\mu})$$
$$= \frac{1}{y!}(\frac{\lambda t}{1+\alpha\lambda t})^y (1+\alpha y)^{y-1} \exp(-\frac{\lambda t(1+\alpha y)}{1+\alpha\lambda t}), y = 0,1,2,\cdots,\lambda > 0$$

廣義 Poisson 分配可處理 Equi-、Over- 或是 Under-dispersion 的情況，使用上較 Poisson 分配及負二項分配來得更具彈性。

7-7-2 負二項 (Negative binomial) 分配

一、負二項分配 (Negative binomial distribution)

> 定義：在二項試驗中，若隨機變數 X 表示自試驗開始至第 r 次成功為止之試驗，則稱 X 為負二項隨機變數。設 p 為每次成功之機率，則 X 之 pdf 為
>
> $$f(x) = \binom{x-1}{r-1} p^r q^{x-r} \qquad x = r, r+1,...$$
> $$= 0 \qquad\qquad\qquad 其他$$
>
> 當 $r = 1$ 時，$f(x) = pq^{x-1}$ $\qquad x = 1, 2, 3 ...$
> 稱為幾何分配。

二、binomial 分配 vs. Poisson 分配

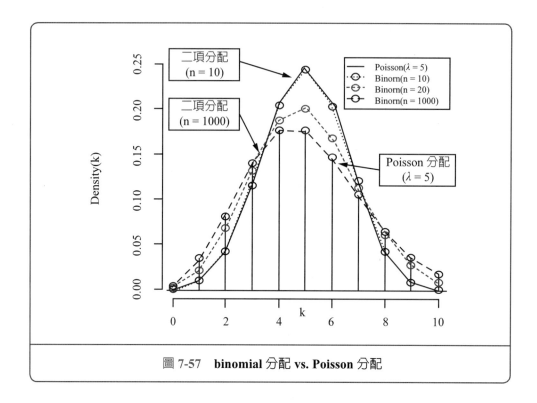

圖 7-57　**binomial 分配 vs. Poisson 分配**

$$F_{\text{Binomial}}\,(k;\,n,\,p) \approx F_{\text{Poisson}}\,(k;\,\lambda = np) \,\text{。}$$

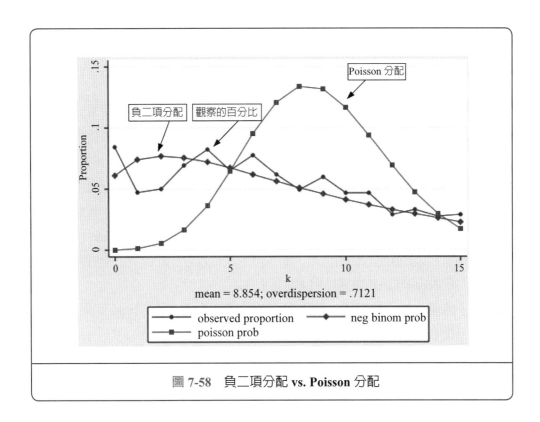

圖 7-58　負二項分配 **vs. Poisson 分配**

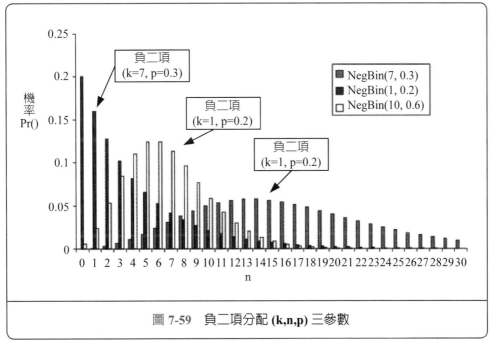

圖 7-59　負二項分配 **(k,n,p)** 三參數

7-7-3　Zero-inflated Poisson 分配

一、Zero-Inflated 分配

在實際應用領域中的計數型態資料，常常有「零」值個案特別多的狀況，例如：在車禍意外研究中，未曾發生車禍之個案約爲 47%，較其他值爲多。在流行病學研究中，在針對各國的癌症登記資料檔進行標準化死亡率 (Standard Mortality Ratio) 分析時，最大的特色是許多地區完全沒有惡性腫瘤的紀錄，以惡性腫瘤與白血病爲例，分別約有 61% 與 79% 的地區呈現「零」個案的狀況 (Böhning, 1998)。由於高比例的「零」值導致許多資料在使用 Poisson 模型進行適配分析時，呈現適配不佳的情形，許多學者因此致力於此種資料型態模型適配的研究，而 Zero-inflated 迴歸分配便應運而生。

爲了處理「高比例零值」的計數型態資料，Mullahy 在 1986 年提出 Zero-inflated 分配 (Zero-inflated distribution)。

假設 Y 是一組服從 Zero-inflated 分配的隨機變數，其值爲非負整數，則其機率密度函數爲

$$g(Y = y) = \begin{cases} \omega + (1 - \omega) \Pr(Y = 0), & y = 0 \\ (1 - \omega) \Pr(Y = y), & y > 0 \end{cases}$$

其中 ω 是一機率值，$\Pr(Y = y)$ 爲計數型態分配之機率密度函數。

二、Zero-Inflated 卜瓦松分配

Lambert 在 1992 年提出 Zero-inflated 卜瓦松分配 (Zero-inflated Poisson distribution, ZIP)，並且應用在品質管理上，隨後便有許多學者紛紛引用此篇文章作爲迴歸模型分析之用。

針對「高比例零值」的計數型資料型態，Zero-inflated Poisson 分配的想法是既然資料「零值」的比例較卜瓦松分配爲高，於是便利用 Poisson 分配與「零」點的機率合成爲一個混合模型 (Mixture Model)。因此 Zero-inflated Poisson 隨機變數是由兩個部分組成，分別是一 Poisson 分配和一「零值」發生機率爲 ω 的伯努力分配 (Bernoulli distribution)。

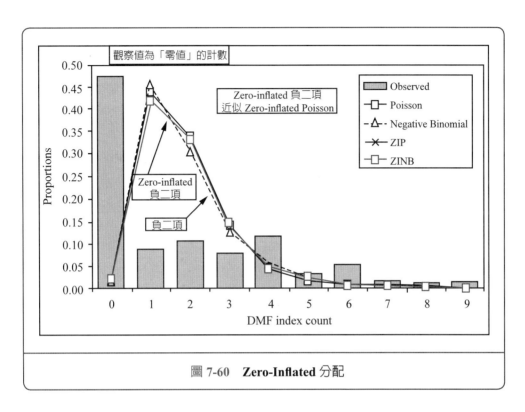

圖 7-60　**Zero-Inflated** 分配

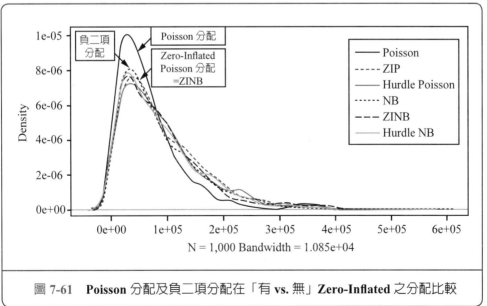

圖 7-61　**Poisson** 分配及負二項分配在「有 **vs. 無**」**Zero-Inflated** 之分配比較

可知「零值」比例的來源，除了 Poisson 分配為零的機率還多加了伯努力分配中「零值」的機率 ω，如此一來，「零值」比例也因為 ω 的加入而提高許多，解決 Poisson 分配在配適「零值」比例過高的資料所出現的估計誤差，所以當計數型資料存在過多「零值」時，一般傾向使用 Zero-inflated Poisson 分配來作為配適。

令 Y 為單位時間內事件的發生次數，並且假設 Y 是一組服從 Zero-Inflated 卜瓦松分配 ZIPoi (λ, ω) 的隨機變數，其值為非負整數，則其機率密度函數為

$$P_r(Y = y) = \begin{cases} \omega + (1-\omega)e^{-\lambda}, & y = 0 \\ (1-\omega)\dfrac{\lambda^y e^{-\lambda}}{y!}, & y > 0 \end{cases} \quad , \lambda > 0$$

其中 λ 為單位時間內事件發生的平均次數，當 λ 越大，其機率密度函數圖形也有越平緩及眾數越往右移的狀況，零值比例也越來越低。

ω 為 Zero-inflation 參數 (Zero-inflation parameter)，可知當 ω 越大，其零值比例也越來越高，相較之下，其他反應變數值的比例就越來越低。期望值及變異數分別為

$$E(Y) = (1 - \omega)\lambda \, , \, Var(Y) = (1 - \omega)\lambda(1 + \omega\lambda)$$

當我們觀測到的是 t 個單位時間內事件發生的次數 μ 時，令 Y 為 t 個單位時間內事件的發生次數時，其機率密度函數為

$$P_r(Y = y) = \begin{cases} \omega + (1-\omega)e^{-\mu}, & y = 0 \\ (1-\omega)\dfrac{\mu^y e^{-\mu}}{y!}, & y > 0 \end{cases} \quad , \mu > 0$$

$$= \begin{cases} \omega + (1-\omega)e^{-\lambda t}, & y = 0 \\ (1-\omega)\dfrac{(\lambda t)^y e^{-\lambda t}}{y!}, & y > 0 \end{cases} \quad , \lambda > 0$$

就 Zero-inflated 分配最原始的想法來看，ZIPoi(λ, ω) 還是必須服從以下假定

(assumption)：

　　(1) 依變數「零」值比例較基準分配來得高。

　　(2) 依變數非「零」值的分配必須服從 Zero-truncated 卜瓦松分配 (Zero-truncated Poisson distribution)。

7-7-4 Counts 迴歸實例：Zero-inflated Poisson 迴歸 vs. 負二項迴歸

　　Counts 迴歸，也是「Categorical and Limited 依變數之迴歸」。

一、範例：Counts 迴歸

（一）問題說明

　　爲瞭解博士生發表論文篇數的原因有哪些？研究者先文獻探討以歸納出，影響「博士生發表論文篇數」的原因，並整理成下表，此「couart2_regression.dta」資料檔之變數如下：

變數名稱	博士生發表論文篇數的原因	編碼Codes/Values
art	最近三年 PhD 發表論文數	計數 (count) 資料
fem	1. 性別	1=female 0=male
mar	2. 已婚嗎？	1=yes 0=no
kid5	3. 小孩數＜6 嗎？	1=yes 0=no
phd	4. PhD 學位的聲望 (名校之競爭力)	連續變數
ment	5. 指導教授最近 3 年之論文數	連續變數

```
. label variable art " 最近三年 PhD 發表論文數 "
```

（二）資料檔之內容

　　「couart2_regression.dta」資料檔之內容如下圖。

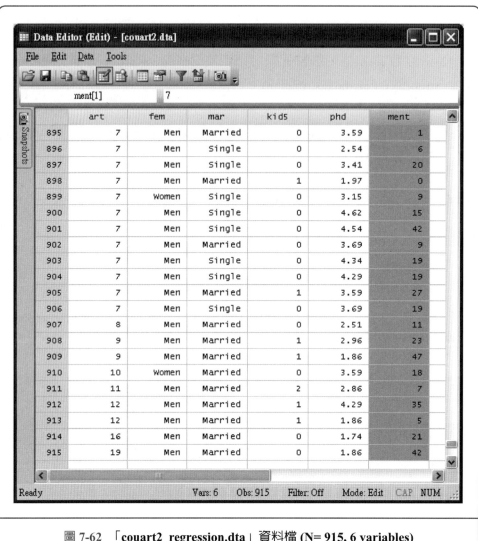

圖 7-62 「**couart2_regression.dta**」資料檔 (N= 915, 6 variables)

（三）count 迴歸之選擇表操作

Statistics > Count outcomes > Poisson regression

nbreg

  Statistics > Count outcomes > Negative binomial regression

gnbreg

  Statistics > Count outcomes > Generalized negative binomial regression

（四）分析結果與討論

1. Step1. 繪 Poisson 分配之機率圖

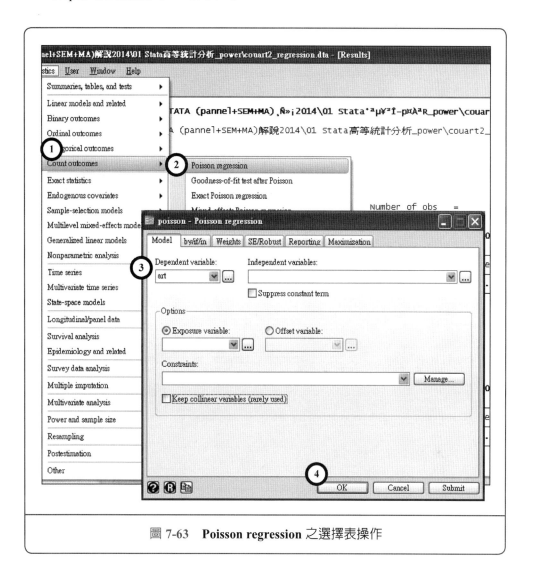

圖 7-63　**Poisson regression** 之選擇表操作

```
*先
. poisson art

Iteration 0:   log likelihood = -1742.5735
Iteration 1:   log likelihood = -1742.5735
```

```
Poisson regression                               Number of obs   =        915
                                                 LR chi2(0)      =       0.00
                                                 Prob > chi2     =          .
Log likelihood = -1742.5735                      Pseudo R2       =     0.0000

------------------------------------------------------------------------------
         art |      Coef.   Std. Err.      z    P>|z|     [95% Conf. Interval]
-------------+----------------------------------------------------------------
       _cons |   .5264408   .0254082    20.72   0.000     .4766416      .57624
------------------------------------------------------------------------------
```

Poisson 迴歸分析，得標準化分數 Z = 20.72, p < 0.05, 達顯著水準，顯示 915 名博士生發表論文「不同篇數 k」之間的機率是符合 Poisson 分析。

接著用「prcounts」指令 (它存在 spostado 檔)，來繪 Poisson 分配之機率圖 (如下圖)。

```
* 最近一次 count 迴歸 (poisson, nbreg, zip, zinb. prcounts) 分析之後，用 prcounts
指令計來求
* 從 k=0 到 k=9 之預測比率及勝算機率。預測值暫存至「以 psn 開頭」的變數
. prcounts psn, plot max(9)
* 實際分配
 label var psnobeq "Observed Proportion"

* 用 Poisson 迴歸求得之預測值
 label var psnobeq "Poisson Prediction"

* 用 Poisson 迴歸求得之依變數的計數
 label var psnval "# of articles"

* 繪以上三者之散布圖
 graph twoway (scatter psnobeq psnpreq psnval, connect (1 1) xlabel(0(1)9)
ytitle("Proba bility"))
```

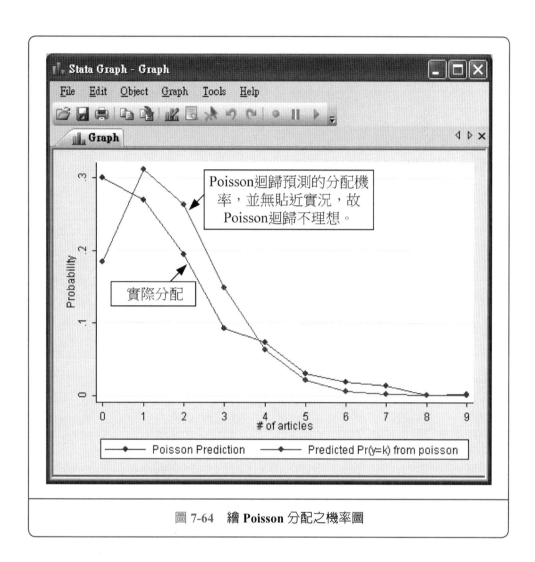

圖 7-64　繪 Poisson 分配之機率圖

瞭解各變數之特性：

```
* 因為 art 變數非常態分配，故取自然對數，產生新變數 lnart 就呈常態分配，再入
* 線性迴歸
. gen lnart = ln(art + .5)
* 新變數的註解
. label var lnart "Log of (Art + .5)"
```

```
*查詢資料新增出來的變數
. describe
```

Contains data from J:\Stata (pannel+SEM+MA) 解說 2014\01 Stata 高等統計分析 _
power\couart2_regression.dta

obs:	915			Academic Biochemists / S Long
vars:	34			20 Feb 2014 01:47
size:	114,375 (98.9% of memory free)			(_dta has notes)

---

variable name	storage type	display format	value label	variable label
art	byte	%9.0g		最近三年 PhD 發表論文數
fem	byte	%9.0g	sexlbl	性別：1=female 0=male
mar	byte	%9.0g	marlbl	已婚嗎：1=yes 0=no
kid5	byte	%9.0g		小孩數 < 6 嗎
phd	float	%9.0g		PhD 學位的聲望
ment	byte	%9.0g		指導教授最近 3 年之論文數
psnrate	float	%9.0g		Predicted rate from poisson
psnpr0	float	%9.0g		Pr(y=0) from poisson
psnpr1	float	%9.0g		Pr(y=1) from poisson
psnpr2	float	%9.0g		Pr(y=2) from poisson
psnpr3	float	%9.0g		Pr(y=3) from poisson
psnpr4	float	%9.0g		Pr(y=4) from poisson
psnpr5	float	%9.0g		Pr(y=5) from poisson
psnpr6	float	%9.0g		Pr(y=6) from poisson
psnpr7	float	%9.0g		Pr(y=7) from poisson
psnpr8	float	%9.0g		Pr(y=8) from poisson
psnpr9	float	%9.0g		Pr(y=9) from poisson
psncu0	float	%9.0g		Pr(y=0) from poisson
psncu1	float	%9.0g		Pr(y<=1) from poisson
psncu2	float	%9.0g		Pr(y<=2) from poisson
psncu3	float	%9.0g		Pr(y<=3) from poisson
psncu4	float	%9.0g		Pr(y<=4) from poisson
psncu5	float	%9.0g		Pr(y<=5) from poisson

```
psncu6          float   %9.0g           Pr(y<=6) from poisson
psncu7          float   %9.0g           Pr(y<=7) from poisson
psncu8          float   %9.0g           Pr(y<=8) from poisson
psncu9          float   %9.0g           Pr(y<=9) from poisson
psnprgt         float   %9.0g           Pr(y>9) from poisson
psnval          float   %9.0g           # of articles
psnobeq         float   %9.0g           Poisson Prediction
psnpreq         float   %9.0g           Predicted Pr(y=k) from poisson
psnoble         float   %9.0g           Observed Pr(y<=k) from poisson
psnprle         float   %9.0g           Predicted Pr(y<=k) from poisson
lnart           float   %9.0g           Log of (Art + .5)
--------------------------------------------------------------------------

Sorted by:  art
    Note:   dataset has changed since last saved
```

```
*大致查看一下，各機率值之 Mean, Mix ,MAx
. summarize

    Variable |       Obs        Mean    Std. Dev.        Min         Max
-------------+--------------------------------------------------------------
         art |       915    1.692896    1.926069           0          19
         fem |       915    .4601093    .4986788           0           1
         mar |       915    .6622951     .473186           0           1
        kid5 |       915     .495082      .76488           0           3
         phd |       915    3.103109    .9842491        .755        4.62
-------------+--------------------------------------------------------------
        ment |       915    8.767213    9.483916           0          77
     psnrate |       915    1.692896           0    1.692896    1.692896
      psnpr0 |       915    .1839859           0    .1839859    .1839859
      psnpr1 |       915     .311469           0     .311469     .311469
      psnpr2 |       915    .2636423           0    .2636423    .2636423
-------------+--------------------------------------------------------------
      psnpr3 |       915     .148773           0     .148773     .148773
      psnpr4 |       915    .0629643           0    .0629643    .0629643
      psnpr5 |       915    .0213184           0    .0213184    .0213184
      psnpr6 |       915     .006015           0     .006015     .006015
```

psnpr7	915	.0014547	0	.0014547	.0014547
psnpr8	915	.0003078	0	.0003078	.0003078
psnpr9	915	.0000579	0	.0000579	.0000579
psncu0	915	.1839859	0	.1839859	.1839859
psncu1	915	.4954549	0	.4954549	.4954549
psncu2	915	.7590972	0	.7590972	.7590972
psncu3	915	.9078703	0	.9078703	.9078703
psncu4	915	.9708346	0	.9708346	.9708346
psncu5	915	.992153	0	.992153	.992153
psncu6	915	.9981681	0	.9981681	.9981681
psncu7	915	.9996227	0	.9996227	.9996227
psncu8	915	.9999305	0	.9999305	.9999305
psncu9	915	.9999884	0	.9999884	.9999884
psnprgt	915	.0000116	0	.0000116	.0000116
psnval	10	4.5	3.02765	0	9
psnobeq	10	.0993443	.1139905	.0010929	.3005464
psnpreq	10	.0999988	.1187734	.0000579	.311469
psnoble	10	.8328962	.2308122	.3005464	.9934426
psnprle	10	.8307106	.2791442	.1839859	.9999884
lnart	915	.4399161	.8566493	-.6931472	2.970414

註：Statistics > Summaries, tables, and tests > Summary and descriptive statistics > Summary statistics

2. Step2. 先做線性機率迴歸（當做 count 迴歸之對照組）

```
＊線性機率迴歸之依變數 art，改用 Ln(art)
. quietly reg lnart fem mar kid5 phd ment

＊可用「findit listcoef」指令，來外掛此 ADO 命令檔之後，再執行「列出各迴歸係數」
. listcoef
```

```
regress (N=915): Unstandardized and Standardized Estimates

 Observed SD: .8566493
 SD of Error: .81457396

*            未標準化迴歸係數      顯著性    標準化迴歸係數
-----------------------------------------------------------------------
  lnart |     b         t      P>|t|    bStdX    bStdY    bStdXY    SDofX
--------+--------------------------------------------------------------
   fem | -0.13457   -2.349    0.019  -0.0671  -0.1571   -0.0783   0.4987
   mar |  0.13283    2.043    0.041   0.0629   0.1551    0.0734   0.4732
  kid5 | -0.13315   -3.275    0.001  -0.1018  -0.1554   -0.1189   0.7649
   phd |  0.02550    0.896    0.371   0.0251   0.0298    0.0293   0.9842
  ment |  0.02542    8.607    0.000   0.2411   0.0297    0.2814   9.4839
-----------------------------------------------------------------------
```

　　影響博士生論文發表篇數之預測變數，除了「就讀博士之學校權望 (phd)」沒顯著外，性別 (fem)、結婚否 (mar)、生的小孩數 <6(5)、及指導教授等四個變數，都可顯著預測出「博士生論文之發表篇數機率」。

3. Step 3. 再做 Poisson 迴歸、負二項迴歸之預測度比較

    (1) Step 3-1. 求 Poisson 迴歸、負二項迴歸之迴歸係數顯著性檢驗

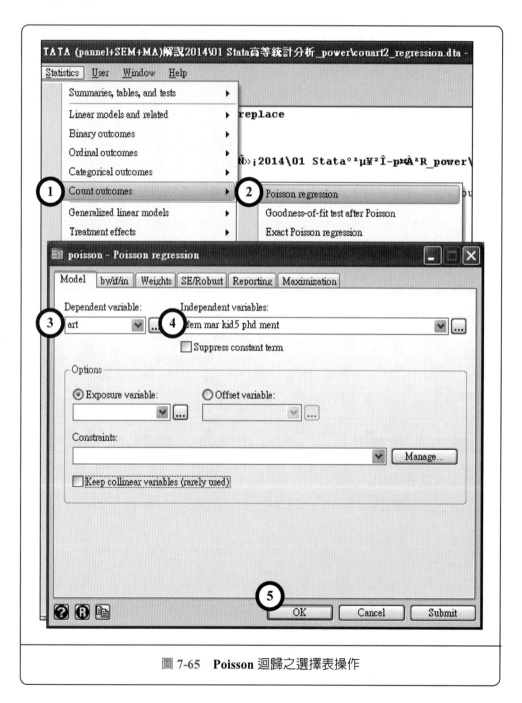

圖 7-65　**Poisson** 迴歸之選擇表操作

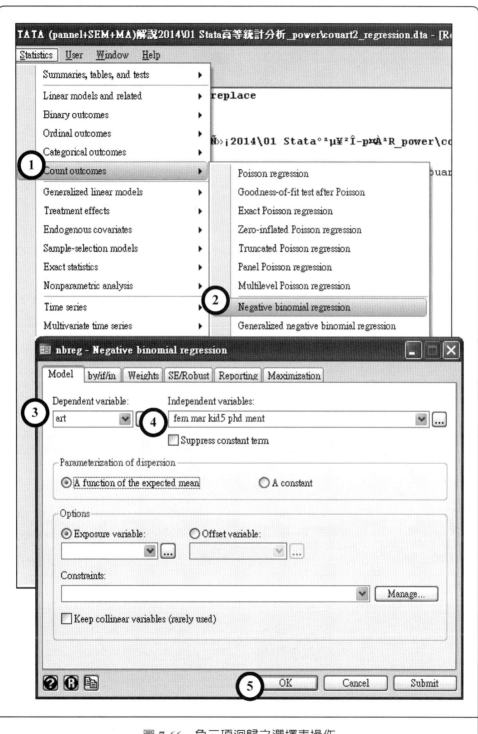

圖 7-66 負二項迴歸之選擇表操作

```
* 先做 poisson 迴歸，其依變數，可直接用「未經 ln() 變數變換之 art」
. quietly poisson art fem mar kid5 phd ment

. listcoef
poisson (N=915): Factor Change in Expected Count
```

* 各自變數對依變數 (art) 預測 count 之變化

```
 Observed SD: 1.926069
----------------------------------------------------------------------------
       art |      b        z       P>|z|     e^b     e^bStdX     SDofX
-----------+----------------------------------------------------------------
       fem |  -0.22459   -4.112    0.000    0.7988   0.8940     0.4987
       mar |   0.15524    2.529    0.011    1.1679   1.0762     0.4732
      kid5 |  -0.18488   -4.607    0.000    0.8312   0.8681     0.7649
       phd |   0.01282    0.486    0.627    1.0129   1.0127     0.9842
      ment |   0.02554   12.733    0.000    1.0259   1.2741     9.4839
----------------------------------------------------------------------------
```

```
nbreg art fem mar kid5 phd ment, dispersion(constant)
. quietly nbreg art fem mar kid5 phd ment, dispersion(mean)
. listcoef
```

* 再負二項迴歸

```
nbreg (N=915): Factor Change in Expected Count
```

```
Negative binomial regression              Number of obs   =        915
                                          LR chi2(5)      =      97.96
Dispersion      = mean                    Prob > chi2     =     0.0000
Log likelihood = -1560.9583               Pseudo R2       =     0.0304
```

```
----------------------------------------------------------------------------
       art |   Coef.    Std. Err.     z     P>|z|    [95% Conf. Interval]
-----------+----------------------------------------------------------------
       fem | -.2164184  .0726724   -2.98   0.003   -.3588537   -.0739832
       mar |  .1504895  .0821063    1.83   0.067   -.0104359    .3114148
      kid5 | -.1764152  .0530598   -3.32   0.001   -.2804105   -.07242
       phd |  .0152712  .0360396    0.42   0.672   -.0553652    .0859075
      ment |  .0290823  .0034701    8.38   0.000    .0222811    .0358836
----------------------------------------------------------------------------
```

_cons	.256144	.1385604	1.85	0.065	-.0154294	.5277174
/lnalpha	-.8173044	.1199372			-1.052377	-.5822318
alpha	.4416205	.0529667			.3491069	.5586502

Likelihood-ratio test of alpha=0: chibar2(01) = 180.20 Prob>=chibar2 = 0.000

①Poisson 迴歸分析結果與線性機率迴歸相同，但線性機率迴歸之依變數 art 是要事先用 Ln() 變數變換，但 Poisson 迴歸則否。

②負二項迴歸分析結果，與線性機率迴歸及 Poisson 迴歸分析相異，負二項迴歸將預測變數「結婚否 (mar)」剔除在模型之外 ($z = 1.833$, $p > 0.05$)。故需再進一步比較：Poisson 迴歸 vs. 負二項迴歸，何者較佳？

(2) Step 3-2. 繪 Poisson 迴歸、負二項迴歸之預測分配圖，看這二個迴歸誰較貼近事實？

```
*先求得 poisson 迴歸之 9 個勝算機率
. quietly poisson art fem mar kid5 phd ment
*用「findit prcounts」來外掛此 ado 檔，download 內定存在「C:\ado\plus\p」資料料，
*再將它用人工 copy 到你的工作目錄之後，即可執行它並產生 k=1 to 9 的勝算機率等變
 數
*預測勝算機率等變數：以 psm 開頭來命名，連號共 9 個變數。
. prcounts psm, plot max(9)
. label var psmpreq "PRM"
. label var psmobeq "Observed"
. label var psmval "# of articles"

*再求得負二項迴歸之 9 個勝算機率
. quietly nbreg art fem mar kid5 phd ment
. prcounts nbm, plot max (9)
. label var nbmpreq "NBM"

*繪 poisson 迴歸 vs. 負二項迴歸之勝算機率的分配圖
. graph twoway (scatter psmobeq psmpreq nbmpreq psmval, connect(1 1 1) xla-
    bel(0(1)9) ytitle("Probability"))
```

圖 7-67　**Poisson** 迴歸用 **prcounts** 產生之連號共 **9** 個變數

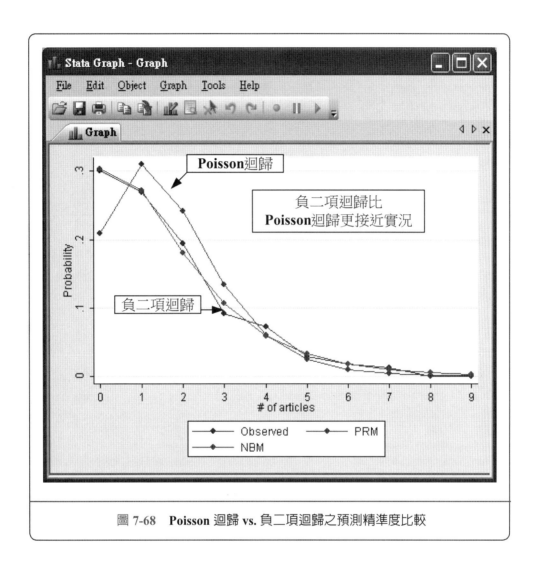

圖 7-68　**Poisson** 迴歸 vs. 負二項迴歸之預測精準度比較

(3) Step 3-3. 以 phd 當 x 軸刻度，求 Poisson 迴歸、負二項迴歸之勝算機率

由於本例自變數中，只有 phd 及 ment 二個是屬連續變數，但唯有 ment 在 Poisson 及負二項迴歸中都有顯著預測效果。故單獨求「ment 對 art」勝算機率，分別在 Poisson 迴歸、負二項迴歸各做一次。

```
＊先 poisson 迴歸
. quietly poisson art fem mar kid5 phd ment
＊先用「findit prgen」指令來外掛 prgen.ado 此 packerage。
＊單獨求「ment 對 art」勝算機率之變數們（命名以 pm 開頭，連號共 11 個），
. prgen ment, from(0) to(50) rest(mean) gen(pm) n(11)

poisson: Predicted values as ment varies from 0 to 50.


           fem         mar        kid5         phd        ment
x=   .46010929   .66229508   .49508197   3.1031093   8.7672131
. label var pmp0 "PRM"
```

```
＊再 負二項迴歸
. quietly nbreg art fem mar kid5 phd ment

. ＊單獨求「ment 對 art」勝算機率之變數們（命名以 nb 開頭，連號共 11 個），
. prgen ment, from(0) to(50) rest(mean) gen(nb) n(11)

nbreg: Predicted values as ment varies from 0 to 50.


           fem         mar        kid5         phd        ment
x=   .46010929   .66229508   .49508197   3.1031093   8.7672131

. label var pmp0 "PRM"
```

```
＊比較上述二個迴歸所求「ment 對 art」勝算機率，繪散布圖
. graph twoway (scatter pmp0 nbp0 nbx, c(l l l) xtitle("Mentor's Articles")
ytitle("Pr(Zero Articles)") msymbol(Sh Oh))
```

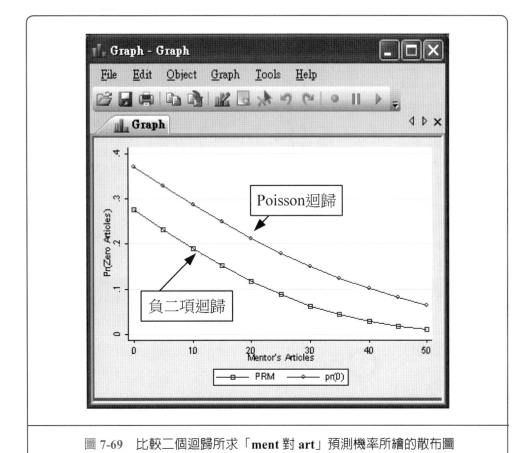

圖 7-69　比較二個迴歸所求「**ment** 對 **art**」預測機率所繪的散布圖

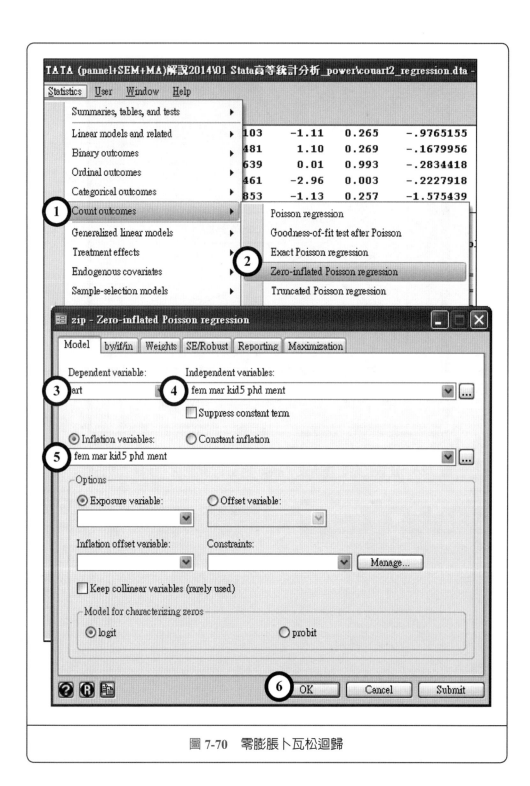

圖 7-70　零膨脹卜瓦松迴歸

4. Step 4. Zero-inflated Poisson 迴歸

```
*先 Zero-inflated poisson(zip) 迴歸
. zip art fem mar kid5 phd ment, inflate(fem mar kid5 phd ment) nolog

Zero-inflated Poisson regression              Number of obs   =        915
                                              Nonzero obs     =        640
                                              Zero obs        =        275

Inflation model = logit                       LR chi2(5)      =      78.56
Log likelihood  = -1604.773                   Prob > chi2     =     0.0000
```

art	Coef.	Std. Err.	z	P>|z|	[95% Conf. Interval]	
art						
fem	-.2091446	.0634047	-3.30	0.001	-.3334155	-.0848737
mar	.103751	.071111	1.46	0.145	-.035624	.243126
kid5	-.1433196	.0474293	-3.02	0.003	-.2362793	-.0503599
phd	-.0061662	.0310086	-0.20	0.842	-.066942	.0546096
ment	.0180977	.0022948	7.89	0.000	.0135999	.0225955
_cons	.640839	.1213072	5.28	0.000	.4030814	.8785967
inflate						
fem	.1097465	.2800813	0.39	0.695	-.4392028	.6586958
mar	-.3540107	.3176103	-1.11	0.265	-.9765155	.2684941
kid5	.2171001	.196481	1.10	0.269	-.1679956	.6021958
phd	.0012702	.1452639	0.01	0.993	-.2834418	.2859821
ment	-.134111	.0452461	-2.96	0.003	-.2227918	-.0454302
_cons	-.5770618	.5093853	-1.13	0.257	-1.575439	.421315

(1) Zero-inflated 旨在將依變數 count=0 之觀察值，排除在迴歸模型之分析中。

(2) 就預測變數們之迴歸係數的 p 值而言，有沒有排除「Zero-inflated」，前後二次 Poisson 迴歸之分析結果，非常相近。

(3) Zero-inflated 負二項迴歸模型為：

$$\text{Pr(art)} = F(-0.209\,(\text{fem}) - 0.143\,(\text{kid5}) + 0.018\,(\text{ment})\,)$$

$$\text{Pr(博士生論文數)} = F(-0.209\,(\text{女性}) - 0.143\,(\text{小孩數} < 6\,\text{嗎}) + 0.018\,(\text{指}$$
$$\text{導教 授近 3 年論文數)})$$

註：Pr() 為預測機率。F(.) 為標準常態分配的累積分析函數。

(4) 迴歸係數為「+」就是正相關 (ment 與 art 為正相關)；為「−」就是負相
關 (fem、kid5 二者與 art 為負相關)。

5. Step 5. Zero-inflated negative binomial 迴歸

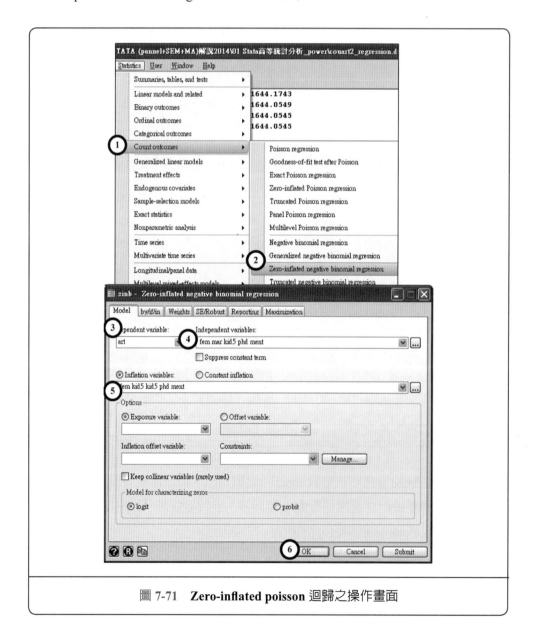

圖 7-71　**Zero-inflated poisson** 迴歸之操作畫面

```
* 再 Zero-inflated negative binomial(zinb) 迴歸
. zinb art fem mar kid5 phd ment, inflate(fem mar kid5 phd ment) nolog

Zero-inflated negative binomial regression       Number of obs    =      915
                                                 Nonzero obs      =      640
                                                 Zero obs         =      275

Inflation model = logit                          LR chi2(5)       =    67.97
Log likelihood  = -1549.991                      Prob > chi2      =   0.0000

-----------------------------------------------------------------------------
         art |      Coef.   Std. Err.      z    P>|z|     [95% Conf. Interval]
-------------+---------------------------------------------------------------
art          |
         fem |  -.1955068   .0755926    -2.59   0.010    -.3436655   -.0473481
         mar |   .0975826   .084452      1.16   0.248    -.0679402    .2631054
        kid5 |  -.1517325   .054206     -2.80   0.005    -.2579744   -.0454906
         phd |  -.0007001   .0362696    -0.02   0.985    -.0717872    .0703869
        ment |   .0247862   .0034924     7.10   0.000     .0179412    .0316312
       _cons |   .4167466   .1435962     2.90   0.004     .1353032     .69819
-------------+---------------------------------------------------------------
inflate      |
         fem |   .6359328   .8489175     0.75   0.454    -1.027915    2.299781
         mar |  -1.499469   .9386701    -1.60   0.110    -3.339228    .3402909
        kid5 |   .6284274   .4427825     1.42   0.156    -.2394105    1.496265
         phd |  -.0377153   .3080086    -0.12   0.903     -.641401    .5659705
        ment |  -.8822932   .3162276    -2.79   0.005    -1.502088   -.2624984
       _cons |  -.1916865   1.322821    -0.14   0.885    -2.784368    2.400995
-------------+---------------------------------------------------------------
     /lnalpha|  -.9763565   .1354679    -7.21   0.000    -1.241869   -.7108443
-------------+---------------------------------------------------------------
       alpha |   .3766811   .0510282                      .288844    .4912293
-----------------------------------------------------------------------------
```

(1) Zero-inflated 旨在將依變數 count=0 之觀察值排除在迴歸模型之分析中。

(2) 就預測變數們之迴歸係數的 p 值而言，有沒有排除「Zero-inflated」，前後二次負二項迴歸之分析結果，亦非常相近。

(3) Zero-inflated 負二項迴歸模型為：

Pr(art) = F(−0.195(fem) − 0.151(kid5) + .0247(ment))

Pr(博士生論文數) = F(−0.195(女性) − 0.151(小孩數 < 6 嗎) + .0247(指導教 授近 3 年論文數))

註：Pr() 為預測機率。F(.) 為標準常態分配的累積分析函數。

(4) 迴歸係數為「+」就是正相關 (ment 與 art 為正相關)；為「−」就是負相關 (fem、kid5 二者與 art 為負相關)。

7-8 截取迴歸 (censored regression)、斷尾迴歸 (truncated regression)

個體選擇模型	Tobit 迴歸	y 基本上連續的正值，但是其值為 0 的機率大於 0。 e.g.(1) 保險額度、(2) 退休基金投資於股票的額度。
Heckit 模型： 解 釋 變 數 x 可以 觀 察到，但由於另外一些因素的影響，y 並非全部可觀察	heckprobit 迴歸	(1) 截取迴歸 (censored regression)：依變數超過某門檻就不存此觀測值，但自變數資訊存在。Stata 有提供 Tobit 迴歸。 (2) 斷尾迴歸 (truncated regression)：自變數與依變數超過某門檻，就都不存在觀測值。Stata 有提供 ADO 指令檔可下載。

http://www.ats.ucla.edu/stat/Stata/dae/tobit.htm

7-8-1 截取迴歸 (censored regression)

Censored regression 應用例子，包括：

1. 外資持股偏好之探討。

2. 我國人壽保險公司經營效率之探討。

3. 以受限迴歸模型探討影響房貸貸款人提前還款的因素。

4. Gibbs sampling 在截取模型下的應用及其單根檢定。

5. 臺灣有線電視系統業者經營效率之探討。

6. 臺灣金融機構經營績效分析 —— 以上市上櫃銀行為例。

一、右側上限截取 (Right-censoring)

在 1980 年代，美國聯邦法規限制車輛的速度表最多只能顯示 85 mph。若想自變數「引擎馬力、引擎 cc 數」兩者來預測各廠牌車輛「最高車速」時，由於測試的車速若超過 85 英哩者都無法得知其眞實速度，測得的車速最多只是 85 mph，故屬於右側上限截取 (Right-censoring)。

圖 7-72　右側上限截取 **(Right-censoring)** 之畫面界定

註：Statistics > Linear models and related > Censored regression > Tobit regression

二、左側下限截取 (Left-censoring)

例如，研究者想瞭解「家庭飮用水含鉛程度 (lead level)」的預測模型，預測自變數包括：屋齡 (age of a house)、家庭總收入。由於水質檢測試劑無法驗出 < 十億分之 5 鉛含量 (ppb)，故屬左側下限截取 (Left-censoring)。若鉛含量 >15 ppb

就是危險程度。

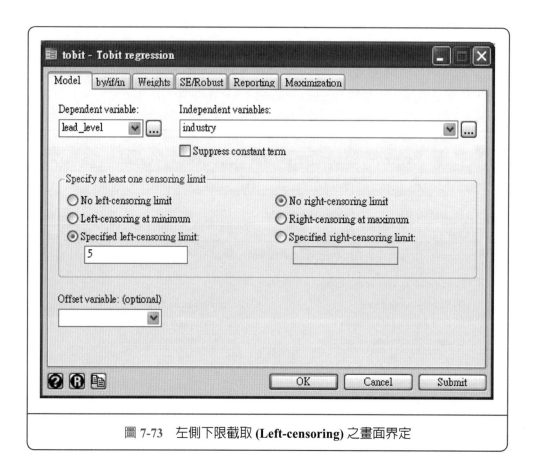

圖 7-73　左側下限截取 (Left-censoring) 之畫面界定

三、區間截取 (Interval-censoring)

想像一下，學術性向測驗 (academic aptitude)，最低分 200，最高分 800。我們想建立學術性向測驗之預測模型。預測變數有：閱讀成績 (read)、(math) 數學成績、學生選讀的學程型態 (academic, general, vocational)。

現在面臨的問題，就是學生只要全部答對測驗，就給 800 分，即使這可能不是他的「truly」學術性向測驗，但我們卻把他視為等同「truly」800 分的高材生一樣。

四、Stata 範例：區間截取迴歸 (Interval-censoring regression)

（一）問題說明

老師想瞭解學生學習成就的影響原因有哪些？研究者先文獻探討並歸納出，學測 (apt) 的預測變數如下表：

變數名稱	學習成就的預測變數	編碼Codes/Values
apt	Y：學習成就	200 分～ 800 分
read	X1：閱讀成績	連續變數
math	X2：數學成績	連續變數
prog	X3：學程 (program) 型態	1. 學術課程 2. 一般 (general) 課程 3. 職業課程

（二）資料檔之內容

「tobit_censored_reg.dta」，資料檔內容如下圖。

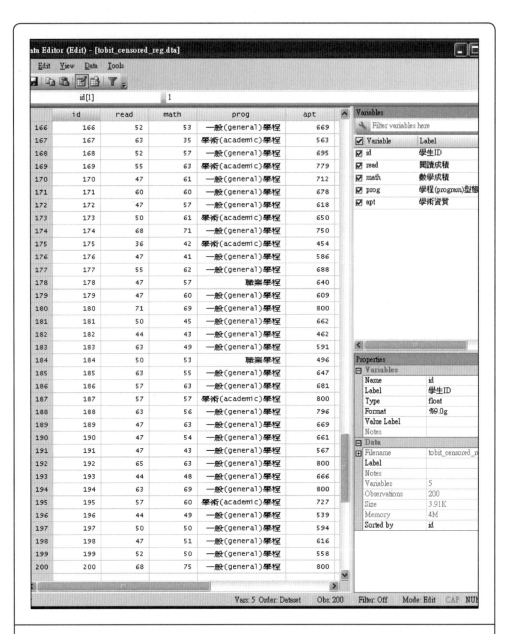

圖 7-74 「**tobit_censored_reg.dta**」資料檔 (**N=200 , 4 variables**)

1. Step 1. 觀察資料之特性

```
* 觀察連續資料之平均數、最小值、最大值
. use tobit_censored_reg.dta

. summarize apt read math

    Variable |        Obs        Mean    Std. Dev.        Min        Max
-------------+--------------------------------------------------------
         apt |        200     640.035    99.21903        352        800
        read |        200       52.23    10.25294         28         76
        math |        200      52.645    9.368448         33         75
```

```
* 觀察類別資料之次數分配表
. tabulate prog
```

學程 (program) 型態	Freq.	Percent	Cum.
學術 (academic) 學程	45	22.50	22.50
一般 (general) 學程	105	52.50	75.00
職業學程	50	25.00	100.00
Total	200	100.00	

```
* 繪依變數 10 格之直方圖
histogram apt, normal bin(20) xline(800)
(bin=10, start=352, width=44.8)
```

2. Step 2. 繪資料之分布圖

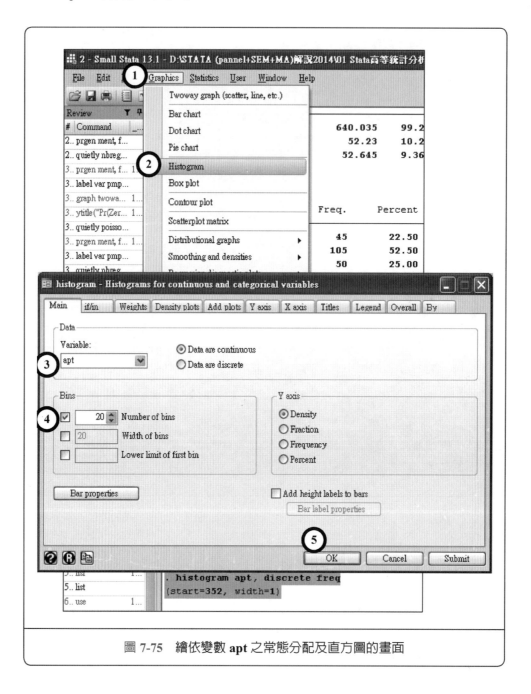

圖 7-75　繪依變數 **apt** 之常態分配及直方圖的畫面

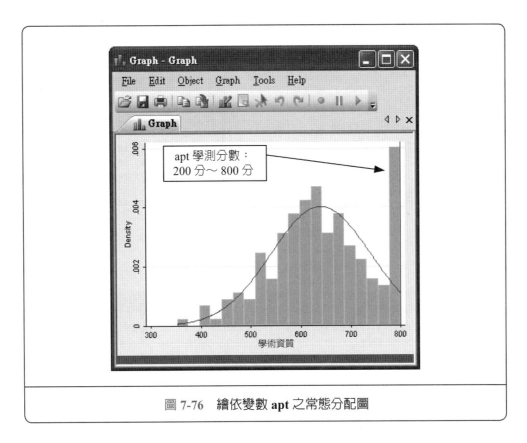

圖 7-76　繪依變數 **apt** 之常態分配圖

　　apt 是連續變數，上圖之直方圖被截取的資料中，考生 apt 考 750 分至 800 分的人數非常偏多數。若你改用下圖之直方圖 (Frequence)，更可看出，考滿分 800 分相當過多。

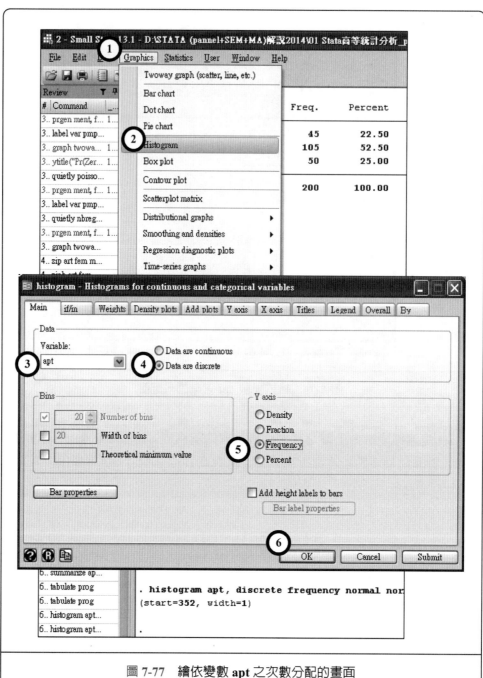

圖 7-77　繪依變數 **apt** 之次數分配的畫面

＊繪依變數 apt 之次數分配
. histogram apt, discrete frequency normal normopts(lcolor(black))

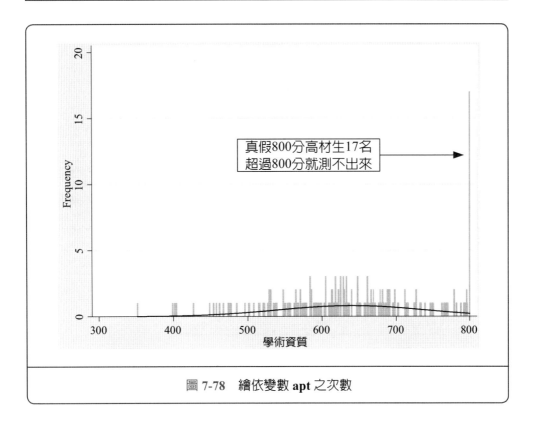

圖 7-78　繪依變數 **apt** 之次數

3. Step 3. 試探多個自變數與依變數的相關

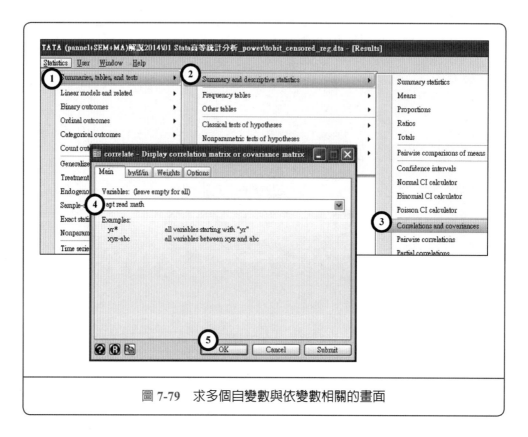

圖 7-79　求多個自變數與依變數相關的畫面

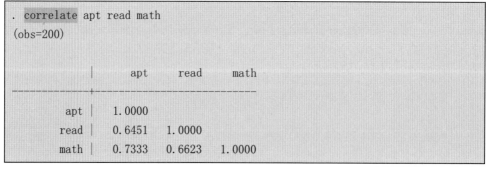

4. Step 4. 繪多個自變數與依變數的相關分布圖

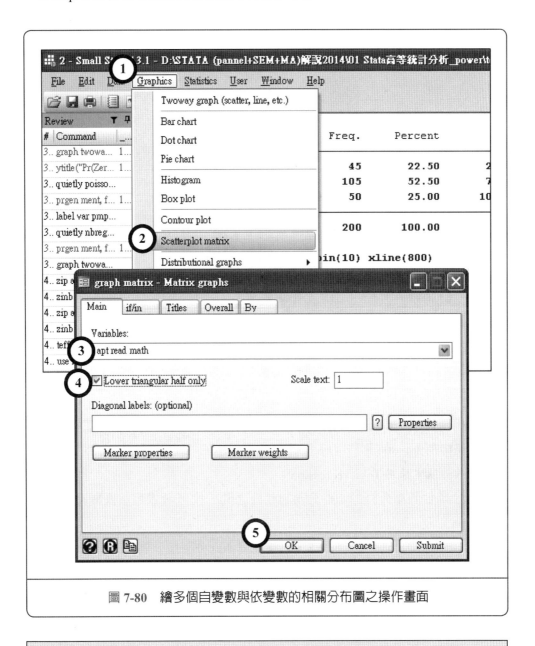

圖 7-80　繪多個自變數與依變數的相關分布圖之操作畫面

```
. graph matrix apt read math, half
```

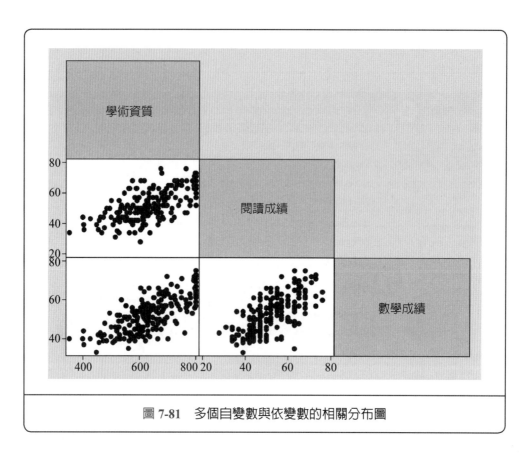

圖 7-81　多個自變數與依變數的相關分布圖

　　由相關分布矩陣圖，可看出：read 與 apt、math 與 apt 二對都有正相關。但許多點集中在 apt=800 那條直線上。

5. Step 5. *決定採用* Tobit regression

　　由於考生考滿分介於 200 分至 800 分之間，故可考慮用「區間截取 Tobit regression」。

　　(1) 線性迴歸：若你採用 OLS，它會認為 800 分不是上限，故忽略了對估計值超過滿分上限者做截斷，進而產生迴歸參數估數的不一致性。即樣本再增加時，OLS 不會考慮「true」母群參數 (請見 Long (1997) chapter 7)。

　　(2) Truncated 迴歸：truncated data 及 censored data 你有時會混淆。censored data 係指所有觀察值都在資料檔中，但你不知它們的「true」values。truncated data 係指迴歸模型不會納入某些觀察值於迴歸分析中。一旦 truncated data 被迴歸視為 censored data 一併被納入分析，就會產生不一致的參數估計。

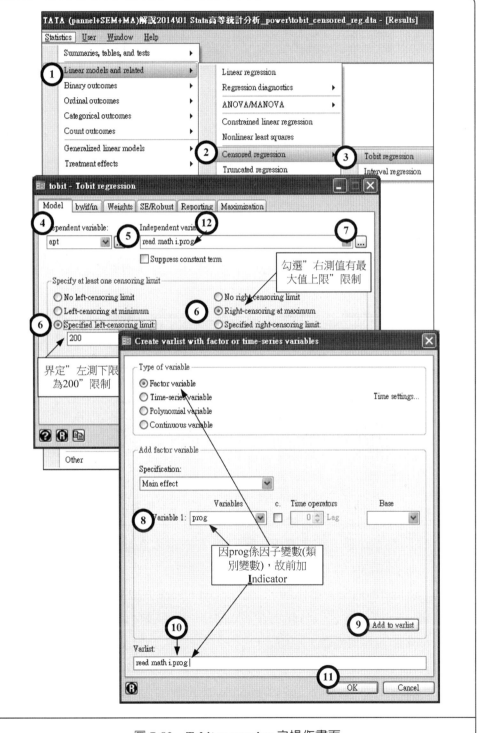

圖 7-82   **Tobit regression** 之操作畫面

```
*Tobit 迴歸，Prog 前導字 i 代表它是類別變數
*Prog 當指標 Indicator。
. * ll(200) 代表Lower Limit為200分，ul 代表「最大值為上限 (Upper Limit, UL)」
. tobit apt read math i.prog, ll(200) ul
Tobit regression                              Number of obs   =        200
                                              LR chi2(4)      =     188.97
                                              Prob > chi2     =     0.0000
Log likelihood = -1041.0629                   Pseudo R2       =     0.0832


---------------------------------------------------------------------------
         apt |     Coef.   Std. Err.       t    P>|t|    [95% Conf. Interval]
-------------+-------------------------------------------------------------
        read |  2.697939   .618798     4.36    0.000     1.477582    3.918296
        math |  5.914485   .7098063    8.33    0.000     4.514647    7.314323
             |
        prog |
   general 學程 | -12.71476  12.40629   -1.02    0.307    -37.18173     1.7522
       職業學程 |  -46.1439  13.72401   -3.36    0.001     -73.2096   -19.07821
             |
       _cons |   209.566  32.77154     6.39    0.000     144.9359    274.1961
-------------+-------------------------------------------------------------
      /sigma |  65.67672  3.481272                       58.81116    72.54228
---------------------------------------------------------------------------
 Obs. summary:        0   left-censored observations
                    183       uncensored observations
                     17   right-censored observations at apt>=800
```

(1) 本例共 200 筆，其中有 183 筆資料未被截取 (uncensored)。但有 17 筆 right-censored 值 (apt > = 800) 被截取，不納入分析。

(2) Log likelihood = −1041.06，旨在 nested models 的比較，本例用不到。

(3) likelihood ratio $\chi^2_{(4)} = 188.97$(P < 0.05)。表示本例整體模型比 empty model(沒預測變數) 更適配。

(4) 每個預測變數，都有印出迴歸係數 (coefficients)、standard errors、t-statistic、p-values、及 95% confidence interval。閱讀 (read) 與數學 (math) 對依變數都達顯著水準。且 prog = 3 亦達顯著，表示學生選的學程中「prog=3 vs. prog= 1」之間在 apt 學測成績亦有顯著差異。

(5) Tobit 迴歸係數的解釋，非常類似 OLS 迴歸係數的解釋。但 Tobit 迴歸的線性效果是以 uncensored latent 變數為基礎，而非全部觀察值為主。詳細說明，請見 McDonald (1980)。

(6) 閱讀 (read) 每增加 1 單位得分，apt 學測就增加 2.7 點。

(7) 數學 (math) 每增加 1 單位得分，apt 學測就增加 5.91 點。

(8) 閱讀 (read) 與數學 (math) 在平均水準之下，學程選職業課程 (prog=3) 的學生，比選 academic 學程 (prog = 1) 的學生少 46.14 點得分。

(9) 輔助統計：sigma 係類似 OLS 迴歸的殘差變異數的平方根。即 $\Sigma \sim \sqrt{\sigma_\varepsilon^2}$。Sigma = 65.67。

(10) 最後三行，印出「# of left-censored, uncensored and right-censored values」。

6. Step 6. 用 test 指令

(1) Step 6-1. 用 test 指令，檢定類別之自變數 prog 的整體效果 (effect)

圖 7-83　test 類別之自變數 prog 的整體效果之畫面

```
* test 指令，係 Test linear hypotheses after estimation
* 因最近一次迴歸，default 對照組為「1. prog」，故只須再界定另二個 Levels 即可
. test (2.prog 3.prog)

 ( 1)   [model]2.prog = 0
 ( 2)   [model]3.prog = 0

        F(  2,    196) =     5.98
            Prob > F =    0.0030
```

prog 的整體效果，F = 5.98(p < 0.05) 達到顯著水準。表示類別變數 prog 對依變數(achiv)成就測驗係符合「自變數與依變數線性關係」的假定(assumption)。

(2) Step 6-2. 用 test 指令，檢定類別之自變數 prog 不同 levels 的係數差異

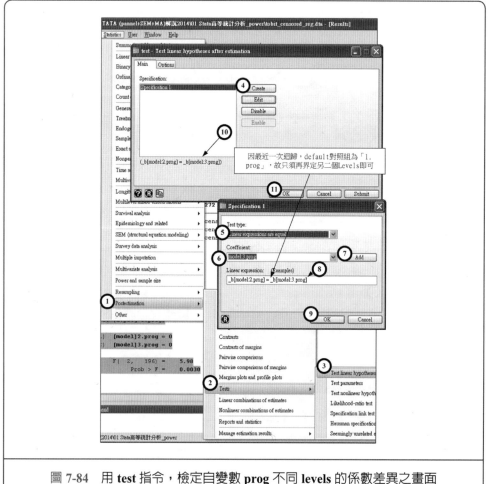

圖 7-84　用 **test** 指令，檢定自變數 **prog** 不同 **levels** 的係數差異之畫面

```
*因最近一次迴歸，default 對照組為「1. prog」，故只須再界定另二個 Levels 即可
. test (_b[model:2.prog] = _b[model:3.prog])
*或簡化為 test 2.prog = 3.prog

 ( 1)  [model]2.prog - [model]3.prog = 0

     F(  1,    196) =     6.66
          Prob > F =     0.0106
```

檢驗「prog 2 = Prog 3」迴歸係數相等嗎？結果係顯著不相等，F = 6.66(p < 0.05)。

7. Step 7. 檢視 tobit 迴歸之適配有多好？

在資料檔中，新加 tobit model 的預測值 $\hat{Y}$，它再跟依變數 apt 的實際值做相關分析。

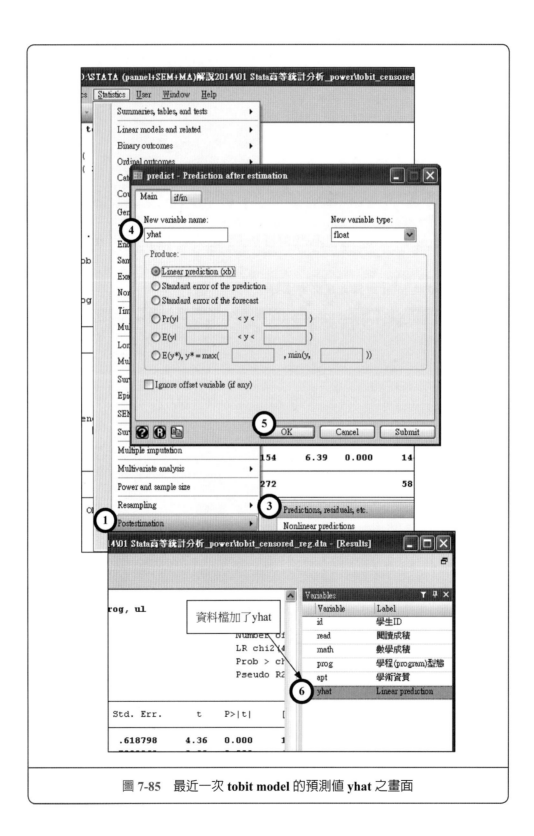

圖 7-85　最近一次 **tobit model** 的預測值 **yhat** 之畫面

圖 7-86　**tobit model** 的預測值 **yhat** 與 **apt** 的實際值求相關之畫面

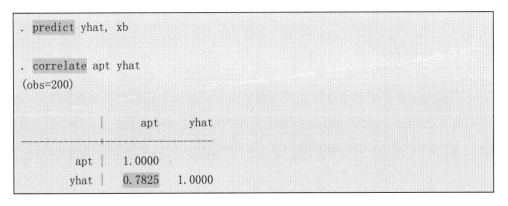

```
. predict yhat, xb

. correlate apt yhat
(obs=200)

             |      apt     yhat
-------------+------------------
        apt |   1.0000
       yhat |   0.7825   1.0000
```

(1) tobit model 的預測值 yhat 與 apt 實際值之相關，為 0.7825，它的平方，就是迴歸的 $R^2 = 0.6123$，即三個自變數對依變數預測，高達 61.23% 變異的解釋量。R^2 值非常近似下表另外五種 R^2。

(2) 再用「findit fitstat」指令，外掛 fitstat 命令檔，並執行它，進一步看它模型的各種 R^2。

```
. fitstat

Measures of Fit for tobit of apt

Log-Lik Intercept Only:      -1135.545    Log-Lik Full Model:         -1041.063
D(193):                       2082.126    LR(4):                        188.965
                                          Prob > LR:                      0.000
McFadden's R2:                   0.083    McFadden's Adj R2:              0.077
ML (Cox-Snell) R2:               0.611    Cragg-Uhler(Nagelkerke) R2:    0.611
McKelvey & Zavoina's R2:         0.616
Variance of y*:              11230.171    Variance of error:           4313.432
AIC:                            10.481    AIC*n:                       2096.126
BIC:                          1059.550    BIC':                        -167.772
BIC used by Stata:            2113.916    AIC used by Stata:           2094.126
```

(1) 迴歸模型的評估常使用判定係數 (coefficient of determination) non-pseudo R^2 公式：

$$\text{non-pseudo } R^2 = \frac{SS_R}{SS_T}$$

(2) Stata 八種 pseudo R^2 計算公式，儘管與 non-pseudo R^2 不同，但背後之解釋意義卻很相似。

(3) 安裝 fitstat 指令檔之後，直接在 Command 鍵入「fitstat」，即可求得 5 種 pseudo R^2。R^2 值愈大，表示你最近一次分析的迴歸解釋量就愈高。

(4) AIC(Akaike information criterion), BIC(Bayesian information criterion) 兩項資訊準則。AIC 與 BIC 所計算出來的值越小，則代表模型的適配度越佳。

$AIC = T \times Ln(SS_E) + 2k$

$BIC = T \times Ln(SS_E) + k \times Ln(T)$

(5) 判定係數 R^2、AIC 與 BIC，雖然是幾種常用的準則，但是卻沒有統計上所要求的『顯著性』。

(6) 當我們利用判定係數或 AIC 與 BIC 找出一個適配度較佳的模型，但是我們卻不知道這個模型是否『顯著地』優於其他模型。

(7) 適配度：概似比 Likelihood Ratio(LR) 檢定

例如，假設我們要檢定 AR(2) 模型是否比 AR(1) 模型來的好，因此我們可以分別算出兩個模型的最大概似值分別為 L_u 與 L_R，則 L_R 統計量為：

$$LR = -2(L_R - L_U) \sim 符合 \chi^2_{(m)} 分配$$

假如，$P < 0.05$ 表示達顯著的話，則表示 AR(2) 模型優於 AR(1) 模型。

以本例 Logit 迴歸來說，結果得 LR(4) = 188.965，$P < 0.05$，表示我們界定的預測變數對依變數之模型，比「null model」顯著的好，即表示目前這個 Logit 迴歸模型適配得很好。

7-8-2 斷尾迴歸 (truncated regression)

斷尾迴歸之應用例子，包括：

1. 利用二階段資料包絡模型評估綠色車輛的能源效率。
2. 綠色旅館管理之研究。
3. 董事會獨立性、家族控制與績效：臺灣上市半導體公司的實證分析。
4. 食品公司投入餐飲業與赴大陸投資之績效影響。
5. 會展活動對臺灣觀光旅館經營績效之影響。
6. 兩岸民用航空公司經營效率之研究。
7. 運用動態網絡資料包絡分析法進行陸軍兵科學校績效評量之研究。
8. 金融海嘯對非典型就業之衝擊──Difference-in-Differences 之應用。
9. 歐盟銀行智慧資本與銀行績效之關聯性研究：前緣線分析法。
10. 評估美國上市航空公司之生產效率與行銷效率。
11. 國家研發組織績效與核心能耐關聯性之研究。
12. 美國航空公司經營績效與公司治理關聯性之研究。

13. 美國會計師事務所之績效評估。

14. 作業基金績效評估：以國立大學校務基金為例。

Stata 範例：斷尾迴歸 (truncated regression)

（一）問題說明

研究者想瞭解學生成就測驗的影響原因有哪些？研究者先文獻探討並歸納出，成就測驗 (achiv) 的預測變數如下表：、

變數名稱	成就測驗的預測變數	編碼Codes/Values
依變數 achiv	成就測驗	41 分至 76 分 故低於 40 分要截尾
langscore	X1：語言寫作	老師可給 0 ～ 100 分 樣本實得 31 ～ 67 分
prog	X2：學程 (program) 型態	1. 一般 (general) 課程 2. 學術課程 3. 職業課程

（二）資料檔之內容

「truncated_regression.dta」，資料檔內容如下圖。

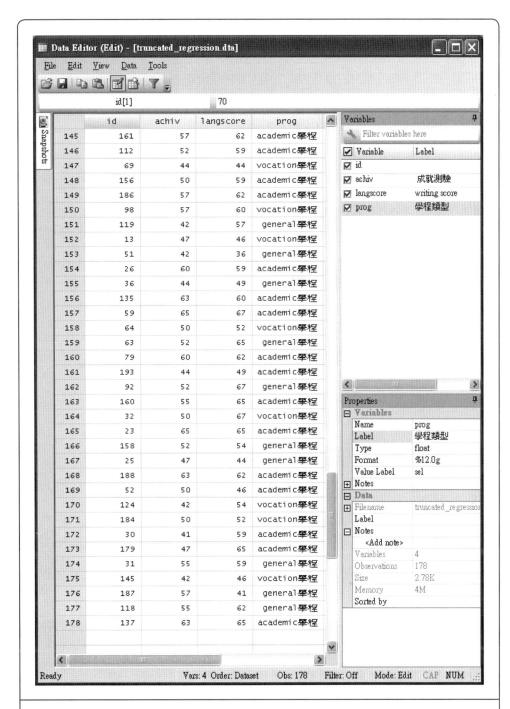

圖 7-87 「**truncated_regression.dta**」資料檔 (N=178 , 4 variables)

（三）斷尾迴歸之選擇表操作

```
Statistics > Linear models and related > Truncated regression
```

（四）分析結果與討論

1. Step 1. 觀察資料之特性

```
*連續變數用 sum 指令，求平均數、標準差、min、max。
. summarize achiv langscore
*成就測驗，介於 41 分至 76 分
    Variable |      Obs       Mean    Std. Dev.       Min        Max
-------------+--------------------------------------------------------
       achiv |      178    54.23596     8.96323        41         76
    langscore |      178    54.01124    8.944896        31         67

*連續變數在類別變數各 Levels 的細格人數、平均數、標準差（如圖之操作畫面）。
. tabstat achiv, statistics( count mean sd min max ) by(prog)


Summary for variables: achiv
    by categories of: prog （學程類型）

        prog          |     N        mean        sd         min        max
----------------------+-----------------------------------------------------
{ralign 12:general 學程} |    40      51.575    7.97074         42         68
{ralign 12:academic 學程} |   101    56.89109   9.018759        41         76
{ralign 12: 職業學程}   |    37     49.86486   7.276912        41         68
----------------------+-----------------------------------------------------
               Total  |   178    54.23596    8.96323          41         76
---------------------------------------------------------------------------
```

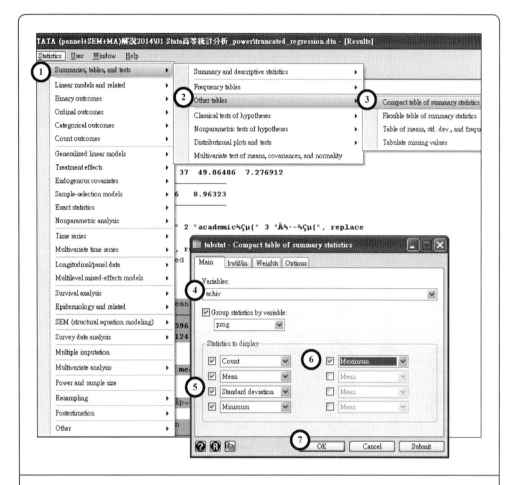

圖 7-88　連續變數在類別變數各 **Levels** 的細格人數、平均數、標準差、**Min**、
　　　　Max

註：Statistics > Summaries, tables, and tests > Other tables > Compact table of summary
　　statistics

2. Step 2. 繪資料之分布圖

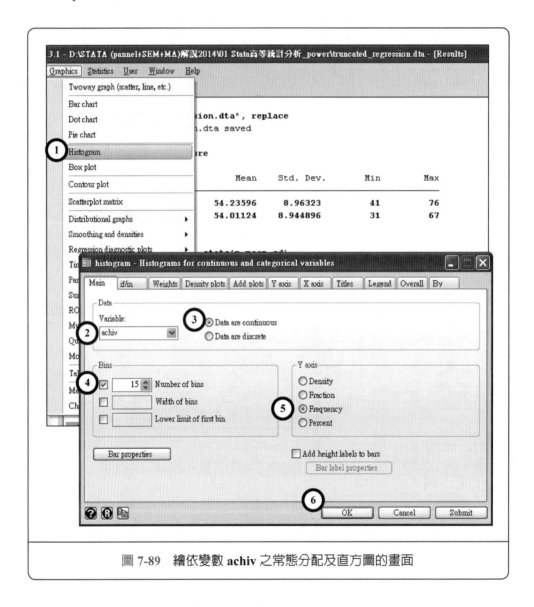

圖 7-89 繪依變數 **achiv** 之常態分配及直方圖的畫面

　　achiv 是連續變數，下圖之直方圖顯示，為何資料要被截尾，因為考生 achiv 分數係介於 41 分至 76 分。

```
. histogram achiv, bin(15) frequency normal normopts(lcolor(black))
(bin=15, start=41, width=2.3333333)
```

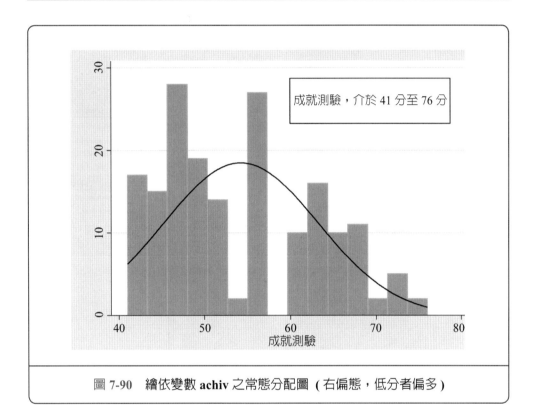

圖 7-90　繪依變數 **achiv** 之常態分配圖 (右偏態，低分者偏多)

3. Step 3. 試探多個自變數與依變數的相關

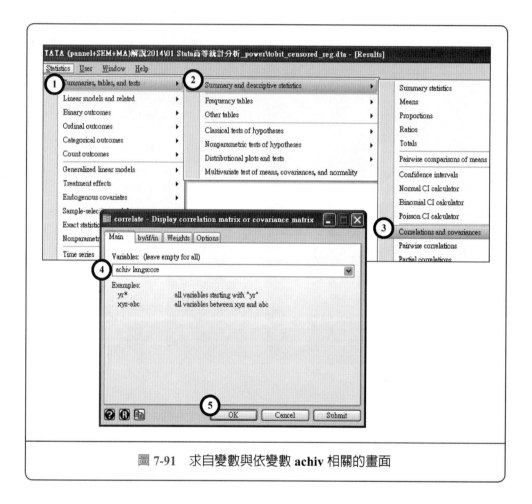

圖 **7-91** 求自變數與依變數 **achiv** 相關的畫面

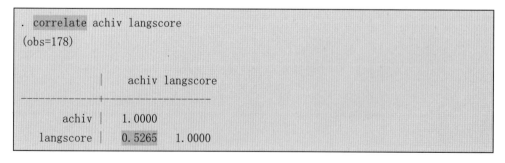

成就測驗與語文寫作之積差相關 r = 0.5265。

4. Step 4. 決定採用斷尾迴歸嗎？

(1) 傳統上，你可能會採線性迴歸 (OLS)，但它不會對 < 40 成就測驗來調整迴歸係數，因此造成迴歸係數的嚴重偏誤 (bias)，迴歸預測值可能得出負值之不合理現象，故採用 OLS 是錯誤想法 (Heckman, 1979)。

(2) 斷尾迴歸可解決 OLS 的迴歸係數偏誤，因為它可對「不存在」的觀察值做截尾。像本例子，achiv 分配的低分者被截尾時，有被截尾變數的平均數 > 未被截尾變數的平均數。相反地，若 achiv 分配的高分者被截尾時，有被截尾變數的平均數 < 未被截尾變數的平均數。

(3) 斷尾迴歸也可視為 Heckman selection models 之一，旨在校正取樣的偏誤。

(4) 斷尾迴歸 ≠ 截取迴歸 (Censored regression)。被截取 (censored) 係指「資料檔所有觀察值」，可是你不知道這些值的「true」值，才須做截取 (如 IQ 破表者)。相對地，被截尾 (truncation) 係指依變數之某些數據，被排除在迴歸分析之外，但它們卻不適合用截取迴歸來分析。

5. Step 5. 斷尾迴歸分析

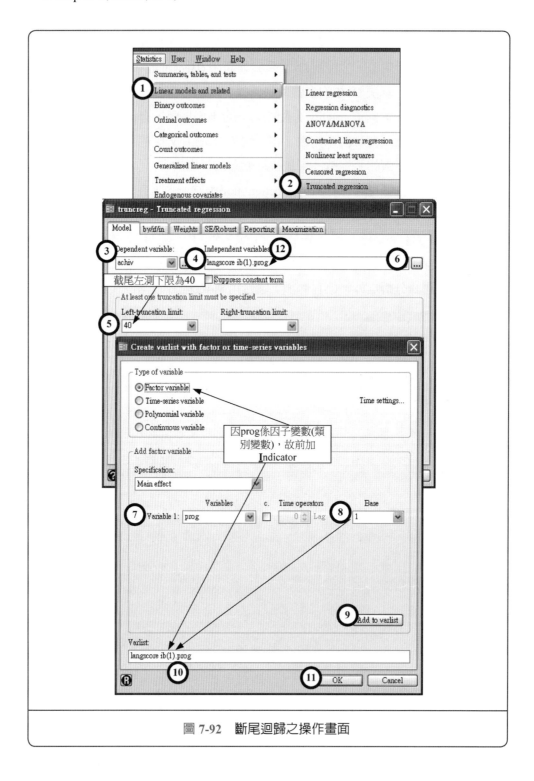

圖 7-92 斷尾迴歸之操作畫面

```
* ib(1).prog 係以類別變數 prog=1 當比較的基準
* ll(40) 係指 Lower Limited 為 40 分以下者，就截尾
. truncreg achiv langscore ib(1).prog, ll(40)
(note: 0 obs. truncated)

Fitting full model:

Iteration 0:    log likelihood = -598.11669
Iteration 1:    log likelihood = -591.68358
Iteration 2:    log likelihood = -591.31208
Iteration 3:    log likelihood = -591.30981
Iteration 4:    log likelihood = -591.30981


Truncated regression
Limit:    lower =         40            Number of obs =      178
          upper =       +inf            Wald chi2(3)  =    54.76
Log likelihood = -591.30981            Prob > chi2   = 0.0000

────────────────────────────────────────────────────────────────────
      achiv |     Coef.   Std. Err.      z    P>|z|   [95% Conf. Interval]
────────────┼───────────────────────────────────────────────────────────
   langscore |  .7125775   .1144719    6.22   0.000    .4882168   .9369383
             |
        prog |
academic 學程 |  4.065219   2.054938    1.98   0.048    .0376131   8.092824
     職業學程 | -1.135863   2.669961   -0.43   0.671   -6.368891   4.097165
             |
       _cons |  11.30152   6.772731    1.67   0.095    -1.97279  24.57583
────────────┼───────────────────────────────────────────────────────────
      /sigma |  8.755315    .666803   13.13   0.000    7.448405  10.06222
────────────────────────────────────────────────────────────────────
```

(1) 本例共 178 筆，雖然 0 筆資料被截尾，但有沒有截尾係會影響到 achiv 的平均數。故採用傳統 OLS 來估計迴歸係數，會有偏誤。

(2) Log likelihood = −591.3，旨在 nested models 的比較，本例用不到。

(3) Wald $\chi^2_{(3)}$ = 54.76 (P < 0.05)。表示本例整體模型比 empty model(沒預測變

數) 更適配。

(4) 每個預測變數，都有印出迴歸係數 (coefficients)、standard errors、t-statistic、p-values、及 95% confidence interval。語文寫作 (langscore) 對依變數 achiv 預測達顯著水準。且「prog=academic 學程」亦達顯著，表示學生選的學程中「prog=general vs. prog= academic 學程」之間在 achiv 學測成績亦有顯著差異。

(5) 斷尾迴歸係數的解釋，非常類似 OLS 迴歸係數的解釋。但斷尾迴歸的線性效果是以 untruncated latent 變數爲計算基礎，而非全部觀察值爲基礎。詳細說明，請見 McDonald (1980)。

(6) 語文寫作 (langscore) 每增加 1 單位得分，achiv 學測就增加 0.712 點。

(7) 輔助統計：sigma 係類似 OLS 迴歸的殘差變異數的平方根。即 $\Sigma \sim \sqrt{\sigma_\varepsilon^2}$。Sigma = 8.755。

6. Step 6. 用指令

(1) Step 6-1. 用 test 指令，檢定類別之自變數 prog 的整體效果 (effect)

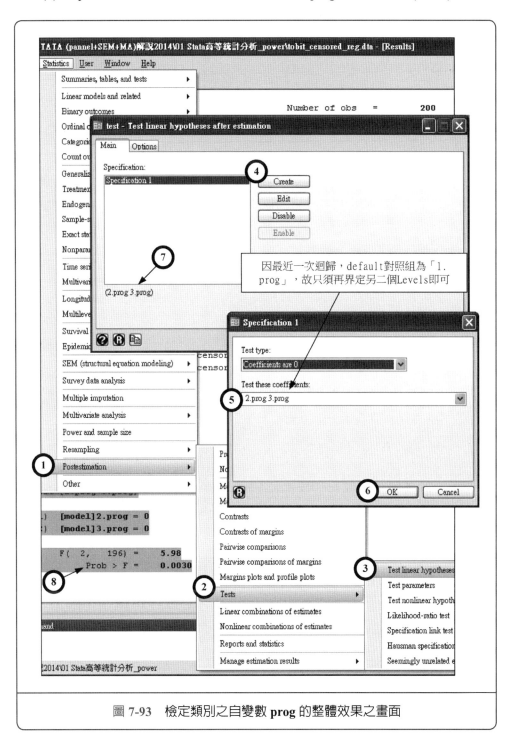

圖 7-93　檢定類別之自變數 **prog** 的整體效果之畫面

```
* test 指令，係 Test linear hypotheses after estimation
* 因最近一次迴歸，default 對照組為「1. prog」，故只須再界定另二個 Levels 即可
. test (2. prog 3. prog)

 (1)   [eq1]2. prog = 0
 (2)   [eq1]3. prog = 0

         chi2(  2) =     7.19
       Prob > chi2 =     0.0274
```

prog 的整體效果，$\chi^2_{(2)} = 7.19(p < 0.08)$ 達到顯著水準。表示類別變數 prog 對依變數 (achiv) 成就測驗係符合「自變數與依變數線性關係」的假定 (assumption)。

(2) Step 6-2. 用 test 指令，檢定類別之自變數 prog 不同 levels 的係數差異

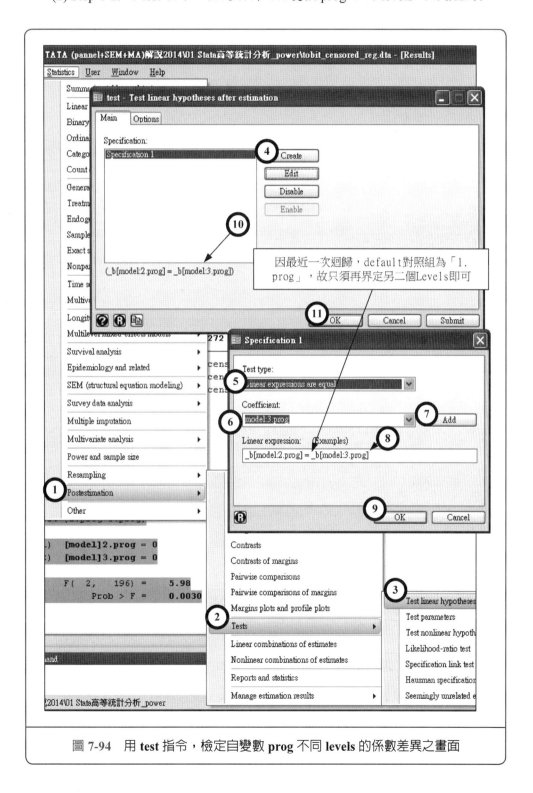

圖 7-94 用 test 指令，檢定自變數 prog 不同 levels 的係數差異之畫面

```
* 因最近一次迴歸，default 對照組為「1. prog」，故只須再界定另二個 Levels 即可
. test (_b[model:2. prog] = _b[model:3. prog])
* 或簡化為 test 2. prog = 3. prog

( 1)  [eq1]2. prog - [eq1]3. prog = 0

            chi2( 1) =     5.09
          Prob > chi2 =    0.0241
```

檢驗「prog 2 = Prog 3」迴歸係數相等嗎？結果係顯著不相等，$\chi^2_{(2)} = 5.09$(p < 0.05)。

(3) Step 6-3. 用 margins 指令，檢定類別之自變數 prog 各細格的平均數

經過截尾之後，用 margins 指令所求出的細格平均數，不同於 tabstat 指令所求出的細格平均數。

```
. margins prog

Predictive margins                         Number of obs   =      178
Model VCE    : OIM

Expression   : Linear prediction, predict()

--------------------------------------------------------------------
             |            Delta-method
             |    Margin   Std. Err.      z    P>|z|    [95% Conf. Interval]
-------------+------------------------------------------------------
        prog |
 general 學程 |  49.78871   1.897166   26.24   0.000    46.07034   53.50709
academic 學程 |  53.85393   1.150041   46.83   0.000    51.59989    .10797
     職業學程 |  48.65285   2.140489   22.73   0.000    44.45757   52.84813
--------------------------------------------------------------------
```

經過截尾之後，選修「academic 學程」的學生，其 achiv 學測平均數最高 (M = 53.85)，選修「職業學程」的學生，其 achiv 學測平均數最低 (M = 48.65)。

(4) Step 6-4. 用 marginsplot 指令，繪出類別之自變數 prog 各細格的平均數

```
. marginsplot

Variables that uniquely identify margins: prog
```

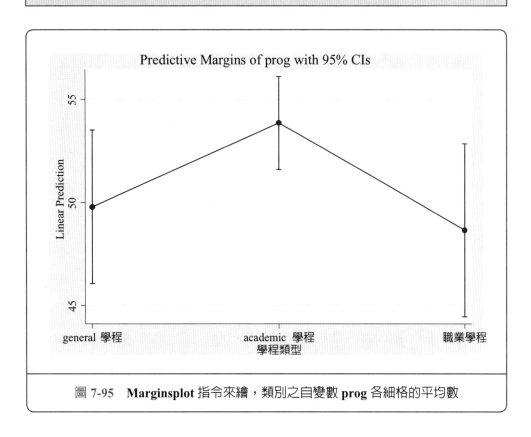

圖 7-95 **Marginsplot** 指令來繪，類別之自變數 **prog** 各細格的平均數

7. Step 7. 檢視斷尾迴歸之適配有多好？

在資料檔中，新加斷尾迴歸的預測值$\hat{Y}$，它再跟依變數 achiv 的實際值做相關分析。

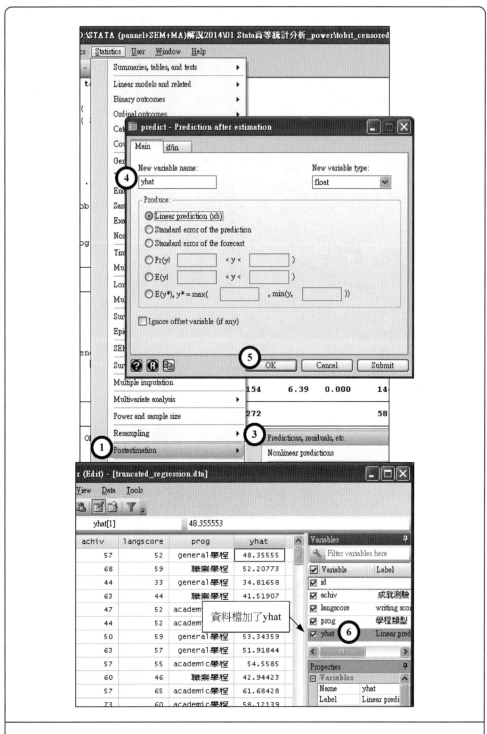

圖 7-96　最近一次斷尾迴歸的預測值 **yhat** 之畫面

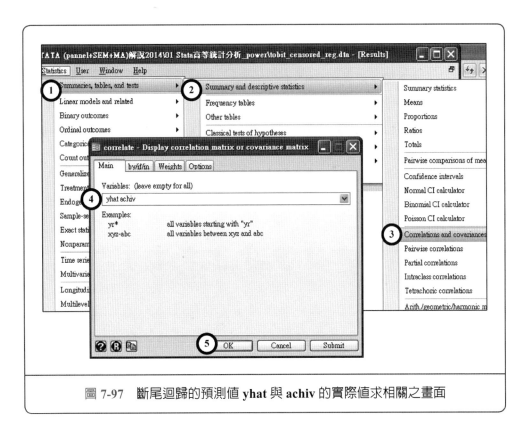

圖 7-97 斷尾迴歸的預測值 **yhat** 與 **achiv** 的實際值求相關之畫面

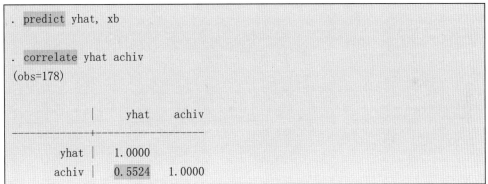

截尾 model 的預測值 yhat 與 achiv 實際值之相關，為 0.5524，它的平方，就是迴歸的 $R^2 = 0.305$，即 2 個自變數對依變數預測，高達 30.5% 變異的解釋量。

（五）小結

像本例，Stata 係以依變數合理值來截尾，事實上你亦可用 1 個 (以上) 預測

變數值來當截尾的基準。例如，GPA 成績，預測變數包括：高中 GPA (HSGPA)
及 SAT，而這二個預測變數亦可當 Stata 斷尾迴歸的基準，即限定「HSGPA 及
SAT 較高分」才有機可進入大學讀書，才可納入迴歸分析。

此外，斷尾迴歸必須非常小心，界定上限下限值，因為它會影響迴歸係
數及其標準誤的估計。例如，本例截尾的下限，取 39 分「ll(39)」及取 40 分
「ll(40)」，所得迴歸係數就略為不同。

08

線性迴歸 (OLS) 再進階

OLS 對於離群值 (outliers) 是很敏感的，所以使用 OLS 建立出來的模型很容易受到離群值或樣本資料選擇不同的影響，故本章特別介紹，各式各樣改進 OLS 的方法。

8-1　穩健迴歸 (Robust Regression)

通常，多元線性迴歸之資料特徵鮮少不違反迴歸的假定 (assumption)。倘若迴歸違反了「誤差的變異同質性」假定 (assumption)，則係數估計及標準誤都會產生偏誤。因此 Stata 特別提供「Robust 迴歸」來克服此疑慮。

Robust 線性之迴歸係數的，Stata 有下列 3 種方法：

(1) 使用迴歸「cluster」選項來調整有「robust 標準誤」之迴歸。

(2) 使用迴歸「weight」選項 (加權最小平方法) 來執行 robust 迴歸。

(3) 改用 quantile regression(即 median 迴歸) 來估計迴歸係數之標準誤。

在 Stata 畫面中，人們較常用的 robust 法有兩種：一種直接用 robust regression(rreg 指令)，一種是線性迴歸 OLS 畫面中挑選「SE/robust」選項。這兩種是完全不一樣的。其中，Robust regression(內設 rreg 指令、外掛 robreg.ado 指令) 仍會儘力調整 outlier(離群值) 對效果的影響力，因為你不想要 outlier 影響到你對 coefficients 的估計。

穩健迴歸的應用實例，包括：

1. 蛋白質與小分子之強固評分函數的開發與應用。

2. 新型筆記型電腦於研發階段的失效率預測。

3. 強健式迴歸分析在無線感測網路上資料清理之研究。

4. 公司財務危機預測模型之再探討：穩健 LOGIT 模型的應用。

5. 公司經營績效與財務績效關聯之研究。

6. 退休基金投資對證券市場發展之影響。

7. 治山防洪工程成本分析──以臺大實驗林為例。

8. 信用違約機率之預測──Robust Logitstic Regression。

9. 資本資產定價模型之穩健估計分析。

8-1-1　加權最小平方法 vs. 穩健迴歸模型

　　在使用迴歸模型時，我們常會忽略背後的假設條件，雖然在實務研究中要滿足所有假設條件有某種程度上的困難，但是要提醒研究者，若忽略模型背後的假設條件，那麼統計分析的結果眞的是不偏 (unbiased) 嗎？或是估計值眞的具有效率性 (efficiency) 嗎？

　　在實務研究中，大部分的研究者試圖探討兩變數間的關係，例如，想研究一群健康女性成人的「舒張壓」變化與「年齡」有何關係？但在現實世界中，舒張壓的變化很難只用年齡來解釋預測，可能還有其他的預測變數 (predicted variables) 對舒張壓的變化也有影響。對於某一種現象 (outcome)，當我們感興趣的預測變數有二個以上時，就需要使用較複雜的模型來說明，例如迴歸模型 (regression model)。

一、加權最小平方法 vs. 穩健迴歸

　　一般來說，我們常使用「最小平方法 (ordinal least squares, OLS)」來估計迴歸模型中的參數。用 OLS 方法所估計出的參數值具有「不偏」、「一致」且「有最小變異數」的良好性質，但是當「誤差項的變異數不是常數」時，OLS 方法不再具有最小變異數，因此，我們需考慮其他解決方法，比如加權最小平方法 (weighted least squares, WLS)、Robust 迴歸、中位數迴歸。

　　最小平方法 (OLS) 和加權最小平方法 (WLS) 差異在哪呢？使用 OLS 背後的假定 (assumption) 條件是誤差項的變異數是常數 (假設觀察值的變化是一樣的、穩定的)。因此 OLS 對每一個觀察值一視同仁，權重值 (weight) 皆設定爲 1；當違反此假設時 (觀察值的變化很大，不再是穩定的)，WLS 對變化很大的觀察值給予較低的權重 (甚至接近於 0，可以忽略)。以下將舉一個例子來說明違反假定條件「誤差項的變異數是常數」時，使用 OLS 及 WLS 估計結果的差異 (Kutner, et al., 2004)。

二、加權最小平方法之應用例子

1. 晶圓步進機之微影覆蓋模型誤差分析與補償。
2. 建構資料挖礦架構於半導體先進製程導入量產階段的良率提升。

3. 無線感測網路中使用遞迴式加權最小平方法之分散式定位技術。

4. 資本流動，經濟成長與國際金融整合：極端界限分析。

5. 以粒子群最佳化為基礎之強抗碎形影像壓縮使用最小截尾平方法之研究。

6. 以不確定度分析探討環境分析檢量線。

7. 以加權最小平方法分析重複有序之資料。

8. 影響我國家計部門汽油需求要因之探討。

9. 影響我國住宅能源需求要因之研究。

10. 臺灣家庭特徵對保險需求之影響。

三、加權最小平方法之範例

例如，研究者想要瞭解在一群 (N = 54) 健康的女性成人 (20 ～ 60 歲) 中，舒張壓 (DBP，Y) 的變化與年齡 (Age，X) 的關係，此資料檔存在「Robust_regression.dta」中。首先，我們畫散布圖 (scatter plot) 看看兩個變數間的關係，再以簡單線性迴歸模型 (simple linear regression) 配適，OLS 參數估計結果及殘差圖 (residual plots) 如下。

1. Step 1. **建資料檔**「Robust_regression.dta」(N = 54 **女性**, Robust_regression.do **檔**)

```
clear
* 建原始資料檔
input Age DBP
 27 73
 21 66
 22 63
 24 75
 25 71
 23 70
 20 65
 20 70
 29 79
 24 72
 25 68
 28 67
```

26	79
38	91
32	76
33	69
31	66
34	73
37	78
38	87
33	76
35	79
30	73
31	80
37	68
39	75
46	89
49	101
40	70
42	72
43	80
46	83
43	75
44	71
46	80
47	96
45	92
49	80
48	70
40	90
42	85
55	76
54	71
57	99
52	86
53	79
56	92
52	85
50	71
59	90

```
50 91
52 100
58 80
57 109
end

label variable Age " 女性年齡 "
label variable DBP " 舒張壓 "
```

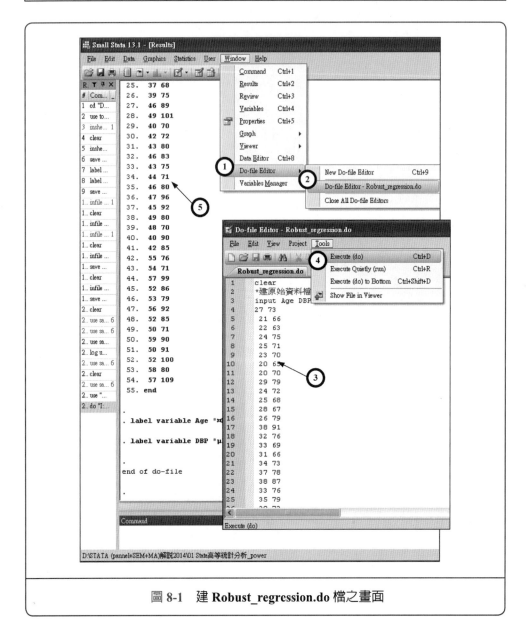

圖 8-1　建 **Robust_regression.do** 檔之畫面

2. Step 2. 斷定：誤差項的變異數是不是常數

(1) Step 2-1. 求 OLS 之迴歸式

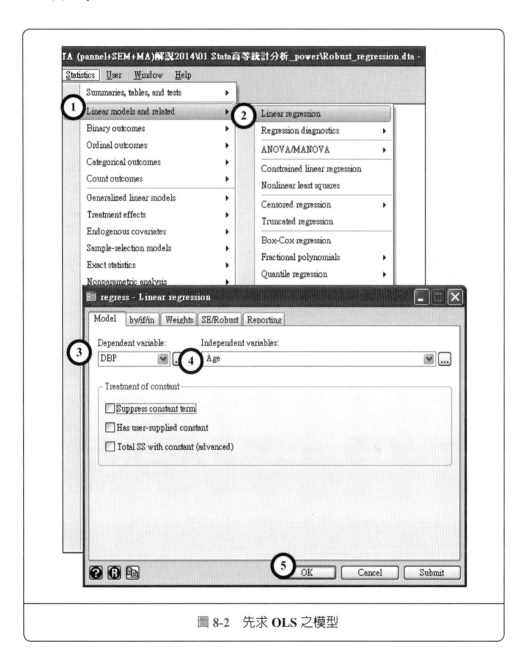

圖 8-2　先求 OLS 之模型

```
. regress DBP Age

      Source |       SS       df       MS              Number of obs =      54
-------------+------------------------------           F(  1,     52) =   35.79
       Model | 2374.96833        1  2374.96833         Prob > F      =  0.0000
    Residual | 3450.36501       52  66.3531732         R-squared     =  0.4077
-------------+------------------------------           Adj R-squared =  0.3963
       Total | 5825.33333       53   109.91195         Root MSE      =  8.1457


-------------------------------------------------------------------------------
         DBP |      Coef.   Std. Err.      t    P>|t|     [95% Conf. Interval]
-------------+-----------------------------------------------------------------
         Age |   .5800308   .0969512     5.98   0.000     .3854841    .7745775
       _cons |   56.15693   3.993674    14.06   0.000     48.14304    64.17082
-------------------------------------------------------------------------------
```

OLS 之模型為：DBP = 56.157 + 0.580 × Age

但此最小平方法所估計之係數標準誤，可能仍有偏誤 (bias)。故需診斷殘差是否異質性？

(2) Step 2-2. 繪 OLS 迴歸式之殘差散布圖

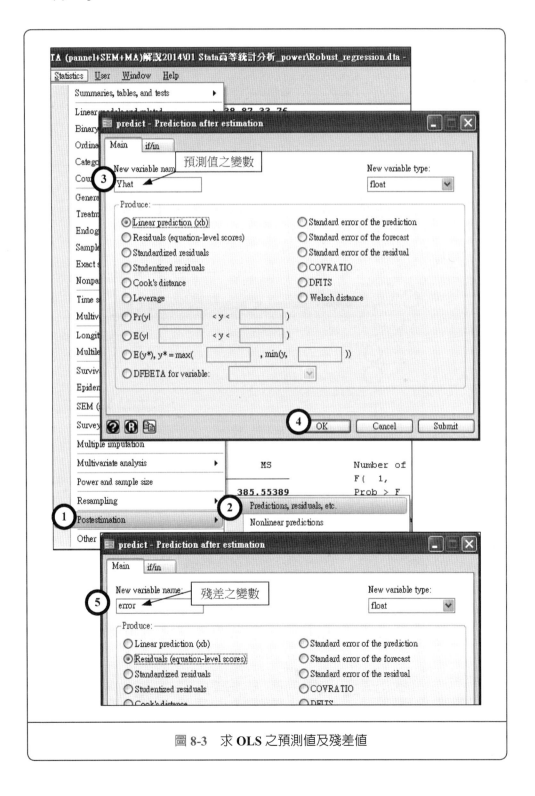

圖 8-3　求 **OLS** 之預測值及殘差值

```
*求出最近一次迴歸之預測值 (xb)，並存到數
. predict Yhat, xb
*求出最近一次迴歸之殘差值 (residuals)，並存到
. predict error, residuals
```

　　求出迴歸之預測值 (Yhat 變數) 及殘差 (error 變數)，即可繪圖來診斷殘差是否具有異質性？

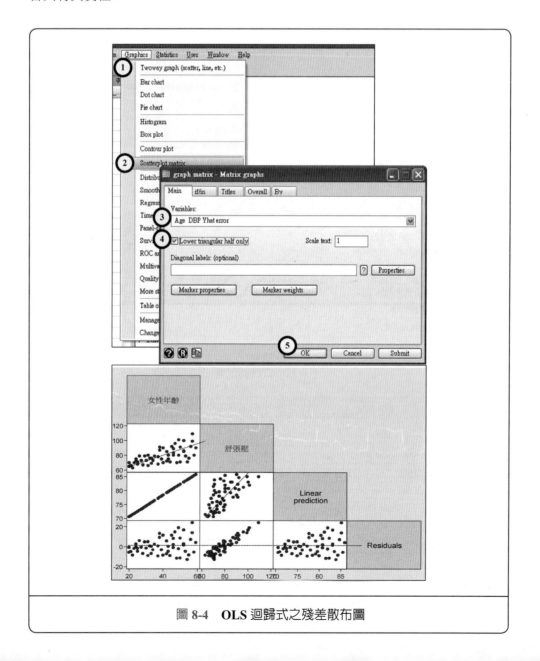

圖 8-4　OLS 迴歸式之殘差散布圖

①DBP 與 Age 呈現線性的關係，但是隨著 Age 增加 DBP 的變異愈來愈大，可以說：誤差項的變異數可能不是常數，可再做進一步檢定。

②(residual vs. predicted value)：隨著 DBP 增加，residual 的變化愈來愈大。

③(residual vs. age)：隨著 Age 增加，residual 的變化也愈來愈大。

　　基於上述三個殘差之特徵，我們可以斷定：誤差項的變異數可能不是常數。故再用「rvfplot」指令再次複驗殘差，仔細來看殘差散布圖，如下。

```
. rvfplot
```

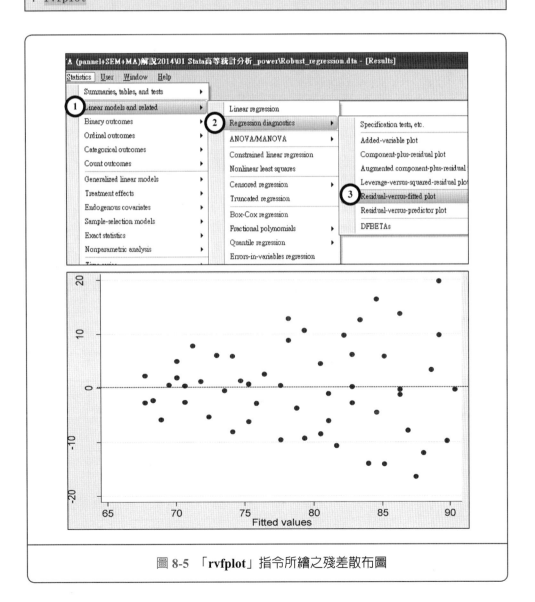

圖 8-5　「**rvfplot**」指令所繪之殘差散布圖

殘差散布圖呈喇叭口形狀，左窄右寬，故加深了我們懷疑「殘差異質性」的真實性。

3. Step 3. *改用檢定法，來檢視 OLS「誤差項的變異數，是否為常數」的假定*

上述繪圖法係主觀法，故改用客觀之檢定法：使用「estat hetest」指令。

```
. estat hetest

Breusch-Pagan / Cook-Weisberg test for heteroskedasticity
        Ho: Constant variance
        Variables: fitted values of DBP


        chi2(1)      =      10.54
        Prob > chi2  =      0.0012
```

殘差變異是否異質性 (heteroskedasticity)，檢定結果：$\chi^2_{(1)}$ = 10.54, p < 0.05，故拒絕 H_0：Constant variance，即誤差項的變異數不是常數，表示誤差變異數具有異質性，這已違反 OLS 的假定 (assmuption)。故我們改採加權最小平方法或 Robust 迴歸來解決「誤差變異數異質性」問題，才是上策。

4. Step 4. *求加權最小平方法 (WLS) 的迴歸式*

未加權的 OLS 係假設每一個觀察值的權重都是等值的。加權 OLS 通常係以「$weight_i = \frac{1}{\hat{y}_i^2}$」公式，來加權 (weight)，表示誤差愈大的觀察值，其權重愈低 (下表)。如此來降低「誤差變異數異質性」的嚴重性。

```
. gen weght2 =1/(abs(Yhat)  * abs(Yhat))
```

加權 OLS 操作如下圖。

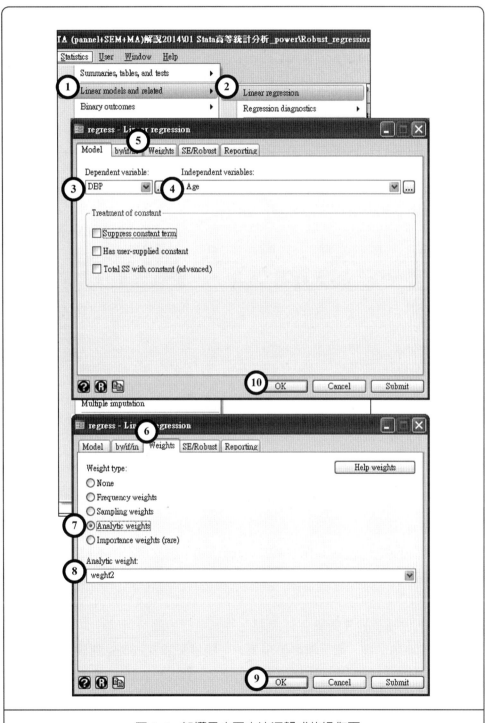

圖 8-6　加權最小平方法迴歸式的操作面

```
. clear
. use Robust_regression.dta
. gen weght2 =1/(abs(Yhat) * abs(Yhat))

. regress DBP Age [aweight = weght2]
(sum of wgt is    8.9065e-03)


      Source |       SS       df       MS              Number of obs =       54
-------------+------------------------------           F(  1,     52) =    38.71
       Model |  2384.84947      1  2384.84947           Prob > F      =   0.0000
    Residual |  3203.71262     52  61.6098582           R-squared     =   0.4267
-------------+------------------------------           Adj R-squared =   0.4157
       Total |  5588.56209     53  105.444568           Root MSE      =   7.8492


         DBP |      Coef.   Std. Err.      t    P>|t|     [95% Conf. Interval]
-------------+----------------------------------------------------------------
         Age |   .5801616   .0932489     6.22   0.000     .393044    .7672791
       _cons |   56.15183   3.723762    15.08   0.000    48.67956   63.62411
------------------------------------------------------------------------------
```

　　本例為了調整迴歸係數，採取「殘差愈大，該筆觀察值的權重就要愈小」之加權 OLS，所得 WLS 之模型為：「DBP = 56.152 + 0. 5802 × Age」。

四、小結

　　比較上述未加權 vs. 加權 OLS 兩種方法的估計結果，WLS 模型中參數估計值的標準誤 (0.0932) 比 OLS 模型來的小 (0.0969)，也就是說用 WLS 來估計參數是較適合的，其結果比較具有：「不偏」、「一致」且「有最小變異數」的良好性質。

　　除了上述殘差變異數異質性問題之外，進行迴歸分析時亦常遇到離群值 (outliers) 的麻煩問題。產生離群值現象，可能是紀錄者 coding 錯誤，或是資料輸入錯誤。coding 錯誤情形也許可人工來補救 (做資料確認)。若有直接證據可證實資料確實有誤，你可將錯誤資料直接刪除 (discard)。直接刪除錯誤資料的理由是，基於 OLS 方法 (OLS 原則：找出使得誤差平方和為最小的參數估計值)

中，其估計出的迴歸線 (regression line) 係容易受離群值影響而會偏移，導致錯估的偏差。若離群值確實存在且對整個結果有很大的影響力時 (Stata 可透過統計方法檢定得知)，亦可改用穩健迴歸模型 (robust regression model) 來處理。

所謂的「穩健 (robust)」，是指「型 I」誤差 (type I error rate，當虛無假設為真時錯誤拒絕的機率) 不易受到離群值嚴重影響。穩健迴歸模型亦可利用 WLS 的概念來做分析，對於離群值給予較低的權重 (甚至接近於 0，可以忽略)，降低離群值的影響力，整個計算過程可稱之爲「Iteratively Reweighted Least Squares (IRLS)」，主要是借由 WLS 方法重複做計算而得到的結果。

8-1-2 具有 Robust 標準誤的迴歸

一、範例：辨識「具有 Robust 標準誤的迴歸」

（一）問題說明

例如，從「California Department of Education's API 2000」資料庫中，隨機抽樣 400 所小學，蒐集資料包括：學校的學術表現、班級人數、招生、貧困……等屬性。

根據我們教學經驗，辦校績效 (api00) 較佳者，應是：(1) 補修英語學習者 %(ell) 較少，(2) 貧窮學生少，即學生吃免費餐 %(meals) 較低，(3) 緊急教師證的老師 (full) 較少。

研究者亦可根據文獻探討來歸納，影響美國小學「辦校績效」的原因，並整理成下表，此「elem_api_OLS.dta」資料檔之變數如下：

變數名稱	辦校績效的原因	編碼Codes/Values
api00	Y：辦校績效 (academic performance, API)	369～940
acs_k3	X1：幼兒園到小三平均班級人數	14～25
acs_46	X2：4～6 年級平均班人數	20～50
full	X3：有完整教師證	37～100
enroll	X4：招生人數 (小班教學嗎？)	130～1570

有鑑於本例，利用上述四個預測變數對辦校績效的迴歸模型，我們懷疑它可

能有「殘差有異質性」。故先用 Stata 的圖形法來診斷。

（二）資料檔之內容

「elem_api_OLS.dta」資料檔內容如下圖。

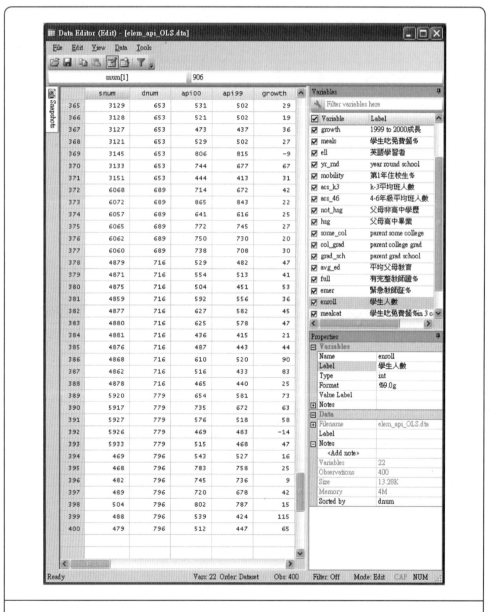

圖 8-7 「**elem_api_OLS.dta**」資料檔 **(N=400, 22 variables)**

先觀察資料之特徵：

```
. describe api00 acs_k3 acs_46 full enroll

              storage   display   value
variable name  type     format    label     variable label
-------------------------------------------------------------------------------
api00          int      %6.0g               辦校績效 2000
acs_k3         byte     %4.0f               k-3 平均班人數
acs_46         byte     %4.0f               4-6 年級平均班人數
full           byte     %8.2f               有完整教師證 %
enroll         int      %9.0g               學生人數


. summarize api00 acs_k3 acs_46 full enroll

    Variable |       Obs        Mean    Std. Dev.       Min        Max
-------------+--------------------------------------------------------
       api00 |       400    647.6225     142.249        369        940
      acs_k3 |       398     19.1608    1.368693         14         25
      acs_46 |       397    29.68514    3.840784         20         50
        full |       400       84.55    14.94979         37        100
      enroll |       400     483.465    226.4484        130       1570
```

（三）分析結果與討論

「有 robust」選項 OLS 之係數估計值，與「無 robust」OLS 會相同。但它會依據殘差異質性嚴重性來調整係數的標準誤及 t 值。為了比較「無 robust」與「有 robust」OLS，我們執行下列二個分析步驟，二次迴歸結果的對比如下表，迴歸係數沒變，但「Std. Err.」及 t 值就有不同的估計值。

1. Step 1.「無 robust」的 OLS (當對照組)

```
. regress api00 acs_k3 acs_46 full enroll

      Source |       SS           df       MS          Number of obs =      395
-------------+------------------------------          F(  4,   390) =    61.01
```

```
    Model |  3071909.06      4   767977.265        Prob > F      =   0.0000
 Residual |  4909500.73    390   12588.4634        R-squared     =   0.3849
----------+------------------------------------    Adj R-squared =   0.3786
    Total |  7981409.79    394   20257.3852        Root MSE      =    112.2


    api00 |     Coef.    Std. Err.      t     P>|t|    [95% Conf. Interval]
----------+------------------------------------------------------------------
   acs_k3 |   6.954381    4.371097    1.59    0.112    -1.63948     15.54824
   acs_46 |   5.966015    1.531049    3.90    0.000     2.955873     8.976157
     full |   4.668221    .4142537   11.27    0.000     3.853771     5.482671
   enroll |  -.1059909    .0269539   -3.93    0.000    -.1589841    -.0529977
    _cons |  -5.200407    84.95492   -0.06    0.951    -172.2273     161.8265
```

　　「無 robust」的最小平方法 (OLS) 分析結果，acs_k3(幼稚園至小三之平均班人數) 對 api00(辦校績效 2000) 預測力未達 0.05 顯著水準，但 acs_46(小學 4 ～ 6 年級平均班人數) 的預測力卻達 0.05 顯著水準。acs_k3(幼稚園人數) 與 acs_46(小學學生數) 兩個預測變數，因為同屬同一學校「班級人數」，而且幼稚園人數過 2 年就就是就讀小學的學生人數，但 acs_k3 與 acs_46 的係數顯著性 (p<0.05 嗎) 卻相反。此謬誤似乎反應傳統的 OLS 估計法，故估計法需要再調整。

2. Step 2.「有 robust」的 OLS 與「無 robust」的 OLS 做對比

　　使用「有 robust」的 OLS，來克服殘差異質性問題。Stata 指令 regress「robust」選項，係採用 Huber-White sandwich 法來調整標準誤 (standard errors)，一併解決了迴歸假定違反的問題，包括：違反殘差常態性、異質性；或若干觀察值具有：large residuals、leverage、influence。

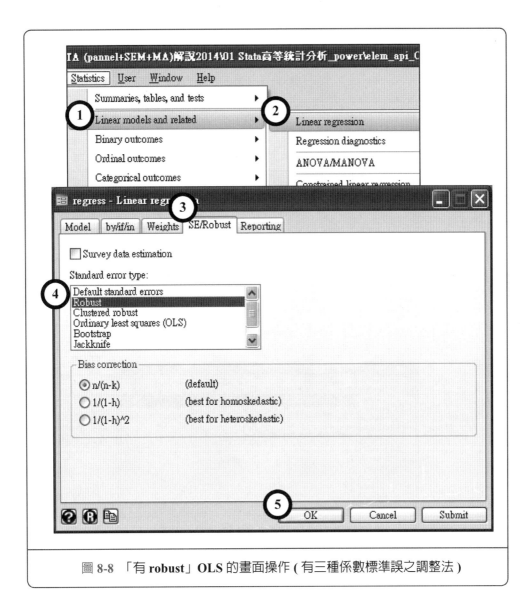

圖 8-8 「有 **robust**」OLS 的畫面操作 (有三種係數標準誤之調整法)

```
. regress api00 acs_k3 acs_46 full enroll, vce(robust)


Linear regression                              Number of obs =      395
                                               F(  4,    390) =    84.67
                                               Prob > F       =   0.0000
                                               R-squared      =   0.3849
                                               Root MSE       =    112.2
```

		Robust				
api00	Coef.	Std. Err.	t	P>|t|	[95% Conf.	Interval]
acs_k3	6.954381	4.620599	1.51	0.133	-2.130019	16.03878
acs_46	5.966015	1.573214	3.79	0.000	2.872973	9.059057
full	4.668221	.4146813	11.26	0.000	3.852931	5.483512
enroll	-.1059909	.0280154	-3.78	0.000	-.1610711	-.0509108
_cons	-5.200407	86.66308	-0.06	0.952	-175.5857	165.1849

　　勾選「robust」選項 OLS 之係數估計法，雖然與 OLS 一樣，但它會依據殘差異質性嚴重程度來調整係數的標準誤及 t 值。

3. Step 3. 檢定同為「班級人數」的 acs_k3、acs_46 自變數的係數 =0？

圖 8-9　test「coefficients are 0」指令的操作畫面

test 指令來檢定同為「班級人數」之二個自變數 acs_k3、acs_46 的效果量。

```
.  test  (acs_k3 acs_46)

 ( 1)   acs_k3 = 0
 ( 2)   acs_46 = 0

      F(   2,    390) =    11.08
           Prob > F =      0.0000
```

上述分析結果，因 P=0.000<0.05，拒絕「H_0：coefficients are 0」，故同為「班級人數」的 acs_k3、acs_46 自變數，二者的迴歸係數都達到 0.05 顯著水準，此也推翻了先前 OLS 的結論「二者的係數顯著性 ($p < 0.05$ 嗎) 卻相反」。造成 OLS 係數偏誤的主因，我們懷疑是「殘差異質性」所造成的。因此需再做異質性檢定。

4. Step 4. 殘差異質性檢定：有 3 種圖形法

　　(1) 異質性方法一：用 rvfplot 指令，繪 residual-versus-predictor plot

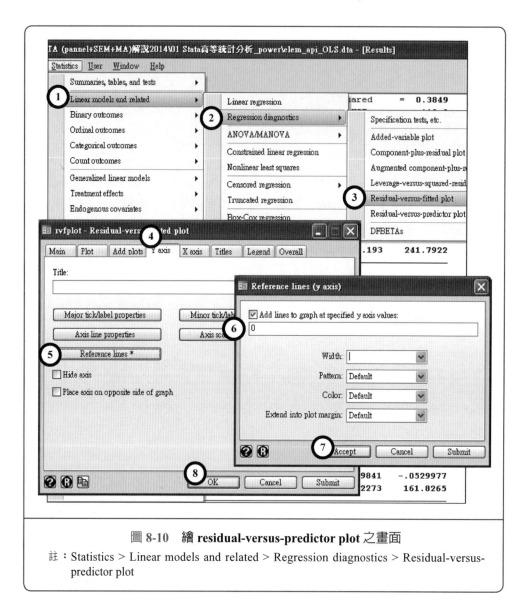

圖 8-10　繪 residual-versus-predictor plot 之畫面

註：Statistics > Linear models and related > Regression diagnostics > Residual-versus-predictor plot

```
. rvfplot, yline(0)
```

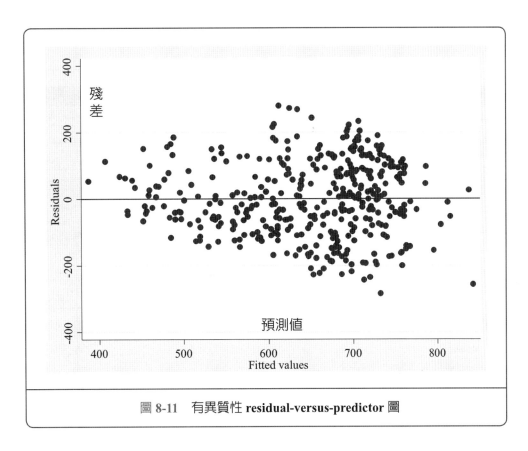

圖 8-11 有異質性 residual-versus-predictor 圖

①rvfplot 散布圖「上下」、「左右」愈對稱，表示殘差愈同質性。但預測值 vs. 殘差的分布圖顯示，殘差是異質性。

②但 rvfplot 圖顯示，可能有一些離群值 (outlier) 及殘差異質性的問題。

(2) 異質性方法二：用 avplots 指令，繪 leverage-versus-squared-residual plot

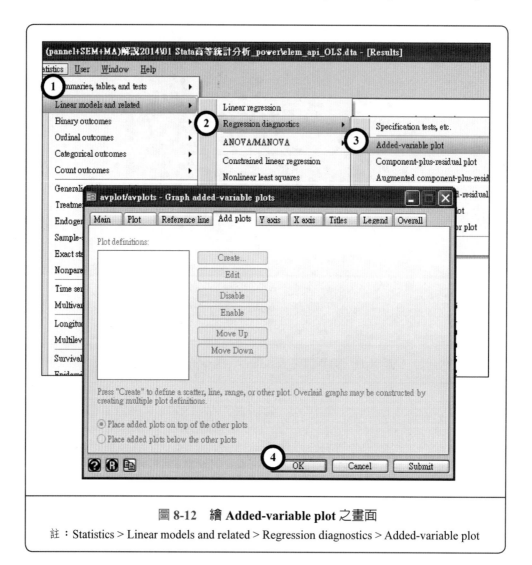

圖 8-12　繪 Added-variable plot 之畫面

註：Statistics > Linear models and related > Regression diagnostics > Added-variable plot

```
. avplots
```

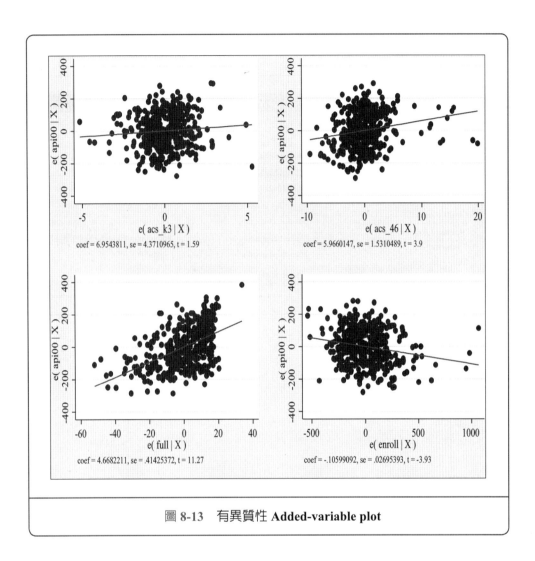

圖 8-13　有異質性 Added-variable plot

①「coef」為正，表示該預測變數與依變數是「正相關」。

②t 值的絕對值 >1.96 者，則達 0.05 顯著水準。

③avplots 散布圖「上下」、「左右」愈對稱，表示殘差愈同質性。但這 4 個殘差
　分布圖顯示，有某些觀察值具有 high leverage。

(3) 異質性方法三：用 lvr2plot 指令，繪 leverage-versus-squared-residual plot

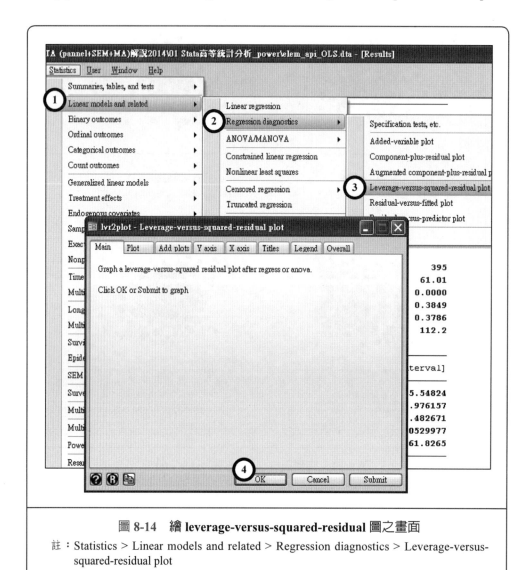

圖 8-14　繪 leverage-versus-squared-residual 圖之畫面

註：Statistics > Linear models and related > Regression diagnostics > Leverage-versus-squared-residual plot

```
. lvr2plot
```

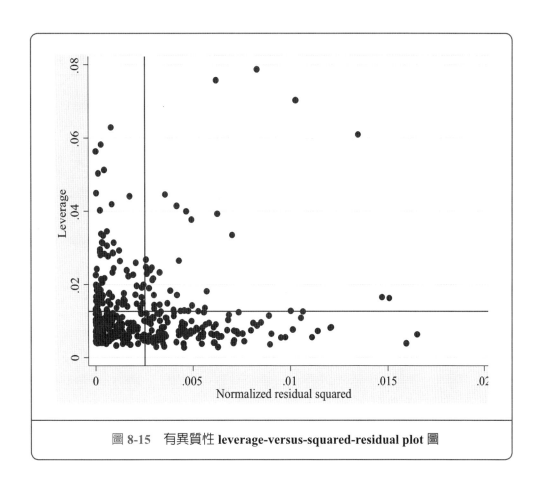

圖 8-15　有異質性 **leverage-versus-squared-residual plot** 圖

lvr2plot 顯示，在右上象限中，有些觀察值可能具有影響力 (influential)。

二、小結

具有 Robust 標準誤之解決方法，除了上述 WLS 法之外，尚有下列三種方法：使用 OLS「Cluster」選項、Robust 迴歸、分量 (Quantile) 迴歸。詳細說明如下。

8-1-3　Robust 方法一：OLS 勾選「Cluster」選項

延用上例，小學辦校績效之資料檔「elem_api_OLS.dta」。我們可是否存在，同屬同一群組 (Cluster) 觀察值變數。以本例來說，同一郵地區號 (dnum 變數)，我們會同時收集好幾所小學之辦校績效，它們都可視爲同一 cluster(因爲同一地區之家長社經背景、種族比例都極爲相似)。

同一 (區域) 屬性的各觀察值，OLS 應視為同一群組 (Cluster)

```
* 先觀看同一地區，共調查幾所小學，結果為 (Freq=1~26)
. tabulate dnum
```

郵地區號	Freq.	Percent	Cum.
41	5	1.25	1.25
98	2	0.50	1.75
108	10	2.50	4.25
131	7	1.75	6.00
135	13	3.25	9.25
140	6	1.50	10.75
166	3	0.75	11.50
209	6	1.50	13.00
238	1	0.25	13.25
248	3	0.75	14.00
253	11	2.75	16.75
259	11	2.75	19.50
284	3	0.75	20.25
294	4	1.00	21.25
316	7	1.75	23.00
395	15	3.75	26.75
401	104	26.00	52.75
473	8	2.00	54.75
491	5	1.25	56.00
507	12	3.00	59.00
541	2	0.50	59.50
570	3	0.75	60.25
575	6	1.50	61.75
600	6	1.50	63.25
605	9	2.25	65.50
620	14	3.50	69.00
621	7	1.75	70.75
627	9	2.25	73.00
630	31	7.75	80.75
632	15	3.75	84.50

635	8	2.00	86.50
636	18	4.50	91.00
653	7	1.75	92.75
689	6	1.50	94.25
716	11	2.75	97.00
779	5	1.25	98.25
796	7	1.75	100.00
Total	400	100.00	

本例旨在探討辦校績效 2000(變數 api00) 的預測，但這 400 所小學，若依郵地區號 (dnum) 來分，同一社區的學校有好幾所 (1 ～ 26 所)，故它們的辦校屬性應可視爲同一群組 (cluster)。如上表所示。

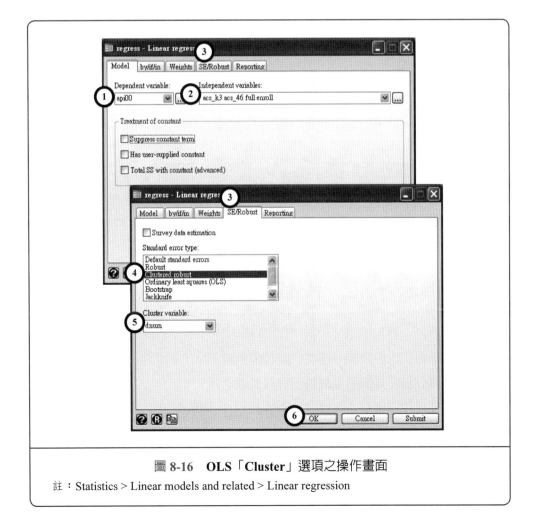

圖 8-16　OLS「**Cluster**」選項之操作畫面

註：Statistics > Linear models and related > Linear regression

```
*迴歸分析，勾選「cluster」選項
. regress api00 acs_k3 acs_46 full enroll, vce(cluster dnum)

Linear regression                             Number of obs =      395
                                              F(  4,     36) =    31.18
                                              Prob > F       =   0.0000
                                              R-squared      =   0.3849
                                              Root MSE       =    112.2


                          (Std. Err. adjusted for 37 clusters in dnum)
-------------------------------------------------------------------------
             |             Robust
       api00 |    Coef.   Std. Err.     t    P>|t|   [95% Conf. Interval]
-------------+-----------------------------------------------------------
      acs_k3 |  6.954381   6.901117    1.01   0.320   -7.041734    20.9505
      acs_46 |  5.966015   2.531075    2.36   0.024    .8327565   11.09927
        full |  4.668221   .7034641    6.64   0.000    3.24153    6.094913
      enroll | -.1059909   .0429478   -2.47   0.018   -.1930931   -.0188888
       _cons | -5.200407   121.7856   -0.04   0.966   -252.193    241.7922
-------------------------------------------------------------------------
```

(1) Clustered robust 迴歸分析結果，只有 4 個預測變數的迴歸係數與 OLS 係數完全相同。

(2) 但 Clustered robust 迴歸估計之標準誤 (Robust Std. Err.) 及 t 值，全部都與最小平方法 (OLS) 迴歸之估計值不相同。由此可見 OLS 迴歸「Cluster 選項」亦可克服「殘差異質性之假定」問題。

8-1-4 Robust 方法二：穩健迴歸 (rreg 指令)

Robust 迴歸之應用例子，包括：

1. 蛋白質與小分子之強固評分函數的開發與應用。

2. 強健式迴歸分析在無線感測網路上資料清理之研究。

3. 公司財務危機預測模型之再探討：穩健 LOGIT 模型的應用。

4. 退休基金投資對證券市場發展之影響。

5. 治山防洪工程成本分析——以臺大實驗林為例。

6. 信用違約機率之預測—— Robust Logitstic Regression。

7. 資本資產定價模型之穩健估計分析。

延用上例，小學辦校績效之資料檔「elem_api_OLS.dta」。這次，直接使用穩健 (Robust) 迴歸 (rreg 指令)。

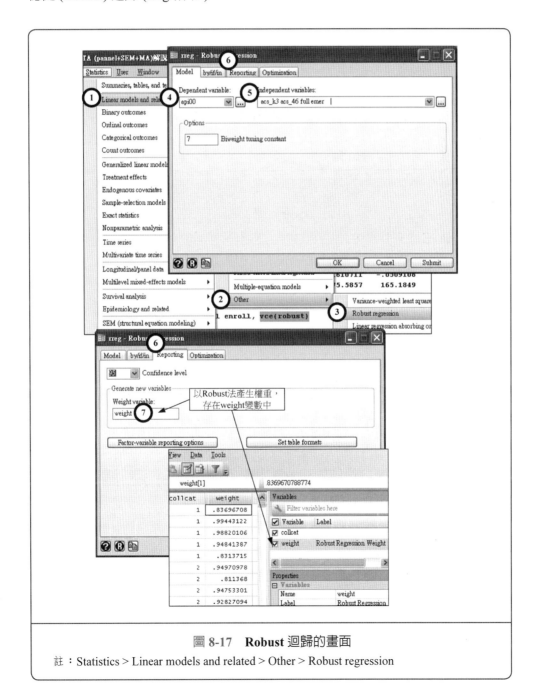

圖 8-17　Robust 迴歸的畫面

註：Statistics > Linear models and related > Other > Robust regression

　　由上圖中 weight 值 (均 < 1.0)，可看出 Robust 迴歸求出各觀察值權重都不相同 (很像加權最小平方法 WLS 觀念)，它不像 OLS 將各觀察值權重都一視同仁。

```
. rreg api00 acs_k3 acs_46 full emer, genwt(weight)


   Huber iteration 1:   maximum difference in weights = .41985853
   Huber iteration 2:   maximum difference in weights = .03600839
Biweight iteration 3:   maximum difference in weights = .16020094
Biweight iteration 4:   maximum difference in weights = .00810486


Robust regression                            Number of obs =      395
                                             F( 4,   390) =    56.51
                                             Prob > F      =   0.0000


─────────────┬─────────────────────────────────────────────────────────────
       api00 │     Coef.   Std. Err.      t     P>|t|    [95% Conf. Interval]
─────────────┼─────────────────────────────────────────────────────────────
      acs_k3 │   6.110881   4.658131    1.31   0.190    -3.047309   15.26907
      acs_46 │   6.254708   1.631587    3.83   0.000     3.046901   9.462516
        full │   4.796072   .4414563   10.86   0.000      3.92814   5.664004
      enroll │  -.1092586   .0287239   -3.80   0.000    -.1657316  -.0527855
       _cons │  -6.788183    90.5336   -0.07   0.940    -184.7832   171.2068
─────────────┴─────────────────────────────────────────────────────────────
```

　　Robust 迴歸分析與之前 OLS 分析結果做對比，可看出，兩種方法所估計出來的：迴歸係數、標準誤、t 值及 95%CI 值，都不盡相同。故線性迴歸分析時，遇到「殘差異質性」時，直接 Robust 迴歸亦是一個簡單的好方法。

8-1-5 Robust 方 法 三： 分 量 (Quantile) 迴 歸 (qreg..., quantile(50) 指令)

一、分量迴歸介紹

　　迴歸分析的主要作用在給定解釋變數的訊息下，描述被解釋變數的系統性行為。直觀上，我們當然希望模型能解釋的部分愈多愈好，也就是使模型的誤差愈

小愈好。為了避免正、負誤差互相抵消，最直接的兩個方法，一是使誤差平方和極小化的普通最小平方法 (ordinary least squares；或簡稱 OLS)；另一則是使誤差絕對值和極小化的絕對值離差法 (least absolute deviations；或簡稱 LAD)。LAD 正是分量迴歸 (quantile regression；或簡稱 QR) 最初的想法。

（一）傳統普通最小平方法與分量迴歸的差異

QR 模型是由 Koenker and Bassett (1978) 所提出，相對於 OLS 模型只能觀察出解釋變數對被解釋變數的平均邊際報酬，QR 模型可觀察解釋變數對於被解釋變數在每個特定分量的邊際報酬。OLS 模型是採用最小平方法 (Least Square Method，簡稱 LSD) 估計迴歸式的參數值，而 QR 模型改採用最小絕對離差 (Least Absolute Deviation，以下簡稱 LAD) 估計迴歸式各分量的參數值。OLS 模型因其本身的設定，所以對分配在尾端的資料行為描述就很有限，且常常受到一些限制，QR 模型的好處就是可以避免樣本中的極值問題。除此之外，OLS 模型是以平均值觀察，易受到分配左偏右偏的影響，但是 QR 模型以不同分量觀察，可以描繪出整個分配區間的趨勢，不受到分配偏離的影響。而 QR 模型因能觀察各分量的估計值，等於多了一個觀察維度，因此 QR 將原本 OLS「點」的估計開展成「線」的估計，提供比傳統 OLS 模型更完整的分析結果，可以更深入的探討經濟意義與政策隱含。

（二）分量迴歸模型之介紹

分量迴歸的起源是來自於 Boscovich 提出的中位數迴歸。假設 t_y 為迴歸中的依變數，t_x 為解釋變數，兩者的線性模式假設為：

$$y_t = x_t \beta_{0.5} + \varepsilon_t$$

透過極小化殘差項絕對值的目標函數：

$$\min_{\beta} \sum_{y_t} \left| y_t - x_t \beta_{0.5} \right|$$

得到參數估計值 $\hat{\beta}_{0.5}$，而求得中位數迴歸。Koenker and Bassett(1978) 將中位數延伸到可適用於各種分量 (Quantile) 的計算上，此時目標函數為：

$$\min_{\beta} \left[\sum_{y_t \geq x_t'\hat{\beta}} \theta |y_t - x_t'\hat{\beta}| + \sum_{y_t < x_t'\hat{\beta}} (1-\theta)|y_t - x_t'\hat{\beta}| \right]$$

則迴歸式參數 $\hat{\beta}_\theta$ 之估計式為：

$$\hat{\beta}_\theta = \min \left[\sum_{y_t \geq x_t'\hat{\beta}} \theta |y_t - x_t'\hat{\beta}| + \sum_{y_t < x_t'\hat{\beta}} (1-\theta)|y_t - x_t'\hat{\beta}| \right] \tag{1}$$

其中 $0 < \theta < 1$，可以極小化式 (1) 的參數。這個極小化過程，以線性規劃 (linear programming) 的方法求解最有效率。

在 QR 模型下，只要給定一個 θ 值時，可求得一個 $\hat{\beta}_\theta$ 值。參數估計值 $\hat{\beta}_\theta$ 的意義為，當 x_t 變動一單位時，公司績效第 θ 個分量將會變動 $\hat{\beta}_\theta$ 個單位。當 $\theta = 0.5$ 時，分量迴歸即稱為中位數迴歸，此時 θ 和 $(1-\theta)$ 都為 0.5，表示對於中位數上下兩端之觀察值給予相同的權數。此時，如果 QR 模型估計結果 $\hat{\beta}_{0.5}$ 和 OLS 模型估計結果顯著不同，就表示這些隨機變數的分配是不對稱的。在中位數之外，假設 QR 模型在 0.9 分量上估計，則比 0.9 分量高和低的觀察值數目，恰好成 1：9 的比例。由於比 0.9 分量高的離差觀察值只有全部樣本的 1/10，因此給予這些觀察值離差 0.9 權數，也就是 θ 為 0.9；比 0.9 分量低的離差觀察值占全部觀察值的 9/10，因此給予權數 0.1。由此，我們可以得到估計結果。而其他分量亦是使用相同的原理予以觀察。

針對 OLS 模型只能以平均值觀念觀察樣本分配行為，且容易受分配型態的影響，Koenker and Bassett (1978) 首先提出 QR 模型。他們在該研究指出，面對常態分配以外的其他不同分配，傳統 OLS 模型估計式並不是變異數最小的。QR 和 OLS 模型都是以一個極小化的計算過程去求解，OLS 模型極小化的是變數觀察值到平均值離差平方和的最小；QR 模型則是極小化離差絕對值的總合。由於考慮被解釋變數的條件機率分配，QR 的分析必須考慮觀察樣本的分類與排列。

例如，將公司績效分配由左到右由低到高排列，分量數 (percentile) 小 (在分配的左邊) 的代表公司績效差，分量數大 (在分配的右邊) 的代表公司績效佳。若公司績效均等分成十個等份，則期間將產生九個分量。0.9 分量代表公司績效分配從左邊算起第 90% 的位置，公司績效比 0.9 分量低的有 90% 的公司，比 0.9 分量高的有 10%，其餘以此類推。

　　特別一提，分量迴歸並不受限於母體作任何的分配假定，估計的參數由過去樣本原始的分布情況決定，所以也是一種無母數模型。

二、分量 (Quantile) 迴歸之應用例子，包括

1. 臺灣中部地區林戶林業收入影響因素之研究。
2. 歐債危機對臺灣銀行業財富管理業務之衝擊——以投資海外基金爲例。
3. 臺灣地區薪資影響因素之探討。
4. 券商推薦利益衝突與其影響因素之分析——分量迴歸之應用。
5. 房地產價格波動模式之研究——以臺中市成屋交易市場爲例。
6. 投資型保單連結共同基金之投資人申購與贖回行爲分析——分量迴歸法。
7. 標靶治療對肺腺癌患者之醫療費用及存活期影響。
8. 利用分量迴歸評估臺灣地區醫療資源之空間分布與變遷。
9. 臺灣工資結構之實證研究。
10. 風險值評估之統計方法與實證研究。
11. 股票報酬率與交易量變化率關係再探討。
12. 臺灣地區年雨量趨勢與分布變化之研究。
13. 盈餘管理及股票報酬：分量迴歸分析。
14. 探討景氣與家庭休閒支出之關係。
15. 油期貨契約之價量關係研究。
16. 臺南法拍屋價格影響因子之研究。
17. 股票市場從衆行爲探討。
18. 重大建設新聞媒體曝光度對房價之影響——以高雄市漢神巨蛋爲例。
19. 華人地區資本投資迎合理論。

　　分量 (Quantile) 迴歸，又稱「分位數迴歸」。線性迴歸分析時，遇到「殘差異質性」時，直接 Quantile 迴歸亦是一個簡單的好方法。因爲，outlier 既然距離「平均數」很遠，但 outlier 距離「中位數」則會近一點，進而降低了 outlier 的影響力。

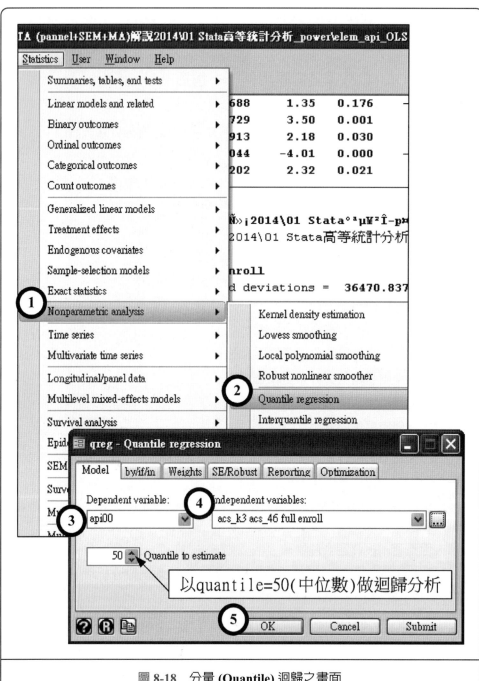

圖 8-18　**分量 (Quantile)** 迴歸之畫面

註：Statistics > Nonparametric analysis > Quantile regression

　　一般而言，分量 (Quantile) 迴歸及中位數 (median) 迴歸都可視爲 Robust 迴歸之一類型。分量迴歸指令 qreg 並無任何選項，它採用「minimizing the absolute deviations from the median」之中位數迴歸法來估計迴歸係數。由於中位數比算術平均數更不容易受 outlier 的影響，當觀察值存有 outlier 時更不易產生係數的偏誤。但是，目前仍不敢確定中位數迴歸是一種耐估計的程序，因爲它仍易受 high leverage 值的干擾。

```
* 以 quantile=50( 中位數 ) 做迴歸分析
. qreg api00 acs_k3 acs_46 full enroll, quantile(50)
Iteration  1:  WLS sum of weighted deviations =   36470.837

Iteration  1: sum of abs. weighted deviations =   36535.227
Iteration  2: sum of abs. weighted deviations =   36378.416
Iteration  3: sum of abs. weighted deviations =   36357.316
Iteration  4: sum of abs. weighted deviations =   36305.106
Iteration  5: sum of abs. weighted deviations =   36298.058
Iteration  6: sum of abs. weighted deviations =   36296.851
Iteration  7: sum of abs. weighted deviations =   36291.871
Iteration  8: sum of abs. weighted deviations =   36281.841
Iteration  9: sum of abs. weighted deviations =   36275.332
Iteration 10: sum of abs. weighted deviations =   36271.498
Iteration 11: sum of abs. weighted deviations =   36268.164
Iteration 12: sum of abs. weighted deviations =   36268.105


Median regression                           Number of obs =       395
  Raw sum of deviations    48534 (about 643)
  Min sum of deviations 36268.11             Pseudo R2     =    0.2527

------------------------------------------------------------------------------
     api00 |     Coef.   Std. Err.      t    P>|t|    [95% Conf. Interval]
-----------+------------------------------------------------------------------
    acs_k3 |   1.269066   6.448308     0.20   0.844    -11.40873    13.94686
    acs_46 |   7.224079   2.258627     3.20   0.001     2.783472    11.66469
      full |   5.323841   .6111134     8.71   0.000     4.122352     6.52533
    enroll |  -.1245734   .0397628    -3.13   0.002    -.2027498    -.046397
     _cons |    17.1505   125.3268     0.14   0.891    -229.2501    263.5511
------------------------------------------------------------------------------
```

1. qreg 與 OLS 分析結果不一樣，例如，acs_k3 的係數 = 1.269，不同於 OLS 係數 = 6.9；標準差 = 6.45 亦與 OLS 標準差為 4.3 不同。

2. 在係數顯著性方面，分量迴歸與 OLS 結果都一樣，除了 acs_k3 外，其他三個係數都達顯著。

8-2 受 限 (Constrained)linear least squares (cnsreg..., constraint(1 2) 指令)

在進行線性迴歸，以人工限制某二個 (以上) 預測變數之迴歸係數為相同值，謂之受限 (Constrained) 最小平方法。高中測驗不同學科時，例如，社會組高分的同學，其語文、公民、社會科的成績都會同步考高分，這就是為何要「限制」這些科目之迴歸係數要等值的理由。

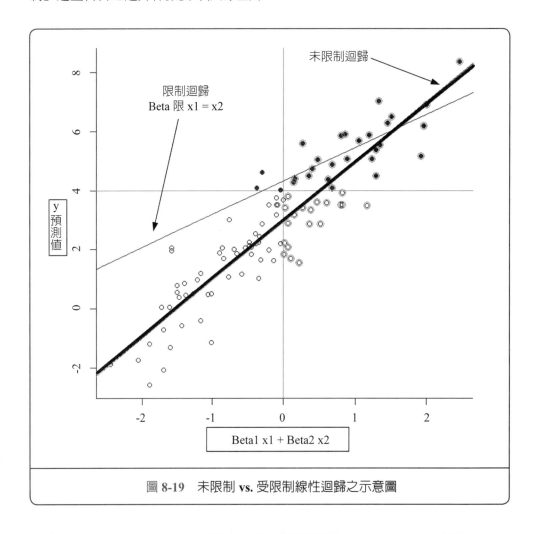

圖 8-19　未限制 vs. 受限制線性迴歸之示意圖

範例：受限制 (Constrained) 線性迴歸

（一）問題說明

　　為暸解影響高中職生之社會研究成績的原因有哪些？研究者先文獻探討以歸納出影響「社會研究成績」的原因，並整理成下表，此「hsb2_Constrained_Regression.dta」資料檔之變數如下：

變數名稱	影響社會研究成績的原因	編碼Codes/Values
socst	Y：社會研究成績	26～71
read	X1：閱讀成績	28～76
write	X2：寫作成績	31～67
math	X3：數學成績	33～75
science	X4：科學成績	26～74
female	X5：是女生嗎？	1=女，2=男

（二）資料檔之內容

　　「hsb2_Constrained_Regression.dta」資料檔內容如下圖。

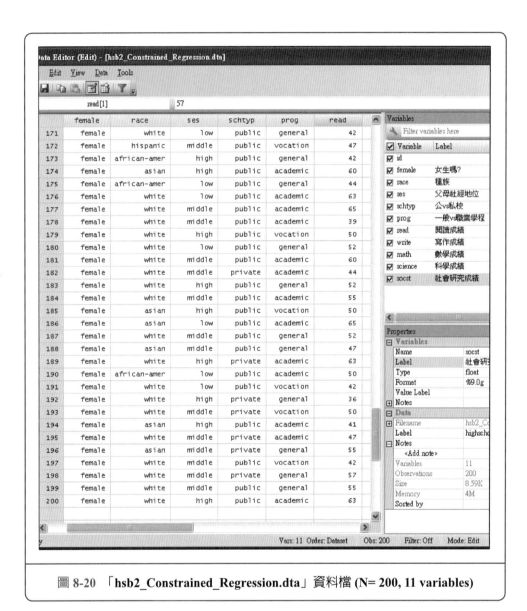

圖 8-20 「hsb2_Constrained_Regression.dta」資料檔 (N= 200, 11 variables)

觀察資料之特徵：

```
. use hsb2_Constrained_Regression.dta, clear
(highschool and beyond (200 cases))

. describe

Contains data from hsb2_Constrained_Regression.dta
  obs:            200                          highschool and beyond (200 cases)
  vars:            11                          27 Feb 2014 21:02
  size:         8,800
-------------------------------------------------------------------------------
              storage   display    value
variable name   type     format    label      variable label
-------------------------------------------------------------------------------
id            float    %9.0g
female        float    %9.0g       fl         女生嗎？
race          float    %12.0g      rl         種族
ses           float    %9.0g       sl         父母社經地位
schtyp        float    %9.0g       scl        公 vs. 私校
prog          float    %9.0g       sel        一般 vs. 職業學程
read          float    %9.0g                  閱讀成績
write         float    %9.0g                  寫作成績
math          float    %9.0g                  數學成績
science       float    %9.0g                  科學成績
socst         float    %9.0g                  社會研究成績
-------------------------------------------------------------------------------
Sorted by:
```

（三）分析結果與討論

1. Step 1. 線性迴歸分析，找出係數相近的 2 個 (以上) 自變數

若線性迴歸分析之後，發現有 2 個 (以上) 自變數的迴歸係數相近，且文獻探討亦支持這 2 個預測變數係同屬一個構念 (constructs) 時，則應將係數相近的預測變數，以人工調整爲相同值之後，再執行受限制迴歸。

Stata 提供「testparm 指令」來測試 2 個 (以上) 自變數的迴歸係數是否相等。如下圖例係在檢定高中職學生，其「閱讀 (read)、寫作 (write)」兩種能力是否可視爲相同。

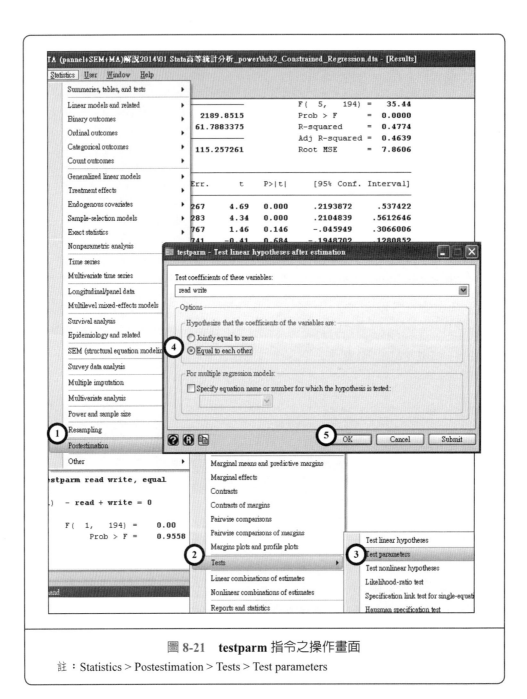

圖 8-21　**testparm** 指令之操作畫面

註：Statistics > Postestimation > Tests > Test parameters

```
. regress socst read write math science female
```

```
 Source |       SS       df       MS              Number of obs =     200
--------+------------------------------           F(  5,   194) =   35.44
  Model | 10949.2575      5   2189.8515           Prob > F      =  0.0000
Residual| 11986.9375    194   61.7883375          R-squared     =  0.4774
--------+------------------------------           Adj R-squared =  0.4639
  Total | 22936.195     199   115.257261          Root MSE      =  7.8606


   socst |    Coef.   Std. Err.      t    P>|t|     [95% Conf. Interval]
--------+----------------------------------------------------------------
    read | .3784046   .0806267     4.69   0.000     .2193872    .537422
   write | .3858743   .0889283     4.34   0.000     .2104839    .5612646
    math | .1303258   .0893767     1.46   0.146    -.045949    .3066006
 science | -.0333925  .0818741    -0.41   0.684    -.1948702   .1280852
  female | -.3532648  1.245372     -0.28   0.777    -2.809471   2.102941
   _cons | 7.339342   3.650243      2.01   0.046     .1400862   14.5386
```

本例中，以閱讀 (read)、寫作 (write)、數學 (math)、科學 (science) 這四科的成績，加上性別 (female)，共五個自變數，來預測高中職學生的社會研究成績。結果顯示：閱讀 (read)、寫作 (write) 迴歸係數非常相近，背後學理認為它們都是測「語文能力」。數學 (math)、科學 (science) 迴歸係數非常相近，背後原因就是它們都是測「數理能力」。故可討論應否兩兩組合並視為同一對變數來處理。

2. Step 2. 判定：係數相近的 2 個 (以上) 自變數是否有共線性

```
. vif

    Variable |       VIF       1/VIF
-------------+----------------------
       write |      2.29    0.437005
        math |      2.26    0.442863
        read |      2.20    0.454359
     science |      2.12    0.472510
      female |      1.24    0.803287
-------------+----------------------
    Mean VIF |      2.02
```

5 個預測變數之 VIF 都小於 4，故這 5 個變數之間都沒有共線性疑慮。

3. Step 3. 判定這 5 個預測變數是否足夠？需不需再加其他預測變數？

你可用 linktest、或 ovtest 二個指令，來偵測：除了你挑選的預測變數外，到底該不該再加其他變數於迴歸模型中？

```
. estat ovtest

Ramsey RESET test using powers of the fitted values of socst
      H₀:  model has no omitted variables
             F(3, 191) =      0.33
               Prob > F =     0.8040
```

ovtest 分析結果，p = 0.804 > 0.05，接受「虛無假設 H_0：model has no omitted variables」，表示你模型中所納入的自變數們，已沒有遺漏其他自變數了。故可放心執行下列之受限制迴歸分析步驟。

4. Step 4. 檢定係數相近的係數，應否視為相同？

(1) 先用 OLS 求出各預測變數的迴歸係數，再用 testparm 指令來檢定「閱讀 (read)、寫作 (write)」係數是否相同。

(2) test 或 testparm 指令，旨在檢定「H_0：兩兩的迴歸係數是相等」。先做「- read + write = 0」，再做「- math + science = 0」，結果如下。

```
. test read=write

 ( 1)  read - write = 0

       F(  1,   194) =      0.00
            Prob > F =      0.9558

.
. testparm read write, equal

 ( 1)   - read + write = 0
```

```
       F(  1,   194) =     0.00
            Prob > F =     0.9558
. testparm math science, equal

 ( 1)   - math + science = 0

       F(  1,   194) =     1.45
            Prob > F =     0.2299
```

test 或 testparm 指令，其檢定結果，都是 p >0.05，故接受「H_0：兩兩的迴歸係數相同」。因此，我們應將「閱讀 (read)、寫作 (write)」、「數學 (math)、科學 (science)」限制其迴歸係數之後，再用受限制迴歸來取代線性迴歸，重跑一次迴歸分析。

5. Step 5. 界定，係數相近的 2 個 (以上) 自變數為同一對

如下圖，constraint 指令限制了「閱讀 (read)、寫作 (write)」constraint 成第 1組。「數學 (math)、科學 (science)」constraint 成第 2 組。

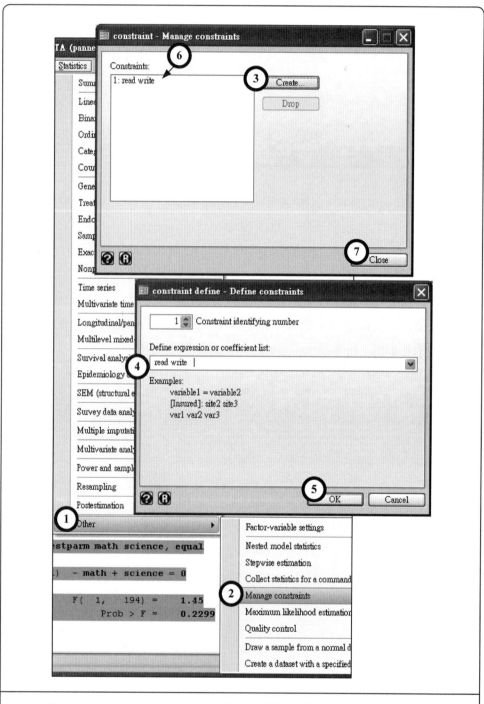

6. Step 6. 設定係數相近的 2 個 (以上) 自變數，納入受限制迴歸分析

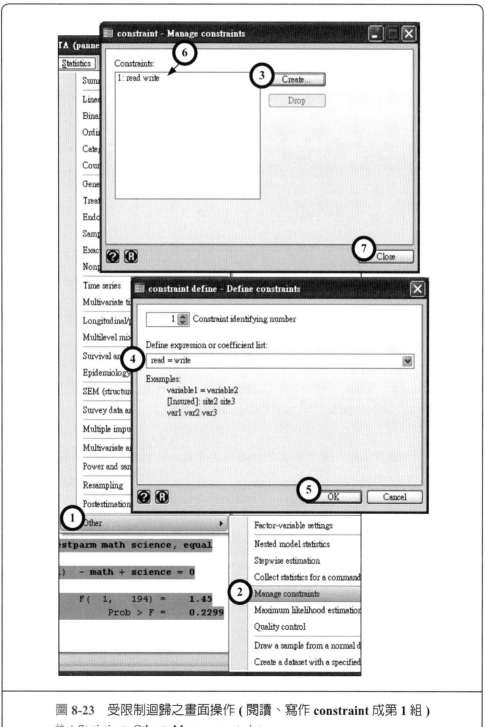

圖 8-23　受限制迴歸之畫面操作 (閱讀、寫作 **constraint** 成第 **1** 組)

註：Statistics > Other > Manage constraints

```
. constraint define 1 read = write

.

. cnsreg socst read write math science female, constraints(1)

Constrained linear regression                Number of obs   =        200
                                             F(   4,    195)  =      44.53
                                             Prob > F         =     0.0000
                                             Root MSE         =     7.8404


( 1)  read - write = 0
-----------------------------------------------------------------------------
      socst |     Coef.   Std. Err.      t    P>|t|    [95% Conf. Interval]
------------+----------------------------------------------------------------
       read |  .3818488   .0513899     7.43   0.000    .2804975    .4832002
      write |  .3818488   .0513899     7.43   0.000    .2804975    .4832002
       math |  .1303036   .0891471     1.46   0.145   -.0455126    .3061197
    science | -.0332762   .0816379    -0.41   0.684   -.1942827    .1277303
     female | -.3296237   1.167364    -0.28   0.778   -2.631904    1.972657
      _cons |  7.354148   3.631175     2.03   0.044    .1927292    14.51557
-----------------------------------------------------------------------------
```

　　閱讀、寫作被 constraint 時，其迴歸係數被 constraint 成為相同值，beta 都是 0.381。

7. Step 7. **再將第 1 組、第 2 組係數相近的自變數，同時納入受限制迴歸分析**

　　接著，「數學 (math)、科學 (science)」再被 constraint 成第 2 組之後，同時將第 1、2 組納入受限制迴歸分析。

```
. constraint define 2 math = science

.

. cnsreg socst read write math science female, constraint(1 2)

Constrained linear regression                Number of obs   =        200
                                             F(   3,    196)  =      58.75
```

```
                                        Prob > F       =     0.0000
                                        Root MSE       =     7.8496


 ( 1)   read - write = 0
 ( 2)   math - science = 0
---------------------------------------------------------------------
    socst |     Coef.    Std. Err.     t    P>|t|   [95% Conf. Interval]
----------+----------------------------------------------------------
     read |   .3860376    .0513322    7.52   0.000    .2848033    .4872719
    write |   .3860376    .0513322    7.52   0.000    .2848033    .4872719
     math |   .0428053    .0519238    0.82   0.411   -.0595958    .1452064
  science |   .0428053    .0519238    0.82   0.411   -.0595958    .1452064
   female |  -.200875    1.163831   -0.17   0.863   -2.496114    2.094364
    _cons |   7.505658    3.633225    2.07   0.040    .3404248    14.67089
---------------------------------------------------------------------
```

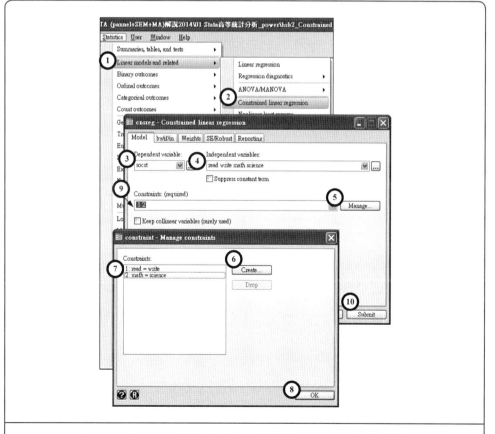

圖 8-24　第 1、2 組同時納入受限制迴歸 (cnsreg) 之畫面操作

註：Statistics > Linear models and related > Constrained linear regression

8. Step8. 受限制迴歸分析結果

```
. constraint define 2 math = science

.

. cnsreg socst read write math science female, constraint(1 2)

Constrained linear regression                 Number of obs   =      200
                                              F(   3,   196) =    58.75
                                              Prob > F       =   0.0000
                                              Root MSE       =   7.8496


 ( 1)   read - write = 0
 ( 2)   math - science = 0
---------------------------------------------------------------------------
    socst |     Coef.    Std. Err.      t    P>|t|    [95% Conf. Interval]
----------+----------------------------------------------------------------
     read |  .3860376    .0513322     7.52   0.000    .2848033    .4872719
    write |  .3860376    .0513322     7.52   0.000    .2848033    .4872719
     math |  .0428053    .0519238     0.82   0.411   -.0595958    .1452064
  science |  .0428053    .0519238     0.82   0.411   -.0595958    .1452064
   female |  -.200875    1.163831    -0.17   0.863   -2.496114    2.094364
    _cons |  7.505658    3.633225     2.07   0.040    .3404248    14.67089
---------------------------------------------------------------------------
```

(1) 閱讀、寫作被 constraint 時，其限制迴歸係數 beta = 0.380(p < 0.05)，達到顯著水準。

(2) 數學、科學亦被 constraint 成第 2 組之相同係數值，其限制迴歸係數 beta = 0.42(p < 0.05)，未達到顯著水準。。

(3) 限制迴歸結果與前次之未限制線性迴歸，在線性迴歸係數方面有些許不同。

(4) 模型顯著性檢定之 F 值，自由度亦從未限制線性迴歸的「F(5,194) = 35.44」變成受限制迴歸的「F(3,196) = 58.75」。

(5) 通常，限制迴歸 Root MSE 比線性迴歸也會增加。

(6) 在「read = write」、「math = science」組合被限制之下，由於社會研究成績 (socst) 旨在考「語文能力」，且分析發現 read 及 write 預測力都同時達到顯著(p<0.05)。相對地，科學及數學的預測力就同時未達顯著水準。

(7) 男女兩性 (female) 在社會研究成績 (socst) 預測力，並無顯著的差異 (p > 0.05)。但 female 的係數 beta = −0.20，因為是負值，故高中職女生的社會研究成績仍些許落後於男生。

8-3 含測量誤差的迴歸：Errors-in-variables 迴歸 (eivreg 指令)

一、含測量誤差 (Errors-in-Variables Model) 迴歸

任何測量、資料蒐集甚至分析演算，均存在誤差，但這些誤差常被忽略。最可能的原因為這些誤差均非已知，而無從列入。但如果誤差「太大」，那結果的分析與研判將會大受影響。廣義來看，測量誤差存在於各行各業，但往往為人所忽略。

本節所介紹的是比較狹義的測量誤差模型 (Measurement Error Model 或 Errors-in-Variables Model)。在統計理論與應用中，迴歸模型 (Regression Model) 扮演極重要的角色。但迴歸模型中的自變數 (Independent Variable) 無論是固定 (Fixed) 或是隨機 (Stochastic) 均是已知。用符號表示即為應變數 (Dependent Variable) Y，自變數 X 均為已知的觀測值。迴歸模型即是假設 Y 和 X 之間有關係，最簡單的例子即是線性模型：「$Y = a + bX$」。而測量誤差模型是認為觀測值是 Y 和 W，但 Y 和 W 之間的關係並不清楚，因 W 是 X 的替代值。亦即 X 才是真實值，但我們觀察不到，只能測到 X 的替代品 W。這也就是說明在測量 X 時是存在誤差 δ，最簡單的情形是 $W = X + \delta$。而 (Y, W, X) 所構成的模型即為測量誤差的模型。

最原始的線性測量誤差模型在 1870 年代即已出現，但並未受到特別重視。其後百餘年，迴歸模型無論在理論、應用上均有長足的進步，而且成為統計分析中極為重要的工具。反觀測量誤差模型卻進展緩慢，真正的原因很難釐清，但模型的複雜度可能是主因。直觀來說，我們能蒐集到的資料是以 Y、W 的形式出現，但 Y 和 W 之間的關係不明，我們只知道 Y 和 X 之間的關係。在此情形下，

任何統計推論或多或少都會碰到難關。技術性上來說，從模型參數的估計 (點估計和區間估計) 均有一定的困難和障礙。這也是一般的應用上，測量誤差模型是不受重視。而一般統計軟體，也沒有此類的設計。到了上世紀 80 年代，測量誤差模型開始受到重視，其原因是在許多資料用迴歸模型處理時，結果十分不理想，究其原因是自變數中的誤差太大無法以傳統的迴歸模型來分析。

過去 20 多年來，有關測量誤差模型的研究如雨後春筍般興起。但嚴格來說，具突破性進展論文並不多，大多是針對已知結果做些微的改進。這也是因為在許多學門中，如化學、工程、醫學等系中均須用測量誤差模型在處理問題，而加速了此問題的研究。模型愈複雜，研究的難度也大為提高。不過也正因如此，測量誤差模型的研究也變為極具挑戰性 (Challenging) 的問題。

此外，值得一提的是，測量誤差模型對照統計另一領域「資料缺漏 (Missing Data)」問題，不可混為一談。Missing Data 一般是指在資料上有若干比例 (如 7%) 中 Missing，但我們要利用現存的不完整資料來分析，對缺漏部分要做一些補救。如果一定要說測量誤差模型和 missing data 的關聯，我們可以說在資料中所有的自變數 X 均為 Missing。此二問題基本上是不同的領域，而且研究的方法也大為不同。

其他相關研究，在社會科學有所謂的因素分析 (Factor Analysis)，在計量經濟中的聯立方程式 (Simultaneous Equation model) 均是與測度誤差模型有關，此外在數值分析中的 Total Least Squares(TLS) 亦與此有關，後者是 80 年代以來的新興議題。TLS 主要研究用於訊號處理 (Signal Process)、自動控制理論 (Control Theory) 等工程方面，所以對計算理論 (Computation) 方面特別注重，統計方面的味道就較少了，請見 Van Huffel and Vandenalle (1991)。

在 Cheng and Van Ness(1999) 也對上述相關議題作一簡介，事實上上述任何一個議題都可說是一個小的「學門」，要深入瞭解就會變成另一個研究領域了。

測度誤差模型的出現是很自然的事，但此模型用意並非在取代傳統的迴歸模型，其真正作用是在使用一般迴歸模型時，所得結果似乎有問題，或者在蒐集數據時即發現測度誤差太大無法忽視，測度誤差模型在此情形下是一個重要的替代方案 (Alternative)。

雖然自 20 世紀 80 年代晚期，非線性測度誤差模型被廣泛的研究，但在線性模型中許多重要的議題，例如，模型診斷 (Diagnostics)、自變數篩選 (Variable

Selection) 等等均欠缺研究。這是因為此類議題難度相當高，在目前仍未有理想的結果。這些問題與非線性誤差模型均是未來重要的研究方向，大家可參考 Stefanski (2000) 所做的評論。

關於測度誤差模型的參考書有 Schneeweiss and Mittage (1986), Fuller (1987), Carroll et al. (2006) 和 Cheng and Van Ness(1999)。其中，入門書籍以 Fuller (2000) 與 Cheng and Van Ness (1999) 為主，前者內容較多但資料比較舊，後者是以方法論方式來寫，較少證明，而對觀念有較多的著墨。至於 Schneeweiss and Mittage(1986) 是德文，計畫中的英文新版尚未出書。而 Carroll et al.(2006) 是以非線性模型為主，對初學者較不宜，但對非線性誤差模型有興趣者是最佳選擇。

二、範例：含測量誤差 (measurement error) 的迴歸

量表當測量工具來施測，量表本身一定有誤差存在，故其信度不可能為 1 之完美狀態。就因為測驗或量表本身都有誤差存在，故迴歸分析時，亦可改採 Errors-in-variables 迴歸來調整迴歸之估計值。

變數誤差法 (Errors in variables method) 的應用實例，包括：
1. 總體投資行為之統計模型與預測。
2. 非線性誤差變數模式之預測區間估計。

為瞭解影響高中職生寫作成績的原因有哪些？(分析單位：高中生之個體)。研究者先文獻探討以歸納出影響「寫作成績」的原因，並整理成下表，此「hsb2_Constrained_Regression.dta」資料檔之變數如下：

變數名稱	影響寫作成績的原因	編碼Codes/Values
write	Y：寫作成績	31～67
read	X1：閱讀成績	28～76
math	X2：數學成績	33～75
socst	X3：社會研究成績	26～71
female	X4：女生嗎？	1=女，2=男

OLS 分析之前提，就是假定「變數沒有誤差」。預測變數本身若有測量誤差，則會低估迴歸係數。Ivreg 指令就是 Errors-in-variables 迴歸，它專門處理自

變數的測量誤差。

（一）資料檔之內容

「hsb2_Constrained_Regression.dta」資料檔內容如下圖。

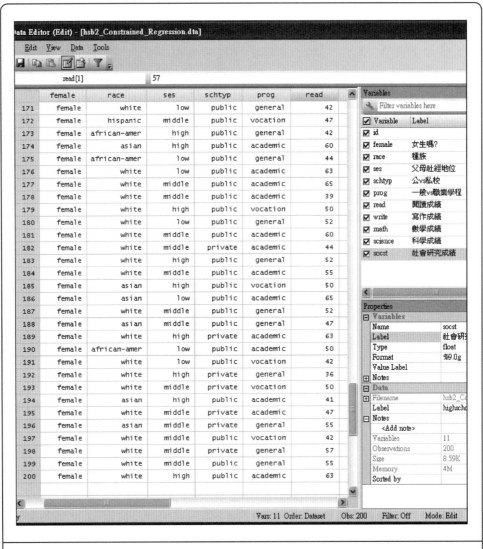

圖 8-25 「**hsb2_Constrained_Regression.dta**」資料檔 (N= 200, 11 variables)

（二）分析結果與討論

1. Steps 1. OLS 與 *Errors-in-variables* 迴歸之比較一

在此，先用線性迴歸分析結果，當作對照組。再比較它與 Errors-in-variables 迴歸的差異。

本例子，預測變數 read 是標準化測驗分數，由於坊間每個測驗紙本，都有測量誤差，即使我們不知 read 測驗的真正信度 (reliability)，但可估計它的信度為 0.9，0.9 應該非常接近事實。故我們改以 eivreg 指令來執行 Errors-in-variables 迴歸 (如下圖)。

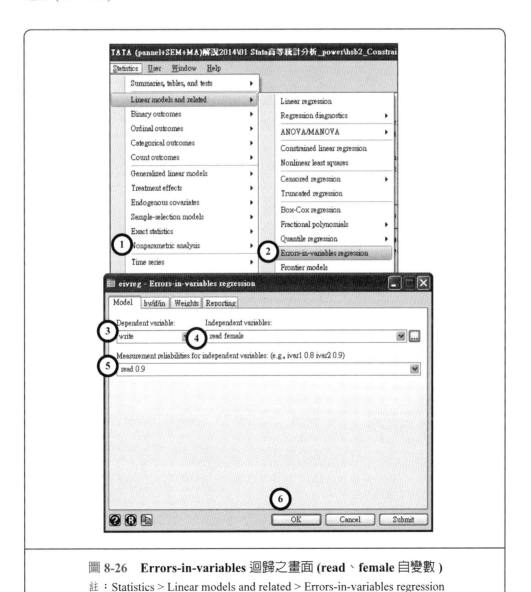

圖 8-26　**Errors-in-variables 迴歸之畫面 (read、female 自變數)**

註：Statistics > Linear models and related > Errors-in-variables regression

```
. use hsb2_Constrained_Regression.dta
(highschool and beyond (200 cases))

. regress write read female

      Source |       SS       df       MS              Number of obs =     200
-------------+------------------------------           F(  2,    197) =   77.21
       Model |  7856.32118      2  3928.16059           Prob > F      =  0.0000
    Residual |  10022.5538    197  50.8759077           R-squared     =  0.4394
-------------+------------------------------           Adj R-squared =  0.4337
       Total |   17878.875    199   89.843593           Root MSE      =  7.1327


       write |      Coef.   Std. Err.      t    P>|t|     [95% Conf. Interval]
-------------+----------------------------------------------------------------
        read |   .5658869   .0493849    11.46   0.000     .468496    .6632778
      female |   5.486894   1.014261     5.41   0.000     3.48669    7.487098
       _cons |   20.22837   2.713756     7.45   0.000    14.87663    25.58011


. eivreg write read female, reliab(read 0.9)

                 assumed                 Errors-in-variables regression
    variable    reliability
-----------------------------           Number of obs =     200
        read     0.9000                  F(  2,    197) =   83.41
           *     1.0000                  Prob > F      =  0.0000
                                         R-squared     =  0.4811
                                         Root MSE      = 6.86268


       write |      Coef.   Std. Err.      t    P>|t|     [95% Conf. Interval]
-------------+----------------------------------------------------------------
        read |   .6289607   .0528111    11.91   0.000     .524813    .7331085
      female |   5.555659   .9761838     5.69   0.000    3.630547     7.48077
       _cons |   16.89655   2.880972     5.86   0.000    11.21504    22.57805
```

(1) Errors-in-variables 迴歸所估計係數 (read, female) 都高於 OLS 迴歸係數。可見，OLS 迴歸遇到預測變數有測量誤差時，都會低估係數值。

(2) Errors-in-variables 迴歸，$R^2 = 0.48$，比 OLS 迴歸 R^2 高，表示 Errors-in-variables 迴歸較能有效處理「自變數之測量誤差」。

(3) Errors-in-variables 迴歸，$F = 83.418$，比 OLS 迴歸 $F = 77.21$ 高。

2. Steps 2. OLS 與 Errors-in-variables 迴歸之比較二

　　擴大模型的複雜度，在此我們再加 (math socst) 二個預測變數，由於 (math socst) 這二個標準測驗本，本身就有測量誤差，假設我們預估其信度為：math = 0.9, socst = 0.8。此時，我們即可使用下圖 Errors-in-variables 迴歸之界定。來進一步比較 OLS 與 Errors-in-variables 迴歸的差別。

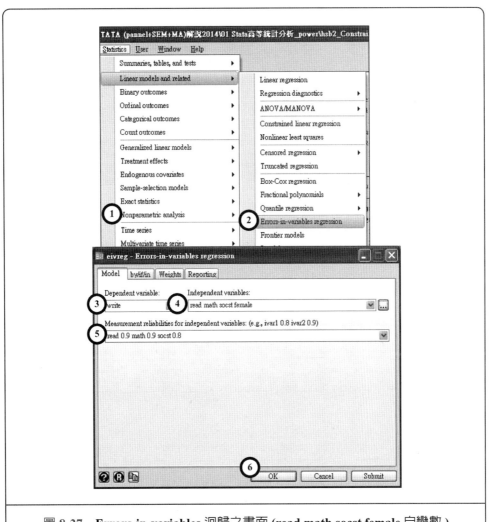

圖 8-27　Errors-in-variables 迴歸之畫面 (read math socst female 自變數)

```
. regress write read math socst female

      Source |       SS          df       MS              Number of obs =      200
-------------+------------------------------            F(  4,    195) =    64.37
       Model | 10173.7036         4   2543.42591         Prob > F      =   0.0000
    Residual | 7705.17137       195   39.5136993         R-squared     =   0.5690
-------------+------------------------------            Adj R-squared =   0.5602
       Total | 17878.875        199   89.843593          Root MSE      =   6.286


       write |      Coef.   Std. Err.       t    P>|t|     [95% Conf. Interval]
-------------+----------------------------------------------------------------
        read |   .2065341   .0640006     3.23   0.001     .0803118    .3327564
        math |   .3322639   .0651838     5.10   0.000     .2037082    .4608195
       socst |   .2413236   .0547259     4.41   0.000      .133393    .3492542
      female |   5.006263   .8993625     5.57   0.000     3.232537     6.77999
       _cons |   9.120717   2.808367     3.25   0.001     3.582045    14.65939


.
. eivreg write read math socst female, reliab(read 0.9 math 0.9 socst 0.8)

                  assumed                   Errors-in-variables regression
     variable  reliability
-------------+-----------                   Number of obs =      200
        read      0.9000                     F(  4,    195) =    70.17
        math      0.9000                     Prob > F      =   0.0000
       socst      0.8000                     R-squared     =   0.6047
           *      1.0000                     Root MSE      =  6.02062


       write |      Coef.   Std. Err.       t    P>|t|     [95% Conf. Interval]
-------------+----------------------------------------------------------------
        read |   .1506668   .0936571     1.61   0.109    -.0340441    .3353777
        math |    .350551   .0850704     4.12   0.000     .1827747    .5183273
       socst |   .3327103   .0876869     3.79   0.000     .1597739    .5056467
      female |   4.852501   .8730646     5.56   0.000      3.13064    6.574363
       _cons |    6.37062   2.868021     2.22   0.027     .7142972    12.02694
```

(1) Errors-in-variables 迴歸，$R^2 = 0.60$，比 OLS 迴歸 $R^2 = 0.67$ 高，再次驗證 Errors-in-variables 迴歸較能有效處理「自變數之測量誤差」。

(2) Errors-in-variables 迴歸，$F = 70.17$，比 OLS 迴歸 $F = 64.37$ 高。

(3) 標準 OLS 顯示，預測變數 read 對 write 預測達到 0.05 顯著水準。但 Errors-in-variables 迴歸則反之。當這兩個迴歸分析分析結果不同時，我們挑 Errors-in-variables 迴歸才是王道。

8-4 Multiple Equation 線性迴歸：聯立迴歸式

假如資料檔的變數夠多，讓我們同時可估計一個以上的迴歸模型。例如本章節第 1 範例，x1 預測 y1，同時，x2 預測 y2。由於這二個模型的資料，都來自同一個資料檔，故這二個迴歸模型無法達到「互相獨立」。seemingly unrelated 迴歸就是這種 Multiple Equation 迴歸之一類型。因此，在估計這二個迴歸模型之係數時，就要考慮兩個模型之誤差相關性。易言之，Multiple Equation 迴歸，就是同時估計「跨迴歸方程式」多個預測變數的係數。

Multiple Equation 迴歸另一例子，就是 x1 及 x2 同時預測 y1,y2, 及 y3。這樣三個迴歸模型都是採用同一組預測變數 (x1 及 x2)。「8-1-1 範例」就是使用 Stata 指令 sureg 來計算這類型「橫跨多個模型」的迴歸係數。

常見的世代研究，就是父母觀念與小孩行為的關聯，例如：

1. 父母企圖自殺次數＝課業壓力＋家庭＋經濟＋社會＋感情＋年齡。
   子女企圖自殺次數＝課業壓力＋家庭＋經濟＋社會＋感情＋年齡。

2. 上一代社會經濟地位 (高中低) ＝收入＋支出＋職業＋理財＋小孩＋城市人口％。
   這一代社會經濟地位 (高中低) ＝收入＋支出＋職業＋理財＋小孩＋城市人口％。

3. 上一代生小孩數目 ＝職業＋收入＋外籍配偶＋年齡＋城鄉＋富爸爸＋畢業學校聲望 (高中低)。
   這一代生小孩數目 ＝職業＋收入＋外籍配偶＋年齡＋城鄉＋富爸爸＋畢業學校聲望 (高中低)。

8-4-1 似不相關 (seemingly unrelated) 迴歸：sureg(...) (...), corr

似不相關 (seemingly unrelated) 迴歸之應用例子，包括：

1. 美國青少年時間利用與閒置問題之研究。
2. 散裝航運公司購買船舶與租 / 傭進船舶影響因素之分析。
3. 臺灣啤酒進口市場競爭行為實證分析。
4. 聯準會量化寬鬆政策對於外匯市場交易量之影響。
5. 銀行合併之動機與市場反應。
6. 新產品上市對整體供應鏈之競爭效果──以 iPad2 和全球平板電腦市場為例。
7. 臺灣電力用戶缺電成本與 WTA/WTP 差異之研究。
8. 價格促銷之深度與頻率對零售商促銷策略效果之影響──以牙膏品類為例。
9. 地方特色產品需求彈性與定價策略之研究──以臺灣 OTOP 主題館為例。
10. 長期照護機構之勞動要素需求探討。
11. 臺灣銀髮族資產持有行為之探討。
12. 新財務會計準則第十號公報對企業之影響。
13. 分類金融機構之合併宣告效果。
14. 銀行資產負債表外業務與巴賽爾三大風險關係之實證研究。
15. 承銷機制變革之分析──市場微結構觀點。
16. 週休二日對勞動生產力與受雇人數影響之研究。
17. 我國所得稅欠稅問題之實證研究。
18. 臺灣家計單位運輸需求之分析。
19. 非利息收入在不同金融與政治限制下所扮演之角色。

8-4-2 範例：似不相關 (seemingly unrelated) 迴歸 (sureg)

（一）問題說明

例題：為了研究，性別是否會同時影響高中職生之科學成績、寫作成績？(分析單位：高中生之個體)。其對應之二個迴歸模型如下：

$$\begin{cases} science = math + female \\ write = read + female \end{cases}$$

此「hsb2_Seemingly_Unrelated_Reg.dta」資料檔之變數如下：

變數名稱	影響科學成績、寫作成績的原因	編碼Codes/Values
science	Y1：科學成績	26～74
write	Y2：寫作成績	31～67
math	X1：數學成績	33～75
read	X2：閱讀成績	28～76
female	X3：女生嗎？	1=女，2=男
socst	社會研究成績	26～71

例題：三個迴歸式所組成之聯立迴歸式

另一種常見的聯立迴歸式，如下：

本例之聯立迴歸式為 $\begin{cases} read = female + prog1 + prog3 \\ write = female + prog1 + prog3 \\ math = female + prog1 + prog3 \end{cases}$

（二）資料檔之內容

「hsb2_Seemingly_Unrelated_Reg.dta」資料檔內容如下圖。

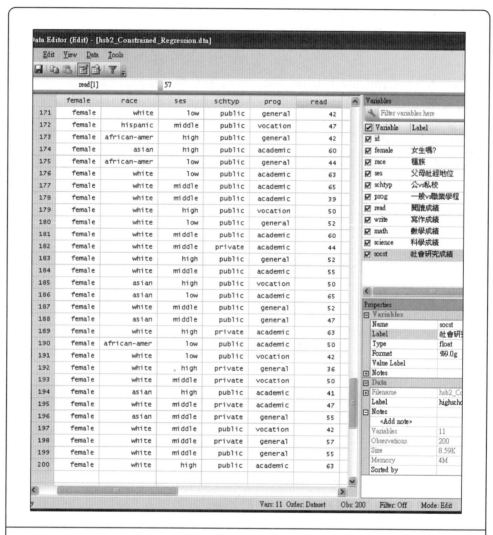

圖 8-28 「**hsb2_Seemingly_Unrelated_Reg.dta**」資料檔 (N= 200, 11 variables)

觀察資料之特徵：

```
. use hsb2_Constrained_Regression.dta, clear
(highschool and beyond (200 cases))

. describe
```

```
Contains data from hsb2_Constrained_Regression.dta
  obs:            200                  highschool and beyond (200 cases)
  vars:            11                  27 Feb 2014 21:02
  size:          8,800
-----------------------------------------------------------------------
              storage   display   value
variable name   type    format    label      variable label
-----------------------------------------------------------------------
id             float    %9.0g
female         float    %9.0g      fl         女生嗎？
race           float    %12.0g     rl         種族
ses            float    %9.0g      sl         父母社經地位
schtyp         float    %9.0g      scl        公 vs. 私校
prog           float    %9.0g      sel        一般 vs. 職業學程
read           float    %9.0g                 閱讀成績
write          float    %9.0g                 寫作成績
math           float    %9.0g                 數學成績
science        float    %9.0g                 科學成績
socst          float    %9.0g                 社會研究成績
-----------------------------------------------------------------------
Sorted by:
```

（三）x1 預測 y1，同時，x2 預測 y2：OLS 與 sureg 迴歸的比較

$$\begin{cases} science = math + \ female \\ write \ \ = read + \ female \end{cases}$$

1. Step 1. OLS 的做法（對照組）

```
. use hsb2_Seemingly_Unrelated_Reg.dta
. regress science math female

      Source |       SS           df       MS            Number of obs =     200
-------------+------------------------------         F(  2,   197) =   68.38
       Model |  7993.54995        2  3996.77498        Prob > F      =  0.0000
    Residual |   11513.95      197  58.4464469         R-squared     =  0.4098
-------------+------------------------------         Adj R-squared =  0.4038
```

```
    Total |    19507.5    199   98.0276382          Root MSE      =    7.645

 ----------------------------------------------------------------------------
  science |     Coef.    Std. Err.      t     P>|t|     [95% Conf. Interval]
 ---------+------------------------------------------------------------------
     math |   .6631901   .0578724    11.46    0.000     .549061     .7773191
   female |  -2.168396   1.086043    -2.00    0.047    -4.310159   -.0266329
    _cons |   18.11813   3.167133     5.72    0.000     11.8723     24.36397
 ----------------------------------------------------------------------------


.
. regress write read female

   Source |       SS       df       MS              Number of obs =      200
 ---------+--------------------------------          F(  2,   197) =    77.21
    Model |  7856.32118     2   3928.16059           Prob > F      =   0.0000
 Residual |  10022.5538   197   50.8759077           R-squared     =   0.4394
 ---------+--------------------------------          Adj R-squared =   0.4337
    Total |  17878.875    199   89.843593            Root MSE      =   7.1327


 ----------------------------------------------------------------------------
    write |     Coef.    Std. Err.      t     P>|t|     [95% Conf. Interval]
 ---------+------------------------------------------------------------------
     read |   .5658869   .0493849    11.46    0.000     .468496     .6632778
   female |   5.486894   1.014261     5.41    0.000     3.48669     7.487098
    _cons |   20.22837   2.713756     7.45    0.000     14.87663    25.58011
 ----------------------------------------------------------------------------
```

(1) OLS 分析結果爲：$\begin{cases} \text{science} = 18.11 + 0.663 \times \text{math} - 2.17 \times \text{female} \\ \text{write} = 20.23 + 0.57 \times \text{read} + 5.49 \times \text{female} \end{cases}$。

(2) 科學 (science) 是男生的強項；寫作 (write) 是 female 的強項。

(3) 數學 (math) 會正向影響科學 (science)。

(4) 閱讀 (read) 會正向影響寫作 (write)。

(5) OLS 所求的係數及標準差，其前提之假定 (assumption)，就是預測變數之間互相獨立。但上式之聯立方程式，female 變數重複出現在這二個模型，因此這二個模型的誤差有相關性 (無法獨立)，已違反 OLS 這個假

定。所以正確的做法，就是改用 seemingly unrelated 迴歸。

2. Step 2. Zellner's seemingly unrelated regression 的做法

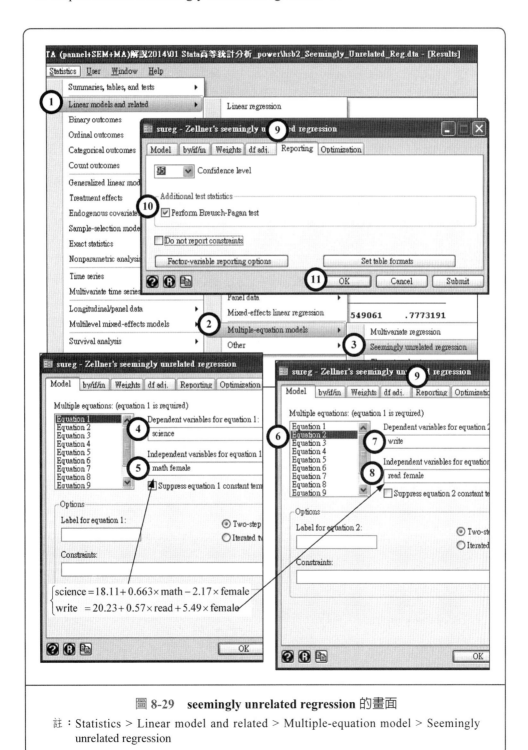

圖 8-29　seemingly unrelated regression 的畫面

註：Statistics > Linear model and related > Multiple-equation model > Seemingly
　　unrelated regression

```
. sureg (science = math female) (write = read female), corr
*「corr」選項旨在求二個模型之殘差的相關是否互相獨立

Seemingly unrelated regression
--------------------------------------------------------------------------------
Equation           Obs  Parms        RMSE     "R-sq"         chi2        P

science            200     2      7.595793    0.4085        125.41    0.0000
write              200     2      7.085844    0.4383        144.27    0.0000
--------------------------------------------------------------------------------


--------------------------------------------------------------------------------
             |      Coef.    Std. Err.       z    P>|z|    [95% Conf. Interval]
-------------+------------------------------------------------------------------
science      |
        math |   .6251409    .0570948     10.95    0.000     .5132373    .7370446
      female |  -2.189344    1.077862     -2.03    0.042    -4.301914   -.0767744
       _cons |   20.13265    3.125775      6.44    0.000     14.00624    26.25905
-------------+------------------------------------------------------------------
write        |
        read |   .5354838    .0487212     10.99    0.000     .4399919    .6309757
      female |   5.453748    1.006609      5.42    0.000      3.48083    7.426665
       _cons |   21.83439     2.67851      8.15    0.000      16.5846    27.08417
--------------------------------------------------------------------------------

Correlation matrix of residuals:

            science     write
science      1.0000
  write      0.1447    1.0000

Breusch-Pagan test of independence: chi2(1) =     4.188, Pr = 0.0407
```

(1) seemingly unrelated 迴歸分析結果為：

$$\begin{cases} science = 20.13 + 0.625 \times math - 2.19 \times female \\ write = 21.83 + 0.54 \times read + 5.45 \times female \end{cases}$$

整個迴歸係數，都與 OLS 不一樣。

(2) 科學 (science) 是男生的強項；寫作 (write) 是 female 的強項。

(3) 數學 (math) 會正向影響科學 (science)。

(4) 閱讀 (read) 會正向影響寫作 (write)。

(5) Breusch-Pagan test of independence：旨在檢定分屬於二個不同模型之殘差 (science、write) 是否互相獨立。結果為 $\chi^2_{(1)} = 4.188$，$p < 0.05$，拒絕「虛無假設 H_0：二個模型之殘差彼此無相關」，表示這二個模型之殘差是有相關。在這種情形下，採用傳統 OLS 分析就會違反迴歸之假定，故只能採用 seemingly unrelated 迴歸。

3. Step 3. 聯立迴歸式每一個預測變數之效果檢定

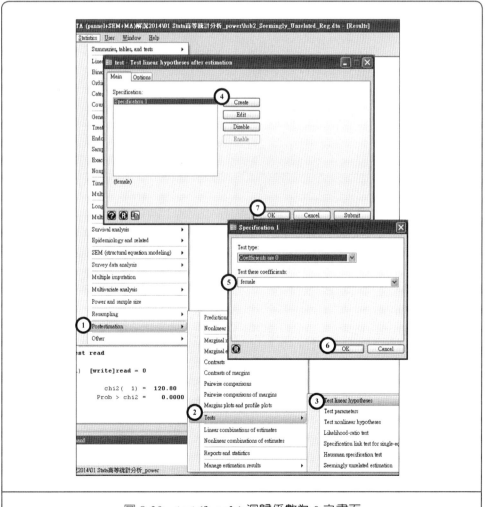

圖 8-30 test (female) 迴歸係數為 0 之畫面

註：Statistics > Postestimation > Tests > Test linear hypotheses

```
.  test  (female)

(  1)    [science]female  =  0
(  2)    [write]female  =  0

            chi2(   2)  =     37. 45
      Prob  >  chi2  =      0. 0000

.  test  (math)

(  1)    [science]math  =  0

            chi2(   1)  =    119. 88
      Prob  >  chi2  =      0. 0000

.  test  (read)

(  1)    [write]read  =  0

            chi2(   1)  =    120. 80
      Prob  >  chi2  =      0. 0000
```

(1) test (female)，得 $\chi^2_{(2)} = 37.45$ (p = 0.000 < 0.05)，故拒絕「H_0：迴歸係數為 0」，表示 female 預測 (science、write) 這二個模型的迴歸係數不為 0。自由度 = 2 表示 female 橫跨二個模型的預測，因此效果量是看二個模型的整體預測力 (非單一模型)。故可看出，性別 (female) 對二個依變數 (science、write) 的整體預測力均達到 0.05 顯著水準。

(2) test (math)，得 $\chi^2_{(1)} = 37.45$ (p < 0.05)，拒絕「H_0：迴歸係數為 0」。自由度 = 1 表示 math 只是單一個模型的預測變數。結果顯示，數學 (math) 對單一依變數 (science) 的預測力達到 0.05 顯著水準。

(3) test (read)，得 $\chi^2_{(1)} = 37.45$ (p < 0.05)，拒絕「H_0：迴歸係數為 0」。自由度 = 1 表示 read 只是單一個模型的預測變數。結果顯示，閱讀 (read) 對單一依變數 (write) 的預測力達到 0.05 顯著水準。

（四）x1 及 x2 同時預測 y1、y2、及 y3，共三個迴歸模型：OLS 與 sureg 迴歸
的比較

在此再示範，第 2 個例子，它係三個模型的聯立方程式，其數學式如下：

$$\begin{cases} read = female+new\_prog1+new\_prog3 \\ write = female+new\_prog1+new\_prog3 \\ math = female+new\_prog1+new\_prog3 \end{cases}$$

由於類別變數 prog(選修學程) 有 3 個 levels(general、academic、vocation)，
但我們焦點只放在學生選修普通類科 (general) 及職業類 (vocation)。故可用
「tabulate prog, gen(new_prog)」，以 new_prog 當前導字來產生三個新變數，
依序命名為：new_prog1, new_prog2, new_prog3。這三個新增變數都屬 binary
變數。Stata 只要遇到 binary 變數，納入 OLS 分析時，都可直接當成 dummy
variable，如此即可省去「levels > 3 類別變數需界定為 factor variable」程序上麻煩。

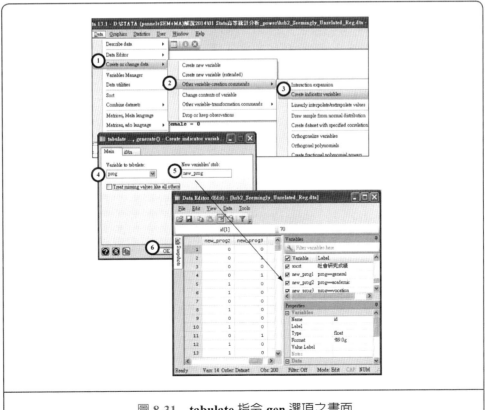

圖 8-31　tabulate 指令 gen 選項之畫面

註：Data > Create or change data > Other variable-creation commands > Create indicator variables

```
. tabulate prog, gen(prog)
```

一般 vs. 職業 ?	Freq.	Percent	Cum.
general	45	22.50	22.50
academic	105	52.50	75.00
vocation	50	25.00	100.00
Total	200	100.00	

1. Step 1. OLS 的做法 (對照組)

```
. regress read female new_prog1 new_prog3
```

Source	SS	df	MS		
Model	3789.28412	3	1263.09471		
Residual	17130.1359	196	87.3986524		
Total	20919.42	199	105.122714		

Number of obs = 200
F(3, 196) = 14.45
Prob > F = 0.0000
R-squared = 0.1811
Adj R-squared = 0.1686
Root MSE = 9.3487

read	Coef.	Std. Err.	t	P>|t|	[95% Conf. Interval]
female	-1.208582	1.327672	-0.91	0.364	-3.826939 1.409774
new_prog1	-6.42937	1.665893	-3.86	0.000	-9.714746 -3.143993
new_prog3	-9.976868	1.606428	-6.21	0.000	-13.14497 -6.808765
_cons	56.8295	1.170562	48.55	0.000	54.52099 59.13802

```
. regress write female new_prog1 new_prog3
```

Source	SS	df	MS		
Model	4304.40272	3	1434.80091		

Number of obs = 200
F(3, 196) = 20.72
Prob > F = 0.0000

```
     Residual |  13574.4723    196  69.2575116        R-squared     =   0.2408
                                                       Adj R-squared =   0.2291
        Total |  17878.875     199  89.843593         Root MSE      =   8.3221


        write |     Coef.    Std. Err.      t     P>|t|    [95% Conf. Interval]

       female |   4.771211   1.181876     4.04    0.000     2.440385    7.102037
    new_prog1 |  -4.832929   1.482956    -3.26    0.001    -7.757528   -1.908331
    new_prog3 |  -9.438071   1.430021    -6.60    0.000    -12.25827   -6.617868
        _cons |   53.62162   1.042019    51.46    0.000     51.56661    55.67662


.
. regress math female new_prog1 new_prog3

       Source |      SS         df      MS             Number of obs =      200
                                                       F(  3,    196) =    19.56
        Model |  4024.61221     3   1341.5374          Prob > F       =   0.0000
     Residual |  13441.1828    196  68.5774632         R-squared      =   0.2304
                                                       Adj R-squared  =   0.2186
        Total |  17465.795     199  87.7678141         Root MSE       =   8.2812


         math |     Coef.    Std. Err.      t     P>|t|    [95% Conf. Interval]

       female |  -.6737673   1.176059    -0.57    0.567    -2.993122    1.645587
    new_prog1 |  -6.723945   1.475657    -4.56    0.000    -9.634149    -3.81374
    new_prog3 |  -10.32168   1.422983    -7.25    0.000     -13.128    -7.515352
        _cons |   57.10551   1.03689     55.07    0.000     55.06062     59.1504
```

(1) OLS 分析結果為：
$$\begin{cases} \text{read} = 56.8 - 1.2 \times \text{female} - 6.4 \times \text{new\_prog1} - 9.9 \times \text{new\_prog3} \\ \text{write} = 53.6 + 4.8 \times \text{female} - 4.8 \times \text{new\_prog1} - 9.4 \times \text{new\_prog3} \\ \text{math} = 57.1 - 0.7 \times \text{female} - 6.7 \times \text{new\_prog1} - 10.3 \times \text{new\_prog3} \end{cases}$$

(2) 閱讀 (read) 及寫作 (write) 是 female 的強項 (正向關)。數學 (math) 是 female 的弱項 (負向關)。

(3) 相對於選修 prog=3(academic 學程) 學生，選修 gerneral 及職業學程的學生，其閱讀 (read)、寫作 (write) 及數學 (math) 都是較差的 (係數爲負)。

(4) OLS 所求的係數及標準差，其前提之假定 (assumption)，就是預測變數之間互相獨立。但上式之聯立方程式，female 變數重複出現在這二個模型，因此這二個模型的誤差就有相關性 (無法獨立)，故已違反 OLS 這個假定。所以正確的做法，就是改用 seemingly unrelated 迴歸。

2. Step 2. Zellner's seemingly unrelated regression 的做法

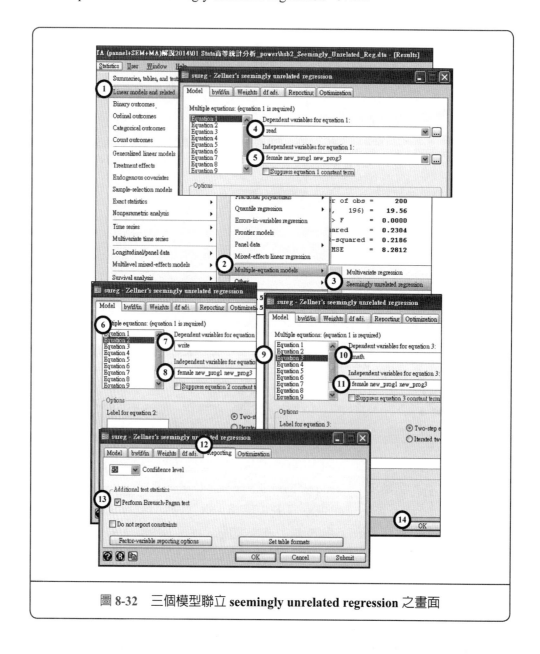

圖 8-32 三個模型聯立 **seemingly unrelated regression** 之畫面

$$\begin{cases} \text{read} & = \text{female} + \text{new\_prog1} + \text{new\_prog3} \\ \text{write} & = \text{female} + \text{new\_prog1} + \text{new\_prog3} \\ \text{math} & = \text{female} + \text{new\_prog1} + \text{new\_prog3} \end{cases}$$

```
. sureg (read write math = female new_prog1 new_prog3), corr

Seemingly unrelated regression
--------------------------------------------------------------------------------
Equation          Obs  Parms       RMSE     "R-sq"       chi2        P
--------------------------------------------------------------------------------
read              200    3      9.254765    0.1811      44.24     0.0000
write             200    3      8.238468    0.2408      63.42     0.0000
math              200    3      8.197921    0.2304      59.88     0.0000
--------------------------------------------------------------------------------


--------------------------------------------------------------------------------
             |     Coef.    Std. Err.      z     P>|z|    [95% Conf. Interval]
-------------+------------------------------------------------------------------
read         |
     female  | -1.208582    1.314328    -0.92    0.358    -3.784618    1.367454
  new_prog1  |  -6.42937     1.64915    -3.90    0.000    -9.661645   -3.197095
  new_prog3  | -9.976868    1.590283    -6.27    0.000    -13.09377   -6.859971
      _cons  |   56.8295    1.158797    49.04    0.000     54.5583    59.1007
-------------+------------------------------------------------------------------
write        |
     female  |  4.771211    1.169997     4.08    0.000     2.478058    7.064363
  new_prog1  | -4.832929    1.468051    -3.29    0.001    -7.710257   -1.955602
  new_prog3  | -9.438071    1.415648    -6.67    0.000    -12.21269   -6.663451
      _cons  |  53.62162    1.031546    51.98    0.000    51.59982    55.64341
-------------+------------------------------------------------------------------
math         |
     female  | -.6737673    1.164239    -0.58    0.563    -2.955634    1.608099
  new_prog1  | -6.723945    1.460826    -4.60    0.000    -9.587111   -3.860778
  new_prog3  | -10.32168    1.408681    -7.33    0.000    -13.08264   -7.560711
      _cons  |  57.10551    1.026469    55.63    0.000    55.09367    59.11735
--------------------------------------------------------------------------------
```

```
Correlation matrix of residuals:

          read      write       math
  read   1.0000
 write   0.5519    1.0000
  math   0.5774    0.5577    1.0000


Breusch-Pagan test of independence:  chi2(3) =    189.811,  Pr = 0.0000
```

(1) seemingly unrelated 迴歸分析結果為：

$$\begin{cases} \text{read} &= 56.8 - 1.2 \times \text{female} - 6.4 \times \text{new\_prog1} - 9.9 \times \text{new\_prog3} \\ \text{write} &= 53.6 + 4.8 \times \text{female} - 4.8 \times \text{new\_prog1} - 9.4 \times \text{new\_prog3} \\ \text{math} &= 57.1 - 0.7 \times \text{female} - 6.7 \times \text{new\_prog1} - 10.3 \times \text{new\_prog3} \end{cases}$$

seemingly unrelated 迴歸估計的係數值，完全和 OLS 一樣，這是三個模型在預測變數完全同一組變數時，才會發生。但是各個預測變數顯著性之 p 值及 95%CI 則略為不同。

(2) 閱讀 (read) 及寫作 (write) 是 female 的強項 (正向關)。數學 (math) 是 female 的弱項 (負向關)。

(3) 相對於選修 prog = 3(academic 學程) 學生，選修 gerneral 及職業學程的學生，其閱讀 (read)、寫作 (write) 及數學 (math) 都是較差的 (係數為負)。

(4) OLS 所求的係數及標準差，其前提之假定 (assumption)，就是預測變數之間互相獨立。但上式之聯立方程式，同一組預測變數重複出現在這 3 個模型，因此這 3 個模型的誤差就有相關性 (無法獨立)，故已違反 OLS 這個假定。所以正確的做法，就是改用 seemingly unrelated 迴歸。

(5) Breusch-Pagan test of independence：旨在檢定分屬於二個不同模型之依變數 (science、write)，兩者是否互相獨立。結果為 $\chi^2_{(3)} = 189.8$，p < 0.05，拒絕「虛無假設 H_0：三個模型之殘差彼此無相關」，表示這 3 個模型之殘差是有高相關 (3 個 r 值都 > 0.55 以上)。在這種情形下，採用傳統 OLS 分析就會違反迴歸之假定，故只能採用 seemingly unrelated 迴歸。

3. Step 3. 聯立迴歸式每一個預測變數之效果檢定

```
.  test (female)

( 1)   [read]female = 0
( 2)   [write]female = 0
( 3)   [math]female = 0

          chi2(  3) =     35.59
      Prob > chi2 =      0.0000

.
.  test [read]female [math]female

( 1)   [read]female = 0
( 2)   [math]female = 0

          chi2(  2) =      0.85
      Prob > chi2 =      0.6541

.
.  test (new_prog1 new_prog3)

( 1)   [read]new_prog1 = 0
( 2)   [write]new_prog1 = 0
( 3)   [math]new_prog1 = 0
( 4)   [read]new_prog3 = 0
( 5)   [write]new_prog3 = 0
( 6)   [math]new_prog3 = 0

          chi2(  6) =     72.45
      Prob > chi2 =      0.0000
```

(1) test (female)，得 $\chi^2_{(3)}$ = 35.59 (p < 0.05)，拒絕「H_0：迴歸係數為 0」，表
   示 female 預測 (read、write、math) 這 3 個模型的迴歸係數不為 0。自由
   度 = 3 表示 female 橫跨 3 個模型的預測。故可看出，性別 (female) 對三

個依變數 (read、write、math) 的預測力均達到 0.05 顯著水準。

(2) test [read]female [math]female，得 $\chi^2_{(2)}$ = 0.85 (p > 0.05)，接受「H_0：迴歸係數為 0」，即迴歸係數為 0。自由度 = 2 表示 female 在二個模型的預測。結果顯示，女學生對二個依變數 (read、math) 的整體預測力並未達到 0.05 顯著水準。相對於男學生，因為女學生在 (read、math) 學習優勢一正一負 (即迴歸係數)，故 female 對三種成績預測的整體效果就互相抵消。

(3) test new_prog1 new_prog3，得 $\chi^2_{(6)}$ = 72.45 (p < 0.05)，拒絕「H_0：迴歸係數為 0」。結果顯示，修 prog1 = 1(gerneral) 及 prog = 3(職業) 學程的學生，相對於修 prog = 2(academic) 學程的學生，其整體學習成效 (read、write、math) 具顯著差異 (看係數)。

8-4-2　Multivariate Regression：聯立迴歸式 (mvreg 指令)

Multivariate Regression 的應用例子，包括：

1. 以多變數迴歸進行期指選擇權之定價。
2. 影響堰塞湖天然壩壽命之因子探討。
3. 不飽和淺層崩積土壤基質吸力預測公式之研究。
4. 印尼 3G 服務影響因素之實證分析。
5. 亞洲金融風暴與金融海嘯期間臺灣地區中小企業放款之比較。
6. 廚餘、豆渣及蔬菜廢棄物混合堆肥化。
7. 輕油裂解工場之操作參數預測與最適化。
8. 以酸水解方式轉化豆渣廢棄物為葡萄糖與木糖。
9. 應用於廣域定位的量測點調適技術。
10. 以食品廢棄物混合堆肥方式復育柴油污染土壤。
11. 代謝異常指標的長期追蹤家庭資料之迴歸分析研究。
12. 臺幣對美元匯率預測之探索性分析。
13. 油脂成分對食品廢棄物堆肥過程之影響。
14. 多反應變量相關模式於不動產擔保估價之應用。
15. 以多變量迴歸模型分析多變量順序型長期追蹤叢聚資料之研究。
16. 河川水體未設測站設計涵容能力訂定之研究。

17. 電子商務對企業空間關係之影響——臺北地區資訊電子製造業之實證分析。

18. 跨業經營對保險業股價之影響。

19. 天然氣發電廠氮氧化物污染物濃度排放預測。

20. 中國大陸股票市場 A/B 股折溢價之研究。

21. 時間數列多期預測選模法。

範例：「Multivariate Regression」指令

承上例之資料檔「hsb2_Constrained_Regression.dta」。

（一）問題說明

為瞭解影響高中職生之社會研究成績的原因有哪些？(分析單位：高中生之個體)。研究者先文獻探討以歸納出，影響「社會研究成績」的原因，並整理成下表，此「hsb2_Constrained_Regression.dta」資料檔之變數如下：

變數名稱	影響社會研究成績的原因	編碼Codes/Values
socst	Y：社會研究成績	26～71
read	X1：閱讀成績	28～76
write	X2：寫作成績	31～67
math	X3：數學成績	33～75
science	X4：科學成績	26～74
female	X5：女生嗎？	1=女，2=男

（二）x1、x2、及 x3 同時預測 y1、y2、及 y3，共三個迴歸模型：mvreg 與 sureg 迴歸的分析結果是一樣

在此再示範三個模型的聯立方程式，其數學式如下：

$$\begin{cases} read = female + new\_prog1 + new\_prog3 \\ write = female + new\_prog1 + new\_prog3 \\ math = female + new\_prog1 + new\_prog3 \end{cases}$$

由於類別變數 prog(選修學程) 有 3 個 levels(general、academic、vocation)，

但我們焦點只放在學生選修：普通類科 (general) 及職業類 (vocation)。故可用「tabulate prog, gen(new_prog)」，以 new_prog 當前導字來產生三個新變數，依序命名為：new_prog1, new_prog2, new_prog3。這三個新增變數都屬 binary 變數。Stata 只要遇到 binary 變數，納入 OLS 分析時，都可直接當成 dummy variable，如此即可省去「levels>3 類別變數需界定為 factor variable」程序上麻煩。

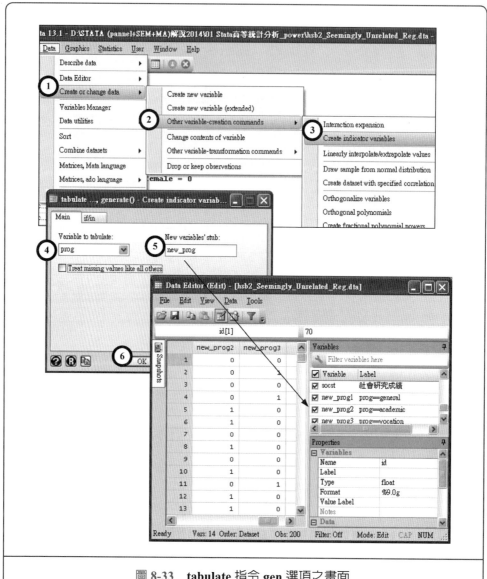

圖 8-33　tabulate 指令 gen 選項之畫面

註：Data > Create or change data > Other variable-creation commands > Create indicator variables

```
. tabulate prog, gen(prog)
```

一般 vs. 職業?	Freq.	Percent	Cum.
general	45	22.50	22.50
academic	105	52.50	75.00
vocation	50	25.00	100.00
Total	200	100.00	

1. Step 1. Multivariate Regression 分析法

圖 8-34 三個模型聯立「**Multivariate Regression**」之畫面

$$
\begin{cases}
\text{read} &= \text{female} + \text{new\_prog1} + \text{new\_prog3} \\
\text{write} &= \text{female} + \text{new\_prog1} + \text{new\_prog3} \\
\text{math} &= \text{female} + \text{new\_prog1} + \text{new\_prog3}
\end{cases}
$$

```
. mvreg read write math = female new_prog1 new_prog3, corr

Equation          Obs  Parms       RMSE      "R-sq"           F        P
-------------------------------------------------------------------------
read              200    4      9.348725    0.1811     14.45211    0.0000
write             200    4       8.32211    0.2408      20.7169    0.0000
math              200    4      8.281151    0.2304     19.56237    0.0000
```

	Coef.	Std. Err.	t	P>|t|	[95% Conf.	Interval]
read						
female	-1.208582	1.327672	-0.91	0.364	-3.826939	1.409774
new_prog1	-6.42937	1.665893	-3.86	0.000	-9.714746	-3.143993
new_prog3	-9.976868	1.606428	-6.21	0.000	-13.14497	-6.808765
_cons	56.8295	1.170562	48.55	0.000	54.52099	59.13802
write						
female	4.771211	1.181876	4.04	0.000	2.440385	7.102037
new_prog1	-4.832929	1.482956	-3.26	0.001	-7.757528	-1.908331
new_prog3	-9.438071	1.430021	-6.60	0.000	-12.25827	-6.617868
_cons	53.62162	1.042019	51.46	0.000	51.56661	55.67662
math						
female	-.6737673	1.176059	-0.57	0.567	-2.993122	1.645587
new_prog1	-6.723945	1.475657	-4.56	0.000	-9.634149	-3.81374
new_prog3	-10.32168	1.422983	-7.25	0.000	-13.128	-7.515352
_cons	57.10551	1.03689	55.07	0.000	55.06062	59.1504

```
Correlation matrix of residuals:
```

```
        read    write    math
  read  1.0000
 write  0.5519  1.0000
  math  0.5774  0.5577  1.0000

Breusch-Pagan test of independence: chi2(3) =   189.811, Pr = 0.0000
```

(1) Multivariate Regression 分析結果為：

$$\begin{cases} \text{read} = 56.8 - 1.2 \times \text{female} - 6.4 \times \text{new\_prog1} - 9.9 \times \text{new\_prog3} \\ \text{write} = 53.6 + 4.8 \times \text{female} - 4.8 \times \text{new\_prog1} - 9.4 \times \text{new\_prog3} \\ \text{math} = 57.1 - 0.67 \times \text{female} - 6.7 \times \text{new\_prog1} - 10.3 \times \text{new\_prog3} \end{cases}$$

　　Multivariate Regression 估計的係數值，完全和 seemingly unrelated 迴歸一樣，這是三個模型在預測變數完全同一組變數時，才會發生。但是各個預測變數顯著性之 p 值及 95%CI 則略為不同。

(2) 閱讀 (read) 及寫作 (write) 是 female 的強項 (正向關)。數學 (math) 是 female 的弱項 (負向關)。

(3) 相對於選修「prog = 3」(academic 學程) 學生，選修 gerneral 及職業學程的學生，其閱讀 (read)、寫作 (write) 及數學 (math) 都是較差的 (係數為負)。

(4) OLS 所求的係數及標準差，其前提之假定 (assumption)，就是預測變數之間互相獨立。但上式之聯立方程式，同一組預測變數重複出現在這 3 個模型，因此這 3 個模型的誤差就有相關性 (無法獨立)，故已違反 OLS 這個假定。所以正確的做法，就是改用 Multivariate Regression 或 seemingly unrelated 迴歸。

(5) Breusch-Pagan test of independence：旨在檢定分屬於 3 個不同模型 (read、write、math) 的殘差是否互相獨立。結果為 $\chi^2_{(3)}$ = 189.8，$p < 0.05$，拒絕「虛無假設 H_0：三個模型之殘差彼此無相關」，表示這 3 個模型之殘差是有高相關 (3 個 r 值都 > 0.55 以上)。在這種情形下，採用傳統 OLS 分析就會違反迴歸之誤差獨立的假定，故只能採用 Multivariate Regression 或 seemingly unrelated 迴歸。

2. Step 2. 聯立迴歸式每一個預測變數之效果檢定

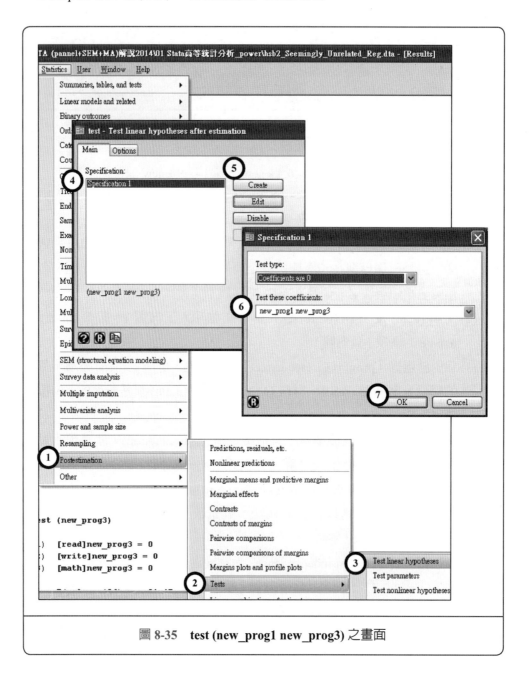

圖 8-35　**test (new_prog1 new_prog3)** 之畫面

```
. test (female)

( 1)   [read]female = 0
( 2)   [write]female = 0
( 3)   [math]female = 0

       F( 3,    196) =    11.63
           Prob > F =     0.0000

. test (new_prog1)

( 1)   [read]new_prog1 = 0
( 2)   [write]new_prog1 = 0
( 3)   [math]new_prog1 = 0

       F( 3,    196) =     7.72
           Prob > F =     0.0001

. test (new_prog3)

( 1)   [read]new_prog3 = 0
( 2)   [write]new_prog3 = 0
( 3)   [math]new_prog3 = 0

       F( 3,    196) =    21.47
           Prob > F =     0.0000

. test (new_prog1 new_prog3)

( 1)   [read]new_prog1 = 0
( 2)   [write]new_prog1 = 0
( 3)   [math]new_prog1 = 0
( 4)   [read]new_prog3 = 0
( 5)   [write]new_prog3 = 0
( 6)   [math]new_prog3 = 0

       F( 6,    196) =    11.83
           Prob > F =     0.0000
```

(1) test (female)「H_0：迴歸係數為 0」，得 $F_{(3,196)} = 11.63$ ($p < 0.05$)，拒絕 H_0，表示 female 預測 (read、write、math) 這 3 個模型的迴歸係數不為 0。自由度 =3 表示 female 橫跨 3 個模型的預測。故可看出，性別 (female) 對三個依變數 (read、write、math) 的預測力均達到 0.05 顯著水準。

(2) 分開做 test (new_prog1)、test (new_prog3)：分開檢定的機率 p 都 < 0.05，故拒絕「H_0：迴歸係數為 0」。分開檢定與合併檢定 (如下說明) 結果雷同。

(3) 合併二者一齊檢定，test (new_prog1 new_prog3)，得 $F_{(6,196)} = 11.83$ ($p < 0.05$)，拒絕「H_0：迴歸係數為 0」。結果顯示，修 prog1 = 1(gerneral) 及 prog = 3(職業) 學程的學生與修 prog = 2(academic) 學程的學生，其整體學習成效 (read、write、math) 具有顯著的差異 (看係數)。

References

參考文獻

● 參考文獻 ●

Carroll, R. J., Ruppert D., Stefanski, L. A., and Crainiceanu, C. M. (2006). *Measurement Error in Nonlinear Models*. Chapman & Hall, London.

Cheng, C. L. and Van Ness, J. W. (1999). *Statistical Regression with Measurement Error*. New York, Oxford University Press.

Fuller, W. A. (1987). *Measurement Error Models*. Wiley, New York.

Greene, W. H. (2003). *Econometric Analysis*, Fifth Edition. Upper Saddle River, NJ: Prentice Hall.

Heckman, J. J. (1979). *Sample selection bias as a specification error*. Econometrica, Volume 47, Number 1, pages 153 - 161.

Lee, S.-Y., Poon, W. Y., & Bentler, P. M. (1995). *A two-stage estimation of structural equation models with continuous and polytomous variables*. British Journal of Mathematical and Statistical Psychology, 48, 339–358.

Long, J. S. (1997). *Regression Models for Categorical and Limited Dependent Variables*. Thousand Oaks, CA: Sage Publications.

Schneeweiss, H. and Mittage, H. J. (1986). *Lineare Modelle mit feherbehafteten Daten*. Physica-Verlag, Heidelberg.

Snedecor, G. W., and W. G. Cochran. 1989. *Statistical Methods*. 8th ed. Ames, IA: Iowa State University Press.

Stefanski. L. A. (2000). *Measurement Error Models*. J. Amer. Statist. Assoc. 95. 1353-1358.

Tobin, J. (1958). *Estimation of relationships for limited dependent variables*. Econometrica 26: 24-36.

Van Huffel, S. and Vandewalle, J. (1991). *The Total Least Squares Problem: Computational Aspects and Analysis*. SIAM, Philadelphia.

Winer, B. J., D. R. Brown, and K. M. Michels. 1991. *Statistical Principles in Experimental Design*. 3rd ed. New York: McGraw–Hill.

林清山 (民 82)，教育與心理統計學，東華書局。

國家圖書館出版品預行編目資料

Stata與高等統計分析／張紹勳著. -- 初版.
-- 臺北市：五南, 2016.04
　　面；　公分
　　ISBN 978-957-11-8567-5 (平裝)

1.統計套裝軟體　2.統計分析

512.4　　　　　　　　　　　105004440

1H99

Stata與高等統計分析

作　　　者 ─ 張紹勳

發 行 人 ─ 楊榮川

總 經 理 ─ 楊士清

總 編 輯 ─ 楊秀麗

主　　編 ─ 侯家嵐

責任編輯 ─ 侯家嵐

文字校對 ─ 鐘秀雲

封面設計 ─ 盧盈良

出 版 者 ─ 五南圖書出版股份有限公司

地　　　址：106台北市大安區和平東路二段339號4樓

電　　　話：(02)2705-5066　　傳　　真：(02)2706-6100

網　　　址：http://www.wunan.com.tw

電子郵件：wunan@wunan.com.tw

劃撥帳號：01068953

戶　　　名：五南圖書出版股份有限公司

法律顧問　林勝安律師事務所　林勝安律師

出版日期　2016年 4 月初版一刷
　　　　　2019年10月初版二刷

定　　　價　新臺幣980元